Clinical Interviewing
(Fourth Edition)

心理咨询面谈技术
（第四版）

[美] 约翰·萨默斯-弗拉纳根　　丽塔·萨默斯-弗拉纳根 ◎ 著
　　（John Sommers-Flanagan）　　（Rita Sommers-Flanagan）

陈祉妍　江　兰　黄　峥 ◎ 译

中国轻工业出版社

图书在版编目（CIP）数据

心理咨询面谈技术：第4版／（美）萨默斯－弗拉纳根（Sommers-Flanagan, J.），（美）萨默斯－弗拉纳根（Sommers-Flanagan, R.）著；陈祉妍，江兰，黄峥译. —北京：中国轻工业出版社，2014.2（2025.1重印）

ISBN 978-7-5019-9575-2

Ⅰ.①心… Ⅱ.①萨…②萨…③陈…④江…⑤黄… Ⅲ.①咨询心理学-研究 Ⅳ.①B84

中国版本图书馆CIP数据核字（2013）第285073号

版权声明

Clinical Interviewing, Fourth Edition

Copyright © 2009 by John Wiley & Sons, Inc.

All Rights Reserved. This translation published under license. Authorized from the English language edition published by John Wiley & Sons, Inc.. Responsibility for the accuracy of the translation rests solely with China Light Industry Press/Beijing Wanqian Psych and is not the responsibility of John Wiley & Sons, Inc.. No part of this book may be reproduced in any form without the written permission of the original copyrights holder, John Wiley & Sons, Inc..

保留所有权利。非经中国轻工业出版社"万千心理"书面授权，任何人不得以任何方式（包括但不限于电子、机械、手工或其他尚未被发明或应用的技术手段）复印、拍照、扫描、录音、朗读、存储、发表本书中任何部分或本书全部内容（包括但不限于光盘、音频、视频等）。中国轻工业出版社"万千心理"未授权任何机构提供源自本书内容的电子文件阅览、收听或下载服务。如有此类非法行为，查实必究。

责任编辑：孙蔚雯　　　　　　责任终审：杜文勇
策划编辑：戴　婕　孙蔚雯　　责任校对：刘志颖　　责任监印：吴维斌

出版发行：中国轻工业出版社（北京鲁谷东街5号，邮编：100040）
印　　刷：三河市鑫金马印装有限公司
经　　销：各地新华书店
版　　次：2025年1月第1版第21次印刷
开　　本：710×1000　1/16　印张：39.5
字　　数：418千字
书　　号：ISBN 978-7-5019-9575-2　　定价：80.00元

读者热线：010-65181109
发行电话：010-85119832　　010-85119912
网　　址：http://www.chlip.com.cn　　http://www.wqedu.com
电子信箱：1012305542@qq.com

版权所有　侵权必究

如发现图书残缺请拨打读者热线联系调换

241872Y2C121ZYW

献给切尔西：为你出色的面谈技巧和对知识的不息渴求。

献给塞恩：为你成功通过了切尔西的婚前面谈评估和你对各地社区的服务。

献给赖莉：为你容忍我们的心灵、灵魂和精神，为你成为最高法院法官的梦想。

期待与你们共同迎接更多美好的生活挑战。

译者序

这些年来，心理咨询与治疗方面的译著很多，但像本书这样的教材仍然稀有。

要学习心理咨询与治疗，需要重点阅读的专业书籍至少有三类：第一类是有关的理论书籍，涉及精神分析、认知行为等，以了解心理问题是怎样产生的，又该如何治疗；第二类是有关各类心理障碍的书籍，诸如抑郁、焦虑、人格障碍等，以了解疾病的特征，进行分类诊断；第三类是有关微技术的书籍，诸如如何倾听、提问、解译等。前两类书籍在市面上比较丰富，而像本书这样的第三类书籍则相对匮乏。心理治疗是"谈话治疗"，治疗的主要媒介是谈话的内容和过程，以及言语和伴随言语的非言语信息。即使咨询师对案例有了准确的诊断、深入的理解，也必须恰当运用微技术才能开展治疗。如果对微技术缺乏学习，新手咨询师可能会感到，虽然学了很多东西，但遇到来访者不知道该怎样说话。而这本书就在告诉我们怎样说话：从接触来访者的第一句，到告别来访者的最后一句，在不同的阶段怎样说话；各类疑问句、陈述句以及非言语反应，分别有什么作用，又该如何运用；面对夫妻、家庭、儿童与青少年，谈话的时候又有什么不同。如果说"细节决定成败"，那么这本书里介绍了许多看似寻常的咨询细节——如果对这些寻常的细节一无所知，我们的心理咨询恐怕就会错误百出。

能有幸翻译这样一本好书，自己从中学习，同时又介绍给更多的人，是我们要感谢的机缘。相比以前翻译的第二版，这次翻译的第四版修订内容颇多，具体可参见作者的序。在翻译中我们也感到，作者的行文更加简洁、准确了，一些轻微的冗余和夸张都已被删去。第二版的中文翻译中有不少错漏，这次我们尽可能地做了修正。在第二版翻译的基础上，本书的第一章、第二章、第三章、第四章、第五章、第十一章、第十二章和第十三章由陈祉妍翻译，第六章、第七章、第十章和第十四章由江兰翻译，第八章和第九章由黄峥翻译。全书由江兰、陈祉妍审校统稿。

  尽管我们尽全力进行翻译，但译文不足之处在所难免，敬请读者批评指正。

陈祉妍
2013年

序

在为《心理咨询面谈技术》的第四版写下序言之际，我们回想起自己的个人生活和职业生涯是多么的幸运。我们心中有无尽的感激。在重新修订这本书的过程中，我们更加意识到，得以观察和参与年轻咨询师的教育培训，是多么令我们欢喜感激。

我们向咨询与心理学专业的研究生教授咨询面谈技术，这一教学过程不断地令我们认识到，再没有什么能像人与人的最初相见那样奇妙了。我们是那样幸运，能够观察和倾听两个陌生人第一次坐到一起时所发生的事。渐渐地，两个陌生人中的一个有了帮助对方的意愿，而另一个（或多或少地）有了接受帮助的意愿。这种人与人之间的最初接触，从许多方面来看都是一种神圣的过程。

把初次面谈称为一种神圣的过程或许显得有点过于严肃和夸张。这样的最初相见对其中一人或双方来说也常常是尴尬不安的。有时，这种互动显得荒谬可笑，而有时又令人感动。两个个体之间独特的人际化学反应常常令我们预期那不可预期的结果。我们见过咨询师与来访者在见面之初，彼此便迅速产生强烈的性吸引力，也见过他们彼此之间同样迅速地产生强烈的厌恶。我们也见过随着咨询师与来访者长时间单独共处一室，彼此变得越来越冷漠疏远，或者越来越温暖亲密。

正是因为初次面谈互动的影响广泛、冲击强烈，所以临床面谈的专业培训才如此重要。临床面谈是个严峻的考验，但它具有无限的治疗力量，因此我们希望本书能够帮助你更好地具备掌握这种治疗力量的能力，哪怕是一点点也好。

我们惊奇地发现，我们在临床面谈领域的学习、著述、教学和实践竟已

IV 心理咨询面谈技术

长达25年。我们在这个领域看到了许多变化,有些令我们觉得是伟大的创新,而有些则令我们觉得是对临床会谈的阻碍。例如,我们会将米勒和罗尔尼克提出的动机会谈(Miller & Rollnick, 2002)列入伟大创新之列。相反地,这个领域的保险和医疗管理压力有时将独特的人类情感接触变成了"高效"而乏味的检查,鼓励临床工作者遵照手册以取得期望的实证疗效。不幸的是,这些手册无法包含人与人之间互动的细微琐事——正是这些细微琐事时常引出了怒火或是泪水,这些手册也不能给予足够的指导,让咨询师知道何时该自我暴露,何时只需倾听,如何回答来访者的提问,或者用什么方法能够有效地与一位他们想要帮助的活生生的、呼吸着的、带有独特文化背景的个体建立良好的治疗关系。

所以,这本书不是那样的手册,它的目的不是使你变成一位循证医学的技术人员。相反,这是一本将来自临床实践的观点与实证研究的发现结合起来的指南,能够帮助你更好地掌握临床面谈这一艺术与科学。作为职业咨询师,你可能遇到许多状况,这本书从理论上对这些状况做了全面的概述。然而,如同所有写在纸上的字词一样,这本书也是有局限的。它无法代替人与人之间一对一提供帮助的面谈经验。本书只是一个工具,要进入并经历这个既令人愉悦又令人畏惧的专业旅程,你仍然离不开你的导师或教授的指导。

为了提高销量和压缩旧书市场,许多作者和出版社每隔三四年就急于出版新的教材修订版。我们非常感谢约翰·威利出版公司的编辑对我们如此耐心,支持我们迟迟不出新版教材。在第三版出版后已经过去了六年。我们相信这更长的间隔带来了更有意义的改变。因此,在《心理咨询面谈技术》的第四版中,我们做了许多的改变(说实话,比我们自己能记得的还要多)。总之,我们认为这一版的内容更加丰富和实用。我们尤其努力扩充了本书对文化多样性和社会公正问题的覆盖。具体来说,最大的(也是最能令人记住的)改变包括以下几点:

- 增加了名为"难以应对的来访者与情境"的全新一章。这一章主要是关于特别不愿意参与临床面谈的来访者,以及灾后抚慰等对临床面谈提出特殊要求的情境。

- 全书都有更强的焦点解决和建构主义取向，并且在第四章中增加了新的一节，介绍建构主义、焦点解决的治疗性问题。
- 第五章经过调整，包含更多的有实证基础的实践资料。
- 在全书不同位置增加了17个新的多元化要点和练习。
- 新增了三个表格，分别关于进行精神状况检查、处理来访者的阻抗和暴力倾向评估。
- 还有以下这些新的小节，但还不止这些：(1) 来访者作为专家；(2) 安排咨询室的装饰布置；(3) 有意的指导性重述；(4) 自我暴露；(5) 早期解译；(6) 如何促使来访者讲出奇怪的体验；(7) 单独与父母会谈。
- 自杀评估的一章增加了关于合作性和建构性自杀评估的内容。
- 新增了由塞纳尔·珀伊拉兹利博士撰写的关于如何咨询移民来访者的一节。
- 我们仍然重视当今在精神病学、心理学、咨询和社会工作领域的文献，新增了超过100篇参考文献。
- 我们更新了伦理方面的参考资料，增加了关于《美国精神障碍诊断与统计手册》（第五版，DSM5）的简要前瞻。
- 通过网络在线提供修订增补后的教师手册、考试题库和互动性的作者博客。

我们这一版的上述改变使本书比过去的版本更加有可读性。我们力图让清晰明白的语言贯穿本书；我们希望学生不仅从中了解临床面谈（以及他们自己），也同时享受阅读本书的过程，乐于投入学习中。总之，我们希望这一版能够配得上胡德（Hood，2000）在《当代心理学》（*Contemporary Psychology*）杂志上对本书第二版的评价：

> 是否选用本书取决于教师的教学思想，但一旦选用本书，我预期它会成为研究生最喜欢的一本教材。

本书的结构安排

本书包括四个部分。第一部分"成为一名心理健康专业工作者"包括两章。第一章为"绪论：理念与结构"，首先向读者介绍了我们关于临床面谈的总体思想。在这一章中，我们介绍了临床面谈基本的当今实践状况，并鼓励读者开始对自身理论和思想的培养。在第二章"基础与准备"中，我们扼要地介绍了临床面谈的定义，讨论了临床面谈常见的物理设置变量，并回顾了关键的职业与伦理问题。

第二部分为"倾听与培养关系"，包括三章，涵盖了临床情境中出现的各种倾听的、指导性的和促进关系的反应。对许多人来说——包括对心理健康专业人员来说——倾听并非容易自然，因此，我们在第三章"基本的贯注、倾听与行为技术"中回顾了倾听的关键成分。第四章"指导：提问与行为技术"中介绍了许多临床咨询师可以使用的指导性表达与技术——包括提问。在第五章"临床面谈中有理论与实证支持的关系变量"中，我们从多种不同的理论与实证角度探讨了面谈的性质和目的。

第三部分为"结构与评估"，包括五章，引导面谈者学习更具指导性的面谈程序，这些程序专用于通过临床面谈收集评估信息。第六章"面谈过程简介"对理解和掌握一般性临床面谈的各阶段提供了指导，并附有讨论临床面谈这门科学的简短一节。第七章"初始面谈与撰写报告"专门讨论了初始面谈、撰写报告，以及在治疗师与来访者的初次接触中固有的其他要求。第八章"精神状况检查"简要概述了精神状况检查。在医院、物质成瘾治疗等医疗环境中工作的任何心理健康工作者都有必要具备进行精神状况检查的知识和技能。第九章"自杀评估"为读者提供了对自杀评估面谈的详细介绍，包括回顾风险因素、技术程序、建构性－合作性评估，以及咨询师对有自杀倾向的来访者可能产生的个人反应。本部分的最后一章，第十章"诊断与治疗计划"，为面谈学习者提供了关于精神病学诊断和制订治疗计划的概述。随着医疗管理和短程治疗盛行，诊断和制订治疗计划已成为有效临床面谈的重要内容。

第四部分"与特殊群体面谈"包括四章。第十一章"难以应对的来访者与情境"介绍了如何咨询有阻抗的来访者，特别是回顾了在人道主义危机或灾难情境下对遭受创伤的来访者进行面谈的有关资料。第十二章"与年轻的来访者面谈"，介绍了面谈儿童与青少年来访者的基本程序。在第十三章"与伴侣或家庭进行面谈的原则和技巧"中，我们回顾了面谈伴侣和家庭时的有关问题。最后，在第十四章"在多元文化中进行面谈"中，我们主要讨论了面谈来自不同文化背景的来访者的问题和方法。这些群体各自代表了心理健康工作中的一些专业领域。希望这些章节能够提供对这些特殊群体进行面谈的基础；要为这些群体提供有效的咨询，还需要进行更多地学习，接受督导和培训。

在本书中，我们将与你分享来自我们的临床工作和个人经验的例子。请记住，在必要的情况下，为了保护我们的咨询对象的身份和隐私，我们已改变了可辨识的信息。此外，我们希望我们的文字不具有性别偏向性，因此我们随机使用了男性和女性的代词或用"他或她"。

目 录

第一部分　成为一名心理健康专业工作者 1

第一章　绪论：理念与结构 3
　　欢迎开始你的旅程 4
　　理论取向 10
　　临床面谈的基本要求 15
　　本书的目标 21
　　总结 21
　　推荐阅读及资源 22

第二章　基础与准备 25
　　临床面谈的界定 26
　　自我意识 35
　　物理条件 45
　　职业与伦理问题 54
　　总结 68
　　推荐阅读及资源 69

第二部分　倾听与培养关系 71

第三章　基本的贯注、倾听与行为技术 73
　　贯注行为 75

注意技能之后的学习 ……………………………………………… 84
　　非指导性倾听反应 ………………………………………………… 87
　　做出保证的诱惑 …………………………………………………… 102
　　指导性倾听反应 …………………………………………………… 103
　　总结 ………………………………………………………………… 113
　　推荐阅读及资源 …………………………………………………… 114

第四章 指导：提问与行为技术 …………………………………………… 117
　　使用提问 …………………………………………………………… 118
　　指导性行为反应 …………………………………………………… 138
　　总结 ………………………………………………………………… 156
　　推荐阅读及资源 …………………………………………………… 157

第五章 临床面谈中有理论与实证支持的关系变量 …………………… 159
　　卡尔·罗杰斯的核心条件 ………………………………………… 160
　　有实证基础的精神分析与人际关系概念 ………………………… 175
　　有实证基础的行为与社会心理学概念 …………………………… 187
　　有实证基础的女性主义关系概念 ………………………………… 191
　　有实证基础的焦点解决与建构主义关系概念 …………………… 195
　　总结 ………………………………………………………………… 196
　　推荐阅读及资源 …………………………………………………… 197

第三部分　结构与评估 …………………………………………………… 199

第六章 面谈过程简介 ……………………………………………………… 201
　　结构模型 …………………………………………………………… 203
　　介绍阶段 …………………………………………………………… 205
　　开始 ………………………………………………………………… 218
　　主体阶段 …………………………………………………………… 228
　　运用干预 …………………………………………………………… 232

结束··233
　　　终止··239
　　　总结··243
　　　推荐阅读及资源··244

第七章　初始面谈和撰写报告····································247
　　　什么叫做初始面谈······································248
　　　初始面谈的目的··249
　　　初始面谈的影响因素····································275
　　　简短的初始面谈··277
　　　初始面谈报告··281
　　　总结··301
　　　推荐阅读及资源··302

第八章　精神状况检查··303
　　　客观性··304
　　　什么是精神状况检查····································305
　　　一般精神状况检查······································307
　　　使用精神状况检查的时机································340
　　　总结··343
　　　推荐阅读及资源··344

第九章　自杀评估··347
　　　对自杀的个人反应······································349
　　　有关自杀的统计数据····································349
　　　科学的自杀评估面谈的关键内容··························350
　　　自杀风险因素与自杀风险因素评估························351
　　　实施全面的自杀评估····································364
　　　自杀干预··382

专业事宜 ········· 388
总结 ········· 393
推荐阅读及资源 ········· 395

第十章 诊断与治疗计划 ········· 397
    精神病学诊断的原则 ········· 398
    诊断评估：方法与程序 ········· 408
    临床面谈的科学性：诊断的信度和效度 ········· 410
    开展诊断性临床面谈的平衡之道 ········· 412
    治疗计划 ········· 420
    治疗规划的整合（生物心理社会）之道 ········· 423
    总结 ········· 436
    推荐阅读及资源 ········· 437

第四部分 与特殊群体面谈 ········· 439

第十一章 难以应对的来访者与情境 ········· 441
    第一部分——难以应对的来访者 ········· 442
    第二部分——难以应对的情境 ········· 470
    总结 ········· 479
    推荐阅读及资源 ········· 480

第十二章 与年轻的来访者面谈 ········· 483
    治疗儿童的特殊考虑 ········· 484
    介绍 ········· 486
    开始 ········· 489
    主体 ········· 503
    结束 ········· 518
    治疗终止 ········· 521
    总结 ········· 521

推荐阅读与资源···522

第十三章　与伴侣或家庭进行面谈的原则和技巧·················525
　　与伴侣和家庭面谈的一些悖论·································527
　　面谈的阶段和任务···529
　　特殊考虑···552
　　总结···565
　　推荐阅读及资源···565

第十四章　在多元文化中进行面谈·································569
　　多元化文化下的治疗关系······································570
　　四大文化···575
　　其他多种来访者群体···593
　　文化的复杂性和身份···601
　　评估与文化相关症候群··604
　　专业人员的注意事项···608
　　总结···610
　　推荐阅读及资源···611

参考文献···**613**

第一部分

成为一名心理健康专业工作者

第一章

绪论：理念与结构

旅程有个终点是好的；但最终来说，重要的是旅行本身。

——厄休拉·勒奎恩《黑暗的左手》

> **本章目标**
>
> 本章将带领你走入临床面谈的专业领域，并介绍本书的理念与结构。此外，你将了解到以下内容：
> - 我们的教学理念。
> - 来自不同理论取向的临床工作者如何进行面谈工作。
> - 对临床咨询师的基本要求。
> - 采取非指导性的方法有何好处和缺点。
> - 反思自己在进行面谈时可能具有的文化偏见。
> - 本书的目标。

请想象你和你的第一位来访者面对面地坐着。你精心选择了你的着装并安排了座位，摆好了摄像机，完成了介绍说明的文档工作。你尽可能通过身体姿势和面部表情传达出温暖与助人之心。现在，设想你的来访者拒绝交谈，或拒绝多谈，或者在问他是不是可以早点走。设想她开始哭泣，或者指责你因种族不同而无法理解她。在这种情况下，你会做何反应？你会说什么、做什么？

从第一位来访者开始，你遇到的每一位来访者都会是不同的。你的挑战或者说是任务（如果你选择接受的话）是与每一位不同的来访者接触，形成良好的咨询关系，建立工作联盟，收集信息，注入希望，并在合适的情况下给予明确而有益的专业建议。最后，你必须得体地按时结束面谈。这些事没有一件是容易的。

如果你对临床咨询感兴趣，你很可能希望学习如何开始建立一种有效的助人关系，为来访者的生活带来积极的改变。因此，当你想象自己坐在你的第一位来访者面前的时候，你很可能还想知道，如果他或她不想交谈，不想多谈，想要提前离开，开始哭泣，或者抱怨种族差异，你该怎么办。在每一种情况下，要准确地知道应该说什么和做什么并非易事。请对自己耐心一点。

作为未来的心理学家、咨询师、社会工作者或精神科医生，你要面对的未来有很多挑战。成为一名心理健康专业工作者需要才智、人际成熟、平衡的情感生活、持续的技能学习、同情心、真诚和勇气。在未来的一些年里，许许多多的课程、督导、工作坊和其他培训经历将丰富你的生活。事实上，由于这项工作持续革新的性质，你需要做终身的学习者才能保持在心理健康工作中不过时、不落伍。

临床面谈很可能是心理健康培训中最基本的成分。它是助人者与求助者之间联系的基本单元。它是心理咨询或心理治疗关系的起点。它是心理评估的基石。它正是本书的主题。

欢迎开始你的旅程

这本书的目的是为刚刚开始进入心理健康工作的人员提供培养复杂的临床面谈技巧所需的基础知识与培养技能的经验。这些章节将带领你从初级的、基础的倾听技巧开始，一直到学习更高级、复杂的活动，如初始面谈、精神状况评估以及自杀评估面谈。我们热情地欢迎你成为我们新的同行，成为终身学习之路上的同伴。尽管心理健康专业工作中将充满艰难，但同时也能带来很多满足感。正如诺克洛斯（Norcross，2000）指出的：

> ……大多数心理健康工作者对自己的职业选择感到满意，如果让他们以现在对这个职业的了解重做选择，他们还会选择这个职业。

> 我们的大多数同事感受到了（这个职业带给他们的）滋养、丰富而独特的体验……

对你们中的许多人来说，这本书将伴随你经历第一次实践的、亲身的、心理健康训练的体验。对你们中间那些已经获得最初的临床体验的人来说，通过把你曾有的一些体验放在一个更系统的学习环境下，这本书将帮助你更好地理解这些体验。无论是哪种情况，我们都希望本书激励你并帮助你培养进行有效而专业的临床面谈所需的技巧。

1939年，在《身体的智慧》（*The Wisdom of the Body*）一书中，沃尔特·坎农（Walter Cannon）写道：

> 若我们想到我们身体结构极度不稳定性，能轻易地被最轻微的外界力量所干扰……这么多年以来，它的持续性就显得几乎是不可思议的。而如果我们意识到身体系统是开放的，与外界进行着自由的交互作用，并且结构本身并非持久不变，而是不断地被行为的消磨所打破，接着又由修复过程重建和强化，我们就更会觉得这是一个奇迹。

这种现象同样适用于心理世界。结构本身并不是恒久不变的，正如大多数人所知，生活带来了各种各样的体验，有的使我们崩溃，有的使我们重新站立。临床面谈是大多数经历了心理困境并正在寻求医治的人们重新站立的起点。

教学理念

与其他作者一样，潜在的原则与信念决定了我们说什么与怎样说。在整本书中，我们会尽量找出自己独有的倾向与视角，向读者做出解释，让你们自己来权衡。

对于临床面谈活动，我们抱有几点看法。首先，我们认为临床面谈既是一门艺术又是一门科学。这意味着你需要通过学习与批判性思维训练自己的才智。而且，你需要培养和发展有效的临床面谈所需的个人品质。我们鼓励你终身以学术挑战训练你的大脑，并且终身调整从事此项艺术所需的最重要的工具：你自己。其次，我们相信，从来访者的角度来说，临床面谈永远应该是具有重建或修复意义的那一类生活经验。来面谈的原因各式各样。帮助者的经验水平各有不同。但正如许多年以前的希波克拉底一样，我们要求你做出郑重的承诺：只要是你的能力所及，永远不让面谈的经历给你的来访者带来伤害。

对于如何教授临床面谈，我们也有强烈的信念与情感。这些信念基于我们自己作为学生和教师的个人体验，以及当前临床面谈的相关科学知识（Hill，Stahl，& Roffman，2007）。本章接下来将概述我们的教学方法、哲学取向以及本书的目标。

学习顺序

我们认为，获得有效的临床面谈能力的最佳方式是学习者按顺序学习以下面谈技巧与程序：

1. 如何使自己平静下来，关注来访者所表达的内容（而非关注你自己所想所感）。
2. 如何与各种各样的来访者建立积极的工作关系——包括不同年龄、种族/文化背景、性取向、社会阶层和心智功能的来访者。
3. 如何迅速有效且准确地获得关于来访者及其问题的诊断或评估信息。
4. 如何确定和运用个人化的适当的咨询或治疗方法与技术。
5. 如何准确地评估来访者对你的咨询或治疗方法与技术的反应（或疗效）。

本书将引导你细致学习前三种技能。关于咨询或治疗方法及技术的实施与评估不属于本书的范围，但在讲授某些临床面谈中可能遇到的情境时，我们会对其有所提及。

保持安静与倾听来访者

要进行有效的咨询,心理健康专业人员需要学习使自己安静下来的能力,他们需要平息自己希望提供帮助的冲动、个人的需求和焦虑。这非常有难度,但如果你要能够倾听来访者,而不是自己内心的话语和偏见,就要这样做。让自己安静下来,这就要求你的心在来访者身上,而不是因自己的想法或担忧而分心。有些学生发现这样的做法有帮助:早些抵达咨询室,静静地坐几分钟,排除杂念,专注于呼吸,感受当下。

在大多数面谈情境中,非指导性的倾听是你的首要任务,特别是在面谈的开始阶段。例如,西雅(Shea, 1998)指出,"……在开始阶段,临床工作者说得很少……强调使用开放式问题或开放式表述以促使病人说话"。

保持安静和非指导性倾听会帮助来访者找到自己想说的话,讲述他们的故事。然而,这个任务并不容易,因为当处在一个专业人员的位置上时,许多新手咨询师感到关闭或减少自己的心理活动非常困难。他们常会感到有压力甚至亢奋,因为他们想要立即帮助来访者迅速解决问题,证明自己是有用的。然而,这可能导致你有意无意地在新的来访者面前过于有指导性或过于权威,而这会导致来访者闭口不谈,而非畅所欲言。

当学生(和有经验的实践者)过早地变得活跃和有指导性时,他们很可能也就失去了敏感性与治疗性。这种观点与施特鲁普与拜恩德(Strupp & Binder, 1984)给心理健康工作者的建议是一致的:"……治疗者要抵抗做些什么的冲动,尤其是在他或她感到了来自患者(以及自己)的要求干预、表现、保证等的压力时。"

在大多数专业的面谈情境中,最好的开始是在来访者能够自由地探索自己的思想、情感和行为时才发生的。只要可能,治疗者应帮助来访者顺着自己的思路,自己进行发现(Meier & Davis, 2008;Strupp & Binder, 1984)。我们认为,鼓励来访者进行自我表达是咨询师的份内之事。另一方面,考虑到治疗通常具有的时间限制,咨询师也有责任限制来访者的自我表达。无论你是鼓励还是限制来访者的自我表达,最大的挑战是以有技巧和专业水准的方式来进行。

在最近指导初学临床面谈技术的研究生时，我们发现许多学生要花费很大的力气来阻止自己给出不成熟的建议。你是否曾经难以安静地坐着倾听并不给出建议或分享你出色的意见？说实话，我们也曾经有这样的困难，我们知道许多非常有经验的心理健康工作者也感到难以静静地坐着倾听并不给予指导、引导或建议。人们自然地想要给出建议——通常是根据自己狭窄的个人经验给出建议。但问题是，坐在你面前的来访者很可能拥有与你非常不同的生活经验，所以你的建议，特别是没有以充分的倾听为基础、在不成熟的情况下提出的建议，通常无法带来好的效果。要记住，给出建议的时机和方式非常重要。此外，请回想一下父母（或其他权威人物）给你建议时你的感觉。你喜欢那些建议吗？当你的父母、老师或咨询师告诉你"喔，你应该打起精神来，看看生活中光明的一面"时，你能接受吗？你是否喜欢别人对你说"是啊，我也有过这样的问题"或者"每个人都有拖延的问题，你其实很正常"？

培养积极的治疗关系

在培养评估与干预技巧之前，治疗者应学习并体验与来访者建立专业的治疗关系的过程。这一过程包含主动倾听、共情反应与其他导致积极情感协调的建立与维持的具体行为（Barone et al, 2005；Othmer & Othmer, 2002b）。几乎任何理论背景的咨询师与心理治疗师都赞同在实施治疗程序之前与来访者建立积极关系是重要的（Ackerman et al, 2001；Chambless et al, 2006；Goldfried, 2007；2002, 2002a）。某些学者称之为情感协调——有的学者则强调建立强有力的工作联盟或治疗联盟（Clarkson, 2003；Sommers-Flanagan & Sommers-Flanagan, 2007b）。培养与不同文化背景和处境的来访者建立情感协调的能力并不容易（Ivey, D'Andrea, Ivey, & Simek-Morgan, 2002；Vontress, Johnson, & Epp, 1999）。但是，这种建立关系的技能是热诚并能够关怀他人的专业人员的标志。在第三章至第五章我们将直接介绍培养积极治疗关系所需的技能。

学习诊断与评估技巧

在学会使自己平静下来并与来访者建立积极的治疗关系之后，专业的咨询师应该学习诊断与评估技巧和程序。尽管评估的必要性与诊断的效度在许多方面都有争议（Cameron & Guterman, 2007；Szasz, 1970, 1961；Wing, 2005），但未经充分的评估就开始咨询或治疗是不明智和不专业的，而且可能具有危险性（Hadley & Strupp, 1976；Rudolph, 2005；Sommers-Flanagan & Sommers-Flanagan, 2007）。试想，如果你刚把你的汽车送到修理站，修理工就开始修理引擎的各个部件，而根本不问你的车子出现了什么问题，你的感受会如何？当然，临床面谈与汽车修理是很不相同的，但这种类比显示了在开始临床干预之前完成评估与诊断程序的重要性。大约20年前，法勒斯（Phares, 1988）得出结论说，在干预前进行诊断的必要性已不再是心理学中一个有争议的问题：

> 在直觉上，我们都懂得诊断或评估的目的何在。医生开药前先要了解疾病的性质。管道修理工动手施工前先要确定问题的特点与位置。在医学与修理管道过程中的道理同样适用于临床心理学。除了少数碰上好运气的例子以外，我们解决临床问题的能力是与我们界定问题的技能直接相关的。

总之，治疗者只有在满足了三种条件以后，才能开始应用具体的咨询与治疗的方法和技术：

1. 他们已经使自己安静下来并倾听来访者表述的内容。
2. 他们已与来访者建立了积极的关系。
3. 他们已经通过诊断与评估程序界定了来访者的个人需要与治疗目标。

此外，新手治疗者在使用具体的治疗方法时应有专业人员进行督导。

理论取向

为了追求最佳的职业发展水平,我们认为,专业治疗人员应拥有广泛的培训经验。也就是说,治疗师的经验不仅应该来自于各种不同的环境,而且也应来自于各种不同的理论取向。在所受的训练中,我们从不同理论角度中学到许多重要的内容;我们坚决认为心理健康专业人员应该对学习保持开放的态度,无论所学的内容来自于哪里。正像弗洛伊德所言——他的开放性与灵活性同样值得人们记住,"有很多进行心理治疗的途径和手段。只要能使人康复就是好的"。

从某种意义上来说,在治疗层面上,我们绝对是折中主义的。我们认为治疗师应该灵活,根据来访者、问题与情境来改变他们的治疗方法。显然,让来访者改变自己的世界观和个人偏好来适应咨询师的理论观点是不对的。

然而,如前所述,在学习临床技能时,我们提倡首先较少使用指导性技术,而后再逐渐增加指导性。因此,在本书的前几章,我们强调的面谈方法常常——虽然并非总是——与以人为中心取向和心理动力学取向有关,与建构主义观点也有些关联。我们提倡采用非指导性的开端,部分地是为了强调人类互动的深度与丰富性。此后,在面谈的评估程序上,我们会依赖于非常具有指导性的行为的、认知行为的与问题解决指向的途径。

尽管以人为中心的方法与心理动力学的方法通常被认为在哲学上是对立的,但它们都教治疗者首先应该允许来访者自由地说出自己的担忧,而提供最少的外在结构与指导(Freud,1949;Lurborsky,1984;Rogers,1951,1961)。换句话说,在给予来访者相当多的自由来讨论任何希望讨论的个人问题或担忧上,以人为中心取向与心理动力学取向的治疗者是相似的。因此,这些治疗方法被称为"非指导性"的,而且它们非常强调倾听的技术。(实际上,如果把以人为中心的疗法与心理动力学命名为"比较不具指导性的方法"可能更为合适,因为所有的治疗者,无论有意或无意,都会在某些时候影响并指导他们的来访者。)

以人为中心取向的治疗者与心理动力学的治疗者不做指导的原因很不相

同。简言之，以人为中心的治疗者相信，通过让来访者在接纳而共情的气氛中自由坦率地谈话，其个人会开始发生成长变化。以人为中心疗法的创始人卡尔·罗杰斯（Carl Rogers）曾直接表达过这一点（1961）："如果我能提供某种关系，那么对方会从自己身上发现他利用这种关系来成长的能力，改变与个人成长就会发生。"

罗杰斯认为，治疗者无条件的积极关注、表里如一与恰当共情的表达构成了积极的个人成长与治愈的充分必要因素。在第五章里，我们会更详细地了解罗杰斯如何界定这三个因素。

精神动力学取向的治疗者提倡非指导性是因为他们认为自由联想能使来访者在治疗中把无意识冲突表露出来（Freud，1949）。最终，通过对无意识冲突的解释，精神分析师将潜在的冲突带到意识中，使他们可以更直接且有意识地处理它们。

与以人为中心的治疗者类似，精神分析取向的治疗者承认，共情地倾听本身就能成为治愈的有力资源："人们常常低估了这点：治疗者的存在与共情地倾听构成了一个能给他人提供最有力的帮助与支持的来源。（Strupp & Binder，1984）"然而，对精神分析取向的治疗者来说，共情地倾听通常被看作促进来访者个人成长与发展的必要非充分因素。

建构主义与焦点解决的流派认为，所有的咨询师必定会以这样那样的方式发挥指导性，所以他们有意地关注问题的解决办法、来访者生活中闪光（积极）的时刻、来访者当前活动和社会交往中适应性的信念。尽管这些流派有意地采用了指导性技术，但他们也同样坚持着一种对于面谈至关重要的立场，这就是，他们把来访者看成最了解自身体验的专家（De Jong & Berg，2008）。

与以人为中心取向、精神动力学、建构主义或焦点解决的咨询师不同，行为或认知取向的治疗者更倾向于在治疗一开始就扮演专家的角色，因为他们认为有必要指导或引导来访者探索一些行为与思维。这是由于认知行为与问题解决取向的治疗者认为，某些思维、个人框架与不适应的行为会导致社会的、情绪的痛苦（Sommers-Flanagan & Sommers-Flanagan，2004）。因此，认知行为治疗师希望找出不良的思维与行为模式，进而改变或消除它们，并用更适应的模式尽快而有效地代替它们，由此缓解来访者的社交与情绪问题。

大约20年前，肯德尔与比米斯（Kendall & Bemis，1983）清晰地表达了认知行为治疗者的指导性取向：

> 认知行为治疗师的任务是担任诊断者、教育者与技术咨询师，评估不适应的认知过程，并与来访者一起工作来设计学习体验，以救治这些不良认知和相关的行为与情感模式。

尽管如此，大多数认知行为治疗师承认共情倾听的重要性，认为它是适应性的行为改变中必要非充分的因素。引人注目的是，怀特与戴维斯（Wright & Davis，1994）在《认知与行为实践》（*Behavioral Practice*）杂志的首期中说，"我们发现，在'关系是取得良好的治疗变化之本'这一结论上，大家是强烈一致的"；"在具体的行为疗法中，那些认为自己的治疗师热情而具同情心的患者会更投入治疗，并最终获得更好的疗效"（1994）。

我们的意图并非要暗示以人为中心的、心理动力学的、建构主义的或焦点解决的取向要比认知、行为或其他临床方法更有效。实际上，有关认知与行为疗法的实证研究通常发现，它们至少与心理动力学和以人为中心的方法一样有效（Beutel, Dippel, Szczepanski, Thiede, & Wiltink, 2006；Leichsenring, Hiller, Weissberg, & Leibing, 2006；Lurborsky, Singer, & Lurborsky, 1975；Seligman, 1995；Smith, Glass, & Miller, 1980）。相反，与许多学者一样（Goldfried, 2007；Hardy, Cahill, & Barkham, 2007；Hubble, Duncan, & Miller, 1999；Norcross, 2002；Shattell, Starr, & Thomas, 2007），我们的意图是强调，非指导性的面谈方法为培养积极的治疗关系，为学习更高阶、更主动、更具指导性的心理治疗方法和技术提供了最好的知识与技能的基础。此外，我们认为，把来访者视为自身生活经验最好的专家也是类似的基础，更高阶和更具指导性的临床技术要建立在这样的坚实基础之上。许多重要事实都支持这一点（参见练习1.1）。

练习 1.1
为何要"非指导"?

许多著名的心理治疗师都是从精神分析取向开始的,例如,阿尔弗雷德·阿德勒(Alfred Adler)、卡伦·霍妮(Karen Horney)、亚伦·贝克(Aaron Beck)、费伦茨·皮尔斯(Fritz Perls)、卡尔·罗杰斯(Carl Rogers)、南茜·乔多罗(Nancy Chodorow)和珍·贝克·米勒(Jean Baker Miller)。这些令人尊敬的理论家与治疗师经过多年的对痛苦的人们的非指导性倾听,发展了自己的独特方法。本书的一个潜在哲学就是,初学的咨询师也应从对痛苦的来访者的非指导性倾听开始。尽管对于初学者来说,感到自己急于帮助来访者是很自然的,但最安全而且很可能也是最有帮助性的做法是有效地倾听。正如斯特鲁普与拜恩德(Strupp & Binder, 1984)指出的:"人很少会因为听而遇到麻烦。"非指导性面谈方法的优点包括以下几点:

1. 相比之下,最初在面谈中采用一种非指导性的方式,而后转为更具指导性的方式,远比先开始采用主动的或指导性的方式而后转为缺少指导性的方式更为容易。
2. 有意识地以特定方式影响来访者的策略要求咨询师具有深厚的有关心理病理学的知识,使他能够对一种策略将如何帮助来访者改变做出合理的判断。而大多数初学者不具有心理病理学训练经历和有督导的心理治疗经验,作为实行指导性治疗策略之基础。
3. 非指导性面谈方法能非常有效地帮助初学者增强自我意识,了解自己(Sommers-Flanagan & Means, 1987)。正是通过这种自我意识,初学者才能学会选择某一理论取向及有效的临床干预方法。
4. 适当应用的非指导性的倾听方法能够有助于减轻初学者感到的

要表现、帮助和向来访者证实些什么的压力。简言之，非指导性方法能帮助初学者有效处理"要做点什么并做好"的冲动。

5. 在咨询的开始阶段，非指导性方法冒犯和误解来访者的可能性较小（Meier & Davis, 2008）。尽管临床咨询师通常从面对志愿者开始，但即使是模拟或角色扮演的来访者也是真实的人，带着用于面谈的真实的或扮演的原因。非指导式的咨询师只需倾听，将更多的责任交给来访者，因而不必那么担心自己问出错误问题或提出无益的行为建议（同时也减少了这些可能性）。此外，初学者常容易过多地为来访者负责，而采用非指导性的方法有助于防止他们感到过度的责任感。

6. 非指导性倾听的立场有助于培养来访者独立与自我指导的感觉和信念。这一立场也传达出对来访者个人的态度、行为和选择的尊重。这种尊重是珍贵的、令人舒服的，而且可能有治愈作用（Miller & Rollnick, 2002）。

我们的立场是，初学者应从非指导性倾听的基础开始他们的训练，下面帕特森与沃特金斯（Patterson & Watkins, 1996）引用的老子的话，明确地说明了这一点："老子，公元前5世纪的一位中国哲学家，写下了一首诗，如果把'领导者'换为'治疗师'，把'人民'换成'来访者'，这首诗就适用于治疗。"

领导者（治疗师）

"最好的领导者人民几乎不知道他存在；
次一等的，人民会遵从和称颂；
最差的会得到人民的蔑视。
好的领导者说得很少，
当他的工作完成、目标达到，
人民会说：'这是我们自己做到的。'

第一章 绪论：理念与结构　15

> 领导者说得和做得越少，
> 他的人民越快乐；
> 领导者神气又自夸，
> 他的人民会更痛苦。
> （因此）智者说：
> 不干涉人民，他们会照顾自己；
> 不劝说人民，他们会改善自己；
> 不勉强人民，他们会成为自己。*

临床面谈的基本要求

要成为一名有能力的咨询师，你需要具备一系列重要的技能和广泛的知识基础。当然，获得这些需要时间、实践、督导、课外阅读和耐心！尽管下面列出的要求可能令人生畏，但这为你了解需要持续关注哪些方面提供了指导：

1. 你必须掌握与临床面谈有关的技术知识。这意味着你必须知道你可采用的各种咨询反应以及它们对来访者的可能影响。例如，你必须知道咨询师可以问的不同类型的问题，以及来访者与之对应的典型回答。你必须知道什么时候面谈情境要求结构化的信息收集，什么时候需要采用较无指导性的方式。你必须知道与专业的临床面谈有关的伦理规则。换句话说，你必须理解和掌握这一行的基本工具。

---

*以上内容在《道德经》中的原文可能为以下几段：
"太上，不知有之；其次，亲而誉之；其次，畏之；其次，侮之。信不足焉，有不信焉。犹兮其贵言，功成事遂，百姓皆谓我自然。"
"其政闷闷，其民醇醇；其政察察，其民缺缺。"
"故圣人云：我无为，而民自化；我好静，而民自正；我无事，而民自富；我无欲，而民自朴。"

2. 你必须能够自我觉察。你需要知道自己如何影响了别人以及如何被人所影响，不仅包括你自身文化和社会经济阶层的人，也包括那些在你熟悉的范围之外的人。你需要意识到自己的嗓音特点、你的身体姿式、对方感到的你的个人魅力，以及通常的视线接触和人际距离的模式，因为这些都会影响你的来访者。而且，你必须不断地去了解和改善那些由于你的个人和社会背景而具有的盲点。

   对你自己的文化和社会阶层如何塑造了你的个人价值观和行为方式建立意识也很重要。你需要懂得其他人（无论是在你的文化之内还是之外），他们可能被教会并接受了与你很不相同的价值观和行为，作为咨询师，你有义务意识到什么时候文化、阶层与性别的差异可能会影响或阻碍你与来访者之间的有效沟通。对文化缺乏敏感性的临床咨询师是不敬业和不道德的（Fouad & Arredondo, 2007；Paniagua, 2000；Sommers-Flanagan & Sommers-Flanagan, 2007）。

3. 你必须培养观察和评估的技能（具备"他人意识"）。拥有这项技能意味着你了解并对不同的个体和文化价值观、行为和常模具有敏感性。你也必须能承认和欣赏他人的观点（这项技能也称为"共情的存在方式"；Rogers, 1961）。

   对他人的意识是面谈评估和诊断背后的基本原则。临床咨询师必须有能力客观地观察来访者的行为并评估其心理病理情况。评估和诊断可以包括高度结构化的程序，如精神状态检查、自杀评估和诊断性面谈。临床咨询师必须不仅意识到来访者文化方面的问题，而且了解其心理、行为、历史和诊断状况（Matthews & Walker, 1997；Mezzich & Shea, 1990）。

4. 要成为一个有能力的临床咨询师，你需要实践与经验，当你开始学习面谈以及自己如何影响他人时，你也必须开始进行面谈的实践。这通常包括与同学或演员的大量角色扮演练习，或者被安排进行的与你不相识的人的面谈经验（Balleweg, 1990；Shea & Barney, 2007；Sommers-Flanagan & Means, 1987）。面谈实践的设计是为了让你准备好真正的临床面谈。为了减低你的焦虑，增进你的能力，你在开始真正的面谈或咨询之前应该有大量的督导下的实践。随着你基本技能的扩展，建议你对那些在文化上、性别上、身体上或社会经济上与你不同的人进行研究并阅读相关资料，从而获得理解（Arredondo & Arciniega, 2001; Sue & Sue, 2008）（参见多元化要点1.1和1.2）。

你的面谈和督导经验越丰富，你就越可能建立理解来访者的世界观和体验所需的宽广、共情的视角（Constantine, 2001; Hakim-Larson, Kamoo, Nassar-McMillan, & Porcerelli, 2007; Rivera, Phan, Hadduv, Wilbur & Arredondo, 2006）。

多元化要点1.1
非指导性方法的隐患

大多数利剑都是双刃剑，非指导性倾听也不例外。坦率地说，有些人简直是讨厌非指导性倾听。例如，如果你运用了太多的非指导性倾听技术，你的朋友或家人可能很快就会感到恼火。他们之所以恼火，可能一部分是因为你技术拙劣，另一部分是因为在许多社会和文化场合中，非指导性倾听是不合适的。

我们将在后面的章节中谈到，在某些场合下，在面对某些文化群体时，绝对需要更具指导性的方式。这并不意味着对于某些文化群体的来访者来说，你不得使用非指导性的倾听。相反，这里强调的是要意识到各种技术在前来求助的各种来访者身上可能起到不同的促进或阻碍关系建立的作用。

此外，非指导性方法的隐患还有以下几点：

1. 来访者可能感到运用非指导性技术的咨询师善于操纵或回避推托。
2. 过多的非指导性反应可能让来访者感到漫无目的、缺乏引导。
3. 如果来访者原本期待从治疗中得到专家的建议，而你坚决拒绝给建议，只是非指导性地倾听，这可能让来访者非常失望。

4. 如果你从不给出专业意见，来访者可能会认为你缺乏专业性、无知或能力低下。

在对来访者进行咨询时，过多地运用任何一种反应或技术都是失策的。尽管我们在一开始非常强调非指导性倾听技术，但也要注意这一点。不要担心。我们发现非指导性技术过多与指导性技术过多同样会带来问题——特别是在咨询主流美国文化以外的来访者时，或者在需要你做出更多行动或更多表达的情境中。

多元化要点 1.2
你看到了谁？

存在主义治疗师有时使用激发性活动促进个体的觉察，包括自我觉察和对世界的觉察。其中一种活动是这样的：两人一组，反复询问对方同一个问题。主要的规则是同样的回答不能重复使用。这种练习可以使用许多类型的问题（例如，"你想要什么"或者"你有什么优点"），而我们发现，对心理咨询初学者来说特别重要的一个问题是"你是谁"。

"你是谁"的问题直接询问身份，大多数人通常会回答与个人角色、职业活动、种族、文化、宗教和性别有关的身份。例如，约翰可能会回答，"我是一个父亲"，"我是一个丈夫"，"我是一个心理治疗师"，"我是蒙大拿大学的教师"，"我是个男人"，等等。有趣的是，根据我们的经验，女性和有色人种常常比男性和白人更早地回答自己的性别和种族或文化身份（例如"我是个女人"或"我是拉丁美洲人"）。最近，当一位年轻的美国原住民女性参加这个活动时，她非常早就清晰地说出"我是一个美国原住民"和"我是纳瓦霍部落讲撒利希语的人"。

如果把自己放在世界上多种多样的人类背景下来思考的话，这个问题的一个有趣变式是问"你看到了谁"。请想象你刚刚见到一位新的

第一章　绪论：理念与结构　19

来访者。你看着坐在你对面座位上的人，询问自己"我看到了谁"，并回答。也许第一个回答是"我看到了一名来访者"，因为这是相遇的背景。继续再问自己。记住，你不能重复使用同样的答案。为了确实了解你在形成对对方的认识时使用的各种身份标签，每个回答都应该是单维的。换言之，要说"我看到了一个男人"，而不要使用多重身份的标签（例如，"我看到了一个黑人男性"）。

　　大多数人在相见时，首先注意的是对方"与我相似"还是"与我不同"。这是人的自然倾向，很可能在某种程度上是与生俱来的。但是，正如存在主义和多元文化主义学者会强调的，无论这种倾向是否与生俱来，重要的是我们培养对它的觉察。

　　在咨询新的来访者时，请记住这个练习。在初次面谈时，因为你需要关注许多方面，所以很可能没有时间反复问自己"我看到了谁"。但是，在你后来回顾这次面谈时，你可以运用这个概念，连续问自己五到十次，"我看到了谁"，并写下你的回答。在回答了五到十个答案之后，再回头分析自己的回答。要注意出现了哪些标签和层次。你是否留意到残疾？如果是这样，你使用了什么身份标签来描述这种残疾？你写的是"我看到了一名残障人士"还是"我看到了一名残废"？请注意你使用的标签的褒贬色彩。你使用的标签是常用的么？是褒义的、中性的，还是贬义的？无论是哪一种，都不要对自己太过自得或太过严厉。我们都会做出评判。我们身上都残留着种族主义、性别歧视、恐惧同性恋的价值观和信念。我们都发现自己有不公正的判断和偏见的来源。或许你的偏见是关于宗教信仰、残疾或者其他什么的。或许你对名叫泰德的中年光头男子有种格外负面的反应和判断，因为你在中学时期曾遇到这样一个虐待学生的体育老师。或许你已经处理好了你所有潜在的偏见，能够善意而客观地对待每一个人——尽管我们怀疑自己是否能够做到，这也是我们的一种偏见。

完美的咨询师

如果你能成为完美的咨询师会怎样？当然，这是不可能的。然而，如果你能成为完美的咨询师，那么在面谈中的任何时候停下来，你都能说出：(1) 你在做什么（基于专业技术）；(2) 你为什么要这样做（基于技术知识和评估或诊断信息）；(3) 你个人是否有任何问题或偏见干扰了咨询进程（基于自我觉察）；以及，或许也是最重要的，(4) 来访者会对咨询过程如何反应——无论他或她的年龄、性别或文化背景如何（基于对他人的意识）。

换一种说法，如果你是完美的咨询师，你会完全融入每个来访者的个人世界，与来访者共鸣，正如一根敏感的小提琴弦在匹配的音调响起时也会开始震颤（Watkins & Watkins, 1997）。你应该能够清晰地看懂每个来访者而不带偏见（Hays, 2008；Negy, 2004）。你应该能够利用这种无偏见的共鸣来确定每次面谈的目标（参见多元化要点1.2，以探讨你对某些来访者可能的偏爱或厌恶的偏见）。

你还应有能力评估每位来访者的需要和情境，并开展适当的治疗行动以应对来访者的这些需要与个人情境，从开展自杀评估到进行对某一不良习惯的行为分析——所有的一切都在临床面谈中进行。对于一名咨询师达到完美所需的技能之多样、智慧之深邃，人们只能想象而已。

我们愿意承认，完美是不可达到的，然而，临床面谈是一项基于科学研究的职业性事业，它要求长期的在仔细、深入的督导下的训练（Hill, 2004）。因此，在面谈中毫无准备、随心所欲是不恰当、不专业的（Bornstein, personal communication, 1982）。

最后，作为一个凡人，一位并不完美的咨询师，你也许无法解释每人的细微差异、每个动作和反应。你也许觉得自己不像应该做到的那样有觉察和共鸣，但你的临床面谈行为应基于合理的理论原则、高尚的职业操守和有关疗效的基本科学资料。此外，当你具备了心理学理论、职业伦理和实证研究的基础，你在临床工作中会具有更好的直觉和创造性。

本书的目标

本书的基本目标如下：

1. 引导你获得基于上述教学途径的教育与训练经验。
2. 提供关于临床面谈的技术信息。
3. 介绍促进咨询师的自我觉察、文化意识与个人成长的方法。
4. 介绍对来访者进行评估和诊断的方法（例如：促进诊断技能的获得）。
5. 介绍流程并提供资源，从而使你掌握对各种文化背景下的来访者和特殊来访者群体进行面谈的技能。
6. 给咨询师提供在体验中发展的实践活动的建议。

总　结

　　本书潜在的理念强调了学习成为有能力的咨询师的一种途径。具体来说，学生应从非指导性取向开始学习临床面谈技能，把来访者当做他们自己的专家来尊重，并在掌握倾听的基本技术之后逐渐增加指导性技术。初学的咨询师应注重学习下列内容：(1) 保持安静并倾听来访者的表达；(2) 与来访者建立积极的治疗性关系；(3) 获取诊断与评估的信息。

　　咨询师可以从多种培训经验中获益。尤其重要的是在不同理论流派中学习和实践，包括以人为中心、精神分析、行为、认知、女性主义、建构主义和焦点解决等流派。多样的经验有助于咨询师了解自己的技术反应、自我呈现风格、文化背景与性别是如何影响了每一名来访者的，同时亦能考虑到来访者自己独特的问题、偏好、文化背景与性别。尽管无法达到完美，但如果咨询师的行为是基于合理的理论原则、职业伦理准则和科学研究的，那么他就会成为有能力、负责任的心理健康专业人员。

　　本书分成四个部分，带领初学的咨询师经过各个阶段，达到最佳的技能发展。由于实践练习对于咨询师技能的发展是必要的，因此每一章都会提供一些体验活动，帮助学习者具备更好的自我觉察和文化敏感性，并培养更强的专业技术能力。

推荐阅读及资源

我们建议初学者在学习咨询过程之前先要具备人格理论与心理病理学的知识。然而，我们承认，不是所有的面谈与咨询的课程都以人格理论和心理病理学为先决条件。对于那些缺乏此类背景的学习者，下列关于人格理论、咨询与治疗的理论和方法，以及心理病理学的教材、文章、科普著作能提供专业技能发展的有益基础。

Goldfried, M. (Ed.). (2001). *How therapist change: Personal and professional recollections.* Washington, DC: American Psychological Association. 该书从专业内部人士的角度讲述了专业人员如何经历个人改变。该书让你了解心理咨询与治疗这一职业可能会如何影响你的人格。

Hays, P. A. (2008). *Addressing cultural complexities in practice: Assessment, diagnosis, and therapy* (2nd ed.). Washington, DC: American Psychological Association. 作者帮助临床工作者扩展在临床实践中对文化复杂性的意识。她的写作风格通俗易懂，同时还提供了许多多元文化常识的例子。本章的多元化要点1.2受到该书"进入另一个世界：理解来访者的身份和环境"一章的启发。

Hill, C. E. (2004). *Helping skills: Facilitating exploration, insight, and action* (2nd ed.). Washington, DC: American Psychological Association. 作者是一位著名的助人技能研究者。该书为理解和学习基本助人技术提供了极好的资源。

Hubble, M. A., Duncan, B. L., & Miller, S. D. (1999). *The heart and soul of change: What works in therapy. Washington*, DC: American Psychological Association. 该书曾获得明尼格著作奖，内容是关于与心理咨询和治疗中发生的积极改变有关的共同因素。该书为如何将这些共同因素整合纳入

你的临床实践提供了实用建议。

Ivey, A. E., D'Andrea, M., Ivey, M. B., & Simek-Morgan, L. (2002). *Theories of counseling and psychotherapy: A multicultural perspective* (5th ed.). Boston: Allyn& Bacon. 作者对心理咨询和治疗的传统理论提供了多元文化的视角。

Prochaska, J. O., & DiClemente, C. C. (2005). *The transtheoretical approach.* New York: Oxford University Press. 尽管跨理论模型毁誉参半，但它是所有助人专业者都应该了解的改变模型。作者将许多理论流派整合为一个模型，以确定具体的治疗手段应在何时、如何应用。

Sommers-Flanagan, J., & Sommers-Flanagan, R. (2004). *Counseling and psychotherapy theories in context and practice: Skills, strategies, and techniques.* New York: Wiley。在诸多"理论"教科书中，这本是我们的最爱。

Yalom, I. (2002). *The gift of therapy.* New York: Harper Collins. 在这本书中，著名治疗师欧文·亚隆讲述了他在心理治疗中的85项临床领悟。每一项领悟自成简短一章。[*]

---

[*] 该书有中译本：《给心理治疗师的礼物：给新一代治疗师及其病人的公开信》（新版），张怡玲译，中国轻工业出版社，2013。——译者注

第二章

基础与准备

或许我在生活中收获的最重要的事，就是发现如果你任何时候都尽可能做好准备，采用你具备的任何方法，无论这些方法多么贫乏，你都将在新机会出现时把握住它们。没有准备，你就无法做到。

——埃莉诺·罗斯福《埃莉诺·罗斯福自传》

本章目标

如果要修建房屋，你首先必须定义什么是房屋。此外，你必须进行准备，整理好你的设计方案、你的工具和你的资源。本章主要探讨什么是临床面谈，以及如何做好准备与来访者会面。在阅读本章后，你将了解以下内容：

- 对临床面谈的全面界定。
- 咨询师与来访者之间专业关系的性质。
- 来访者寻求专业帮助的常见动机。
- 关于确立共同目标、应用倾听与心理学技术的基本信息。
- 提高自我觉察如何一方面提高你的治疗效果，另一方面令你自己更不舒服。
- 如何安排面谈中重要的物理条件，如座位安排、做笔记、录音录像等。
- 处理专业和伦理问题的实践方法，包括如何向来访者介绍自己、掌控时间、讨论保密原则与知情同意、文档程序和个人压力管理。

当被问到早期研究生阶段的回忆时,我们的一名学生这样说:

"可能是由于太少进行实践和角色扮演,关于我的第一次临床面谈,我记得最清楚的是我自己的错误。我不记得来访者是什么样子的。我不记得他的问题是什么、面谈是如何结束的以及接下来的治疗计划。我只记得自己做了深呼吸,并非常严肃地自言自语,来使自己平静下来。我的所有清晰的回忆都是关于自己的,而不记得那个来寻求帮助的人,滑稽吧?"

在你进行第一次治疗面谈时,浑身出汗是可以理解的,甚至是很可能发生的,但是我们的希望是,通过阅读本书,进行深入的思考(和深呼吸),与任何允许你练习的人进行如实的实践,你会很快越过自我注意阶段,更好地关注你的来访者和你的面谈任务。

从某些方面来说,区分正式的面谈与随意的社交关系之间的差别并不容易。另一方面,正如本章之前引用的句子所说的,临床面谈与通常的社交互动明显不同。本章希望描述这些差异,并介绍在准备你的第一次面谈时必要的物理环境和专业伦理考虑。

临床面谈的界定

临床面谈有许多不同的定义。有些人偏好狭义、直白的定义:

临床面谈是一种有控制的情境,在此情境中,一个人(面谈者)向另一个人(应答者)提出一系列的问题。(Keats, 2000)

有些定义则更加模棱两可:

面谈是发生在至少两个人之间的互动。每个参与者都对这个过程做出贡献,也都影响着他人的反应。然而,这一特征还不足以界

定这个过程。日常的交谈也是相互影响的,但临床面谈显然不止于此。(Trull & Phares, 2001)

有些定义则介于明确与模糊之间:

> 面谈是两个参与者之间的言语和非言语对话,他们的行为相互影响对方的沟通风格,形成特殊的互动模式。在面谈中,一方把自己作为"面谈者",试图达成特定目标,而另一方通常担任"回答问题"的角色。(Shea, 1998)

还有一些定义强调建构积极而尊重的面谈关系:

> 当我们谈到临床面谈时,我们指的是以尊重和交互性、即时和热情的参与、强调优势与潜能为特点的交谈。由于临床面谈主要在于关系,因此它不仅要求持续地注意说了和做了什么,而且要注意是怎样说和做的。强调关系正是临床面谈作为"一种不同的谈话"的核心特点。(Murphy & Dillon, 2008)

根据我们的观点,对于临床面谈的好定义应包括以下因素:

1. 咨询师与来访者之间建立起一种积极而尊重的职业关系。
2. 咨询师与来访者之间共同合作(或多或少,其程度取决于情境)以确立并达成双方赞同的来访者目标。
3. 在这种职业关系中,咨询师与来访者之间既有言语也有非言语的互动,而咨询师运用主动倾听技能和心理学知识来评估、理解和帮助来访者达成目标。
4. 咨询师与来访者之间互动的质与量受到许多因素影响,包括咨询师和来访者的文化背景、个人风格、态度和目标。

职业关系的性质

职业关系包含一种明确的协议，一方为另一方提供服务。这或许听起来有点别扭，但需要强调的是，在职业关系中包含着提供服务的协议。在心理咨询或治疗中，这一协议通常称为知情同意（Pomerantz & Handelsman，2004）。从本质上来说，知情同意意味着来访者获知在咨询中将提供给他或她的服务的所有重要信息。进一步说，知情同意还意味着来访者是自己同意接受治疗的（Sommers-Flanagan & Sommers-Flanagan，2007；Welfel，2006）。本章在后面将详细讨论知情同意。

职业关系也以对服务支付费用或补偿为特征（Kielbasa, Pomerantz, Krohn, & Sullivan，2004）。无论治疗师是直接（例如，私人诊所）还是间接（例如，由心理健康中心、医疗补助或其他机构提供）收到报酬都是如此。职业咨询师向需要的人提供服务——服务应物有所值。

对有些人来说，职业关系以情感距离和客观性为特征。实际上，如果你在辞典中查找"职业"一词，你会发现"专家"可能会是列在第一位的近义词。此外，如果你查找"临床"一词，你可能会发现"科学"和"客观"这样的词。根据这些直接的定义，你可能会认为临床咨询师建立的职业关系是贫乏冷漠的。然而，如果你反思墨菲与狄龙（Murphy & Dillon，2008）提供的关于临床面谈的定义，你会看到像"交互性"、"尊重"、"热情"这样的词。这或许会使你好奇临床咨询师是否可能基于专业性和客观性建立一种同时具有交互性和热情的职业关系。答案为"是的"；这是可能的，但是并不容易。临床咨询师应该是以尊重、热情和合作的方式对待来访者的专家，同时又至少保持着一些职业距离和客观性。我们还应该指出，保持这种平衡既有挑战性，同时又非常令人愉悦。

有的学者略带讽刺地把心理治疗称为"购买友谊"（Korchin，1976），但是治疗关系与友谊有许多不同。你的朋友通常不会安排和你在办公环境内约会。更重要的是，他们不会把自己的自我表达、个人成长以及个人问题的解决作为与你见面的主要目的——如果他们这样做，你可能会开始考虑换掉这个朋友。朋友通常不需要带着保险金才能成为朋友，而且友谊带来的益处无须经过结果与功效的研究、在专业杂志上讨论，或在研究生培训项目中教授。最后，人们不需要进入友谊专业的研究生院，不需要变成朋友生活中卓有成效的治疗者或帮助者。

尽管职业关系有社交和友谊方面的内容，但职业咨询师必须学会控制他们友好的程度。成为成熟的专业人员的一部分就是学会对来访者表现热情、互动、坦诚，而同时不违反专业关系的限制（参见练习2.1）。

练习 2.1
界定恰当的关系界限

界限界定了大多数关系，尽管我们不会常常停下来思考这一点。如果界限被打破，常常会出现伦理问题。熟知与角色有关的预期、责任和限制是成为好的咨询师的重要内容。请思考下列违反职业关系界限的例子，评估并讨论每一个例子的严重程度：这个情况是轻微地、有些严重地还是非常严重地违反了界限？

- 在面谈结束后与来访者在咖啡厅一起喝咖啡。
- 请来访者开车捎你一段。
- 有时请来访者一起吃饭。
- 接受来访者一同参加音乐会的邀请。
- 请来访者（一位数学老师）帮你辅导孩子的家庭作业。
- 向来访者借钱。
- 和来访者一起议论你们都认识的某个人。
- 和一位来访者谈论另一位来访者。
- 幻想和来访者发生性关系。
- 给来访者一点生活费，因为你知道来访者接下来一周没有食物。
- 请来访者一起参加你在教堂、犹太教教堂或清真寺的活动。
- 因为来访者给你优惠，所以你从来访者的股票经纪人那里购买股票。

- 与来访者约会。
- 把来访者的姓名告诉一个志愿机构。
- 为来访者的工作应聘写推荐信。
- 请来访者为你写工作推荐信。

来访者的动机

大多数来访者来见心理健康专业人员是由于以下原因之一:

- 主观上感到痛苦、不满意,或个人与社会不协调。
- 其他人,例如配偶、亲戚或假释官要求他们接受咨询。通常这意味着来访者曾有不良行为、惹怒了他人或触犯了法律。
- 个人成长与发展。

如果来访者是因为个人痛苦或功能失调前来咨询的,他们常常会感到灰心丧气,因为自己不能独立地应对自身的问题(Frank & Frank,1991,1996)。与此同时,这些来访者由于感受到他们的问题带来的痛苦或代价,常常具有较高的动机(除非已经非常抑郁,这时他们的绝望会超过他们的动机)。他们强烈的动机可以转变为非常合作、充满希望,并且非常接受治疗师所说的话。

也有些来访者来咨询时几乎没什么动机。他们可能是被别人哄骗或逼迫而来治疗的。在这样的情况下,来访者的主要动机是希望结束治疗或者被确认为"健康的"(Sommers-Flanagan & Sommers-Flanagan,1995b;2007b)。显然,如果来访者没有动机,要建立和维持职业的治疗师-来访者关系对咨询师来说是困难的。

因个人成长和发展而来治疗的来访者常常具有高度的动机参与治疗过程,因为他们是自己选择来的,并且是为了积极的目的。这些来访者可能特别渴望治疗,也容易治疗。

焦点解决的治疗师使用一种相似的三分法描述系统来评估来访者的动机

(Murphy，2008)。这个系统包括以下内容：

1. 治疗的访客：这类来访者参加治疗是被迫的，他们没有追求改变的个人兴趣。
2. 抱怨的人：这类来访者参加治疗主要是因为个人痛苦与他人敦促两方面原因，他们对改变有中等程度的动机。
3. 为改变而消费的人：这类来访者对改变特别感兴趣——为了减轻症状，或者追求个人成长。

在第十一章，我们会更详细地探讨来访者的动机，不仅是关于治疗的动机，还有在生活中做出重大改变的动机。许多研究者和临床工作者在著述中探讨了改变的准备状态、改变的阶段，以及动机如何与治疗方式交互作用(Berg & Shafer，2004；Prochaska & DiClemente，2005)。

确立共同目标

为了与来访者确立共同的治疗目标，咨询师必须进行程序评估。在最初的会谈中，咨询师帮助来访者识别他们认为哪里出了问题，以及他们认为什么能起到帮助。当来访者与咨询师对来访者的问题达成一致认识时，建立治疗目标相对更容易简单。

另一方面，有时来访者和咨询师对于治疗应达成什么目标意见不一致。这种不一致可能有许多原因，包括但不局限于以下几点：(1) 来访者的动机或领悟力不足；(2) 治疗师的动机或领悟力有问题；(3) 社会文化差异。一直以来，心理治疗中比较具有指导性或权威性的流派通常认为来访者的动机和领悟力是有限的或有问题的，而治疗师的动机和领悟力相对无可指摘。近期，或许是由于对知情同意和责任等伦理问题的重视，大多数治疗流派开始关注来访者的视角，承认来访者动机的核心重要性。

或许是为了加强冲突和刺激性，通俗的书籍和电影中常常描绘治疗师与来访者有不同的（有时是不可相容的）治疗目标。在现实中，来访者来咨询时通常具有相当强的领悟力，而治疗师也具有相当的灵活性。这使得合作的目标设定成为可能。作为咨询师，你需要珍视来访者的视角，与此同时提供你关于恰当的目标与方法的专业意见。保持这种平衡需要你的敏感、智慧和出色的沟通技能。

咨询师作为专家

临床咨询师应该是心理健康领域的专家，因此有责任在进行治疗之前对来访者的问题进行专业评估。最低程度的首次评估应包括细致评估来访者当前的问题、分析他们对治疗的期待或目标，并回顾他们曾尝试过怎样的解决方法。在大多数情况下，如果初始评估显示来访者和咨询师的目标不能相容，咨询师有义务为来访者提供找其他治疗师咨询的机会，或者建议处理问题的其他方式。

基于不充分的评估提供了不成熟的干预，就会影响疗效（Hadley & Strupp, 1976; Lynn, Martin, & Frauman, 1996）。在尚未进行充分的评估并确立共同目标之前就提供不成熟的干预，会产生一些消极影响。例如：

- 咨询师可能选择了一种不适当的治疗途径或技术，可能会对来访者造成伤害（例如，加重了焦虑而非减轻）。
- 来访者可能感到被误解或被仓促处理，因此判断自己的问题太严重，即使是专业人员也难以理解，或者咨询师不太聪明或没有能力。
- 来访者可能会遵循面谈中不正确或不恰当的指导，而对治疗产生挫折感。因此，来访者对于此后的治疗方法以及此后的咨询师的坦诚程度可能会大大降低。
- 咨询师可能没有花时间倾听来访者已经使用的解决问题的方法。因此，他或她可能给了来访者一种已经使用过并发现无效的"治疗良方"。因此咨询师的可信度会下降。

临床面谈可能造成不太好的效果。消极效果常常源自误导的、缺乏文化敏感性的、不当或不成熟的帮助。明智而有效的咨询师会努力建立治疗关系，认真倾听，评估来访者的问题与优势，确立合理的共同治疗目标，然后才运用具体的改变策略。

来访者是专家

这一点是如此显而易见，以至于提及这一点都有些奇怪。进行临床面谈时，在坐在房间里的两人之中，来访者毫无疑问是关于他自己的专家。指出这个事实可能让人感觉有点傻，但不幸的是，出于许多原因，咨询师可能陷在自己的专家身份中，有意或无意地试图篡夺来访者个人的权威性。

咨询师可能以许多方式这样做。最近，我（约翰）有些过于想要说服一位来访者让她明白她并没有"双相障碍"。尽管我有良好的意图（在我看来，这位年轻的女性如果没有这个双相障碍的标签会更好），但对来访者来说，坚守她的双相障碍身份有某种有用或重要的原因。当然，作为"心理学专家"，我认为这是荒谬的。我认为这样一个贬低自己的标签阻碍了她的许多个人优势的发展。因此，我努力把我的观点灌输到她的信念系统中。无论如何，我没有成功。

前面的例子清晰地显示出，尽管我们通常在心理健康问题方面有专长，但我们仍需要努力地尊重来访者的世界观。近年来，各种理论流派的实践者都更加强调作为专家的治疗师需要让位于来访者个人的生活体验（Sommers-Flanagan & Sommers-Flanagan, 2004）。现在比任何时候都更需要咨询师付出巨大的努力来认可并接纳来访者的专家性。这可能部分由于我们（作为心理健康专业工作者和倡导者）日渐意识到来访者对他们自己和世界可能有非常不同的观点。

最终，我凭什么去告诉来访者她不要这个双相障碍的标签就更好呢？也许这个标签多少能给予她一些安慰呢，虽然方式会有些奇怪。或许她因为有一个标签可以向自己解释自己为什么会有这样的行为而感到舒服一些。或许她还没有准备好放弃这个标签。这至少有三种可能的积极影响：第一，就她不是双相障碍这件事，我可能说服了她，随后她放弃了负面的标签；第二，或许她说服了她自己，她是双相的，尽管我认为这个标签对她是有害的，但她却多多少少因此而生活得更加快乐；第三，或许经过一段时间，经过治疗和生活，当她准备好的时候，她最终会放弃双相障碍的标签。

无论师从哪一理论流派，有效的咨询师都会尊重来访者的个人专家性。我们需要这种专家性。事实上，如果来访者不愿与我们合作分析他的专家知识,我们至少会失去一部分作为帮助者的能力。

运用倾听技术和心理技能

在心理健康领域,在评估与干预中最具体和共有的因素是敏感而有效的倾听。无论你的主要角色是评估者还是干预者,你必须向来访者(或来访者的父母、家人、支持系统)显示你是一个好的倾听者。

尽管人们通常认为,倾听来访者的故事的最佳方式是提出巧妙设计的问题,以此表现出面谈者的技能与兴趣。然而,正如其他许多假定一样,这种假定是过于简单化和错误的——所以请马上从你的头脑里清除这个假定。请记住,尽管提出好的问题对于面谈很重要,但提问也是一种指导性的面谈行为,它没有给来访者留下自由表达的余地。在某种意义上,一开始就立即以诊断或临床模式对待来访者是缺乏尊重的,因为提问会引导和限制来访者的表达,由此得到的材料是咨询师认为来访者应该给出的材料。事实上,来访者需要告诉你的东西也许与你使用指导性提问所关注的内容非常不同。

出于多种原因,我们应首先充分倾听(同时不做评判)来访者的观点,而暂时延后运用具体的心理学技术。下面的指导可能对你有帮助:不管看起来是否会显得有些落后,你在开始治疗时应主动抵抗想要帮助来访者的冲动。相反,你要尽可能深入、充分、仔细地倾听来访者。这样做很可能比你提供不成熟的帮助更有益处(Miller & Rollnick, 2002; Rogers, 1961)。

案 例

杰瑞·菲斯特,一位在美国俄勒冈州波特兰市帮助街头青年的治疗师在一本书中写下了以下的经历(Boyer, 1988)。一天夜里,他在一所即时接待的咨询中心工作。一位年轻女性走进来,看起来明显地激动不安。她以前来过,所以杰瑞认识她,于是他喊着她的名字向她致意。她说:"嗨,我真需要有人听听我说话。"他把她带到办公室,花了几分钟听她的遭遇,那是令人感叹、难以置信的故事。然后他做出了他认为是理解的、支持性的表达。这位年轻女性立即停止了谈话。当她过了一会儿重新开始说时,她再次表达她需要有人听她倾诉。不一会儿,同样的事情又一次发生了。当她又一次停下来再开始时,杰瑞决定就按她的话来做,于是在接下来的90分钟,他一言不发地坐着。这位女性尽情地倾诉,终于逐渐平静下来,重新获得自控。当她准备离开时,她看看杰瑞说:"这就是我喜欢你的地方,杰瑞,即使开始你没有理解,最终你还是明白了。"

杰瑞从这件事中学了重要的一课。这位年轻女性需要人倾听,不希望受到干扰,这种需要已经明确表达。故事的寓意很明显:有时,积极倾听就是干预。

咨询师与来访者之间的独特互动

临床面谈之所以复杂,其中一个原因就在于面谈是两个人(或更多人)之间的互动,这本身就包含着一定的不可预测性。每个来访者和每个咨询师都把新的一组DNA、人格特质、态度和期望带入咨询室。这使得每一个面谈都是独特的经历。对于面谈,没有什么适用于所有情境的公式。然而,所有的面谈都至少包含三个不同的变量:来访者、咨询师和他们的互动。尽管本书大部分内容关注来访者和来访者-咨询师互动,但下面的这部分将关注你——咨询师——以及你对面谈过程独特的贡献。

自我意识

镜中的我们望着自己,带着一种与其他人的形象非常不同的魅力和能量。我们以一种略带尴尬的方式被它吸引,兴奋而强烈地卷入。你是否记得上次别人给你看的你自己的照片,或从录像中看到的自己?难道你不曾感到一种强烈的情感和一种对他人如何看你的深深好奇?

——西摩·费歇尔《躯体意识:你是你的感觉》

我们喜欢回忆起一位大学垒球老教练充满热情地谈论击球的困难。他说,用一根圆的球棒与一个圆球发生接触实际上是不容计算错误的，这需要球员的身体成为一个可以对以不同的速度高速飞行的又小又圆的旋转物体迅速做出反应和调整的工具。

成为一名优秀击球手的过程需要知识、实践，以及优秀的躯体意识和手眼协调能力。临床面谈者也需要知识、实践和自我意识。（手眼协调能力则不是必要的。）

让我们进一步引申这个类比，作为一名专业的临床面谈者，你必须不断地与你初次见到的人进行实实在在的心理、社会、文化与情感的接触。通常，你应在短短50分钟内完成这个任务。要进行这种接触，你必须对于人们表达自己的无数种方式非常敏感而容忍，也要对你自己的躯体、心理、社会、文化与情感表现同样敏感而有觉察。（现在哪一个过程看来更困难？打垒球还是不断进行有效的临床面谈？让人庆幸的是：在达到一定年龄后，打垒球的能力迅速降低，而有效的临床面谈的能力有更长的寿命。）

高水平的自我意识（而不是自我关注）被看作一种积极的人格特质，而且也是临床面谈者尤其重要的特点。自我意识帮助面谈者了解自己的个人偏好与情感状态会如何影响甚至可能扭曲他们对来访者的理解。治疗来访者的日常工作可以引起面谈者的情绪反应（如，焦虑、抑郁、快感缺乏）。好的咨询师在进入专业的咨访关系之前，会力图理解自己与自己的人际关系（Macaskill & Macaskill, 1992；Norcross, 2000）。正如高超的运动员必须具有高水平的躯体意识才能表现好一样，有能力的面谈者必须拥有不凡的心理、情绪、社会与文化的自我意识才能表现出最高水平。

客观自我意识

通过录音和录像倾听你自己的语音和说话模式、观察你的面部表情和躯体姿态，有助于你从新的角度看自己。增强这种意识对于个人和职业都很有价值——同时在个人和职业层面也很痛苦！

不幸的是，对我们大多数人来说，通过观看自己的录像、倾听自己的录音来增进自我意识是令人不适和气馁的。在文献中，描述这种现象的术语是客观自我意识，但我们大多数人称之为自我关注（self-consciousness）

(Damsteegt & Christoffersen，1982；Davis & Franzoi，1999)。对于治疗师来说，实践中的问题是如何增强自我意识而同时不产生过多的不适与自我关注。对此难题的一个可能的解决方式是接纳你的自我关注并把它看作增强临床技能的一个积极步骤（Fenigstein, Scheier, & Buss, 1975；参见练习2.2）。换言之，尽管可能看来痛苦，但常常观看自己咨询来访者的录像是非常好的练习。

尽管令人不适，但接纳你的自我关注会始终是你职业生涯中的一个良好练习。我们从自己的切身经验中知道这一点。我们最近录制了一系列自己咨询年轻来访者的录像作为培训之用。我们躯体外貌的每个细节、每个面部表情、我们说的每句话或没有能够说出的话都无比清晰地凸显出来——特别是对我们自己而言。即使在看了许多遍之后，我们还是难以专注于我们要介绍的技术方法，仍会不时地自我关注。

练习 2.2
脱敏与客观自我意识

客观自我意识是研究者用于描述在录音录像中听到和看到自己时的不适感的术语（Fenigstein, 1979）。这种不适来自于对自己的躯体方面的观察（例如，语音特点、躯体外貌、特有的姿态）。看到和听到自己会增加自我意识，但也使自我关注与抑制更强。在你回放和复习自己的面谈记录时，你也应预期体验到中度水平的不适。坦率地说，我们大多数人都痛恨观察自己的形象——特别是最开始时。

我们建议你利用每个机会在录像带中观察自己。反复观看自己的录像能帮助你消除自我关注。你甚至会最终发现自己的魅力所在。下列建议能帮助你处理好客观自我意识：

1. 尽可能经常地对自己的面谈进行录音或录像。
2. 如果你愿意，首先独自看录像或听录音，这会让你在把这些带到小组中时感到更舒服（或者，也许你会不幸地感到更不舒服）。

3. 向别人，也许是向会听到或看到你录下的面谈过程的整个小组承认自己的不适感。你可能会发现小组中许多人也承认感到不适并支持你将录音、录像带给大家的勇敢行为。此外，即使只是向你信任的人说出自己的感受，也是一个好的应对策略。

4. 对于别人的积极和消极反馈保持开放心态，如果你不想要反馈，不妨要求大家不提。

5. 如果你不太能理解有些人的反馈，请对方解释清楚。

6. 记得感谢那些给你反馈的人，即使你不喜欢或不同意其中的内容。在我们的文化中，我们很难有这样的机会对于别人眼中的自己得到直接反馈。请利用好这种机会，使之促进你的个人成长。

7. 正如罗杰斯（Rogers, 1961）与马斯洛（Maslow, 1970）所说，自我实现的人或能力充分的人是"对经验开放"的（Rogers, 1961）。我们相信健康的面谈者具有类似品质。防御无法获得益处。请对反馈努力采取一种开放而无防御的态度。如果这对你而言太困难或压力太大，可从你信任的人那里寻求支持。

8. 如果你不能在班里或小组里找出信任的人，你有几个选择。第一，不断努力建立与同学的信任关系。有时，在人际关系中坚持下来会带来收益。第二，在组外找到你可倾诉的人（或朋友、同事、治疗师），而最终目的仍是在组内找到信任的人。第三，找一个你可以信任的新的小组或个人。有时，病态的小组或班级形态不会为成员提供共情与支持。如果你确定是这样的情况，就设法找更健康的环境。另一方面，在离开小组之前，务必仔仔细细地自我审视。也许你能通过调整自己的态度而成功地留在小组中。

9. 学习一项放松技术，许多躯体或精神的放松方法可以帮助你处理自我意识带来的紧张与焦虑（Davis, McKay, & Eshelman,

2000；Kabat-Zinn，1995）。

自我意识的形式

自我意识有许多种形式。其中包括躯体的自我意识、心理社会自我意识、发展性自我意识、文化自我意识以及对自己关于临床面谈的期望和误解的意识。下面我们将介绍每一种自我意识形式。

躯体自我意识

躯体自我意识包括对自己的音质、身体语言与自我的其他躯体方面的意识。了解自己的躯体表现如何影响他人十分重要。有些人的声音非常柔和、热情、令人舒服，而有些人显得更权威。我们建议你花时间听听自己的录音或请别人来听，这样你可以就他们对你声音的看法征求反馈。

来访者对面谈者的感知有时受面谈者性别、种族或肤色的影响。例如，人们常把男性面谈者描述得更为理性和权威，而把女性面谈者描述得更热情和有同情心（Basow，1980）。尽管这可能反映出文化中的刻板印象，但也可能与该来访者过去两性关系的历史有关。无论是哪一种情况，这种影响都可能与你的实际行为没什么关系（Witt，1997），但属于你在总体的躯体自我意识中必须考虑的因素。

在社交情境、治疗或面谈教科书中很少直接讨论肤色。正如图玛拉-奈拉（Tummala-Nara，2007）指出的："开始对肤色的讨论对来访者和咨询师来说或许都是不适和困难的，因为其意义复杂多变，有时伴随着深深的羞耻感。"这是不幸的，因为研究显示，人们——即使是有色人种——通常对更深的肤色有无意识或内隐的消极联想（Nosek，Greenwald，& Banaji，2005）。只有让这些浮出水面并对其进行讨论，我们才能开始克服这种偏见和种族主义的无意识根源（参见多元化要点2.1）。

> **多元化要点 2.1**
> **谈论肤色**
>
> 我们认识的 12 岁以上的人没有谁对谈论肤色感到毫无不适。然而，因为研究显示许多人存在无意识的肤色偏见，我们认为在研究生教育阶段应该对这个可能具有很强情绪的主题做些讨论。这也是我们推荐下列活动的原因：
>
> 参与内隐联想测验，来评估你对不同肤色的人具有的潜在的、可能是无意识的态度。我们建议你完成测验，然后和班上的其他同学讨论你对测验的反应（以及你对测验结果的反应）。
>
> 尽管我们认为直接与来访者讨论肤色和其他种族、民族及文化问题很重要，但我们建议你在进行讨论时应具有谨慎的态度和临床敏感性。当一位白人咨询师面谈一位有色人种的来访者时，提出肤色的问题可能不恰当——因为白人咨询师应该自己厘清肤色问题，而不是把来访者拉入这个问题。与之相反，肤色、文化和人种是初学咨询的学生在课堂上讨论的主题，这样会使你在咨询中更自然地倾听这些问题。

心理社会自我意识

心理社会自我意识是指你如何看待自己与他人的关系。正如班尼特（Bennett, 1984）所说，它是一个不严谨的概念："社会自我是更难以捉摸的。没有哪面镜子能让我们真地看到我们的人际关系，大多数的反馈、大多数自我知觉都来自他人。"

心理社会自我意识不仅包括有关他人如何看待我们的反馈和我们对此的知觉，还包括心理、社会与情感需要以及它们如何影响我们的人际生活。在马斯洛（Maslow, 1970）常被引用的需要层次论中，他指出一切人类都有基本的生理需要、安全需要、自尊需要、自我实现需要，以及对爱、接纳和人际归属的需要。好的临床面谈者能够意识到他们自己的特定心理与人际需要，以及这些需要会如何影响他们的面谈和咨询行为。增进你的心理社会自我意识的一种方法就是通过自我反思审视自己、自己的生活和职业目标。你可以问自己以下一些问题：

- 我最重要的个人价值观是什么？它在我的言行、着装、生活方式中是否表现出来了？
- 我的生活目标是什么？我真正想从生活得到的是什么？为什么？我的日常行为是否有助于我走向我的生活目标？
- 我的职业目标是什么？如果我希望成为一名咨询师或治疗师，我将如何达到目标？我为什么希望成为一名咨询师或治疗师？
- 如果只用几个词，我会如何描述自己？我会如何向一位陌生人描述自己？我喜欢自己的什么，不喜欢自己的什么？

常常从信任的朋友或同事那里得知你留给他人的印象很重要。清楚地了解别人如何看你能帮助你避免把来访者对你不准确的评估信以为真。

评估你的心理社会自我的另一个方法是传统的心理测验。在咨询、社会工作和心理学的许多研究生培养项目中包括个人评估或心理评估的课程。我们建议你在参加这些课程时做一些人格测验，以此作为详细探询自己的一种方式。看看你在这些测验上得分如何，将这些得分与你了解到的自己的其他信息整合在一起,这样做既有趣又让人焦虑。

案例

有一位来访者常指责她的治疗师过于缺乏情感。她说:"你从来没有任何情感。我在这里向你掏心挖肺,而你就像木头一样硬邦邦的。你真的关心我吗?"

为了更好地理解来访者的感知,治疗师寻求同事的反馈,而同事告诉他,他是友好而关爱别人的人。此外,他同时咨询的另一位女性来访者不断指责他"情感过剩",对她所说的东西反应过度。两位来访者都是精神病院的住院病人,他们对治疗师的感知是受个人问题的影响。然而,即使是较为正常的来访者也可能对你的躯体、社会和情感表现产生明显扭曲的知觉。如果你未曾从同伴或督导那儿得到过有关你的人际风格的反馈,你可能会变得惊慌失措。这种过程叫做移情或平行扭曲,我们将在第五章中讨论。

发展性自我意识

尽管发展性自我意识与心理社会自我意识密切相关,但我们认为对两者分别进行讨论有重要的意义。发展性自我意识指的是人们对个人的历史即显著影响个人发展的具体事件的意识。每个人或多或少都有一些生动的记忆,标志着自我非常个人化的方面,这些记忆常常是发生在人生发展的转折时期(如青春期)的个人奋斗、胜利或伤痛。

在精神分析的传统中,我们建议你探索自己从童年开始的人际关系历史。回顾并找到你与他人关系的模式中的一致性会使你对自己在临床面谈中对来访者做出的反应有所领悟。开始这种探索的一个方法是静静地坐下来,回忆你生活中那些对你今天的状况发生过关键影响的人和事。尽可能往前去追溯,尽可能详细地回忆每一个人或每一个场景。你甚至可以按时间把它们列出来,画出自己的心理社会发展史地图。另一种探索自己发展史的方法是进行各种形式的精神分析治疗,我们衷心推荐这种做法(Greenberg & Staller, 1981;

Norcross，2000）。

文化自我意识

自己所属的部落天生优于其他部落，或者自己的国家、种族天生优于其他国家、种族的信念，可能与我们人类的历史一样久远（Zuckerman，1990）。过去，地理上的隔离及因此而产生的近亲繁殖造成了近亲群体成员之间的相似性，外行人把这称为种族的特征。朱克曼（Zuckerman）指出，这些特征在一个连续体上变化，与种属差异相比只是一种表面上的差异。根据文化普遍主义的观点，种族之间的相似性大于差异性，正如文化之间的相似之处数不胜数，多于文化之间的差异（Sue & Sue，2008）。

但也有些人指出，在我们的文化与种族认同上存在的差异确实具有强大的影响力。我们对于什么合适、什么不合适，什么是对、什么是错，甚至什么是正常、什么是异常的看法很大程度受我们自己的文化、宗教、政治与性别类别教育的影响。两个人是否能互相理解不但取决于种族或文化背景，而且取决于各自认为自己所熟悉的东西更正确甚至优越的信念有多强。对另一文化中的人的真正理解始于接纳文化差异，并将其看成是人类正常甚至有趣的方面。这种观点——所有人因各自的文化而不同，这种不同应得到认可和尊重——比较符合文化相对主义的视角（Chipeniuk，1995；Evanoff，2004；Jameson，2005）。

社会学家从多种角度研究了我们称为"原型"的现象。一个重要的发现就是，通常人们以原型看待他人的频率因他们接触其他群体中的他人的个人经验增多而减少。尽管仅仅是有所接触不足以打破原型，但它可以改善人们对来自不同种族背景的个体的态度，降低有关的焦虑（Stephan，Diaz-Loving，& Duran，2000；参见多元化要点2.2）。

多元文化仍是心理学、咨询和社会工作中的一个热点问题。有关多元文化理论与实践的讨论导致激烈的争论并不少见。一个最近的例子是斯托尔等人回应理查德·斯图亚特关于多元文化胜任力的一篇文章（Stolle, Hutz, & Sommers-Flanagan, 2005；Stuart, 2005）。斯托尔等人认为，斯图亚特对多元文化胜任力的观点可能使种族与文化偏见更加顽固。尽管我们赞同并支持美国咨询师协会和美国心理学协会关于多元文化胜任力的观点，但我们也认为多元文化胜任力这整个概念都可能有误导作用；我们担心临床实践者可能不当地假定存在一种已具备多元文化胜任力的最终状态。我们非常赞同瓦尔加斯的观点（Vargas，2004），他曾指出：

> 对多元文化胜任力的关注也令我担忧。我非常努力地想以符合其文化的方式对来访者做出反应。但是我是否能说我已经达到"多元文化胜任"了呢？当然不是！尽管我做出了许多真诚的努力，但我仍然是"瓷器店里的公牛"*，恰如这个成语的文化含义所言。

多元化要点 2.2
发现你的个人偏见

我们建议你和同学花时间思考自己的文化、宗教和政治偏见。探讨这些很有帮助，即使只是你们自己来探询也是如此。你们班上有多少人从小就被灌输上帝是一位男性的信念？有多少人从小就被灌输为穷人服务是人生的一项崇高使命的信念？有多少人从小就被灌输守时和排队是软弱的表现的信念？有多少人从小就被灌输岳母和女婿之间不应该讲话的信念？不同的信念与价值观是列不完的。使问题更复杂的是，我们并不只是需要了解自己所接受的教育与信念是怎样的，还需要了解我们的文化信念与另一种信念是怎样相互作用的。我们是如何成熟的？我们会如何对待那些持有我们曾经持有的信念的人？具备文化自我意识并不容易，但通过接触、反思、讨论、阅读，甚至是个体治疗以发现你的偏见与盲点，将帮助你对来自不同文化的人更加敏感，为其更有效地提供帮助（Paniagua，1998；Sue & Sue，1987；Sue & Sue，2008）。

---

*意为"鲁莽之人"。——译者注

对面谈的期望与错误观念

在你开始进行面谈之前，我们建议你更深入地探索你的预期，具体来说，就是想一想你对自己作为一名临床面谈者所怀有的期望。你预期自己会很容易做到有效和成功，还是认为你在努力后最终会惨遭失败？当你想到你的第一次临床面谈时，你头脑中出现的是什么想法或景象？你对自己在面谈中的行为有些什么固有的观念？你是否认为，要成为一名好的治疗师，你必须成为某一种特定类型的人？请写下你对进入这个职业的想法、感受与期望。

物理条件

> 环境不仅有刺激或鞭策作用，还有选择作用，其作用类似于自然选择，虽然在时间规模上有很大不同。现在我们清楚地知道，我们必须重视环境对有机体的作用，它在有机体做出反应前后同样起作用。行为被其结果塑造和保持，一旦认识到这个事实，我们就能更加全面地陈述有机体同环境之间的相互作用。
>
> ——B. F. 斯金纳《沃尔登第二》

当咨询师和来访者坐在一起谈话时，一些环境因素将影响他们的行为。尽管咨询师可能是影响来访者行为的最重要的环境因素，但是其他的或外在的变化因素也会对面谈的过程和结果产生重要的影响。咨询师应该在面谈前意识到这些因素并认真对待它们。

房间

什么样的房间最适合临床面谈？

当然，一些不可控的外部条件决定了你只能用某种房间来做面谈。许多学校里并没有专门为临床面谈设计的房间。事实上有的咨询师根本没有专用房间，我们的一些同事在美国世贸大楼遗址做咨询，或者在卡特里娜飓风后作为志愿者在体育馆提供咨询，他们坐在室外的长椅上，或者必须以其他方式开展工作。此外，行为治疗师有时会把来访者带到引发焦虑的现场，以实施减少焦虑或反应阻止技术（Fones, Manfro, & Pollack, 1998；Wells, 1997）。治疗活动也可能发生在户外——在慢跑、散步、跳舞之时，或坐在一个舒适的环境中，例如在天气好的日子里坐在树下（Hayes, Strosahl, & Wilson, 1999；Long, Granit, & Barney, 2002；Malchiodi, 2005）。

尽管有这些例外，我们还是建议接受临床训练的学生采取传统保守的方式。为了保证房间在一定程度上在你的控制之下，你需要密切注意某些特征。

对面谈所用的房间的最低要求是具有私密性，同时也需要一定的专业装修布置。一般来说，人们并不倾向于在学生活动大楼内边喝咖啡边透露自己心底的恐惧与秘密，至少不会对一个刚刚认识的人说。另一方面，尽管你力图表现自己具有专业性，但也不必把自己置于巨大的橡木书桌后面，并以天鹅绒窗帘和悬挂的27个专业证书作为背景。正如许多与面谈有关的变量一样，在选择房间时，最好在专业而正式与随意而舒适之间找到一个平衡点。请把房间设想成是你的专业自我的延伸。在最初的面谈中，你的主要目标是促进信任和希望，建立治疗关系，促使来访者坦诚地谈话。你选择的房间应反映出这些目标。

控制是布置面谈的房间和营造气氛的最核心的因素（参见练习2.3）。来访者当然会自己做一些小的选择，例如座位的选择，但是总的来说，咨询师应该控制整个环境。

有许多元素可以将临床面谈和其他社会交往区分开来。其中的一点是，用于面谈的时间应该是不受打扰的。打扰不仅浪费时间，而且还花费很大代价。尽管在商业或社会接触中，打扰是容许甚至是受欢迎的，但在面谈或治疗中却不是这样。在我们的临床训练中，从看门人到管理者，每一个人都要认识到，面谈进行中的咨询双方是不可以被打扰的。秘书也从不会打扰他们，实际上，他会极其忠诚地守护着学生和来访者的临床面谈，使学生和来访者不受打扰。

用于临床面谈的场所与时间应该就是专门为此而设的。如果你无法拥有私密性得到保证的房间，你就应该在门上放置"请勿打扰"或"正在咨询"的牌子，以减少被打扰的可能性。另外，应把电话、手机和答录机设成静音或关掉。你肯定不希望在你与来访者开始分享非常深层的个人情感时突然听到手机振动或者答录机播放"你好，这里是××"的留言。

还有一件要提醒的事。尽管咨询师会采用每一种合理可用的方法来保证自己不被打扰，但不要锁门。这里有许多不锁门的理由。例如，如果你的来访者是冲动控制能力较弱或会对你发火的，你最好有一个马上可以离开的出口。我们当然希望最好你不需要用到这个出口，但如果有它存在你会感觉更好。而且，锁着门会传达出某种亲密感，可能使有些人误以为你有某种企图。总结起来就是：安静、舒适、安全——需要；锁门——不要。

有时，尽管我们尽了最大的努力，干扰还是会发生。基本上有三类干扰。首先是一些偶然或短暂的干扰。例如，一个新的办公室管理者或未受训练的看门人可能会敲门或直接进入房间，因为他们不理解私密性的重要性。如果是这样，咨询师应该婉转地告诉打扰者这个会谈是私密的。

其次，还有一些干扰是合理的，并需要一些时间去处理。例如，你七岁女儿的学校秘书打电话到你的办公室，告诉你，你的女儿生病了，你需要马上到学校接她。这种干扰需要咨询师用五分钟的时间联系有空的朋友或家人去学校接孩子。在这种情况下，咨询师应告诉来访者他必须暂时中断面谈一会儿，并道歉，然后去打必要的电话；当回来开始面谈前，咨询师应再次道歉，并补回耽误的面谈时间（问来访者"今天你能多待五分钟吗"或"你觉得我们把刚才耽误的五分钟时间在下次面谈时补上怎么样"），然后再尽可能自然地继续刚才被打断的面谈。

最后，干扰可能是你由于某种个人或职业的紧急原因需要马上到别的地方去。如果是这样，咨询师必须为不得不结束这次面谈而道歉，重定下次面谈的时间，并免费进行重定的面谈（或归还来访者这次面谈的费用）。根据理论取向的不同，告诉来访者这次紧急状况的性质可能是必要或适当的，也可能不是。通常，咨询师做一个平静的解释就可以了：

> "非常抱歉，我必须离开，因为有一个紧急情况必须马上处理。我希望你理解，但我们需要重约一个时间。这是很少见的情况，我对给你带来的不便感到非常抱歉。"

通常，告诉来访者你离开的基本信息会减轻他们的担忧和好奇。

总之，处理干扰的要点是：(1) 表现出冷静与应变能力；(2) 为干扰向来访者道歉；(3) 补偿来访者由于干扰失去的面谈时间。此外，如果干扰发生时咨询师在做记录，他或她必须确保记录放入安全的文件夹里或在需要离开咨询室时把它交给管理者处理。

练习 2.3
控制面谈的环境

请想象你自己正面对下面的情境：一个咨询的学习者给一个志愿的来访者打电话。

"你好，请问莎莉·辛普森在吗？"

"我就是。"

"莎莉，我叫贝丝·麦克尼特尔，我正在做443号面谈，你曾签名愿意接受有报酬的面谈，我从你所在的心理学101班拿到你的姓名，所以我打电话和你约个时间。"

"哦，好，没问题……但是现在已是学期末了，我挺忙的。"

"呃，是的，我也想在这学期早点做完面谈，但是呢，好吧，让我们看看能否找个时间。"

在核对了日程后，他们找了一个双方都有空的时间，但不幸的是，贝丝忘了去看是否有空房间，并发现在他们选择的时间里没有房间，于是她又给莎莉打电话。

"莎莉，我是贝丝·麦克尼特尔，抱歉又打扰您，但是在我们商定的时间里没有房间了。"

莎莉的声音听起来有些不高兴，贝丝感到有些抱歉、亏欠和窘迫。这时离学期结束只有一个礼拜，她们讨论了有限的选择，贝丝说："也许我应该找别人。"

莎莉回答："嗨，你看，我真的想参加，我需要这个学分，为什么你不来我的宿舍呢？我住在学校大楼，就在校园里。"

由于知道这违反了规定，贝丝不愿意在莎莉的宿舍进行面谈，但是这只是作业，对吗？在安静、舒适的宿舍里有什么不好？谁会知道面谈是在哪儿进行的？除此之外，总比把莎莉请回自己家好，是吧？贝丝请莎莉确定只有她们俩在房间里。"没问题！"莎莉肯定地回答。

第二天，贝丝去了，已经是下午了，正好碰上学生们休息和发泄紧张情绪的一个小时，要多吵有多吵。糟透了！麦当娜和珍珠酱乐队在空中赛歌，莎莉的朋友在厅那头的房间里烫头发，除了味道刺鼻外也没什么关系。莎莉的闹钟被用于定时。房间里确实只有贝丝和莎莉两人，但是有太多的干扰，其间电话铃响了六次，有两个找莎莉的电话。

非常不幸，但这是一个真实的故事，贝丝勇敢地报告了她的违规和"可怕的"经历。她告诉我们，她悲惨地失败了，她无法与莎莉进行有意义的交谈，她承认感到失去控制。也许这个例子比较极端，但它说明了控制面谈环境的重要性。也许一不小心就会失去控制。

安排座位

在教面谈课时，我们通常会问学生在面谈中两个人应怎么坐，学生的各种各样的回答真令人惊讶。一些学生认为应面对面安排座位；有一些人则认为在咨询师与来访者之间放个桌子比较好；还有人认为两人应保持90°～120°的角度，这样咨询师和来访者可以非常自然地转换视线，不用总看着对方。当然，一些学生会指出，经典的精神分析治疗师常常让来访者躺在沙发上，而自己坐在来访者背后，不让他看见。

一些培训诊所会预设座位的安排。例如，我们之前的诊所就有一把软躺椅和两把以上简朴的木椅。从理论上讲，软躺椅可以使来访者舒适、放松，以便于其更自由地表达自己。躺椅也是用于催眠、学习渐进放松和自由联想的最佳座椅。不幸的是，我们的经验证明，特别是在早期阶段，让来访者坐指定的座位会让其感到不舒服。在我们之前的培训诊所里，大家都知道来访者总是避免坐那个有靠垫的躺椅，这让他们好像坐在刀尖或热锅上。

跟座位安排的选择有关的因素有好几个。其中之一是咨询师的理论派别。精神分析治疗师通常选择长沙发，行为治疗师总选择躺椅，而人本主义治疗师通常强调显得舒适和显示同等地位的椅子的重要性。在课堂上，我们也注意到学生们建议的座位安排与他们的个人风格之间的关系。自信心强的学生倾向于选择面对面的安排，而有控制需求的学生通常让他们的来访者坐在沙发或躺椅上。我们建议你最好试试各种不同的座位安排以寻求最适合你的那种，这并不是要你现在就选择出让你感觉最好的那种安排，但是也许会揭示你的偏好和使之明朗化；我们也建议你保持对你的来访者的偏好的敏感性，因为不会有某种安排让他们每一个人都感到舒适或不舒适。

我们通常建议咨询师和来访者在第一次面谈时呈90°～150°的角度坐着，本杰明（Benjamin，1981）将这种座位安排的合理性解释得非常好：

（我）喜欢将两个相同的舒适的椅子呈90°角比较近地摆放着，再加上一个小桌子，这种摆设最适合我，来访者可以在他愿意时看着我，也可以看看前面而不会妨碍他的视线。放在旁边的桌子在需要时可以发挥它的功能，不需要时也不会妨碍任何人。

呈90°角的座位安排是安全而合理的。尽管如此，许多咨询师（和来访者）更喜欢不那么标准的角度，以使他们可以更直接地看到对方而又非面对面（也许是120°）。

在有的情况下，来访者会改变你预先安排的座位，把他们的椅子搬到不同的位置上。总之，我们建议咨询师不必坚持按某种方式就坐。如果来访者在打乱事先安排或非常规的座位上感到很舒服时，我们应允许来访者自己选择，并把这个行为记在脑子里，再继续面谈。把这个记住的原因是以后这个行为或许能帮助你更全面地了解来访者。

当来访者（通常是儿童或青少年）公然拒绝坐在咨询室里合适或相应的位置上时，则不需要遵守前面提到的一般原则了。你可能需要温和而坚定地坚持让来访者在两三个你可以接受的座位中做出选择。在后面讨论来访者的阻抗时，我们会再回到这个话题。

办公室的杂物与装饰

我们在生活中都会随身使用许多物品。某些物品杂乱无章、混乱不堪、有碍观瞻，某些物品则对心灵或眼睛来说更加有趣和宜人。

我们的一位同事（约翰）常常梦见他在准备进行咨询，咨询马上就要开始了，他却忽然发现他的办公室里一片狼藉。房间里遍布一堆堆脏衣服、书本、CD和纸张。在开始前的最后一分钟，他在房间里跑来跑去，把纸张和衣服塞进书桌，以迎接来访者的到来。不幸的是，清理工作还没有完成，来访者就来了，他要为这些碍眼而令人尴尬的混乱场景做出解释。

倾向于释梦的人可能很快就假定约翰在治疗中因泄露了太多的心理包袱而需要整理。尽管这个解释很可能是对的，但约翰也有更具体的问题，他难以保持办公室整洁有序（尽管他非常注意避免在办公室里乱扔脏衣服）。要点在于，要有意地、自律地、有品位地安排办公室的装饰与物品摆放。

不管你是否希望如此，办公室都代表了你的人格和价值观。你可以有意识地将办公室布置得多少有些正式、雅致和表达自我。要努力让办公室对各种各样的人来说都舒适。例如，咨询美国土著来访者的治疗师可能希望在办公室里摆放一些有品位的美国土著艺术品或手工艺品——尽管有品位且具有多元文化敏感性的艺术品显然不能代替足够的对多元文化的意识、接触、学习、训练和督导。

做记录

已经有许多治疗师和学者讨论过做记录的问题（Benjamin, 1987；Levine, 2007；Pipes & Davenport, 1999；Shea, 1998）。尽管有的专家建议咨询师在每次面谈结束后再做记录，有的人却明确指出咨询师可能没有那么好的记忆力，因此在面谈过程中进行记录则更好一些（Benjamin, 1987；Shea, 1998）。在有的情况下，做记录可能会冒犯来访者，但在另一些情况下，做记录也可能促进治疗关系，增强咨询师的可信性。来访者对做记录的反应通常与他们的个性心理因素、人际关系相互作用、先前对做记录行为的经验以及咨询师介绍做记录的方式有关。因为你不能预料来访者对做记录行为的反应，所以在你开始做面谈记录时应解释你的行为。西雅（Shea, 1998）曾这样建议：

> 我通常不会在面谈足够深入之前拿起记录板，当我开始记录时，为了表示尊重，我会对来访者说："我准备做一些记录以确保我能准确地记住所有事，你认为可以吗？"来访者对这种简单的客套话会比较满意。说这些话也能减轻来访者对做记录行为的猜疑，他们怀疑咨询师会对他们的每一个想法和行为疯狂地进行分析。

我们赞同，当咨询师做记录时，他们应有礼貌地告诉来访者，并在过程中顾及来访者的感受。此外，我们建议你练习进行做记录与不做记录两种方式的咨询。探讨在咨询中做记录与不做记录的感受是非常重要的。

做记录的原则

下面列出了做记录的一般原则：

- 永远不要让做记录干扰了面谈进程或咨询关系，要关注来访者多于关注你的记录。
- 向来访者解释你做记录的目的。通常，你的记忆力并不完美的说法就足够了。有时，有的来访者会对你不做记录感到失望，这就需要你向他们解释你为什么选择不做记录。
- 不要用任何方式隐藏或盖住你的记录，这会暗示来访者他们不应看到你的记录。
- 不要将你不希望来访者看到的任何东西写在记录本上。这就是说，你应该把来访者告诉你的事实记录下来。除非你确定你的来访者不会看你写下的东西，你才可以把你想要自己看的对来访者的个人观察记下来。有偏执症状的来访者会对你写的东西产生疑虑，并会要求看你的记录，或者在极端情况下，站起来就拿你的记录本（或从你身后看记录本）。
- 如果你的来访者要求看你写的东西，那么请和他们探讨他们的想法，然后提议让他们浏览你的笔记本。来访者很少会接受这样的提议，但是，如果来访者这样做了，你会为自己遵循了上一条原则而感到高兴。

录音或录像

如果你要记录面谈过程，那么进行记录时应尽可能不妨碍面谈。通常来说，你在讨论录音（录像）设备时显得越放松和实事求是，来访者在被录音（录像）时也就会越快地放松下来。说来容易做来难，因为记录面谈过程也许是为了事后和督导或同学们进行讨论，所以你在开始被录音（录像）时，可能比你的来访者更紧张。为了安抚来访者（而不是你自己），你可以说：

"我要录下我们的治疗过程的主要原因是使我的督导可以看到我的工作。这有助于确保你获得你可能得到的最好的服务，也有助于确保我有效地使用了咨询技术。"

当计划对面谈过程进行录音或录像时，你应该在打开记录仪器前征求来访者的同意。通常，咨询师应得到书面许可。这么做有许多方面的原因。在来访者不知情的情况下记录面谈过程严重侵犯了他们的隐私，这破坏了最基本的信任。从伦理和法律方面来说，向来访者解释这些记录将来可能的用途和将被怎样存放、处理和最终被销毁是非常重要的。

对于录下咨询过程，我们还有一个观察发现。只要你完成了一次最棒的面谈，你必定会发现你的设备有点小小的技术问题，因此你的面谈没有录好甚至完全没有录下来。另一方面，当你进行了一次你情愿忘掉的面谈时，设备总是完美运转，而这次面谈便成了你的督导希望好好探讨的内容。根据墨菲定律的这个具体表现，我们建议你在所有的面谈前仔细检查记录设备。

> **案例**
>
> 一位学员为了获得和一位新来的来访者即将进行的初次面谈的录音，决定在来访者进入咨询室之前打开他的录音机。他想在保存了重要的原始录音材料之后，再和来访者说关于记录面谈过程的事。非常不幸，他没能使来访者继续治疗，因为她认为他的行为是对她的隐私的侵犯。而且，她在他毫无准备的情况下给了他一大通惩罚性的指责（当然他很方便地记录下了对他的指责）。这位学员无意中准确地找到了破坏在面谈早期建立的信任和默契的最好的方法：他没有事先征求来访者关于是否录音的意见。

职业与伦理问题

咨询师在进行真实的或练习的临床咨询之前应先考虑各种职业和伦理方面的问题。初学的咨询师通常注重怎样穿得职业化、怎样自然地展现自己和自己的资质（或缺乏资质）、怎样掌握时间界限和怎么谈保密原则。这章的剩余部分的重点是临床咨询师怎样有效地处理职业和伦理上的问题。

自我展现

你是你自己能否进行成功的临床面谈的首要因素。对新的来访者来说，你的外表和你的自我介绍方式是专业临床面谈过程的重要环节。

外貌和衣着

决定你的第一次临床面谈时的着装可能有些困难。有的人忽略这个问题，另一些人则对穿着得体非常讲究。怎么穿着的问题反映了一个更大的发展问题：你是否真的认为自己是个专业人员？是否已经是时候脱掉童子军的毛衣，摘掉鼻环，盖住文身，或放弃超细高跟鞋了？是否是时候穿上讨厌的三件套西装或精心熨烫的裙子，勇敢面对自己已是成年人的现实，正如你的父母和朋友建议的那样？别担心。我们不想对你应该怎么穿衣打扮指手画脚。我们的观点还是——要有自我觉察。要了解你的着装会怎样影响他人。即使你忽略了这个问题，你的来访者——以及（但愿）你的督导——不会忽略这一点。你的外貌和服饰上的选择向你的来访者传递了很多信息，并可能成为你和督导之间矛盾的起源。

我们知道有的学生风格独特，头发剪得极短，染得五颜六色，戴着大耳环的耳垂被拉得长长的，还穿着花外套、背心、汗衫、紧身运动衣和凉鞋。在人群中他是出众的，但是他如果给一个抑郁的中年农夫或母子关系中存在管教问题的来访者，或本市市长的儿女做咨询的话会有什么影响？不管你认为会有什么样的影响，可以肯定的是影响是负面的。衣着并非无关紧要的，它总会引起相应的反应。咨询师如果穿着异常时尚，双方通过探讨当然能解决，但与其把时间与精力浪费在这个问题上，不如多考虑一下别的问题（参见练习2.4）。

虽然可能并不准确，但人们通常会很快形成第一印象，而你的来访者总是要根据你的外表穿着评价你（Dacy & Brodsky, 1992；Gladwell, 2005；King & Pate, 2003；Lennon & Davis, 1990）。第一印象通常引发模糊的积极或消极情绪反应。

作为临床咨询师，你的外表应给人带来好的第一印象。以穿着及仪表提升默契、信任和可信度应该成为你的专业目标。在你非常了解你的外表会有什么样的影响并了解你会遇到什么样的来访者之前，最好穿得保守一点。

练习 2.4
为成功而容

谈到时尚，每个人都有自己的见解，（几乎）每个人都有自己独特的品位。不幸的是，临床面谈恐怕不是你放松地表达自己对时尚的独特态度的好地方。

如果你的教授或督导没有提起在专业面谈中穿什么合适、什么不合适，你自己也一定要提出来，就当是好玩了。下面一些问题可能引发你与教授、督导或同学的讨论：

- 男性咨询师是否可以戴耳环和扎马尾辫？
- 男性咨询师何时应该戴领带？
- 短裤是否可以成为咨询师的恰当着装？
- 男性咨询师穿露出内裤的低腰裤是否有问题？
- 关于女性咨询师的裙子长度，多短是过短？
- 关于女性的衬衫和上装——领口多低是合适的？

介绍你的资质

学生有时难以把自己介绍给来访者。介绍自己是个学生，可能使来访者想到或讲出贬损的话，例如："所以，我是你的小白鼠？"我们建议学生咨询师热情而清晰地告诉来访者你的全名，并准确介绍你的受训状况。例如，"我叫霍尼·约翰逊，我毕业于临床心理学专业"，或"我正在读硕士"，或者"我曾经参加过高级咨询培训课程"。你应在介绍完后短暂停顿一下，以便于你的来访者有机会对你的资格提出质询。如果来访者有疑问，你应尽量直接而非防御性地做出回答。在介绍你自己时，你应始终是诚实和直率的，不管来访者是做角色扮演的志愿者还是真的来做咨询的来访者。夸大学历来表现自己是不符合伦理的，不管你自己感到多么没经验和资历不够，你都不能靠谎言和欺骗来弥补。

即使是对于这些临床面谈中的简单的介绍部分，练习也是重要的。在说出来以前，请准备好你想在咨询中如何介绍自己。你可以把你的简历写出来或用录音机录下来。我们也建议你在与同伴进行角色扮演时练习自我介绍。这样的练习会使你免于用这样的话介绍自己："呃，我只是个学生，我正在上咨询课程，我不得不练习，所以……呃，我们才会在这儿……"

身为学生并没有什么错，没有必要因为没经验而歉疚。歉疚的行为和态度会让你很快失去可信度。如果你对于在真实的来访者身上"练习"你的面谈技术感到内疚，试试来一点认知疗法：提醒你自己，人们通常喜欢和别人聊聊自己。在我们的社会中，大多数人很少有机会被倾听和像你的来访者那样被你全身心地关注。通过认真倾听，你为来访者提供了积极的体验，同时你自己也从中学会了咨询的技巧。

面谈学习者通常在督导下进行面谈。你可以把这个事实在开始面谈时就告诉来访者，可以这么说：

> "我希望你知道，我由伯恩斯坦大夫督导进行面谈。也就是说，面谈时伯恩斯坦大夫会在一旁，以确保你得到高质量的专业服务。伯恩斯坦大夫是有资质的临床心理治疗家，会和我一样对你所说的保密。"

时间

正如人们常说的，时间是关键。对于临床咨询来说，它当然更是如此。如果来访者是付费的，费用就是依据时间来确定的。尽管临床咨询是一个很丰富、涉及很多内容的复杂过程，但是你出售的商品的度量方式是时间。因此，你必须总是注意并尊重时间界限。

一般来说，一次临床咨询大约50分钟。这个时间长度的确定尽管有些武断，但却很便利；它让咨询师每个小时会见一位来访者，在每次咨询前后还有一点时间来做笔记和阅读文件。尽管有这种常用的习惯的时间规定，但在有的情况下可能会用时短一点，在有的情况下则需要时间长一点。例如，初次面谈和评估性的面谈有时会比传统的心理治疗用时长一些，因为获取足够开始本个案治疗的信息和制订治疗目标都较难一点。根据你的情况，初次面谈的时间最长可达90分钟甚至2个小时。另一方面，一些危机情况要求更灵活。例如，对有自杀意图的来访者的面谈应是时间短一些但次数多一些。

准时开始

准时开始面谈应优先于其他一切。如果你迟到了，你该向来访者道歉，并且用延长面谈或是其他办法来补偿来访者被耽误的时间。你可以这么说："对不起，我今天来晚了。别处的一个安排意外延长了。我们损失了10分钟谈话时间，或许我们可以这次或下次延长10分钟来补上它。"尽管你可能不要求收费,但作为职业面谈者补偿来访者时间损失的另一选择就是根据剩余的时间按比例收取面谈费用。

你应该避免提前开始面谈,即使你这时有空。派普斯与达文波特(Pipes & Davenport, 1999)简明地阐述了这种立场:"来访者会提前出现,并问你'有没有空'。除非存在危急情况,否则回答应是'没有'。"

准时开始可以表达对来访者的尊重。来访者会欣赏那些按时开始面谈的咨询师。我们在班里多次讨论过心理治疗师和医生(精神科医生除外)在准时问题上的不同之处。许多医生在与病人约会时迟到是家常便饭,这种迟到显示了典型的医患关系的性质,也显示了两种职业不同的压力和优先次序。好的临床咨询师尊重来访者的时间和感受,而这一尊重是助人关系的一部分。

如果来访者迟到,咨询师可能会有冲动去延长面谈时间,或是以完全取消面谈来惩罚来访者。二者都是不可取的。来访者应当为其迟到负责,并接受其行为的自然结果,即缩短面谈时间。无论来访者为何迟到,这样处理总是正确的。有时,来访者会对迟到表示真诚的歉意并要求增加一点面谈时间,在这种情况下,咨询师要表示同情,但态度要坚定。你可以说:

> "我也很遗憾面谈时间不得不缩短,可坚持我们的预约时间真的很重要。我希望下周的面谈能够完整地进行。"

除非来访者处于危机之中,否则你下一个小时是否有约并不重要;要坚持遵守你的时间界限。关键在于来访者应当对其迟到负起责任。(同样,咨询师也应当对自己的迟到负起责任。)

对于来访者的迟到,另一种选择是在本周内安排一次额外的约见。比如,你可以建议:"如果你想要弥补今天失去的时间,也许在本周的某个时候,我们可以安排一次额外的面谈。"但要注意,有时来访者为了弥补失去的时间而约定了一次额外的面谈,但他们却不按时出现,从而把问题弄得更复杂。

对那些迟到或错过面谈的来访者,咨询师感到生气和恼火并不少见。正如对待许多情绪反应一样,你应该注意并反思这些情绪反应,而不是按其行事。例如,一位常常迟到的来访者过了10分钟还没有到,即使你很想离开办公室，你也要抵抗这种冲动。你应清楚地表明你对待迟到的态度（例如，"如果你迟到，我会等待大约20分钟，然后我可能会离开"）。如果来访者完全错过了约会，你必须决定是否打电话重新安排时间、发信询问来访者是否想要继续治疗，或者等待来访者来电预约新的时间。请务必与你的督导讨论如何处理这些情况。

有时，如果来访者没有提前24小时取消预约，你所在的机构规定就收取全额费用。如果是这样，你必须在第一次面谈时告知来访者这一规定。同样，你必须告知志愿来访者缺席预定面谈的后果（如：失去额外的学分）。显然，你不会仍要求保险公司支付来访者错过的面谈，因为这样是保险欺诈。

按时结束

临床咨询应当按时结束，我们听过许多不错的借口来说明为什么临床咨询师有意延长面谈时间，可这些借口并不构成打破预定时间安排的充足理由。我们从学生那里（包括从我们自己身上）听来的理由如下：

- 我们正处于突破边缘。
- 她提出了一个临床上的重要问题，而时间只有5分钟了。
- 时间结束时他还在讲，我不忍打断他（他看来有更多的话要讲）。
- 我觉得时间利用得不是那么有效率，应该给来访者更多时间。
- 我忘了带表了，而在我坐的位置又看不到钟。

在上述大多数情况下，咨询师应平静、委婉地指出，今天的时间到了。如果来访者希望的话，下次面谈可以继续讨论这个方面。此外，你还应坐在可以直接看到钟表的位置。在面谈过程中频繁看手表或是转头看钟显得很不礼貌而且令人分心。

在极少数情况下，咨询师延长面谈时间是可以接受的，通常是在紧急事件发生时。例如，来访者可能自杀、杀人或是精神病发作时，时间界限当然可以调整。我们的一位同事有一次被来访者拿枪指着，治疗结束的时间超出了40分钟。在这种情况下，时间界限当然无关紧要（尽管可以想象我们的同事多么渴望他可以简单地说一句"好吧，看来今天时间到了"就能让来访者放下枪离开咨询室）。

尽管有良好的意愿，但有时我们仍不能掌握好时间界限。有一次，一位同事在他的位置上可以清楚地看到墙上的钟表，他发觉那天的时间过得特别慢。后来，那只钟确实越走越慢，最后因为电池没电终于停了。我们朋友的"这一小时"有73分钟。

保密

临床面谈的内容包括让来访者对你谈起那些非常个人化的信息。这不仅是一个困难的任务（人们在向一个几乎不认识的人吐露个人隐私时通常很不舒服），而且是一个重大的负担。来访者信赖着咨询师，吐露他们可能从未和人说过的隐私。当然，前提是他们在心理咨询和心理治疗中所说的都会得到保密。

对于保密有着法律和伦理上的限制。某些信息从伦理上和法律上来说不应保密。例如，一位来访者可能对你说：

"我非常忧郁，我已厌倦生活，我决心不再拖累家里人……我要自杀，我家里有枪和子弹，这周末我打算崩了自己。"

在这种情况下，你有义务打破保密的原则，并向有关当局（如警方、地方心理健康职业人员或精神病院执业人员）报告来访者的自杀计划，并告知其家庭成员。仔细阅读你的专业伦理规范中关于保密的伦理标准非常重要。法律和伦理的立场随着时间会有变化。对这个领域保持清楚和及时的了解很关键。

韦尔费尔（Welfel, 2002）归纳了保密的概念：

保密一词指的是保护来访者身份和所讲述内容的秘密的伦理职责。它是深深扎根于道德规范、伦理原则和职业所追求的目标之中的道德责任。

不幸的是，在各种各样的专业准则中，关于保密的表述都有解释的余地。为了更好地澄清这个标准，练习2.5提供了一些临床咨询师不得不打破保密限制的情况。

请在回顾与你职业有关的保密标准以及上述信息后，花时间与你的同学一同进行头脑风暴，讨论你不太确定的是否需要打破保密规则的可能情况，讨论在这种情况下你应该做什么。

正如专业伦理准则中所表述的，所有临床咨询师在面谈的开始就应告诉病人有关保密的法律限制，应当同时采取口头和书面的形式。对来访者来说，了解清楚职业咨询关系中的这个最重要的基本规则是很必要的。

请设想这样一个场景：一个未被告知保密的法律限制的来访者开始谈论自杀。在这种情况下，临床医生需要考虑，来访者关于自杀的想法是否已严重到需要打破保密限制的地步了。结果是，咨询师突然感到自己必须（同时也感到这是正确的做法）告知来访者自己必须打破保密的限制。在来访者已开始谈论私人信息时，要使这种信息不再属于秘密，就好像是要改变一个正在进行中的游戏的规则，来访者应当提前获知指导咨询关系的伦理规则。也许，告诉了来访者保密的限制会使来访者在报告自己的情况时更加谨慎，这是法律和伦理上限制保密而自然产生的副作用。

无疑，当你对保密方面的法律或伦理责任不大明确时，会出现某些情况。在这些情况下，你必须寻求同事或督导的咨询意见。例如，如果情况涉及是否报告儿童虐待，而你尚不清楚你的伦理法律义务，即使联系你的上级也不清楚最好的行动办法，那么我们建议你同当地的家庭服务机构或儿童保护机构联系，不必提供特别具体的信息，只是咨询一下你的伦理和法律义务即可。在特别困难的情况下，你可能需要咨询律师来得到法律方面的建议。大多数专业机构（如美国婚姻与家庭治疗协会、美国咨询协会、美国心理学协会、全国社会工作者协会）都有伦理委员会或法律专家供你咨询（见表2.1和表2.2）。

练习 2.5
保密及其限制

临床咨询师理解与保密有关的伦理与法律的实践应用是很重要的。以下原则应当遵循：

1. 你必须尊重来访者谈话的隐私性和保密性。这意味着除非得到本人的许可，否则你不得同他人分享关于来访者的个人信息。例如，若有人打电话到你的办公室询问你是否在治疗约翰·史密斯，你应当简单地说："对不起，我们的规定不允许我向您提供这方面的信息。"如果对方坚持，你可以礼貌地加上一句："如果您想要知道某个人是否在这里接受过服务，您需要有一份得到签字的授权书，以便我们能够合乎法律和伦理要求地为您提供此类信息。如果没有这样一份授权书，我就不能随便向您提供来访者的信息。"此外，替你的来访者保密还意味着你要在安全的地方保存来访者的记录。

2. 在大多数州，在下列情况下，你可以吐露消息（打破保密规则）。

   A. 你取得了来访者（或其合法代表）的许可。
   B. 来访者有自杀倾向，你判断来访者有明确的自杀危险。
   C. 来访者计划伤害某人。
   D. 来访者是儿童，你有证据表明其受到性虐待、躯体虐待或忽视。
   E. 你有证据表明来访者对未成年人实施性虐待或躯体虐待。
   F. 你有证据表明发生了虐待老人的事件（可以是因为接待老年来访者，也可以是因为你的来访者暴露出其正在虐待老人）。
   G. 你被法庭命令提供来访者的信息。

3. 记得在每个来访者第一次面谈开始时告诉对方这些法律上规定的对保密的限制。

表 2.1　美国心理学协会《心理学家伦理原则与行为准则（2002）》中关于保密的主要伦理陈述

标准 4：隐私与保密

4.02 讨论保密的局限
(a) 心理学家应同与其建立了科研或职业关系的个人或组织（包括，在可能的范围内，在法律上不能给予知情同意的个人及其法律代表）讨论：(1) 关于保密的限定；(2) 在他们的心理学活动中产生的可预见的对有关信息的使用。（参见标准 3.10，知情同意）
(b) 除非不可行或有禁忌，关于保密的讨论应在治疗关系建立的初期进行，此后根据新环境的需要继续讨论。
(c) 通过电子通信提供服务、产品或信息的心理学家，应告知来访者/病人隐私上的风险和保密原则的局限。

4.05 解密
(a) 心理学家可以在得到机构来访者、个人来访者/病人或其他经合法授权代表来访者或咨询师的利益的人恰当同意的情况下解密保密信息，除非法律禁止如此。
(b) 心理工作者在未经来访者同意的情况下解密保密信息，仅限于法律强制时，或在法律允许下为了正当目的时，如：(1) 提供所需的专业服务；(2) 获得适当的专业咨询；(3) 保护来访者/病人、心理学家或他人免遭伤害；(4) 获得来访者/病人对咨询服务应承担的费用，在这种情况下，信息解密应限制在足以达到目的的最小程度。（参见标准 6.04e，费用与经济安排）

如前所述，美国心理学协会在准则的其他部分还有关于保密的陈述。

表 2.2　美国咨询协会伦理准则中关于保密的伦理陈述

部分 B：保密、特许沟通与隐私

B.1.b 尊重隐私
　　咨询师应尊重来访者的隐私权。咨询师只从来访者处获取对咨询过程有用的隐私信息。
B.1.c 尊重保密
　　若没有获得来访者的同意，或没有合理的法律或伦理原因，咨询师不可与他人分享保密信息。
B.1.d 说明局限
　　在咨询过程的最初和整个过程中，咨询师应告知来访者保密的局限，并努力识别必须打破保密原则的可预见情况。

续表

B.2. 例外

B.2.a 危险与法律要求
　　当需要解密信息以保护来访者或可识别的他人免于严重而可预见的伤害时，或当法律要求必须公开保密信息时，咨询师对信息保密的通常要求不再适用。如果对于是否符合例外有疑问，咨询师应咨询其他专业人员。当处理与结束生命有关的问题时，还有其他适用原则（参见A.9.c.）。

B.2.b 传染性、致死性疾病
　　在来访者吐露自己患有普通人认为是可传播的且可致死的疾病时，如果知道第三方具有感染该疾病的明确的高度危险，咨询师有合理的理由向可识别的第三方告知信息。在告知信息前，咨询师应确定确有该诊断，并评估来访者告知第三方自身疾病的意图或从事任何可能伤害可识别的第三方的行为的意图。

B.2.c 法庭要求公开
　　如果得到法庭传讯，要求在没有来访者允许的情况下公开保密的或特许的信息时，咨询师应获取来访者书面的知情同意，或采取措施禁止公开，或尽可能少地公开信息以减少对来访者或咨询关系的潜在伤害。

B.2.d 最小程度地公开
　　在公开保密信息前，尽可能告知来访者，在对公开信息做决策的过程中应尽可能请来访者参与。当情况要求公开保密信息时，只公开必要的信息。

　　与美国心理学协会类似，美国咨询师协会也在其准则的其他部分有关于保密的陈述。

知情同意

　　表面上，知情同意是一个简单明了的概念。知情同意是伦理上的要求，有时也是法律上的要求，即告知来访者他们所接受的治疗的性质。一旦来访者了解了他们将接受的治疗，他们可以同意或拒绝治疗。

　　你细想一下就会明白，要提供及获得真正的知情同意是一项具有挑战性的工作。首先，对于许多人类服务、医疗和心理健康服务者来说，用清楚而直白的方式向来访者说明问题与可以选择的治疗方式是有一定困难的。我们常常容易使用专业术语（例如，"看起来你需要接受一些系统脱敏来治疗你的恐怖症"）。此外，来访者通常深陷于身心痛苦之间，无论职业咨询师说用什么办法来帮助他们，他们都会同意，即便他们并没有充分理解治疗程序。

　　作为职业的心理健康工作者，你有责任介绍你的理论流派、受训情况、技术以及可能产生的效果。你必须用简单的语言来介绍，对那些需要更多解释的来访者，必须欢迎他们提问和讨论。即使你预计到来访者只会进行一两次面谈，你仍有必要解释清楚面谈过程及目的，以使来访者有权决定同意或是拒绝参与。在长期的帮助关系中，知情同意需要一再触及。

职业的心理健康工作者至少应写下两三个段落来解释他们的背景、理论取向、所受训练以及他们通常采用的技术的基本原理。此外，诊断的使用、潜在涉及的家庭成员（特别是在婚姻或未成年人咨询中）、咨询或监督实践、对待爽约的方法以及处理突发事件的方式也应包括在内。许多职业咨询师用一到两份陈述来说明咨询过程及此过程中伴随的情感体验（Sommers-Flanagan & Sommers-Flanagan，2007）。

虽然一个简单的书面文件不能完全满足知情同意的精神，但它可以使事情有一个正确的开端。书面的知情同意给了来访者一个信息：他在治疗关系中有重要的权利。这一文件也帮助来访者了解治疗过程，这对整个咨询效果有积极影响（Luborsky，1984）。最后，研究指出：书写优美、可读性高、个人化的同意书可以加深来访者对治疗者专业知识及魅力的印象（Wagner, Davis, & Handelsman，1998）。

文档程序

我们中的许多人可能听到过这种说法："没有写下来就等于没有发生。"（为了真正理解这一点，请想象当你解释说你只是没有时间写下案例记录时，一位友善但面容严肃的律师向你摇头。）

做记录和兢兢业业的文档工作通常不会是任何人生活中最重要的事。但另一方面，不去做必要的文字工作会完全毁了你的生活。在与情感抑郁的来访者谈话并提供帮助时，你要详细地记下你们的相互影响过程。做好记录有许多有利的方面。首先，你更容易详细回忆起你们说过什么和计划过什么。回顾以前的咨询记录会使咨询过程进展得更深入。其次，在假期或没有来访者时，好的记录有助于你的记忆。再次，当你把记录提供给其他专业人士或是来访者想看一下记录时，如果你有合法的连续的记录，你会感觉更好些。此外，如果在你和来访者的交谈中出现了意外的结果，你可以温习记录，或许会发现以前忽略的问题。最后，就一种不太乐观的情况而言，如果事情进展得不顺利，你被指控犯了错误时，你的记录会成为辩护的关键内容。

许多有经验的咨询师有自己偏好的记录格式。许多人使用SOAP系统的一种变式。这四个字母分别代表主观、客观、评估和计划。根据SOAP的原则，做记录者要记下以下方面：

S：来访者对其不适的主观描述
O：咨询师对来访者的服装、表现等的客观描述
A：咨询师对过程的评估
P：下次的计划，或关于整个治疗的评估

比临床工作者所采用的记录格式更重要的是日常规律性地做记录、涵盖恰当的内容及记录的中立性（见表2.3）。显然并不是要把某一阶段中讨论过的每一件事都记在来访者的文档中，咨询师必须学会区分每个阶段的重要信息或关键信息，并将其记录成简洁、专业的形式。我的一个同事推荐文件记录中的ＡＢＣ：准确（Accurate）、简要（Brief）和清晰（Clear）(Scherer, personal communication, October, 1998)。

文件一旦存在，必须妥善保管，至少要保存在上锁的文件柜或上锁的办公室里，避免来往人员的好奇翻阅。这些记录的处理有时要遵循联邦法律的要求，例如任何可能涉及健康保险付费的服务须遵循健康保险携带和责任法案（HIPAA)，任何与公众教育有关的记录应遵循家庭教育权和隐私权法案（FERPA）。

文件保存时间的长短取决于你的设置、目的、伦理原则和本州法律。例如，在团体和个人的心理治疗或咨询中，专业的指导建议是将材料完整保存7～12年，然后可以缩写为一张纸的总结（American Psychological Association, 2002)。由于文档工作具有这样重要的临床和法律意义，请务必了解你所在州的伦理委员会、专业伦理准则和机构有关文档的记录、储存和管理的制度与程序。

表 2.3 SOAP 记录系统的实例

　　S：乔伊斯主述头痛，她有鼻窦阻塞，她认为这是她极度烦恼的原因。她说："要不是和那些俄国老师跳舞到那么晚，我本来不会这么疲倦。我无法拒绝，我本来想回家，可大家都在兴头上，而且他们都挺可爱的。我总是这样。"
　　O：乔伊斯按时赴约，但显得疲倦和心不在焉，她身穿普通的汗衫和牛仔裤，但整个咨询过程中始终围着围巾，并常常打喷嚏、擦鼻子。她说她始终期望生活平静，可她一旦设置必要的界限，就产生内疚感。她看上去真的悲哀，因为累，也因为无法设置界限。
　　A：面谈中，乔伊斯对她如此容易屈从于别人的要求的原因做了进一步的反省。她开始制订一个日程表来安排一些每日里属于自己的时间。很明显，乔伊斯还要继续同她取悦别人的需要以及其他的依赖倾向做斗争，但她看起来已决心反省并改变自己。
　　P：乔伊斯需要在笔记本上监测她的时间使用情况，我们将分析它，并进一步确定合适的目标。她打算一周内至少拒绝一次社交邀请并报告给我们。我们注意到她的保险费用只够支付两次面谈。

临床咨询师的压力管理

　　所有的心理健康工作者都承受着高压力，初学者的压力水平尤高（Lushington & Luscri，2001；Norcross，2000）。初学者往往担心犯错误会对来访者造成伤害。不幸的是，这种担心是有现实基础的。因为你是凡人，你会犯错误，你的错误可能导致或增加来访者的痛苦。而挑战在于，咨询师必须从错误中恢复过来，并利用错误学习和成长。有时，咨询师的错误反而有助于临床咨询人性化，因为来访者会看到咨询师也不是完美的。

　　一位全国知名的精神病学家和工作坊主持人西雅（Shea，1998）谈到他在进行面谈时所犯的错误：

> 错误会发生，而我每次面谈都会犯错。面谈与人都太复杂了，无法不犯错……每次犯错，我都努力从中学习。

　　我们曾遇到一个初学者报告他有高度的焦虑，并有抠手指边缘皮肤的习惯。在第一次面谈中，他不停地抠手指直到觉得有点湿，他以为他紧张得流汗了，当他瞥了一眼双手，却吃惊地发现他的一个手指已经流血了。在剩下的时间里他极力掩盖血迹，担心来访者发现他流血的手指。尽管这种例子不太常见，但它显示了紧张和压力会如何干扰面谈。有效地管理压力、不让压力干扰你的咨询过程，是一个重要的专业内容。

在咨询前、咨询中和咨询后，咨询师都会受到压力的影响。应激反应可能导致生理、心理、情感、社会和精神症状。如果你深受压力困扰，不妨使用压力管理方法。我们强烈建议你终身培养自我照料的习惯，这有助于减轻高压力的专业工作对你的影响（Skovholt，2001）。本章结尾的推荐阅读及资源列出了有关的压力管理读物。

总 结

临床面谈与正常的社交互动有诸多差异。尽管面谈者与来访者建立的是一种友好的关系，但它与友谊有很大不同。临床面谈有双重功能：评估和帮助来访者。

许多学者以不同的方式界定了临床面谈。我们的界定包含以下成分：（1）在咨询师与来访者之间建立一种职业关系；（2）咨询师与来访者一同建立和达成共同认可的目标；（3）在职业关系的条件下，咨询师与来访者在言语和非言语层面互动，同时咨询师运用各种积极的倾听技术和心理学技术进行评估，理解并帮助来访者达成目标；（4）咨询师与来访者的互动的质与量受到许多因素的影响，包括人格特质和共同确定的目标。

临床面谈者具备高水平的自我意识与洞察力是十分重要的。自我意识有许多形式，包括躯体的、心理社会的、发展的和文化的。面谈者也应意识到在临床面谈过程中他们自己具有的关于自己与他人的偏见与信念。

咨询师需要考虑许多实践、专业和伦理的因素。实践因素包括房间、座位安排、记录和录音（像）。专业和伦理因素包括咨询师的自我表现、时间界限的处理、保密原则、知情同意、文本程序和咨询师压力的调整。这些方面是基础，它们支持了面谈活动，如果没有这些，整个面谈结构都会受损或崩溃。

临床咨询是一个压力很大的工作，对初学者和资深咨询师来说都是如此。

因此，压力调整对大多数咨询师来说是一个专业的问题。我们建议压力反应大的咨询师寻求有效的解决方法。

推荐阅读及资源

Benjamin, A. (1987). *The helping interview* (3rd ed.). Boston: Houghton Mifflin Co. 这本经典著作在第一章中有关于房间等物理条件的信息，在第四章中有关于如何录音的内容。

Hagedorn, W. B. (2005). *Counselor self-awareness and self-exploration of religious and spiritual beliefs: Know thyself.* Alexandria, VA: American Counseling Association. 该书提供了很好的资料，用于探索你在宗教或精神信念方面的自我意识，以及这些方面会如何影响你的面谈。

Kabat-Zinn, J. (1995). *Wherever you go there you are: Mindfulness meditation in everyday life.* New York: Hyperion. 正念冥想对来访者和咨询师来说都是一种很好的压力管理技术。作者以通俗易懂的风格娓娓道来，读来很轻松。

Sommers-Flanagan, R., & Sommers-Flanagan, J. (2007). *Becoming an ethical helping professional: Cultural and philosophical foundations.* Hoboken, NJ: John Wiley & Sons. 如果你还没有参加过伦理课程，那么建议你读些相关的材料使自己有充分的储备。这是我们最喜爱的伦理教材。

Zeer, D. (2000). *Office yoga: Simple stretches for busy people.* San Francisco: Chronicle Books. 这本小书为忙碌的上班族介绍基本的瑜伽伸展姿势。书中有图，也有简单易行的减压伸展练习。

第二部分

倾听与培养关系

第三章

基本的贯注、倾听与行为技术

在我讲述我母亲的经历和那个故事时,梅尔特静静地听着,望着我的脸……我的朋友没有一个动作,也没有说一个字,但是她的脸庞显现着她内心的活动,让我看到她的恐惧、愤怒、同情和怜悯。

——阿妮塔·戴蒙特《红帐篷》

本章目标

在大多数情况下,当我们遇到一位好的倾听者,我们都会意识到。然而,要确切地说出好的倾听者做了什么令对方如此乐于坦诚畅谈就不那么容易了。本章将分析有效的贯注与倾听技能的机制。在阅读本章后,你将了解以下内容:

- 积极与消极的贯注行为之间的区别。
- 种族文化背景及多样性会如何影响来访者对咨询师具体的贯注与倾听行为的感受。
- 咨询师如何及为何使用各种非指导性倾听反应,包括沉默、重述、澄清、非指导性情感反映和总结。
- 有关许多咨询师都有的向来访者做保证的天生倾向。
- 咨询师如何及为何使用各种指导性倾听反应,包括解译性情感反映、解译、情感证实和面质。

人际沟通包括两个角色:信息的发送者与信息的接收者。当别人对你说话的时候,你的任务就是做一个好的倾听者。这听上去非常简单,然而真相是,只要关乎人际沟通就没什么是简单的。纵使你的任务是做倾听者，纵使你力图闭上你的嘴，但你仍在不时地发送信息。这也是人际沟通如此复杂的部分原因。沟通学的专家喜欢这样表达这一复杂性：你不可能不沟通。只要我们与另一个人接触，我们就在同时发送和接收着信息。

请认真思考这一点。无论你说什么（甚或什么也不说），你都在传达着某种信息。请回想你与朋友通过电话进行的一次交谈。或许你说了一些话之后出现了短时间的沉默——交谈停顿了一下，那时你怎么想？我们多数人都认为停顿传达着某种意思，即使停顿本身就是不说任何话。

本章开篇的引文也是一个例子。倾听者既没有动也没有发出任何声音，但她仍能传达出理解和共情（或至少讲述者把倾听者的面部表情理解为共情的反应）。

你的大多数来访者对你的第一印象是基于其讲话时对你的观察。你的贯注行为是给来访者的一种信息——在理想的情况下，这种信息被解读为坦诚畅谈的邀请。本章将主要探讨你如何才能看起来、听起来和做得像个好的倾听者。

建议你练习看起来像个好的倾听者似有虚伪欺骗之嫌。然而，好的咨询师会有意识地刻意做出特定的行为，这些行为被大多数来访者理解成兴趣和关心的表示，这些行为在面谈与咨询的文献中被称为"贯注行为"（Ivey & Ivey, 1999）。

在理想状态下，咨询师对来访者的问题和利益总是真诚地感兴趣和关心的。但实际上，有些时候不可避免地，即使是最好的咨询师也会变得厌烦或分心，因此会对他们的来访者暂时不感兴趣或不关心。探究咨询师为什么对来访者不感兴趣，以及他们应如何处理这种感受是很重要的。但我们将在后面讨论这些问题（见第五章中关于真诚和反移情的章节）。现在，我们先讨论贯注行为。

贯注行为

埃维等人（Ivey & Ivey，1999）认为，贯注行为是面谈的基础。他们把贯注行为定义为"根据个人和文化的背景做出的适当的目光接触、身体语言、语音特点和言语追随"。要做个成功的咨询师，必须以传达出尊重和兴趣的方式关注来访者。如果咨询师在语音、外表和行为上表现出不关注他们的来访者，就不会有多少来访者来找他们。大多数来访者如果认为咨询师没有在听他们说话，就不会再来了。

在心理学和咨询领域如果能找到一个所有人都同意的具体原则总是令人惊喜的。贯注行为与良好倾听的重要性令人惊叹地毫无争议（Akhtar，2007a；Cormier，Nurius，& Osborn，2003；Wright & Davis，1994）。也许唯一的一群会小看目光接触与躯体语言重要性的专业人员是那些在治疗中仍使用躺椅的忠于传统的精神分析师。*然而，即使是精神分析师也会非常注意自己的语音特点，会留意来访者的言语行为，也会遵循良好倾听的一般原则（Geller & Gould，1996；Pulver，2007）。

贯注行为以非言语的为主。人类学家和跨文化研究学者爱德华·T. 霍尔（Edward T. Hall，1966）认为，沟通有10%是言语的，90%是一种所谓"隐藏的文化语法"。其他学者也提出了类似的观点，即65%或更多的信息含义是由非言语方式传达的。在面谈和咨询中，当言语与非语言信息相矛盾时，来访者通常会相信非言语信息。因此，在与来访者的沟通中觉察和有效运用这些非言语通道非常重要。

积极贯注行为

积极贯注行为通常会打开沟通之门并鼓励自由表达。相反，消极的贯注行为会关闭沟通之门或抑制表达。在区分积极与消极贯注行为时，很少有普遍的规则，因为来访者的文化背景和学习经验会对他们把某一贯注行为看成

---

* 在传统的精神分析中，来访者躺在一张躺椅上，而治疗者坐在来访者侧后方，来访者与治疗者没有目光接触，也看不到治疗者的表情与动作——译者注

是积极的还是消极的产生影响。尽管有一些基本规则，但对这一名来访者适用的不一定适用于下一个。因此，你对来访者的注意方式必须依据每个来访者的个人需要、个性风格和家庭、文化背景而略有变化。换言之，你要灵活。在有些案例中，你必须明显表现出高度关注，而在另一些案例中，你要降低表达的强度，不直接表现出那么关注。

埃维等人（Ivey & Ivey, 1999）指出了贯注行为的四个维度。这些维度简单、实用并已获得一些跨文化研究的支持。它们是：

1. 目光接触
2. 身体语言
3. 语音特点
4. 言语追随

目光接触

适当的目光接触行为因文化而有很大的不同，而且目光接触的个人模式也同样差异巨大。对一些咨询师来说，在面谈中保持目光接触是很自然的。而对另一些咨询师来说，这可能很困难；他们可能出于尊重、羞涩或其他的文化动力学因素而更倾向于眼睛向下看或不看来访者的眼睛。对来访者来说也是这样：有一些人喜欢大量直接的目光接触，另一些人更喜欢看着地板、墙壁或其他地方，就是不愿看你的眼睛。

通常，对白人来访者，咨询师应在绝大多数时间都保持目光接触。然而，美洲原住民、非洲裔和亚洲裔的来访者通常习惯于更少的目光接触（参见多元化要点3.1以获得更多信息）。此外，有些咨询师自然而然地看着来访者的嘴部或面部而不是看着眼睛；你或许应观察一下自己，以确定自己注视来访者的自然风格。

对大多数来访者来说，恰当的做法是在他们说话时，咨询师与其保持较多的目光接触，而在咨询师自己说话时与来访者保持较少的目光接触。有趣的是，某些研究显示，来访者在情绪唤起或很感兴趣时，瞳孔会扩大；而在感到无聊或不适时，瞳孔会收缩（Hess, 1975；Ivey & Ivey, 1999）。当然，对于大多数人来说，目光接触只是进行人际接触的一种方法；人们通常不会仔细审视对方瞳孔是否放大。

多元化要点 3.1

对于目光接触、身体语言、语音特点和言语追随，你应具有对文化差异的敏感性。尽管美国的大多数白人会把目光接触当成感兴趣的积极信号，但来自其他文化的人（如亚洲裔和美洲原住民）习惯于更少的直接目光接触，而且可能把过多的目光接触看成是不尊重的或有侵犯性的。

在一次对欧洲和北非的访问中，我们清晰地意识到身体语言上的文化差异。我们说其他语言的能力有限，因此我们对不同文化的体验在很大程度上是根据对非言语信息的知觉。我们的旅行从德国中部和瑞士北部开始，我们几乎没发现德国、瑞士文化与我们主流的北美文化有任何身体语言方面的差异。然而，当我们向南来到瑞士南部和意大利，个人空间与人际间距离的平均值减小了。我们观察到了很多可称为鼻子碰鼻子的沟通。此外手势也更加有力而富有情感。

也许我们最大的发现是我们在火车站排队买票时看到的。在德国和瑞士的大部分地区，队伍全是有组织而礼貌的，等待的人们之间极少插队或交谈。在意大利南部和突尼斯，队伍极为混乱，在入口附近有大群的人使劲挤在一起。我们最终发现，在南欧和北非的文化中，耐心地排队等待常被看成是被动而低等的。在北美主流文化中被认为属于个人要求强烈而有攻击性的人在他们的文化中则受到尊敬。

假定来自于其他文化的来访者与你具有不同的社会习惯，这种看法通常是准确的，因此你不应假定你了解如何与他们恰当地沟通（Hays, 2008）。你可以与来访者直接讨论什么类型的贯注行为令他们感到舒服或不舒服。如果你假定他们与你的价值观及规范一样，而不与他们讨论这些，就更可能冒犯来访者。如果可能，我们建议你在与不同文化背景的来访者进行临床面谈前了解并体验其他文化系统。

身体语言

身体语言是人际沟通的另一个重要维度。身体语言的两个方面在技术上来说是运动性和空间性（Hall, 1966; Knapp, 1972）。运动性指与任何部位如眼、脸、头、手、腿、肩等的躯体运动和躯体特征有关的变量。空间性指个体空间和环境变量，如两人之间的距离以及中间是否有任何物体。大多数人都通过个人经验知道，通过简单甚至微小的动作，一个人可以向他人传达大量信息。我们在第二章中讨论的咨询师与来访者的座位安排就是分析空间性变量以及它们对面谈的可能影响。

咨询师积极的身体语言包括以下几个方面（Walters, 1980）。这些积极身体语言的例子是基于主流文化的常模。在实践中，你会发现这些行为的个体或文化变式：

- 稍微向来访者倾斜身体。
- 保持一个放松而注意的姿势。
- 腿和脚摆放成一个礼貌的姿势。
- 保持你的手势温文有礼。
- 尽量减少其他动作。
- 面部表情符合你的或来访者的情绪。
- 坐在与来访者大约一臂远的地方。
- 家具的摆放应使你与来访者靠近，不要在中间竖立屏障。

模仿作为身体语言的一个方面，是指咨询师与来访者保持一致或同步。在模仿发生时，咨询师的身体和言语活动与来访者的保持同步。模仿是一项高级的非言语面谈技术，在有效使用时，可增进情感协调与共情，但在使用无效时，可能带来灾难性后果。具体地说，当模仿很明显时，来访者可能会感到对方在模仿自己，并把这理解成嘲讽。因此，我们建议只能适量地使用有意的模仿。它可能带来不大的收益，但可能让你付出巨大的代价。通常，最好把模仿看成情感协调和有效沟通的产物，而非积极沟通的原因。

语音特点

在第二章,我们曾建议你请朋友或同学听听你的嗓音,并描述给你。如果你遵循这一建议,你的朋友会给出关于你的语音特点或副语言特征(即其在沟通领域中的含义)的反馈。副语言特征包括音量、音高、语速和流畅性。请想想这些语音变量对来访者的可能影响。人际影响常常取决于你如何说,而非你说的是什么。

有效的咨询师运用自己的语音特点来增进情感协调,传达出兴趣和共情,强调具体问题或冲突。通常,咨询师的语音应柔和而坚定,既表现出敏感性又表现出力量。和身体语言一样,跟随着来访者,用与其类似的音量和音高说话常常是有用的。迈耶与戴维斯(Meier & Davis, 2008)将这一做法称为"向来访者学步"。

另一方面,咨询师可以像使用各种咨询师反应和指导性方法一样使用语调来把来访者引导向某一内容或情感。例如,用温和而轻柔的语调说话有时可以鼓励来访者更仔细地探究他们的情感,而提高语速和音量说话可能有助于使他们对你的可信度与专业技术感到信服(Ekman, 2001)。

尽管人们会通过各种感觉通道来知觉情绪,但有些研究显示,人们更善于从听觉而非视觉输入的信息中分辨情绪(Snyder, 1974)。这一发现显示了语音特征在情绪表达和知觉上的重要性。演员利用他们的全身包括语音来表现各种情绪。作为咨询师,你的语音特点可能影响来访者的情绪表现。

言语追随

咨询师准确跟随来访者表达的内容是十分重要的。尽管目光接触、身体语言和语音特点很重要,但它们本身显然不足以构成有效的倾听。作为一名咨询师,你必须通过问或重复关键词和短语来显示出你追踪来访者言语内容的能力。在大多数情况下,如果你不通过准确的言语追随向来访者显示,来访者会不知道你是否真的听到了他们所说的话。

让我们再次使用迈耶和戴维斯(Meier & Davis, 2008)的术语:言语追随是通过紧紧跟随来访者的言语内容向来访者"学步"(正如前面提到的音量和音调方面一样)。言语追随只是复述或总结来访者刚刚所说的内容。言语追随不包括表达你对来访者所说的内容的个人观点或职业观点。

准确的言语追随可能颇有难度，特别是当来访者健谈或爱跑题时。有时，你可能会因来访者所谈的内容而走神，去思考你自己的想法或评价。例如，一位来访者可能提到一些关于纽约、堕胎、毒品、艾滋病、离婚或其他对你来说具有个人观点或情绪反应的话题。要有效地对来访者进行言语追随，你必须尽量减少自己的内在和外在的个人反应，你必须关注于来访者而不是你自己。这一原则在更高级的言语追随技术中也适用，如澄清、重述和总结。

消极贯注行为

人们常说，熟悉带来轻视。就贯注技巧来说，更恰当的说法是：过多使用带来轻视。如果别人过于注意地倾听我们说话，也会让我们尴尬不安。积极贯注行为如果过多使用，会变得令人厌烦。咨询师应避免过多使用下列行为：

- 点头。咨询师过多的点头会使来访者困扰。不久以后，来访者就会时而停止与这种咨询师进行目光接触，以避免看到他们的头上下摆动。就像一位儿童来访者所说的："她的脑袋好像是安在一根颤危危的弹簧上而不是脖子上。"
- 说"嗯哼"。这是最常被过多使用的贯注行为。一些新手和专业人员会有这种习惯。听别人说话两分钟，他们有时要说20个"嗯哼"。我们的反应（也是许多来访者的反应）是停止说话，以迫使他说些除了"嗯哼"以外的东西。
- 目光接触。过多的目光接触会让人感到被审视或令人害怕。试想在你谈着非常个人的话题或者当你哭泣的时候，一位咨询师不间断地凝视着你，你的感觉如何。目光接触很重要，但过多使用则无益。
- 重复来访者的最后一个词。有些咨询师使用言语追随技术时，是重复一个关键词，常常是来访者刚刚说过的最末一个词。过度使用这种技术会使来访者感到被过度分析，因为咨询师把他们30秒或60秒的话缩减成了一个词。
- 模仿。过多地或笨拙地使用模仿可能带来有害后果。我们记得有位精神科医生将这一技术用于患严重精神病、几乎不说话的住院病人。有些时候他的治疗惊人地成功；而有些时候，患者变得愤怒而有攻击性，因为他们感到他在嘲讽他们。与此类似，来访者有时担心咨询师可能了解某些微妙的技术，并会使用这些技术对他们进行特殊控制。他们可能会注意到你在努力做出与他们一样的姿势，并怀疑你是否在使用某种心理学计谋来控制他们。其结果通常会是阻抗。来访者开始改变姿势，咨询师发现了，也改变姿势以保持同步性，然后来访者再次改变。如果你对治疗过程进行录像，在电脑或DVD机上使用快进键来观看录像是格外有趣的。

此外，研究者还指出，来访者感到咨询师的下列行为是消极的（Cormier et al., 2003; Smith-Hanen, 1977）：

- 很少进行目光接触。
- 身体以45°或更大的角度转开背向来访者。
- 从腰以上向后倾斜。
- 跷起二郎腿以拉开距离。
- 双臂抱于胸前。

正如我们在前面一章提到的，我们很难了解来访者对你的感觉如何。为了确保你和你的同事主要使用的是积极而非消极的贯注行为，请花时间在这些领域给予和接受建设性反馈（参见练习3.1）。

练习 3.1
给予建设性反馈

　　获得和给予关于贯注行为和倾听技术的反馈对于咨询师的成长非常重要。咨询师通过课堂活动、演示、角色扮演和呈现录音录像带可以获得关于目光接触、身体语言、语音特点和言语追随方面的具体而明确的反馈。例如，像这样的积极的反馈——"你一直看着来访者的眼睛，只有两三次间断；尽管你不停地玩铅笔，但看来并没有影响面谈"，这就是清晰而明确的(也是有益的)。泛泛而谈的积极评价(如"做得好")令人愉快、给人鼓舞，但应结合更具体的反馈；了解你的工作哪里做得好是很重要的。

　　有时，课堂活动或角色扮演进行得不好，这时消极反馈是恰当的。消极反馈的给予应采用建设性或促进改正的方式。（这意味着反馈不应只是指出你做得不好，而应同时指出你可以怎样做来正确使用某项技能。）例如，建设性的消极反馈或者促进改正的反馈可以是这样的："你大多数时间都看着下面。你抬起眼睛进行目光接触时，来访者似乎更加愉快、更加投入。所以，下次请试着保持更长时间的目光接触。"

　　获得消极反馈是一个敏感的问题，因为听到自己做得不完美可能令人难受。与泛泛而谈的积极反馈不同，应避免使用泛泛而谈的消极评价，如"很糟糕"。要做到有建设性，消极反馈应该明确而具体。在给出消极反馈时有几个原则：

- 记住，你参加面谈课程的原因是你想要提高自己的面谈技能。尽管有时逆耳，但建设性反馈是有益于技能提高的。不要把它看成批评，而要看成你作为咨询师从错误中学习或改进的机会。
- 反馈不应是完全消极的。每个人都有积极的和消极的贯注行为。如果你恰好是那种容易看到错误而难于做出表扬的人，请对自己实行下面的原则：如果你对于一位咨询师的表现不能提出任何积极内容，那就什么也不说。
- 消极反馈通常可以以积极的方式表达。例如，"你的身体姿势僵硬"可以改为"如果你更放松你的手臂和肩膀，你可能会做得更好"。
- 角色扮演者应首先自己评价自己。
- 在课上进行面谈活动后应直接问学生是否想要反馈。如果回答是不，就不应给出反馈。
- 给予非常消极的反馈是指导老师的责任，应在单个指导时给出。
- 请记住，没有人能表现得完美，哪怕是教授。这令人失望，然而却是事实。

个体与文化差异

许多个体与文化差异可能影响临床面谈。这些差异包括但不限于：(1) 性别；(2) 社会阶层；(3) 种族；(4) 性取向；(5) 年龄；(6) 身体残疾 (Gandy, Martin, & Hardy, 1999; Gilligan, 1982; Susser & Patterson, 2000)。每一个来访者都是一个具有有关行为模式、社会规范和个体/集体认同的独特亚文化的一部分 (Hays, 2008)。显然，对年轻帮派成员适用的贯注行为会与对老年病患适用的贯注行为有所不同。对社会和文化规范的广泛了解将有助于咨询师更有效地做出贯注行为（参见多元化要点3.1）。

个体差异

如果你逐个地请20个人到你的办公室来进行临床面谈，你很可能会发现每个人最习惯的目光接触、个人空间、模仿及其他贯注行为的量是稍有不同的。我们上面提供的原则是基于平均数和概率的。例如，如果你是与意大利裔来访者面谈，你可能会发现他们总体上比斯堪的那维亚裔的来访者更喜欢较近的座位安排。然而，这还不是全部。有时某一位意大利裔美国人会比某一位斯堪的那维亚裔来访者偏好更远的人际距离。如果你期望所有的意大利裔美国人、所有的斯堪的那维亚人、所有的非洲裔美国人、所有的女性等都相似，你是在受刻板印象的影响。个体之间的差异常常比特定群体之间的平均差异更大，无论在文化还是其他方面都是如此。因此，尽管你意识到不同群体之间可能存在差异，但你应推迟做判断，直到你通过观察和直接讨论与每个来访者探究了这一问题。

文化差异

尽管个体差异总是核心的考虑内容，但在常规的贯注行为方面也有显著的文化差异。而且，在一种文化内，可以预期在与男人、女人、孩子和老人的互动中都有差异。有效的咨询师会密切关注来访者的文化迹象与信号。

有时，文化差异或偏好是一目了然的。一位非洲裔咨询师不需要变成侦探就能发现她与一位年轻的华裔移民具有不同的文化背景。无论差异微妙还是明显，发现文化差异只是一个开始。有效的咨询师会根据对不同文化的了解和来访者的反应来调整贯注行为。例如，在与美洲原住民、华裔、日裔人士或其他个体面谈时，改变座位的安排以自然地减少目光直接接触可能是适当的（Mednikov，2007）。我们不可能了解所有的文化习俗，有时最好的策略就是寻求来访者的指点。然而，花时间学习其他的文化并调整贯注行为也是非常重要的，这可以表达出尊重和理解。第14章将更深入地讨论这个主题。

注意技能之后的学习

我们很想提供一份关于咨询师可能产生的每一种反应的权威指导，辅以一种结构化的形式，来确定在面谈的各个具体时刻应该使用哪种咨询师反应。不幸的是，或许应该说幸运的是，咨询师与来访者之间的独特关系以及面谈过程本身是如此复杂，无法套用任何固定程式。来访者之间的差异使我们不可能可靠地预测他们对不同面谈行为的反应。有些来访者会对我们认为很差或笨拙的行为做出积极反应，而另一些来访者会对一句我们认为完美的表达做出消极反应。尽管本部分内容把非指导性面谈系统而科学地进行了分类，但也只提供了采用这些行为的时机和方式的一般原则。了解应用各种面谈行为的时机和方式构成了面谈艺术技巧性的一面，但同时，你还需要具有无法从本书中获得的敏感性、经验和其他无形的能力。

对于初学的咨询师来说，不知该说什么或该做什么可能是令人不安的。但实际上，大多数有经验的临床工作者有时也会承认，他们也不总是知道正确的反应是什么。迈耶与戴维斯（Meier & Davis, 2008）建议："在你不知道该说什么的时候就什么也不说。"勒伯斯基（Luborsky, 1984）指出："要以开放、接受的态度倾听患者所说的话。如果你不能确定发生了什么以及你的下一个反应应该是什么，那么，倾听下去，答案会自己出现的。"换言之，如果你不知道该说什么，就保持基本的贯注与倾听。

在克莱尔·布罗迪（Claire Brody）的《治疗女性的女治疗师》（*Women Thrapists Working with Women*）一书中，玛格丽特·吉布斯（Margaret Gibbs, 1984）在"治疗师是骗子"一章中表达了许多新手咨询师感受到的痛苦：

> 我在开始我的治疗工作时，就开始心存怀疑。当然，我的督导看来认可我的工作，我的患者也像其他人的患者一样在改善。但是什么是我实际上该做的？我了解心理动力学、来访者中心和行为主义理论，但我仍要继续阅读和寻找答案。我感到有些什么是我应该知道的，而我的督导却没有告诉我，就像传说中厨师在转让菜谱时隐藏了一种重要的成分。

吉布斯寻找的失去的成分也许可以说是经验。但矛盾的是，我们不认为经验一定可以使咨询师肯定说什么话才恰当。它只是有助于解除不知该说什么带来的恐慌。经验给予咨询师等待所需的信心；他们知道自己最终会想到有用的话，或者他们知道最有用的做法是什么也不说。当然，经验会帮助咨询师对自己的技能更有信心。然而，成为一名诚实的教授也包括承认并承受有时你不知该说什么这一事实。吉布斯用下面的话结束了她的那一章，那也正是我们衷心赞同的：

> 技术可以掩盖但不能解决临床判断与干预的模糊性。在课堂里和其他地方，我们应分享，而不是压制这种"骗子"般的怀疑。有证据显示，对于我们临床推断的准确性的不确定和谦卑的态度有助于

提高准确性。我发现这个观点非常令人安慰。

知道该说什么、什么时候说、什么时候不说，这是临床面谈过程的中心问题。说出"错误的话"是我们的学生最常提到的忧虑。

总的来说，在下面的章节中，我们将遵循罗宾森（Robinson，1950）的组织架构。我们从相对非指导性的或来访者中心的反应开始，逐渐转向更具指导性或治疗者中心的反应。咨询师的反应可分为以下三类：

1. 非指导性倾听反应（例如沉默，见表3.1）
2. 指导性倾听反应（例如解译，见表3.2）
3. 指导性行动反应（例如建议，见表4.2）

表3.1 非指导性倾听反应及其通常效果

非指导性倾听反应	描述	主要目的/效果
贯注行为	目光接触、身体前倾、点头、面部表情等	促进或抑制来访者的自发谈话
沉默	没有言语活动	迫使来访者说话；给予其冷静的时间；允许咨询师考虑接下来的反应
澄清	试图复述来访者的信息，在前面或后面用一个封闭性问题（如："我理解得对吗？"）	澄清来访者不清晰的陈述并确认咨询师听到的内容的准确性
重述	对来访者所说内容的反映或复述	使来访者确定你准确地听到了他们所说的并使他们听到自己所说的
基于感官的重述	使用来访者清晰表达的感官形式的重述	增进情感协调与共情
非指导性情感反映	对已清晰表达的情绪的重述或复述	增进来访者对共情的体验并鼓励他们进一步的情绪表达
总结	对一次治疗中涉及的几个话题的简短总结	增进对治疗内容的记忆并将在一次治疗中提及的主题联系在一起或进行整合

非指导性倾听反应

非提导性倾听反应是用于鼓励来访者自由而开放地说出所想到的任何内容。与贯注行为类似,这些技术不是用于引导或指导来访者进入一个特定的讨论领域。非指导性倾听反应是向来访者反馈他们说出的核心信息。

即使是非指导性反应也可能影响来访者对特定话题的讨论。这至少有两个重要原因。第一,咨询师可能在讨论某些问题时会有意或无意地更加关注来访者。例如,一位咨询师可能希望来访者谈谈他与母亲的关系。通过在每次来访者谈到母亲时做出目光接触、点头、积极而感兴趣的表情,咨询师可能会引导来访者谈出许多与母亲有关的内容。相应地,咨询师可以在来访者转换话题、讨论母亲以外的内容时显得不感兴趣。从技术角度来说,咨询师这样做是使用社会强化物来影响来访者的言语行为。这种选择性注意在临床实践中可能发生得相当频繁。毕竟,精神分析派咨询师从理论上来说对谈母亲更感兴趣,人本主义的咨询师对谈论感受更感兴趣,行为主义的咨询师对谈论具体行为更感兴趣。

第二,来访者在面谈中谈到的内容相当广泛,咨询师不可能对每一话题都给予同样的关注。一些选择是必要的。试想在一个案例中,一位女性来访者在治疗开始时这样说:

> "我小时候家里没什么钱,我想这件事让我父亲有挫折感。他总是打我们五个孩子。他现在已经去世了。但是直到今天,我的妈妈还说我们需要被管教。但我痛恨那样,我发誓自己永远不要像他那样。现在我长大了,有了自己的孩子,我现在很好,但有时感到我要更严厉地管教孩子……你懂我的意思吗?"

假设你现在是她的咨询师,你会关注她谈到的这么多主题中的哪一个呢?这位女性在面谈开始后的20秒之内谈到了许多问题:贫穷,被父亲打,父亲去世,妈妈一直说她和她的兄弟姐妹就该打,发誓自己永远不要像父亲一样,现在很好，感到要更严格地管孩子，等等。

你会关注并讨论哪个主题呢？你不需要表明你的个人价值观或理论背景，只要关注这位女性所说内容的任何一个方面，只选择一个话题来重述或点头，就是指导性的反应。要真正做到非指导性，咨询师需要对全部信息做出同等反应，而这是不现实的。因此，由于你会选择性地对来访者所说的话做出反应，你就应更努力地觉察到，纵使是你的非指导性反应也会对来访者选择谈什么产生巨大影响。

沉默

在某种意义上，沉默可以说是咨询师可用的各种倾听反应中最具非指导性的。虽然简单而不具指导性，沉默仍是一种很有力的反应。无论是咨询师还是来访者都要花些时间才能适应沉默。正如从埃德加·爱伦·坡（Edgar Allan Poe）的《寂静———一个寓言》（Silerce：A Fable，1985）中摘引的段落一样，沉默可能是令人害怕的。

> 他赶忙把头从手中抬起来，站在岩石上倾听。但在广袤而黑暗的沙漠中没有声音，岩石之上的人像也都沉默。他颤抖着，转开他的脸，急忙地逃开了，我无法再看到他。

沉默不仅使初学的咨询师害怕，也使来访者害怕。许多人对社交情境中的沉默感到尴尬并努力保持谈话。正如刘易斯·托马斯（Lewis Thomas）在《细胞的生命》（The Lives of the cell，1974）中写的："自然不容许长时间的沉默。"

另一方面，在恰当使用时，沉默可以有相当的抚慰作用。如《道德经》所载："清静为天下正。"因此，我们必须承认静寂和沉默有许多功用。沉默作为咨询师反应的主要功能是鼓励来访者说话，它也用于使来访者对刚讨论过的艰难内容进行思考或从中恢复（Hill，2004）。此外，沉默也使咨询师有时间思考，从而有意识地选择一种反应，而不是急于做出反应。然而，要注意的是：如果咨询师以沉默开始治疗并大量使用沉默而不说明沉默的目的，会有吓跑来访者的危险。这是由于，当咨询师不说话时，来访者就面临巨大的压力要说点什么，来访者的焦虑可能逐渐增加。此外，来访者可能怀疑自己究竟为什么付钱来看一位在整个治疗过程中只是一言不发地坐着的治疗师。

沉默是精神分析派治疗师用于促进自由联想的主要工具。但有能力的精神分析治疗师会在使用前预先向来访者说明自由联想的概念。他们会说明这类治疗方法将以来访者的自由表达为主，同时治疗师会间或插入评论或解译。向来访者介绍疗法或面谈过程总是很重要的，而当咨询师使用沉默等可能引起焦虑的技术时做介绍就格外重要（Luborsky，1984；Meier & Davis，2008）。

作为初学的咨询师，你可以试试练习使用沉默（参见练习3.2）。此外，请记住下列指导原则：

- 在扮演来访者的人说了一句话或听了你的重述后停顿时，不要急于插入进一步的言语交流，而要留出几秒钟的空隙。在这种情况下，来访者常常无须引导或鼓励，会自然地开始讲述非常重要的内容。
- 在你安静地坐着、等待来访者再次开口时，告诉自己：这是来访者表达自己的时间，而不是你来证明自己有用的时间。
- 在对待沉默时不要拘泥于定规。当出现沉默时，有时你要等来访者接着说，有时你可以自己打破沉默。
- 如果你认为你的来访者感到混乱、正经历剧烈的情感危机或处于精神病发作状态下，不要使用沉默技术。过多的沉默及其引发的焦虑可能加重这些情况。
- 如果你在沉默中感到不安，试试放松自己。你可以运用贯注技能，面带期望地看着来访者。这会使来访者意识到轮到他们说话了。
- 如果来访者在沉默中表现出不安，你可以给他们自由联想的指导（即：告诉他们"只需说出你想到的任何东西"），或者使用对内容或情感的共情反映（比如："难以决定接下来说什么"）。
- 请记住，有时沉默就是最有助于治疗的反应。
- 请阅读在本章推荐阅读及资源中列出的卡尔·罗杰斯发表的综述（Rogers & Meador，1984），其中有如何从以人为中心的角度处理沉默的出色例子。
- 在沉默时,要注意监控自己的身体姿势和面部表情。冷漠的沉默与接纳而温暖的沉默有巨大的不同。而这种差异主要来自于表露出接纳态度的身体语言和咨询师的内部态度。

练习 3.2
对沉默的脱敏

在面谈中处理沉默可能令人不适。为了帮助你适应沉默,可以试试下面的活动。

- 当你观察或倾听一次咨询(无论是现场的还是录下的)时,请记录下每次沉默的长度。然后,请注意是谁打破了沉默。更重要的是,要尽量确定沉默是促进了来访者谈论重要的内容,或转入了更深入的话题,还是在某方面产生了有害的影响。
- 在咨询练习中,当出现沉默时,注意你的想法和感受。你是欢迎沉默、害怕沉默,还是对沉默持中性态度?要尽可能把沉默看成一种工具,而不是沟通上的失败。
- 尝试与朋友、家人或恋人讨论他或她在社交谈话中遇到沉默时有什么感受。你可能发现人们对于沉默有非常不同的感受。你的目标是理解他人怎样看待沉默,并增加你在运用沉默这一咨询工具时的舒适感。
- 研究并讨论有各种不同的文化背景的人如何看待沉默。

重述或内容反映

重述(或内容反映)是一种言语追随技术,是有效沟通的基础。重述的主要目的是使来访者知道你已准确地听到了他们所表达的核心含义。其次,重述也可使来访者听到别人对他们的理解如何(澄清的功能),这可以进一步促进表达。

重述是指以言语重新组织或复述对方的言语沟通内容。在临床面谈中，重述有时也指对内容的反映（这是指重述反映了来访者所说的内容，但未反映过程或情感）。重述或内容反映是指准确地反映或复述了来访者所说的要素的陈述句。尽管下面讨论了许多临床重述的变式，但重述并不能改变、修改或添加来访者所说的内容。好的重述必须是准确和简短的。

咨询师在第一次使用重述时常常感到尴尬，他们感到自己好像在复述显而易见的东西。如果你只是鹦鹉学舌地说出来访者刚刚说过的话，就会显得僵化、生硬，有时甚至显得无礼。不过，你会逐渐学到重述的各种形式，在恰当使用时，重述是一种灵活而富有创造性的技术，可以增进情感协调和共情。正如米勒与罗尔尼克（Miller & Rollnick, 1991）指出的，非指导性倾听，特别是重述，比表面上看起来更加困难：

> 尽管善于共情倾听的治疗师可能在运用（重述）时显得容易而自然，但事实上这是一种要求颇高的咨询风格。它需要治疗师对来访者的每一句新的表述都敏锐关注，对言语的意义持续地产生假设。于是你将自己对语义的最佳猜测反馈给来访者，常常增添了已明确表达的内容。来访者做出反应，整个过程再次开始。反应性倾听容易模仿得拙劣或者糟糕，要做好是非常有难度的。

下面我们将讨论重述的几种类型。

简单重述

简单重述并不增添意义或谈话方向。咨询师对来访者刚说过的话进行复述、重新表达和反映。以下是一些例子：

来访者1："昨天我休息。我坐在屋里什么也不干。我有些事要做，但我就是无法从沙发里起来去做事。"
咨询师1："你在休息日做事有些困难。"

来访者2:"我在每项任务上都是,我要等到最后一分钟才急忙去赶工。我最终会整晚熬夜,我想最后的成果不像我本可以做到的那么好。"

咨询师2:"你看到这是自己的一种模式,你认为是你的拖延使你无法把任务完成得像你本来能做到的那样好。"

这些重述的例子简单而直接。简单重述并不是保留原话的一切;它只复述来访者所述信息的核心内容。它也不包含咨询师积极或消极的观点、反应与评价。

基于感官的重述

咨询中的神经语言程式学(NLP)运动使"表征系统"这一概念得到了推广(Bandler & Grinder, 1975; Grinder & Bandler, 1976)。表征系统是来访者在理解世界时偏好使用的感官系统——通常是视觉、听觉或动觉。

如果你仔细倾听来访者用来描述自己体验的词语,你会注意到有些来访者主要依赖于视觉词汇(如"我看到"或"那看起来像"),有些依赖于听觉词汇(如"我听到"或"那听起来像"),而有些依赖于动觉词汇(如"我感到"或"它感动了我")。根据神经语言程式学项目的研究,当咨询师通过来访者的表征系统与之谈话时,来访者的共情、信任和再见到咨询师的愿望都会增加(Hammer, 1983; Sharpley, 1984)。

仔细倾听来访者与感官有关的词汇是使用基于感官的重述的关键。为了培养你对这三类表征系统的敏感性,我们建议你进行练习,尽可能多地说出你能想到的视觉、听觉和动觉词汇。(尽管有些来访者偏好嗅觉和味觉经验,但来访者很少使用这些系统作为主要的表征系统。)下面是一些使用了感觉词汇的基于感官的重述的例子:

来访者1:"我治疗的目标是更好地了解自己。我把治疗看成一面镜子,通过它我能更清晰地看到我自己、我的力量和我的弱点。"

咨询师1:"你到这儿来是为了更好地看清楚自己,你认为治疗确实能有所帮助。"

来访者2："我刚刚被老板解雇。我不知道怎么办。我的工作对我来说很重要。我感到失落。"

咨询师2："工作对你来说是这样重要，没有它你感到很失落。"

分析来访者对感觉词汇的自发使用似乎是评估来访者主要表征系统的最可靠的方法（Sharpley，1984）。

比喻式重述

咨询师可以使用比喻或类比捕捉到来访者表达内容中的核心信息。例如，许多来访者来找专业人员是由于他们感到自己陷入困境，在个人成长或问题解决上没有任何进展。在这种情况下，咨询师可以这样做出反映："那么看来你好像只是车轮空转"，或"处理这个问题真是一场艰难的战斗"。尽管这类重述可能最适合动觉取向的来访者，但我们发现大多数来访者对它的反应都很好，也许是因为它寥寥数语却概括了许多体验内容。以下还有几个例子：

来访者1："我的姐姐非常挑剔。我们共住一间房，她总是唠叨我，让我收拾起我的衣服、整理梳妆台，还有其他的一大堆事情。她观察着我的一举一动，一有机会就批评我。"

咨询师1："就好像你在军队里接受训练，她就是你的教官。"

来访者2："我已经对将来的一些冲突有所准备。"

咨询师2："你觉得这不会是一次顺利的航行。"（From Rogers，1961）

意图指导性重述

焦点解决和建构主义的治疗师有意地以高度选择性的方式使用重述。例如，威廉·奥汉隆（William O'Hanlon，1998）描述了内容反映或重述的一种变式，他称之为"卡尔·罗杰斯的变式"。他认为这种技术是表达共情和同情的方式，与此同时也能促进来访者走出来自过去的消极或创伤感受。以下是几个例子：

来访者：我想要割伤自己。
治疗师：你曾想要割伤自己。（O'Hanlon，1998）
【在这个例子中，咨询师证实来访者的感受，但换用了过去时】。
来访者：那些景象总是闪回。
治疗师：所以你很多时候都有闪回。
【在这个例子中，治疗师把来访者的言语表达从全面的知觉转变为部分的知觉。】
来访者：我是个坏人，因为我受过性虐待。
治疗师：所以你确实有这种想法——因为你受过性虐待，所以你是坏的。
【在最后这个例子中，治疗师把来访者的语言从描述客观事实转变成描述主观知觉。(Sommers-Flanagan & Sommers-Flanagan，2004)】

近年来，燕素·金·伯格（Insoo Kim Berg）因她能够关注、放大、重述来访者微小的积极表达而知名——即使这个积极表达被消极内容所包围或掩盖（Berg & DeJong, 2005；De Jong & Berg, 1998）。对于燕素·金·伯格来说，向来访者重述什么内容的决定总是很简单，因为她的咨询理念基于一种观点，即所有的咨询师都会引导来访者，所以咨询师也可以有意识地向积极的方向引导来访者。

下面两句来自建构主义/焦点解决领域的其他代表人物的名言也表达了伯格的理念。

> 正如人不可能不沟通一样，人也不可能不对他人产生影响。
>
> （Weakland，1993）

> 既然我们不可能避免引导来访者，那么问题就变成了："我们应该向哪个方向引导来访者？"
>
> （Weiner-Davis，1993）

现在，让我们回到最初的非指导性倾听的例子中，如果你采取燕素·金·伯格的积极引导的理念，你可能会知道伯格会说什么。请再读一次下面的片段：

"我小时候家里没什么钱，我想这件事让我父亲有挫折感。他总是打我们五个孩子。他现在已经去世了。但是直到今天，我的妈妈还说我们需要被管教。但我痛恨那样，我发誓自己永远不要像他那样。现在我长大了，有了自己的孩子，我现在很好，但有时感到我要更严厉地管教孩子……你懂我的意思吗？"

现在请设想一下伯格可能会选择这个片段中哪个小小的积极部分来进行重述。

如果伯格选择进行重述，她很可能会说这样的内容："现在你长大了，有了自己的孩子，你认为自己现在很好！"她甚至会说："所以，你发誓永远不要像他一样，而显然，你并不像他！"

在建构主义或焦点解决领域的语汇中，伯格的技术可称为积极重构、寻找例外，或者关注闪光一刻（Sommers-Flanagan & Sommers-Flanagan, 2004）。

澄清

几种方式的澄清都有同样的目标：使自己和来访者对刚说过的话的确切性质更明了。第一种形式的澄清包括对来访者的话给出一句复述和一个封闭性问题，先后次序任意。罗杰斯是一位澄清技术的大师：

如果我理解得不错……最令你伤心的是当他对你说你毫无用处、毫无价值时，而那正是你一向对自己的感觉。你说的意思是这样吗？
(Meador & Rogers, 1984)

第二种形式的澄清是包含复述的选择问句。选择问句是向来访者提供两种或更多的可能反应选择的问句。

- "你讨厌在班上被点名……还是其他的事？"

- "你与你丈夫是在你看电影前还是看电影后吵架的呢？"

利用选择问句来澄清会使咨询师对来访者在面谈中说的话有更多控制力。从某种意义上说，咨询师是通过提供可能的选择来猜测来访者可能的反应的。这有些像多重选择测验。

第三种形式的澄清是最基础的，即当你没有太听清来访者所说的话时，你要核查自己听对了没有：

- "对不起，我没太听清。你能再说一遍吗？"
- "我没听明白你说的话。你是说你在这次治疗之后会回家吗？"

在面谈中，有时你不能清楚地理解来访者在说什么。也有时候来访者不太确定自己在说什么或为什么在说这些。最糟糕的情况是双方都不明白所说的话的含义或目的。有时，恰当的反应是等待。然而，在另外一些时候，则有必要确切澄清来访者在说什么。有时，来访者也会努力来澄清你所说的内容。

布拉默（Brammer，1979）提出了关于澄清的两个一般原则。首先，要承认你没听清楚来访者所说的话。其次，"尝试复述或请求澄清、重复或解释"。请求对方给出具体解释或举例是尤其有帮助的，因为这能促使来访者说得更加具体、明确而不是抽象而模糊。

从临床咨询师的角度来说，在决定是否对来访者的话做出澄清时，要考虑两个主要因素。首先，如果信息是细枝末节而且与治疗问题无关，最好是等着来访者转向更加有意义的领域。试图澄清那些与治疗目标仅有微弱关系的细枝末节是对宝贵的面谈时间的浪费。例如，假设一位来访者说，"我的养女的姥爷通常很少与我父母联系"，这时咨询师就不妨安静而平淡地继续倾听。试图澄清可能会导致双方花费5分钟或更长时间纠缠于远亲关系。自发地去讨论远亲关系常常是来访者回避重要个人问题的标志。你应避免使用澄清及其他可能强化这种回避模式的任何反应。

其次，如果来访者谈到的信息看来重要，但表述不够清晰而使你未能理解，你有两种选择：稍等一下，看来访者能否自己更清楚地表达，或者立即澄清来访者所说的话的确切性质。例如，来访者可能说：

> "我不知道，她是不同的。她看我的方式和其他女人不同。其他人都没看到什么，你知道，通过眼睛，通常你能通过女人看你的方式感觉到，不是吗？也许那是别的东西，是有一天我将会理解的关于我的东西。"

这时，适当的澄清反应可以是："这么说，她看起来是不同的；也许是她看着你的方式，或者是关于你的但你还不理解的东西。你是这个意思吗？"

非指导性情感反映

非指导性情感反映的主要目的是通过一句对情绪方面的重述，使来访者知道你听懂了他们的情绪表达。非指导性情感反映的另一目的可能是使来访者更能感受到得到了咨询师的理解，并鼓励来访者进行进一步的情绪表达。让我们看看下面的例子。一名15岁男孩与咨询师谈到他的初中老师：

来访者："那老师指控我偷了她的表时我真烦透她了。我真想狠狠揍她一顿。"
咨询师："看来你真的很烦。"
来访者："对极了。"

在这个例子中，咨询师的情感反映只局限于来访者已经清楚说出的内容。这是非指导性情感反映的基本原则：只复述或反映你已清晰听到来访者说过的内容。不要探究、解译或猜测。尽管我们可能猜测有其他隐含的情绪导致这个男孩的愤怒，但我们在使用非指导性情感反映时并不探讨这些可能性。

情感从根本性质上来说是个人化的。任何试图反映来访者情感的做法都是促进人际亲密的行动。有些来访者对于咨询关系中的亲密感并不喜欢或没有准备，因此，对情感反映会做出更疏远和沉默的反应。有些来访者会拒绝承认自己的情感。在建立治疗关系的初期阶段，尝试使用非指导性反映能够最大程度地减少情感反映可能带来的消极反应。

在给出情感反映时，咨询师应付出最大努力来保证情感的内容与强度的准确性。如果你对感受并不能确定，恰当的做法是给出一个以尝试性方式表达的反映。罗杰斯（1951，1961）有时会在给出情感反映后再看看这一反映是否恰当。情感是个人化的、内在的，因此当咨询师坚持认为来访者有某种情绪时，来访者常做出负面的反应。如果你以尝试的方式做出情感反映，来访者可能会马上更正你。例如：

来访者："那老师指控我偷了她的表时我真烦透她了。我真想狠狠揍她一顿。"

咨询师："看来你似乎对那件事有点恼火，对吗？"

来访者："恼火？天哪，我烦透了！"

在这个例子中，使用更强的情绪描述更加恰当，因为来访者已经清楚地表达了他不仅仅是恼火而已。由于咨询师未能反映出来访者情感的强度，共情可能会受到消极影响。另一方面，由于咨询师以"看来你似乎"作为句子的开头，以尝试性的方式做出反映，并在结尾加上一个澄清的问题，这一消极影响可被缩小（参见练习3.3，练习对来访者的情绪反应）。

练习 3.3
提升你的情感能力与词汇量

有许多方式可以考察并提升你的情感能力与词汇量。克尔克霍夫（Carkhuff，1987）推荐了以下活动：请找出一种基本情绪，如愤怒、恐惧、快乐或悲伤，然后开始联想你通常对这个情绪的其他情感反应。例如，先说"当我悲伤的时候"，然后联想到另一种情感以完成这个句子，比如说，"我感到被欺骗了"。下面是一个例子：

当我快乐时，我感到充实。

当我充实时，我感到满足。

当我满足时，我感到舒服。
当我舒服时，我感到安全。
当我安全时，我感到平静。
当我平静时，我感到放松。

这一情绪联想过程能帮助咨询师对自己的内在情感生活有更多发现，同时也帮助他们想出许多对自己有意义的情感词汇。我们建议咨询师独自或两个人一起进行这项练习，使用伊扎德（Izard，1977，1982）确定的10种主要情绪：

兴趣—兴奋	厌恶
快乐	轻蔑
惊奇	恐惧
悲伤	羞耻
愤怒	内疚

总结

总结的目的包括显示准确的倾听、增进来访者和咨询师对主要内容的记忆、帮助来访者集中于相对重要的问题、提取或提炼来访者所述信息背后的含义。

在倾听了来访者20～30分钟甚至整个一次面谈后，总结已讨论过的内容可能是有用的。例如：

咨询师：在这半小时内你说了许多，因此我想我应该确认一下我是否理解了你的主要担忧。你谈了你与父母之间的冲突，你对他们忽略你感到如何愤怒，以及住在寄养的家中是种解脱同时也有很大的适应问题。你也说了你觉得自己比自己以为的做得更好。这些包括了你谈过的主要内容吗？

来访者：是的，我想包括了。

尽管总结的概念很简单，但产生总结的过程可能是困难的。记忆可能飞快地消退，使我们无法准确或完整地记住来访者所说的内容。有时，由于咨询师希望在总结面谈内容时更加细致和准确，可能会犯贪多嚼不烂的错误。例如：

> "现在我想总结一下你今天谈到的四个主要问题。第一，你提到由于你的父亲非常专断，你的童年是很辛苦的；第二，在你当前的婚姻中，你发现自己过分挑剔妻子教育儿子的方法；第三，你认为自己有控制欲和完美主义，你认为这与你婚姻中现有的冲突有关；第四，嗯，第四（长的停顿），嗯，我想我忘了第四点是什么……但我肯定能想起来。"

这引出了总结的第二种困难。一次面谈常常充满了各种各样的话题和主题。可能并没有一个容易看出的潜在模式可以总结。在治疗的最初阶段尤其是如此。要做出一个简洁的总结、抓住所谈的本质又不过分冗长或遗漏重点是很困难的。因此，我们通常推荐一种非正式的、合作的总结方式。

以互动、支持性的方式回顾或总结来访者所谈内容有几个优点：(1) 这样做减少了你记忆的压力；(2) 它给予来访者一些责任来记住他们认为重要的内容，这有助于来访者回忆自己所说的话，有助于你了解来访者认为什么事情重要；(3) 互动的方式树立了一个合作关系的榜样，在咨询中，改变或成功并非全是咨询师的责任，让来访者帮助决定什么是重要的也体现了团队合作。

总结的原则

下面介绍怎样是非正式、互动和支持性的总结：

- **非正式**

    咨询师不应说"这是我对你所说的内容的总结"，而应说"让我确定一下我是否把握了你所谈的主要内容"。

咨询师不应数出共有几条，只要一条一条地说出即可。这样你就不会因不小心忘了一条而尴尬。

- 互动

  在陈述你所总结的问题时，要做出停顿，使来访者有机会表示同意、不同意或进一步补充。

  在总结的最后，应就你所说的询问来访者是否准确。

  在你做总结之前，先请来访者总结对他来说最重要的问题。这样你可以先了解来访者的观点而不必使其受到你认为什么更重要的观点的影响。你总是可以有机会补充你认为重要的东西。

- 支持性

  在有些情况下，你应明确承认来访者给出了大量的信息，例如："你已经说了很多"，或"你在短短的时间内谈到了相当多的内容"。这些言语是支持性的，会使来访者对于自己所说的内容感觉很好。当然，作为咨询师，你应保持真诚，只在这些支持性表达是可信的时候才这样说。

  你请来访者做出总结的方式可以是支持性的，比如："当然，我很有兴趣知道你认为今天所说的哪些内容最重要。"类似地，你可以说："对你自己来说，你是最好的专家，你会怎么总结你今天谈到的最重要的东西呢？"

在读完这一部分以后，你可能会注意到，我们还没有谈到总结的一个潜在原则。至少在我们回顾上述原则时，我们认为建构主义或焦点解决取向的治疗师可能会觉得我们遗漏了一个问题。

如果你从建构主义或焦点解决的角度来进行临床面谈，你的总结应该不仅是非正式的、互动的和支持性的，而且应该是积极的。事实上，某些焦点解决取向的治疗师从不花费时间去总结来访者所说的负面内容。

保持积极是一个理论取向问题。正如你可能会猜到的，接受了精神分析训练的临床工作者确实在做总结时关注并强调早期童年发展的忧虑和冲突。相反，认知治疗师关注歪曲或不良的思维模式，而焦点解决取向的治疗师保持关注积极方面。当你阅读本部分内容的时候，请反思你的立场。在进行总结时，你自然的倾向是怎样的？你是会更加积极向上，还是会更关注来访者的生活中哪里不对劲或不好？或者，也许你觉得力图保持两方面之间的平衡更加合理？

做出保证的诱惑

贯注行为与非指导性倾听技术都可被看成是礼貌的行为。这包括集中注意力倾听他人、表现出兴趣、保持感受的协调以及表现出各种关怀行为。

此外，如果你倾听得很好，你可能会感到有一种强烈的冲动促使你说出赞扬、保证和有积极内容的话。然而，你需要知道，使用赞扬或保证是与非指导性倾听不同的。

称赞对方是一种自我暴露的做法，因为你在表达你自己的品位和你自己的认可。而自我暴露对临床咨询师来说也是一项技术，应该适度使用（Farber, 2006; Zur, 2007）。保证也是一项技术。来访者可能以行为表现乞求得到保证。他们希望知道自己是否是好的父母、他们做得对不对、他们的悲伤是否会消逝，等等。你会感到想要做出保证，告诉他们做得很好。

我们不应给出不成熟的或宽泛的保证。当你做出保证时，就意味着你评估了当下的情况与他人的应对能力，并宣称一切会改善或最终会更好。即使我们都希望如此，但这样的结果是无法保证的。在这个意义上，保证会误导来访者。从另一种意义上来说，宽泛的保证可能显得你低估了来访者面对的困难。你并不知道情况有多糟糕，也不知道做出改变需要多少努力。或许起初令人困惑，但共情与保证是不能相互代替的。咨询师应常常使用共情，而使用保证时应经过仔细考虑且不宜多用。

指导性倾听反应

指导性倾听和行为反应把咨询师置于指挥、导演或专家的位置上。有效运用指导技术需要咨询师兼具人际敏感性与临床敏感性，同时也具备心理病理学的基本知识与诊断技能。

从某种意义上说，因为指导性反应如此有影响力，我们应该在对评估访谈进行了详尽的探讨之后，在本书较后面的章节再讨论它们。那么，为什么我们还要在讨论评估技术之前加入对解译、面质和给出建议等反应的描述呢？一个原因是，指导性反应对我们大多数人来说都会自然发生。然而，我们常常没有意识到自己多么具有指导性。在本书中较早讨论这些指导性的和行为的反应会帮助你开始意识到在人类互动中这些反应使用得多么频繁。

进一步说，要进行评估性面谈，你必须知道全部的临床技术反应。评估性面谈既需要非指导性反应，也需要指导性反应。如果你并不了解各种反应形式，你可能会在无意中不适当地使用了较高级的指导性技术反应。因此，我们提供下列信息的目的，并不是使你可以掌握指导性或深度心理治疗技术，而是吊起你的胃口，让你想在这些领域接受更深入的心理治疗训练。

指导性倾听反应可能以来访者中心为主；也可能以咨询师中心为主。但咨询师通常会使用它们将面谈集中于某一具体的治疗或评估主题。使用指导性倾听反应的假设是来访者需要治疗者的引导或指导。

情感证实

情感的反应常与一种被我们称为情感证实的技术相混淆。初级课本通常不会对这两种很不相同的反应进行区分（Ivey, 1999; Meier & Davis, 2008）。情感证实是指咨询师承认并认可来访者明确表达的情感。

情感证实的目的是帮助来访者把自己的情感作为人类经验自然和正常的一部分而接受下来。情感证实可以加强自我，咨询师的话语使来访者感到自己得到支持并且变得更加正常。有时，当来访者更加能够接受自己的情感时，他们开始对自己感觉更好，因此产生自尊的提高。然而，这是个有争议的问题，因为有些理论认为，像情感证实这样直接的、支持性的技术只会引起基于治疗者灌输的暂时的自尊加强,而不会在来访者的自我知觉中产生任何真实或持久的变化。因此,如果治疗者滥用情感证实,他们的来访者可能会变得依赖治疗者以获得对自我的支持。作为一项治疗技术,情感证实包含赞同和安慰,两者通常都会使接受者产生积极情感。这也许说明了为什么许多朋友或恋人会频频向对方提供情感证实。

情感证实有许多方式,但给予来访者的基本上是同样的信息:"你的感受是可以接受的。你有权这样感受。"事实上,情感证实传达的信息有时是来访者应该具有某些感受。

来访者:"从我母亲去世以后我就是这么难过。我好像总是忍不住哭泣。"
（来访者开始抽泣）
咨询师:"你可以为自己失去母亲而感到悲伤。这非常正常。如果你想哭就哭吧。"

请注意,咨询师超越了情感反映而进行了情感证实,显然,此时咨询师不再是来访者中心的或非指导性的了。通过直接指出情绪与哭泣是"正常"的,咨询师已对来访者的情感与行为做出了评价。咨询师此时变成了一位专家,有权去判断来访者的情感与行为是否合适。

提供情感证实的另外一种方式是采用自我暴露:

来访者:"我在考试之前的紧张程度是你难以置信的!我能想的只是我会怎样发木,忘记了我学过的一切,然后,当我到了考场看着卷子,我的大脑一片空白。"
咨询师:"是啊,有时我在考试时也有这种感觉。"

在这个例子中,咨询师使用自我暴露表示他也有过类似的焦虑。尽管使用自我暴露进行情感证实会使来访者深信不疑,但它也并非没有危险。例如,在上面的案例中,来访者会私下里怀疑他的咨询师（这个人也感到焦虑）是否能帮助他克服焦虑,咨询师的可信度因此被削弱了。

咨询师也可以使用亚隆和莱塞（Yalom & Leszcz，2005）称为普遍性的概念对来访者做出情感证实或保证。

来访者："我总是把自己和其他人相比……而且我常常发现自己不如人。我不知道我究竟是否能感到完全的自信。"

咨询师："你对自己太苛刻了，几乎每个人都会有自我怀疑的时刻。实际上，我认识的人当中还没有哪一个具有完全的自信呢。"

如上所述，当来访者看到或听说几乎世界上所有人都有他们这样的感受时，会感到得到证实。亚隆（Yalom & Leszcz，2005）提供了另一个例子：

> 在我自己600小时的分析中，我曾有一次对普遍性这个治疗因素的强烈的切身体验……尽管我对母亲有强烈的积极情感，但我为自己有希望她死去以继承一笔可观遗产的愿望而困扰。我的分析师简单地评论说："这似乎是我们的天性。"这个简单的句子使我深感解脱并因此能够更深入地探索自己的矛盾情感。

情感证实是面谈与咨询中的一个非常常见的技术。这一部分是由于人们希望自己的情感得到承认，另一部分是由于治疗者通常愿意承认他人的情感。在有些情况下，来访者寻求治疗主要是由于他们希望知道自己是否可以有这样的感受或这种感受是否正常。另一方面，一些治疗方法认为，表现出直接的支持，例如情感证实，会影响来访者对重要问题的探讨（即来访者认为既然治疗师说他们很好那就没问题了），因而降低来访者独立形成对自己的积极态度的可能性。

以下是情感证实的一些可能效应：

- 增进支持
- 可能会促进或减少来访者对问题或情感的探索
- 降低来访者的焦虑，至少是暂时的

- 增强来访者的自信或正常感（也可能只是短期的）
- 增加来访者对咨询师产生依赖的可能性
- 减少来访者对重要问题的探讨

解译性情感反映

解译性情感反映是咨询师做出超越来访者的外在情绪表达的情感陈述。解译性反应的目的是揭露来访者的情绪。更具体地说，解译性情感是用于揭露来访者自己只能部分地意识到的情绪。解译性情感反映可能引发来访者的顿悟（也就是说，来访者会意识到某些以前未能意识到或只有部分被意识到的东西，尤其是与强烈情绪有关的内容）。此外，解译性情感反映是隐藏的、潜在的或深层的——而非指导性情感反映是外显的、明确的和表层的。

让我们再看一下那个对老师感到愤怒的15岁男孩的案例。

来访者："那老师指控我偷了她的表时我真烦透她了，我真想狠狠揍她一顿。"
咨询师："你那时真的很烦。"（非指导性情感反映）
来访者："对极了。"
咨询师："你知道吗，我还感到你对你老师的做法有一些其他的感受。也许你感到受了伤害，因为她不信任你。"（解译性情感反映）

咨询师的第二句话是在探寻更深的情感——这位来访者没有直接说出的情感。这类情感反映对来访者来说可能是很有威胁性的。它促使来访者探索在自己表达的情感之后或之下的东西。因此，在应用得当时，解译性情感反映能显著提升来访者与咨询师的情感协调性和咨询师的可信度。

把解译性情感反映视为指导性的技术是因为它基于来访者潜在或隐藏的情绪材料。当咨询师根据来访者的言语、身体姿势、语音语调和其他有关表达对来访者的深层情绪或动机做出有根据的猜测时，咨询师主要是在解译而非反映。

解译性情感反映假设无意识或意识之外的过程影响来访者的功能。通过做出这种假设，咨询师把一种理论建构加于来访者身上。基本上，由于解译的目的是把无意识的材料带入意识中，这种情感反映的形式最好是被归为指导性的。然而，乔治与克里斯蒂亚尼（George & Cristiani, 1994）认为，即使是更简单的非指导性的情感反映也能产生这种效应。这样，"经典的来访者中心技术——情感反映，可以被看作一种解译"。

解译性情感反映是一种有力的技术，可能使治疗取得巨大进展。它也可能引发不利于治疗的来访者的防御。精神分析取向的临床人员强调，要使解译有效，时机是极其重要的（Freud, 1940/1949; Weiner, 1998）。这也是为什么在前面的例子中，咨询师首先要使用一个非指导性情感反映，然后，只有在这个反应得到确认后，才转向更有探究性和解译性的反应。使用解译性情感反映通常应在最初的情感协调与工作联盟建立之后，因为若要这些反应有效，通常需要以良好关系和对来访者的了解作为基础。此外，与非指导性情感反映一样，咨询师通常最好是用试探性的言语表达出解译性情感。

解译

解译的目的是使来访者产生顿悟或更准确的现实知觉。费尼切尔（Fenichel, 1945）指出："解译意味着说出正在力图浮现的无意识内容，使它进入意识。"当咨询师提供解译时，他实质上是在对来访者说："我就是这样看待你和你的处境的。"

精神分析或"经典的"解译

根据精神分析传统，解译是基于无意识过程影响行为的假设。而且，它认为，通过指出情感、思想与行为的无意识模式，治疗者能帮助来访者获得更多的自我意识和更高的功能水平。这并不是意味着仅有领悟就能产生行为改变。领悟被看成是一种现象，它开始使来访者向更具适应性的情感、思想与行为方式改变。

解译有许多种形式。但由于它是一项高级技能，我们在此只是简略介绍这一技术。让我们再一次回到那个愤怒的15岁高中生的例子。

来访者："那老师指控我偷了她的表时我真烦透了，我真想狠狠揍她一顿。"

咨询师："你那时真的很烦。"（非指导性情感反映）
来访者："对极了。"
咨询师："你知道吗，我还感到你对你老师的做法有一些其他的感受。也许你感到受了伤害，因为她不信任你。"（解译性情感反映）
来访者：（停顿）"是的，那是个没有声音的念头……我已经不再感到受伤害了……在经历了一段没有人信任你的时间之后，再一次因为自己根本没做过的事情而受到指控，就不那么令人奇怪了。"
咨询师："所以你以愤怒面对老师对你的不信任时，几乎就像是你在父母不相信你时你对他们的反应一样。"（解译）

在这段对话中，男孩对于解译性情感反映的准确性做了间接的确认，他首先贬低了咨询师的反映，而后又说"不再感到受伤害"，从而确认了这一反映。请注意，在这一句中，男孩给了咨询师一个追寻过去创伤经历的信号（也就是说，"不再"一词是过去指向的；它是在与过去相比）。这并不奇怪。准确的解译常常引出"根源"材料（即来自过去的材料）。于是，咨询师察觉到了来访者的信号，做出了一个更经典的解译。

要做出经典解译，咨询师需要对来访者及其过去与现在的关系有所了解。在前面的例子中，咨询师从早先的面谈中了解到这个男孩有时受到父母不公正的责罚。咨询师本可以在听到男孩的第一次表达时做出解译，但他一直等到男孩对前两个干预做出积极反应后才做解译。这说明了使用解译的时机的重要性。正如费尼切尔（Fenichel，1945）指出的，"如果患者还没准备好，他就无法将听到的分析师的话与自己的情绪体验联系起来。这样的'解译'根本没有解译什么东西"。

如前所述，经典解译是一项高级的面谈技术。关于这类解译的技术方面已有大量著作：解译什么类型的材料，何时去解译，以及如何去解译（Fenichel, 1945；1967；Greenson, 1965；Weiner, 1998）。在使用经典解译之前，咨询师应阅读基本的精神分析著作，参加精神分析疗法的课程，并获得督导。正如解译性情感反映一样，时机不当的解译通常会引发阻抗与防御。

重构

其他的理论流派以不同的方式做出解译。他们不试图将无意识过程提到意识表面。他们把解译看作帮助来访者从另一个角度看待自己的问题或病痛的干预方法。这种途径被家庭系统取向、问题解决取向和认知取向的心理治疗师称为"重构"(de Shazer, 1985; Morse, 1997; Watzlawick, Weekland, & Fisch, 1974)。

重构主要用在当咨询师感到来访者看待世界的方式有些片面的情况下。来访者扭曲的知觉常常是比较消极的,因此咨询师提供了对情境的另一种解释或重构。让我们看看下面的对话,这是非住院的犯罪青少年治疗小组中两位组员与他们的咨询师之间的谈话:

佩姬:"他总是招惹我、侮辱我。我认为他是个怪物。我想约定不再互相找麻烦了,但他不会同意。"

丹:"她才是问题所在。她总认为自己是对的,从来不愿退让或承认可以有另一种方式。"

咨询师:"我发现今天你们两个又挨在一起坐了。"

佩姬:"是吗?我情愿不挨着他。"

咨询师:"我想你们两个互相喜欢。你们几乎总是坐在一起。你们总是反复争吵。你们必定是真的开始在交往了。"

其他人:"喔,是这样,我们也一直这么想。"

在这个例子中,这两个年轻人一直彼此找碴儿。咨询师提示说,这两个人不是互相招惹和找碴儿,实际上他们是在表达相互的吸引。并不奇怪的是,尽管两人表示不太相信这一重构,但其他组员赞同这种可能性并在以后的小组治疗中也会这么说。

有效的重构应基于合理的另一种假设。其他常见的重构如下:

● 对抑郁的来访者说:"当你犯错时,你容易认为这就是失败的迹象,但你也可以把犯错看成是朝着最终成功的努力和进步的表现;毕竟大多数成功者都经历了许多失败,然后坚持不懈获得成功。"
- 对一位有对抗性的年轻女孩说:"你认为对父母说友好或赞美的话是讨好。我在想,有时候你对父母说一些积极的话是否只是在给予他们真实的反馈。"(Sommers-Flanagan & Sommers-Flanagan, 2007)
- 对一位社交焦虑的来访者说:"如果别人不向你打招呼,你就认为他们在拒绝你,而这很可能只是因为他们那天心情不好或者心里想着别的事。"

重构在最初可能会遭到否认,但促使来访者以一种新的方式看待自己的互动方式或问题的过程可以减轻来访者的焦虑、愤怒或悲伤。重构提高了一个人对行为进行感知和解释的灵活性。

面质

面质的目的是帮助来访者更清晰地知觉自己与现实。来访者来找咨询师时常常是带着对他人、世界和自己的扭曲的看法。这些扭曲的看法常以不一致或矛盾的形式表现出来。例如,来访者所说出的感觉与看起来的感觉常常不一致。一位来访者握紧拳头,用嘶哑而愤怒的声音说:"我希望你不要提起我的前妻。我已经告诉你了,那已经结束了。我对她已经没有任何感情了。一切都过去了。"显然,这位来访者对他的前妻仍有强烈的感情。或许关系已经结束,来访者希望自己能把这一切置之脑后,但他的非言语行为——语调、身体姿势和面部表情——都在告诉咨询师,他仍在体验隐含的情感。

当咨询师与来访者有很强的合作关系,而且有充足的证据表明来访者的情感或行为不一致时,面质就能产生最好的效果。在前面的例子中,我们建议不要使用面质,除非来访者已经提供了体现他对前妻仍有感情的具体例子。如果有支持的证据,可以用这样的面质:

"上周你谈到,每次你想起你的前妻,想起关系是怎样结束时,你就想要报复。而今天,你说你对她没有任何感情。然而从你握紧的拳头、你的语调,还有你上周说的她'欺骗你'来看,你似乎仍对她有非常强烈的情感。也许你希望这些情感会消逝,但它仍然在。"

请注意咨询师是如何提出证据以支持这一面质的。在这个例子中,咨询师认为来访者最好还是承认并处理自己对前妻遗留的情感。因此,他使用面质以帮助来访者处理这一问题。为了使来访者更可能承认自己的非言语行为与内部情绪的不一致,咨询师以柔和的方式表达面质,并提供证据支持。

面质既可以很轻柔,也可以严厉而强硬。例如,一位年轻的新婚男子,在治疗进行了35分钟时,仍然没有说一句话提到他的妻子(尽管她两天前离开他回到3000公里外的学校去上学)。这位年轻人谈论着他在写博士论文上的愤怒与挫折感,而他的精神分析学派的治疗者留意到了他的表现,柔和地进行了面质:"我发现你还没有提到任何关于你妻子离开的事。"

在这个例子中,治疗者实际上是使用对内容(或内容缺乏)的反映来柔和地面质来访者避而不谈他妻子和她的离开对他情绪的影响。治疗者的目的是使来访者认识并承认自己忽略了消极情绪与妻子近期离开之间可能的联系。

有时则可能需要采用更加有力的面质。然而,当咨询师使用更强硬的面质时,就会冒着引发来访者阻抗的危险(Miller & Rollnick,2002)。下面是一个对物质滥用的来访者的比较强硬的面质。

来访者:"医生,这不是个问题,我想喝的时候会喝,但是这并不太影响我生活的其他方面。我喜欢聚会。我喜欢在周末喝点酒,谁不是这样呢?"

咨询师:"嗯,你看来确实喜欢聚会。但是,在去年你已经接到了两次酒后驾车的罚单,两次更换工作,还有至少六次打架。在我看来,饮酒给你带来了很大问题。如果你还不开始承认这一点并且努力改变现状,你将会继续面临法律问题、工作问题和关系问题。你真的认为这是毫无问题吗?"

遗憾的是,许多人认为面质要有效就必须严厉而强硬。特别是在对物质滥用者的治疗领域,有时仍有一种信念认为面质必须强硬和坚持。事实并非如此。

  实际上，尚无具有说服力的证据显示强硬的面质策略是有效的，更不用说在治疗成瘾行为或其他问题时称得上是更好或更优的策略了。(Miller & Rollnick，1991)

尽管有时可能需要更有力或更强硬的面质，但如果治疗师从比较柔和的面质开始，逐渐变得更加坚决，通常会更有利于治疗、更合理，也较不容易引发阻抗。

对不一致性进行面质的最后一个例子关于一名41岁的已婚男子，他描述了自己最近如何在网上结识了一个20岁的女孩。在来访者的话之后，我们列出了咨询师的三种可能反应，一种比一种更具有面质色彩。

来访者："我开始是在聊天室里遇到这个女孩的。我的婚姻完蛋已经十年了，我需要为自己做些打算。她只有20岁，但我安排了下一周在达拉斯见她，我紧张得不得了。有个朋友说我是傻瓜，但我就是想要在我的生活中重新行动起来。"

咨询师1："或多或少，你想通过和这个年轻女孩约会，而不是处理与你妻子的问题，让自己感觉好一些。"

咨询师2："你的计划看起来有点冒险。听起来你更重视和一个从没见过的人可能发生的快速性关系，而不是你20年的婚姻。我这么说对吗？"

咨询师3："我要告诉你，你沉浸在中年人的幻想中。你从没见过这个女孩，你不知道她是不是真的20岁，是不是有性病，是不是打算敲你一笔。你觉得和她在一起会让你感觉好一些，但你其实只是在逃避问题。和她交往迟早只会让你感觉更糟。"

可以通过观察来访者随后的反应来判断面质的效果。比如，来访者可能明显否认你的面质的正确性、部分地接受或者完全接受其正确性和意义。

真正的面质不包括对做出改变的明显建议。相反，它暗示有必要采取行动（但并不具体指出或指定是哪种改变）。在下一部分，我们将学习一些明确建议或指出行动的技术反应。表3.2归纳了指导性倾听反应，表4.1归纳了指导性行为反应（见第四章）。

表3.2　指导性倾听反应及其通常效果的总结

指导性倾听反应	描述	主要目的/效果
解译性情感反映	表达咨询师认为来访者的想法与行动所隐含的情感的陈述句。	可增进共情并促进情感探索与领悟。
解译	表达咨询师认为来访者的情感、想法或行为代表的含义的陈述句，常包含对过去经验的参照。	促进来访者对其情感、想法、行为的思考和自我观察；促进来访者领悟。
提问	直接从来访者处获得信息的问句，有多种问题形式。	引出信息；增进咨询师的控制；可能有助于来访者谈话或促进他们思考某事。
情感证实	支持、肯定、认可或证实来访者说出的情感的陈述句。	增进情感协调；暂时降低焦虑，可能使咨询师被当成专家。
面质	指出或发现来访者的不一致或矛盾之处的陈述句；可以温和，可以严厉。	鼓励来访者审视自己和自己的思维、情感与行为模式；可能导致个人改变和成长。

总　结

　　贯注行为主要是非言语的，包括适当的目光接触、身体语言、语音特点和言语追随。积极贯注行为促使来访者坦诚畅谈，而消极贯注行为则使来访者不愿沟通。

　　消极贯注行为包括各种恼人的行为，也包括对任何积极贯注行为的过度使用。来访者偏好的目光接触、身体语言、语音特点和言语追随的量与类型在文化和个体层面都存在很大的差异。为了提高沟通与贯注技能，初学的咨询师应寻求同伴和督导的反馈。

除了贯注行为，咨询师还使用许多不同的非指导性倾听反应，包括沉默、内容反映、澄清、情感反应与总结。所有的非指导性面谈反应都用于促进来访者的自我表达。但是，即使是非指导性倾听反应也可用于影响或指导来访者讨论某些话题。

指导性反应是指把咨询师的观点明确带入治疗的反应。咨询师指导性过强会使来访者感到自己在交谈互动中缺乏控制权。但如果过于缺乏指导性，来访者会感到困惑并认为咨询师在回避或不够坦率。通常来说，指导性面谈反应是鼓励来访者改变其思考、情感或行为模式的高级技术。因此，大多数指导性方法应在已有充分临床评估后再使用。

指导性倾听反应包括解译性情感反映、解译、提问、情感证实与面质。这些技术的相似性在于它们都是由治疗者指出来访者在治疗中应关注的问题。

推荐阅读及资源

下面的一些教科书和工作手册提供了关于贯注技能的其他信息和练习，以及来自不同理论流派的技术。此外，其中一些著作能够增进你对多种不同的社会与文化群体的了解和敏感性。

Cormier, S., & Nurius, P. (2003). *Interviewing strategies for helpers: Fundamental skills and cognitive behavioral interventions* (5th ed.). Monterey, CA: Brooks/Cole. 本书的第四章对非言语行为提供了深入详尽的资料。*

Gibbs, M. A. (1984). The therapist as imposter. In C. M. Brody (Ed.), *Women therapists working with women: New theory and process of feminist therapy*. New York: Springer. 这一章强烈呼吁治疗师认识自己的不安全感和缺乏信心。文中也提到，有经验的专业人员可以感到信心不足，也确实会感到信心不足。

---

* 该书中译本为《心理咨询师的问诊策略》，张建新等译，中国轻工业出版社，2004 年。——译者注

Greenson, R. R. (1967). *The technique and practice of psychoanalysis* (Vol. 1). New York: International Universities Press. 这本经典著作为解译的使用提供了详尽的基本原则。

Hill, C. E. (2004). *Helping skills: Facilitating exploration, insight, and action* (2nd ed.). Washington, DC: American Psychological Association. 这本经典著作的第 14 章是关于解译的。

Meador, B., & Rogers, C. R. (1984). Person-centered therapy. In R. J. Corsini (Ed.), *Current psychotherapies* (3rd ed.). Itasca, IL: Peacock. 在这本书的第三版中有一个非常棒的治疗片段,是罗杰斯与"沉默的年轻人"的咨询。

Messer, S. B., & McWilliams, N. (2007). *Insight in psychodynamic therapy: Theory and assessment*. Washington, DC: American Psychological Association. 该书也有非常好的关于如何通过解译促进领悟的进阶资料。

Miller, J. B. (1986). *Toward a new psychology of women* (2nd ed.). Boston: Beacon Press. 这本书的内容是关于女性(以及男性)和他们在当今社会要处理的问题。它清晰地表述了传统上与身为女性有关的一些困境的深度和意义。

O'Donohue, W., Cummings, N. A., & Cummings, J. L. (Eds.). (2006). *Clinical strategies for becoming a master psychotherapist*. Amsterdam, Netherlands: Elsevier. 这本有趣的著作中包含了心理治疗大师用于处理各种问题的策略和技术。

Rogers, C. R. (1951). *Client-centered therapy*. Boston: Houghton Miffin. 该书中有罗杰斯关于情感反映的最初讨论(第四章)。

第四章

指导：提问与行为技术

大人们热爱数字。当你告诉他们你交了一个新朋友时，他们从来不问任何关于重要事情的问题。他们从不会问："他有什么样的声音？他最喜欢什么游戏？他收不收集蝴蝶？"不，他们问的是："他多大年纪？有几个兄弟？体重多少？他父亲挣多少钱？"只有得到这些数字，他们才认为自己对这个人有所了解。

——安东尼·德·埃克苏佩里《小王子》

本章目标

临床咨询师必须不只是倾听，还需要通过有技巧地使用提问来了解来访者。咨询不是侦查，但有时咨询师会担任侦探的角色。此外，咨询师有时鼓励来访者采取特定的行动——咨询师认为是适应性的或健康的行动。在本章中，我们将分析临床咨询师常用的许多提问和指导性行为反应。在阅读完本章后，你将了解以下内容：

- 咨询师可以使用的许多提问种类、如何使用不同的提问，以及提问通常的作用（和副作用）。
- 源自建构主义理论和焦点解决与叙事疗法的各种治疗性提问。
- 向来访者提问的好处和坏处。
- 为何有些提问是不恰当的，还有些提问是不符合伦理的。
- 在咨询中使用提问的通常原则。
- 临床咨询师使用各种指导性行为反应的原因和方式，包括说明、暗示、建议、同意、不同意、敦促、认可和不认可。

试想，没有铁锹如何挖洞？没有锤子如何建房子？对许多咨询师而言，在面谈中不使用提问就意味着面临这个问题：不使用你最基本的工具，你如何能完成任务？

尽管提问在面谈中具有核心作用，但我们直到本章才开始讨论这一技术。这样做的原因也好比让一位木匠在没有锤子的情况下想想怎么建房子。我们的目的是激发你的创造力，促使你理解其他倾听和沟通工具的深度、广度与应用。如果你能培养全面的面谈技术，就会有助于防止你过度依赖提问来进行面谈。

提问作为一种面谈工具，其多样性和灵活性令人难以置信；提问可以用来激发来访者的谈话、限制来访者的谈话、促进治疗关系、表现出对来访者感兴趣或者不感兴趣、搜集信息、给来访者压力、聚焦于解决方法以及忽视来访者的观点。随着你阅读本章关于使用提问和指导性行为反应的内容，请思考自由地使用提问——这一大多数咨询师认为是最基本的工具——时会有什么感受。

使用提问

当你提出问题时，你就在交谈中占据了较大的控制权。提问，从定义上来说，是指导性的，也是人际沟通中不可或缺的成分。在临床面谈的情境下，提问构成了一种技术，值得我们深入探讨。提出问题，特别是当你对某些信息感兴趣的时候，是难以抵抗的诱惑。不幸的是，正如《小王子》中说的一样，谁也无法保证被询问的人对你提出的问题（以及问题的答案）有任何兴趣。

提问的类型

提问有许多形式或类型。由于不同类型的问题会引发来访者不同的反应或反应模式，因此有必要区分各类问题。在本章中，我们先围绕着常见的问题类型组织讨论：开放式、封闭式、祈使式、间接或隐含式和投射式问题，然后将单独讨论治疗性问题。请记住，尽管我们区分了常见的问题类型与治疗性问题，但所有的问题形式都可以用于评估或治疗目的——这取决于如何使用问题。

开放式问题

开放式问题用于促进言语表达。从定义上来讲，开放式问题需要的反应是多于一个词的，它们无法用简单的是或否来回答。通常，开放式问题以"怎样"或"什么"来提问。有些作者把使用"哪里"、"什么时候"、"为什么"和"谁"的问句也作为开放式问题，但这些问题其实只是部分开放的，因为它们不能像"怎样"和"什么"问句一样有效地促进谈话（Cormier & Nurius, 2003）。下面这段假想的对话使用了这些开放式问题。

咨询师："你第一次惊恐发作是什么时候？"

来访者："1996 年，我想。"

咨询师："那时你在哪里？"

来访者："我当时在纽约，刚刚上地铁。"

咨询师："当时发生了什么？"

来访者："当我进入车厢时，我感到自己的心脏开始猛跳。我以为我要死了。我努力抓紧我座位旁的金属柱，因为我担心自己会摔倒丢人。我感到头晕、恶心。后来我在自己要下的那一站下车，从此再也没坐过地铁。"

咨询师："当时谁和你在一起？"

来访者："没有人。"

咨询师："为什么你不再尝试坐地铁？"

来访者："因为我害怕我会再有一次惊恐发作。"

咨询师："你对惊恐发作的恐惧这样限制了你，你是怎么处理这种情况的？"

来访者："哦，坦率地说，我处理得并不好。我渐渐越来越害怕外出。我担心我很快会不敢离开家。"

从这个例子你可以看到，开放式问题在开放程度上是不同的。它们在促进来访者言语表达的深度与广度的作用上是不一样的。尽管使用"什么"或"怎样"的问句通常会引发来访者最详细的回答，但情形并非总是如此。进一步说，是"什么"或"怎样"的问句的表述方式决定了会引发来访者非常具体还是非常宽泛的反应。例如，"你什么时候到的家"和"你感觉怎么样"常常得到简短的回答。判断某一问句的开放性程度最好的方法是看它通常引起的反应。

"为什么"的问句比较独特，它常常会引起防御性的解释。迈耶与戴维斯（2008）指出，"问句，尤其是'为什么'的问句，使来访者处于防御地位并要求他们对自己的行为做出解释"。"为什么"问句常常引起两类反应。第一，有些来访者会说"因为"并开始解释，有时会解释得很长——为什么他们这样想、这样做或这样感受。第二，有些来访者会用"为什么不"来防御，或者由于他们感到自己受到攻击，他们会通过直接质问治疗者"这有什么不对吗"来寻求保证。这说明了为什么临床治疗者通常尽量少用"为什么"问句——它会加重防御和理智化，同时损害情感协调。但我们应该注意，尽管通常应避免用"为什么"问句，但在情感协调很好而且你希望来访者对自己生活的某一方面做出思考时，"为什么"问句可能是恰当有用的，能帮助来访者对某一模式或动机获得更接近、更深入的看法。

封闭式问题

封闭式问题是可以用"是"或"否"回答的问句。尽管有些人把"谁"、"哪里"或"什么时候"的问句归于开放式问题，但它们实际上将来访者引向了很具体的信息，因此，我们认为它们通常应属于封闭式问题（参见练习4.1）。

与开放式问题相比，封闭式问题限制来访者的回答，并将来访者引向某一具体答案。它可以用作减少或控制来访者说话的一种技术。在遇到过分健谈或者对问题的回答不厌其细的来访者时，限制言语表达是有用的。此外，引导来访者描述个人经历的某一具体方面在进行诊断性面谈时是有用的。（例如，在前面于纽约地铁上的惊恐发作的例子中，咨询师可以询问"你感到头晕或头昏吗"，以确认是否存在与惊恐发作有关的症状。）

有时，咨询师会有意无意地在问句中加个尾巴，把开放式问题变成封闭式问题。比如，我们常听到学生这样提问："经过这些年后，你如果质问父亲会感觉怎么样呢?——会感到快意吗?"

如你所见,将开放式问题变换成封闭式问题极大地限制了来访者给出回答的详细程度。除非面对这种提问的来访者非常善于表达或坚定,否则他们只会以是否感到了快意回答这一问题;人们可能会(也可能不会)再说出自己或许会感到的恐惧、解脱、怨恨或其他任何感觉。

封闭式问题通常使用"是不是"、"有没有"之类的词,这种问题在咨询师想要获得具体信息时很有用。通常,封闭式问题在咨询将要结束时使用,此时情感协调已经建立,时间快要用完,需要使用高效的问题获得简短的反应(Morrison,2007)。

如果你在面谈开始时大量使用非指导性反应,而在后来改变风格使用封闭式问题以获得更具体的信息,最好告知来访者这一策略改变。例如,你可以说:

"好的,我们现在还有10分钟,我希望确认某些东西我没有漏掉,因此我要开始问你一些很具体的问题。"

练习 4.1
开放式与封闭式问题

下列四组问句用于获得与同一话题有关的信息。请你在读这些问句时,想象自己会怎样回答,然后比较自己所设想的答案。

1. a. "你对于接受治疗的感觉如何?"(开放式)
   b. "你对于接受治疗感觉还行吗?"(封闭式)
2. a. "在你进入地铁、感到心脏猛跳之后发生了什么?"(开放式)
   b. "你进入地铁之后感到头晕吗?"(封闭式)
3. a. "经过这么多年对父亲的愤怒,你如果质问他会怎么样呢?"(开放式)
   b. "经过这么多年对父亲的愤怒,你如果质问他会感到快意

吗？"（封闭式）
4. a."你感觉怎么样？"（开放式）
   b."你感到生气吗？"（封闭式）

请与同学一起讨论你（以及来访者）在开放式问题与封闭式问题下会受到怎样不同的影响。

祈使问句

祈使问句可以用"是"或"否"回答，但实际上是用于引起对情感、想法或问题更详细的讨论（Shea，1998）。从某种意义上讲，祈使问句是问来访者是否愿意回答。这种问题常常使用"你能不能"、"你愿不愿意"、"你想不想"之类的表述。举例如下：

"你能谈谈你刚发现自己有艾滋病时是怎么样的吗？"

"你愿意描述一下你认为你的父母如果发现你是同性恋会怎样反应吗？"

"你能再告诉我一些这方面的事吗？"

"你能不能告诉我昨晚你和你丈夫争吵时发生了什么？"

埃维（1993）认为祈使问句是一切问句中最开放的："能否问句最具开放性，而且具有封闭式问题的一些优点，因为来访者可以回答'不，我不想谈这些'。能否问句比其他问句更少含有控制和要求。"要使祈使问句发挥作用，咨询师应注意两条基本规则。第一，在情感协调充分建立之前应避免使用祈使问句。如果情感协调尚未充分建立，祈使问句可能产生不良后果，并成为封闭式问题。（也就是说，来访者会以害羞的或拒绝的态度，用是或否来回答，而情感协调可能受损。）第二，对于大多数儿童和青少年要避免用祈使问句，这是因为他们常会带有局限性地理解祈使问句，并做出反抗性回答。例如，如果你们问一位年幼的来访者："你愿意告诉我你爸爸离开时你的感觉怎么样吗?"他们常会回答:"不愿意!"而这既令人尴尬,也毫无益处。

间接或隐含式问题

间接或隐含式问题常常以"我感到好奇"或"你肯定"来开头（Benjamin,1981）。咨询师在对来访者的想法或感受感到好奇时会用这种句子,但并不想逼迫来访者回答。以下是间接或隐含式问题的一些例子。

"我很好奇你对即将到来的婚礼有何感受。"
"我对你毕业后的计划感到好奇。"
"我好奇你对找工作有过什么想法。"
"你肯定对你父母的离异有一些想法或感受。"
"要面对失去健康的境况一定很困难吧。"

间接性问题,尤其在过多使用时,会显得遮遮掩掩或者有操纵性,因此只应偶尔使用,使用时机应在情感协调已充分建立后。

投射问题

投射问题用于帮助来访者发现、表达、探索和澄清无意识的或不清晰的冲突、价值观、想法和感受。投射问题通常以某种形式的"如果"开始并请来访者想象。投射问题常用于激发来访者的心理想象,并促进来访者探索如果他们处在某种情境中会有什么样的想法、感受和行为。举例如下:

"如果你得到100万,没有任何限制,你会做什么?"
"如果可以满足三个愿望,你会希望要什么呢?"
"如果你需要帮助或者十分害怕,或者你身无分文而需要用钱,你现在会找谁呢?"（Sommers-Flanagan & Sommers-Flanagan,1998）
"如果你能回到过去,改变自己在那次聚会（或其他重要的生活事件）中的行为,你会有怎样不同的做法呢?"

投射问题通常用于评估来访者的价值观与判断。例如,咨询师可通过分析来访者对"如果有100万你会干些什么"这样的问题的回答来间接了解来访者的个人价值观与自我控制能力。这个问题也可用于评估来访者在选择如何使用金钱方面的判断。投射问题常在精神状况检查中使用（参见第七章）。

治疗性问题

有许多治疗流派使用问句和提问的方法作为核心治疗技术。这些流派善用提问的指导性特征，使用提问来引导来访者以特定的方式思考、感受和行动——以治疗师认为健康和有益的方式。最值得注意的是，建构主义和焦点解决流派主要依靠——有时甚至完全依靠——提问（De Jong & Berg, 2008）。德沙泽尔与多兰（de Shazer & Dolan, 2007）清晰地说明了焦点解决流派中提问的实践与理论意义：

> SFBT（焦点解决短程疗法）的治疗师……把提问作为主要的沟通工具，也是主要的干预方式。SFBT治疗师不倾向于给出解译，也极少向来访者提出直接的质疑或面质……SFBT治疗师提出的问题几乎总是关于现在或未来的。这反映出的基本信念是，解决问题的最佳方式是关注曾经有效的办法以及来访者对自己生活的期望，而不是关注过去和问题的根源（de Shazer & Dolan）。

正如第三章曾指出的，焦点解决和建构主义流派的咨询师认为，由于所有咨询师都会有意无意地引导来访者，所以咨询师应该有意将来访者引导向积极的想法、感受和行为。此外，我们还应指出，在建构主义和焦点解决流派的咨询师看来，评估与干预之间的区别并不那么明显。因此，你会发现下面的治疗性提问策略所包含的问题既有评估作用又有干预作用。这些问题的共同核心是它们都用于帮助来访者关注积极的、有希望的、建设性的主题。

治疗前改变的问题

有些研究显示，来访者常常在电话预约之后、与咨询师第一次面谈之前这段时间内开始有所改善（Beyebach, Morejon, Palenzuela, & Rodriguez-Arias, 1996; De Vega & Beyebach, 2004）。因此，焦点解决治疗师认为，请来访者将这一自己主动发起的行动进一步转变为自我改善非常重要。在第一次咨询开始时，他们几乎会对每一个来访者提出与下面类似的问题：

> 从你打电话预约这次咨询开始，你发现了什么已经发生或开始发生的变化？（de Shazer & Dolan，2007）

如果来访者回答说没有发现什么改善，焦点解决的治疗师通常会继续以这样的问题开始咨询："你希望今天发生什么以使我们共同度过的时间对你有所帮助？"或者，如果来访者回答什么也没有改变，另一个焦点解决式的反应可能是："你是怎样防止情况变差的？"

然而，如果来访者指出有任何朝向积极方向的改变（例如："是啊，在我打完电话后，我决定和一个老朋友见见面，我们聊了聊天，过得很愉快"），治疗师可以继续询问来访者，见朋友感觉好在哪里，以及来访者具体是怎样产生做出这么积极的行为的动机的，等等。通过这种方式，咨询师界定并强调来访者自身做出积极改变的能力——即便在没有治疗帮助的情况下。这种策略用于让来访者开始进入"讨论解决办法"的过程（de Shazer & Dolan，2007）。

标尺问题

对焦点解决流派的咨询师来说，标尺问题能帮助来访者更精确地设想他们可能发生的改变。这一方法是这样进行的：

咨询师：在 1 到 10 的标尺上，如果 1 代表"可能的最坏情况"，而 10 代表"可能的最好情况"，你会对你上一周处理愤怒的情况评多少分？

来访者：哦，我不知道，也许 4 分吧。

咨询师：好的。让我们假设下一周你能给自己打 5 分。那么，如果你下周来的时候能告诉我你管理愤怒的水平能达到 5 分，究竟会有哪些方面不一样？

来访者：我想最大的不同是我不会再有这么多的大喊大叫。

咨询师：那时你会像什么样子呢？如果把评分提高到 5，你需要减少多少大喊大叫的行为？

正如你从这个例子中看到的，标尺问题是以反复询问为特点的治疗策略。这种提问是用于帮助来访者把注意力放在要达到可见的改善需要做哪些改变上。从理论上来说，从建构主义的观点来看，咨询师越是能够帮助来访者建构并关注改善的前景，积极的改变就越可能发生。

百分比问题

百分比问题与标尺问题非常相似。从本质上来说，这类问题能引导来访者思考和界定改善看起来、听起来、感觉起来（甚至闻起来）是什么样的。

咨询师：我知道你一直在告诉我你感觉多么抑郁，听起来非常艰难。但我也在好奇，如果你的抑郁能减少1%，你的生活会有什么不同？

来访者：也许我早上就能够起床了。

咨询师：非常好。那么这是1%的好转看起来的样子。如果你的抑郁减少10%呢？看起来会怎样？

来访者：我想我就不仅能早上起床，还能出门，开始找工作。

咨询师：很棒。如果你的抑郁减少50%会怎样？看起来是什么样子？

来访者：那会看起来很好。

咨询师：具体来说，那看起来、听起来、感觉起来，甚至闻起来会有多好？

或许在上面这个例子中最重要的观察内容，是咨询师如何巧妙地，几乎是不停地，促使来访者关注成功或改善的样子、声音、感觉和气味。

独特结果或重新描述问题

独特结果（有时也称为独特叙述）或重新描述问题是由著名的叙事治疗师迈克尔·怀特（Michael White，1988）首创的。这类问题用于引导来访者描述他们曾以何种独特的方式完成了某些具体的积极任务。温斯莱德和芒克（Winslade & Monk，2007）描述了咨询师在使用独特结果问题时的关注点：

> 咨询师要选择注意任何与整个问题不同的经验，无论它们多么微不足道。这些经验片段是形成新故事的原材料。通过询问这些"独特的结果"，咨询师探究了来访者对问题的影响。

以下是一些独特结果与重新描述问题的例子：

"你是怎样打败恐惧出门购物的？"

"你是怎样做到保持平静的？"

"你做了什么让你自己尽管抑郁但还是起床来到这里咨询的？"

"你上一周一下子就不再喝酒了！你是怎么成功的？"

"你上个月感觉好了一点点，你对自己说了什么？"（Sommers-Flanagan & Sommers-Flanagan，2004）

如果来访者报告了个人成就，无论这成就多么微小，咨询师都可以使用（也应该使用——根据建构主义理论学者的观点）独特结果与重新描述问题。这个以提问为基础的干预方法与传统的聚焦于问题的咨询流派完全不同，那些流派始终鼓励来访者分析自己的问题，他们会使用这样的提问："你在惊恐发作时在想什么"，或者"在你家里一般是什么引发争吵和伤害的"。相反，独特结果的问题聚焦于优势和成功，鼓励来访者更深入地分析成功，使用的提问如："当你能够保持平静、战胜自己的焦虑时，你在想什么"，或者"是什么使你和你的家人和平相处的"。

预设性问题

预设性问题是咨询师预设积极的改变已经发生，并询问来访者对这些改变的具体描述。在治疗中，建构主义的咨询师倾向于结合个人化的目标设定来使用预设性问题。与标尺问题和百分比问题类似，预设问题引导来访者朝向成功或目标达成的清晰愿景。预设性问题的例子如下：

"听到你的成绩改善了，你家里谁会最惊喜？谁会最不惊喜？"
（Winslade & Monk，2007）

"如果你开始在其他学生想让你生气时还保持平静，你觉得会有什么改变？"

"让我们假设两年过去了，你的生活中完全不再有酗酒的问题。你每天具体会做些什么来使你自己保持忙碌和清醒？"

奇迹问题

奇迹问题很可能是所有焦点解决咨询问题中最著名的。这种治疗性问题像大多数建构主义和焦点解决问题一样，帮助来访者产生和维持对未来的积极愿景，并具体分析什么因素能带来这种积极的未来。燕素·金·伯格最先偶然想出了这个概念，一位来访者处在显而易见的绝望之中，说只有奇迹能够帮助她（De Jong & Berg, 1998）。于是，伯格的同事，斯蒂芬·德沙泽尔（1988）把奇迹问题表述为：

> "假设你今晚回家，当你睡着的时候，奇迹发生了，问题解决了。你怎样知道奇迹发生了？会有什么不同？"

伯格与多兰（2001）介绍了奇迹问题更详细的版本。为了体现这个问题的微妙之处，我们在此引用了全文：

> 我要问你一个比较奇怪的问题。【停顿】这个奇怪的问题是：【停顿】在我们谈完之后，你会回到你的工作（家、学校）中，你会做你接下来要做的事，比如照顾孩子、做晚饭、看电视、给孩子洗澡，等等。然后到了上床睡觉的时间。家里的每个人都安静下来，你也安宁地睡着了。半夜，奇迹发生了，你今天来和我谈的这个问题解决了！但因为这个奇迹发生的时候你在睡觉，你不知道夜晚发生了奇迹解决了问题。【停顿】所以，当你第二天早上醒来的时候，会有什么样小小的改变让你对自己说："哇哦，一定是发生了什么——问题不存在了！"（Berg & Dolan, 2001）

许多治疗师和学者扩展或稍微改编了奇迹问题，以使其符合自己的目的，用于治疗不同的来访者群体。例如，在咨询青少年时，贝尔托利诺（Bertolino, 1999）建议用"奇迹"代替"奇怪"一词。类似地，托恩与奥斯拉格（Tohn & Oshlag, 1996）也介绍了在咨询被迫接受咨询的来访者时，使用的略有不同的奇迹问题。

外化问题

传统的诊断面谈程序通常包括一系列问题，用于识别和澄清来访者是否存在特定的精神病学症状。这些症状随后用于确定诊断以及后续的治疗。正如你从理论课程上所学到的，对于人类心理病痛的根源、病位与持续，有不同的思考方式。从建构主义的角度来看，精神病学症状是社会、文化和个体建构的。从叙事治疗的角度来看——与建构主义理论相当接近——来访者讲给自己的关于自身病痛的故事具有重大的影响。如果个体把自己的生活困难和问题看成是内在的障碍或失败，那么这些问题实际上就会被内化，成为根深蒂固的模式。建构主义学者通常反对把症状内化理解为医学上的疾病，而是将精神病学症状看成是来访者受到社会、文化因素与内心对现实的建构的强烈影响所致。

出于这样的建构主义理论立场，叙事流派和焦点解决流派的咨询师建立了一种异于传统的询问来访者症状的方式。这种方式与传统的诊断面谈的最大不同在于向自我之外的外化——将精神病学症状和原因外化。

例如，如果你在咨询一位因制造麻烦而出名的年轻来访者，你不是询问他们如何让自己陷入麻烦，而是问："在学校里，麻烦最开始是怎么产生的？"而后你会询问"你觉得麻烦是变得更大了还是更小了"和"你是更希望努力打败麻烦，还是更希望有时随便它去"（Winslade & Monk, 2007）。在这个例子中，温斯莱德和芒克（2007）把麻烦从青少年的内部特征转化为影响他而他也可以选择对抗的外部力量。

在治疗抑郁的来访者时，外化问题可用于帮助来访者开始设想对抗抑郁或抑郁症状。例如，可以用象征的方式描述抑郁（例如，乌云、迷雾、黑暗、隧道、深坑或重压；Corcoran, 2005）。以下是一些咨询有抑郁症状的来访者时可以使用的外化问题的例子：

> "下一次这片乌云想要控制你的生活时，你可以怎样战胜它？"
>
> "如果你不受抑郁这片迷雾的影响，你具体会做什么？"
>
> "如果你感到更轻松、快乐，就像摆脱了抑郁的重压，你会和谁在一起？"

"你会怎样对抑郁说谢谢和再见？"

例外问题

在理想的情况下，焦点解决流派的咨询师能够帮助来访者谈起以前的问题解决方法，以帮助他们找到对当前问题的有效解决方法。然而，在许多情况下，来访者不能建立起这种联系，或者不能清晰地说出他们当前问题的具体解决方法。在这样的情况下，焦点解决咨询师把例外问题作为主要工具，帮助来访者找出他们问题较轻的时刻。

基于只需小的改变就能激发更大改变的理论立场，例外问题寻求微小的线索，证明来访者的问题并不总是巨大而压倒一切的。科克伦（Corcoran, 2005）提供了一组探询例外的问题：

谁： 当例外发生时谁在场？他们的做法有什么不同？你的行为有不同时，他们会说什么？

什么： 在例外发生之前发生了什么？在例外发生的这段时间，行为上有什么不同？后来发生了什么？

哪里： 例外在哪里发生？环境中有什么细节有助于例外的发生？

什么时候：例外在什么时候发生？例外发生的频率如何？

怎样： 你是怎样让这个例外发生的？你依靠了什么优势、才能或特点？

建构主义治疗师使用例外的序列来建构来访者本身存在的优势和资源。这些序列有助于建立或充实来访者适应性的故事线，以对抗充满问题的故事线。

问题的好处与不足

对于提问，咨询师有不同的理念和习惯。我们请学生进行一段只允许提问的面谈（不允许做出重述和其他非指导性反应）。有些学生对这个练习的反应相当积极，有的学生很讨厌这样做。把练习改成主要使用焦点解决的治疗

第四章 指导：提问与行为技术 131

性问题也得到了类似的反应。以下是学生对提问练习的一些反应：

"我感到作为来访者更有力量。"
"我感到更有控制力。"
"我感受到更多压力。"
"好像我一遍又一遍地问（关于积极目标的）同样的问题。"
"在听来访者说话的同时要想出问题，在想什么样的问题比较好的同时要倾听来访者的言语，这是很困难的。"
"我似乎缺乏耐心。我总有一种冲动想要打断对方来提问。"
"我感到压力更小。我很喜欢问问题。"

显然，提问会引发反应——既引发咨询师的反应也引发来访者的反应。了解这些反应是重要的。有些反应是个人独有的，而另一些则可能更为普遍。不幸的是，我们常常难以在自己问（或不问）问题的需要与来访者被问（或不被问）问题的需要之间保持平衡。

提问通常会引起几种积极结果。开放式问题会使来访者更深入地讨论他们的思想与情感。封闭式问题能帮助咨询师准确地得到不使用这些问题时无法获得的具体信息。当咨询师使用提问来控制面谈、扮演了权威的角色时，有些来访者会感到放松。问问题有助于澄清或具体化来访者希望谈的内容。问题也是很好的工具，能被用来获取来访者具体行为的实例。最后，有水平的提问对诊断性面谈是非常重要的（参见表4.1）。

尽管提问有许多积极效果，但使用提问也可能带来消极后果。问题强调了咨询师的兴趣和价值观，而不是来访者的。因此，来访者对提问的反应可能是感到自己的观点不重要。当然，好的咨询师会提出来访者所关心的问题来减少这种危险："还有什么我们尚未谈到但你感到重要的东西？"提问也使咨询师处于专家的位置，他们有责任提出恰当的问题，有时还要给出正确的答案。大量提问的使用强调了面谈中固有的权力、责任感与权威性差异。即使谨慎使用，建构主义或焦点解决式的提问也在引导来访者讨论治疗师认为重要的积极观点。相反，有些来访者却感到谈论——甚至是长时间地谈论——

困难、创伤和消极的个人体验具有治疗作用。遇到不断地做积极引导的焦点解决流派的咨询师，这些来访者可能会感到咨询师忽视了他们痛苦的消极体验的重要性。

表 4.1 问题分类

疑问词	问题类型	来访者通常的回答
什么	开放	事实与描述信息
怎样	开放	过程或序列信息
为什么	部分开放	解释与防御
哪里	轻微开放	与地点有关的信息
什么时候	轻微开放	与时间有关的信息
谁	轻微开放	与人有关的信息
是否	封闭	特定信息
能不能、愿不愿意	祈使	多样的信息，有时遭到拒绝
我好奇/你肯定	间接	探询思想和情感
如果	投射	关于判断和价值观的信息

提问会降低来访者的自发性，并可能使来访者有防备心理，尤其是在连续问出几个问题时。来访者可能会被动地待着，等待咨询师提出合适的问题。这产生了一个矛盾：咨询师开始提问通常是由于他们希望得到信息，但有时过多的问题会降低来访者言语的主动性，增强防御，导致咨询师获得更少的信息。过多地提问还可能培养依赖性，来访者可能会变得过分依靠咨询师对自己生活中重要问题的提问及其给出的答案。此外，我们还应注意，较为具有指导性的治疗方法通常提倡使用直接提问，并且更多地把治疗者置于专家的角色中。这是一种合理的角度，只要它与咨询师的理论取向一致并是在对潜在的不利因素有充分了解的情况下进行即可。本杰明（1987）对过度使用提问曾评论道：

> 是的，我对于在面谈中使用提问有许多保留。我确信我们提了太多的问题，而且常常是无意义的问题。我们提出的问题令对方感到困惑，打断对方的思路。我们提出对方无法回答的问题。我们甚至提出我们也不想知道答案的问题，也正因为如此，当答案浮现时我们也听不到。

显然本杰明倾向于非指导性的、以人为中心的面谈流派。他对提问的担忧是真实的，而且表述得很清晰，但是其他流派的临床工作者不会赞同他的结论。事实上，有些来访者愿意被问到大量问题，因为问题对于他们应说些什么提供了清晰的指导。焦点解决的治疗师则很可能会说，只要使用得当，治疗性问题远远优于诊断性问题和非指导性技术。此外，结构性或指导性较弱的技术可能使来访者产生焦虑或挫折感——因为来访者不清楚该如何进行下去。总之，尽管提问可能会被滥用和误用，但它是收集信息的有效工具，并能帮助咨询师控制面谈的进程与方向。

咨询师的好奇与职业道德

我们常常在自己和学生身上发现提出不恰当问题的强烈冲动。这些问题可能只是为了满足我们自己的好奇心或只是反映出我们头脑中的想法。

例如，如果来访者提到他是在一个你熟悉的地方长大的，你可能感到有一种询问的冲动："你上的是哪所中学？"或者："你去过第三街那家很棒的面包店吗？"尽管这些问题可用于评价社会地位或学习背景，但你提出这些问题主要还是因为你的好奇心。这些问题可能会使面谈具有社交色彩，而非治疗色彩。进一步来说，如果你屈从于你的好奇心，你可能会开始进行不恰当的自我暴露（"是啊，我记得有一天晚上我和一些朋友喝酒……"）。你可以想象这样的暴露会带来什么效果。请记住，你做的每件事，包括提问和自我暴露，都必须是为增进来访者的利益服务的（Farber, 2006）。

如果你遵循某种冲动，提出不恰当的问题，可能会出现伦理问题。A.拉扎勒斯（A. Lazarus, 1994）提出了一个流传很广的伦理两难问题，关于在治疗后治疗师是否可以请来访者让自己搭车（假设来访者正好顺路）。我们的立场是，心理健康专业人员应该在治疗关系之外去满足自己的个人需要，即使是似乎完全无害的需要——例如搭个车或者满足一点关于家乡的好奇心。当然，你在应用这一原则时可能会过于僵化，但我们通常要避免跨越治疗界限，因为那会导致更加频繁出现的不恰当的冲动，并最终导致违反伦理规则 (Sommers-Flanagan, Elliott, & Sommers-Flanagan, 1998)。

使用提问的原则

来访者与咨询师都会时而对问题有强烈的反应。因此，把以下5个原则记在心中有利于使你的提问发挥最大的促进作用：

1. 让来访者准备好接受提问。
2. 不要把提问作为你最主要的倾听或行为反应（除非你是采用了一种已得到公认的特定理论流派的方法）。
3. 让你的问题符合来访者的担忧和目标。
4. 利用问题引出具体的行为例子和关于未来的积极愿景。
5. 谨慎地提及敏感问题。

让来访者准备好接受提问

减少提问的消极后果的一项简单技术就是使来访者知道你的意图。你可以在开始提出一系列问题之前先告知来访者并让他有机会准备。告知来访者你将会提问可使他们了解咨询进程，并常常有助于他们减少防御、更加合作。你可以这样告诉你的来访者：

"我需要了解你的一些具体信息，所以待会儿我会问你一些问题以使我了解这些信息。有些问题有可能看似奇怪或者对你来说没有意义，但我保证，我问这些问题是有原因的。"

不要把提问作为你最主要的倾听或行为反应（除非你是采用了一种已得到公认的特定理论流派的方法）

一般来说，提问应与其他倾听反应，尤其是非指导性倾听反应结合使用，无论提问是用于评估还是治疗目的都是如此。请确保对来访者的回答做出倾听反应，至少要时常这样做。

咨询师："你第一次登上地铁时发生了什么？"
来访者："当我走进列车，我感到我的心脏在猛跳。我以为我要死了。我竭尽全力地抓住金属杆，因为我害怕自己会跌倒丢人。后来我在自己要下的站下了车，从此再也没坐过地铁。"
咨询师："那么那对你来说是一个非常恐怖的经验。你做了一切努力使自己不要失控。在你这次经历中，有谁和你在一起吗？"

除非咨询师在反复提问时结合使用各种关注来访者的倾听反应，否则来访者可能会感到被炮轰或被审问。米勒与罗尔尼克（Miller & Rollnick，2002）建议了一种"三个问题原则"：他们建议咨询师监控自己，不要连续提出超过三个问题。

让你的问题符合来访者的担忧和目标

如果你直截了当地关注来访者的主要担忧，来访者更可能会感到你有能力而且可以信赖。因此，要有技巧地使用提问，至少部分问题应与来访者认为重要的内容密切相关。

在通过提问来获得诊断或精神状况信息的情况下，来访者可能不太明白咨询师为什么要问这样的问题。例如，在与抑郁患者面谈时，应仔细评估其进食模式、睡眠状况、注意能力、性欲等，因此，下列问题是很重要的：

"你的胃口近来怎么样？"
"你能整晚安睡吗？"
"你集中注意力有困难吗？"
"你最近对性生活感兴趣吗？"

设想一下，如果有一位易激怒而且心理上幼稚的抑郁患者，她本身认为自己的坏情绪与10年来丈夫的情感虐待有关，她对这些问题会有何感受？她也许会这么想："我搞不懂这个咨询师！我的胃口、性生活和注意力究竟与我来找她治疗的问题有何关系？"除非来访者能看到咨询师所提问题的重要性，否则这些问题不但会损害咨询关系，而且也会降低来访者对治疗的兴趣。

与之类似，从焦点解决或建构主义的角度来看，关注目标或预设性问题只有在围绕来访者的目标时才使来访者感到有意义。例如，对一位青少年来访者来说，询问"如果你想象自己和老师相处很好会怎么样"要比询问他"与老师和平相处"是不是其治疗目标更加合适。

利用问题引出具体行为的例子和关于未来的积极愿景

也许最有价值的提问是从来访者处获得清晰、具体的过去、当前和未来的生活事例。提问可用于获得具体行为的例子，使咨询师不必依赖于来访者抽象的描述。

来访者："我在社交情境中有太多问题，我想我就是一个焦虑而缺乏安全感的人。"

咨询师："你能不能给我举个例子，比如最近的一次使你感到焦虑而且认为自己没有安全感的社交情境？"

来访者："嗯，让我想想。哦，有天晚上同学间有个聚会。每个人好像都非常尽兴，而我感到被丢在一边了。我能肯定谁也不想和我谈话。"

在这段对话中，尽管咨询师使用了一个祈使问句希望获得具体信息，但来访者的回答仍然比较笼统。来访者常常会需要治疗师的帮助才能做出更加清晰、具体的对具体行为的描述。或许咨询师会需要使用几个开放和封闭性的问句来帮助来访者更加具体、确切地描述他们的焦虑，请看以下几个例子：

"当你在那次聚会中感到焦虑和缺乏安全感时，当时发生了什么？"

"当你有这些感觉时谁站在你附近？"

"当时你心中想了些什么？"

"如果你能再重来一遍，你想在这个情境中怎样做？"

在来访者讲述自己的故事时，咨询师持续追随言语资料也是有帮助的。例如，如果来访者的故事中留下了空白，咨询师最好提出开放式问题，如"后来发生了什么"，而不要使用封闭式问题如"你去看了你母亲吗"。显然，在来访者讲述自己的经历时，时机得当的开放式问题通常会使来访者继续讲述。

从焦点解决流派的角度来说，斯克莱尔（Sklare, 2005）建议使用"还有什么"的问题来促进来访者想象积极的未来愿景。例如，提出像"在这个奇迹发生后还会发生什么？"（Sklare, 2005）或"当你保持平静时你还有什么想法和感受？"这样的问题能帮助来访者深入思考未来的积极愿景。

谨慎地提及敏感问题

在问到敏感话题或问题时要尤其小心。沃尔伯格（Wolberg, 1995）曾指出，不要对新的来访者的敏感领域提问（如外貌、地位、性障碍、生活中的失败）。沃尔伯格建议让来访者自由地谈这些话题，但一旦出现阻碍，应避免提问，直至关系已经建立后才可以进行这方面的提问；在治疗早期，关系的建立应处于比信息收集更优先的地位。

尽管沃尔伯格（1995）的这些建议通常是很好的，但有时信息收集与建立治疗关系也同等重要，尤其是当你在进行初始面谈，当来访者处在危机状态中，或者当你的环境要求迅速得到评估信息的时候。例如，如果一位来访者可能想要自杀或杀人，获得评估信息以进行全面的临床决策就是首要的（参见第九章）。如果你处于临床情境中，而又不清楚进行某个特殊的敏感领域的提问是否合适，那么你通常可以问："我是否可以问你一些个人问题？"你也可以在请求来访者讲出隐私前表明自己的意图（例如，"我要问你一些个人问题，但如果你不想回答可以不回答。"）

类似地，如果你的任务是进行初始面谈，而将来不是你为这位来访者咨询，收集信息很可能是比建立关系更重要的。你可以这样向来访者说明情况：

"这次面谈只是为了评估。我要收集一些关于你的信息，这些信息将提供给你的咨询师。如果你感到我问了一大堆问题，那是因为这是我的主要任务。"

指导性行为反应

提问可以用来搜集信息、控制来访者的谈话和建立治疗关系，而指导性行为反应用来鼓励来访者改变自己思考、感受或行动的方式。指导性行为反应实质上是种说服技巧，其目的是把来访者推向个体的改变。使用指导性反应通常是在咨询师根据临床判断与来访者的个人利益，认为其生活、态度或行为应发生改变的时候。这些反应显然是以咨询师为中心的，咨询师要承担一些责任来确定什么样的改变是有利的。即使在咨询师与来访者非常合作、共同努力时也是这样，因为即使这样咨询师也必须决定何时提供说明或建议，或促使来访者采取某种行动。当然，最终来访者应自己决定是否听从和采纳咨询师的观点、提示或建议。

指导性行为反应需要咨询师在使用策略来促进改变之前首先评估来访者怎样才会发生积极的转变。许多咨询和心理学方面的课本与研究生项目都鼓励对促进来访者改变的技术或指导性反应的应用（Cormier et al., 2003；Egan, 2006）。尽管指导性技术确实是促进来访者改变的有效方法，但我们更同意塞利格曼的立场，也就是说，咨询师在使用技术性干预以前，应在评估和诊断技术上得到良好的训练。因此，以下对指导性行为的描述主要是为了帮助你区分这些反应与其他比较非指导性的技术。初学的咨询师应谨慎使用这些技术并应在督导之下使用。

本部分所写的指导性行为反应是以强度顺序松散排列的从温和的到强烈的说服技术。这种区分是有争议的，因为强度和说服性也取决于语音语调、身体语言和所讨论问题的性质。在讨论与已婚者发生性关系的情境下做出的温和的暗示恐怕要比关于如何安排时间的直接建议强度更大，也更有分量。

说明或心理教育

说明是用于使某事更明白或易懂的描述性句子。在面谈情境中，说明与心理教育是同义词。进入治疗的来访者常常需要特定的信息。在咨询中，心理教育通常有以下目标：

- 咨询的过程
- 某一症状的含义或意义
- 对于如何实施某种建议或治疗策略的指导

说明咨询的过程

说明的第一个目的，或许也是最重要的目的，是角色引导或者说心理治疗的熟悉化过程。角色引导是指咨询师告诉或教育来访者在咨询或治疗中咨询师与来访者各自的角色的程序。之所以需要进行角色引导，是因为许多来访者对于临床面谈或咨询所需的信息知之甚少或一无所知。对角色引导的研究显示，来访者知晓治疗中会发生什么以及自己应做什么是有好处的(Manthei，2007；Walitzer, Dermen, & Conners, 1999)。

咨询不应是一个神秘的过程，几乎所有的临床工作者都会时不时停下来向来访者说明一点关于咨询的核心概念。请设想一下，你作为一名咨询师，来访者在第一次面谈即将结束时，告诉你她的绝望感：

"我不知道我是否应该告诉你这些，不过我一直在想我们谈的东西没有一件会有所改变。这不是你的缘故，但我想我永远不能改变。"

来访者的话至少包含了两种可能性：可能来访者真的不确定和治疗师谈什么比较合适，也可能她产生了初步的移情，知道自己想说什么，但是不确定治疗师会做出什么反应。无论是哪种情况，咨询师提供的教育信息或说明应该是类似这样的："我很高兴你告诉我你的担心。这是咨询重要的一部分，我希望你一直都能感到在这里可以坦诚地说话。"或者，"咨询的一个基本原则是，如果你不知道有些话你是不是应该说，你应该勇敢地说出来，然后我们可以共同决定是否需要进一步讨论"。

我们要指出，来访者经常会说"我不知是否该告诉你这些"或者"我不能确定要说什么"。当来访者这样说的时候，常常意味着这时需要一些心理教育或角色引导。如果来访者对咨询过程感到困惑或不确定，咨询师有责任解除困惑。

在前面的情况中的另一种可能是，在经过45分钟讨论自己充满挑战的生活后，来访者比走进治疗室的时候感到更灰心丧气。如果是这种情况，下面的说明比较合适："有时在咨询中谈自己的问题可能暂时会让你感觉更差，就像你在打扫房间的时候，一开始你会觉得无处下手和绝望。但是，也像打扫房间一样，如果你坚持咨询，在完成的时候你会感觉好很多。"

第二类说明用于来访者体验到某一症状，但对症状的含义不明的情况。例如，有焦虑障碍的来访者常常认为自己"变疯了"、"失去理智"或"快死了"（Barlow & Craske，2000）。特别是一些有惊恐障碍的来访者更容易相信自己"疯了"，最终要住进精神病院，尽管大多数焦虑障碍的预后是良好的。咨询师应向来访者说明这一点，因为对症状的说明甚至诊断对来访者来说可能很有安抚作用。以下是一个例子：

> "我知道你感到自己的大脑一定是出了问题，因为你现有的症状可能令人害怕。但是根据你的个人历史、家庭史和你所告诉我的症状，我认为完全可以告诉你，你不会变疯，你现在经历的问题并不罕见，而且咨询治疗会有很好的效果。"

第三类说明是向来访者提供信息，介绍如何应用某一治疗技术。例子如下：

来访者："我不知道是什么使我焦虑。它好像无缘无故地就发生了。我能做些什么来更好地控制这些感觉呢？"

咨询师："控制焦虑的第一个办法通常是去发现是哪些想法或情境使你感到焦虑。我希望你试试下面的实验，对你的焦虑水平做个记录。你可以用一个口袋大小的记录本，在你感到焦虑时记录。用0到100的数字记下你所感到的焦虑程度：0是完全不焦虑，100是非常焦虑以致你感到自己快死了。然后，在你的焦虑评定结果旁边写下你当时的想法和你所处的情境。下一次治疗时把你的焦虑记录带来，我们可以找出是什么使你焦虑。"

在这个例子中，一位认知行为治疗师指导来访者进行自我（焦虑）监控。当然，在提供指导时，你应该问来访者是否还有其他问题，以确定来访者理解了你的指导。（例如："关于下周如何监控你自己的焦虑你还有什么问题吗？"）

咨询师给出的说明部分地取决于他的理论取向。具体来说，行为派治疗者会向来访者说明关于行为和自我监控的重要性，认知派治疗者会说明思想是如何影响或导致行为与情绪的，以人为中心的治疗者会说明治疗应如何让说明中包括来访者认为重要的任何内容，精神分析派的治疗者会向来访者说明"说出想到的任何东西"的重要性。无论咨询师是在介绍自由联想还是在说明如何进行有指导的想象，他们都是在提供心理教育信息。

暗示

面谈与咨询的初级课程通常并不介绍暗示（Egan，2006；Hill，2004；Reiter，2008）。这或许是由于暗示在传统上与精神分析或催眠学派有关，也可能是由于一些权威把暗示定义为"一种温和的建议形式"，因此已在如何指出建议的内容中介绍了暗示（Benjamin，1987）。

尽管有时可以互换，但暗示与建议是两种截然不同的面谈技术。具体来说，暗示指间接地或不通过明确表达地使人知道，而建议是提供教导、提供值得听从的意见或提议。建议比暗示更具有指导性。

暗示是咨询师直接或间接地提示或预测来访者的生活中将发生某种现象。暗示用于使来访者有意识或无意识地从事某种行为、改变思维方式或体验某一特定情绪。

尽管暗示常常是在来访者处于催眠状态下给出的，但它也可以在来访者完全清醒的状态下给出。下面就是个例子：

来访者："我从来忍受不了我母亲。好像我害怕她。她总能控制她的行为……她比我更强大。"

咨询师："如果你仔细看看你下一周内和她的互动，也许你会发现自己比她更强的地方。"

另一个经典的暗示程序是咨询师暗示她会做一个有关某一问题的梦。之所以称它经典是由于精神分析取向的咨询师会使用暗示来影响无意识过程。

来访者："这个决定真难住了我。我有两个工作机会，但我不知该选哪一个。我感到太困难了。我好几天都在分析利弊，但我只是不断摇摆，这一会儿我想要这个工作，过一会儿我又想这个工作对我完全不合适。"

咨询师："如果你在今晚睡觉前放松，并在脑海中尽量清晰地想着这个冲突，也许你会做个梦帮助你澄清你对这个决定的感受。"

在这个例子中，暗示与建议混合在一起。咨询师建议来访者在睡前放松并清晰地想着冲突，并暗示说随后会有一个梦。

对于有违纪行为的年轻来访者，温和而具鼓励性的暗示可能会有积极影响（Sommers-Flanagan & Sommers-Flanagan, 1998）。例如，我们在与年轻来访者讨论其他行为选择时会使用以下技术：

来访者："那个笨蛋真讨厌。我得好好揍他一顿。"

咨询师："或许如此，但是你将来会有比诉诸武力更好的办法。我知道你能有更好的做法。"

这个暗示技术增强了年轻的来访者对解决问题的自信。根据阿德勒学派的一个观点（1930），这种形式的暗示可以作为鼓励来访者的一种方法。

暗示这一技术反应的使用实际上比我们大多数人猜想得更加频繁。例如，如果回顾本章前面关于奇迹问题的例子，反复阅读，你会发现也有强烈的暗示感。这不是偶然的发现。实际上，焦点解决的许多干预策略原自米尔顿·埃里克森（Milton Erickson）的工作，他是一位提倡在催眠或非催眠状态下使用暗示的著名催眠治疗师。

使用暗示要谨慎。有时，暗示会使人感到不坦诚或有操纵意味。此外，暗示有时会引起反抗。例如，本部分中举例的暗示都可以带来不良后果，造成下列结果：

该女性来访者仍坚持认为她的母亲更强大。

来访者不记得他的梦，或者不能在梦与他的决策过程之间进行任何联系。（对于这种结果，精神分析取向的治疗师认为是阻抗。）

违纪的男孩坚持认为躯体暴力是他最好的行为选择。

来访者不愿进行或回应奇迹问题。

赞同 – 不赞同

所有咨询师都时常会使用的指导性行为反应是赞同。赞同是指咨询师表示自己与来访者的观点是一致的。赞同通常能给来访者和咨询师都带来好的感受，部分原因在于，正如社会心理学与临床心理学显示的，人们喜欢和态度与己相似的人在一起（Yalom & Leszcz，2005）。

正如其他指导性行为反应一样，你应该探讨自己想要赞同来访者的动机。为什么你希望来访者知道你赞同他们？赞同的使用是有助于治疗，还是由于你愿意让别人知道你有类似的观点？你赞同来访者是为了肯定他们或你自己的观点吗？

使用赞同会产生一些可能的效果：(1) 赞同有利于增进情感协调；(2) 如果你的来访者把你当成一个可信的权威，赞同可以肯定他们观点的正确性（也就是说，"如果我的咨询师赞同我，我肯定是对的"）；(3) 赞同会使你处于专家的角色中，来访者将来会寻求你的观点；(4) 赞同可能会减少来访者的探索（即，"为什么还要再探索我的信念？毕竟我的咨询师都赞同我了"）。

只要存在赞同，就会存在不赞同。在你与他人观点一致时表达你自己是简单、令人舒服的，而且几乎是自然的。但另一方面，不赞同常被看成是在社交中不被接受或至少不受喜欢的行为。人们有时会隐藏自己的不赞同，或者是因为不敢坚持自己，或者是因为害怕冲突或拒绝。

　　在临床面谈中，咨询师是处在一个有权力和权威的位置上。因此，咨询师有时会失去克制而公开表达对来访者的不赞同。其结果取决于当时的主题，有可能会对来访者造成极大伤害，并对治疗造成破坏，也可能包括权力和权威的滥用。例如，请想象一下一位来访者与咨询师就美国的外交政策进行了下面的交谈。

　　来访者：我对伊拉克战争感到非常生气。我认为我们需要的就是退出，让他们自己解决自己的问题。事实上，我认为现在在军队服役的人都是笨蛋。
　　咨询师：你说的这些让我感到不舒服。你听起来有些偏颇和批判他人。我认为这不是一种很有建设性的方式。
　　来访者：你错了。这也有道理那也有道理就什么也做不成。
　　咨询师：你在你的人际关系里也用这样的批判观点吗？或许你需要更仔细地想想你所说的话的含义。

　　从这段对话中你可以看到，在讨论含有情绪的政治和社会问题时，咨询师可能失去自己治疗性的立场，而陷入几乎不加掩饰的社会政治立场。在这个例子中，咨询师使用赞同和不赞同间接地表达了自己的政治－社会态度，以不成熟、不恰当的方式将来访者的政治观点与个人生活进行联系。这种做法显然是对咨询师的权力和地位的滥用。

　　不赞同也可以表达得很微妙。有时，来访者会把咨询师的沉默、不点头、交叉抱着双臂或中立态度理解成不赞同。咨询师应该注意检查自己对来访者的反应，以确定自己是否以非言语或无意的方式传达了不赞同（或不认可）。

　　不赞同的目的是改变来访者的观点。不赞同的问题在于，以另一种观点来否定这一种观点可能会演变成个人争论，造成咨询师和来访者的更多防御。因此，咨询师通常不应以个人的不赞同作为治疗干预的基础。这样代价太高，而且其可能的收益也可通过其他方式获得。此外，或许也是更重要的是，对来访者价值观的不赞同就是不符合伦理的（参见多元化要点4.1）。

当你要对来访者表达不赞同时,应秉持以下两条基本原则。

1. 如果你在伦理问题(如堕胎、种族间婚姻、性活动)上与来访者观点不同,请记住改变来访者的观点不是你的工作,你的工作是在不适应的想法、情感和行为方面帮助他或她。
2. 如果你的专业判断是来访者的信念或观点是不具适应性的(例如,引起痛苦、无助于解决问题等),那么你可以面质来访者,并向他或她提供实际信息以帮助来访者形成更具适应性的信念。(在这种情况下,你提供的是信息或说明,而非不赞同)。

咨询师应提出说明而非不赞同的一个好例子是在养育孩子的问题上。来访者常常说出他们使用的无效或不当的教养方法,并且引用自己的观点或经验支持这些方法。咨询师应避免鲁莽地打断来访者并告诉来访者他们的观点是"错误"的。相反,咨询师应鼓励来访者探讨自己是否始终在用单一的办法来达到自己的教育目标。

来访者:"我知道有些人说打孩子不好。可是,我小时候挨过打,可我现在也很好。"
咨询师:"这么说,你是觉得小时候挨打对你没有什么不好的影响。"
来访者:"是的,现在挺正常。"
咨询师:"有些父母会打孩子,而有些不打。或许,我们不必去看你或我是否认为打孩子是可以的,而应该看看你教养儿子的目的。这样,我们就可以讨论打孩子对你来说是否有助于达到你所希望的目标。"

在这个例子中,有实证证据显示所讨论的行为(打孩子或体罚)可能产生许多不良后果(Gershoff, 2002)。大量的专业群体(如美国心理学协会、美国儿科学会)都建议父母不要用体罚的方式来管理孩子的不良行为。因此,咨询师最终可以决定和来访者讨论体罚的潜在不良后果。通常,这一讨论应围绕来访者的育儿目标，而不是咨询师是否"赞同打孩子"。此原则的例外是，治疗者怀疑来访者已不仅是打孩子，而且对孩子已有躯体虐待。然而，即使是咨询师怀疑来访者有儿童虐待行为并已向当地家庭服务机构报告，这一决策也是基于法律标准，而不是由于治疗者不赞同来访者的做法。

多元化要点 4.1
冲突的价值观

各种心理健康专业人员的伦理准则都明确规定，遵守伦理的专业人员不应让个人价值观对来访者或治疗过程产生不良影响。这是合理的，因为心理咨询或治疗的目的显然是促进来访者的个人成长，而这一成长与特定咨询师的个人价值观既可能一致也可能不一致。

尽管这一观点合理，但专业的治疗师有时也会在价值观或行为方面与来访者产生情绪冲突。赫曼与赫利希（Hermann & Herlihy, 2006）在一篇重要的文章中叙述了一个法律案件，一位职业咨询师拒绝为一位同性恋来访者提供咨询。以下是布拉夫状告北密西西比健康服务公司这个案件的概要：

- 一位密西西比的员工援助项目咨询师（布拉夫）接诊了一位女性。在经过几次咨询后，这名女性说出她是同性恋，并请咨询师帮助她改善她的恋爱关系。
- 布拉夫拒绝帮助这名来访者，并说明了自己的宗教价值观。
- 布拉夫进一步告诉医疗中心的副主任，她的立场是她拒绝咨询任何与她的宗教价值观冲突的个体。
- 布拉夫向联邦法庭起诉，因为她认为她的雇主未能包容她的宗教价值观和信念。
- 尽管陪审团最初倾向于站在布拉夫一边，但案件在上诉时改判。

赫曼与赫利希（2006）归纳了这个案件法庭结论的法律意义：

第四章 指导：提问与行为技术　147

> "布拉夫案最重要的法律意义是，法庭认为雇主合理包容员工宗教信念的法律责任并不包括包容咨询师转介因关系问题而求助的同性恋的要求。根据法庭的看法，只在与咨询师自身宗教信念不冲突的方面提供咨询，是不受法律保护的僵化立场。法庭进一步指出，在允许咨询师拒绝帮助与来访者性取向有关问题的大背景下，同性恋来访者可能不会寻求咨询。法庭认为这种歧视的结果也是法律所不允许的……法庭指出，咨询师拒绝为同性恋来访者提供关系问题方面的咨询，可能对来访者造成情感伤害。"
>
> 　　总之，这个案件是一个很好的例子，显示了来访者寻求心理健康服务的权利高于治疗师的个人价值观。

认可－不认可

　　认可是指咨询师对来访者的想法、情感、行为的认可。对某人认可是给予赞许的评价。要在面谈中使用认可与不认可，咨询师必须具备对来访者的想法与行为做出判断的知识和敏感性。认可与不认可有时是要避免使用的，因为它给予了咨询师极大的权力。显然，这种权力可能被咨询师滥用。大多数咨询师会倾向于让来访者自己判断、接受和认可他们自己的想法、情感和行为，而不是依赖于他人的外在评价。

　　认可－不认可的概念与赞同－不赞同相似。不过，咨询师赞同或不赞同一位来访者的倾向通常是出于与社会相协调的愿望。认可－不认可则更进一步。具体来说，当咨询师认可或不认可来访者的行为时，他具有更强的道德权威性。

　　许多来访者会从治疗者处寻求认可。在这方面，来访者是脆弱的，他们需要或渴望专家的认可。作为咨询师，我们必须自问是否应该接受脆弱而有需要的来访者想要给予我们的责任、权力和控制力。在有些情况下，选择给予来访者认可或不认可类似于扮演上帝的角色。我们有何权力去决定哪种情感、想法或行为好或坏呢？

另一方面，有些治疗师对于给予来访者认可感到轻松自如，并且认为这种做法并无不当。例如，许多指导性的治疗师会在来访者完成家庭作业时大声说："干得好！"治疗儿童的治疗师常常用和儿童击掌或拳头互碰的方式表达认可。另一些治疗师，特别是焦点解决流派的治疗师，可能会认为所有的治疗师始终都在以内隐或外显的形式提供认可，所以不妨有意地以积极方式提供认可。下面这个发生在焦点解决流派治疗师伊冯·多兰（de Shezer et al., 2007）与一位年轻来访者之间的单次治疗片段为将认可用于建构希望和积极情感提供了另一种视角。

> 伊冯：嗯。我只想说我确实相信你。我就是想这么说。每隔一段时间，我会在遇到一位年轻人之后这么对自己说。如果我还会再见到你，我很可能不会说。或许过个一两年我再见到你时再说。但是，我很可能这一辈子只能见到你这一次，所以我要说：你很不错。你是那种年轻人……你让我对下一代抱有希望。我就是有这样的感觉。我想要你知道这一点。

寻求咨询师认可的来访者可能短期内有不安全感或者长期渴望认可。这种对认可的需要可能是源于小时候感到被拒绝和不被认可。给予认可可以是一种有力的治疗技术。咨询师的认可能够增强情感协调与来访者的自尊。它也能培养依赖的关系。当来访者对认可的需求得到满足后，他很可能会在再次有不安全感时又去寻求认可。

在有些案例中，咨询师难以避免地会对来访者产生不认可感。当你的来访者在谈论虐待儿童、殴打妻子、强奸、谋杀的想法和冲动，以及变态的性行为等内容时，你的确很难保持一种职业的中性态度。请记住下列事实。

- 有变态的或虐待行为的来访者以前已经受到了不认可，通常是来自对他们十分重要的人，有时是来自整个社会。然而，他们并没有停止这些行为。这显示不认可对于改变他们的行为是无效的。

- 你的不认可可能只会使一个极其需要和渴望改变的人远离你。
- 在保持客观与中性的态度时，你并没有含蓄地认可来访者的行为。除了不认可，你还可以采用其他的反应（如说明和面质）来告诉来访者你认为改变是必要的。
- 如果你不能在倾听来访者对自己行为的描述时避免表示不认可，那么请把来访者介绍给另一位合格的专业人员。
- 不认可会削弱情感协调，会使来访者产生被拒绝感，并使得咨询过早结束。

与赞同和不赞同类似，认可与不认可要以微妙的方式传达给来访者。例如，你回答"好的"或"是的"可能被来访者理解成认可，而你可能只是在用这些词使谈话保持继续。在练习面谈技能时，你要格外注意自己的言语与非言语行为，注意自己是否传达了认可或不认可的微妙信息。

有些没有在这里讨论的咨询师反应，例如责备和拒绝，是比认可和不认可更具有咨询师中心性质的。其他的，如幽默和自我暴露，难以放入咨询师反应的连续体中，或者将在本书的其他章节进行讨论。表4.2总结了本部分内容介绍的指导性行为反应。

给出建议

给出建议本质上传达了这样的信息："这就是我认为你应该做的。"给出建议是一种典型的以咨询师为中心的指导性活动，它明确地把咨询师置于专家的角色中。

一般来说，在面谈的初期阶段要避免给出建议，因为给出建议是容易的，常见的，有时还能很好地被来访者接受。通常，朋友和亲属会相互给出许多或有用或不太有用的建议。你可能会奇怪，如果人们在治疗之外就可得到建议，那么咨询师还使用它干吗？

答案非常简单：人们渴望得到建议——特别是专家的建议，而且有时建议是有效的治疗改变技术（Glasser, 2000; Haley, 1973）。然而，建议仍是临床面谈中的一个有争论的问题；许多咨询师会使用它，但也有许多咨询师强烈避免使用（Benjamin，1987；Rogers，1957）。许多专业人员认为蒲伯里斯·赛勒斯（Publius Syrus）在公元前42年所说的是对的："很多人寻求建议，但很少人从中获益。"(Hill，2004)

许多来访者在第一次面谈中就试图迅速从咨询师那里获得建议。然而，在临床面谈中，不成熟的问题解决方法或建议常常是无效的，这有时是由于来访者没有自己思考或萌生这个主意，所以在这种解决办法中缺乏主动性或投入（Hill，2004）。这种规律的一个例外是，咨询师或治疗师拥有很神圣的专家地位——在这种情况下，来访者有时无论如何都会盲从治疗师的建议（Meier & Davis，2008）。对于我们大多数并不拥有神圣的专家地位的咨询师来说，更合理的做法是在试图解决问题或提供建议之前与来访者仔细探讨某一具体问题。在探讨的过程中，来访者常常会自己想出主意处理所面对的问题。一个好的基本原则是，在急于给出建议之前先了解来访者自己已经尝试的所有努力。

有时，控制自己不给出建议是困难的。请设想一个来访者告诉你：

"我怀孕了。我不知该怎么办。我是两天前发现的。别人都不知道。你认为我该怎么办呢？"

你可能有一些很好的建议给这位年轻女性。实际上，你可能有过类似经历，或者你认识的某个亲爱的人也曾为处理意料之外的怀孕而做过斗争。这位女性可能非常需要了解相关信息，她可能还需要一些可行的建议。然而，这些只是设想，因为根据她所说的话，我们还无法知道她是否需要信息或建议。我们只知道她说她"不知道怎么办"。我们能确定的是，如果她是两天前发现自己怀孕的，她很可能已花了接近48小时来考虑她可做的选择。此时，告诉她我们认为她应该做什么很可能是没有用和不合适的。

给出不成熟的建议会阻碍对问题解决方法的进一步探索。我们建议以非指导性的方式开始，因为你随后总是可以变得更具指导性并提供建议。

"所以你没有告诉任何人关于怀孕的事。如果我对你的理解是正确的，那么你感到自己或许应该采取某种行动，但你不确定应该做什么。"

有些来访者可能会坚持要求得到建议，不断询问"你认为我该怎么办"。在许多情况下，当来访者逼迫你给出建议时，你应使用一句说明和一个开放性的问题。例如：

"在我们讨论可能的选择或行动之前，让我们看看你对你的处境有些什么想法和感受。我可能给你提供建议，但首先，请告诉我从你发现自己怀孕开始你有些什么想法和感受。"

或者，在这个例子中，一个简单的开放式问题可能就很合适：

"你自己想过一些什么选择呢？"

如果你确实同意了提供建议，建议的内容永远应该是关于来访者如何获得做出决定所需的资源或信息。不要建议来访者堕胎、收养孩子或者结束一段孽缘，你给出的建议要围绕如何权衡各种选择并做出决定。

来访者常常比我们认为的更加复杂、更加善于思考，头脑中充满可行的想法（也比我们自己认为的更加有办法）。因此，如果不了解他们已经尝试过的解决自己问题的各种方法就向他们提供具体建议是不公平的。焦点解决取向的咨询师常常强调来访者的技能和资源，促进来访者自己形成建议。他们会这样问："你是怎么改变这些情况的？"或者，"你没有卷入法律纠纷最长的时间是多长？你是怎么做到的？"（Bertolino，1999）

提出多余的建议（即其他人已经提过的建议，或者来访者自己已经用过而无效的方法）会损害你的可信度和治疗同盟。为避免这种损害，我们总是要先询问来访者他们从朋友、家人和以前的咨询师处获得了哪些建议。总之，尽管有颇多不利之处，但提供建议有时是必要而有益的（参见练习4.2）。

> **练习 4.2**
> **关于给出建议的一点建议**
>
> 可能你会猜到，我们给你的建议是关于提出建议的。具体来说，你要了解何时和为什么要给来访者建议。请回顾并思考下列问题。
>
> 当你想要提供建议的时候，是否：
>
> 1. 只是为了起到帮助作用？
> 2. 因为第三方付费的限制你已经没有几次治疗机会，所以感到有压力？
> 3. 想要证明你是一个有水平的治疗师？
> 4. 因为你曾经历过类似的问题，所以认为自己知道怎样帮助这位来访者？
> 5. 因为你能比来访者想出更好的主意？
> 6. 因为你认为来访者根本不能想出任何有建设性的办法？
>
> 你对这些问题的回答有助于判断你给出建议的动机是否纯正。你可能会猜到，我们不太倾向于提供建议。但另一方面，我们也认为，如果时机恰当、对象合适，建议也会非常有效。谈到提供建议，我们给你的建议是：(1) 了解为什么你要给出建议；(2) 等待合适的时机给出建议；(3) 避免以卖弄或说教的方式提供建议；(4) 避免给出多余的建议（即来访者已经从别人那里得到过的建议）。

自我暴露

自我暴露是一种复杂而灵活的面谈反应，可以服务于多种目的。例如，在第三章我们讨论了自我暴露可以用于情感证实，用于支持、安慰和赞美来访者。

希尔（Hill，2004）鼓励助人者使用自我暴露以引导来访者获得更大的领悟。她建议咨询师进行与来访者核心问题有关的自我暴露，然后询问来访者的反应。她给出了下面的例子：

> 是，我也是那样。我发现自己一不小心就想要退回依赖的状态。我不知道你是不是也是这样。
>
> 我也在反复思考我自己作为职业女性的角色和养育孩子的可能性。对我来说，主要是我不确定是不是两者我都想要。我不知道你是不是对同时拥有职业和家庭也有一些矛盾的心理。

从这个例子中你可以看到，自我暴露也可以很有引导性。在这个例子中，咨询师提出一种自己和来访者可能共有的模式。这种方法不仅仅隐含着问题的普遍性，而且意味着咨询师思考和处理自己生活的方式可能成为来访者的榜样。例如，咨询师可能解决了如何处理亲戚关系、经济问题、良心及其他人际之间或个人内部的问题，因此认为他了解如何让来访者通过探讨获得类似的解决办法。显然，这种假设存在许多问题——特别是当你遇到的是与你的文化认同不同的来访者时（参见多元化要点4.2）。

有些学者认为自我暴露是关于咨询师当前与来访者有关的想法和感受的，具有即时性或元沟通性质（Hill，2004）。例如，对一位愤怒的来访者，你可以通过简单的自我暴露给予来访者反馈："当你在这里这么生气时，我感到紧张。"

自我暴露作为即时性反应当然是一种此时此地的沟通，它能够促进治疗进程或增强来访者的防御性。因此，我们认为这是一种高风险或高代价的面谈反应，我们建议通过课堂讨论和督导来探讨即时性技术恰当与不恰当的使用。

多元化要点 4.2
对不同文化背景的来访者使用自我暴露

多元文化咨询的许多流派都建议咨询师在治疗来自不同文化的来访者时使用自我暴露。在这些情况下，自我暴露被看成是让你显得更加人性化和真实的反应，因而也可能使你更受信任。然而，正如几乎所有的面谈反应一样，自我暴露的效果取决于你如何（以及为何）使用它。

如果目的在于参与或建立联系，自我暴露通常非常合适。例如，最近在治疗一位来自乌鸦部落的年轻女性时，我说可能我们都认识同一个人。这个自我暴露是以中性的或轻微积极的方式表达的："我们学校的咨询项目里有些学生是来自乌鸦部落的。我觉得你可能认识其中一个人。她的名字是_____。"来访者的反应是积极的，她简短回忆了她认识这位学生的家人，然后我们转向了更重要的主题。

相反，如果用自我暴露来提供建议或暗示，对来自不同文化背景的来访者进行自我暴露有更大风险，有可能破坏治疗关系。例如，请设想一位来自主流文化的咨询师告诉一位非洲裔美国男性他有时在工作场合感到被忽视，并询问来访者是否也有类似感觉。考虑到黑人男性关于被忽视的情结相当深刻和痛苦，这样的自我暴露可能进一步让来访者觉得这位咨询师实在对黑人男性在公众场合中的感受一无所知 (Franklin, 2007)。

通常，任何跨文化的自我暴露如果隐含的意思是来自主流文化群体的人了解来自非主流文化群体的人的内在感受与痛苦，都会很不妥。相反，咨询师在探讨来访者的问题时，最好引用相关研究或来自该文化的个体的说法。例如，咨询师如果不依靠自身体验来讨论被忽视的感觉，而是指出安德森·富兰克林关于美国黑人被忽视经历的研究和著作 (Franklin, 2004; Franklin, Boyd-Franklin, & Kelly, 2006; Franklin, 2007)，然后询问来访者是否有类似经历，很可能效果会更好。

> 此外，如果咨询一位与子女分离的来自乌鸦部落的美洲原住民女性，咨询师最好是分享他所读到的普兰蒂·卡普酋长关于孩子的观点，而不是分享自己与孩子分离的个人体验。在这个例子中，提及普兰蒂·卡普能很好地激发来访者探讨与孩子分离带来的痛苦情绪。总之，尽管个人的自我暴露能够有所帮助，但极少能代替对文化的了解。

敦促

敦促比建议更进一步。它是推动来访者采取某一行动的行为。当咨询师敦促来访者采取某一具体行动时，他们是采取直接的权力方式来促进改变。

敦促在临床面谈中不太常见，但在有些情境中敦促是比较适用的。这些情境主要是涉及危机（也就是说，来访者处于危险中或可能带来危险时）。例如，在虐待儿童的案例中，如果你在与虐待者面谈，就可以敦促他自己向保护儿童的当地机构报告。通过敦促来访者在你的支持和鼓励下做出报告，你可能促进了儿童保护的调查过程。

在有家庭暴力的情况下，咨询师有时可能感到有强烈的冲动想要敦促来访者以某种方式行事。例如，有些临床工作者有强烈的冲动想要敦促母亲带着孩子搬到受虐妇女之家寻求保护。当然，即使是这样看来合理的建议有时也有些不合适，因为尊重女性自己有关安全的本能和直觉非常重要。实际上，敦促一位女性离开她的伴侣可能会导致暴力升级甚至谋杀。因此，咨询师最好与遭受家庭暴力者共同探讨他们可以选择的做法，而不是冒失地做出可能带来危险的行动（Petretic，2004；Walker，2002）。

在非危机的咨询情境中，敦促更是很少使用。可能适用敦促的一类非危机情境是治疗某些有焦虑障碍的来访者。这是由于有焦虑障碍的来访者容易因回避可能引发焦虑的情境而强化了他们的恐惧。由于对恐惧的预期和回避行为，他们变得越来越不能正常生活。而治疗的一个主要内容就是对原先引发焦虑或恐惧的情境进行渐进式暴露。可想而知，焦虑障碍患者常常需要治疗师的敦促（或鼓励）来直面自己的恐惧（Foa, Rothbaum, & Furr, 2003；

Kazdin, 2004)。

表 4.2 指导性行为反应及其通常效应

指导性行为反应	描述	主要目的/效应
说明	说明是提供事实信息的陈述，通常是关于面谈过程、来访者的问题或治疗技术的实施。	说明有助于澄清来访者的误解；帮助来访者从咨询中获得最大收益。
暗示	暗示是咨询师直接或间接提示或预测某一具体现象将发生的陈述句。	暗示可能帮助来访者有意识或无意识地倾向于从事某一行为、思考某一想法或体验某一情绪。
赞同－不赞同	赞同－不赞同是显示观点一致或不一致的陈述句。	赞同可以肯定或安慰来访者，增进情感协调，或阻止对想法和情感的探索。不赞同会引起冲突，引发争论或防御。
认可－不认可	认可－不认可是对来访者的想法、情感或行为赞许或不赞许的评判。	认可可能增进情感协调，培养来访者的依赖性。不认可可能降低情感协调和让来访者感到受拒绝。
建议	建议是咨询师推荐给来访者的方法，是关于以某一方式行动、思考或感受的劝告。	建议能够提供给来访者有关新的行为、思考或感受方式的意见。如果建议不成熟，可能无效并损害咨询师的可信度。
自我暴露	自我暴露是指咨询师与来访者分享个人的想法或感受。	自我暴露可能增进亲密感或降低来访者对治疗师的信心。
敦促	敦促是敦促或请求来访者从事某行动或思考某具体问题的技术。	敦促可能产生所希望的改变，也可能产生不良后果和引起阻抗。有些来访者可能会感到受冒犯。

总　结

提问可能是最基本的面谈工具。提问包括非常广泛的倾听与行为反应。因此，提问的使用可能促进也可能干扰临床面谈过程。

咨询师有许多类问题可以选用，包括最具开放性的（什么或怎样）、开放性很小的（哪里、何时和谁）以及封闭性的（可用是或否回答）问句。祈使问句包含能否、愿不愿意之类的疑问词，要以充分的情感协调为前提，但常引发深入的反应。间接性问题以"我感到好奇"或"你一定是"开头，是允许来访者作答或不作答的隐含性问句。投射性问题通常以"假设"开头，并请来访者进行设想。

建构主义和焦点解决的咨询师将提问作为主要的治疗手段。治疗性问题的例子包括：(1)治疗前改变；(2)标尺；(3)百分比；(4)独特结果或重新描述；(5)预设；(6)奇迹；(7)外化；(8)例外。许多焦点解决问题同时服务于评估和干预。

为了最大地发挥提问的效果，咨询师应遵循一些基本原则：(1)让来访者准备接受大量提问；(2)把提问与比较不具指导性的面谈技术结合起来使用；(3)使用与来访者的问题有关的提问；(4)利用提问引出具体的行为信息；(5)谨慎提及敏感问题。

指导性行为反应鼓励来访者行动。其所基于的假定是，为了来访者的个人利益，来访者应从事某种具体行为。指导性行为反应包括说明、暗示、建议、赞同－不赞同、认可－不认可、自我暴露和敦促。这些技术都是为来访者提供指向某具体行为的指导。初学的咨询师最好在使用指导性行为反应之前探索自己的动机。

推荐阅读及资源

下列书籍提供了不同理论流派使用提问、指导性行为技术和治疗技术的进一步信息和练习。

Benjamin, A. (1987). *The helping interview* (3rd ed.). Boston: Houghton-Miffin. 这本经典著作的第五章是关于提问的使用和滥用的讨论与分析。

De Jong, P., & Berg, I. K. (2008). *Interviewing for solutions*. Belmont, CA: Thomson. 该书从焦点解决理论的角度回顾、介绍和提供了一系列助人反应的例子。

De Shazer, S., Dolan, Y., Korman, H., McCollum, E., Trepper, T., & Berg, I.

K. (2007). *More than miracles: The state of the art of solution-focused brief therapy*. New York: Haworth Press. 这是作者最近的一本关于焦点解决流派的著作。

Farber, B. A. (2006). *Self-disclosure in psychotherapy*. New York: Guilford Press. 作者介绍了自我暴露的利弊以及治疗师如何运用自我暴露增强治疗关系。

Glasser, W. (2000). *Counseling with choice theory*. New York: HarperCollins. 在这本书中，作者作为选择理论和现实疗法的创始人，介绍了使用主动的指导性选择理论进行咨询的若干案例。

Hermann, M. A. & Herlihy, B. R. (2006). Legal and ethical implications of refusing to counsel homosexual clients. *Journal of Counseling & Development*, 84 (4), 414-418. 这是多元化要点 4.1 中引用的文章。

Welfel, E. R. (2006). *Ethics in counseling and psychotherapy: Standards, research and emerging issues* (3rd ed.). Belmont, CA: Thomson Brooks/Cole Publishing Co. 这是又一部出色的伦理论著。

第五章

临床面谈中有理论与实证支持的关系变量

如果简要地形容我自己所发生的变化,那就是——在职业生涯的早期,我在问:我该怎样治疗、帮助或改变这个人?如今,我会这样表述这个问题:我该怎样来提供一种关系,从而有助于这个人的个人成长?

——卡尔·罗杰斯《论人的成长》

本章目标

大多数临床工作者和研究者赞同:对于咨询师来说,最重要的是与来访者建立积极的治疗关系。在本章中,我们将从若干不同的理论角度探讨这种治疗关系或助人关系的性质。在阅读完本章后,你将了解以下内容:

- 卡尔·罗杰斯界定的真诚、无条件积极关注与准确共情这三项"核心条件"。
- 常常影响咨询师与来访者的关系的精神分析与人际变量,包括移情、反移情、认同、内化、阻抗与治疗同盟。
- 行为与社会心理学的关系变量——包括咨询师的专家性、魅力和可信任性——可以如何整合在临床面谈中。
- 在咨询情境中如何运用女性主义的关系因素,如相互性和赋权。
- 在咨询情境中如何强调焦点解决取向的关系变量,如合作、以来访者为专家。

卡尔·罗杰斯在自己的咨询工作中逐渐对传统精神分析与行为主义改变人格与行为的方法不再抱有幻想。他开始关注于一种似乎可以促进个人成长的"某种类型的关系"。(1961)"罗杰斯把这种关系看成咨询、治疗、教学，甚至维持国际和平的最重要的因素（Rogers，1951，1958，1961，1969，1977；Rogers & Haigh，1983；Rogers & Dymond，1954）。他大胆地宣称他所预见的心理治疗关系提供了积极的人格发展所需的充分必要条件（Rogers，1957）。

在罗杰斯的早期著作（1942年，《心理咨询与治疗》；1951年，《来访者中心疗法》）出版之后的几年，有大量的研究涉及关系因素在咨询与治疗中的重要性。这些研究得到的总的结论承认，培养一种温暖、愉悦、可信的关系是一切形式的咨询与心理治疗中共同的重要治疗因素（Goldfried，2007；Hardy et al.，2007；Norcross，2002；Sommers-Flanagan & Sommers-Flanagan，2007a）。近期，在当代心理治疗界，罗杰斯的观点再次兴盛，这一复兴常常被称为"实证基础的关系"（Chambless et al.，2006；Norcross，2002）。

今天几乎所有的治疗者都会衷心赞同罗杰斯的一半观点。良好的治疗关系被看作来访者个人成长、治愈或改变的必要成分。

本章主要讨论心理咨询与治疗中特定理论和研究的核心关系条件。这些关系条件是按理论流派的方式组织的，但大多数具有坚实的实证研究支持。在临床面谈中，关注这些关系因素是准确评估和有效治疗的基础。

在讨论核心关系条件时，我们首先将介绍罗杰斯认为对治疗成功具有关键作用的条件，然后回顾通常与精神分析、认知行为、社会心理学、女性主义及建构主义/焦点解决取向有关的治疗关系变量。

卡尔·罗杰斯的核心条件

卡尔·罗杰斯（1942）认为，建立有助于治疗的关系构成了使咨询有疗效的本质和全部内容。罗杰斯的三个核心条件是：

1. 表里如一
2. 无条件的积极关注

3. 准确共情

用罗杰斯自己的话来说：

"我认为有帮助的关系的特征是我自己具有某种透明性，在其中我的真实感受是明白可见的，我把对方当成一个独立的有自己价值观的人来接纳，同时有一种深刻的共情理解使我可以用他的眼睛看他的个人世界。当这些条件达到时，我成为了来访者的一个伙伴，陪伴他经历令人恐惧的寻找自己的历程，使他感到这一历程变得容易。"

表里如一

表里如一是指一个人的想法、情感与行为相一致。表里如一的咨询师以一致而整合的方式思想、感受和行动，在与来访者的互动中是真诚、真实、自然的。

表里如一隐含着自然和诚实。罗杰斯（1961）在文章中明确指出，表里如一要求"存在于我身上的各种情感和态度"的表达。他也强调，即使态度、想法或感受中存在从表面上看来无益于良好关系的内容，表里如一的表达也是重要的。

表里如一的含义

在讨论临床面谈中的表里如一时，学生常常就这一概念对咨询师行为的意义提出疑问。以下是一些关于表里如一的典型问题：

表里如一是否意味着我要当面告诉来访者我对她的真实想法？

如果我感到来访者在性方面对我有吸引力，我是否应该"表里如一"并告诉她？

如果我想触摸来访者，我是否应该这么做？如果我压制自己，是不是不真诚？

如果我不喜欢一位来访者或来访者的作为怎么办？如果我不告

诉他是不是表里不一？

这些都是重要的问题，而且有时有争议。你可以在保持表里如一的同时不至于毫无顾忌；有时，对自己内心的反应过分坦白可能弊大于利。例如，对于治疗师的自我暴露，勒伯斯基（Lurborsky，1984）从精神分析的角度写道：

> "为了获得大量的信任与情感协调，治疗者通常感觉到一种要告诉来访者关于自己的信息的自然的诱惑……通常应抵抗这一诱惑，因为总的看来，它带来的收益要少于可能引发的长期问题。"

勒伯斯基所说的基本上是正确的。过多的自我暴露——即使是为了表里如一或真诚——也会影响评估或治疗的主题。然而，也有研究显示，许多来访者，特别是文化背景不同的来访者，希望了解他们将与之分享自身情绪痛苦和生活秘密的这位专业咨询师（Burkard, Knox, Groen, Perez, & Hess, 2006；Hays, 2008；Mathy, 2006）。或许关键在于保持平衡：在旧式的精神分析中，治疗师作为空白屏幕的模式可能引发来访者的不信任、不合作和阻抗，而过多的自我暴露则偏离和抑制了治疗的主题（Farber, 2006）.

卡尔·罗杰斯会赞同，表里如一的咨询师主要是为了来访者的利益。因此，过多的自我暴露干扰了来访者可能的成长，因而与正确的治疗主题不一致。

为了评估和应用表里如一，不妨从罗杰斯的角度来看这一观念。在咨询中，罗杰斯与来访者紧密联系在一起，能够体会到生活在来访者的世界里是什么感觉，这就是为什么他把自己的方法称为"来访者中心"以及后来称为"以人为中心"的部分原因。这种立场极大地降低了他对来访者表达消极情感或过度自我暴露的需要。罗杰斯（1958）明确地指出治疗的目的不是让咨询师谈论自己的感受：

> "当然，目的并非是让治疗者表达或谈论自己的感受，而是治疗者不应欺骗来访者和他自己。有时，他可能需要讨论他自己的一些感受（或者向来访者，或者向同事或督导），如果这些感受妨碍了治

疗的话。"

这段话显示，罗杰斯认为对来访者使用自我暴露前应进行良好的判断。通常，与同事或督导讨论你对来访者的感觉比和来访者直接讨论更加恰当。

罗杰斯认为，真正专心投入地倾听和帮助来访者是咨询师应提供的最重要的东西。罗杰斯是位奇人，他几乎总是对来访者谈的任何东西抱有真诚的兴趣；他全心全意为了来访者的个人成长和发展着想。不可思议的是，即使做了几十年咨询，他仍说他很少感到对来访者生气或恼火（Rogers，1972）。

锻炼你的表里如一

在评估你是否应在面谈中自发表达时，加兹达等人（Gazda, Asbury, Balzer, Childers, & Walters, 1984）提供了很好的建议。尽管他们的建议是关于在咨询中运用触摸的，但他们的建议对大多数自发的咨询师行为都适用："这样做是为了谁——我、对方，还是做给观察者看的？"换句话说，咨询师应探究这些自发行为背后的动机。

具体针对触摸，我们采取的立场可能比加兹达等人更加保守。我们认为，如果你要触摸一位来访者，你需要绝对确定你这样做完全是为了来访者的利益，丝毫不是为了你自身的满足。而且，你也要绝对确定你的触摸不会让对方感到侵犯或强迫，也不会被误解。如果你有任何疑虑，就不要触摸来访者。

对于触摸需要谨慎的原因之一，是由于你的来访者可能会感到这种触摸意味着亲密、爱情甚至性欲。当然，治疗者与来访者之间的性关系总是不恰当、不可接受、不合伦理并常常是非法的，治疗者与来访者发生性关系的后果是伤害和创伤（Sonne & Pope，1991）。我们同意波普（Pope）用于描述咨询师与来访者性关系的术语，他称之为对来访者的"性利用"。这个术语明显地表示：对来访者的性利用决不是有助于治疗的做法。因此，咨询师很有必要审视触摸的必要性。

治疗师有时会感受到来访者对自己的性吸引，这种情况并不罕见。事实上，正如韦尔费尔（Welfel，2006）指出的："咨询师感受到来访者的性吸引几乎是一种普遍现象，但大多数咨询师不会把这种性吸引付诸行动，能够以有责任感的方式处理好自己的反应。"

要记住：如果你感受到来访者的性吸引，尽管这是正常的，但付诸行动是不可接受的，无论是带有性意味地触摸来访者还是向来访者说出你对对方的兴趣都是如此。表达自己的钟情会增加来访者的心理负担。如果你感受到对来访者的性兴趣，请寻求督导或同行的建议和帮助（Sommers-Flanagan & Sommers-Flanagan, 2007）。

尽管表里如一包含着自发表达，但我们建议在你自发地表达自己之前考虑以下原则，使用这些原则，用良好的临床判断来调整你的自发性。

- 检视你的动机。你表达自己是完全为了来访者的利益吗？
- 考虑自己想要说或做的是否有助于治疗。来访者是否有可能以消极或出乎意料的方式对你的表达做出反应？
- 表里如一不等于想到什么就说什么。它意味着你对来访者说的所有话，都应基于诚实的态度。

从20世纪60年代开始，女性主义治疗师在咨询师－来访者关系中强烈倡导表里如一，或曰真诚。布罗迪（Brody, 1984）介绍了真诚的咨询师可以使用的各种反应：

> 投入，把自己当作治疗过程中的一个变量，需要不时使用模仿、激怒、玩笑、烦扰、比喻或简短的教育。它也意味着使用自己和他人的躯体行为、感觉、情绪状态，以及对自己和他人的反应，并分享各种直觉性反应。这就是真诚。

布罗迪提倡使用多种复杂、高级的治疗策略。但她同时也是一位经验丰富的治疗师。真诚或表里如一的面谈方法最好与良好的临床判断相结合，而良好的临床判断部分地来自于临床经验。

派克（Peck, 1978）的一个例子说明了精神分析的取向与以人为中心或女性主义取向在表里如一问题上的争执。

一年（治疗）后，她（来访者）在一次治疗中问我："你认为我是不是很讨厌？"

"你好像是希望我告诉你我对你的看法。"我说，很聪明地敷衍着。

那正是她想要的，她说。但是我该怎么办呢？有什么神奇的言语、方法或姿势可以帮助我呢？我可以说"你为什么要问这个"或者"你设想我是怎么看你的"，或者"玛西娅，更重要的不是我对你的看法，而是你对自己的看法"。但是我有一种强烈的感觉，这些技术只是回避的借口，经过一整年每周三次的咨询，玛西娅至少有权从我这儿得到有关我对她的看法的诚实回答。

尽管你很可能没有连续一年每周三次会见你的来访者，但你有时也会面临同类型的问题，你需要自己决定如何回答。你是否会为了保持中立性、职业性和技术正确性而拒绝给予来访者一个人性化而表里如一的回答？或者你会放弃这些而像对待另一个真实的人一样对来访者做出回答？精神分析取向的咨询师倾向于保持职业中立性，而以人为中心、存在主义、女性主义和建构主义取向的咨询师会选择更为开放和人本主义的方式（Burkard et al., 2006；Mathy, 2006）。这并不意味着有这些取向的治疗者会自动回答来访者的直接提问。对于许多要求治疗者做出自我暴露、评判或建议的提问，治疗者应先探究再回答（或回答后立即探究），无论治疗者是何种咨询取向。

无条件积极关注

罗杰斯（1961）这样界定无条件积极关注："对其作为具有无条件的自我价值的人的一种温暖关注——无论他或她的条件、行为或情感如何，他或她都具有价值。"无条件积极关注包含温暖、关怀、尊重和不评价的态度。

不会有人比来访者更了解他自己。因此，作为咨询师，我们并无评价来访者的足够地位。通常，我们所知的不过是他们生活和行为的一个薄薄的"切片"或"样品"；因此，我们的评价是基于不完整或不充分的信息的。我们没有与来访者一起生活，我们通常没有长时间观察他们，我们无法直接了解他们的内在动机、想法或情感。

无条件积极关注一词的含义不仅仅是对来访者的中性接纳。罗杰斯(1961)指出,"在助人关系中,确保得到喜欢和奖赏似乎是非常重要的元素"。此处,罗杰斯所指的是,咨询师对于来访者应具有积极或关爱的情感,使来访者感到足够安全,因此可以探索其自我怀疑、不安全感和弱点。

咨询师应考虑的一个重要问题是:"我应如何向来访者表达或显示无条件积极关注?"直接表达积极情感的做法是有诱惑力的,比如触碰来访者,或者说一些话,诸如"我喜欢你"、"我关心你"、"我会无条件地接受你"或"在这里我不会评价你"。

我们不主张直接向来访者表达无条件积极关注。直接的表达可能使来访者感到虚假或者不恰当地亲近。此外,情感的直接表达可能隐含着你希望与来访者在咨询之外建立友谊或恋爱关系的含义。最后,作为凡人,即使是职业咨询师有时也会对来访者怀有消极的情感。如果你宣称你会保持"无条件的接纳",你是在承诺不可能做到的事。你不能(也不会)自始至终地喜欢来访者。

那么仍然存在的问题是:你如何间接地向来访者表达积极关注、接纳和尊重呢?我们有一些建议。第一,通过遵守约定时间,通过询问来访者喜欢怎么称呼并记住这么称呼他们,通过敏锐而同情地倾听,你就建立了一种以关爱和尊重为特征的关系。第二,通过允许来访者以他们的自然的方式自由谈论自己,你就传达出了尊重和接纳。第三,通过显示你听到并记住了来访者的故事的具体内容,你就传达出了尊重。这通常包括使用重述、归纳及有时使用解译。第四,通过对情绪痛苦和心理冲突做出同情或共情的反应,你就表达了关注与接纳。这正是奥斯默等人(Othmer & Othmer, 2002b)所指的以找到苦痛并表现同情来建立情感协调的策略。第五,临床经验和研究都显示出来访者常常能敏感体察咨询师的意图,因此,通过接纳或尊重你的来访者的真实努力和愿望,你传达出的信息可能比你能使用的任何技术都更有力。

在下面的例子中,咨询师使用了情感方面的归纳与温和的解释来表达出无条件积极关注。

"在这个小时的前半段,你提到了当你关心的一个女人拒绝你时你感到如何伤心,现在你谈到你的母亲以及在你青春期时你感到她抛弃了你去照料酗酒的父亲。似乎这里有一个关联或相似点。"

尽管这种反应是用于促进来访者对人际关系模式的领悟,但它也能使来访者知道你在认真倾听。其结果是,你的来访者可能会感到被尊重,治疗关系也可能更为亲密。请记住,对来访者说的话要仔细留意。使用你的智力、直觉和共情去反映来访者的内在世界传达了深深的尊重,这正是无条件积极关注的精髓所在。

准确共情或共情理解

共情在临床面谈、咨询和治疗中是一个流行概念。共情是建立融洽关系的关键,而根据许多流派的思想,共情也是带来最终有疗效的改变的关键因素(Kohut, 1984; Rogers, 1951)。罗杰斯(1980)把共情定义为:

> ……治疗师从来访者的角度理解来访者的想法、感受和痛苦的敏感性和意愿。(正是)这种能力使得治疗师能够完全看透来访者的眼睛、采取来访者的参照体系……这意味着进入另一个人的个人知觉世界……时刻敏锐地感受另一个人心中变化流动的意义……这意味着感知另一个人自己极少觉察到的意义。

罗杰斯的共情定义是复杂的,其中包含着若干需要仔细分析的成分。

- 咨询师的能力或技术
- 咨询师的态度或意愿
- 关注来访者的想法、感受和痛苦
- 采取来访者的参照体系
- 进入来访者个人的知觉世界
- 时刻敏锐地感受到意义

● 感知来访者极少觉察的意义

罗杰斯的定义显示，共情是一种需要推论的复杂人际过程。因为我们无法以客观明确的方式知道另一个人的情感、想法和经验，因此，共情是主观的。为了获得共情的联系，我们必须运用我们的智力和自己的情绪构成来推断另一个人的感受、想法和体验。共情既是智力又是情感过程，它需要意愿、努力、对另一个人及其处境的持续的认知和情绪理解，以及把共情理解传达给来访者的言语和非言语技能。

克尔克霍夫（1987）把共情的认知部分称为"提出共情问题"。他指出："为了回答共情问题，我们力图理解来访者所表达的情感，我们归纳线索以了解来访者的情感，然后回答这个问题：如果我是汤姆，说了这些话，我会有何感受呢？"

提出共情问题是增进共情敏感性的一项非常有用的策略。然而，它也从至少两方面过分简化了共情过程。其一，它假定咨询师（或助人者）内心有一个准确校正的情感晴雨表，可以客观地测出来访者的情感状态。而事实是，来访者与咨询师可能曾有非常不同的个人经历，使得共情问题产生完全错误的答案；你在体验来访者的经历时会有某种感受，并不意味着来访者也必定有同样的感受。事实上，有时候，共情反应是咨询师把自己的感受投射在来访者身上。因此，如果你完全依赖于克尔克霍夫的共情问题，你就有把自己的情感投射到来访者身上的危险。例如，请设想如果一位咨询师倾向于用有些悲观的态度看待事物，而她的来访者通常使用理性化、否认或压抑的防御机制装出快乐的表情，情况会是怎样——可能会发生下面这样的对话：

来访者："我不知道为什么爸爸希望我们现在来治疗。毕竟，我们从来都无法沟通。这我都已不在意了。我接受了这种状况。我希望他也能。"
咨询师："父亲不能和你有效地沟通，你一定感到生气。"
来访者："根本没有。我与父母的关系就随它去好了。真的，我不会让它困扰我。"

在这个例子中，想着从来不能与自己父亲有效沟通，可能真的让咨询师感到愤怒或悲伤。但是她的表达是一种投射，因为这是基于她自己的情感而并非分享来访者的情感。准确的共情反应要紧扣来访者的言语内容和非言语信息。如果这位来访者早先表达了愤怒或者当时看来难过或生气（如眼睛向下看、身体绷紧以及用紧张的语调谈话），那么咨询师更有理由选择反映愤怒。然而，她的话是不准确的情感反映，因此被来访者拒绝。咨询师可通过关注关键词语在言语上和非言语上更贴近来访者所表达的内容。例如：

> "现在来治疗对你来说没多大意义。也许你过去对于与爸爸缺乏沟通有一些想法，但听起来好像你对现在的整个情况相当麻木。"

这第二种反应是更准确的共情。它触及了来访者过去的感受、现在的想法以及麻木的情感反应。也许存在一些未解决的悲伤、愤怒或失望的情感，但咨询师要联结这些隐藏的情感，就需要使用解译，而解译必须要有清晰的证据支持才会让来访者感受到共情。让我们回顾第三章中所说的：解译和解译性情感反映必须有充足的证据支持。

相较于完全关注如果自己处于来访者的位置会有何感受，更有效的做法是理性思考来访者或其他你认识的人在面对这一经历时会如何感受和思考。卡尔·罗杰斯（1961）强调，情感反映应以试探的方式提出，这样来访者就会感到自己可以较容易地接受或否定它。你还应留意来访者的防御风格（如果他们使用理性化或否认这些防御机制，你需要首先以共情的态度承认其防御性的思维）。请看下面的例子：

来访者："我不知道为什么爸爸希望我们现在来治疗。毕竟，我们从未很好地沟通过。这我都已不在意了。我接受了这种状况。我希望他也能。"

咨询师："现在来治疗对你来说没多大意义。也许你过去对于和父母缺少沟通有过一些感受，但现在看来，你似乎对整个情况相当麻木了。"

来访者:"是的,我想是。我认为我与父母的关系就随它去好了。真的,我不会让它困扰我。"

咨询师:"或许与父母疏远是你保护自己的一种方法,这样你就不会因为与父母缺少沟通而感到难过。不然的话,我想,那还会让你感到困扰的。"

来访者:"是的。我想如果我再与父母接近,父亲的不令人满意的沟通风格又会困扰我。"

显然,这个来访者对父亲的不良沟通仍有感受。准确的共情会促进来访者探讨情感或情绪,可能帮助来访者开始承认自己隐藏的感受(Greenberg, Watson, Elliot, & Bohart, 2001)。

认为克尔克霍夫(1987)的共情问题过于简化的另一个方面,是这种方式把共情仅仅当成是准确反映来访者的感受。当然,准确的情感反映是共情的重要成分,但是,正如罗杰斯(1961)及其他学者曾讨论指出的,共情还包含与来访者一同思考和体验(Akhtar, 2007b; Brown, 2007)。这也是为什么对来访者防御风格的共情性承认对共情反应如此重要。来访者运用防御机制(即具有自我保护性的歪曲现实的模式,很大程度上是无意识的,A. Freud, 1946)来保护自己免受情绪痛苦。因此,为了达到最大程度的共情,咨询师要处理的不仅仅是感受,还有来访者力图回避这些情感的方式。

共情的实证资料

关于共情与治疗过程和效果的关系,有大量的实证研究。一般来说,这些研究强烈地指出了共情在促进积极疗效方面的核心作用。

在一项对涉及超过3000名来访者的47项研究进行的元分析中,格林伯格(Greenberg)和他的同事(2001)报告了共情与疗效的相关系数为0.32。尽管这看起来不是很大的相关系数,但他们指出,"共情……几乎解释了疗效差异的10%",而且"总的来说,与具体干预手段相比,共情能解释的疗效差异一样多甚至更多。"

基于这项元分析和对不同理论立场的分析,格林伯格等指出了共情有利于积极疗效的四种方式。第一,他们指出共情会改善治疗关系。当来访者感到自己得到理解时，他们更可能继续治疗并对治疗师满意。

第二，共情有利于所谓的修正性情感体验。当来访者预期的是旧有的痛苦的人际互动，然而却感受到接纳和理解时，就发生了修正性情感体验。当来访者感觉得到理解时，他们更可能感到自己有价值，去除与充满消极、批评和拒绝的童年早期经验联系在一起的旧有情感和行为模式。消极、批评和拒绝的人际互动会让来访者闭上心门，减少互动，而共情理解则推动了更加深入和有信任感的互动与表露。

第三，共情促进了来访者在言语、情绪和认知方面的自我探索。在非常基本的层面上，因为得到理解让来访者感到安全，这就同时有助于促使他们进行个人探索。从评估的角度来说，共情能引出信息。罗杰斯（1961）强调说："只有当我像你一样看待它们（你的情感与想法），接受它们也接受你，你才会真正自由地探索在你的内心常常埋藏着的体验中的隐藏角落和可怕缝隙。"在这个表述中，罗杰斯指出，准确共情反应的效果与准确解译相似，导致来访者的自我意识增强。研究支持这些观点。

第四，共情促使来访者走向自我治愈。部分地是由于共情有利于自我接纳和自我尊重，使来访者更有能力建立自己的"共情工作区"，能够独立地探讨自己的思维、情感、行为和动机。米勒与罗尔尼克（Miller & Rollnick, 2002）清晰地表述了来访者在自己的个人改变中担任引导的重要性——基于对他们自己动机的更深的理解："所有这些都是为了解决矛盾心态中的一种基本心理动力：来访者应该是说出改变的原因的人。"

总之，尽管通常难以证实因果关系，但相关研究明确地将共情与积极疗效联系在一起（Duan, Rose, & Kraatz, 2002；Goldfried, 2007；Greenberg et al., 2001）。事实上，有些学者提出，共情是所有有效的治疗干预的基础："因为共情是理解的基础。我们可以下结论说，没有共情就没有有效的干预，所有有效的干预都必须是共情的。"（Duan et al., 2002）

误导的共情尝试

仅仅因为你想要对来访者共情，并不意味着你会成功。在现实中，因为咨询师-来访者互动的微妙敏感的性质，咨询师很容易在表达共情时过度努力，完全错失来访者的情绪焦点，或者在传达共情理解时辞不达意。初学的咨询师常常使用而应避免的经典共情表达有以下这些（Sommers-Flanagan & Sommers-Flanagan, 1989）：

1. "我了解你的感受"或"我理解"。

    对于这种表达，来访者可能会怀疑："她怎能了解我的感受？她才了解了我15分钟。"或者他们会推理："如果她真的了解我的感受，或者她经历过我所经历过的，她就会需要接受治疗，而不是成为治疗师。"

2. "我也经历过类似的事情。"

    来访者可能会表示怀疑或者要求你详细叙述你的经历。角色突然转换了：咨询师现在成了被治疗者。

3. "天哪，那一定很糟糕。"

    经历过创伤事件的来访者有时不能确定该事件实际上有多大的伤害性，因此听到一位专业人员宣称他们所经历和应对的是"糟糕"的事件，会产生有害的效应。此处的重点是你是在引导还是在追随来访者的情绪体验。如果来访者清楚地向你显示她感到自己的经历是"糟糕的"，那么用"那一定很糟糕"来反映该经历是有一定共情性的，然而，更好的共情反应需要换掉"一定是"的评判和"天哪"的感叹（例如，"听起来，所发生的事情让你感到相当糟糕。"）。

4. "唉，你真可怜"，或"真可怕，你能经受这些，你一定是个坚强的人"。

    这些表达包括了评价并给予了同情。来访者可能会感到被称赞，但可能随后感到无法再表露其他情绪或弱点，因为担心来自专家的进一步评价。或者，一旦来访者因为表现坚强而受到奖赏，他们可能会以同样的方式给出他们所有的材料。

来访者对于自己的经历常有模糊、矛盾的情感，以下面的咨询师－来访者对话为例。

咨询师："你能想起什么时候你感到自己受到了不公正的对待吗？也许是你没有犯错却受到惩罚？"

来访者："不大有。（15秒的停顿）嗯，我想有那么一次。我应该在妈妈不在家时打扫房间，但是她回来时还没打扫好，她就在我背上打断了一把扫帚。"

咨询师："她在你背上打断了一把扫帚？"（带着轻微的声调变化，显示出咨询师的不赞同或惊讶。）

来访者："是的。但也许我罪有应得。房间不像她要求的那么干净。"

在这个情境中，来访者对她的母亲体验到矛盾的情感。一方面，母亲对待她不公正，而另一方面，来访者对于自己没能遵从母亲的愿望感到自责，觉的自己是个坏女孩。咨询师力图通过语调和声调变化来传达出共情。选择这一技术是恰当的，因为无论强烈关注来访者的自责还是愤怒和愤概都会过早中止对来访者模糊情感的探究和理解。通过不直接说出"她怎能这样对待一个11岁的女孩"，咨询师能够探究来访者受害者般的自责。尽管咨询师做出尝试性的微少的共情表达，但来访者的反应是维护她母亲的惩罚行为。这显示来访者已经接受（从11岁起，到治疗时的42岁仍接受）她母亲对她的消极评价。从以人为中心或精神分析的角度，更强的支持性表达如"那简直就是虐待，母亲绝不应该在女儿背上打断扫帚"可能会中止来访者对那次事件中作为受害者的自罪情感的任何探索。

在这种情境下，温和而开放的提问可能有助于深化咨询师对来访者独特个人体验的理解，帮助她探讨母亲的虐待可能带来的其他感受，如愤怒。例如，咨询师可以问：

"我听你说也许你觉得自己那时应该被母亲责打，但我也不禁会好奇……你还有什么其他的感受？"

或者，咨询师可以使用第三人称或涉及关系的问题帮助来访者从不同的角度看待自己的经历：

"如果你的一位朋友有和你类似的经历，你会对你的朋友说什么？"

从非指导的角度，通过语调、面部表情和情感反映传达出共情，这种敏感的非指导性反应最初通常比公开的支持和同情更有利。在来访者有机会探究问题的正反两方面以后，咨询师总会有机会做出公开的支持（参见练习5.1）。

练习 5.1
咨询师过于中立？

在前面那个被母亲责打的案例中，咨询师只对来访者受虐待的经历表达了非言语的共情。他没有直接批评或评价来访者母亲的暴力行为，部分是由于他遵循非指导性治疗模式。你是否认为这位咨询师过于以人为中心了——在某种意义上与来访者感到母亲虐待自己是应该的那一部分结成联盟？如果咨询师加以引导，来访者是否可以更好地探究自己对母亲的愤怒？例如，使用这样的自我暴露："当我想象自己处在你的情况下时，我能感受到你感到的内疚，但同时我心中也有一部分感到愤怒。我的母亲对整洁如此重视，对我却如此不在乎。"

这一自我暴露显然是共情和引导性的。你认为这是过于引导来访者了，还是比精神分析和以人为中心疗法经常强调的中立更好的反应？请与你的同学或同事讨论这些可能性。

共情的复杂性

最后，我们必须要得出这样的结论：共情是非常重要、有力而复杂的人际现象。人们在多重水平上表达自己，而出于人类天然的矛盾心态，人们可能同时表达着相互冲突的意义和情绪。因此，正如格林伯格等人（2001）写道的："在共情的状态中，治疗师可以关注来访者的感受、知觉、解释、价值观和假设，以及他们对他人和情境的看法。"他们进一步写道：

某些脆弱的来访者可能会感到共情的表达具有太强的冲击性，而具有强烈阻抗的来访者可能觉得共情的指导性过强，还有的来访者可能感到共情地关注于感受非常陌生。因此，治疗师需要知道什么时候应以共情的方式做出反应，什么时候不应以共情的方式做出反应。治疗师需要持续地在治疗过程中做出诊断，以确定何时和如何传达共情的理解，确定不同时刻的共情反应水平。

前面这段关于如何有必要不断地使你的共情反应符合来访者个体的描述的内容很可能听起来令人生畏，但也的确应该如此。如果我们再把文化多样性加入到共情之中，这项任务会让人感到更加不可能完成。然而，我们鼓励你带着希望、乐观和耐心来完成这个极其有难度的任务。只有通过接触来访者，伴随他们努力表达自己的情绪痛苦和折磨，我们才能开始对他们独特而深刻的个人感知获得共情理解。和所有技能一样，共情反应需要练习。好消息是，关于共情的研究也充满了带来希望的讯息。正如罗杰斯（1961）在将近半个世纪前主张的一样，共情反应可以通过训练和练习得到提升。

罗杰斯的核心条件之间的关系

罗杰斯认为，通过保持共情的立场，评价来访者或出于自身需要对来访者做出反应的欲望会大大降低。他发现，共情、无条件积极关注与表里如一之间的相互联系有助于改善与表里如一有关的自发性。准确共情也减低了评价来访者的倾向，并因此增进了无条件积极关注。共情、无条件积极关注与表里如一并非相互竞争的独立概念。（用统计术语来说，它们并非正交。）相反，它们形成了一个三元概念，彼此之间相互补充。

有实证基础的精神分析与人际关系概念

下列得到理论和实证支持的关系变量来自于精神分析理论、客体关系理论与人际理论。这些变量增进了我们对治疗关系的作用的理解。

移情

西格蒙德·弗洛伊德（1949）把移情界定为当"患者在分析师身上看到了他童年或过去的某个重要人物的复活，因此把无疑适用于这一模式的情感和反应转移到他身上"的时候发生的过程。随后，沙利文（1970）用"并列扭曲"一词界定了类似的但更广泛的过程："当时另一个人的特点对人际情境的重要性可以忽略。这就是我们所说的并列扭曲。"

移情以不恰当性为特点，也就是说，来访者通过以不恰当的方式行动、思考或感受，对咨询师做出反应。弗洛伊德（1958）指出，移情"超越了可以根据理性或头脑判断的范畴"。有时候，但并非所有时候，强烈而明显的移情问题可能在咨询早期就已浮现出来。例如，一位愤怒而迷乱的年轻人对他的女咨询师有非常负性的反应。他在第一次筛查面谈时使用言语攻击，反复地说："女人。你们女人不会了解我是怎么过来的。没门儿。女人不了解我。就像你。你不了解我。"由于咨询者并未以一种能引起这样强烈反应的方式行动，这个来访者很可能是将他过去与女性在一起时所体验到的情感、态度或冲动表现出来了（Gelso & Hayes，1998）。

像大多数关系变量一样，更常见的情况是：移情是抽象、模糊和难以捉摸的。为了注意到移情，你通常需要格外留意来访者与你之间的具有个人特色的相互影响。例如，来访者可能以一种与当时的情境或内容不相称的方式对你做出情绪反应，来访者可能开始在缺乏现实基础的情况下对你做出设想，来访者可能表达出对于你或对治疗的缺乏基础的、不现实的期望。

来访者对你抱有一种未曾说出的观念，就像经常使用旧的地图来找新的地貌，他认为你会像他生活中的其他人一样评价他、发现他的不足并拒绝他。例如，一位来访者对自己在心理测验和认知行为家庭作业上的成绩表现出评价焦虑，她试探着说："你知道，测验显示的关于我的一些东西似乎不准。我在回答时一定是做错了什么。"这段话显示出了有价值的信息，因为大多数来访者在收到看似不准确的心理测验反馈时，通常会怀疑测验的效度，而不是自己的表现。类似地，她还说："我完成了任务，但我不知道我想得对不对。"虽然她这么说，但是实际上，她交了一份非常细致的家庭作业。她完全按照指导来做，但是她的自我怀疑被激起了，因为她在面对一个可能会对她进行消极评价的权威形象。她对批评的预期显示——从精神分析的角度来看——她过去曾受到严厉的，而且可能是不恰当的批评。从这点上来说，她的反应就像一个孩子见到大人伸出手臂接近时却表现出畏缩。孩子畏缩的原因可能是由于过去的躯体虐待，畏缩可能是自动的无意识反应。类似地，曾经历过多批评的来访者有一种自动的无意识倾向，他们在面临评价情境时准备着接受批评（或畏缩）。这是移情的表现。

移情反应可能成为自我实现的预言。预期会遭受拒绝、消极评价或缺乏共情的来访者通常随时留意着这些可能性。因此，每个轻微的拒绝、每次皱眉、每次丧失共情反应的机会都被非常善于察觉这些失误的来访者理解成是符合了她对人们会如何对待她的无意识假想。于是来访者开始对这些被夸大的微小失误做出消极反应，强烈否认咨询师的重述或情感反映的准确性。很快，咨询师会想："我不知她是怎么回事，但是她真令我难受。"如果咨询师无法认识到这一移情模式，来访者最终就很可能会引起咨询师对自己的消极评价。

如弗洛伊德（1949）所说，"移情是正反感受并存的"。移情的表现可能是积极的（如亲切、喜欢或关怀的）或消极的（敌对、拒绝或冷漠的）态度、情感或行为。两种表现都可以成为有价值的领域，随着治疗的进展，可与来访者修通。然而，在最初阶级，咨询师最聪明的做法是做一个机敏的观察者，注意那些看似来自于来访者生活中的旧有关系和旧有范围的反应与行为，但对这些模式不予评论。

治疗师——至少对我们而言——倾向于把来访者过分积极、热情、赞扬的态度归于来访者对咨询师良好工作的合理反应，而把敌对、拒绝、冷淡的态度归因于来访者性格的缺陷。然而，在治疗的早期，两种归因都不应做出。相反，咨询师需要利用自己对移情反应的了解来增进自己的观察技能，并且无论移情反应是积极还是消极的，咨询师都要保持接纳和中性的态度。

通常在治疗关系初期，要避免进行对移情的解释。在解译之前应有充分的情感协调与工作关系的建立（Meissner, 2007）。而且，在治疗中的任何时候进行对移情的解译都需要咨询师具备从专门教材和专业督导处获得的高级技能和坚实的理论基础。然而，这并不意味着咨询师可以忽视移情。咨询师要注意来访者重复出现、似乎缺乏根据或夸张的对待你的态度、情感或行为。

仅仅意识到来访者表现出了移情反应就可能提供了很重要的信息。来访者的敌意或温暖的表达可以为更深入地探索来访者的问题领域提供机会。咨询师可以简单地问："过去你什么时候有过类似的感觉？"或"我发现似乎每当我们谈到你父亲，你就对我感到生气。你怎么理解这一点？"这样的问题把话题交回给来访者，而减少了咨询师做出防御或指责反应的机会，如："噢，你也使我紧张"或"似乎那是来自你过去经历的老问题"。始终要记住，如果来访者确实表现出移情反应，那么它与来访者及其历史的关联比与你的真实关系的关联更大。通过温和的提问，你可以探究来访者过去的重要关系。

考察来访者的移情反应使咨询师有了一个特殊的机会看到来访者的过去关系，以及当前的关系。研究显示，在治疗中观察到的核心冲突关系主题与在治疗室外观察到的当前关系模式高度相似（Kivlighan, 2002；Luborsky & Crits-Christoph, 1998）。这意味着来访者与咨询师互动的方式可能与他们在治疗之外与其他人互动的方式非常相似。总的来说，精神分析学派、人际学派，甚至行为主义学派的临床工作者都谈到过处理移情反应的益处（Goldfried, 1994；Sullivan, 1970）。费尼切尔（Fenichel, 1945）指出，"移情给予分析师一个独特的机会来直接观察患者的过去，并由此理解患者的冲突是如何发展的"。

反移情

反移情与移情类似，只是它发生于咨询师而非来访者身上。像移情一样，反移情来自于通常处于咨询师意识范围之外的无意识的冲突、态度和动机。反移情也包括在程度、频率和持续时间上不适当的情绪、态度和行为反应。对咨询师来说，意识到自己的反移情模式是重要而有益的（参见练习5.2）。

练习 5.2
处理反移情

反移情被界定为咨询师对来访者做出的情绪和行为反应。例如，假设一位咨询师在青少年时代母亲因癌症去世了，而他的父亲极度悲痛，因此在他的成长过程中，有几年时间他几乎没有得到什么情感支持。最终情况改善了，他父亲恢复了，"失去母亲的生活是非常艰难的"这一感觉留在了这个咨询师有意识的记忆中。现在，多年以后，他作为一个研究生进行他的第一次面谈。开始一切正常，但后来一位因近期丧妻而非常抑郁的中年男子来到了面谈室。你猜猜这位咨询师会有什么样的反应？而什么反应会使他惊讶？

反移情反应可能或多或少被意识到，又或多或少处于咨询师的觉察之外。如果对这些反应不加控制，有可能会对治疗产生负面影响。下列原则可以帮助你处理反移情反应：

- 认识到反移情是正常而不可避免的。如果你对一位来访者体验到强烈的情绪反应、持续的想法和行为冲动，这并不等于你是个"病态"的人或者是个"坏的"咨询师。
- 如果你对一位来访者有强烈反应，请去找同事或督导咨询。
- 针对反移情做些阅读。获得一些与你正在处理的来访者的特定类型有关的阅读材料会非常有用。（例如：进食障碍来访者、抑郁来访者、反社会来访者。）
- 如果尽管你努力处理，但你的情感、想法和行为冲动仍然存在，有两个可能适合的选择：把来访者转介给另一位咨询师，或者寻求个人治疗帮助自己解决已唤起的问题。

尽管反移情与移情有类似的特性，但它们仍有几点重要差别。最初，弗洛伊德（1949）把反移情界定为对来访者移情的反应。当然，有时情况是如此。有时，来访者对待咨询师的态度是如此公开地敌对或景仰，以致咨询师陷入移情关系中，以反常的方式做出某些行为。例如，在精神病院中，一位患者对她的治疗师曾做出了令人难忘的指责：

"你是我遇见过的最冷酷、最像计算机的人。你像个机器人，我说话时你只是坐在那儿，像机器一样点头。我打赌要是我切开你的手臂，我看到的不是血管，而是电线！"

这种指责可能完全出于移情。来访者之所以这样对待她的治疗师，也许是因为过去她觉得男性是不付出情感的。另一方面，正如俗话所说，一个巴掌拍不响。作为咨询师，我们需要反思自身对这一互动关系的影响。

为了反思自己对这一来访者的反应，那位治疗师咨询了一些同事和督导并进行了一些自我反思，他对自己对待来访者的行为得出了几个结论。第一，他承认自己比通常对待其他来访者时更加冷淡、情绪更少。第二，他对于她不断要求情感上的亲密感到害怕，面对这种需要，他感到力不从心。因为他认为自己无法充分满足她，所以他的反应是通过更加抑制和"机械"来保护自己。第三，他的督导告诉他，对于有严重困扰的患者产生反移情反应并不罕见。治疗师可以安慰自己的是，他并不是第一个体验到反移情的治疗师；他也力图对来访者做出更有治疗性的反应，而不是带着自己对亲密的恐惧做出反应。

咨询师对移情的反应方式是自己无意识冲突的独特表现。他们的反应又会引起各个来访者的独特反应。因此，由移情和反移情产生的具体关系扭曲和动力学都是存在于每个咨询师与每个来访者的独特互动之中的。在前面的例子中，肯定曾有些重要的男性不让来访者触及他们的情感，她对这种男性的愤怒常常使得与她有关系的男性做出情绪上（有时是躯体上）的反击。她的治疗师以情感中立的方式一直退缩，这对她（和他）来说是不寻常的，因此她不断做出愤怒的攻击，很可能是为了从他那里获得某种反应。而他出于对亲密和失控的恐惧，始终克制自己对她的反应。

许多理论研究者超出了弗洛伊德的反移情定义，把它更广泛地界定为由于治疗者的需要而非来访者的需要而产生的任何无意识态度或行为。换句话说，反移情可能主要与咨询师（而非来访者）的无意识内容有关。此外，近期对于反移情的观点认为，尽管反移情反应具有出乎意料、难以抗拒的特征，但仍然是咨询师的意识可以觉察得到的。

弗洛伊德最初认为移情是心理治疗中的阻碍，但后来他改变了立场，提出对移情的分析，如果适当运用，可以成为重要的治疗工具。而相反的，弗洛伊德始终认为反移情是治疗中的阻碍。也就是说，他认为好的心理治疗师是业已通过分析妥善处理了他们自己的内心冲突的，他们具有高水平的自我意识，因而降低了他们体验到反移情反应的可能性："认识这种反移情……并且克服它"，因为"任何精神分析师都不可能超出自己的情结与内心阻抗的允许范围"（Freud，1957）。实际上，研究显示，一般公认优秀的治疗师同时也被评价为比普通治疗师有更好的自我意识和更少的反移情可能（Van Wagoner, Gelso, Hayes, & Diemer, 1991）。

许多当代精神分析和客体关系理论家已经打破了弗洛伊德对反移情全面否定的观点，而认为从咨询师的反移情反应中也可获得许多有价值的东西（Betan, Heim, Conklin, & Westen, 2005；Luborsky & Barrett, 2006）。例如，如果一位来访者引起了你强烈而有些不寻常的恐惧、失望或性吸引的感觉，那么你值得花时间审视自己，以确定你的情绪反应是否来源于自己的个人问题；只有在审察自己之后，你才可假定来访者的行为显示了他或她通常对咨询以外的人的影响。

近期的研究显示，反移情反应可以告诉我们许多关于自己和自己的潜在冲突与问题的信息（Betan et al., 2005；Mohr, Gelso, & Hill, 2005；Schwartz & Wendling, 2003）。例如，基于对181名精神科医生和临床心理工作者的调查，贝坦（Betan）等报告说，"病人不仅会在特定的临床工作者身上引发具有个人特色的反应（基于咨询师的经历以及病人与咨询师之间的互动），也会引发我们或许可称为通常可预期的反移情反应，后者很可能与病人生活中的重要人物的反应相似"。现在研究者主要把反移情看作一种自然的现象，也是有利于治疗过程和疗效的有用的信息来源（Luborsky & Barrett, 2006）。

各种理论取向的临床工作者都曾承认反移情的真实存在。《临床行为疗法》（*Clinical Behavior Therapy*）一书的作者戈德弗莱德与戴维森（Goldfried

& Davison，1976）从行为主义的角度提供了以下建议："治疗者应始终观察自己的行为与情绪反应，并自问是来访者的什么做法引发了这些反应。"类似地，贝特曼（Beitman，1983）指出，即使是技术取向的咨询者也可能陷入反移情，他认为"任何技术都可用于避免意识到反移情"。换言之，临床工作者可能会通过对来访者反复运用某种治疗技术（如渐进式肌肉放松、心理现象或思维中止法）来对自己很大程度上是无意识的个人不适做出反应，却无法意识到自己是运用这些技术来缓解自己的不适感，而非为来访者的需要服务。（参见练习5.2与多元化要点5.1）

多元化要点 5.1
应对文化的反移情

反移情可能造成的问题潜伏在各处。请想象你曾经在伊拉克战争期间在军中服役，而现在一位逊尼派穆斯林难民来找你咨询。请想象你曾受到一个高个子、红头发、有爱尔兰口音的男人的性侵害，而现在一名操着类似口音的高个红发男子前来求助。除非你已经对自己的个人经历做过很好的处理，否则你可能会有重要的反应（可能既有有意识的也有无意识的）和问题需要应对，这与新来的来访者的文化与外貌特征有关。我们每个人都存在种族与文化的刻板印象——即使未曾有过与某一文化或种族中的成员有关的糟糕的经历。

反移情无处不在（而且不易觉察），因为许多不同的变量都能引发反移情。它不仅仅表现为你可能屈从于一位行为举止仿佛你那霸道的姐姐的人，而且还表现为你可能对喜欢抱怨的来访者或特别英俊的来访者或根据某种文化标准特别缺乏魅力的来访者反应过度。反移情对我们并无区别对待：所有人都可能也定会受到反移情的影响。

举例来说，著名的团体心理治疗师欧文·亚隆（Irvin Yalom，1989）以优美流畅的语言写下了他对一位肥胖的来访者的反移情。

当然，这种偏见并非我所独有。文化的强化无处不在。谁曾赞美过这位肥胖的女人呢？然而我的轻蔑已经超出了所有的文化常模。在我职业生涯的早期，我曾在一所安全设施极度严密的监狱工作，我的病人中最轻的罪行是单纯的个人谋杀。然而，我对于接纳这些病人、力图理解他们、找出方法来支持他们并未感到困难。

但是当我看到肥胖的女人吃东西的时候，我对人的理解能力下降了不止一个等级。我想一把夺走她的食物，把她的脸按在冰激凌里。"不要再给自己塞东西了！老天，难道你吃得还不够多吗？"我想要缝上她的嘴！可怜的贝蒂——感谢上帝，感谢上帝——当她无辜地继续走向我的座位、慢慢放低她的身体、摆放好她的四肢、脚尖几乎没有着地、充满期待地看着我的时候，她一点也不知道这些。

你的来访者的文化背景（或躯体外貌）可能引发不当的反移情反应。这些反应多种多样，可能有传统的歧视（"我不应期待美洲原住民或非洲裔来访者有多少求学的理想"），也可能有内疚和怜悯（"我要对少数民族的来访者好一些，因为他们过去遭受了那么多不良对待"），还可能有竞争（"女人和少数族裔占据了心理学中所有最好的职位，现在我还不得不治疗这位正在起诉雇主性骚扰的好斗的斯里兰卡女人"）。

在研究文献中有许多多元文化反移情的例子。例如，近期的一项研究显示，英国的医院工作人员更可能限制其他种族的病人，而不是本种族的病人（Lee，2001）。类似地，有研究也发现美国的心理健康工作者常常更容易把非洲后裔诊断为具有精神病性疾病（Zuckerman，2000）。

在阅读本节时，你可能会困惑："反移情与种族主义之间有何区别？"这是一个很好的问题。你觉得两者有什么区别（和共同点）呢？

认同与内化

认同和内化是主要来源于精神分析和客体关系理论的术语。然而，在其他思想流派中也可找到具有非常类似的含义的概念。这一事实强调了认同与内化的重要性以及它们在治疗关系培养和治疗效果中的核心作用。例如，行为主义强调榜样作用在行为治疗中的重要性（Bandura, Blanchard, & Ritter, 1969；Bandura, 1971）。而根据社会学习理论，我们采用许多特定的行为模式是由于我们曾经看到他人做出这些行为（如我们曾看到榜样行为）。而且，我们常模仿那些我们尊敬和崇拜的人、我们认为与自己相似的人和我们认为成功的人。显然，父母是儿童的重要榜样，而咨询师与心理治疗师也能通过明确的或微妙的榜样程序教给来访者特定的行为模式。

对于学习理论家认为与榜样有关的这一过程，精神分析与客体关系理论家则用认同与内化概念来描述（Forester, 2007；Safran, Muran, & Rothman, 2006）。具体来说，个体会对他所爱、所尊敬或认为与自己相似的人产生认同。经由这一认同过程，个体将所爱或所尊敬的人的思考、行为和感受的独特而具体的方式内化或吸收。在某种意义上，认同和内化过程导致同一性的形成；我们变得像那些我们亲近的人，也像那些我们所爱、所尊敬或自己认为相似的人。

当来访者感到他们的咨询师或治疗者能够在他们提到最深刻的价值观或最深切的痛苦时理解他们，认同会增强。一旦获得了这种认同，表面上的差异性不会使他们贬低治疗关系。换句话说，共情增进了认同而降低了表面差异的重要性。来访者内心会说："我可以认同这个人，即使我们在某些方面有差异，但她理解我的感受。"更重要的是，来访者也会对自己说："既然她听到并理解了我最深的恐惧，而并没有说这没有希望，那么也许她能帮我弄清我的问题。"如果你与某一来访者在重要的方面差异巨大，认同可能是困难甚至不可能的。

例如，一位来访者希望来处理一个令她非常困扰的问题，因为她已决定不结婚，而她的家庭决不能接受这点。她小心地选择了一位中年的治疗师，认为她可能会得到她处理自己情感所需的基本理解。然而，在仅仅几次治疗之后，治疗师把这位女性不结婚的决定解释为是青少年的反叛。显然，治疗师的世界观与来访者有一些基本差异，这使得情感协调、共情以及最终认同都不太可能产生。

认同是内化的前提。客体关系理论假设，在我们的成长过程中，我们内化了我们的各个照料者和早期环境中其他人的一些成分。这些内化结果成为了我们对自己的感受和我们与他人的互动方式的基础（Fairbairn, 1952; Havneskōld, 2006）。如果我们内化了"坏的客体"（如，虐待的父母、疏于照料的照料者、有复仇心的兄弟姐妹），我们就会体验到令人痛苦的自我知觉和人际关系。心理治疗则包含一种可以用更适应的或好的内化代替不适应的或坏的内化的关系，这一关系主要来自于相对健康的治疗者。斯特鲁普（1983）指出："（我曾）强调患者对治疗者认同的重要性，这发生在各种形式的心理治疗中。由于内化了'坏的客体'使患者患病，那么治疗的成功就取决于治疗者被作为'好的客体'而内化的程度。"

阻抗

有时，阻抗被界定为病人把重要的无意识资料或冲突排除在心理治疗之外的任何方式（Horner, 2005）。正如许多其他源自经典精神分析的术语一样，这一定义已经大大扩展。阻抗是一个多维的概念，常常对治疗关系发生影响。阻抗通常指的是来访者从事某事以避免讨论核心问题，或者避免改变或痊愈。在第十一章，我们将更详细地讨论阻抗，特别是在被迫前来、不自愿的或难治疗的来访者身上的阻抗。此处我们仅简短讨论阻抗。

有些时候，尽管来访者表现得热情和健谈，我们却不赞同。我们希望他们谈谈他们的生活史，而他们希望谈论他们上次购物、奥运会或者其他看来与治疗任务相去甚远的事。阻抗有各种形态和强度。如果来访者回避讨论重要话题，而与此同时又希望治疗产生效果，就有可能是发生了阻抗。这也称为矛盾心态阻抗，因为来访者既想改变又不想改变。与比较具有指导性或解译性的技术相比，共情和支持的态度比较可能帮助来访者克服这种矛盾心态（Engle & Arkowitz, 2006）。

处理阻抗有许多方式。选择何种方式取决于来访者表现出的问题领域、来访者的阻抗形式以及你的理论取向。我们希望在第十一章更多讨论这一领域。在此，我们总的建议是把阻抗看成是来访者表现中的一个有趣成分。阻抗很可能在来访者的生活中曾具有适应作用，而且实际上可能现在仍有保护作用。阻抗不是针对你个人的，你也不可能简单地让阻抗消失后再着手工作。事实上，在许多情况下，处理阻抗是治疗过程中的核心内容。

工作同盟

精神分析取向的临床工作者认为，治疗包括治疗者与来访者之间三种不同关系的同时发展。这三种关系是：(1) 移情关系；(2) 真实（人的）关系；(3) 工作同盟或治疗关系 (Meissner, 2007)。

工作同盟一词最初由精神分析理论家使用，它是指来访者与咨询师之间外显的或隐含的职业接触 (Greenson, 1965; Zetzel, 1956)。工作（或治疗）同盟已经成为心理咨询与治疗中研究最多的概念之一 (Constantino, Castonguay, & Schut, 2002)。在回顾研究文献时，康斯坦丁诺等得出了这样的结论：

> 根据我们当前实证研究的状况，可以说无论治疗流派（心理动力学、认知行为、格式塔、人际、折中主义、药物咨询或管理）、治疗长度、来访者的问题（抑郁、丧亲、焦虑、物质滥用等）、改变的目标（特定的目标主诉、症状缓解、人际功能、总体功能、内部精神改变等）如何，治疗师都应做出审慎而全面的努力来建立并维持好的治疗同盟。

斯特鲁普（1983）及其他人指出，来访者进入治疗工作同盟的能力在某种程度上可预测治疗的有效性以及他们经过治疗最终成长和改变的潜力。换言之，如果来访者不能或不愿与咨询师建立工作同盟，有益的改变发生的希望就很小。相反，来访者越能全心投入这样的关系，有意义的变化发生的可能性就越大 (Hardy et al., 2007; Meissner, 2007)。许多研究者和理论学者都认为人们进入有益关系的能力在很大部分取决于早期人际关系的质量。因此，不幸的是，最需要有益于治疗的关系的人常常也是最缺乏建立这种关系的能力的人。

安斯沃斯（Ainsworth, 1989）与鲍尔比（Bowlby, 1969, 1988）关于依恋的研究已被应用于心理治疗过程中的一些成分。具体来说，婴幼儿开始探索和学习周围环境时，需要短时间的冒险，离开他们的照料者，然后再回来以确保自己是安全的，确信照料者是可以依赖的。这种冒险和返回是安全、健康的依恋的标志。与照料者相似，治疗者提供了一个安全基地，来访者可以出发去探索，也可以回来。在最理想的情境中，本章中讨论的各种关系因素都发生作用以帮助咨询师建立起一个安全基地，来访者可以回到这里寻求安慰、支持和安全感。

研究还显示，治疗师建立工作同盟的能力存在个体差异（Baldwin, Wampold, & Imel, 2007）。在一项元分析中，阿克曼与希尔森罗思（Ackerman & Hilenroth, 2003）指出了能够有效建立坚强的工作同盟的治疗师的特征。能够建立并保持同盟的治疗师具备的个人特质有热情、灵活、经验丰富和可信任性。他们也会使用促进来访者情感表达的技术，即反映、肯定和关注来访者的体验。

有实证基础的行为与社会心理学概念

社会心理学和行为心理学对于我们理解咨询师与来访者的关系都有重要贡献。特别是斯坦利·斯特朗（Stanley Strong, 1968）指出，有三种咨询或咨询师特征会使来访者更可能接受咨询师提出的建议。这些特征是专家性、魅力和可信任性。

专家性（可信性）

正如奥斯默等人（2002b）指出的，共情和同情是重要的，但有能力的咨询师必须同时表现出专家素质并建立权威感。换句话说，无论你对来访者多么理解和尊重，有时你都必须显示你的工作能力。专家性也称为可信性。来访者希望他们的咨询师是有能力的、可以相信的。

有许多方法可以让治疗师看起来具有可信性，包括以下几种：

- 在办公室墙上展示你的从业资格证明（如证书、执照、文凭）。
- 在办公室中陈列大量的专业书刊。
- 选择有助于展开谈话的办公室布置。
- 选择专业的发型与衣着。

咨询师的具体行为也传达着专家性、可信性和权威感。奥斯默等人（2002b）指出了展现专家性的三种策略。第一，他们建议咨询师帮助来访者正确看待自己的问题。例如，你可以安慰来访者说，他们的问题尽管独特，但与许多已治疗的来访者的问题相似。第二，他们建议咨询师通过向来访者显示对于来访者的具体疾患的认识或熟悉性来表现自己的知识。这一方法通常包括为来访者的问题指出疾病名称或分类（如，惊恐障碍、强迫症、恶劣心境）。第三，他们指出咨询师可以通过有效处理来访者的不信任感来显示专家性。例如，当来访者通过追问你的资格表达出不信任感时，你可以通过说明自己的培训和督导经历来显示自己可以有效而直接地面对这种挑战。你还可以表达对于不信任感的共情，并与来访者探讨——这正是专家做的事。

最后，关于专家性，科米尔与纽利斯（Cormier & Nurius, 2003）给出了一个恰当的警告："专家性绝对不等于教条主义、独断或高人一等。具有专家性的助人者给人的感觉是自信、关怀，而且由于其背景和行为，他能够帮助来访者解决问题和走向目标。"

魅力

对于治疗师来说，就像在爱情中一样，情人眼里出西施。然而，即使在爱情中，也有一些标准的特征是被大多数人都认为有魅力的。由于其主观性质以及自我意识是有能力的临床咨询师的重要特性，我们请你参照多元化要点5.2。这个活动会帮助你探究，如果你去找一位职业咨询师，他的哪些行为和特点会令你觉得有魅力。请注意，当我们提到魅力时，我们指的不只是外貌，还有行为、态度和人格特质。

多元化要点 5.2
界定咨询师的魅力

魅力是一个难以界定的概念,但是对自己的价值观和我们在他人眼中的样子有所认识对咨询师的发展是极具价值的。请思考下列问题:

1. 你希望你的咨询师是什么样子的?你理想中的咨询师是男性还是女性?你希望他或她如何穿着?你愿意看到什么样的面部表情?是许多微笑吗?你想要一个很善于表达的咨询师吗?或者一个身体姿态开放的吗?或者有更严肃的态度?请想象各种细节(如化妆的质与量、鞋的式样、头发长度)。

2. 现在,想想你希望你的咨询师是什么种族、民族或具有什么其他的个人特征?你希望咨询师和你具有一样的肤色吗?你希望咨询师和你有一样的口音吗?如果你遇到一位与你的种族背景不同的咨询师,你是否会怀疑他能否真正理解你?关于咨询师的年龄或性取向,你会在意这些特征吗?

3. 在你的想象中,这个有魅力的咨询师会做出哪些面谈技术反应?她会使用大量的情感反映,还是会更具指导性(如,使用大量面质或说明)?她会使用大量目光接触和"嗯哼"还是以其他方式表现魅力?

4. 一位有魅力的咨询师对你的情感会做何反应?例如,如果你在一次治疗中哭泣,你希望他怎样做、怎样说?

5. 根据你的观点,一位有魅力的治疗者是否会触摸你、做出自我暴露、亲昵地称呼你,还是会保持更远的距离并专注于分析你的想法与感受?

请向同学、朋友或家人询问同样的问题。尽管最初你可能会发现自己和朋友或家人似乎对于什么构成了咨询师的魅力没有具体标准,

> 但在讨论后，人们通常发现自己比原来所认为的更有主见。一定要去问问与你的种族/民族背景、年龄和性取向不同的同学，了解他们对理想中有魅力的咨询师有什么看法。

可信任性

信任是指信赖某人或某事物的公正、力量、能力、保证。建立信任是有效面谈的关键。斯特朗（Strong，1968）强调，咨询师使来访者感到值得信任是很重要的。他发现，当来访者认为咨询师值得信任时，会更可能相信咨询师的话并遵从他们的建议。

在面谈中直接表达可信任性是不恰当的。告诉来访者"信任我吧"也许会成为提醒他们要小心是否应信任的信号。正如共情和无条件积极关注一样，可信任性最好是一项展现出来的咨询师特征，来访者会从咨询师的行为中做出判断。

对咨询师可信任性的知觉始于来访者与咨询师最初的接触。这些接触可能是在电话中，也可能是在等待室中的第一次打招呼。咨询师的下列行为与信任有关：

- 礼貌、温和而显得尊重对方的最初介绍。
- 对保密性及其限制的清晰而直接的说明。
- 承认其来见职业咨询师所面临的困难。
- 表里如一、无条件积极关注和共情的表现。
- 准时与一般的专业行为。

对于那些对参加咨询有很大阻抗的来访者（如非自愿的来访者）来说，直接指出来访者可能难以信任咨询师常会有所帮助。例如：

"我看到你不愿意到这儿来。法庭要求进行咨询的人常常如此。

所以，从这一开始，我希望你知道我并不真的期待你会信任我或喜欢这里。然而，我们会在一起工作，你要决定给予我和这个咨询多少信任。此外，我还想说，仅仅因为你必须到这里来并不意味着你必须在这里感到难受。"

因为信任常常被理解成一种需要学习和去赢取的人类天性（Glanville & Paxton, 2007），所以来访者时常会考验咨询师（Fong & Cox, 1983）。在某种意义上，来访者会"设局"考验咨询师是否值得信任。例如，曾受到性虐待的儿童常在见到咨询师后马上做出引诱的举动，他们会坐在你的大腿上、在你身上蹭来蹭去，或者告诉你他们爱你。有些遭受过虐待的孩子在第一次与咨询师者单独相处时，甚至会要求咨询师脱衣服。这些行为可以看成是对咨询师是否值得信任的过于明显的考验。（即，这些行为是在问："你也会虐待我吗？"）咨询师要意识到这些有关信任的考验，并尽可能地以增进信任关系的方式做出反应。

有实证基础的女性主义关系概念

女性主义理论和心理治疗强调在来访者与咨询师之间建立平等关系的重要性（Brown & Brodsky, 1992；Warwick, 1999；Worell & Remer, 2003）。女性主义咨询师所指的这种平等关系的特点是相互性和赋权。虽然这种观点与卡尔·罗杰斯的核心关系成分具有共同的基础，但女性主义理论和疗法还考虑到社会地位、性别和权力差异对来访者对于自己和世界的体验方式的影响（Brown, 2007）。

相互性

相互性是一个分享的过程，它意味着分享权力、决策、目标选择和学习。尽管各种心理治疗取向（尤其是以人为中心的取向）都认为治疗是来访者与治疗者彼此开放和人性化的互动过程，但没有哪一种比女性主义的理论和疗法更强调平等的价值观和相互性的概念。研究显示，在伴侣关系和亲子关系中的相互性有利于促进更健康、更积极的关系和结果（Neff & Harter，2003；Tantillo & Sanftner，2003）。

下面的例子说明了这个概念。

> **案例**
>
> 卡米，一位25岁的研究生，前来进行第一次面谈。咨询师的督导要求咨询师保持中立，克服自我暴露的冲动。咨询师说："请告诉我你为什么来这儿？"卡米几乎马上开始哭泣，并且说："我的母亲患癌症要死了。她住在320公里以外，但希望我能一直陪着她。我正在做我的化学博士论文，我的指导教授三个月后就要休假。我要教两门本科课程，我的丈夫刚刚对我说他想要离开我。我不知该怎么办。我不知道先处理哪一件事。我感到我在消失，几乎什么也没留下。我害怕。我觉得来治疗是个失败，但是……"卡米继续哭着。
>
> 咨询师体会到这些情境中强烈的悲伤、恐惧和混乱。她自己也想哭泣。然而，她努力着，有意地想出一些更恰当的中性的话。在短时间的停顿后，咨询师用温柔的声音说："所有这一切使你感到自己的弱小、害怕，也许你渐渐不知道自己是谁。前来接受治疗增加了你的挫败感。"卡米说："是的，我母亲总是说治疗师是弱者需要的，她的说法是'蠢货'。我的丈夫不见任何人。他觉得如果我待在家里，放弃教学和学习，我们又能快乐地在一起。有时我甚至感到，如果我放弃，我的指导教授也会高兴些。"
>
> 咨询师回答说："似乎你生活中重要的人希望你做的事情和你现在做的不同。"

尽管前面的互动也可以接受，但如果卡米和咨询师以这种模式继续，卡米在面谈结束时对她的咨询师不会有太多了解，而且她会感到是咨询师提供了洞见，而她自己却是提供问题的人。

在更具相互性取向的互动中，当咨询师感受到强烈的悲伤、恐惧和混乱，她可能会这么说："你知道，这些是非常困难的情况。听到这些就使我有一些你必定具有的感受。"卡米可能就会说："真的吗？嗯，这让我感觉好一些。你看，我妈妈说来治疗的人是'蠢货'，我丈夫认为完全是由于我在外面太忙了……而我从我的指导教授那儿得到的也是类似的看法。"

咨询师觉察到在卡米的问题中有权力和性别动力的成分，于是可能会说："决定来治疗是很困难的。当你感到你所亲近的人不赞同你时，继续做下去都是困难的。而且作为女人，我们一直得到的教导是要非常重视这种赞同。"

这些反应上的差异看起来或许不大，但在相互性取向疗法中建立的咨询师与来访者关系的潜在框架与传统框架有很大不同。来访者并未被排除在咨询师的情绪反应之外。她得到的信息并不是她带来问题而咨询师带来洞见。相反，它建立了一种关系的基础，允许咨询师进行诚实的自我暴露，而在治疗的随后阶段，甚至包含来访者观察和评论咨询师的行为方式的时候。在相互性取向的关系中，咨询师和治疗者倾向于对来访者的这类要求以真诚的态度做出反应，既不会仅仅复述来访者的话，也不会把这种要求解译成来自来访者的病态需求（Brown，1994；Stocker，2005）。

当咨询师保持相互性时，他们通常是为了赋权来访者这一终极目标。他们的来访者会把治疗看成一种工作关系，双方是平等的而无上下之分。尽管相互性并未完全改变治疗者具有一定权威性这一事实（Clarkson，2003），但它有助于教会来访者如何带着个人成长感、实际上是自己的个人权威感对权威做出反应。女性主义治疗师认为，尊重、双向的互动会促进来访者个人力量感的增强，而实证研究也支持这一点（Neff & Harter，2003）。

赋权

大多数治疗将来访者最终的幸福、健康和成长作为潜在目标。然而，达到这些目标的途径不同，因此这些不同途径无疑会使来访者对如何"好转"产生不同信念。在开始治疗时强调真诚和相互性的咨询师通常希望来访者会将自己的收获、成长和生活改善归因于他们自己的努力和自身具备的力量与潜力，并把这作为一个最终目标。希望赋权的咨询师不会在治疗关系中以依赖/

需要和权威/专家性来区分开来访者与治疗者，他们积极努力地去证实参与治疗过程的双方都是凡人，因此相似多于不同。

咨询师具备来访者不具备的技术和知识，女性主义治疗者把这些技术看成是来访者能够用来帮助自己成长的有用工具。来访者懂得并不存在神奇的处方和权威人物来给予指导、要求服从，提供他们原本无法获得的神奇领悟。相反，咨询师与来访者互动的方式是为了肯定来访者的生活经历并力图解决他们自己的问题。咨询师认识到人们来寻求治疗常常是因为经受了我们在社会中都曾不同程度地经历过的压力、歧视和不公正对待。这些剥夺个人权利的经历应得到如实的理解，而不是解释为来访者的精神本身出了问题（Brown, 2008）。

从1911年起，阿尔弗雷德·阿德勒成为了早期的女性主义学者，并清晰地谈论了与赋权有关的问题：

> 我们的所有机构、我们的传统态度、我们的法律、我们的道德、我们的习俗，都提供了事实证据，这些都是享有特权的男性为了男性占据支配地位的荣光而确立和维持的。（Adler, 1927）

阿德勒的论述指出了女性主义理论中的一个关键主题，那就是，女性的病态常常是由社会－政治因素建构和保持的（Miller, 1986；Olson, 2000）。因此，对女性主义学者来说，赋权的概念从理解身边社会中发挥作用的力量开始，包含受压迫群体（特别是女性）意识水平的提高，以及鼓励她们站起来主张自己的个人力量。布朗与布赖恩（Brown & Bryan, 2007）写道：

> 女性主义疗法以对性别、权力和社会地位的分析作为手段，来理解接受心理治疗的个体的情绪痛苦和行为失调。

最初，在面谈关系中融入相互性、真诚和赋权可能使咨询师感到困难。这是一项很高级的技术。咨询师需要了解如何表现真诚而不增加来访者的负担，也需要能够增进和鼓励相互性而同时保持足够的控制，以便通过治疗得到改变的希望不会消失。最后，咨询师需要具有允许来访者自己摸索前进的耐心与智慧，赋权于他们，而不是对如何获得赋权夸夸其谈（Enns，2004）。

有实证基础的焦点解决与建构主义关系概念

与认知行为疗法相似，焦点解决与建构主义咨询师认为咨询师不仅仅是提供一种关系条件，而且也以特定方式引导来访者，促进来访者的成长和改变。然而，与认知行为疗法不同，焦点解决和建构主义咨询师始终强调，来访者是自己生活的专家，因而也是个人问题解决方案的最佳来源。这样的立场有些自相矛盾或对立统一，因为咨询师的任务成了引导来访者发现他或她自己的解决办法，或重述更具适应性和更有个人力量的故事。在这一过程中，焦点解决和建构主义咨询师强调关系变量的重要性——这些变量与本章前面介绍的非常相似。

协作、合作与共同建构

焦点解决、建构主义的治疗关系的特征是协作、合作和共同建构（或重新建构）旧的与新的解决方案和故事叙述。这种关系被称为"合议"和"合作"，并包含一种名为"跟随引导"（de Shazer et al.，2007）的过程。为了建立这种关系，咨询师表现得非常积极，称赞来访者向前的努力，并敦促或鼓励来访者做更多在生活中有效的事。焦点解决与建构主义的咨询师不认为要使用解译或引导，他们通过提问柔和地促使来访者关注自己现存的优势与资源。

来访者是专家

焦点解决与建构主义咨询师认为来访者是自己生活的最好专家。尽管这种立场有些不同寻常，但焦点解决取向的咨询师使这一概念更加清晰，并在治疗过程中以直接或隐含的方式持续予以强调。德沙泽尔与杜兰（de Shazer & Dolan，2007）指出：

焦点解决短程治疗的咨询师极少会给出不是基于来访者早先解

决办法或例外情况的建议或任务。改变的想法和任务来自来访者——至少是通过交谈间接地来自来访者——要远远好于来自治疗师,因为来访者熟悉那些行为。

基于这种立场,焦点解决取向的咨询师尊重来访者的方式,利用来访者及其生活中的现存优势和资源推进咨询过程。

总 结

卡尔·罗杰斯的早期著作(1942,1951,1961)清晰地陈述了心理治疗中关系变量的重要性。类似地,临床面谈在某种程度上是以咨询师与来访者的一类特殊关系的形成为特点的。本章探讨了临床面谈中重要的治疗关系的许多不同方面。

罗杰斯指出了他认为是个人成长和发展的充分必要条件的三个核心条件:表里如一、无条件积极关注和准确共情。表里如一是诚实或真诚的同义词,一般指的是咨询师对来访者坦诚和真实。然而,咨询师总是对来访者完全表里如一或真诚是不恰当的,因为咨询的目的是为了促进来访者(而非治疗师)的个人成长。类似于表里如一,无条件积极关注和准确共情也是复杂的关系变量,在大多数情况下,必须以间接的方式传达给来访者。

一些源自人际和精神分析理论的变量可能极大地影响临床面谈过程。它们包括移情、反移情、认同、内化、阻抗和工作联盟,但不仅限于这些。咨询师如果希望有效地控制这些关系变量,就需要进行进一步阅读和在督导下进行临床实践。初学的咨询师需要努力发现和讨论这些因素影响治疗过程的情况。

行为和社会心理学家也研究过面谈过程,并发现了一些与有效面谈和咨询有关的变量。具体来说,如果咨询师使人感到是可信的专家、在个人和职业上都有魅力而且值得信任,那么通常会更有影响力。咨询师可以以某些方式展现自己、做出某些行为,使来访者认为咨询师具有较高水平的专家性、魅力和可信任性。

女性主义理论家和心理治疗师强调咨询师与来访者关系中的相互性和赋权概念的重要性。他们认为，开放、相互平等的关系能促进治疗进程，使来访者有力量坚持自己的主张，也能帮助来访者支持自身并把自己的成长归因于自身内部的力量。女性主义学者通常认为社会压迫是来访者出现心理问题的一大原因，因此力图让来访者拥有力量来主张和维护自己的个人权利。

焦点解决和建构主义咨询师对于治疗关系的观点既包括指导性，也包括对来访者赋权。他们强调协作、合作和共同建构解决方案/叙述，尊重来访者，认为来访者是自己的处境和选择的最好专家。

本章介绍的关系变量既多样又相似。这些变量既得到了具体理论流派的支持，又得到了实证研究的支持。尽管这些关系变量存在科学基础，但在咨询中巧妙整合这些多样的关系因素对任何理论取向的咨询师来说都是挑战。

推荐阅读及资源

Brown, L. S. (2007). Empathy, genuineness—and the dynamics of power: A feminist responds to Rogers. *Psychotherapy: Theory, Research, Practice, Training*, 44 (3), 257-259. 在这篇文章中，著名的女性主义学者与治疗师罗拉·布朗讨论了女性主义疗法与以人为中心疗法的原则之间的异同。

Clarkson, P. (2003). *The therapeutic relationship* (2nd ed.). Philadelphia, PA: Whurr Publishers. 该书探讨了心理咨询与治疗中治疗关系的影响和发展。

De Shazer, S., Dolan, Y., Korman, H., McCollum, E., Trepper, T., & Berg, I. K. (2007). *More than miracles: The state of the art of solution-focused brief therapy*. New York: Haworth Press. 这本书在德沙泽尔去世后出版，提供了如何进行焦点解决短期治疗的案例和详细介绍。

Enns, C. Z. (2004). *Feminist theories and feminist psychotherapies: Origins, themes, and diversity*. (2nd ed.). New York: Haworth Press。这是理解女性主义理论和疗法的历史与应用的一本很好的入门书。

Farber, B. A. (2006). *Self-disclosure in psychotherapy*. New York: Guilford

Press. 这本书探讨了在心理治疗中使用自我暴露的利弊。作者提供了关于自我暴露模式的研究资料。他还讨论了如何使用自我暴露来增强治疗关系。

Freud, S. (1949). *An outline of psychoanalysis*. New York: Norton. 这本篇幅相对较短的著作用弗洛伊德自己的语言简要介绍了精神分析的原则。

Greenson, R. R. (1965). The working alliance and the transference neurosis. *Psychoanalytic Quarterly*, 34, 155-181. 这篇文章是作者对工作同盟的经典讨论。

Miller, J. B. (1986). *Toward a new psychology of women* (2nd ed.). Boston: Beacon. 作者对女性心理学的这一经典探讨是对女性主义视角感兴趣的咨询师之必读著作。

Rogers, C. R. (1961). *On becoming a person*. Boston: Houghton-Miffin. 这本书中包括了罗杰斯对表里如一、无条件积极关注和共情的大量思考。

Worell, J. & Remer, P. (Eds). (2003). *Feminist perspectives in therapy: Empowering diverse women*. Hoboken NJ: John Wiley & Sons. 这本书介绍了咨询来自多种文化背景和处于生命不同阶段的女性时可采用的方法技术。作者整合了女性主义与多元文化理论和实践。

第三部分

结构与评估

第三部分

沉积与沉积岩

第六章

面谈过程简介

如果没有个体的完善，就无法建立更美好的世界。为了这一目标，我们每个人都必须追求自身的完善，同时共同承担起全人类的责任，我们的具体责任在于帮助那些我们最能帮助的人。

——玛丽·居里

本章目标

每次面谈都有其节奏或模式。即便咨询师决定完全不做引导、让来访者在整个面谈过程中自由联想，在面谈过程中仍有开始、中间和结束阶段。在这一章，我们将解说典型的临床咨询的结构，仔细分析典型的临床咨询是如何开始、推进和结束的，以及你可以怎样在单次诊疗中顺利地整合多个重要的活动。阅读完本章，你将掌握以下内容：

- 面谈的一般结构模式，结构模式指描述临床咨询过程所发生之事的方法。
- 如何处理临床咨询的介绍阶段，包括电话联系、首次会面、情感协调、让来访者放松、做简单对话，以及向来访者提供有关咨询中预期会发生的情况的信息。
- 如何处理面谈的开场阶段，包括你的开场白，以及来访者对开场白的响应。
- 如何处理与面谈的主体部分有关的信息收集和评估任务。

- 常用的评估来访者精神障碍的方法。
- 如何处理面谈的结束部分,包括如何使来访者重拾信心并为其提供支持,如何总结重要问题和主题,如何灌输希望、引导和向来访者授权,如何在面谈结束前完成各种细枝末节。
- 如何处理面谈的终止阶段,包括时间设置、导向终止和处理面谈结束时的感受。

临床咨询不应该成为一种沿着固定路径从A点到B点的交流。但是,我们可以把面谈划分为几部分,而且,本书就是这么做的。但归根结底,面谈涉及两个独立的人,彼此之间进行交流并做出反应。这就意味着必然没有两次完全一样的面谈。

学习如何开展有效的临床咨询和学习其他新技术(比如学习跳舞或是驾驶汽车)有许多共同点。在谈到临床咨询的结构时,这一点尤为适用。研究生往往会担心在面谈过程中不知如何在适当的时候采取适当的步骤。举例来说,你可能发现自己在考虑:"现在我需要建立咨询关系……是打听更多信息的时候了……现在该准备结束了。"实际上,有经验的咨询师会同时进行信息收集、建立情感协调和准备结束,不过,在职业生涯开始时,他们并不具备这种能力(O'Donohue, Cummings, & Cummings, 2006)。

人与人之间的交流受制于各种言语以及非言语规则,这些规则又由诸如所处场合、目标、个体差异和文化差异等变量控制。在大多数情况下,人们意识不到自己日常行为的先后顺序。我们不需要仔细分析每一个步骤,我们只是很自然地按照常规去上班、去自助洗衣店或是参加惊喜派对。与其他人见面时,我们通常知道何时应该说什么、何时应该坐下去或站起来,或是何时伸出手准备握手。但是,这些从大量的重复中建立起来的简单反应并不总是存在。从去自助洗衣店到进行社会交往的一切行为,我们都是通过观察、尝试错误、反馈和特别指示学会了最有效、最经济的步骤。

本章将澄清临床咨询的节奏和"潜规则"。我们的目的是向你提供一张开展面谈的路线图，以便你更适应这独特的50分钟，令其更有连续性。如果你熟知并掌握这些规则，就会更少地考虑下一步该做什么，而把更多的精力投入到理解、评估和帮助你的来访者上面。

尽管这里所介绍的临床咨询的结构只是对典型的评估性咨询过程的基本阐述，但它也含有心理治疗或咨询的成分。治疗阶段通常以相似的方式进行，最主要的不同是，治疗阶段的主体部分其本质涉及的是治疗干预措施的应用，而不是信息收集。

结构模型

正如许多专业的社会交往都有一个惯常的、固有的程序、仪式或是一系列阶段，临床咨询也是如此。西雅（1988）将这些阶段划分为：

1. 介绍
2. 开始
3. 主体
4. 结束
5. 终止

西雅的五分法的优点部分体现在它扩充了有时在教材中出现的"开始、中间和结束"的三分法。同时，西雅的模型有通用和非理论性的特点，它几乎适用于所有的临床咨询。本章将列出咨询的每个阶段的任务和可能遇到的阻抗，并加以讨论。

但是，采用西雅（1998）的五分法，并不是说他的划分法普遍适用于所有的临床咨询。其他划分模型也值得一提。举例来说，福利和沙夫（Forley & Sharf, 1981）提出了咨询师的5个任务作为成功的咨询的标准：

1. 让来访者放松
2. 收集信息
3. 保持控制
4. 保持咨询关系
5. 结束

所有书本上提到的划分法都有许多共同点，你会发现福利和沙夫的模型与西雅的模型有许多共同之处，但福利和沙夫的模型所使用的语言会让你对自己的实际工作有所了解。

埃维等（1988）对临床咨询结构的阶段划分更具有描述性，他们同样指出典型的临床咨询应该包括5个阶段或步骤：

1. 建立情感协调和结构化；
2. 收集信息，界定问题，找出可利用的资源；
3. 确定治疗效果（确立目标）；
4. 寻找备选方案并且面质来访者的自相矛盾；
5. 鼓励来访者把观念和技能应用到治疗以外的情境。

当你比较以上三个模型时，你会注意到它们既有相似之处又各有差别。这三个模型之间的差异反映出这样一种事实，那就是咨询师们和来访者们在面谈的开展和反应等方面各不相同，对于面谈的时间安排和恰当性也各有主见。

基于理论取向和临床目标，敏锐的咨询师往往在开始时尽可能让来访者决定面谈的节奏，因为在对这一过程的观察中能得到有价值的信息。对于来访者而言，能决定面谈的节奏可让他们获得控制权和安全感。理想的情况是，咨询师自然地引导来访者通过面谈前进，同时又允许来访者根据他们自己的需求，快速过渡到另一阶段或者停留在某一点上。在一个好的临床咨询中，咨询师要承担起控制关键因素的责任，即便不是每时每刻都如此，但也要确保面谈涉及所有必须涉及的内容、确定的目标和期望。不过，以上这些任务的完成越隐蔽、越自然越好。

介绍阶段

西雅将介绍阶段定义为："介绍阶段始于治疗师和来访者的初次见面之时，终止于治疗师感到可以很自然地询问来访者求治原因之际。"临床咨询的介绍阶段主要是要建立起帮助关系，包括让来访者放松，这样有助于对来访者的各种个人信息进行开放式讨论。掌握以下内容将帮助你通过这个最开始的咨询阶段。

电话交谈

在某些情况下，介绍阶段在你见到来访者之前就已经开始了。你也许会通过电话和来访者做最初的接触。不论是你自己还是接待员打电话，你都必须意识到治疗关系从最开始的接触就已经确立。电话、书面材料以及来访者所感到的确定性和温暖都可以使他们放松，避免困惑和恐惧。

在告知来访者所需花费、咨询长度和所采取的步骤上，不同的咨询师之间有很大差别。有些人把这些工作交给接受过培训的工作人员来做，有些人将其列于书面，有些人在第一次面谈之前将这些信息以口头形式传达给来访者，还有些人在咨询中告知来访者。重要的是最初的接触——不论是通过邮件、电话、问卷还是直接接触，都会直接影响你和来访者的关系。

以下简短对话演示了典型的初次电话接触：

咨询师："你好，我想找鲍勃·约翰逊。"
来访者："我就是。"
咨询师："鲍勃，我是切尔西·布朗，大学治疗中心的治疗师。我想你也许对治疗感兴趣，所以我打电话给你，想知道你是否愿意安排一次会面。"
来访者："是的，我愿意。我填了个问卷，你是从那上面得到我的电话号码的吧？"

咨询师："是的。如果你还有兴趣来做个面谈，我们可以为你安排一次会面。你认为什么时间最合适呢？"

来访者："我想星期二和星期四的下午比较好……2 点到 6 点之间。"

咨询师："这个星期四，24 号，下午 4 点，你觉得怎么样？"

来访者："可以。"

咨询师："既然你是在治疗中心填写的问卷，我想你知道如何来治疗中心吧？"

来访者："哦，我知道。是在同一座楼吗？"

咨询师："是的。你来之后请一定要在接待员那里登记。你可不可以提前五分钟来呢？由于接待员会让你填写几张表格，这样你就能在 4 点前填好。可以吗？"

来访者："可以，没问题。"

咨询师："好吧，就这样了。这个星期四，24 号，下午 4 点我等着见你。"

来访者："好的。再见。"

在这段对话中有几点需要注意：

第一点，安排初次见面是咨询师和来访者之间的一次合作——希望这是为以后有更多合作而进行的首次尝试。这件事拉开了合作的序幕。有时候，咨询师很难和某些来访者约定见面时间，也许是因为两人都很忙，也许是来访者的固执或是对是否接受治疗的犹豫造成的。这段对话呈现的是一个简单、直接的安排过程，不能代表所有的电话预约。重要的是，在打电话之前，要弄清楚你自己可以用来接待来访者的时间。

第二点，咨询师要介绍清楚自己的名字、身份（例如，咨询师）、就职场所。根据背景环境的不同，有时你可能需要说得更详细一些。比如，当高级心理咨询课程的学员联系志愿者时，他们这样说："我是'心理 555'课程的一名学生，我从申请附加学分的登记表那儿得到了你的姓名和电话号码。"

第三点，咨询师要确保来访者清楚如何到达咨询场所。尽管许多来访者会通过互联网搜到去你那儿的地图，但你仍要在打电话之前准备好明确的路线说明。对有的来访者而言，由咨询机构提供一份地图可能更有用，地图上要明确指示交通路线，或者告诉他们如何乘坐公共交通工具到达咨询场所。

第四点，咨询师要向来访者询问他方便的时间。当然，只有在咨询师的时间很灵活的前提下，这个问题才合理。如果你的日程安排得很紧，要先把你自己空余的时间确定出来。不过，没有必要向来访者解释你为什么不能在某一时间接待他。例如，你不应该说"哦，我不能在那个时候和你见面，因为我要接我女儿放学"或是"那个时候我要上课"，对于最初的电话联络而言，透露这些内容可能太多了。

第五点，最后，咨询师要以重复会面的时间并强调很期待与来访者会面来结束电话交谈。咨询师还应该说明来访者到达后应该做的事（例如，在接待员处登记）。要避免说"在接待员处登记后，我会立刻见你"这样的话，因为你不知道来访者何时会到。如果他早来了25分钟，你会很为难——要么你提前25分钟见他，要么你就得违背自己在电话中所讲的话。

你也许想在课堂上或是和朋友、家人练习电话交谈。如果你事先练习过，你将更加能够注意到来访者是如何表达他们自己的，并且能更好地与来访者共同安排好会面的时间。

第一次会面

私密性是和来访者第一次会面时要考虑的重要内容。大部分诊所和机构都有供多人同时等待的公共等候室，这种环境比独立执业的私人诊所更难以为个人身份保密。因此，对于在相对公开的环境中工作的咨询师而言，他们必然要考虑如何才能更好地满足来访者对于私密性的需求。建议之一是让接待员向你指出或是描述一位新的来访者，走过去用安静、友好、不容易被房间里其他人听到的声音叫出他的名字，然后微笑并且向他介绍你自己。在这种情形下，你很快就能感觉到来访者是否希望同你握手。如果他愿意，你可以同他握手并简单地说"请这边来"，把来访者领到单独的咨询室。

很多书介绍了与第一印象有关的内容（Gladwell，2005）。在第一印象中有一些要注意的事情。你应该知道第一印象能提供怎样的信息，以及在与来访者第一次会面的最初几分钟里你又能从他的行为中得到多少信息。有些来访者可能会很紧张，有些人却表现得很兴奋、气愤，或者无所谓。

如果你的来访者很紧张，那么你就有一个很好的机会观察他或她如何表现紧张。是很安静还是很吵闹？是否紧握住咖啡杯？咬自己的嘴唇或指甲吗？是表现得正式、随便、健谈、沮丧、苍白还是面红耳赤？最初的会面能让你对来访者如何应对焦虑和压力有一些认识。

正如你观察你的来访者，你的来访者同时也在打量你以及整个环境。为了增加不同来访者看法的一致性，一些专家往往会遵循一种固定的介绍仪式，包含以下部分或全部事项：

1. 握手
2. 提供一些饮料
3. 在走向私人咨询室时聊一些中性的话题

标准的欢迎仪式让人放松，也让你有更多的时间去观察。标准化能提高你从自己的观察中进行推理的能力（见练习6.1）。你可以让你的欢迎仪式表现得很温暖、很热情并且专业化。当然，并不是所有的咨询师都有自己的一套固定的仪式。许多咨询师从不建立一个固定的仪式，他们倾向于根据来访者的个人情况选择所需要的不同方式。拉扎勒斯（Lazarus, 1996）曾说这就像是个地道的变色龙。有时候，你可以用一个有力的握手或适当的社交玩笑作为欢迎仪式。有时候较少的身体接触或较少的非正式的语言可能更明智。

这就涉及如何称呼你的来访者。第一条准则是根据通常的习惯来称呼来访者。这取决于你的设置和群体特征。在有些情况下最好直呼其名，而有时使用"先生"、"小姐"、"夫人"或"博士"等称呼则显得很重要。不过，很难说对某个人用哪种称呼最为恰当。如果你能说西班牙语，在接待拉丁裔的来访者时，最好是用西班牙语的尊称"先生"、"夫人"或"小姐"。总的来说，当有疑问时可以称呼来访者的全名。最后，如果你不确定自己是否能用适当的方式称呼你的来访者，可以问来访者希望你如何称呼他或她。另外，如果你感到你用错了称谓，应向你的来访者做个求证，纠正自己的错误，并向来访者道歉。（"您介意我称呼您为罗德里格斯小姐吗？好的。抱歉，我不确定您希望我如何称呼您。") 尽力用来访者喜欢的方式称呼他们传达了对他们的尊重和接受。

练习 6.1
标准化的介绍

在某种意义上，最好对所有来访者都使用标准化的介绍。因为你的行为越一致，你就越能肯定来访者表现出的个体差异是否反映了他们之间真正的个性差异。如果你因为自己的情绪或是其他因素更改你的介绍方式，来访者表现出的差异就可能是由此引起的而不是源自他们自身的某些因素。标准化是心理学有价值的一部分。如果你有一个标准化的方法，你便提高了你的观察的可靠性和可能的有效性。

但另一方面，作为一个咨询师，你不希望自己的方法缺乏灵活性，一套完全固定的标准化的介绍可能会让人觉得有些疏远和不灵活。同样，重要的是不仅要根据来访者独特的个性气质做出响应，还要考虑他们所在的社会文化群体的差异。例如，完全相同的介绍通常无法同时适用于年轻男性和年长女性，这两个群体与他人相处的方式显著不同。如果你认为自己可以在介绍阶段一视同仁就错了，因为介绍阶段是建立情感协调的关键时期，完全一致的介绍方式很可能会破坏这一目的。在处理咨询的介绍阶段对不同人的称谓问题时，你应该遵循以下两条准则：

- 使用习惯称呼：这是指你可以用与人们的文化、年龄和性别这些社会人口学特征相符合的称谓来称呼对方。
- 选择最不会让来访者产生抵触的称呼：如果你犯了错，这样可确保错误程度相对较小。

有些刚开始从业的咨询师会对标准化和例行程序是咨询的一部分这一事实感到不安。毕竟，我们是在和每个独特的人接触，难道我们不应该对每个人采取独特的、人性化的反应方式吗？我们的答案是肯定的，但同时也是否定的。否定是因为，没有必要仅仅为了避免例行程序而对每个来访者采取不同的介绍方式。而肯定是因为，我们应该对每个来访者都采取符合人性的反应方式。

举例来说，我们通常会在第一次面谈中谈及保密性的局限性，以及由于两个陌生人要互相了解，面谈的初始阶段可能会有些难熬。尽管这是标准化介绍的一部分，但我们每次均以真诚的方式说出了所讲的话，我们由衷地希望每个来访者都能理解保密性的含义及其局限性。并不能仅仅因为我们每次都对成百上千的来访者讲同样的话，就认为我们是自动答录机。

建立咨询关系

咨询关系是通用的关系变量。所有理论取向的咨询师都承认与来访者建立积极的咨询关系的重要性。积极的咨询关系被定义为人们之间的特别和谐的关系。

有经验的咨询师会采取一些特别的步骤与他们的来访者建立咨询关系。第三章讨论了很多与建立咨询关系有关的反应技术（例如，解译、情感反映和情感证实）。咨询跨文化或者年轻的来访者时，咨询关系的建立可能尤其取决于接受多样化的表达方式、语言和个人价值观（Hays，2008）。以下因素有助于建立积极的咨询关系：

对来访者通常的担忧保持敏感

来访者对于前来治疗有许多担忧和怀疑。很明显，在初次会面中处理来访者的担忧和怀疑是非常重要的，咨询关系的建立需要让来访者感到放心，这是一个复杂和持续的过程（Hays，2008；O'Donohue et al.，2006）。另一方面，你需要立刻着手建立咨询关系，并且意识到通常来访者的忧虑和怀疑有益于这一进程。

来访者开始治疗时常常有以下一些担心：

- 这个治疗师有能力吗?
- 更重要的是,这个人能帮我吗?
- 这个治疗师能理解我、我的文化、我的价值观、我的宗教信仰和我的问题吗?
- 我是不是要疯了?
- 这个治疗师会怎么看我?
- 我能相信这个人会忠诚于我吗?
- 我会不会被迫说一些我不想说的事?
- 这个咨询师会不会认为我是个坏人?

基本上,所有专业的咨询师都被来访者当作权威人士。不论相信与否,力量和权威感在精神健康专业角色中占有一席之地。来访者相信,咨询师的行为应该与其他权威人士类似,就像医生和老师。此外,来访者可能会希望你表现得像他们生活中以前的权威人士。其行为包括温暖、关心、睿智、有帮助的严厉、冷静和拒绝。由于来访者在接受咨询服务时有意无意地持有对权威人物的假设,因此在治疗过程中,你可能需要帮助你的来访者把你看作搭档。所以,在最初的交谈中,尽早把你和你的来访者之间正在建立的合作伙伴关系说得很清楚、直接和内容充实,可能会有所帮助。以下是一些例子:

"我很期待今天和你共同工作。"

"由于我们彼此陌生,因此心理咨询在开始时有时可能会让人感到尴尬,不过希望今天我们能逐渐对在一起咨询感到轻松。"

"今天我们交谈时,我希望你能放松地向我提任何你想提的问题。"

在表达合作关系之外,为来访者提供支持和安慰也非常重要。不过,你要对以什么形式向来访者提供安慰非常谨慎。常见的安慰("别担心,一切都很好")或者过早的保证("我保证你没有任何严重的问题")被认为是不准确、居高临下和错误的。正如卡尔·罗杰斯在60年前所建议的,我们首先应该运用安慰去肯定来访者通常的感觉。他解释道:"……唯一可以确保对来访者有所帮助的安慰的形式是减轻来访者的奇怪和疏离的感觉。(1942)"除非或直到你看见或听见有证据表明安慰可能是恰当的,否则避免安慰也很重要。以下是几个恰当的安慰的例子:

"大多数人来进行心理咨询时,最初都感到不自在,但通常我们在互相了解之后会逐渐自在起来。"

"感到不自在是很正常的,毕竟,我们是陌生人。"

"我的很多来访者有与你类似的担忧,不过他们通常会发现心理咨询会很有帮助。"

让来访者放松

在解释了保密原则之后(见第二章和第五章),你可能希望使用如下的说明。

"心理咨询的情况很特别。我们是陌生人——我不认识你,你也不认识我。所以今天的第一次的会面是我们互相了解对方的机会。我的目标是理解任何你所担忧的事。有时候我只是在听,有时候我会问你一些问题。第一次会面也是你了解我如何在咨询中与人们共同工作,以及体验你对这种方式是否感到舒适的机会。任何时候当你有问题,你都可以随便提问。"

你可以用你自己的语言来表达这个简短的说明,关键在于帮助来访者放松。要承认咨询师和来访者最初是陌生人这一事实,并允许来访者评估你和就治疗进行提问。

闲谈和简单对话

闲谈和开始的闲聊是常用的让来访者放松的方法。你可以做以下的尝试:

"您肯定是史蒂文·格林。"(最初的问候语)

"您希望我称呼您为史蒂文、史蒂夫还是格林先生？"（确定来访者希望被怎样称呼，或者确认来访者名字的正确发音）

"您觉得找到办公室（或停车位）容易吗？"（简单对话和共情关注）

（针对儿童或青少年）"我看见你带着洛杉矶湖人队的帽子，你是湖人队的粉丝吧？"（简单对话，试着与来访者的世界建立联系）

通常与成年来访者的闲聊要尽量少，除非对方让你这么做，在这种情况下，你的整个咨询可能被局限为"聊天治疗"。另一方面，正如我们在第十二章和第十四章所讨论的，最初的闲谈比较有助于建立或展开对儿童、青少年或有着不同文化背景的来访者的咨询。很多针对年轻人的咨询取得成效主要是因为，在第一次会面之初，咨询师花时间讨论来访者喜欢的音乐、电视节目、游戏、玩具、食物、运动队等。类似地，在咨询青少年或前青春期青少年时，我们有时会讨论俚语中什么词是"时髦的"和如何正确地运用它们。（例如，最近有一个拉丁裔的来访者告诉我们，其他男孩和他在一起时感到心烦意乱，因为他们认为他在"把"妹。随后针对"把"这个词的定义的讨论——这个意思我们留给你去发现——对咨询的结果产生了异常积极的影响。）

善于让来访者放松的咨询师通常是温暖、敏感和灵活的。他们通过读取一些信号感受到来访者的不安。例如，他们可能注意到某个来访者选择了咨询室中一把比较远的椅子，或者相反，某个来访者坐得太近，似乎要侵犯到咨询师的私人空间。灵活的咨询师尊重来访者的个人风格，他们不会坚持要求来访者坐在某把特定的椅子上，或者坐在某个特定的位置。他们试着尊重来访者的非言语表达或文化语言。

你可能必须也可能不必对你和你的来访者之间的相似性发表意见，这取决于这样的评论是基于你自己的社会需要还是有助于建立最初的关系。例如，在咨询有着不同的文化背景的来访者时，要注意拉丁文化的原则和私人化的习惯是非常重要的。这一原则强调非正式的社会关系，这点对与有着不同文化背景的来访者建立情感协调至关重要。对于非洲裔美国人而言，这种非正式的个人交往指的是"人与人之间的关系"，而对于美洲原住民而言，有时候指的是"尊重和礼尚往来"(Hays,2008)。

为了形成私交,咨询师需要明显地偏离传统的心理分析或专业框架,与每个来访者随意和非正式地谈论社会公共问题。简短的交谈可能会涉及天气、最近的新闻事件、交通、停车情况、运动队、珠宝、时装,等等。然而,即便是对天气的评论也并非毫无意义,因此我们对此谨慎推荐。(约翰经常在表达自己对天气的观点和做出错误的天气预报时让自己陷入麻烦。)

展开私交有助于把临床咨询师从一个占主导地位的文化背景下的权威人士转变为真实的人,他需要处理交通问题,并且有自己的着装品位。在特定的跨文化背景情况下——取决于你暴露的情形和目标——分享你有(或没有)孩子也能建立关系。不管怎样,做这些暴露要经过深思熟虑并且有针对性。

在许多情况下,分享和比较子女的年龄,婚姻状况,对食物、运动和政治人物的偏好,出生地以及其他信息似乎是很自然的。在看到你的来访者的丈夫抱着一个蹒跚学步的婴儿时,你可能会克制不住地想说"我也有一个这么大的孩子"或者"我们的小女儿喜欢同样的书"。如果你的来访者戴着一个自行车头盔,你可能禁不住想说:"我也骑自行车上下班。"但是,心理咨询并不是简单的社交,因此决定做多大程度的自我暴露是很难的。你最好找到个平衡点,并且要意识到你的自我暴露是为了建立咨询关系,而不是为了在工作之外建立友谊。在咨询之初,过多的自我暴露或闲谈会让来访者误以为咨询的开展方式类似通常的邂逅。总之,我们鼓励你在督导的指导下进行合理和有节制的自我暴露。一部分原因是顺从每个社交愿望和冲动未必是最好的办法(见练习6.1)。例如,维纳(Weiner,1998)曾经指出:

> "对于那些藏在职业化的表面之后、从不偏离非个人化立场的治疗师,患者会感到难以看到治疗师身上真实的人性;同样使患者感到不真实的治疗师是那种一边带领他进入办公室做第一次面谈,一边说'你好,我叫弗雷德,我感到有点紧张,因为你让我想起在大学里认识的一个人,他总是让我觉得我没法和他竞争'的人。"

培训来访者和评估他们的期望

介绍阶段的另一个任务涉及培训来访者和评估他们的期望。这个任务的目的在于设置咨询的框架和边界。在这一点上,我们有时会对来访者这样说:

> "在我们正式开始之前,我们有一些事(或者书面工作、文书工作,或者任何对你和你的来访者有用的词)需要注意。"

这一咨询任务是知情同意过程的延续,需要解决以下几个问题。第一,应该告知来访者保密性原则及其局限性。要尽量说得简单、直接,并与来访者达成共识——即便你的来访者早已签署了详细的知情同意书你也要做到这一点。任何文案工作都不能代替治疗中的谈话(Sommers-Flanagan & Sommers-Flanagan, 2007)。为了能够清楚地做出解释,你应当在咨询前真正弄清保密性的含义(见第二章)。在此,有一段对话可以作为参照:

咨询师:"你以前听说过保密性这个词吗?"
来访者:"嗯,我想是的。"
咨询师:"好的。现在让我简短地说一下保密对于治疗师的含义。它基本上是指你在这里所说的话不会被传出去。这表明你在这里说的话是保密的,我不能与其他人随便讨论关于你的情况。但保密性有一些局限性。比如说,如果我从你那里得知了一些我认为会伤害你自己或他人的事,或者你讲到虐待儿童和老人,那么我就不能遵守保密原则而必须将这种情况报告给有关部门。还有,如果你和我都认为有必要将你的情况告诉另一个人,比如医生,那么在得到你的书面许可后,我可以将你的材料给这个人。所以,虽然有一些局限性,但基本上你所说的话是保密的。你对于保密性还有什么问题吗?"

在一些实际案例中,在做完以上解释后,一些来访者会开个玩笑——通常是个冷笑话或试图化解尴尬的笑话(例如,"我可没有计划杀我的岳母或其他的什么事")——来使气氛轻松起来。有时，来访者会提出一些具体的问题（例如"你会对我所说的录音吗"，或者"还有什么人可以看你的记录呢"）。当来访者对保密原则提出问题时，他们可能仅仅是出于好奇，也可能是因对信任问题非常在意。也有可能是由于他们有一些自杀或是杀人的念头，因此需要进一步明确究竟哪些可以对你讲。但不管是什么情况，作为一个专业的咨询师，你应该直接明了地回答："是的，我会对谈话做记录，但只有接待员和我能接触这些记录。接待员也必须对你的记录遵守保密原则。"

最后，如果你有督导，而且你的督导要检查你的案例和谈话录音，你就要对来访者说明这一点。你可以像下面这样表达：

> "由于我是研究生，我的督导会检查我的工作，而且有时候我们会与其他研究生集体讨论我们的工作。当然，这些做法的目的都是让我能为你尽可能地提供最好的帮助。除了我之前提到的情况，如果没有你的许可，任何有关你的信息都不会从咨询室泄露出去。"

第二件事涉及来访者的教育以及评估来访者的期望，这是要告知来访者咨询的目的。对于这一点，以本杰明（Benjamin, 1987）列出的要避免说的话最为经典，那就是"我们两个都很清楚你为什么来这里"。正如本杰明所解释的，这种话足以使任何建立情感协调的努力都付之东流。对咨询目的的讨论应该清楚、直接和真诚。

显然，你对于咨询目的的解释取决于你要开展的面谈的类型。通过澄清来访者对面谈内容的期望，对面谈目的做一般性的说明，有利于来访者放松，也有助于帮助来访者和咨询师弄清楚双方在面谈中所扮演的角色。例如，某个咨询师要定期对来访者进行评估，以确定他们是否能成为合格的收养者，他对来访者做出如下声明：

> "这次面谈的目的是应收养机构的要求评估你们是否能成为合格的养父母。我会以开放式的问题开始这次面谈，让你们谈一下收养的原因，并让你们每个人都谈谈关于自己的事。然后，我会问你

们一些关于你们童年的具体问题。最后，我会就你们的教育方式提一些问题。在开始以前，你们有什么问题吗？"

我们的工作是本地就业工作团心理健康顾问，我们经常要见有情绪和行为问题的新学生。说得婉转点，这些年轻人中的大部分都不愿意与一个精神病专家共处一室。因此，我们必须对我们的角色和咨询的目的说得非常清楚：

"在我们开始前，让我告诉你我所知的有关你的事和你为什么在这里。佩皮翁先生要求我见你，因为他说你有抑郁史，他希望我评估你在这里是如何调整自己的。因此，我将花一些时间对你做一些了解，然后我会问你一些有关抑郁和其他事情的问题。此外，正如你所知，我知道我的工作是帮助你在这里取得成功。你没有惹任何麻烦，我见了很多学生。我的工作是帮助学生适应就业工作团的生活，帮助你在这儿和生活上取得成功。尽管今天我要问你一些问题，但我希望你有什么问题也尽管问我。"

第三个问题是要对来访者做关于时间的培训。在咨询的早期，要告知或提醒来访者咨询的时长。

个人笔记：我们必须承认，经过这么多年以后，我们有时会忘记设置在这里所讨论的咨询的框架或边界。有一些情况我们需要区别对待，比如来访者情绪激动迫切要开始面谈或处于危机之中。对此，在每个案例中，我们所能说的仅仅是我们对遗漏了这项基础但重要的咨询任务深表遗憾。

表6.1列出了介绍阶段的任务。

表 6.1　介绍阶段任务一览表

咨询师的任务	相关变量
＿＿＿＿　1. 安排双方都合适的会面时间	工作同盟、积极关注、相互关系
＿＿＿＿　2. 介绍你自己	表里如一、有魅力、积极关注
＿＿＿＿　3. 确定来访者所喜欢的称谓	积极关注、授权
＿＿＿＿　4. 开始面询或简短的交谈	共情、情感协调
＿＿＿＿　5. 将来访者领至合适的座位（或者让来访者自己选择）	专业性、共情、情感协调
＿＿＿＿　6. 介绍你的专业或学位背景（适当地）	专业性
＿＿＿＿　7. 解释保密性	信任、工作同盟
＿＿＿＿　8. 解释面谈目的	工作同盟、专业性
＿＿＿＿　9. 核查来访者的面谈目的和你的目的之间的一致性和兼容性	工作同盟、相互关系、授权
＿＿＿＿　10. 如有需要，澄清时间限制	工作同盟、专业性

开　始

　　开始阶段的标志是咨询师就来访者现在所关注的事情提出问题，而当咨询师对具体的事件提出具体的问题以确定面谈的重点时，开始阶段就终止了。在西雅（1988）提出的模型中，开始阶段是非指导性的阶段，大概持续5～8分钟。在这一过程中，咨询师主要运用基本的关注技巧和非指导性倾听反应鼓励来访者诉说。咨询师的主要任务就是不加干涉地让来访者自由表达。

> **案例**
>
> 你走进你的咨询室，让来访者就座。（正如前面讲过的，即使是来访者对座位的选择也可以为你提供信息。我们曾遇到过来访者坐在我们通常坐的椅子上，甚至当这椅子是在一张桌子后面时！）你的来访者在她的椅子上不安地坐着，继续穿着她的外套，双手紧攥着放在腿上的大钱包，她的笑容僵硬。你有她填写的分诊登记表。你问她对此是否有任何问题，她摇摇头。你介绍了保密原则，她点头表示明白。你感受到了她的紧张和悲伤，她看上去吓坏了，眼睛快速地眨了眨，泛起了泪花。

针对多元文化融合背景下的心理辅导，斯坦利·苏（Stanley Sue）曾提出一些在临床咨询开始阶段尤为有用的想法（Sue，1998，2006）。具体而言，他建议，心理辅导人员或临床心理医生所秉持的思维方式要具有科学性（见第十四章）。科学性指的是咨询师对来访者的态度是形成暂时建设，进而在初次和后续的接触期间，对来访者及其文化、个人风格、面对的问题等保持一种开放的心态。咨询师必须要乐于调整旧的假设，而且如果有必要的话，可以直接对先前的假设不予理会。举例而言，运用苏的方式开展咨询的话，你可能会问自己：我对这个来访者形成的最初的印象和假设是什么？这些假设的根据是什么？例如，对于"她坚持穿着外套"或"眼睛快速地眨了眨"你脑海中浮现出了什么假设？建立和保持科学意识对于临床咨询非常重要，因为她坚持穿着外套可能是因为感觉冷，或感觉不安全，或者忘记脱掉，或者有其他原因。苏的科学性概念有助于提醒我们，要暂时形成假设，谨慎筛选出现的信息，同时避免过早对来访者下结论。

咨询师的开场白

开始阶段的陈述对来访者是一个信号，提示简短的谈话、介绍以及对保密原则的说明都已经告一段落，正式的咨询要开始了。在开放式的陈述中，咨询师会首次直接询问来访者寻求专业人士帮助的原因。这种陈述通常是用一种平静、轻松的方式表达出来的,不会让人感觉之前的谈话被打断。然而,你偶尔也需要用较为强硬的方式切入正式谈话,开始咨询。

大多数心理辅导人员和心理治疗师都使用平和的开场白。通常的范例是这样的:"请告诉我,你这次来咨询(或治疗)的原因。"这其中的重点有以下几个:

- 告诉我:咨询师直接表现出有兴趣倾听来访者所说的内容。另外,咨询师也借此说明来访者有责任说明情况。
- 来这里的原因:这要比"告诉我关于你的情况"更具体,还表示来访者可以决定要告诉咨询师生活中的哪些事情。
- 来咨询:这个短语强调来面谈或来见你是不同寻常的一件事,并建议来访者应该告诉你促使他来寻求帮助的事件。
- 此时此刻(这次):这个词有助于来访者直接谈论使其下定决心前来面谈的有关原因。咨询师应该明白,做出寻求帮助的决定不仅取决于诱因,也取决于时间。有时候,一个问题已经困扰了来访者好几年,但是直到最近他才觉得是寻求帮助的时候了。

也许你不喜欢这些特定的词,但重要的是你要认真考虑你想用什么话来开始面谈。

面谈开始的说明有多种方式。基本上,咨询师的开场白要么包括一个开放式问题(例如,以什么、如何开始的问题),要么以比较温和的方式提出面谈开始。上文就是以温和的命令句提出开始面谈的例子——通常,这种命令句以"请告诉我"开始。其他较为常见的开场白还有以下几种:

"你为什么来这里呢?"

"我能为你做什么?"

"或许你可以先告诉我一些你认为很重要的关于你自己(或者你的处境)的事?"

"那么，事情是怎么发展到这一步的？"

"最近你有什么压力需要处理吗？"（Shea，1998）

当你讲这些可能的开场白时，想一想如果你是来访者，你会怎么回答。你可能还想在咨询实践中加以尝试或进行角色扮演。请记住这一点：你对于面谈开始所做的说明会影响来访者如何对你讲述他们的问题，因此，你一定要慎重选择你用来表示面谈开始的语言。例如，如果你希望听来访者讲述他们遇到的压力以及应对模式，你可以像西雅（Shea，1998）那么做。这就好比，你问什么，你就可能得到什么。因此，如果你问"事情怎么变成这样"，你可能会得到相对非正式的回答；如果你问"过去一周过得怎么样"，你可能会听到对过去一周的描述。"我能为你做什么"则事先假设了来访者需要帮助，而你将以一个帮助者的身份出现。当然，没有一种开场白是完全非指导性的。通常来说，开始阶段的引导的目的就是为了让来访者能够无拘束地讲出导致他们寻求专业人士帮助的个人原因。

来访者的开场白反应

当你表示出面谈已经开始了，来访者就成了面谈的中心。来访者是跟着你走下去，还是犹豫、斟酌合适的用词，还是要求更多的指导和提示呢？正如我们所提过的，有些来访者来见专业的咨询师希望能得到权威性的指导，因此他们可能会对开放式的问题感到吃惊。一般来说，他们的第一反应为你提供了他们对无结构场景的反应的线索。有些治疗师认为，来访者的第一反应对于治疗师了解他们的个人动力有重要意义。

来访者事先准备好的回答

有些来访者的回答会让人感到他们已经事先准备好在面谈时讲什么了。比如，我们曾听到来访者做出以下回答：

"好吧，我先来谈谈我的童年。"

"最近一段时间，我有以下症状……"

"最近我的生活中有三件让我觉得没办法应付的事。"

"我感到沮丧,因为……"

与这种直接和有备而来的来访者合作,有其好的一面,也有不利的一面。最主要的好处是这种来访者仔细考虑过自己的问题,并且希望能尽快谈及重点。如果他们对问题看得很通透,也的确明白自己为何寻求专业帮助,那么你将处于有利局面,面谈将进行得很顺利。从另外一个角度来说,来访者以这种过于直接和有组织的风格开始咨询,可能表明这正是西雅(1998)曾指出过的"排练过的面谈"。在这种情况下,来访者可能由于防御机制而产生对面谈的阻抗。也许他们能客观地讲述他们的问题,并且提供一些具体的信息,但是却不能在情感上深入地谈及问题。然而事实上,情感上的疏离很可能才是问题的核心(例如,来访者可能在亲密关系中有情感联系方面的困难)。有时候,非常有条理和有组织的回答说明来访者对非结构性场景不适应,来访者试图用过于条理化的表达方式来克服他们所感到的困惑。

帮助表达困难的来访者

有些来访者会很为难,因为开放式问题没有给出足够明确的方向,他们不知道该如何进行下去。举例来说,来访者也许会陷入沉默,满脸痛苦地看着你,并且问"那么我该讲什么呢",或者说"我不知道你想让我说什么"。面对这种不习惯非结构性开放式问题的来访者,你可以试着按下面的方式去做:

1. 表现出友好和关注的态度,允许他们思考一小会儿(同时你可以评估一下他们的应对方式)。
2. 对于他们所感到的困难提供情感上的支持。
3. 提供更多的提示。

让来访者与非结构性开场白作斗争为咨询师提供了一个非常好的评估来访者表达能力的机会。如果来访者对你的开场白的反应是"我该说什么呢",你应该温和的回答他:"说你想说的。"这样你就将选择一个合适的话题开始咨询的责任交回给来访者,同时也可以很好地考查一下来访者的表达能力。简单地说,你可以从中了解到来访者需要多少帮助才能表露自己。

让来访者与非结构性开场白作斗争的另一个重要原因是，这给来访者一个机会克服他们的畏缩，重新找到他们适合与你交谈的内容。如果太快地给他们额外的帮助，你就没有为他们提供足够的时间去证明他们能够克服退缩和表达自己。也许这个来访者倾向于依赖别人的提问，但他完全有能力选择什么是要谈论的重点。

如果你的来访者再次表现出退缩行为，或者看上去真的非常需要你的帮助才能开始，那么你要提供支持和更多指示，请看下面的例子：

来访者："我真的不知道该从哪里说起。"
咨询师："有时候的确很难知道先说哪一点。要么先说说你在家里（工作单位或学校）的情况，你觉得怎么样？

咨询师的这句话提供了具体的指示，降低了对来访者的要求。在某些情况下，你可能要提供更为具体的提示来帮助来访者顺利地表达自己（例如，"或许你可以先讲讲你今天都做了什么"）。

来访者的其他反应模式

有些来访者的反应很奇怪，会让你怀疑他们当前的心理功能是否正常。比如，请想象一下来访者说出下面的话：

"我来这里是因为其他人要求我来。你将成为我的证人。"
"你是医生，你来告诉我，我有什么问题。"
"感谢上帝（或真主），我现在能坐在你面前。在我们开始前，我可以祷告吗？"
"我的内心深感痛苦。这种感觉有时候会像浪潮一样压倒我。就好像我没有礼义廉耻，但当时像真的一样……我经常问我自己，这是我应得的吗？"

评估或判断来访者是否正常是件很困难的事，而且这需要咨询师有很好的临床诊断能力。我们将在本章稍后部分和第八章详细讨论评估的流程。

理想中的来访者对你的开场白的反应通常表现出他考虑过这个问题，而且显示工作联盟已经开始形成。例如：

"我不太敢确定我来这儿或者为什么现在来的原因。最近的工作压力让我有些不堪重负，已经影响到我的家庭生活。我想我还是先讲讲我的工作和家庭，在我说出以后，或许你可以告诉我，我所说的这些事是不是你想知道的。"

评估开始阶段来访者的言语行为

当来访者进入咨询的开始阶段后，你应该评估来访者的反应，并且对你自己的反应方式做出相应的调整。比如，对于滔滔不绝、不着边际地闲聊的来访者，你要把握住每个能够插入话题的机会。

举例而言，在开始阶段的结尾，你应该考虑一下如何才能对来访者的长篇大论取得控制权。也许对于过分善谈的来访者应该使用较多的封闭式问题加以限制。

类似地，有些来访者明显是用他们的内在评价体系来描述他们的问题。比如：

"我不知道是哪里出了问题。我总是很紧张……就好像有人在监视我并且指指点点，当然我知道没有这回事。我还觉得沮丧。我做的每件事都不对头。我没有全职工作。我和别人处不好关系。我娶了不适合我的妻子，我不知道为什么那些成功的人都不想理我。"

使用内在评价标准的来访者倾向于自我责备。他们可能会一直自责直到咨询终止。有时候，我们把他们称为"内归因者"，因为他们总是认为是自身的原因导致了问题的出现。内归因者习惯于说"我肯定有什么问题"。

另一方面，也有些来访者被称为外归因者。他们传达的信息是"我很好，但我身边的人都有问题"。比如，来访者可能会以这样的话作为开始：

"我的问题是我有个不可理喻的上司,他粗鲁、愚蠢、傲慢自大。实际上,人通常是没有感情的,如果我不用再和其他人打交道,我想我的生活会好得多。"

外归因型的来访者认为他们的问题都是由别人引起的。尽管他们的抱怨可能有一定的真实性,但很难让他们承担责任,以及用建设性的眼光关注自己的感受、想法和行为。

实际上,来访者的问题通常是由自身(内部)和环境(外部)两部分共同导致的。在咨询中,尤其在开始阶段,倾听你的来访者对他们的问题过多还是过少地承担责任是非常有用的(见多元化要点6.1,从不同角度看待来访者对自身问题的责任的承担)。

多元化要点 6.1
问题出在哪里:分析社会对来访者问题的影响

必须在来访者的社会文化背景下看待他们的问题,这已然是个不争的事实。我们的疑问是,"问题"来自哪里?在人们的文化之中,是集中在个人身上,还是其他什么地方?

几十年前,著名的家庭治疗师萨尔瓦多·米纽庆(Minuchin, Rosman, & Baker, 1978)开始积累患有饮食障碍和哮喘等一系列病症的儿童和青少年的研究与临床数据。他发现,针对这些躯体病症的有效的干预措施要覆盖整个家庭,而不仅仅是针对患者自身。总体而言,他的研究和家庭治疗的实践让他得出这样的结论:病理学的发展轨迹不仅仅表现在个体身上,而且发生在整个家庭的背景之下(Goldenberg & Goldenberg, 2007)。

米纽庆提出了从家庭系统角度看待来访者个人症状的重要性。与之不同的是,DSM - Ⅳ - TR 是从个体角度定义精神障碍的(American Psychiatric Association, 2000)。

如果你只知道DSM和米纽庆的观点,你可能会认为它们代表了概念完全相反的两极。实际上，DSM和米纽庆反映了在病因学上什么可能被认为是"适度的"。生物精神病学提出了一种更为极端的观点——精神障碍的起因不仅仅由个人行为决定，还由遗传因素引发（Horwitz & Wakefield，2007）。

英国心理学家戴维·斯梅尔（David Smail，1997）持另一种极端观点，他认为文化是导致个体症状的主要原因。

情绪压力源自与真实世界斗争的痛苦，会导致严重并且往往是持久的伤害。生活不易，我们中只有极少数人能安然度过而不被打上生活的印记，无论我们用什么眼光来看待，其结果都是让我们比自己所希望的更糟糕。心理辅导的不足之处在于它对那些会削弱人们的信心和应对能力的社会、经济和健康困难没有任何真实的影响。在社会环境中，真正的帮助是让人们获得自己解决问题的能力。

我们至少能够确定四种对精神障碍成因的解释。当然，生物精神病学可能认为精神障碍这个词不够准确（精神疾病可能更为准确），与此同时，像戴维·斯梅尔或托马斯·萨斯（Smail & Szasz，1961）这样的专家可能会认为根本没有精神疾病这种事。下面的表格简要地描述了对于精神/行为问题成因的四种观点。

生物精神病学	DSM-IV-TR	米纽庆	斯梅尔
来访者的问题是由他们的个体基因和生物学原因导致的。	来访者的问题源自于自身，但问题的产生和维持有时会受社会文化因素的影响。	来访者的问题主要是由家庭和环境背景失调导致的。	来访者的问题源自于社会、文化和政治背景。

由于在心理学和治疗上有这么多不同的观点，你对来访者对自身问题应负的责任所持有的观念，毫无疑问将会影响你与他们之间的互

> 动。你可以花一些时间检视（或与朋友和同学讨论）你处于这个来访者责任谱系上的哪一点。

从一个简短的开场白中对来访者的反应做出判断——即使是暂时的——需要多种线索。请再次回忆有关科学性的内容（Sue，2006）。不过，来访者对开场白的反应能让你初步了解来访者如何看待他们自己以及他们的问题。在分析来访者对开场白的反应时，你可以问自己以下问题：

- 来访者对自己的表达是直接和前后一致的吗？
- 来方者对开场白的反应是不是太有条理了？事先准备过？
- 没有提示时，来访者表现得很为难吗？
- 如果来访者的确表现出为难，这种为难具体是什么表现呢？例如，他要求更多的提示吗？是否对缺乏提示表现出气愤、恐惧？或者偏离主题胡乱交谈？
- 来访者说话的方式很奇怪吗？
- 来访者强调外部因素(痛苦是由他人或环境引起的)还是内部因素呢(痛苦是由来访者自身原因导致的)？
- 来访者看上去有没有特别倾向于某个特定的文化群体或者有特殊或很强烈的宗教信仰？

表6.2列出了咨询师在咨询的开始阶段的任务。

表 6.2　开始阶段的任务清单

咨询师的任务	运用的技巧
1. 继续建立情感协调	非指导性倾听
2. 关注来访者对于生活和问题的看法	开放式问题、温和的引导
3. 在必要的时候提供提示和支持	情感反映、澄清开始阶段的目标、缩小开放式问题的范围
4. 如果文化背景允许，帮助来访者采取内在而非外在的参照体系	非指导性倾听、治疗性面质
5. 评估面谈的进程并且考虑在主体部分采取哪种方法可能最有效	解译、总结、角色引导、治疗性面质

主体阶段

初始或评估性面谈的主体部分主要是一个收集信息的过程。信息的质量和数量完全由咨询师的目的决定。比如说，如果某个特定的面谈的目的是确定来访者是否适合做精神分析治疗，那么面谈的主体部分就应该包括提问，以及从其他事情中获取那些能够帮助你判断来访者是否有心理学头脑、动力并且在经济和心理两方面都有能力接受精神分析的信息（Levenson, 2004；Messer & Kaplan, 2004）。

临床咨询更为典型的目的是——至少部分是——做临床诊断和确定治疗方案。如果是这样，面谈主体部分信息收集的重点就主要集中在诊断线索和标准上（见第十章）。然而，在各种情况下，面谈主体的目的或重心都可能会随着来访者在面谈过程中分享的信息而发生变化。例如，如果你发现你的来访者曾经尝试自杀，很明显你的目的将转向评估自杀风险（见第九章）。

主体部分是面谈的核心。作为一名咨询师，你必须获取特定的信息来形成和提出建议。你要留心听取信息，并且运用前几章所讲的非指导性反应和指导性反应来促使来访者在某些方面讲得更详细一些。

临床诊断的依据：做出推断

在面谈的主体部分，咨询师通过所收集的信息对来访者做出专业性的评判。根据面谈的目的，咨询师可能需要对以下方面做出判断：

> 来访者的人格类型、文化适应或压力水平；
> 对于是否需要进行心理治疗的建议；
> 对于哪种心理治疗方法最合适的建议；
> 来访者心理状况或精神病诊断；
> 评估来访者的智力或认知水平；
> 来访者的教养能力、风格和资格；
> 自杀风险或暴力的可能性；
> 成瘾史、犯罪记录、工作记录、亲属关系以及教育背景。

仅仅通过一次面谈就做出陈述、建议、评估、预测是不可靠的。试图描述、解释甚至预测人们的行为是一件极具挑战性的工作，并且往往以失败告终（Caspi & Roberts, 2001; Paunonen, 2001）。然而，在以评估为目的的面谈之后，你可能希望能对来访者做出一些暂时的评判或是将其定性。下面的内容将帮助你对来访者的状态做出更为准确的临床评估。在第七章，我们将讨论在评估性面谈的主体阶段的具体做法。

确诊心理和情感的失常

所有的咨询师都必须能区分正常、健康的情绪、心理表现和非正常的、混乱的表现。在美国，DSM-IV-TR（American Psychiatric Association, 2000）是精神疾病的诊断标准。《国际疾病分类》第十版（ICD-10, World Health Organization, 2004）是全球通用的精神疾病的定义、分类标准。在使用这些诊断手册对某一具体症状做出判断之前，咨询师必须明确来访者的行为是否表现出了心理问题。下面列出了一些判断来访者是否表现出心理障碍的常见标准，这些并不是诊断标准，不过，在你做临床判断和区分正常与不正常行为时，以下内容是可借鉴的（第十章将对美国精神病学协会的DSM-Ⅳ-TR中的精神障碍的定义和识别方法进行详细说明）。

统计学中罕见

统计学中罕见是判断异常或精神障碍的一种方式。例如，来访者可能会告诉你他每天睡几小时、每周喝多少啤酒等。作为一个临床咨询师，你可以拿来访者报告的这些数据和通常认为的正常尺度进行比照。如果来访者报告说他每天睡12小时、每周喝3次啤酒，那么你可以初步确定他的行为模式不正常，或者至少不常见。

当然，所有统计学上很少见的行为并不都意味着精神障碍。原因是这样的判断过于简单化，有可能将特殊、有开创性或者具有文化差异的人当成不正常的（例如，误以为大多数职业篮球选手的身高不正常、大多数发表作品的诗人思想不正常等）。永远不能仅仅由于在统计学上属于少数就认为某种行为是不正常的，在统计学上属于少数的行为还应该通过以下步骤进行更深入的检验。

对自己或他人造成困扰

也许有人每天睡12小时，每周喝大量啤酒，同时自我感觉良好。而另一些人也许会因为连续两天睡眠时间超过了9小时，或者偶尔一次的饮酒过量，就感到极度压抑。想要评估、预测什么样的行为让某个人感到痛苦是件很难的事。因此，咨询师应该直接询问来访者是否对自己的行为感到困扰。

精神障碍还可以通过对他人造成困扰加以定义。当看到所爱的人睡眠和饮酒过量时，大多数家庭成员对此都会有一点担心。而与人格障碍（DSM-Ⅳ-TR中定义的一种病症）患者一起生活或是工作的人会感到痛苦并且最终要求患者就医。因此，在评估来访者时，询问他们周围是否有人因他们的行为而困扰会很有用。

适应不良的行为

精神或行为障碍的一个关键特征是，一个人一再进行自我贬低的行为，总有自我贬低的念头，或总是在经历负性情绪。尽管这些重复的想法、感觉或行为在这个人的生活中可能起到一定功效，但在其他大多数情况下，这种模式是失调或适应不良的。举例来说，一个家长可能非常希望一个十几岁的孩子把他自己的房间收拾整洁，但是持续的指责、叫嚷可能最终破坏家长和子女的关系，而且也达不到保持房间整洁的目的。实际上，根据我们的经验，这种对孩子，尤其是十几岁的孩子的叫嚷、训斥、惩罚是一种不恰当的行为，它们不仅无益于实现期望的目标，还会起到破坏作用。同样，一个男人也许非常渴望与他人建立亲密关系，然而他过分热情的行为可能会让潜在的朋友感到惊恐，最终吓跑他们。这个人的动机是积极的，但他的做法不恰当，并且最终会加深他的孤独感。根据定义，当某种行为模式影响了有效的职业、社交、生理或休闲功能时，它就是一种适应不良的行为。

不合理或不符合文化要求

如果来访者的行为、思想、感受是不常见或适应不良的，你应该确定一下是不是有一些合理的解释或正当理由。请看下面的案例。来访者说，由于他的妻子不能确定自己在饥饿和困倦时的感受，他认为自己有责任在他认为有必要时强制她进食或者睡觉。想一想这个情境。有没有什么合理的理由允许一个男性有必要强迫他的伴侣进食或是睡觉呢？在这个案例中，应当将重点集中在他的伴侣是否能够照顾自己这一点上。我们可以问以下几个问题：她多大了？她能够工作或有效地完成其他行为吗？她患有阿尔兹海默症或其他脑部病变或损伤吗？咨询师应该要求来访者说明为什么他认为他的妻子不能判断正常的进食、睡眠时间。在这个案例中，答案揭晓了。他的妻子能外出工作，40多岁，没有任何确诊的脑部病变或是损伤。他认为她不能了解她自己的睡眠和进食需求是因为她有一个"智力发育迟滞"的兄弟，所以他认为她有可能有同样的遗传缺陷，并且需要他的帮助。

在这个案例中，通过详尽的面谈可以发现，这个来访者的行为明显是不正常的，并且干扰到他人。他的行为没有合理的解释（他的妻子有能力照顾自己），在统计学上属于个别现象（很少有人认为他们应该控制伴侣的饮食、睡眠行为），对他人造成困扰（对他的妻子），而且适应不良（这种重复的模式造成了婚姻危机）。

现在，我们还剩下有关这个男性行为的合理性的最后一个问题，也就是，他的行为具有文化合理性或被文化背景认可吗？想想这个标准。你认为有任何文化背景会认为这个男性过于控制的行为是合理的吗？（更多信息参见多

元化要点6.1和第十四章)

以上标准几乎可以用于面谈中的任何一种临床观察。例如，如果来访者在面谈中表现出抑郁或悲伤，你可以思考以下问题：

- 与大多数处于相同境况的人的情感状态相比，他的悲伤是不常见或特别的吗？
- 这种悲伤是否让来访者感到困扰或苦恼呢？是否对来访者周围的某些人造成特别的困扰呢？
- 这种悲伤是否严重干扰了来访者的工作能力、影响了他的人际关系，或者影响到他正常的娱乐休闲呢？
- 来访者的悲伤有没有合理的解释呢？也就是说，有没有什么事件和来访者的悲伤有关联呢？（比如，一再被拒绝或是深爱的人的去世。）来访者的悲伤是否有文化背景上的合理解释？

我们提供的以上的判断准则能够帮助你以系统和有益的方式来考虑精神和心理障碍。在确定你的面谈对象是否患有心理失常时，你不能完全依赖以上准则或标准中的任一条，因为每项标准都有它的不足。此外，可能有文化或性别导致的个体差异可以解释来访者有或者没有某些特别的想法、感受和行为。

运用干预

面谈的主体部分也是咨询师利用面谈帮助来访者改变的阶段。理想状态下，大多数的干预是在恰当的评估完成之后进行的。然而，在有些情况下，评估和干预同步开展。

从焦点解决的角度或者建构主义的角度来看，评估和干预或许密不可分。这是由于所有的变化都建立在语言结构之上这一基本原则。因此，当持建构主义理论的人说"治疗不仅仅是谈论历史，它们在制造历史"时，他们指的是，改变契机的出现在一定程度上是基于咨询师和来访者所谈论和形成的来访者过去的生活经历与未来的生活轨迹。

无论你的理论取向是什么，在面谈的主体阶段你要为改变做最积极的努力。在这个阶段，行为治疗师会使用强化、反应代价、参与式示范和暴露疗法，精神分析取向的治疗师会倾听和诠释，建构主义治疗师会运用治疗性问题，女性主义的治疗师会开始帮助来访者解决权力和社会秩序对来访者的痛苦的影响。大多数时候，面谈的主体部分是治疗起作用的地方。不过，从主体部分转向结束阶段也同等重要。（表6.3列出了主体阶段的任务清单。）

表 6.3　主体阶段的任务清单

	咨询师的任务	咨询技巧
	1. 从非指导性倾听转向更具指导性的倾听	角色引导；如果必要，对来访者解释这种变化
	2. 收集信息	开放式和封闭式的问题（见第四章）
	3. 获得诊断信息	使用 DMS-Ⅳ，ICD-10 或是本章所讨论的4条准则来提出有用的问题
	4. 运用恰当的干预措施	根据你的理论取向，使用解译、对质、治疗性提问或采取其他干预措施
	5. 从收集信息和干预过渡到准备结束	指出时间的流逝；对总结主要问题的必要性做出说明和讨论

结　束

随着面谈时间的流逝，咨询师和来访者都会感到有压力。通常，咨询师试图发现来访者更多的相关问题，这就好比一场竞赛，看看你到底能不能在50分钟或90分钟里完成所有事情。顺利结束咨询的关键是要对结束有意识，在面谈还剩5～10分钟时，巧妙地停止收集新的信息。西雅（1998）提到，"在指导中，我最常见到的问题之一就是面谈主体部分超时，这就迫使咨询师匆忙进入结束阶段。"

来访者也同样随着时间的流逝感受到压力。他们会怀疑是否已经充分地表达了自己、咨询师是否能够提供帮助或者指导。他们也许会感觉比面谈一开始时更糟，因为他们生动地描述了他们的问题或因为他们谈到了这些问题让他们感觉更差。由于来访者通常对咨询的结束感到忧虑和紧张，咨询师应该为结束留出充分的时间。

安慰并支持来访者

来访者至少在两个主要方面需要安慰和支持。首先，来访者的表达能力需要得到重视和肯定。几乎所有主动寻求专业人士帮助的来访者都在面谈过程中尽了全力。由于第一次接触心理健康辅导，咨询在某种意义上是一种挑战和引发焦虑的行为。因此，在结束过程中，咨询师应该做出以下表态：

> "今天你真的谈到了很多事情。"
> "我很感谢你向我讲述关于你的事。"
> "第一次总是很困难，因为时间很短，又有太多要讲的事。"
> "在这么短的时间里，你很好地介绍了你自己和你的生活。"
> "非常感谢你如此坦率，并且和我分享了这么多有关你的事。"

这种说法既可以指出咨询是件困难的事，也肯定了来访者在自我表达上所做出的努力。

其次，大多数来访者在第一次面谈时都很犹豫，他们对于治疗既期待又害怕。因此，咨询师应该支持来访者寻求专业帮助的决定，并肯定这种决定所带来的希望的迹象。例如：

> "你决心来这里咨询真是个正确决定。"
> "我很高兴你今天能来这里。向他人寻求帮助是件困难的事。尽管有人不这么想，但我觉得寻求帮助是一种力量的表现。"

这些说法表明寻求专业帮助的确是件很难的事。向来访者提供这些支持能使他们觉得这个决定是正确的。

在某些案例中，来访者表现得过于有防御性，在面谈中逃避表达自己。但是，作为一个专业的咨询师，你应该懂得来访者已经在尽力和你沟通。你可以提及任务的艰巨性，或者指出来访者似乎不愿意谈论很多，不过一定要注意不要对那些抵触或防御的来访者表现出愤怒和失望。如果来访者表现得很戒备，你应尽量保持乐观：

> "我知道，对你来说要在今天和我展开谈话很困难。这并不奇怪，毕竟我们还是陌生人。通常，随着时间的推移，当我们开始了解彼此，谈话会变得容易一些。"

总结重要的主题和内容

正如西雅（1998）所指出的，结束阶段的最重要的任务可能就是"坚定来访者进行第二次面谈或是按照咨询师的意见去做的信心"。提高来访者再次前来面谈的可能性的最好方法之一就是在结束阶段清楚准确地指出来访者寻求专业帮助的原因。由于来访者往往都不太清楚自己来面谈的原因，因此这种方法有一定难度。你可以借鉴下面的说法，根据情况稍加变动，可能会对你有所帮助。

> "听了你今天所讲的，看起来你来这里是因为你希望能在社交场合中变得不那么拘谨。你希望能自信一些。我想你说过'我想要相信我自己'，并且你还谈到了你是如何希望表达出自己的内心感受的，又是多么希望能向你在乎的人表达你的情感的。"

大多数来访者前来面谈是因为他们至少部分地希望面谈能使他们的生活质量有所提高。如果你能总结出你的来访者希望如何提高他们的生活质量，那么他们就更有可能进行再次面谈或是按照你的建议去做，同时他们会把你看作一位拥有知识、技术的出色的权威人士。做出总结也向来访者表明你倾听并理解了他们。

做出早期解译

与总结重要的主题和内容相似，如果能对来访者及其主要问题做出早期、暂时但是精确的诠释、解译或治疗规划，来访者寻求心理治疗的意愿会得到加强。阿尔弗雷德·阿德勒的个体心理学的心理治疗模式对这一方法做了很好的描述（Carlson, Watts, & Maniacci, 2006；Sommers-Flanagan & Sommers-Flanagan, 2004），具体而言就是要超越简单的总结，并尝试帮助来访者对其在治疗中应做的事情有一个简单但是很清晰的了解。在做出这样的解译之前，询问来访者以下问题对你会很有用："我是否可以继续，并告诉你一些我对于我们今天所谈的内容的看法？"几乎在所有的案例中，来访者都会对这个简短的问题做出肯定的回答。

在得到来访者的允许后，你可以提供一个解译。要清晰、礼貌和直接——但却是尝试性的。例如，在与一位存在愤怒和攻击问题的来访者的面谈结束阶段，可以做出如下解译（Sommers-Flanagan & Sommers-Flanagan, 2004）：

"今天我们谈论了你的愤怒，我对情况有这样一种印象，那就是很多时候你的愤怒看上去与你对自己和其他人难以达到的高标准有关。如果我试图用一个词来描绘它，我想我可能会说你有些完美主义。而且我认为你的完美主义往往隐藏于你的愤怒之下，所以如果我们在此对这一点进行调整将会对你有所帮助。"

或者，对于一位表现出抑郁症状的来访者，你可以做出如下早期解译：

"我们对你的抑郁症状和有时你感觉有多么痛苦做了相当多的讨论。我是否可以继续，并告诉你一些我对于你和你的抑郁倾向的看法？【来访者做出肯定的回答。】好的，看上去让你感到抑郁的一件事是，你有一种自动的思维。比如说，当你身处社交场合时，你脑海中立刻就会涌现出一些有关'你穿得有多么丑陋、说的话有多愚蠢、没人喜欢你'这样的负面想法和评价。因此，你在参加了社交活动之后感到很难过也就不足为奇了。我的意思是,如果在一个聚会中花了那么多的时间感到自己被批评,任何人都可能会感到悲伤和压抑。"

在对最初的面谈的结束阶段提供早期解译时,解译的内容要让来访者易于理解,这一点很重要。究其本质,这些解译要简明扼要,基于你们所谈的内容,而不是特别深入。考虑早期解译的内容的另一个方法是将内容放在认知方面的释义或诠释上,而不是针对来访者童年早期经历的深入的和情绪化的解译(例如,遗弃、创伤,等等)。

制订一个协作的治疗计划

在最初的治疗中,基于对来访者以及从来访者那里获得的信息的评估,咨询师开始制订一个协作的治疗方案。制订清晰和协作的治疗方案不仅仅是与第三方付款人共事的重要组成部分(职业生涯管理、商业保险公司、医疗补助、医疗保险),也是对大多数的心理健康方面的专业人员的伦理要求(American Counseling Association, 2005; American Psychological Association, 2002)。治疗计划将在第十章谈及。

灌输希望

在你确切地总结了来访者前来面谈的原因或做了一个早期解译后,是时候做出一两个积极的陈述了。治疗过程中存在的希望早已被证明是影响治疗效果的核心力量(Frank & Frank, 1991)。因此,你应就心理辅导或心理治疗将如何帮助解决来访者的个人问题或担忧做个说明。内容可以很简短,但要很积极,就像这样:"你做出了一个明智的决定来寻求心理治疗。这为帮助你提供了一个很好的机会。"

在某种意义上,如果我们相信基于我们最准确的临床判断,心理治疗可以帮助到来访者,那么我们的任务之一就是向来访者有效地传达这种信念。总体上讲,大部分来访者对于心理治疗的益处(和损害)都一无所知。我们有责任将可能的后果告知来访者。不过,在与你的专业观点相吻合的前提下,你也只能做出类似如下的说明：

> "你说你希望能感到好受些，我认为心理治疗可以帮助你达到这一目标。当然，不是每个参加心理治疗的人都获益很大。但是大多数想通过心理治疗来提高生活质量的人的确都达到了目的，而且我认为你也很有可能通过心理治疗达到非常好的效果。"

引导并赋权于来访者

你和某个之前从来没有见过面的人一起度过了35~40分钟，倾听了他的恐惧、伤痛、困惑以及各种问题。你希望自己听得仔细，总结到位，在必要时引导他谈及某个重要的事件。在这种意义上，不论你表现得多么接受他，你都处在一种对来访者、对他的问题、对他的生活做出评价的位置上。无论你多么努力地合作，来访者还是会觉得面谈完全是单方向的；毕竟，你了解了大量关于他的情况，而他却对你几乎一无所知。因此，在面谈的结束阶段，你通常应特别给你的来访者一些权力和对面谈的控制感。你可以采取如下说法做一下转换：

> "我觉得我已经没有问题了。我想知道你对我有没有什么问题？"
>
> "这个面谈如同你期望的那样吗？"
>
> "你觉得有没有什么方面的内容我们没有提及，或者如果我们再次会面，你希望对哪方面做更长时间的讨论？"

这些问题让来访者对咨询有一定的权力和控制。虽然在咨询结尾阶段咨询师保持控制权很重要，但是适当地将控制权转移给来访者也同样重要。在很多案例中，来访者并不会提很多问题或提出很多意见，通常来访者会对咨询师提供了这种机会做出积极的反应。另外，我们相信来访者的问题和表达的意见也可以促进我们在专业上的成长和提高。

安排细节

面谈的最后一项正规的任务是指出是否要进行更深一步的专业接触。这包括落实具体、确实的步骤，比如安排其他会面、讨论费用问题、处理其他与你所工作的机构的要求有关的行政事务。表6.4列出了结束阶段的任务清单。

表 6.4　结束阶段的任务清单

	咨询师的任务	咨询技巧
_____	1. 安慰、支持来访者	情感反应、证实；直率地表示对来访者努力的赞赏。
_____	2. 总结关键的主题和内容	总结；解译来访者的内在感受，以及整合主题和事件的能力。
_____	3. 灌输希望	建议，说明治疗过程以及它通常是如何起作用的。
_____	4. 引导并向来访者授权	提问，向来访者询问他对你的意见或是问题。
_____	5. 安排细节	说明是否需要更进一步的咨询，如果需要，安排下一次面谈。

终　止

有些治疗师认为每次面谈的终止都相当于面对一次小小的死亡过程。虽然把面谈的终止和死亡相比较有些夸张，但它指出了终止在我们生活中的重要性。对很多人而言说再见很难，有些人直接逃离，避免谈及这一点；有些人会停滞不前，希望不会有终止；还有一些人会表现出明显的情感反应，比如愤怒、悲伤或是放松。无疑，来访者对终止的处理也预示了治疗终止的方式。同样，它也体现出我们自己或是来访者面对分离和独立时内心的矛盾冲突。终止是临床咨询中一个非常关键而又常常被忽略的部分。

留意时间（看表）

当然，咨询师并不是要真的去看表，而是说，他们应当规划时间，向前推动面谈结束。尽早地开始结束阶段是能按时完成终止阶段的关键。如果没有充足的时间，来访者和咨询师匆匆进入结束阶段，那么必定会影响到终止阶段。因此，如果你的来访者来自于一个时间观念不太强的文化背景，那么，意识到你们对时间观念的这种差异，甚至为你的临床咨询需要有正式的时间设置而道歉，都是完全合理的。

最理想的情况是按时完成临床面谈的每一步骤，这样咨询师就可以观察来访者终止阶段的行为。当到了该终止面谈时，来访者通常会有一些想法、感受和行为，这些能为敏感的咨询师提供有关治疗内容、精神病理和诊断的信息（见练习6.2）。基于评论的性质，你的回应有时需要立刻引起注意，有时仅仅需要明确但温和的说明。例如："我很高兴你这么想，这为我们下一周的工作提供了一个非常好的可以开始的地方。"

练习 6.2
解译和理解临别感言

也许是在准备离开时，也许是当他们走到门口时，来访者在面谈最后阶段的陈述统称为临别感言。请阅读下面这些语言和行为，在小组里或是和同事就它们可能存在的临床意义进行讨论。

- "谢谢。"（在每次面谈后都这么说，同时和你握手，甚至试图给你一个拥抱。）
- "顺便说一下，我自杀的念头在过去几天里真的更强烈了。"（来访者有时直到面谈的最后几分钟才提及自杀念头。）
- "也许有时间我们可以一起喝咖啡。"
- "太好了！我现在觉得好多了。"
- "什么时候我才能觉得好一些？"

引导或控制咨询终止

咨询师有必要对面谈的终止做出一定的控制。终止开始于双方意识到面谈已经结束时。终止也许是陪来访者走出去、友善地做出告别手势或姿势。我们的一个同事习惯于用一种亲切但是终止的语气说"保重"。有些咨询师喜欢确定下一次咨询,并说"下次见"。我们还记得,我们的一个同事会在来访者离开的时候把头探出她的办公室说"慢走"。

你应该花时间提前想想你希望如何终止面谈,以及和同事提前练习一下各种结束方式,找到一种合适的能够坚定而温和地结束的方法。

有时候,来访者会努力尝试自己控制面谈的结束。来访者可能会一直看着表,在离终止还有2分钟或者5分钟,甚至还有15分钟的时候就跳起来说:"我今天要说的都说完了。"很明显,正确的做法是在某个时刻找到来访者希望早点终止面谈的动机。作为一项规则,面谈有预先设定好的时间长度,来访者不会要求提前离开(也有一些例外,比如青少年来访者,他们经常会表示没有什么要说的,并要求提前终止咨询)。当成年来访者要求提前离开时,这或许说明焦虑就要被引发了;想要离开也许是防御机制的表现,他们力图避免体验和提及他们的焦虑——不论他们是否意识到。作为咨询师,你要对来访者要求提前结束面谈和延长面谈时间都有所准备。下面是一些应对这种来访者的策略,你可以单独使用其中一条,也可以一次使用好几条:

- 发表类似"我很想知道你今天为什么想提前离开"这样的意见。
- 要求来访者谈一谈自己对面谈进程或是对你本人的想法或感受。
- 探究来访者是否习惯于提前终止关系或是提早说再见。
- 温和地让来访者随便讲讲此刻"你想到的任何东西"。
- 核查你在面谈前准备好的提纲,判断你在面谈中是否已经谈及你想谈的所有内容。
- 对来访者说"我们还有很多时间"之类的话,让他知道不用着急,而后继续结束阶段的工作(见前文有关"结束"的内容)。

在极个别情况下，来访者会表现得极为渴望提前离开。当然，强迫来访者留下来不是个好主意。你可以做一个建议性的说明，表示他或她日后可以回来再做下一次面谈，或者去见其他的专业人士。例如：

"尽管我们还剩很多时间，但我看得出来你非常想离开。这也许是因为你已经讲了今天所有要讲的东西，也许是因为某些原因使你不想深入地讨论个人问题。当然，我不会强迫你留下来。但如果以后你想再谈谈，我希望你能回来和我或者和其他人面谈。"

面对终止

咨询师的自身因素也经常会影响终止的方式。如果我们是鲁莽、急躁的人，那么我们在说再见时也会带有这种风格。如果我们不自信，或者觉得并没有做得十全十美，那么我们也许会犹豫，也许会"不小心"地拖延时间。如果咨询师非常严格守时，而来访者继续尝试分享最后"一件事"，他也许会表现得非常烦躁，并催促来访者离开房间。

无论是从实际出发，还是从解译的角度来看，时间限制都很重要。从个人的专业发展来说，咨询师应该对准时开始和终止咨询坚持边界设置。从更深层的意义来说，你需要为来访者树立这样一个示范，那就是面谈也有时间、地点的限制，也要符合真实世界的规则。咨询师不是万能的，不是纵容的家长，也不能为来访者提供额外的时间让他们去应付他们的艰难生活。无论和来访者相处得有多好，咨询也一定要有终止。你也一定要顶住来访者想要打破面谈时间设置的压力。

就我们的经验来看，学生有时候会因为严格遵守终止时间而有负疚感。他们允许来访者继续下去，和来访者一起稍稍破坏一下时间规定。这样做最终对来访者并无好处，甚至会使他们觉得自己是特殊的，或者占了便宜。而实际上，也许希望或要求特殊化正是他们真正要面对和解决的问题。不管是在现实生活中加以限制，还是终止面谈或治疗都不容易，但是当你以亲切、准时和专业的态度终止面谈时，你就将这样的信息传递给来访者："我工作是遵守规则的，我相信你也能做到这一点。下周我还会在这里。我会积极关注并且很愿意帮助你，但我不能创造奇迹或是为你改变现实的时间限制。"

表6.5列出了面谈终止阶段的任务清单。

表6.5 终止阶段的任务清单

咨询师的任务	咨询技巧
1. 注意时间	在你视线所及的地方摆放钟表；重述；做出情感反映。
2. 注意来访者突出的临别感言	向来访者说明时间快到了。
3. 引导或控制面谈的终止	使用标准的终止方式。终止语要温暖而让人舒服；与来访者讨论面谈终止以及时间限制。
4. 面对终止	评估自己对终止的反应；在规定时间内终止面谈。

总 结

研究者和临床医生提出过多种临床咨询的模型，从时间和内容的分配安排上对临床咨询工作进行了说明。本章使用了西雅（1998）所提出的模型，强调典型面谈中要完成的任务和一般状况。

咨询师和来访者的初次接触宣告了面谈开始进入介绍阶段。对于咨询师来说，事先准备好如何与来访者进行第一次接触是很重要的。一些咨询师习惯于按照某种固定的方式开始，这也许会让来访者感到不自然或刻板。因此，我们建议你在标准化和灵活性之间保持平衡。在介绍阶段中，咨询师应向来访者说明关键事项，例如保密性原则和面谈的目的。

所有的理论取向都强调要与来访者建立情感协调。咨询师可以用各种不同的策略或方法建立情感协调。其中有一些方法是通过对来访者进行培训、树立信心、有礼貌的介绍、简单对话和灵活性来处理来访者对治疗的担忧。

开始阶段始于咨询师对来访者的情况提出开放式的问题。开始阶段一般包括咨询师的开场白、来访者对开放式问题的反应以及咨询师对来访者表述能力的私下评估这几项内容。在不需要咨询师给出太多提示的情况下，当咨询师已经充分地倾听了来访者努力表达的来寻求专业人士帮助的原因之后，开始阶段就终止了。

面谈的主体部分主要是收集信息的过程。收集什么样的信息部分取决于面谈的目的，部分取决于面谈中来访者表现出的临床情况。对精神、行为、情绪问题和障碍的诊断和评估是临床咨询主体阶段的重要组成部分。

在面谈的结束阶段，咨询师要从信息收集过渡到终止阶段的准备工作中。通常，由于时间越来越少，而可以获得的信息和可谈论的其他感受还有很多，来访者和咨询师在结束阶段都会感受到压力。此时，咨询师应该对谈论的关键话题进行总结，向来访者灌输积极的希望，并通过询问他们是否有问题或反馈给予来访者一定的控制权。

有时候，面谈的终止会让来访者或咨询师都表现出自身对待分离、丧失的关键态度。来访者或许会表现出愤怒、失望、轻松或是其他一系列强烈的情绪。这些情绪或许反映出他们在之前的生活中由于与重要他人分离而遗留下的情绪。因此，对于咨询师来说，事先做好终止的准备很关键。

推荐阅读及资源

这一章包含了大量的主题，这些主题交织在一起形成了临床咨询的结构和顺序。下面的著作能帮助你更好地理解这些内容：

Carlson, J., Watts, R. E., & Maniacci, M. (2006). *Adlerian therapy*: *Theory and practice*. Washington, DC: American Psychological Association. 这本教材能让你了解阿德勒的理论对心理咨询和辅导所划分的阶段。

Gladwell, M. (2005). *Blink*: *The power of thinking without thinking*. New York: Little Brown. 这本书的内容有关第一印象的影响力和我们如何不假思索地立刻做出判断。

Ivey, A. E., & Ivey, M. (1999). *Intentional interviewing and counseling*. Pacific Grove, CA: Brooks/Cole. 作者为刚入门的心理辅导人员如何学习

助人技巧提供了极好的、基础的且易懂的范例。

Shea, S. C. (1998). *Psychiatric interviewing: The art of understanding.* Philadelphia: W. B. Saunders. 这本书的第二章的标题是"咨询的动态结构",这一章对大多数诊断性咨询都具有的暂时性结构特征做了详细而切实的讨论。

Smail, D. (1997). *Illusion and reality: The meaning of anxiety.* London: Constable. 作者的著作很激进,他强调文化对我们的知觉和精神失常的影响。

Sue, S. (2006). Cultural competency: From philosophy to research and practice. *Journal of Community Psychology. Special Issue: Addressing Mental Health Disparities through Culturally Competent Research and Community-Based Practice*, 34 (2), 237-245. 在文化力量的写作领域,本文的作者是领头人,他的科学意识和动态调整大小的概念在培养文化敏感性的方法中必不可少。

第七章

初始面谈和撰写报告

面谈是开展一切精神科门诊治疗的基础。它需要精神病理学知识、人际沟通技巧和直觉能力,因而实是科学、技巧和艺术的结合。

——J.E.梅兹克与S.C.西雅,《面谈与诊断》

本章目标

在大多数临床和心理辅导的设置中,治疗始于初始面谈。在初始面谈中,你要收集大量有关来访者及其情况的信息,同时让来访者感到自在并维持情感协调,这似乎是难以完成的任务。本章我们将学习开展初始面谈的细节,以及如何准备初始面谈报告。阅读完本章,你将掌握以下内容:

- 典型的初始面谈的实质和目的。
- 辨别、评估和探究来访者的问题和目标的方法。
- 获取来访者的过去经历、评估他们的人格特征和评估他们当前基本功能的策略。
- 可能会影响初始面谈进程的不同机构或组织的指导方针与流程。
- 在医疗管理或限定时间的模式下采用的简短或最基本的初始面谈程序。
- 如何撰写具有专业水准同时来访者也可读懂的初始面谈报告。

什么叫做初始面谈

初始面谈主要是评估性的面谈。在开始心理辅导、心理治疗或精神科治疗之前，先安排初始面谈通常是必要并且明智的做法。初始面谈要为以下一系列关键问题找到答案。

- 来访者是否被精神、情绪或行为问题困扰？
- 如果是，那么这些精神、情绪或行为问题是否严重到有必要接受治疗？
- 应该为来访者提供哪种治疗方法？
- 来访者应该接受什么人、什么机构的治疗？

医疗管理的出现和第三方的限制改变了大多数人接受心理援助的类型和持续时间。多年前，在我们还需要踏雪步行9公里去上课的时候，我们的督导就强调说，想要获得足够对来访者做出诊断、制订充分的治疗计划和正式进入咨询的评估性信息，需要好几次50分钟的面谈。即使是认知行为治疗那样一贯简短的治疗类型在过去也是如此。

员工帮助计划和一些医疗管理保险每年仅支付几次与心理健康有关的治疗费用。这就要求咨询师更快、更有效地找出来访者的问题，制订治疗目标，并安排出符合预期的治疗进程。如今的规则是快速简洁，因此，这有时候也会在深度和广度上对治疗目标有所限制。

尽管要求治疗师更高效地做出诊断是合理的，但效率并不总是因速度和简洁性而提高。举例来说，不论是烤蛋糕、做橱柜、修汽车还是做初始面谈，当要求个体提高工作速度时，其结果都相似——工作质量下降。

在这一章中，我们将列出并讨论初始面谈的程序。读者应该了解这一点：我们所讲的初始面谈比通常期望的要更为复杂和费时，或者说，超出了规定的面谈次数范围。这样做有以下几个原因：第一，我们认为了解在初始面谈过程中可以完成的全部工作是很重要的，尽管这可能没有精确地反应出通常的完成情况。第二，受利润驱动，保险公司对治疗服务加以规范化，但他们并不提供心理治疗，我们不应假设他们能够或应该为我们提供有关如何开展适当的初始面谈的指导（Davis & Meier，2001）。因此，不应该赋予保险公司或议会权力来判断该怎么教治疗师开展初始面谈。第三，如果只向未来的心理健康专业人士讲述最基本的初始面谈方法，我们觉得这是不道德的做法。对整个咨询过程有了全面而深刻的理解，咨询师才能更简练、更有效地进行咨询。当然，我们也必须要结合实际，如果你现在正在研究生院学习，那么有时候，在你的临床工作中，你也许会被要求在限定的时间内完成咨询。因此，在这章的末尾，我们为简短的初始咨询列出了提纲。

诊室背景和专业小组

不论是在社会服务机构、医院、精神健康中心、大学的治疗中心还是私人诊所，咨询师在治疗或处置案例之前都会进行某种形式的初始面谈。同样，不论咨询师是社会工作者、心理医生、心理学家还是心理辅导人员，他们都要有开展初始面谈的能力。尽管初始面谈的形式和重点会由于咨询师、诊室背景以及咨询目的的不同而发生变化，但通常——而且也应该如此——不同背景下的初始面谈的共性多于其变化。

初始面谈常常被简单地称为"初始"。初始面谈是来访者接受专业的精神健康辅导的起始点。初始面谈的资料来自于来访者、咨询师对来访者的观察和反应以及转介或登记表的信息。尽管有时候咨询师在初始面谈中便帮助来访者解决了他们的问题，或至少开始了问题解决的进程，但通常而言，初始面谈并不提供治疗或帮助。最纯粹的初始面谈是专为评估而设计的。因此，咨询师开展初始面谈时，在很大程度上要依靠提问（Sommers-Flanagan & Means，1987）。

初始面谈的目的

概括而言，初始面谈有三个基本的目的：

1. 找出、评估、探询来访者的主诉和治疗目标。

2. 获得与来访者的人际关系模式、人际交往能力和个人经历有关的信息。
3. 评估来访者当前的生活状况和功能。

在一次初始面谈中全部了解这些情况是很困难的，它需要娴熟的技巧以及对交流过程和信息的高度专注。下面的内容将有助于你了解如何操作初始面谈。

与初始面谈有关的一个额外目标是交流初始面谈的结果，交流对象常常是其他专业人员，但有时是其他的利益相关机构。因此，在大多数的心理健康机构中，你不仅需要开展初始面谈，还需要在面谈后写出或口述受理报告。

找出、评估、揭示来访者的问题和治疗目标

你的第一个，或许也是最主要的任务是找出你的来访者的主要问题或痛苦。作为一名咨询师，你应该从开场白开始就努力找出来访者的主要问题（例如，"是什么促使你来这里的呢"或者"我能为你做什么"，见第六章）。在开场白之后，你应该花5～15分钟倾听来访者诉说，并努力准确地理解他来咨询的原因。在某些案例中，来访者会清楚地说明他们前来咨询的原因；但可能在更多的案例中，来访者并不清楚自己为何会走进你的办公室。当来访者开始表述他们的问题时，非指导性倾听可以帮助建立咨询关系。在对最主要的问题有了初步了解之后，咨询师就应该对了解到的信息做出更具指导性的反应，比如提出具体的问题。

来访者的问题和他们的治疗目的紧密相联（Jongsma, Peterson, & Bruce, 2006）。遗憾的是，许多前来咨询的来访者都对自己过去的问题视而不见。因此，咨询师有责任在治疗的早期帮助来访者确立自己的治疗目的或解决办法（Berg & Shafer, 2004; de Shazer et al., 2007; Sommers-Flanagan & Barr, 2005）。咨询师必须要记住，在每一个来访者的问题（或主诉）的背后（或前面）都隐藏着一个治疗目的。

来访者通常的问题包括焦虑、抑郁以及人际关系的冲突。其他问题还包括进食障碍、酗酒或药物依赖、社交技能缺失、身体虐待或性虐待、压力反应、职业困扰以及性功能障碍。由于来访者的问题症状多种多样，这就要求咨询

师至少要对精神病理学和DSM - Ⅳ - TR（American Psychiatric Association, 2000）有基本的了解。正如上面提到的，每个问题都有隐含的内在目标。因此，在初始面谈的早期，咨询师就应该引导来访者从确定问题过渡到确定目标。举例来说，当来访者开始谈论他们的焦虑时，咨询师可以用类似这样的话转向积极的方向：

"我听你说了自己感到的紧张和焦虑。如果我理解正确的话，你希望能够变得更冷静、更轻松和更有控制感，并且用这些感觉让自己平静、放松下来，这也正是你来咨询的一个目的。我的理解正确吗？"

咨询师通过引导来访者从问题转移到治疗目的，让来访者感到希望，并开始进入积极的、心理治疗目标设定过程（Taylor, 2005）。重新设定目标还有助于对与来访者的开放性或阻抗有关的信息进行有效评估，设置符合现实的治疗目标。

对来访者的问题与治疗目标加以排序和选择

通常，我们希望来访者来进行初始面谈时只有一个简单明确的问题以及针对这个问题的治疗目的。比如说，如果一个新的来访者在第一次来面谈时说出下面的话，那情况就很好了（尽管有点咄咄逼人）：

"我有社交恐怖。你看，当我在公众场合时，我比普通人更担心自己会被人仔细观察并得到不好的评价。我的这种焦虑表现得很明显，比如出汗、总是担心做了不适当的事，而且逃避大多数——尽管不是全部的——社交场合。我希望通过心理治疗树立我的自信心，加强积极的自我对话，并且学会如何在沮丧的时候让自己平静下来。"

遗憾的是，大部分来访者来进行初始面谈时，所讲的要么是一大堆交织在一起的主诉，要么是宽泛又模糊的病症。他们通常会用问题式谈话（口头描述是哪里出了问题）表达他们对生活的担忧。因此，在初始面谈进行了5～

15分钟后，咨询师就应该开始列出来访者的基本问题和治疗目标。通常当咨询师开始帮来访者确定问题和目标，也就标志着通常的非指导性倾听将转变为更结构化、更协作或更直接的方法。这种从来访者的自由表述向更结构化的交谈的过渡有两个目的：第一，这可以让咨询师核查是否还有来访者没有讲到的其他问题；第二，这种过渡推动治疗进入明确问题的优先性、对问题进行选择、制订治疗目标的进程。

> 咨询师："我们已经谈了好一会儿了，我们谈到了你最近感觉很不好，早上有多么难以起床，过去通常能让你开心的事最近也无法让你高兴起来。我想知道此刻还有什么让你非常关心的事吗？"
>
> 来访者："说实话，还有别的事。我心里七上八下，有时候会感到非常担忧。这种担忧大多都是因为我的职业……或者说是缺乏职业经验。"

在寻找问题的过程中，咨询师需要帮助来访者明确问题的范围及其重点。这可谓真正的探索：咨询师仔细聆听来访者谈论的问题，对其提及的问题加以归纳或总结，对其他可能存在的问题进行询问。

在这一转变的开始部分，咨询师使用非指导性提问继续发现问题。在明确了几个问题后，咨询师就开始转向对问题的优先性进行排序或选择。由于不可能同时处理所有问题，咨询师和来访者必须共同做出选择，确定在初始面谈中最应该关注哪个或哪几个问题。

> 咨询师："我可以看出你的主要问题是你消沉的情绪、对职业的焦虑和害羞。你觉得这几个问题中哪个目前最让你烦恼？"
>
> 来访者："它们都让我烦恼，不过我想我的情绪问题最严重。如果我整天都起不了床的话，我就不用面对其他问题了。"

这个来访者认为抑郁是他最大的问题。当然，对这个案例的另一种解释是社交障碍和焦虑引发了他的抑郁，因此应该先于抑郁治疗这两个问题。否则，这个来访者可能会由于对生活的恐惧担心而拒绝起床。但是，通常（但并非总是)最好还是先尊重来访者的意见(精神科医生将来访者认为的最主要的问题称为主诉)。在这个案例中,也许最后这三种病症相互关联。先从抑郁入手,最后你还是可以把焦虑和羞怯症状联系起来一同处理。

即使你所认为的问题和来访者认为的不一样(比如酗酒),最好也先等一下,仔细倾听来访者为什么认为这个是主要问题(主诉)。对来访者理解、尊重和对来访者视角的共情能让你更有效率、获得信任和继续进行咨询。从动力学面谈角度来看,在这一进程中,在来访者谈论他们所关心的事上与来访者保持一致,对于处理潜在的阻抗和促进工作同盟的建立至关重要(Miller & Rollnick, 2002)。米勒和罗尔尼克(2002)也提醒说,如果来访者不把关心的某件事当作"问题",那么咨询师也不要给它贴上"问题"的标签(例如,药物滥用)。有时在限定时间的咨询模式下,非指导性共情通常更为简短,并且只能穿插进行,因为咨询进程需要快速地从问题确定转换到目标设置(Jongsma et al.,2006)。理所当然地,目标设置应该对治疗结果起到积极的作用(Copeland & Hughes, 2002;Latham &Locke, 2006;Latham & Locke, 2007)。不过在这一章,我们将主要详细介绍分析问题、选择问题和对问题的优先性进行排列,有关目标设置的内容将在第十章的"治疗计划"部分做更详细的讨论。

分析症状

一旦你和来访者共同确定了某个主要问题,你就应该将注意力集中在对这个问题的系统分析之上,这些分析包括情感、认知以及行为等各个方面。类似下文列出的问题清单可能对你比较有用。当你阅读这些问题时,请想想来访者的哪些问题可以用这些询问来探询(例如,惊恐发作、低自尊、不满意的人际关系、暴饮暴食、在职业上优柔寡断)。

"这个问题是从什么时候开始的?"(在某些案例中,问题以前就出现过。如果是这样,你应该问清问题的起因、最近的发展及其持续状态。)

"当你第一次注意到这个问题时,你在哪里?当时发生了什么事?"(当时的环境状况如何、谁在那里,等等)

"为了应付或是缓解这个问题,你做了什么尝试呢?"

"在所有你为了缓解这个问题而做的尝试中，哪种方法最有效呢？"

"还有什么其他办法有助于缓解这个问题吗？"

"当你经历这个问题时，通常你会处于什么环境，或者在此之前有哪些人、哪些事件曾出现过？"

"在这个问题或症状开始时，到底发生了些什么呢？"

"当这个问题或症状出现时，你脑海中出现了什么想法或想象？"

"在这个问题出现前、出现时或者出现后，你有什么躯体上的反应？"

"是哪个部位呢？是什么样的感觉？请尽可能准确地描述一下。"

"你一般多久就会经历一次这个问题？"

"一般持续多长时间呢？"

"一般是怎么结束的呢（或者你做了什么让它最终结束了）？"

"这个问题是否影响或妨碍了你平常的工作和家庭生活？是否影响了你的休闲呢？"

"这个问题是怎样影响你对工作、人际关系、学业以及休闲生活的追求的呢？"

"请讲讲这个问题最严重时，你的状况如何？什么时候情况最糟糕？当时你有什么想法、打算和感受？"

"请讲讲你有这个问题时最好的经历，某次你把它处理得很好的情况。"

"有没有出现过这种情况：你预期症状会发作但实际上没有发作，或者发作后很快就消失了？"

"如果让你用1到100来评估你这个问题的严重性，1表示没什么、不严重，100表示非常严重，让你感到不如自杀或者不如去死，那么今天你会给它打多少分？"

"在情况最严重时，你会给你的症状打多少分？"

"在情况最不严重时，你会给你的症状打多少分？有没有一段时期症状完全消失了？"

"自从在咨询中我们开始谈论这个问题以来，你感到有什么变化吗？"（"当我们关注这个问题时，你的情况是变得更糟了还是更好了？"）

"如果让你给这个症状或它对你的影响起个名字，类似于书名或是戏剧名，你会起一个什么名字呢？"

这些提问是按一定顺序排列的，这一顺序能在多种面谈环境下相当流畅地进行。但是，列出的这些问题和它们的顺序并不是标准，你并非一定要用这个清单。另外，有些从业者会认为，上述分析来访者问题的方法主要使用的是内化或围绕问题的语言。例如，焦点解决或叙事疗法的咨询师会使用特别设计的问题来促使问题外化或强调问题的例外——来访者的问题何时不会出现。正如你在前面的清单中所看到的，里面包含了一些积极关注或建构性的提问。不过，即便如此，这个清单总体而言还是侧重于问题，而不是聚焦于解决方案。

在做初始面谈之前，你可能想参照类似的问题清单。你可以根据具体情况经常对它们做出修改，可以加入新的问题，也可以去掉某些问题，直至你认为已经有了一系列符合你的需要的问题。我们建议你对这一清单不断地进行修改，这样在对来访者提问时，你可以做得更有效、更敏锐。通过练习，你可以感觉和估计一下在单次面谈中提多少问题比较合适，最终你或许能将一个让你的面谈流畅进行的问题清单熟记于心。

但有时候，即使是精心安排的计划也会失败。有些来访者非常善于让咨询师偏离正轨。有时候，让来访者带着自己走对咨询师来说是很重要的，因为偏离问题清单也许能让咨询师察觉一个有所不同但可能更为重要的问题（例如，虐待、性虐待或者自杀意念）。通常在面谈时不要死板地按照安排好的问题和内容进行。在按照计划进行的同时，要保持共情（例如，解译、情感证实、非指导性情感反映）和一定的灵活性，以免无意间忽略了来访者提供的有关他们的关键问题的线索。

运用问题概念化系统

有些作者建议咨询师在分析来访者的问题时使用问题概念化系统(Cormier, Nurius, & Osborn, 2009；Sperry, Gudeman, Blackwell, & Faulkner, 1992)。通常，这些体系是基于理论的，但有些情况更为多样。大多数问题概念化系统都要求咨询师在分析和理解问题时密切关注预先确定的某些功能症状。例如，拉扎勒斯(1976)提出了建立在行为基础上的"多重模式"。他认为应该从7个具体的模式或领域来评估和治疗来访者的问题。拉扎勒斯将这7个方面的首字母合起来称为BASIC ID，代表他的七重模式系统：

B：行为（Behavior）。拉扎勒斯的模式中提出要分析特定的具体的行为反应。他特别强调要注意来访者表现出的过多和过少的行为，包括积极和消极的习惯或反应。多重模式取向的咨询师会问来访者"有没有什么事情是你不想再做的"和"有没有哪些事情是你想做得更多的"，以此来判断来访者通过治疗想要增加或减少的某些具体行为。

A：影响（Affect）。拉扎勒斯对"影响"的定义包括感觉和心情，以及个体所报告和形容的其他情绪。他可能会问来访者"什么会让你高兴或让你有个好心情"，或者"让你最苦恼的情绪是什么"。

S：感知（Sensation）。这一模型指的是对信息的感觉加工过程。举例来说，来访者在高焦虑状态下通常会报告生理症状的出现（如窒息感、体温升高、心悸等）。多重模式取向的咨询师可能会问："你是否有一些不舒服的疼痛、痛苦或其他生理感受？"以及"发生了什么导致你有那些不舒服的感觉？"

I：意象（Imagery）。意象指内部的视知觉过程。来访者经常体验到一些影响他们正常功能的画面或图像，这些画面或图像可能与他们自己有关，也可能与未来的事件有关。多重模式取向的治疗师会询问："当你感到焦虑时，你脑海中会浮现什么想象或图像？"

C：认知（Cognition）。拉扎勒斯认为应该仔细评估来访者的思维模式和信念。这一过程通常指评估来访者歪曲的、不合理的、自动化的思维模式，这些思维模式会导致来访者的情感障碍。例如，咨询师可以问来访者,"当你见某个陌生人时,你心里会有什么想法?""在一天中,你会对自己说些什么积极的事?"

I:人际关系(Interpersonal Relationships)。这一模型涉及人际交往中的因素,如沟通技巧、人际关系模式,以及在角色扮演和来访者-咨询师关系中体现出的自信。与之相关的问题包括:"你会用什么词来描述你所拥有的积极或健康的人际关系";"你想和谁共度更多的时光,想减少和谁在一起的时间"。

D:药物(Drugs)。这一模型指的是会影响行为、情感和思维模式的生理化学和神经因素,也包括生理疾病和饮食模式。涉及的问题可能包括"你有没有经常进行体育锻炼"以及"你有没有服用一些处方药"。

拉扎勒斯(1976)的模式对于不同理论取向的咨询师来说都是广泛适用的。如果你有兴趣学习他的模型的更多内容,可以参考他最近出版的书《简明综合心理治疗:多模式方法》(2006)。

然而,拉扎勒斯的模式有些过于强调认知过程(在7部分的模型系统中有两个独立的认知模型:认知和意象),同时相对忽略或不强调精神、文化和休闲因素。如同前文提到的每个用于明确、探索和定义问题的体系一样,多重模式也有其不足之处。因此,优秀的专业咨询师应该熟知大量的理论体系,并根据自身情况,结合来访者的各种问题和需求,灵活提问和使用概念化系统。

行为和认知心理学家以及从业者强调问题发展和持续的前因后果的重要性。这一方法认为,分析来访者所处的环境以及他们对环境刺激的解释,可以让咨询师对具体症状进行解释、预测和控制。行为学家将这种问题行为概念化的模型称为ABC模型(Thoresen & Mahoney, 1974):行为起因(A)、行为或问题本身(B)以及行为结果(C)。尽管这一模型受到批评(Goldfried, Greenberg, & Marmar, 1990),但对所有的咨询师而言,至少了解来访者以下ABC的情况是有用的:

- 在问题出现之前有什么事件、什么想法以及什么特殊经历?
- 问题的精确的操作性定义是什么(比如,哪些行为构成了问题)?

- 在被确定的问题出现之后，发生了什么事情？有什么想法？有哪些经历？

在运用ABC模型时，咨询师要小心谨慎地找出行为潜在的前因后果。比如，咨询师可以使用拉扎勒斯（1976）提出的所有模式找出行为的前因后果：

- 行为：症状出现之前和之后有什么行为出现？
- 影响：在症状出现前后有什么有影响的事件发生？
- 感知：在症状出现前后有什么躯体感觉？
- 意象：在症状出现前后头脑中有什么画面？
- 认知：在症状出现前后有什么特别的想法？
- 人际关系：在症状出现前后有什么人际交往事件发生？
- 药物：在症状出现前后有什么生理化学、生理上或是药物使用的特殊经历？

收集背景和经历信息

在初始面谈中，咨询师可以用以下三个通用的信息源评估来访者的个性和精神状况：

1. 来访者的个人经历
2. 来访者与其他人打交道的方式
3. 对来访者精神状态的正式评估

下面将讨论获得来访者个人经历信息以及评估来访者人际模式的方法和相关内容（第八章将重点讨论评估精神状态的方法）。

将话题转到个人经历或心理社会经历

在花了15到25分钟找出当前问题后，你应当对来访者寻求专业人士帮助的主要原因有了合理的推测。使用"为什么现在"开头的问题，能使咨询有效地从问题明确过渡到个人或心理社会经历。你可以这样对来访者说：

"我想我已经很清楚你来做心理咨询的主要原因了,但我还想知道一件事,你为什么决定现在接受心理咨询呢?"

问这个问题的目的是了解是什么特别的原因让来访者决定在其生活中的这个特定的时期寻求专业帮助。这个问题能让咨询师确定有没有特殊事件促使来访者前来咨询。来访者的回答也可以让咨询师大概了解他或她是自愿接受咨询,还是在家人朋友的要求下才来的。如果来访者对你的"为什么现在"问题表现出畏缩,你可以继续简单地重复这个问题,也可以换一种方式提问,比如:

"为什么在几个星期前,当你刚被女朋友抛弃的时候,你没有来呢?"

"这个情况已经存在好久了。我仍然有些困惑,是什么促使你现在来寻求心理咨询?为什么不是以前?为什么这次你不能再等等,就像以前那样等着它自己结束呢?"

在来访者回答了这个问题之后(以及在你对其回答做出总结或解译之后),你就可以正式地将面谈的重心从问题转移到个人经历上。你可以对话题的这种改变做出如下说明:

"到目前为止,我们已经花了很多时间谈论你来做心理咨询的原因。现在我想要试着更深入地了解你。对我而言,我觉得最好的办法之一是问一些有关你过去生活的问题。"

非指导性的经历引导

大多数情况下,在将面谈的重心转移到个人经历上时,你应该再次采用非指导性的方法。这是因为你已经不再分析具体的症状,进入了一个新的领域。

"先讲讲你对童年的记忆,怎么样?"

> "也许这样会比较容易：先讲讲你是在哪儿出生和长大的，再讲讲你能想到的任何重要细节。"
>
> "和我说说你记得的有关自己成长的事吧。"

出于评估的目的，咨询在转向社会心理经历时应该尽可能地非指导化。仅仅通过选择讲什么、避开讲什么，来访者就会透露出重要的线索。在短暂的非指导性谈话之后（大概2～5分钟），你可以给来访者做出更多的提示和指导，并针对他们的经历提出具体问题。

正如第六章所讲到的，在要求他们随便谈谈自己的童年经历时，许多来访者会表现得很犹豫，他们也许会要求更多的提示和指导。在只有几分钟的关于个人经历的谈话中，我们认为避免提供引导或提示是有用的。因为如果你立刻提供提示，并问一些具体的问题，也许你就再没有机会了解来访者会选择主动讲些什么了。如果来访者对你提出这样的要求，你可以直接说：

> "过一会儿我会对你的童年经历提出一些具体的问题，可现在，我很有兴趣知道你能想到的任何有关过去的经历或记忆。请告诉我一些你觉得很重要的经历或是回忆。"

在你讲完这些话之后，来访者可能会感到焦虑或是不舒服，但是如果你表现出你很愿意听他们讲些他们认为重要的事，也许会帮助他们克服这种不舒服的感觉。但是，也有一些来访者仍然会拒绝讲述他们的个人经历。通常，前来接受心理咨询的人的个人经历是痛苦和令人烦恼的。有时候，来访者可能会很难回忆起重要的经历，或是有意识地不经常想起。在我们的经验中，来访者经常会说"我真的想不起太多关于过去的事"或是"我的童年是一片空白"。如果是这样的话，你应试着提供支持，并对来访者进行安慰性质的心理教育：

> "记忆很有意思，有时候一些片段会在你谈论的时候蹦出来。当然，我们大多数人都有不愿回首的往事，因为这些回忆让人痛苦

和不舒服。我的工作并不是强迫你讲那些难以谈论的过去经历，相反，我希望你能随意谈谈任何你想讲的过去的事情。"

获知他人的个人经历是个微妙而敏感的过程。大体而言，初始面谈的目的并不是为了深入发掘具体的创伤性经历。但另一方面，打开自己、与别人分享这些创伤有治疗的作用，并且能让情感得以宣泄（Goodman & Epstein，2008；Simha-Alpern，2007）。有经验的咨询师会给来访者提供机会适当地讲述过去的创伤经历，但是在建立起足够的治疗关系之前，不会建议来访者谈论有关这些经历的细节。

相比起初始面谈的其他部分，在从个人经历转回非指导性的倾听状态的过程中，咨询师必须要做好更多的准备。很多时候，我们的学生会提出这样的问题："如果来访者有过性虐待经历怎么办？"或者"如果来访者的父母在她很小的时候就去世了，我该怎么办？"实际上，当你深入了解来访者的个人经历时，你就有可能会陷入非常情绪化或是棘手的主题。你要事先做好准备，你应该预料到会谈及一些即便不棘手但至少也是感情强烈的回忆。当你真的面对这些回忆时，什么也别做，静静听下去。你不可能修复这些记忆，也不可能改变过去。当来访者第一次对咨询师讲述其创伤经历的时候，他们中的大多数最需要的就是支持和共情的倾听。对来访者的那些经历做一些类似"听起来那真是一段特别艰难的日子"或者"那时候你真的很消沉（或气愤、焦虑）"这样的评论，或许就是来访者在暴露创伤经历时所需要的反应。

有些来访者可能无法让自己从有情感困扰的回忆中脱身。在这种情况下，应当对过去发生的事和现在正在发生的事做出明确的区分。你可以和来访者共同分析他们是如何克服生活中的艰难时光的。基于解决方案的方法会很有用，这一方法包括分析、明确以及强调来访者是如何应付当时的困难的。事实上，你可能会发现很容易指出来访者在最困难的时候是多么地坚强。例如：

"毫无疑问，你曾经经历一些非常困难的时光。然而，很明显，正如我所听到的，当时在事情处于最糟糕的状态时，你寻求并得到了帮助，你找回了自己并从中康复。"

在收集个人经历信息的同时，逐渐引导来访者回到现实中来也非常有用。你可以做一些评论或提问，带领来访者从过去转向现在，比如"当你女儿出生时，你的家庭不是非常支持。她现在多大了？"当你将主题引回现实，来访者也能再一次远离伤痛的经历。也有一些很少见的情况，来访者会一直陷在负性情绪中。有时候，这是因为过去的创伤记忆太强烈了，有时候来访者深陷其中是因为他们把过去的坏时光看得比现在更重要。不管是哪种情形，当来访者陷入消极或痛苦的回忆时，都可能会没有勇气或害怕开始面谈。有些策略可以用于评估和处理来访者被消极情绪或自杀意念控制的情况，我们将在第九章讨论这些策略以及推动来访者进入积极情绪状态的具体方法。

有指导性的经历引导

让来访者简要地自由讲述任何他们认为重要的过去经历后，你要对咨询主题再一次进行转换，并且更有指向性地讨论来访者的经历。从字面意义来看，你可以获知来访者一生中的所有信息。但在典型的初始面谈中，时间很有限，你必须选择出重点。从早期记忆入手有助于你很好地开始有指导性的探询过程（Adler，1930，1958）。

  咨询师："你的早期记忆有什么呢——你能想起的最早的发生在你童年的事是什么？"
  来访者："我记得我的哥哥们想把我放进我爸爸的卡车里，他们想让我假装驾驶。他们都在笑。我爬进驾驶室，不知怎么搞的松开了刹车，它真的开动起来了。我爸爸快气疯了，但是我的哥哥们总是想让我做这些出格的事。"
  咨询师："那时候你多大？"
  来访者："我想大概四五岁。"

通常，来访者报告的回忆对了解他们当前的生活有重要意义，也就是说，来访者的回忆反映出了他们当前的主要关注和困扰（Adler，1930；Clark，2004；Kern，Belangee，& Eckstein，2004）。举例来说，这个来访者所讲的早期记忆反映出他的生活具有为他人而表现的特点。他承认他有强烈的意愿去做一些"出格"的事来获得他人的注意。

不论来访者讲述的回忆是非常积极的还是非常消极的，询问其是否有相反类型的回忆都很有用。实际上，每个人的童年都有积极的和消极的回忆。评估来访者是否能对童年的这两种经历做出比较平衡的回忆是非常好的做法。那些对童年有大量负性回忆的来访者可能正处于抑郁状态下，而那些从来不提及负性经历的来访者可能是在使用防御机制中的否认、压抑和隔离（Mosak，1989）：

来访者："我记得有一次我在家里的储藏室里敲破了根管子。我拿了爸爸的工具，用锤子敲打一根露在外面的管子。它开始漏水，淹了整个储藏室。我闯了大祸。"

咨询师："听起来，你好像讲的都是些遇到麻烦的记忆。你能想起来一些小时候的快乐的事情吗？"

来访者："哦，当然可以。我还记得和隔壁的孩子一起玩得很开心。我妈妈经常让他来我家，我们在一起玩所有的玩具和各种游戏。"

咨询师："你能想起某一次他和你一起玩的情形吗？"

来访者："哦……可以。他老是想玩军队的游戏，但是我喜欢恐龙。我们打了起来，然后我把所有的士兵玩具都扔到前院，我们就不打架了，坐下来玩恐龙。"

有时候，即使你要求来访者提供正性的回忆，你得到的依然是负性和冲突的回忆。另一方面，有些来访者会否认他们有负性的回忆。除非他们自己认识到他们又报告了另一个更为负性（或正性）的事件，否则对来访者指出这一点毫无用处。你要做的是记录回忆的内容、特点并让面谈继续下去。

另一个探究童年经历，或者说更为具体的标准做法是询问亲子关系，让来访者用三个词形容他们的父母。

咨询师："请用三个词形容一下你母亲。"

来访者："什么意思？"

咨询师:"当你想起你母亲的时候,你会用哪三个词来形容她呢?"
来访者:"我想……整洁……准确,还有,嗯,激烈。是的,激烈。"

正如之前所提到的,谈论来访者的心理社会经历时很容易陷入强烈、有重要影响的记忆里。这一点在谈论亲子关系时尤为明显。来访者用来描述他们父母的词语也许很值得探究。你可以让来访者举例来支持他们的描述:

"你说你母亲是激烈的。你能举个例子来说明她是如何激烈的吗?"

在咨询中,谈论个人经历的正常顺序是:(1)早期记忆;(2)关于父母和兄弟姐妹(如果有兄弟姐妹的话)的记忆;(3)学校和同伴关系;(4)工作和职业;(5)其他方面(见表7.1)。表7.1列出了在全面的初始面谈中可能问到的个人心理社会经历。请注意,这张表相当全面。在典型的治疗性初始面谈中,你需要决定侧重哪些方面。在大多数情况下,你都无法在谈论个人经历的15~20分钟内覆盖所有的事情。实际上,哪怕是在长达50分钟的以收集个人经历背景信息为目的的面谈中,你依然必须对表7.1中所列出的事项做出谨慎的选择。

严格地说,表7.1并不只是用于了解来访者个人心理社会经历的提纲,它也包含了其他一些适用于多种内容或领域的面谈指南(参见本章结尾的推荐阅读及资源)。

在有限的咨询时间里选择对哪些方面进行深入了解往往很难,治疗机构和独立执业的治疗师通常都会让新的来访者在登记表格中填写相关信息或是完成受理问卷。这些表格和问卷可以让咨询师在第一次见到来访者之前就了解他们的情况。在这些信息的基础上,咨询师可以对应该与新来访者做重点探讨的内容做出选择。最近,有相当多的研究机构用电脑进行初始面谈和精神状况测验。尽管这种方式不是在人与人之间进行的,但它有以下这些优点:电脑不会忘记特定的问题,而且有些来访者可能会更愿意对电脑而不是咨询师讲出药物成瘾史、性经验或是其他难于启齿的事(比如艾滋病感染情况)

(DiLillo, DeGue, Kras, Di Loreto-Colgan, & Nash, 2006；Garb, 2007；Hallfors, Khatapoush, Kadushin, Waston, & Saxe, 2000；Williams et al., 2000)。

表7.1 咨询中关于个人经历的问题示例

内容领域	问题
1. 早期记忆	你最早的记忆是什么？
	那时候你有多大？
	你有什么特别正性（或负性）的早期记忆吗？
2. 对父母的记忆和描述	请用三个词形容你的母亲（或父亲）。
	你和母亲还是和父亲在一起的时间更多呢？
	你父母通常是怎么管教你的？
	你和父母都做些什么休闲活动或者家庭活动？
3. 对兄弟姐妹的记忆和描述	你有兄弟姐妹吗（如果有，有几个）？
	你有什么和他们在一起时的记忆吗？
	你和他们中的哪个人最亲近，为什么？
	在家里，你和谁最相像？
	你和谁最不像？
4. 小学的经历	你还记得第一天上学吗？
	你觉得学校怎么样（你喜欢学校吗）？
	你最喜欢（最好）的学科是什么？
	什么是你最不喜欢的（最不好）的学科？
	你对学校有什么生动的记忆吗？
	你最喜欢（最不喜欢）的老师是谁？
	什么让你这样喜欢（不喜欢）他呢？
	你曾经退学或被开除过吗？

续表

内容领域	问题
	你在学校最糟糕的事是什么？
	你在学校曾上过什么特殊的课程或是补习课程吗？
5. 同伴关系（校内外）	你还记得在学校里有没有很多朋友吗？
	你和朋友在一起有哪些快乐的事呢？
	你和男孩或是女孩相处得好吗？
	你对小学时的朋友关系有什么特别正性或是负性的记忆吗？
6. 中学、大学的经历	你记得在中学里有没有很多朋友吗？
	你和朋友在一起有哪些快乐的事呢？
	你和男孩或是女孩相处得好吗？
	你对中学有什么特别正性或是负性的记忆吗？
	你还记得第一天上中学的情景吗？
	你觉得中学怎么样（你喜欢中学吗）？
	你最喜欢（或最好）的学科是什么？
	什么是你最不喜欢的（或最不好）的学科？
	你对中学有什么生动的记忆吗？
	你最喜欢（最不喜欢）的老师是谁？
	是什么让你这样喜欢（不喜欢）他呢？
	你曾经退学或被开除过吗？
	你在中学里遇到的最糟糕的事是什么？
	你在中学获得的最大的成绩（或奖励）是什么？
	你上大学了吗？
	你上（没上）大学的原因是什么？

续表

内容领域	问题
	你在大学的专业是什么？
	你获得的最高学历是什么？
7. 第一份工作和工作经历	你的第一份工作是什么，或者你是怎么赚到第一笔钱的？
	你和同事相处得如何？
	你对工作有什么正性或负性的记忆？
	你被解雇过吗？
	你最终的职业目标是什么？
	你希望年薪是多少？
8. 服兵役的经历	你参过军吗？
	你是志愿参军还是被征兵的呢？
	请讲讲你在军队里最正性（最负性）的经历。你最后的军衔是什么？
	你受过处罚吗？你犯了什么错？
9. 恋爱关系史	你曾经和某个人恋爱过吗？
	你记得你的第一次约会吗？
	你认为怎样才能建立良好的恋爱关系呢？
	你认为恋爱（结婚）对象应该是什么样的呢？
	一开始，你的伴侣（或对你有重要意义的人）吸引你的是什么呢？
10. 性经历 （包括第一次性经历）	你从你的父母（学校、兄弟姐妹、同伴、电视或电影）中学到了哪些关于性的东西呢？
	你认为在性关系中最重要的是什么呢？
	你有过创伤性的性经历吗（比如强奸或乱伦）？
11. 攻击经历	你最生气的时候是什么样的呢？
	你曾经打过架吗？

续表

内容领域	问题
	你被别人殴打过吗？
	你从你的父母（兄弟姐妹、朋友或电视）中学到了什么关于愤怒以及如何应付它的东西吗？
	你生气的时候经常做什么呢？
	请讲述一次你非常生气而事后感到后悔的经历。
	你最近一次打架是什么时候？
	你在打架的时候使用过武器吗（或有什么人对你使用了武器吗）？
	你对他人最严重的身体伤害是什么？
12. 医疗和健康史	你小时候生过病吗？
	你住院治疗过吗？做过任何手术吗？
	你现在有任何疾病或健康问题吗？
	你现在服用处方药吗？
	你上一次健康检查是在什么时候？
	你的饮食、睡眠或体重的变化有什么问题吗？
	你有过丧失知觉的经历吗？
	你家族中有什么遗传性疾病吗（比如心脏病或癌症）？
	请讲讲你日常的饮食习惯。
	你最经常吃什么食物？
	你对食物、药物或其他东西有什么过敏史吗？
	你怎么锻炼？
	你多久会做一次有氧运动？
13. 心理治疗或心理辅导史	你以前接受过心理治疗吗？
	如果是，是谁为你治疗的？因为什么问题？治疗持续了多长时间？

续表

内容领域	问题
	你还记得你以前的治疗师做过的对你最有帮助（或最没有帮助）的事吗？
	治疗师对解决你的问题有帮助吗？如果没有，那是什么起到作用了呢？
	你为什么结束治疗？
	你曾经因为心理疾病住过院吗？
	你的问题现在怎么样了？
	你曾经因为心理疾病而服用过药物吗？
	你的家族中有谁因为心理疾病而住过院吗？
	你家族中有什么人有明显的精神问题吗？
	你还记得那个人的病症或症状吗？
14. 酒精、药物史	你第一次喝含酒精的饮料（或抽大麻，等等）是什么时候？
	你每天（每周或每月）大概喝多少酒？
	你对"饮酒或药物"的选择是什么？
	你有过与饮酒有关的药物、法律、家庭或工作上的问题吗？
	在什么情况下你最想喝酒？
	你觉得喝酒对你有什么好处？
15. 犯罪史	你曾经因为法律原因被拘留或是被警告过吗？
	你曾经因为酒后驾车而收过罚单吗？
	你曾经因为超速而收过罚单吗？
	你收到过多少罚单或多久就会收到一张？
	你曾宣布过破产吗？
16. 休闲经历	你最喜欢的休闲活动是什么？
	什么休闲活动是你讨厌或是避免参加的？

续表

内容领域	问题
	你最擅长的运动、业余爱好或娱乐方式是什么？
	你多长时间参加一次你最喜欢（做得最好）的活动？
	什么事情经常让你无法参加这项活动呢？
	你和什么人一起参加这项活动呢？
	有没有什么休闲活动是你想做却没有时间或机会做的呢？
17. 发育史	你知道你母亲怀孕时的情况吗？
	你母亲是正常分娩的吗？
	你出生时体重是多少？
	出生时，你有严重的健康问题或疾病吗？
	你是什么时候学会坐、站、走的呢？
	你是什么时候开始来月经的？（对女性）
18. 宗教、信仰背景	你的宗教背景是什么？
	你现在信奉什么宗教或是有什么信仰？
	你有什么宗教偏好吗？
	你平时去教堂、做祈祷、参加布道或是其他宗教活动吗？
	你以前还参加过其他的宗教活动吗？

评估人际模式

"个体的个性特征通过一贯或可预测的行为模式表现出来"这一观点颇具争议，是否赞同它取决于你的理论取向（Bem & Allen, 1974）。精神分析和人际关系取向的心理治疗师的治疗方法建立在这样的假设上：个体的行为模式由人际模式决定，是高度一贯性的（Fairbairn, 1952）。与此相反，认知和行为取向的心理治疗师更倾向于反对个性的概念，他们认为行为由环境决定或是个体对环境的认知反应（Beck，1976；Mischel，1968；Ullman & Krasner，1969）。

结合本部分的目标，我们假设个体具有稳定的行为模式，同时这种模式会因特定的人和环境发生明显的改变。

人际模式

人们在人际交往中习惯于扮演某种一贯的角色。有些人比较主动，有些人可能比较顺从和谦让。有些人会在人际交往中表现出敌意或是攻击性，还有些人会在和他人的交往中表现得热情友善。有些人在大多数情况下都表现出很稳定的个性，另一些人可能就会随着环境和周围人的变化而改变自己的行为方式。这种稳定和变化之间的相互影响可以提供很多信息，对评估来访者在人际交往中的问题十分有用。

在初始面谈中，以下三个基本的信息源可供咨询师用来评估来访者的人际风格：

1. 来访者描述的他或她过去是如何与他人交往的（例如，在儿童期、少年期、青年期等）。
2. 有关来访者现在如何与他人交往的信息。
3. 来访者在初始面谈中与你的行为互动。

有些形式的心理治疗对评估来访者的人际模式高度重视。勒伯斯基（1984）提出了来访者的"核心冲突关系主题"，他认为心理治疗的目的就是帮助来访者认识到在他们的人际关系中总是出现的问题，并对他们的人际交往行为做出更有意识的决定。为了帮助来访者摆脱他们的旧的人际模式，需要让他们意识到这种模式或人际交往风格的存在。

想仅仅通过单次的简短面谈就掌握来访者的人际模式，既不可能也没必要。我们要实现的目标只是对来访者通常如何与他人交往形成几个便于使用的假设。更进一步来说，就像泰贝尔（Teyber，2006）指出的，咨询师应该注意因来访者而引起的情感反应。举例来说，有的来访者会让你感到厌烦、激动、消沉或恼怒。当然，有一点很重要，你应该评估这些反应有多少来自于来访者的行为，有多少源于你自身（Teyber, 2006）。正如前面所提到的，你指向来访者的个人情感反应是反移情的一种表示（Luborsky & Barrett, 2006）。泰贝尔（2006）认为，如果来访者唤起的你的反应与他们唤起其他人的类似，那么可能是来访者的行为导致了这些反应。然而，如果你的反应是独特的，那么这种情感反应可能反映的是你的反移情。

评估来访者个人经历和人际模式这一任务很艰巨，很容易就能用掉好几次面谈的时间。然而，现在对于心理治疗次数的限制不允许有长时间的评估过程。按照惯例，在初始面谈中探索人际交往和个人经历的主要目的是建立一些假设，并不提供具体的情况规划，也不提倡针对来访者的行动或解决办法。由于治疗中可以使用的时间将变得更加有限，这给治疗师带来了额外的压力，迫使他们快速评估，并立刻着手展开简短的干预策略——即便在初始面谈中也是如此。

对当前功能的评估

在询问和了解了来访者的个人经历和人际交往因素后，咨询师应该再做一次主题转换，将重点转移到当前的状况上。这是因为让初始面谈在关注现在和未来时结束——而不是过去，这一点非常重要。向当前状况的转换在象征意义和实际意义上都标志着回到现实中。而且咨询也应该在鼓励来访者将重心集中到个人的力量和资源上时结束，而不是在探讨过去的问题时结束。

在初始面谈的最后一部分中，提问的重点应该放在来访者的当前关系或活动上。下面是一些可以帮助来访者谈论他们当前状况的说法和问题：

"我们已经谈过你的主要问题，也谈了一些你的过去。现在，我希望能谈谈你现在生活中的事。"

"你平时每天都做些什么事？"

"请描述一下你一天的典型生活。"

"你一般工作多长时间？"

"你和你的伴侣（同伴）有多少时间相处？"

"你和你的伴侣在一起都做些什么呢？你们一般多长时间进行

一次这样的活动？"

"你经常一个人待着吗？"

"你最喜欢一个人做什么？"

有些来访者在将重点从过去移回到当前的生活时会感到困难。这一点在那些有过艰难的或创伤性童年经历的来访者身上表现得尤为明显。在这样的案例中，特别是当来访者在初始面谈中情绪低落时，有两种基本的策略能让来访者以一种恰当的、现实的方式来看待初始面谈：(1) 承认来访者的情绪；(2) 给来访者灌输积极改变的希望。例如，面对一位因为交通事故失去孩子而前来咨询的母亲，你可以这样说：

"我明白失去儿子给你带来了巨大的痛苦。你可能早已知道你有这些感受是完全正常的。大多数人都认为失去孩子可能是最痛苦的经历。同样地，我想让你知道，你这样开诚布公地和我谈论你儿子的去世和你的感受是很明智的。虽然这样做不会让你的悲伤或者可怕的感受奇迹般消失，但是在大多数情况下应该谈谈你的悲伤，这将帮助你从悲伤中走出来。"

正如第三章中讲到的，对情绪的承认包括对来访者情绪的了解和肯定。这种技术通常可以抚慰来访者，并且这一方法能恰当地把那些深感痛苦或烦恼的来访者引向面谈结束。下面是另一个更为普遍的例子，在转向初始面谈的结束阶段时，咨询师可以对正在经受情感痛苦或抑郁的来访者说这些话：

"我不得不注意到你对我们今天谈到的内容仍然感到有些悲伤。我希望你知道，感到痛苦或是消沉是很正常的。很多来和咨询师交流的人在离开时都会百感交集。这是因为人们在讲述童年经历或个人问题时，很难不流露出某些消极的情绪。但同时，这样也会有有利的一面。你的这种情绪是很正常的。"

在讲述悲伤、失望或者创伤性的经历时，我们感到糟糕是很正常的。咨询师应该用抚慰、肯定的语气告诉来访者这一事实。对来访者的抚慰和支持是让面谈有效结束的关键（见练习7.1）。

练习 7.1
帮助来访者重新控制情绪

　　来访者在初始面谈期间经历情绪低落并不少见。通常，这是一个正常的过程，来访者自然也会振奋起来，在面谈结束时处于适当的情绪状态。然而，有时候，在面谈即将结束时，你的来访者仍然心烦意乱，那么你就需要帮助他或她在离开你的办公室前重新掌控情绪。尽管没有什么策略能确保重建情绪，但以下方法也许会有用。当然，所有的策略或方法都要以共情的表述开始。

- **关注或重新关注当前和不久的将来**：你今天剩余时间有什么计划？在离开这里后，你会做什么？有没有什么能给你带来情感安慰的事是你特别想做的？
- **询问来访者通常如何缓解情绪**：当你在家里或者在治疗以外感到悲伤时，你通常怎么让自己感到好一点？
- **把话题转向更为积极的内容**：之前在我们交流时，我对你如何处理工作压力印象深刻。
- **给出赞赏和建议**：像你今天这样开放地和我谈话是需要很大的勇气的。我希望你意识到这一点，并给自己一些表扬。
- **承认消极是真实的，然后让来访者回顾一些积极的事**：有时候很难再重新专注于积极的一面，因此我会问你一些问题，这需要花些心思，但有助于你转向积极的一面。从我们今天的谈话中，你获得的最积极的东西是什么？

回顾面谈目标并做出调整

另一个将初始面谈引向结束的主题是未来。来访者来寻求治疗或咨询是因为他们希望能改变，而改变就涉及未来。

许多咨询师提出一些类似以下形式的问题转向初始面谈的结束："让我们假设治疗是成功的，在两个月里你注意到一些明显的改变。是什么发生变化了呢？"另外一些以将来为目标的问题也是适合的，包括"你觉得在以后几年里，你自己会有哪些改变呢？"或者"你为之奋斗的个人目标（职业目标）是什么呢？"在初始面谈或者治疗的早期阶段对治疗目标的讨论为治疗结束提供了基础（Sommers-Flanagan & Sommers-Flanagan, 2007b）。通过对期望发生的改变做出明确的定义，来访者和咨询师可以共同确定治疗的程序，以及决定何时结束咨询。因此，应该在初始面谈的开始阶段就根据来访者的问题制订面谈目标。在面谈结尾时，用积极和乐观的方式再次回顾来访者的目标也同样重要。

初始面谈的影响因素

想要在传统的50分钟的初始面谈里完成本章所讲述的全部内容是不可能的。作为一名专业的咨询师，你必须对哪些部分需要重点讨论、哪些部分不需要重点讨论以及忽略哪些部分做出决定。有些因素会影响你的决定。

来访者填写的登记表

有些机构和从业人员使用来访者登记表或是受理问卷来获取信息。这一做法特别有利于获得那些不太需要占用面谈时间的细节信息。例如，登记表中有些地方要列出先前的治疗师的姓名、基础保健医生的姓名和电话，以及必要的个人基本信息（例如，出生日期、年龄、出生地、受教育程度）。

尽管受理问卷这一做法在一定限度内可以接受，但如果过度使用也许会伤害或惊吓来访者。例如，有些机构使用10～15页的受理问卷来检查潜在的来访者。这份问卷包括很多极为隐私的问题，比如"你有过性虐待经历吗？"

以及"请描述一下在你还是个孩子时受过什么惩罚。"这类题目会冒犯来访者，如果没有事先彻底向来访者解释其目的，就不应该使用。比较合适的做法是结合你的实际情况，将标准的症状列表或是行为清单作为治疗前的问卷的一部分。（不过，在来访者填写之前，要向他们解释这些问卷的目的。）

机构的设置

通常，在最初的面谈中要收集的信息类型部分地取决于治疗机构和咨询师的治疗方针。有些机构（例如，精神科医院）需要诊断性或历史性信息；然而其他机构（例如，保健组织）就会将重点放在对问题或症状的分析、目标制订以及治疗计划上。因此，你应该根据职业的设置对初始面谈的方式进行更改。

理论取向

咨询师的理论取向对从初始面谈中收集哪些信息以及如何收集有很大的影响。具体而言，行为主义和认知取向的咨询师倾向于将重点放在来访者当前的问题上。精神分析取向的咨询师淡化对当前问题的分析，对历史原因更有兴趣。人本主义咨询师强调当前的环境以及来访者是如何感受他们自己的（例如，来访者的真实自我和理想自我之间是否有差距）。问题解决取向的咨询师则着眼于未来，更多地探究可能的解决方法而不是研究过去或当前的问题。精神分析和人本主义咨询师也较少使用详细的来访者登记表、计算机操作的面谈程序以及标准化的调查问卷。

专业背景和职业关系

最后，咨询师的专业背景和职业关系也会对从初始面谈中收集的信息类型有明显的影响。在写这本书之前，我们征求了不同专业背景的专家对于"什么是教授面谈的教科书里最需要的内容"的看法。结果发现，这些专家所提出的内容和他们的专业受训背景之间的相关性很高。精神科专家强调以 DSM-IV 为基础的精神状态检查和诊断性面谈的重要性。临床心理学家对评估和诊断也有兴趣，但同时他们强调对问题的评估以及对行为、认知的分析。

心理辅导人员和心理咨询师相对较少侧重于正式的评估，他们更重视的是倾听技术和帮助策略。临床社会工作者则认为采集心理社会史、治疗计划以及倾听技术是最重要的。婚姻和家庭治疗师强调理解家庭和社会系统以及来访者所处环境的重要性。实际上，上述所有内容都很重要。你接受的专业训练、理论取向以及所在的学术组织，都会影响你关心哪些方面和投入多少精力。但是，在实际面谈中，不应该忽视这些内容中的任何一个。

简短的初始面谈

考虑到当今压缩健康保险开支的现状，培训咨询师使之能开展更为简短的初始面谈至关重要。不过，即便在限定时间的咨询模式下，初始面谈的内容基本上也没有变化。收集有关来访者的问题和治疗目的、来访者自身以及来访者当前所处环境的信息依然很重要。然而，在通常的员工帮助和限定时间的原则下，我们在收集这些信息时主要有三项调整：(1) 咨询师必须依靠来访者填写的更加详细的登记表和受理问卷，在最初的会面之前就对来访者的情况有所了解；(2) 咨询师要把时间更多地用来提问，同时减少让来访者主动表达的时间；(3) 咨询师必须缩减用于收集来访者个人经历和人际模式信息的时间。由于使用登记表、受理问卷和提问都是相对直接的调整，下面我们将重点讨论如何简短扼要地获知有关来访者个人经历和人际模式的信息。而后，我们将列出简短的初始面谈的提纲。

收集有关个人经历和人际模式的信息

精神健康的限定时间模式的原则之一是来访者要对治好自己的病症负责 (Hoyt, 1996)。在某种程度上，这一模式使来访者能对自身的心理健康做出更多贡献。在这种模式下回顾来访者的个人经历时，你可以这样说：

"我们只有几分钟来谈论你的童年以及过去你曾经历的事。所以，请简短地告诉我，关于你的过去，你认为什么是我最需要了解的重要之事？"

通常在做出这种说明后，来访者能够相当好地指出他们的成长中的几件关键之事。另外，如果来访者还要接受一系列的面谈，咨询师可以让来访者在下一次面谈时提交 1～2 页的个人简历。时间宝贵，我们与来访者有效地运用了这种方法。在时间紧张的情况下，这种方法为来访者提供了一个就关键的历史事件与咨询师进行沟通的机会。

由于面谈总次数十分有限，与来访者人际模式有关的信息最不占分量。因此，尽管探究来访者的人际交往动力可能是限定时间模式下的初始面谈的一部分，但咨询师也应该尽可能少地或尽量不要直接在这一点上花时间。有几种做法值得借鉴：

第一，除非来访者表现出 DSM-IV 所列出的人格障碍的特征，否则就可以忽略来访者的人际交往信息。在这些案例中，咨询师可以使用一张清单来简单表示来访者是否表现出与人格障碍症候群相符合的人际交往行为。如果真的怀疑来访者有人格障碍的话，那么是否需要进行更深入和细致的评估完全取决于具体的医疗管理政策。

第二，咨询师可以使用简化的精神状况测查表。在这种情况下，来访者的记录或报告可以对来访者"对咨询师的态度"的性质及特点做简要说明（详细的精神状况测查内容见第八章）。

第三，咨询师在咨询后，可以简单地记录他们是如何受到来访者的影响的。然后，咨询师可以形成一些假设并将其写下来，以确保必要时能在下一次咨询时更加深入地分析来访者的人际交往动力。

简短的初始面谈提纲

表 7.2 列出了在医疗管理或限定时间的原则下的初始面谈的提纲。我们建议你既练习完整的初始面谈，也练习简短的初始面谈（见练习 7.2）。

表 7.2　简短的初始面谈提纲

如果有必要，可以在限定时间的模式下快速而有效地完成下列主题：

_____ 1. 以善解人意的方式获取治疗前或登记表的信息。尤其要说明："这些背景资料可以使我们更有效地为您提供服务。"

_____ 2. 在面谈开始时，向来访者说明面谈的时间限制。这一信息也可以通过登记材料告知来访者。所有的原则性的信息，比如像知情同意书，都应该在面谈之前提供给来访者。

_____ 3. 允许来访者用较短的时间（不超过 10 分钟）向你介绍他自己以及自己的问题。如果之前没有向来访者做具体的诊断性的询问，10 分钟之后进行提问。

_____ 4. 总结来访者的主诉（有时候也包括次要问题），就希望首先解决的问题与他们达成一致意见。

_____ 5. 帮助来访者将他们的主要问题转化成一个现实的长期目标。

_____ 6. 简单了解来访者已经被这个问题困扰了多长时间。同时，要求来访者回想他们是如何努力消除这个问题的（比如，以前曾采取过什么办法）。

_____ 7. 找出问题的前因后果，还要向来访者询问该问题的例外情况。比如："请告诉我这个问题什么时候不出现。在那些时候是什么帮助你克服了问题呢？"

_____ 8. 向来访者说明他们的个人经历对你而言很重要，但是很明显没有足够的时间讨论他们的过去。因此，请他们告诉你 2～3 件他们认为你应该了解的关键事件，并且向他们询问以下内容：(1) 性虐待；(2) 身体虐待；(3) 创伤性经历；(4) 自杀倾向；(5) 暴力行为或失去控制的情况；(6) 脑部损伤或永久的医疗性疾病；(7) 当前的自杀或杀人冲动。

_____ 9. 如果你开展的是系列面谈，你可以要求来访者写一份简短的（2～3 页）自述。

_____ 10. 强调治疗目的和解决方法而不是问题及其起因。

_____ 11. 让来访者在下一次面谈前完成家庭作业。家庭作业可以包括行为或认知的自我监控，或以解决方案为导向的额外任务。

_____ 12. 在初次面谈后，写出治疗计划，在开始下一次咨询时征得来访者的认可并签字。

练习 7.2
督促来访者不偏离自身关键主题的方法

在班上找一个搭档,使用表7.2提供的短程限时原则下的初始面谈提纲,通过练习来提高你的初始面谈技巧。对于在医疗管理环境下工作的咨询师而言,他们必须在整个初始面谈中始终围绕主题并以目标为导向。为了不偏离主题,可以像下面这样做:

1. 提前告诉来访者你只有有限的时间,因此一定不能偏离重要主题或是关键因素。
2. 如果来访者把话题转移到不那么重要的事件上,通过如下温和的说法将其引回来:"你知道,我很愿意听你讲你母亲是如何看待全球变暖的(或其他任何正在谈论的事),但由于我们时间有限,我想问你一些其他的问题。在这次面谈和下次面谈之间,我希望你能写一份大概两三页的自我介绍,内容有关你的个人经历和对你有影响的事件。如果你愿意,你可以在自述中谈到你的母亲,并在下次面谈时交给我。"

通常,来访者有可能事无巨细地谈论某个特定主题,但要求他们把那些内容写下来时,他们的语言就会变得更加精练。

总之,关键是有礼貌地督促来访者只讨论关键的和与他们自身密切相关的信息。在与同伴进行练习之前或是之后,看看你能想出多少温和的督促方式,以使医疗管理模式下的初始面谈变得更容易。

初始面谈报告

面谈报告的撰写是临床医生要面对的一项独特挑战。你要考虑至少五个维度的事项：

1. 确定报告的读者；
2. 选择报告的结构和内容；
3. 内容简要清晰；
4. 做好报告的保密工作；
5. 与来访者分享报告内容。

在讨论这些内容之前，需要强调的是，咨询师有责任保留和维护来访者记录。尽管这一责任因你的职业关系和治疗取向会有所不同，但未能保管好记录是不道德的，在某些情况下，甚至是违法的。美国心理学协会（American Psychological Association，2002）的道德守则要求如下：

> 心理学家创建并在职能范围内保存、传播、储存、保留和处理与职业和科研工作有关的记录和资料。

美国心理咨询协会（American Counseling Association，2005）的咨询师道德守则中也有几乎完全相同的说明：

> 心理咨询师保留记录既是为来访者提供专业服务所必需的，也是法律、法规以及部门或机构程序所要求的。

美国心理咨询协会和美国心理学协会所制订的规章意指要谨慎平衡各方需求，他们建议但是并非直接要求所写文件要符合多方标准。这就引出了我们要讨论的撰写咨询报告的第一个挑战：确定你的读者。

确定你的读者

考虑一下这个问题：当你写初始面谈报告时，你是为自己、为其他专业人士、为你的来访者、为你的督导，还是为来访者的保险公司而写？换句话说，你所写的内容，谁会看到？

撰写初始面谈报告最难的一点可能就是要同时满足多种读者。例如，请想象一下要把你的报告提交给督导。你可能会通过对来访者精神病理的复杂讨论，或者试着用一些行为主义术语，例如"因果思维、反应代价法和行为预演"等，来强调你的诊断技巧。另一方面；如果你想象一下是你的来访者阅读你的咨询报告，你可能就会避免使用行为主义术语，当然你还会降低精神病理讨论的复杂程度（见多元化要点7.1）。

多元化要点 7.1
使用以人为本和建设性的表达方式

至少从20年前开始，在教育、康复和心理学领域就掀起了一场强大的以人为本的语言运动。这一语言学方法强调：首先是"人"，其次才是他或她的残障之处。例如，如果使用以人为本的用语的话，我们不把某人称为"视力障碍"，而说"一个有视力障碍的人"。

当然，就像所有新的观点或运动，以人为本的用语有着强烈支持者和反对者。比如说，美国教育部人权委员会的珍妮特·林（Jeanette Lim）在1992年发表了一份支持以人为本用语的备忘录，声称：

"对残疾人士用语的个人偏好压迫了所有儿童、青年人和成年人的个性，其次是强调了某种残疾的发病率。在我们所有的书面和口头交流中都应该注意避免用那些让很多人感到侮辱的措辞。"（quoted in Bickford, 2004）

相反，美国盲人协会表示：

"我们认为盲人应该受到尊重,而且尽管我们对于自己的失明没有特别的骄傲,但我们也并不以此为耻。在某种程度上,如果委婉的说法被用来传达其他任何含义或形象,我们抗议这种用法。在与其他人同等的条件下,我们一样能够获得成功,而且我们也正是这么做的。"(quoted in Bickford,2004)

让情况变得更为复杂的是,初步研究表明,残障人士在以人为本用语与障碍为先用语上并没有偏好,而且有时表示更喜欢障碍为先用语(Bickford,2004)。

作为希望为个人的心理健康服务需要而呼吁的专业人员,我们发现这一争论在很多层面上吸引人。尽管我们相信语言有可能转变态度和提高意识,但我们也认为有残障的人士(又被称为:残疾人)有权利反对一项被某些人视为政治正确的运动。

从心理领域专业刊物的观点来看,我们的任务是明确阐述美国心理学协会出版手册的内容,它这样写道:"对非残障用语的指导原则是保持个体和人类的完整性,要避免使用把人们等同于他们的处境的语言……"(American Psychological Association,Washington,DC,2001)

让人吃惊的是,我们发现在心理健康领域这个问题较少有争论。例如,我们发现——并不含有政治正确的意思——用"这个男孩有注意缺陷多动障碍"而不是"这个注意缺陷多动障碍男孩"这样的说法很重要。不知何故,至少就我们而言,尽管在谈论时使用心理障碍为先的语言可能更容易,但我们认为在提及患有心理障碍的个体时,以人为本是至关重要的。

最近,我们发现一本教科书中的"案例学习"有助于我们阐明对此问题的立场。这本书的案例学习用的是我们认为属于过时的实证主义的语言写成的,提到这种语言,我们往往会联想到医学和精神病学。例如,案例中使用了以下这些词语和表达方式:"洛伊丝·卡特,欧洲裔美国人，长期抑郁，她认为自己未能养育出一个在学校和家中都很正常的孩子，由此产生的愧疚感让她备受折磨……卡特太太的母亲是一名有着被动攻击行为的妇女，在晚年转向宗教寻求安慰……他母亲是个让人愉快但无能的人……"（McWhirter, McWhirter, McWhirter, & McWhirter, 2007）

　　对于我们而言，这些案例中的表达方式显得太主观、太贬低人和过于确定。在阅读这些句子之后，我们能够清楚地确定自己对以人为本语言的态度。对我们而言，我们发现在谈论来访者和撰写面谈报告时，很有必要使用礼貌、尊重变化与成长的可能性的语言，并且要意识到我们的结论有可能不准确。因此，当提及有关心理健康的问题和诊断时，我们避免贴标签式的表达方式，尽我们最大的能力（但有时候会失败）在写作和所有的正式谈话中带着足够的尊重，我们不介意来访者或病人无意中听到我们的谈话。此外，我们认为因个体的心理健康问题而贴上终身标签加以谴责是不恰当的，当考虑到精神病学诊断的可靠性和有效性时，终身标签不仅不恰当，还应该被限制使用。另一方面，尽管我们倾向于对有残障的人使用以人为本的表达方式，我们仍然要保持开放的心态，尊重他们希望被如何介绍和描述的意愿。

　　在考虑到这些内容之后，一些刚入行的咨询师沮丧地举起双手，考虑对同一个面谈写两个版本的报告。这一解决办法或许行得通，只是需要进行很多的额外工作，而且说到底，来访者有权利阅读你写的任何有关他或她的东西（即便是完全为了给你的督导留下印象的那个版本的报告）。

　　事实就是这样，你的初始面谈报告必须为了不同读者而写——这大大增加了你的这一任务的复杂程度。有关"谁会看到"这一问题的答案早已给出，那就是：所有人。你写报告时，以下列出的人和机构都是你潜在的读者：

- 你的来访者

- 你的督导
- 你所属机构的管理者
- 你的来访者的律师
- 你的专业同行
- 你所属的专业协会的伦理委员会
- 国家或你所在地的伦理委员会

经过以上这些讨论，你或许感到想要仔细撰写初始面谈报告，或是陷入了严重的提防猜疑。我们希望是前者。有关初始面谈报告撰写的最新补充指导文献见练习7.3和本章结尾处案例的初始面谈大纲。

练习7.3
受理报告大纲

你可以使用下面的大纲作为撰写一份完整的受理报告的指南。请注意，这个大纲很长，因此在临床实践中，你需要选择在你的来访者报告中包括哪些内容和省略哪些内容。

机密受理报告

姓名：　　　　　　　　　　出生日期：

年龄：　　　　　　　　　　受理日期：

受理咨询师：　　　　　　　报告日期：

1. 个人身份信息和转介原因

　　A. 来访者姓名

　　B. 年龄

　　C. 性别

　　D. 种族/民族信息

　　E. 婚姻状况

　　F. 转介来源（如果可能的话，包括电话号码）

　　G. 转介原因（为什么来访者被送到你这里进行心理咨询/初

面谈）

　　H．当前主诉（引用来访者所描述的主要不适感）

2. 行为观察（和精神状况检查）

　　A．外表所呈现的情况（包括卫生状况、目光接触、身体姿态和面部表情）

　　B．说话和对问题回应的质量和内容的多少

　　C．来访者描述的情绪状况（适当的时候在报告中引用）

　　D．主要的想法（包括有没有自杀意念）

　　E．对面谈的合作程度

　　F．评估所获得的数据的详细程度

3. 当前问题（或病症）的历史

　　A．用一个段落描述来访者当前的问题和与之有关的当前压力源。

　　B．用一到两段话概要描述问题最早出现的时间以及症状的历程或发展。

　　C．如果需要，再用一段话描述在初始面谈中确定的当前的其他问题。（通常系统化地使用 DSM 对来访者的问题进行诊断分组，不过，自杀意念、谋杀意念和人际关系问题等可能要单独列出。）

　　D．接着，如果适合的话，描述相关的阴性或排除的情况。（例如，针对某个临床抑郁症的来访者，用"该来访者否认有躁狂发作史"这样一句话来排除躁狂是非常重要的。）

4. 治疗史

　　A．对在报告前文中没有提及的以前的临床问题或症状群的描述。（比如，如果某个来访者当前的问题是临床焦虑症，但是他有饮食障碍的治疗史，那么在这里要提及饮食障碍。）

　　B．描述之前接受的治疗，包括住院治疗、药物治疗、心理治疗或心理咨询和个案管理情况，等等。

C. 用一段话介绍在有血缘关系的亲属中发现的所有的精神病和物质滥用障碍（例如，至少要包括父母、兄弟姐妹、祖父母和子女，可能也要包括姨妈、叔伯和表兄弟姐妹）。

D. 还要用一段话列出有血缘关系的亲属患有的任何重大疾病（例如，癌症、糖尿病、癫痫、甲状腺疾病）。

5. 相关药物史

   A. 列出并简要描述过去的住院治疗史和患过的重大疾病（例如，哮喘、艾滋病、高血压）。

   B. 对来访者当前健康状况的描述。（此处最好引用来访者或者医生的说法。）

   C. 目前服用的药物和剂量。

   D. 基础保健医生（或专业医师）的姓名和电话号码。

6. 个人发展史（这部分内容是可选的，适用于涉及儿童/青少年的案例）

7. 社会和家庭经历

   A. 早期记忆/经历（如果合适的话，包括对父母、可能存在的虐待或童年创伤的描述）

   B. 教育经历

   C. 职业经历

   D. 兵役经历

   E. 恋爱史

   F. 性经历

   G. 攻击/暴力史

   H. 酒精/药物使用史（如果在之前的内容中没有作为一个主要问题谈及的话）

   I. 犯罪史

   J. 娱乐经历

   K. 宗教信仰史

8. 当前状况和功能
    A. 描述典型一天的活动
    B. 自我意识到的优势和不足
    C. 进行日常生活的能力
9. 诊断印象（这一部分应该包括对问题诊断的讨论，或者给出诊断的清单）
    A. 对诊断的问题的简要讨论
    B. 根据 DSM-IV 做出的多轴诊断
10. 案例规划和治疗计划
    A. 用一段话描述你对这个案例的概念。这些描述将奠定你与这个人共同工作的基础。例如，行为主义治疗师会强调强化那些影响来访者症状发展以及可能会有利于减轻症状的偶发事件。或者，精神分析取向的咨询师会强调个人动力以及重要和重复的人际冲突经历。
    B. 用一段话（或清单）给出对治疗方法的建议。

选择报告的结构和内容

受理报告的结构因你所属的专业机构、专业设置和个人偏好而有所不同。例如，精神科医生更偏好强调药物史、精神状况和诊断，而社会工作者更倾向于在社会和个人发展史上花费更多篇章。下面我们建议的报告结构（相关大纲见练习7.3）可能无法适合每个人，但能很容易地加以调整以适应你的特定需求和兴趣。还需要注意的是，以下结构可能过于全面，简短的受理报告或许才是首选。

身份信息和转介原因

在列出来访者的姓名、出生日期、初始面谈的时间、报告日期、咨询师姓名和所属机构之后，大多数受理报告以一个让其读者熟悉情况的叙述部分开头。这个部分一般用一到两个简短的段落，包括身份识别信息和对转介原因的总结。精神科医生通常把开始部分叫做"身份信息和主诉",但这部分内容实际上与我们在这里介绍的在本质上是一样的。这部分内容大致是这样的:

> 约翰·史密斯,男,53岁,白人,已婚,由他的基础保健医生南希·琼斯(医学博士,509-555-5555)转介而来。琼斯医生认为史密斯先生有"中度的抑郁",并深受"与近期失去工作有关的间歇性焦虑、失眠和常见痛苦"的折磨。在他的初次面谈中,史密斯先生承认有这些问题,并且补充说"在家中与妻子难以相处"和"财务问题"加重了他的痛苦,并让他感到"羞耻"。

行为观察(和精神状况评估)

受理报告始于从具体的、客观的数据转向更为主观的咨询师的判断之际。紧接在最初的那部分内容之后,受理报告开始记录咨询师对来访者的具体行为的观察。根据你的机构的要求,这些具体的观察包括或不包括一个完整的精神状态评估报告(例如,如果你隶属于医疗机构,可能更倾向于要求包含对精神状态的检查)。不过,由于我们将在下一章讨论精神状态的评估,因此下面的案例中包含了咨询师对来访者行为观察的基本描述,对精神状态略作介绍。

> 史密斯先生的外表看上去和他的年龄比较相符,身材有些矮小,略微超重。他的卫生状况有些差,头发看上去有些油腻和乱蓬蓬的,有轻微的体味。史密斯先生的眼睛有时向下看,有时直直地盯着咨询师。他经常性地摆手,双腿来回交叉叠在一起。他说话不慌不忙,而且回答咨询师的问题时,始终简明扼要并且能切中重点,他对咨询师提出的所有问题都直接而迅速地响应。他用"悲惨"和"高度紧张"描述自己的感受。他承认有自杀意念,但是否认自己有自杀倾向,他说:"我考虑过结束自己的生命,但我是那种永远不会这么做的人。"史密斯先生对面谈的进程很合作,以下信息能充分地代表他过去和现在的状况。

现有问题（或疾病）史

传统上，精神科医生把标题为"现有病史"的一部分内容包含在受理报告里。这一术语反应了医学模式取向，这可能会也可能不会让非医生的从业者感到不舒服，而且未必适用于非医疗机构。这个部分是从细节描述来访者特定的问题及其独有的演变历程，可以包括多个问题的历史和描述。

> 史密斯先生报告说，自从他作为当地一家木制品公司的工人被解雇之后，他在过去六个星期内感到"难以置信的沮丧"。最开始，在失去工作之后，史密斯先生表示他对公司"生气和怨恨"。大约两个星期前，他开始积极地反对公司终止与他的合约，并与几名同事一起咨询了律师。在他不会再次被聘用这一情形明朗化之后，他不再对公司要求合法的索赔。他参加了两次求职面试，但他说在第二次面试时"惊恐地离开"。随后，他开始有睡眠问题，开始没白天没黑夜地吃东西，迅速地增加了5公斤体重。他还报告说很难集中注意力，感到自己没有价值，想过自杀，在典型的一天中尽可能少地进行建设性的活动。他表示："我失去自信。我不能为任何人做点什么。我甚至不再认识我自己。"
>
> 当问及他以前是否有像现在这样的悲伤和焦虑的经历时，史密斯先生回答说："从没有。"他表示这是"第一次"有"头疼的问题"。史密斯先生否认经常有惊恐发作的经历，他将自己在面试时"惊恐"的意义最小化，他声称"我只是实事求是，我没有多少可以为雇主做的"。

过去的治疗史和家族治疗史（精神病学方面）

对于有些来访者，可以没有这一部分内容，或者加以简化。而对另一些人，这种情况很多，你可能需要引用你阅读的有关来访者的其他记录。举例来说，你可能要做个类似这样的简单总结——"这个来访者之前为了治疗创伤后应激障碍、物质滥用和抑郁接受过一系列的心理健康服务"，除非治疗中有一些特别的情况需要详细说明（例如，像"辩证行为治疗"这样的特殊的治疗方式，以及与之相关的积极或消极的治疗效果）。在这部分，还要包括有关家族精神病史的信息（有些报告的作者把这个主题列为单独的一部分）。

> 史密斯先生之前没有接受过心理健康方面的治疗。他的基础保健医生的转介说明提到，他在史密斯先生做门诊预约时提供了抗抑郁药，不过史密斯先生拒绝服用它们，而更愿意尝试心理治疗。
>
> 此外，史密斯先生报告说他家族中没有人去见过心理健康方面的专业人士，不过随后他补充说他的表叔患有抑郁症并早在20世纪60年代接受了"电击疗法"。他否认自己和家人有任何其他的精神障碍。

相关病史

报告中包含多少相关病史，取决于你从来访者的内科医生那里获得了多少信息，以及在初始面谈中你对这个方面涉及得有多深。至少，你要询问来访者以下几方面信息：(1)他或她的一般健康状况；(2)任何最近的或慢性躯体疾病或住院治疗的情况；(3)处方用药；(4)最近生病的时间。此外，如果你有来访者基础保健医生的姓名（以及电话），报告中最好也包括这些信息。

> 史密斯先生的基础保健医生提供的与他的病史有关的信息非常少。在面谈中，史密斯先生描述自己身体健康状况很好。他否认在童年或青少年时患过任何重大疾病或住院过。他强调说他真的很少"生病"，而且他的出勤率非常高。他尽力回忆，他仅有的生病和治疗经历是肾结石（1996）和从结肠切除一个良性息肉（1998）。他报告服用过维生素和硫酸氨基葡萄糖（为了身体健康和缓解关节疼痛），但当前没有服用任何处方药。史密斯先生的基础保健医生是埃米尔·罗德里格斯博士。

个人发展史

个人发展史从出生开始，主要侧重于发展里程碑的实现情况。在咨询儿童或青少年来访者时，最适合使用个人发展史。因此，我们将在第十一章对个人发展史进行讨论。

社会和家庭史

写来访者的社会和家庭史如同写一部长篇小说。每个人的生活都有许多波折，如同历史学家，你的目标是把来访者的生活浓缩成紧凑的叙事。要做到简明扼要、条理清晰，尽可能归纳或展现来访者经历中的亮点（或低谷）。需要再一次强调的是，你所写的社会和家庭史的深度、广度和长度取决于你的初始面谈目标和你的机构设置（涉及的特定主题见练习7.3）。

史密斯先生在美国华盛顿州西雅图郊区的柯克兰出生和长大。他是伊迪丝和迈克尔·史密斯的五个孩子中的老三。他的父母目前年近80岁，婚姻稳定，居住在西雅图，开始有一些明显的健康问题。史密斯先生与他们关系紧密，每年拜访他们数次，他显得很关心他们的幸福。他说与父母或兄弟姐妹没有明显的冲突或问题。

史密斯先生认为其早年记忆的特点是"正常"。他说他的父母"富有爱心又严厉"。他否认自己的原生家庭中有任何性虐待或躯体虐待的经验或见闻。

史密斯先生在他的家乡上学，1966年从高中毕业。他用"一名普通的学生"描述自己。他有一些轻微的违纪问题，包括为数众多的留校（通常是因为没交家庭作业）和一次退学（因为在学校操场打架）。

在高中毕业后，史密斯先生搬到华盛顿的斯波坎市，在斯波坎瀑布社区大学进行了短期学习。在这段时间，他遇到了他现在的妻子，并决定与其读完大学不如找一份工作。他做了一系列的短期工作，包括在服务站做服务生和修屋顶，最终在当地的木材加工厂获得了一个职位。他说他在那个工厂工作了31年。他强调他一直努力工作，而且从没有被解雇过。史密斯先生没有参军，也没有在部队服役过。

至于整体的风度，史密斯先生表示他一直（直到近期）"友好和自信"。他在高中曾和一些年轻女孩约会，搬到斯波坎市后也是如此。在刚刚过了20岁后不久，1967年，他遇到了艾琳，后来他娶了她。他用"非常适合"描述她，并说自己是个愉快的已婚男人。他否认任何性障碍，但是承认在过去一个月左右对性生活的兴趣和欲望下降。他表示因失去工作而导致的"悲惨状况"给他的婚姻带来了压力，但他相信自己的婚姻仍然很牢固。

史密斯先生和他妻子已经结婚35年。他们有3个孩子（两个男孩和一个女孩，年龄从28岁到34岁），三个子女都住在离史密斯夫妇160千米以内。据史密斯先生说，他的所有孩子都过得相当不错。他说他与子女和七个孙子女经常保持联系。

在学校期间，史密斯先生偶尔参与"打架"或"混战"，但他强调那些行为都是"正常的"。他否认在打架中使用过武器，并且说他最后一次争吵还是在刚刚从大学退学后，"当年我才20岁"。

对于史密斯先生而言，酒精和药物从来都不是个严重的问题。他报告在高中和大学期间有过几次醉酒的经历。他还提到，他每周五下班后，会和好朋友一起外出"喝点啤酒"，每周二他也会喝点啤酒，这与他和他妻子参加的保龄球联赛有关。在读大学时，他有过短暂的抽大麻的经历，但他表示"我并不喜欢它"。他没有"更严重的"吸食毒品的经历，而且否认有任何药物成瘾的问题，他表示："我尽可能地避开它们。"

除了一些超速罚单（通常是在从斯波坎驾车去西雅图的路上），史密斯先生否认有其他的法律问题。他唯一的一次与机动车无关的传票来自他的"大学时光"，当时他因"行为不检点"被传讯，因为他与一群"酒友"在酒吧外"引起一场骚动"。史密斯先生被要求支付一小笔款子，并给店主写一封道歉信。

史密斯先生说他最喜欢的休闲活动是保龄球、钓鱼和猎鸭。他还表示他和妻子喜欢一起旅行和在赌场玩小金额的赌博。他说自己

> 从没有输超过自己"输得起"的钱,而且不认为他的小金额的赌博会是个问题。他承认自己最近对"享受生活"没有兴趣。因此,他减少了对休闲活动的参与。
>
> 史密斯先生在天主教家庭长大,他说自己一生中绝大多数时候会"断断续续"去教堂。他表示目前他处于"断"的时期,因为他大概有九个月没有去过教堂了。他妻子经常去教堂,但他表示他不经常去教堂并没有成为他们夫妻关系中的一个真正的问题。他认为自己是一位"基督徒"和"天主教徒"。

当前状况和功能

初始面谈的这部分内容侧重于三个最重要的主题:(1)日常活动;(2)来访者对个人优势的自我认知;(3)看上去有没有能力恰当地完成与年龄相符的日常生活。根据你的设置和偏好,也可以对这部分内容进行扩展,把对来访者心理功能、认知功能、情绪功能或人格功能的描述包括进来。这部分内容让咨询师能从各方面对来访者的日常功能进行主观评估。

> 现在,在普通的一天中,史密斯先生早上7点起床,与妻子一起喝咖啡和吃早饭,读报纸,然后他们去起居室看晨间新闻。他表示他通常阅读"分类"版块中与就业机会密切相关的内容,并圈出他可能感兴趣的职位信息。不过,在去起居室之后,他报告说他会做任何能做的事情以避免外出求职。有时候他看电视,但他说坐得太久会太过于"压抑",因此他去车库或者去他的后院"闲逛"。他通常给自己做一个三明治或一碗汤作为午饭,然后继续闲逛。史密斯先生的妻子是当地一家非盈利机构的管理人员,大概在下午5点半下班回家。她偶尔会提醒他找工作,但史密斯先生说他通常都会不耐烦地回应她("总会大发脾气")。然后妻子就会逃回厨房去做晚饭。晚饭后,他会继续看看电视消磨时间,直到就寝。史密斯先生通常在周末改

变平日生活习惯，往往是为了去看子女和孙子孙女们，有时候他和妻子去当地一家赌场冒险"花点硬币"。（不过，他表示由于经济紧张，他们的周末活动现在取消了。）

　　史密斯先生认为自己通常有很多优点，尽管他需要一些对他的积极品质加以详细说明的提示。例如，他认为自己是个诚实的男人、努力的工人、一位全心全意的丈夫和父亲。他还相信，对于一些朋友而言，他是一个好哥们儿，而且相处起来很有趣（"在我工作和有自己的生活时"）。至于智力，史密斯先生认为他"不傻"，但他最近有一些注意力不集中和"记不住任何东西"的问题。当问到个人缺点时，史密斯先生表示："医生，我希望你让那些墨水留在你的那支笔里面。"他把个人缺点主要集中在他当前的心理状态上，他描述为"我的问题是，没有勇气再爬上摔下我的那匹马"。

　　尽管他的卫生状况较差，并且总体上缺乏活力，但史密斯先生看上去能够充分完成大多数的日常生活。他说他偶尔做做晚饭、修理割草机、照顾其他家庭成员和做一些维护工作。他感觉——而且这可能是准确的——他做大多数事情的效率降低，是因为注意力不集中和间歇性的健忘。史密斯先生的人际交往功能表现出有些受限，因为他说当前对外界活动的参与较少。

诊断印象

　　学生往往有一些很好的理由不愿给来访者下一个明确的诊断。不过，大多数受理报告应该包括一些对诊断内容的讨论，即便你的讨论仅限于宽泛的诊断分类，比如抑郁、焦虑、物质滥用、饮食障碍，等等。在有些情况下，来访者需要一个诊断结果以使用他们的保险金。尽管简单列出你的诊断意见在有些情况下是可以的，并且医疗管理公司的首选是仅包含一个多轴诊断，但我们倾向于根据DSM的多轴诊断对诊断的问题做简要讨论。这些简要的讨论会使你的读者了解你是如何定义你的诊断的，它甚至可以包括你为什么选择某一个特定的诊断标签而不是另一个。在下面的介绍中，我们使用了莫里森（Morrison，2007）的原则，这一原则要求咨询师在充分解释症状的前提下使用最不严重的诊断标签。

> 这位53岁的男性很明显患有适应障碍。尽管他也符合抑郁症的诊断标准，但我不愿意做出抑郁症的诊断，因为他的抑郁症状与他近期生活的改变有着紧密的关系，而且他没有个人精神病史，家族精神病史也非常少。史密斯先生还经历着大量明显的焦虑症状，这些可能比他的抑郁症状更为核心，并影响了他寻找新工作的能力。类似地，这种情况下也可以对他做出焦虑障碍的诊断，不过同样因为这些突然而起的症状与他最近失去工作直接有关，这表明他当前的精神状态更适合用不太严重的诊断标签。
>
> 他当前的DSM-IV-TR多轴诊断结果如下：
>
> 轴Ⅰ：　　　　　309.28适应障碍伴随功能焦虑和抑郁（暂时）
> 排除（R/O）：　296.21，抑郁症，单相，轻度
> 轴Ⅱ：　　　　　在轴Ⅱ上无诊断（V71.09）
> 轴Ⅲ：　　　　　无
> 轴Ⅳ：　　　　　严重：最近在工作31年后失去工作
> 轴Ⅴ：　　　　　整体功能评估（GAF）=51–60
>
> 请注意，在以上的多轴诊断中，我们使用DSM提供的一系列程序，为了表明诊断结果并非一成不变。具体而言，我们使用"暂时"并排除一个诊断可能（重度抑郁）。此外，对于整体功能评估（GAF）的评级，我们使用了一个数值范围，我们推荐这样做是因为GAF评定固有的主观性特点（Piersma & Boes，1997）。

案例构想和治疗计划

这部分内容是说明你对这个案例如何理解的。这部分内容让你可以介绍

自己如何看待这个案例以及你会如何与来访者将治疗工作进行下去。毫不奇怪，行为主义治疗师用行为术语描述他们的案例，而精神分析取向的治疗师用精神分析术语描述。考虑到你的来访者可能会要一份你的受理报告的复印件，一般而言你要尽可能少使用理论术语。

> 史密斯先生是个稳定和可靠的人，当前因突然失业而患有严重的适应障碍。看上去，多年以来，他的身份认同很大一部分与他的职业生涯有关联。因此，失去了他以往工作日的生活结构，他感到抑郁和焦虑。此外，他的焦虑、抑郁和缺乏有意识的建设性活动已经在相当大的程度上动摇了他的自信心。由于一系列的原因，他感到无法外出找工作，尤其是因为他有着对于正常生活和就业的强大价值感，这就进一步降低了他对自己的信任和尊重。
>
> 对史密斯先生的治疗计划应该侧重于两个同步的目标。首先，尽管无法给他提供一个新职位，但至关重要的是，史密斯先生要开始为寻求和获得就业机会而持续努力。仅仅建议他（在工作了31年之后）重建自己的身份认同，并把自己当做一个失业人员来重视，是不现实的。与这个总目标相关的治疗目标包括：
>
> 1. 分析阻碍史密斯先生进行日常求职的因素；
> 2. 培养应对躯体焦虑的策略（包括放松和日常锻炼）；
> 3. 培养和实施认知应对策略（包括认知重建和自我指导技巧）；
> 4. 培养和实施社交应对策略（包括同伴或配偶对求职行为的支持）；
> 5. 培养和实施社会情绪应对策略（史密斯先生需要学习向他的密友和家人表达自己对个人状况的感受，而不是用急躁或让人厌恶的社交行为把他们推开）。
>
> 针对史密斯先生的第二个总目标是帮助他扩展他作为木制品公司长期雇员之外的身份。与这个总目标相关的治疗目标包括：

1. 帮助史密斯先生认识到职场以外的人际和活动的价值；
2. 帮助史密斯先生了解如何感同身受地与一个状况类似的人谈话，然后让他解释这种态度，并用自我谈话策略对自己"说话"；
3. 与史密斯先生一起探讨他可能的退休计划。

尽管史密斯先生的治疗将主要是个人导向的治疗，但出于评估和支持的考虑，我建议请他的配偶陪他一起参加一些面谈。由于他提到，他们之间的冲突日渐增多，他们共同参加面谈将有助于帮助史密斯先生更有效地应对这些困难和突然发生的生活变化。

总之，重要的是要鼓励史密斯先生使用他固有的积极的个人技能和资源处理他生活中的新挑战。如果运用这个方法进行了 6～10 次面谈之后没有取得任何进步，我将讨论使用药物治疗或改变他的治疗方案的可能性。

内容简要清晰

把受理报告写得简要清晰是件非常难的事。不要指望自己第一次坐下来就能写出一份完美的报告。在你走到希望其他人阅读它这一步之前，你可能要几易其稿。针对如何让报告撰写过程变得比较轻松，我们有以下一些建议：

- 尽可能早地写报告（最理想的情况是面谈结束后立即着手写报告，你等的时间越久，从你的脑海中和笔记上重建面谈就越难）。
- 写一个速记的草稿，不用担心用词是否恰当或文风是否优美，然后把它存放在一个保密的地方，并尽快回来进行编辑。
- 紧跟报告大纲。我们在练习 7.3 中推荐了报告大纲，紧跟任何大纲都胜过仅仅与来访者闲聊。
- 试着从你的督导或雇主那里获得有关他们期待的报告的明确信息。如果有个可用的标准格式，你就遵循这个格式。

- 如果你的机构有可用的报告样本，请仔细阅读，并把它们当做你的报告模板。
- 请记住，就像是一项技能，随着练习的增多，撰写报告会变得容易起来，很多经验丰富的专业人士能在20～30分钟内口述一个完整的受理报告——有一天你也可以做得这么好。

另一个与简要地撰写报告有关的问题是在你的受理报告中放入什么信息。你应该如何做到简明扼要又详细描述细节？报告中应该包括多少非常个人化的信息？我们的态度是，仅仅在必要的时候详细，并且在描写细节时要保持尊重（见多元化要点7.1）。

确保报告的保密性

怎么强调保密性都不过分。我们都需要提醒自己，我们的来访者暴露了有关他们生活的个人信息，我们应该像对待珍宝一样对待这些信息。为了有助于保证受理报告的保密性，我们总是在报告上打上或印上"机密"的字样。很明显，仅仅这样做并不能完全确保其保密性，但这是朝向目标做出的正确一步。

此外，要确保有一个足够安全的地方存放来访者记录。不要把你的报告放在你的桌子上，或在你的电脑上打开，在这些地方，来访者和未经授权的同事可能会无意间看到报告。如果你保存的是纸质的报告，保证报告存储的安全性相对比较容易（存放在锁住的办公室里的一个锁住的文件抽屉里）；如果你保存的是电子文档，要确保文件存储的安全性可能会更加复杂一些（Welfel，2006）。

依靠计算机系统保存机密报告的机构和个人会面临一些特殊问题。如果只把报告储存在软盘或硬盘上，有可能会永久丢失这些信息（软盘被损坏或者硬盘崩溃）。因此，很有必要至少保留两份来访者记录的副本。

电子文档的访问限制是另一个与计算机时代有关的问题。尽管一些计算机专家建议使用能在下班后锁住的移动硬盘，但至少应对计算机文件用访问代码或密码进行管理。韦尔费尔和海因伦（Welfel & Heinlen，2001）也建议保留一份纸质副本，并且软盘上的记录要使用代码或假名来作为识别标志。

与你的来访者分享面谈报告

尽管来访者在法律上有权利阅读他们的医疗/心理治疗/心理咨询的记录，但是当咨询师直接把报告提供给来访者时，要保持谨慎这个好习惯。我们再一次强调，这一做法要做到平衡。由于享有消费者权益，来访者对他们的记录持有相关权利。另一方面，有些来访者可能误解或曲解你所写的内容——这意味着你可能会因为提供这些信息而让自己陷入麻烦。

在大多数情况下，我们遵循以下原则：

- 在心理咨询的一开始便告知来访者，你会做记录而且他们有权阅读这些记录。
- 在合适的时候，告知来访者记录的部分内容是用适合于同其他专业人士进行交流的语言写成的，因此，记录可能不是特别容易阅读或理解。
- 如果来访者询问他们的记录，告诉他们，在交给他们之前，你想要与他们一起检查一遍记录，以尽可能地降低记录被曲解的可能性——你甚至可以说，这样做是遵从你的职业道德准则。
- 当来访者询问记录时，同他们安排一个预约（免费或付费），与他们一起检查报告。
- 如果你的来访者不再来见你，对你很愤怒，或者拒绝与你会面，你可以：(1) 不安排会面，直接把记录交给他们（并希望记录不要被曲解）；(2) 同意把记录单独交给另一个授权的专业人士（他将与来访者共同阅读记录）。

当来访者要求看他们的记录时，重要的是要保持平静和表示对他们的权利的理解。此外，形成一个分享记录的流程，并且紧密遵循这个流程也是必不可少的。如果你用同情和尊重的态度对待来访者，并且用富有同情心和充满尊重的语言描写你与来访者的面谈，大多数来访者会感到满意（见多元化要点7.1）。

总　结

　　初始面谈可能是心理健康专业人员所开展的最基本的面谈类型了。初始面谈通常要收集关于新的来访者的信息，以确定哪种治疗方式最为合适。初始面谈基本上是评估性面谈。因此，咨询师在初始面谈中要灵活地进行提问。

　　初始面谈的三个重要目的是对以下方面进行评估：(1) 来访者的病症和治疗目的；(2) 来访者的个性、个人经历和精神状况；(3) 来访者当前的状况。

　　要评估来访者的病症和治疗目的，就需要咨询师找出来访者最主要的个人痛苦，以及引发这种不适感的其他问题。根据可能的治疗和干预方案，咨询师需要考虑来访者的病症和治疗目的的优先性并做出选择。咨询师在分析、定义来访者的症状时可以参考很多方法。通常，这些方法都要求找出来访者病症的前因后果。

　　了解来访者的个人经历是个敏感而又艰难的过程，咨询师在这个阶段要开始非指导性谈话。讲述个人经历的顺序是：早期记忆、对父母和家庭的描述、学校和同伴关系、职业。由于通常在面谈中根本无法容纳这么多的信息，因此咨询师要灵活和有选择性地从来访者那里收集个人经历信息。

　　初始面谈的最后一个重点是来访者当前功能的状况。咨询师应该在面谈结束前将重点放在当前状况上，这样有利于将来访者引回他们的现状，面对不利和有利之处。面谈的结尾应稍稍强调来访者的个人力量和环境因素，并重点强调未来和设置的治疗目标。

　　来访者所填写的登记表和受理问卷可以帮助咨询师事先决定在面谈中应该谈及哪些方面的内容。初始面谈的侧重点受到咨询师的理论取向、治疗环境以及专业背景和个人偏好的影响。此外本章还列出了限定时间原则下开展初次面谈的方法。

　　撰写受理报告对于大多数咨询师而言都是一项巨大的挑战。在准备撰写报告时，要考虑你的受众、报告的结构和内容、如何将报告写得简明扼要以及你将如何做到对报告的保密。

推荐阅读及资源

Lazarus, A.A. (1976). *Multimodal behavior therapy.* New York: Springer. 本书是多重行为疗法的经典之作,书中详细介绍了 BASIC ID 模型。

Lazarus, A.A. (2006). *Brief but comprehensive psychotherapy: The multimodal way.* New York: Springer. 这本最新的出版物将指导你如何有效地运用拉扎勒斯的 BASIC ID 治疗模式。

Davis, S.R., & Meier, S.T. (2001). *The elements of managed care: A guide for helping professional.* Belmont, CA: Thomson Brooks/Cole Publishing Co. 本书作者针对经常变动的医疗管理和第三方支付政策,为咨询师提供了非常好的操作指南。

Jongsma, A.E., Peterson, L.M., & Bruce, T.J. (2006). *The complete adult psychotherapy treatment planer* (4th ed.). New York: John Wiley & Sons. 对于治疗计划和目标设置的具体想法而言,这个"计划"是个很好的参考。

Teyber, E. (2006). *Interpersonal process in therapy: An integrative model* (5th ed.). Belmont, CA: Brooks/Cole. 这本书侧重于从人际关系角度进行评估。对于刚入门的毕业生而言,如果想要运用人际心理治疗方法,这本书是一个很好的参考。

第八章

精神状况检查

有些人致力于采用完全科学严谨的立场来研究我们所生活的世界,而又不与这个世界隔离。这绝不容易。这可能吗?

——R. D. 莱恩《经验的声音》

> **本章目标**
>
> 作为心理健康工作者,你的职业要求你拥有对来访者的精神状况进行评估和交流的技能。在本章中,我们将讨论典型精神状况检查的基本概念。阅读完本章后,你将会了解以下内容:
> - 精神状况检查的定义。
> - 进行精神状况检查时要考虑的个体和文化问题。
> - 一般精神状况检查的基本概念,包括来访者的外表、行为、态度、情感和心境、言语及想法、感知障碍、定向和意识、记忆和智力,以及来访者的可信性、判断和内省。
> - 你何时需要或不需要进行一个完整的精神状况检查。
> - 精神状况检查报告中应包含的内容,以及如何撰写一个简短的报告。

精神状态评估在精神病学中处于一个备受推崇的位置。所有精神科住院医师都要学习精神状况检查的精妙与乐趣。这一过程向咨询师提供了一种检查病人精神状况的独特方式。

要假设我们能够快速且有条不紊地辨别另一个人的精神状况,这既令人兴奋，又显得有些自以为是。如果你多想一想这个概念，就很难不因存在这种客观分析和评估他人精神状况的可能性而感到兴奋。然而，当你更仔细地思考这个概念时，又会感到，试图快速而准确地评估一个独立个体的精神功能显得有些自大。

正如本章开篇引用的莱恩的话语所暗示的那样，在科学研究中，特别是对心智的研究中，完全的隔离或情感中立是不可能的。那么，我们为何要用一整章来论述精神状况检查呢？

无论你喜欢还是不喜欢，专业工作者有时候必须在一些无法建立长期关系的环境中做出判断。因此，在某些情境中，有一个标准化的程序来向他人提供必要的信息，即使不是必需的，也将会很有帮助。我们需要一个既客观又富于同情心的系统来评估、评价和理解来访者的精神状况。所以，在开始评估精神状况的旅程之前，让我们来简短地认识和讨论一下人类客观性的脆弱性。

客观性

绝对的客观性需要情感上的完全中立。幸运的是——也可以说不幸的是（这取决于你的观点），人们在任何人为的活动中都可能无法绝对地保持客观或情感完全中立。菲杰弗·卡帕（Fritjof Capra）在《物理学之道》（*The Tao of Physics*）一书中雄辩地论述了这一问题：

> 在原子物理领域中对观察进程的详细的分析表明，亚原子的微粒作为独立实体并不具有实际意义，而是只能被理解为实验准备和随后的测量之间的联系……在原子物理中，我们永远也无法在谈论自然时不谈到自己。

即使在亚原子物理这样精确的科学领域中，诸如情感、信念这些人类因素也影响着被观察到的事物，并赋予它们意义。那么当研究人类时，我们更要记住自己既是参与者又是观察者。这意味着临床面谈不仅仅是观察和评估来访者，我们同时也参与到咨询师-来访者关系中，所以，我们的行为将会带来影响。例如，出于各种原因，咨询师的心境可能直接或间接地影响来访者的心境。我敢肯定，你一定能回忆起若干次，你感到在情绪上甚至身体上受到医生的风格、方法或情绪的影响。然而，由于过度的情感疏离或情感中立既不令人期待也没有用处，我们必须运用我们的情感联系和情感反应来帮助自己更全面地理解来访者。这既包括理解我们的反移情反应，也包括理解病人影响我们的其他方式。精神状态评估的关键挑战是，要将情绪的敏感性与适当程度的客观独立性联系起来。

什么是精神状况检查

精神状况检查是一种方法，用于组织和评估与精神状况或精神状态有关的临床观察。精神状况检查的基本目的是评估来访者当下的认知过程（Strub & Black，1977）。而近年来，精神状况的检查变得更加全面，而且有一些检查包括了既往史信息、治疗计划和诊断印象的部分（Robinson，2001）。本章中描述的精神状况检查是施特鲁布和布莱克流派中的一般模式，它强调对当下的认知功能的评估。本书其他章节将专门论述既往史、心理诊断面谈和治疗计划。

精神状况检查在医疗情境中十分常见：对于精神科医生来说，精神状况检查就如同普通内科的躯体检查（Siassi，1984）。在医院和医疗中心，精神科医生要为严重失常的病人进行日常精神状况检查，这是很常见的事情。医生采用一段中等长度的文字来报告每个病人的检查结果（见练习8.1）。任何想在身心健康领域谋求到职位的人都应该有能力使用精神状况检查报告与其他专业工作者进行交流。精神状况报告允许心理卫生专业工作者采用一种业内普遍理解的格式来交流关于来访者的重要信息。

练习 8.1
精神状况检查报告

一份好的报告应该简明扼要、清晰凝练，而且要包含本章中所提到的各方面信息。下面的报告可作为范例。

精神状况报告 1

加里·斯帕罗，42岁的白人男子，在医院急诊室进行主诉时衣冠不整、蓬头垢面。在咨询过程中，他表现得激动不安，频繁地更换座位。他很不耐烦，在与评估者交谈的过程中有时表现得粗鲁无礼。斯帕罗先生报告说今天是他生命中最好的一天，因为他决定了参加职业高尔夫巡回赛。他的情绪不稳定，但与他谈话的内容是相一致的(例如，当他报告说他"以高于标准杆18杆入洞"的时候变得热泪盈眶)。他讲话时声音很大，急切而且内容过于详尽。他表现出联想松散和思维奔逸。斯帕罗先生描述了对自己的性能力和运动家强壮体魄的夸大妄想。他报告了幻听(上帝告诉他应该辞职并成为职业高尔夫球手)并且专注于他在运动和性方面的才能。他有对时间和地点的定向能力，但声称自己是美国著名高尔夫球手本·霍根的私生子。他否认自杀和伤人的想法。他拒绝参与检查中与记忆和智力有关的部分。斯帕罗先生的记忆不可靠并且表现出很差的判断能力，自知力缺失。

精神状况报告 2

海伦·杰克逊太太，67岁的非洲裔美国女性，在"雪杉之春"疗养院的常规环境中接受检查。她仪表得体，在检查中很合作。她报告说自己的心境是"绝望的"，因为她最近总忘了把眼镜放在什么地方。她的情感以间歇性发作的焦虑为特征，通常与忘了把东西放在哪里有关，或与回答评估者问题时碰到困难有关。她的言语缓慢、犹豫而且轻柔。她反复地关注个人物品和外表，担心围巾是否"滑了下来"，且不时地询问自己的外表是否合宜。(例如："我看上去还好吧？你知道，我待会儿会有很多客人。") 杰克逊太太对人和地点有定向能力，但是认为今天是1971年1月9号（其实今天是1996年2月16号）。她不能进行连续递减七的运算。并且，在对三项物品一项也没回忆起来时，她出现了短暂的焦虑和担忧，坚持说："哦，我想你又给我多加了一项，是不是，小伙子？"然后她很快就会恢复到愉快的状态，说："你是不是下次还会来看我啊？"她的成语解释很具体，判断力、可靠性和内省力都受到严重损害。

一般精神状况检查

基本精神状况检查所包含的主要类别根据从业人员和机构设置的差别而略有不同。在本书中，我们发现下面这个列表很有用处：

1. 外表
2. 行为/精神性运动活动
3. 对评估者（咨询师）的态度
4. 情感和心境
5. 言语和思维
6. 知觉障碍
7. 定向力和意识
8. 记忆和智力
9. 可靠性、判断力和自知力

在精神状况检查中，咨询师要把临床观察组织起来，建立起关于来访者当前精神或认知功能的假设。尽管精神状况检查提供了重要的诊断信息，但检查的操作并不以心理诊断程序为主，也不是正式的心理测量程序（Polanski & Hinkle, 2000）。在简短地讨论个体和文化问题之后，我们将逐一讨论传统精神状况检查中所涉及的每一个评估领域。

个体和文化问题

正如大多数评估程序，精神状况检查也容易出错，特别是当咨询师缺乏多元文化知识或敏感性时更是如此。如果说来访者的精神状况是文化功能的一部分，这可能是过于轻描淡写了；事实上，个体的文化背景可以决定其精神状况。

尽管有被误用或滥用的可能性，但如果评估者具有关于多元文化问题的知识和敏感性，精神状况检查还是非常有用的。毕竟，就像尼日利亚小说家齐努亚·阿奇贝（Chinua Achebe，1994）所写的那样，关于疯癫的感知有赖于个人观点：

> 歌唱之后，翻译者又说到上帝之子名叫耶稣基督。奥孔科沃原本一直想着可以把这些人赶出村庄，或用鞭子抽打他们，现在他开口说话了。
>
> "你亲口告诉过我们只有一个上帝。现在你又讲到他的儿子。那么他肯定还有一个老婆。"人群发出赞同的声音。
>
> "我并没说过他有老婆。"翻译者说，听起来有点牵强……
>
> 传教士忽略了他说的话，继续讲圣三位一体。结束时，奥孔科沃完全相信这个人已经疯了。他耸耸肩离开人群，去享受他午后的棕榈酒。

有时候，特定的文化信念，特别是精神信仰，在外人听起来像是疯癫（或妄想）一样。在躯体疾病、娱乐活动以及婚姻和家庭仪式方面，信念和行为也是如此。例如，在某些情况下，禁食仅对于强制住院治疗的人是正当的，但在另一些情况下，禁食——甚至时间相当长——与精神或身体修行有关（Polanski & Hinkle，2000）。总的来说，像大多数评估程序一样，在对来访者的精神状况下结论之前，咨询师在精神状况检查中也必须敏感地考虑到当事人和文化问题（参见多元化要点8.1）。

多元化要点 8.1
精神状况检查中用于评估智力的题目示例

第一部分

精神状况检查中所使用的评估智力的很多问题来自于标准化测验，或者有其他的版权问题，所以不适合摘录在这里。下列问题与精神状况评估者所使用的典型问题在内容上近似。

知识储备

请说出六个美国大城市的名字。
当你从纽约出发去罗马旅行时，你会朝哪个方向走？
在越战期间担任美国总统的人是谁？
哪位总统发起了"解放奴隶"的战争？
汽车尾气中有什么有毒的化学物质？
史蒂夫·旺达的职业是什么？
"把妹"是什么意思？

抽象思维

铅笔和打字机有何相似之处？
鲸和海豚有何相似之处？
"住在玻璃房子里的人不能扔石头"这句谚语是什么意思？
"百鸟在林不如一鸟在手"这句谚语是什么意思？

判断

如果你在当地公园的树丛里发现一把枪，你会怎样做？
如果你有100万美元，你会怎样花？
从洛杉矶到芝加哥有多远？
如果你困在沙漠中24小时，你将使用什么方法让自己存活下来？

如果你发现自己最好的朋友与你上司的太太私通，你会怎么办？

第二部分

看完上面的"智力问题"列表后，请组织一个小组来讨论一下与每个问题有关的个体或文化偏见。例如，有些问题明显对年轻的来访者不公平，另一些问题对年长的来访者不公平，还有些问题对非美国出生的来访者不公平。请与你的小组一起分析每个问题，尝试提出更好的问题以简要地评估来访者的智力。有没有任何智力评估问题是你们所喜欢的？

注：上述条目是为了举例说明。咨询师在进行正式智力评估时应该查询公开发表的、标准化的测验材料。仅仅依据几道题目就对来访者的智力功能做出结论性评价是不恰当的。

外表

在精神状况检查中，咨询师会记录来访者大体的外表情况。对外表的观察主要针对身体特征方面，但也包含一些人口统计学信息。

精神状况检查中记录的身体特征包括仪表、衣着、瞳孔扩张/收缩、面部表情、流汗、妆容、身体上的穿孔或刺青、身高、体重以及可能的营养状况。咨询师不仅应该仔细观察来访者的外表，还应该观察他们的身体反应以及与咨询师的互动。例如，西雅（1998）建议："有经验的临床工作者可能注意到自己握到的是大力神赫尔科里斯钢铁般有力的掌控一切的巨手，还是查理·布朗汗津津的手掌——期待着立即被拒绝。"

来访者的躯体表现通常显示着他的精神状况。而且，躯体表现也可能是某种精神疾病的指征。例如，瞳孔扩张有时与药物中毒有关，而瞳孔缩小可能与药物戒断有关。当然，瞳孔扩张不应被视为药物中毒的结论性证据，它只是拼图中的一块，在得出合理的结论之前需要更多的证据。

来访者的性别、年龄、种族以及宗教背景也都是精神状况检查中应该记录的具体变量。上述每一种因素都可能与精神病学诊断和治疗计划有关。例如，多种DSM诊断的基率都有性别差异。同样，正如奥斯默等人（2002b）所述，外表与生理年龄之间的关系可能有很重要的意义：来访者比实际年龄显得老可能有很多种原因。这一差异可能与毒品或酒精滥用、重性抑郁、慢性病或长期、严重的精神问题有关。在精神状况报告中，可能对来访者的外表做出如下描述：

> 马克辛·凯恩，41岁的澳大利亚洲裔美国女性，看起来比她报告的年龄年轻很多。她前来参加评估时穿着迷你裙、高跟鞋，浓妆艳抹，头发漂染成金色。

来访者的外表还可能显示出其所处环境或职业（Paniagua, 2001）。在前面的例子里，很重要的是要了解到凯恩女士是直接从工作单位——电视肥皂剧组——前来参加评估的。

行为或精神运动性活动

这一类别的内容涉及躯体运动。来访者在整个精神状况检查过程中的活动水平都应该被记录并保存下来。评估者要留意特定的躯体运动，同时也应该注意过度的或有限制的身体运动，如目光接触、面部扭曲、过度的眼动（扫视）、古怪或重复的手势和姿态。来访者可能否认体验到特殊的想法或情感（例如，妄想或抑郁），尽管他们的躯体运动显示出相反的一面（例如，警惕的姿态和扫视，或者缓慢的精神运动性活动和面部表情）。

过度的躯体运动可能与焦虑、药物反应或双相障碍中的躁狂相有关，而运动减少可能表明脑器质性官能障碍、紧张性精神分裂症或药物诱发性木僵。抑郁既可能表现为激动不安，也可能表现为精神运动性抑制，而严重的抑郁更可能与精神运动性抑制相关联（Iverson, 2004）。有时，偏执型的来访者会在他们的视野范围内不停地扫视，以防范外部的威胁。重复的动作（例如，掸掉鞋子上的灰尘）可能是存在强迫观念与行为障碍的信号。类似地，反复从衣服或皮肤上摘取想象中的布或污垢有时与谵妄或中毒反应有关。

对评估者（咨询师）的态度

在心理健康领域，"对咨询师的态度"指的是来访者在与咨询师的关系中怎样行事；也就是说，态度被定义为发生在人际之间的有情境联系的行为。对具体的躯体特征和躯体运动的观察为评估来访者对咨询师的态度提供了依据。此外，观察来访者对咨询师提问的响应度，还有诸如延迟反应、反应是直截了当还是闪烁其辞等言语因素，都将有助于咨询师判断来访者的态度。

精神状况检查的这一部分与先前讨论过的咨询师的情绪主观性有关。咨询师必须允许自己诚实地对来访者做出反应，进而将自己的反应作为了解来访者态度的线索进行仔细观察。这些判断基于咨询师内部的认知和情感过程，因而会受到个人偏见的影响。例如，男性咨询师可能会从一位迷人女性的行为中推断出诱惑性，因为他希望她表现出诱惑的行为，而不是对方真的有诱惑行为。而且，评估者认为具有诱惑性的行为，来访者可能并不认同。这些差异可能源于个人或文化的背景。咨询师的职责是避免将来访者的行为过度解释为态度，或者有时要避免将其过度归因于人格特点。当对来访者的行为做出判断或归因时，你应该回忆第六章中的行为障碍判断标准并问自己以下问题：

- 这种行为是否很罕见，或者在统计意义上极少发生？
- 这种行为在来访者的家庭或工作环境中是否妨碍了来访者或其他人？
- 这种行为是不是非适应性行为？也就是说，它是否给来访者带来了困扰？
- 在当前的环境和事件中，来访者的行为是不是合理的？

来访者与咨询师相处的方式有很多。一般用于描述来访者对咨询或咨询师的态度的词汇列于表8.1中。

表 8.1　来访者对咨询师态度的描述语

攻击性的：来访者对咨询师有人身或言语攻击，或通过鬼脸和手势进行攻击。来访者可能对咨询师竖起中指，或仅仅回答咨询师说"这是个愚蠢的问题"或"我当然感到生气，你能不能别再对我重复我已经说过的话"。

合作的：来访者对咨询师的意见或问题直接做出反应。在咨询师收集数据或解决问题时，能开放地与咨询师合作。频繁的点头和乐于接纳的身体姿态是常见的反应。

敌意的：来访者间接地表现出威胁或尖刻。以挖苦、翻白眼来表明对咨询师的意见或问题的厌恶，抑或用一脸苦相来表现微妙或不微妙的敌意。这种行为模式在违法少年中特别常见（Sommers-Flanagan & Sommers-Flanagan，1998）。

不耐烦的：来访者坐在椅子边上。不能忍受停顿，也不能忍受咨询师从容不迫地讲话。来访者可能明确要求立即得到所关心的事情的答案。这可能与 A 型人格中的敌意和竞争有关。

漠不关心的：来访者的表现和动作表明他们缺乏对咨询的关心和兴趣。来访者可能打哈欠、用手指打拍子，或因为无关的小事或细节而分心。这样的来访者也可以被归为此类。

讨好的：来访者顺从逢迎，过于想要得到咨询师的认可和强化。来访者可能尽力把自己表现得非常好，或赞同咨询师所说的每一句话。来访者可能有过多的点头、目光接触和微笑。

热切的：这种来访者始终与咨询师保持目光接触，或基本上如此；来访者身体前倾，专心倾听咨询师所说的每一个字。来访者的声音可能很大，语调有力。这种来访者与漠不关心的来访者正好相反。

控制的：这种来访者努力利用咨询师以达到自己的目的或理解，可能把咨询师的话解读成对自己最有利的意思。像"他这样做是不对的，是不是，医生"这样的话实际上是在努力获得咨询师的赞同，这可能是一种控制。

否定的：这种来访者实际上反对评估者所说的每一句话。这种来访者可能对显然准确无误的内容反应、重述或总结表示不同意。这种来访者可能拒绝回答问题或者在整个咨询过程中都保持沉默。这种行为也被称为对抗行为。

坦诚的：这种来访者坦诚直白地讨论他们的问题和担忧。

被动的：这种来访者在咨询中几乎不做出或极少做出主动的反抗或参与。来访者可能这样说："随你怎么想。"来访者可能只是被动地坐着，等着咨询师告诉他应该说什么或做什么。

引诱的：这种来访者可能以引诱的或挑逗的方式触摸自己（例如，抚弄身体的某些部位），可能暴露皮肤或尽量"过于接近"或碰触咨询师。这种来访者可能说出一些调情的或挑逗的话。

怀疑的：这种来访者可能多疑地环视房间（一些人甚至会四处检查隐藏的麦克风）。斜视或用眼角看东西也可能是多疑的表现。来访者可能会询问咨询师记录了些什么以及为什么需要这些信息，这样的问题也显示出来访者的怀疑心态。

情感和心境

情感被定义为在精神状况检查中咨询师观察到的来访者此时此刻的情绪色彩。相反，心境是来访者内心的主观、持久的自我报告出来的心境状态（Serby，2003）。

情感

情感通常可从以下几个方面来描述：(1) 内容或类型；(2) 变化范围和持续时间（也称为可变性和持续时间）；(3) 适当性；(4) 深度或强度。下面将对这几方面做进一步介绍：

情感内容　首先，你应确定在来访者身上观察到的是何种情感状态。是悲伤、欣快、恼怒、焦虑、恐惧、愤怒，还是其他？情感内容表现在面部表情、身体姿势、动作和语调之中。例如，当你看到来访者眼中含泪，垂下目光，动作很少（精神运动迟滞）时，你可能会判断来访者具有"悲伤"的情感。相反，拳头紧握、牙关紧咬，加上激烈的语言，则会让你判断来访者表现出的是"愤怒"的情感。

尽管人们在交谈中使用多种多样的情感词汇，但通常使用下列词汇就可以准确地描述情感内容：

愤怒	内疚或悔恨
焦虑	快乐或喜悦
羞耻	恼怒
欣快	悲伤
害怕	惊讶

变化范围与持续时间　在通常情况下，情感的变化范围与持续时间取决于来访者当前的处境和讨论的主题。通常，能够体验和表达多样的情感状态——即使是在电子邮件中——与心理健康良好有关（Pennebaker, Zech, & Rimé, 2001；Sheese, Brown, & Graziano, 2004）。然而，有时来访者的情感变化范围过大，有时又过于狭窄局限。一般来说，强迫特质的来访者表现出的情感比较有限，而躁狂的或表演型来访者会表现出过于多样的情感状态，

从快乐到悲伤又从悲伤到快乐，且变化相当迅速。具有这种模式的来访者也称为情感不稳。

有时，来访者在临床面谈中不表现或很少表现出情感，仿佛他们的情感生活已经关闭。这种缺乏情感的表现通常称为情感贫乏。这个术语被用于描述来访者无法与他人产生情感联系。精神分裂症、重症抑郁或帕金森症等神经疾病患者都会出现这种症状。

有时，来访者服用抗精神病药物时体验和表达的情感也可能较少。这种情况与情感贫乏很相像，通常称为情感迟钝，因为这时存在情感反应，只是情感反应比较有限。

适当性　来访者情感的适当性主要是通过考虑其言语内容与生活处境来进行判断。不适当的情感通常见于问题很严重的病人，如精神分裂症或双相障碍。患自闭症或阿斯伯格综合征的来访者也会表现出不适当的情感。

判断来访者情感的适当性是一个主观的过程，可能简单明了也可能颇为复杂。例如，如果来访者在谈论一宗无疑是悲剧性的事故（例如，孩子的死亡），却毫无来由地呵呵笑，评估者就可以证据确凿地判断来访者的情感"与言语内容不相宜"。另一方面，来访者有时对某些情况会因其个人原因而微笑、大笑或哭泣，尽管看起来这些情感不适当。例如，当爱人经过漫长的病痛而去世时，来访者微笑或大笑可能是适当的，可能出于解脱、宗教信念或其他原因。类似地，具有某些文化背景的来访者可能在专业咨询师面前表达情感有些困难，因而可能显得过于缺乏情感。显然，我们在判断来访者情感的适当性时需要谨慎，特别是在面对一位有着与我们不同的文化背景的来访者之时。

有一种不适当的情感形式需要进一步阐明。具体来说，有些来访者对自己的身体或个人状况表现出惊人的情感淡漠。来访者在谈及自己严重的躯体病痛时不带情感，给人的感觉仿佛大学生在读课本，这种情况我们称之为泰然漠视（la belle indifférence，法语意思是"高傲的冷漠"）。很多类型的来访者都会表现出泰然漠视，但最常见于有转换性障碍、躯体障碍、分离性障碍的患者。然而，近期的研究显示，尽管这种表现容易识别，但可能难以区分有心理障碍的来访者与有器质或神经疾病的患者（Stone, Smyth, Carson,

Warlow, & Sharpe, 2006)。

深度或强度　评估者也常常从深度或强度方面来概括来访者的情感。有些来访者的悲伤很深沉,有些则似乎更肤浅。确定来访者的情感深度有些困难,因为许多来访者努力地避免暴露情感。然而,通过仔细观察来访者的语调、身体姿势、面部表情以及是否迅速转移(或不转移)新的话题,评估者至少可以得到一些关于来访者情感深度或强度的证据。尽管如此,我们还是建议评估者只在来访者情感很强烈或特别肤浅时才进行情感强度的评估。

评估者在精神状况报告中描述来访者的情感时,不必涵盖前面介绍的每一个方面。最常见的是描述情感内容,其次常用的是情感变化范围和持续时间,随后是情感的适当性和情感强度。对一名表现出悲伤的情感内容、狭窄的情感表达,言语内容与悲伤的生活处境相符的抑郁来访者,典型的精神状况情感报告可以这样写:

> 在整个检查过程中,布朗太太的情感时常表现出悲伤,但通常是局限性的。她的情感与她的言语内容相符。

相反,有躁狂症状的来访者(布朗先生)可能表现出下列的情感迹象:

- 欣快的(内容或类型):指表现出躁狂的行为,例如,来访者自称是全能的,表现出兴奋或精神运动性活动增加,而且还使用夸张的手势。
- 易变的(变化范围和持续时间):指在很短的时间内情感表现有大幅度的变化,例如,来访者很快地由哭转笑。
- 就谈话内容和生活境遇来看是不适当的(适当性):例如,来访者在失业和分居的情况下还表现得兴高采烈;换句话说,来访者的情感状态从理性的角度来看是不合理的。
- 肤浅的(强烈的程度):指情绪几乎没有深度或持续性,例如,来访者宣称自己之所以快乐是因为"我微笑"并且"微笑总是可以处理好一切事情"。

在这种情况下，评估者可以描述布朗先生有：

> ……易变的但基本上是欣快的情感，不合宜而且肤浅。

心境

心境可以简单地定义为来访者对其占优势的情绪状态的自我报告。心境应该通过简单的、非引导式的、开放式的问题直接进行评估，如询问"你最近感觉怎样"而不是像"你抑郁吗"这样的封闭的并且有诱导性的、为来访者提供了答案的问题。当被问及他们的情绪状态时，一些来访者会以对躯体状况或近期生活境遇的描述作为回答。如果这种情况发生的话，你可以在单纯的倾听之后加上一句："那么情绪怎么样呢？你（对于躯体状况或生活境遇）有什么感觉？"

你最好逐字记录来访者对于你有关心境问题的回答。这会使得比较来访者在两种不同场合下的心境自我报告变得更容易一些。同时，比较心境自我报告与你对他们情感的评估也十分重要。心境自我报告同时还要和思维内容的自我报告相比较，因为思维内容可能说明了一种特定的心境占主导地位的原因。

心境在几个方面区别于情感。心境比情感持续的时间更长。与情感相比，心境更少产生自发的改变。心境构成情绪的背景。心境是来访者自己报告的，而情感是咨询师观察到的（othmer & Othmer, 2002b）。换言之，心境之于情感好比气候之于天气。

在精神状况报告中，描述来访者的心境通常采用来访者自己的话。

> 来访者说："我大多数时候都感到倒霉、难过和生气。"

言语和思维

在精神状况检查的内容中，言语与思维密切相关。言语是观察思维过程和思维内容的最直接的途径。此外，也还有其他途径可供咨询师观察和评价思维过程。非言语行为、手势语言（对于耳聋的来访者）以及书面作品都是关于来访者思维过程的有价值的信息资源。在精神状况检查中，言语和思维的评估既可独立进行也可合并进行。

言语

我们一般从速度、音量和效力三个方面描述言语。速度指观察到的来访者谈话的速度。音量指来访者讲话声音的大小。速度和音量都可以做如下分类：

- 高（快或响亮）
- 中（中等或普通）
- 低（慢或轻柔）

来访者的谈话一般都被描述为有压力的（快速）、响亮的（高音量）、慢的或停顿的（低速），或者轻柔或无法听到的（低音量）。

当来访者自由讲话时，咨询师更容易评价言语和思维。通常，精神状况报告描述的言语是在没有直接的提示或提问的情况下的自发言语。基本上，言语被描述为自发性的来访者面谈更容易，并且为咨询师提供了进入他们内部思维过程的理想通路。然而，某些来访者抵抗开放式的表达，并且只对直接的提问做简短的回答。这样的来访者通常被描述为"言语贫乏"。还有些来访者对评估者的问题回答得非常缓慢，这种情况可以被描述为潜伏期增长或反应潜伏期长。

特殊的言语特征以及言语中出现的问题也应被记录下来。这可能包括口音、高而尖或低沉且沙哑的音调，以及口齿不清。在许多个案中，评估者只需要简单地评论："病人的言语速度和音量均正常。"言语问题包括吐词问题（言语的清晰度问题或发音含混）、节奏失调（节奏的问题，如喃喃低语或单词音节之间长时间的停顿或延迟）、混乱（快速的、无组织的以及大舌头似的言语）以及口吃。吐词问题、节奏失调和混乱常与特定的脑功能障碍或中毒联系在一起。例如，喃喃低语可能发生在亨廷顿舞蹈症患者身上，而发音不清常发生在酒精中毒的病人身上。

思维过程

对思维的观察和评估通常被分为两大类：思维过程与思维内容。思维过程指来访者如何表达他们自己，换句话说，思维是不是以一种有系统的、有组织的、有逻辑的方式进行的，来访者在表达自己的时候是不是能"说到点子上"。在许多情况下，取得来访者言语的一个逐字逐句的样本对于捕捉一些心理病理的过程是十分有帮助的。下面的例子就是从一个来访者写给他的治疗师的信中摘录出来的，当时这位治疗师移居他处以寻求更进一步的专业培训。

> 亲爱的比尔：
> 我的成功最终到来了而且我最终对我的态度获得了许多良好的正常的感觉而且我希望你的妹妹现在真正过得很好并且可能是在她的小学里学习提出的任何问题都不会惹来麻烦我并不确定你是否结婚了但是我希望你自己过得好而且也祝你想在某地当一个医生的计划或者不管什么事情或者不管怎样现在都可能很好。我想我可能会待在这些即将建成的疗养院中的某一个里……而且事情的确好起来了，现在再见吧比尔。

写这封信的来访者显然存在着思维过程的功能失调。他的思维是无组织的，只是最低限度地粘连在一起。一开始，他的交流就表现为松散的联系；随后，自从写了"医生"这个词，来访者失调到完全语无伦次的程度（这也就是"语词杂拌"，见表8.2）。

评估者可以通过许多方式来描述言语和思维过程。一些最为常见的描述方式是列举并根据表8.2给出定义。在描述来访者的言语和思维过程时，精神状况评估者可能会这样写：

> 来访者的言语声音很大并且有紧迫感。她传达的信息有些时候是不连贯的。她表现出思维奔逸和语词新作。

有时，来自非主流文化的来访者可能难以迅速无碍地回答精神状况检查中的问题。例如，帕尼亚瓜（2001）指出，"英语不够流利的来访者可能表现出思维阻塞"。如果咨询师忽视文化和语言问题，就可能错误地认为这种反应延迟意味着焦虑、精神分裂或抑郁的症状。这样的结论对于许多多元文化族群都不恰当，包括"在大多数谈话中使用黑人英语的非洲裔美国人，如果他们感到对方期待自己使用标准的美国英语时，会……花费很多时间找寻标准美国英语中的短语或句子表达"（Paniagua，2001）。

表 8.2　思维过程的描述语

> **阻塞**：在交流中谈话的突然终止。并没有明显的外部原因促使来访者停止谈话，而且来访者自己也并不能解释为什么他或她停止谈话。阻塞或许表明来访者可能正触及一个非常使其焦虑的话题，或许暗示着妄想或其他不正常的知觉体验的闯入。
>
> **细节化**：来访者提供了过多的不必要的细节。有些时候，智力水平非常高的人（例如，科学家甚至某些大学教授）可能说起话来非常详尽；他们最终会说服别人赞同自己的观点，但他们讲话并不直接和高效。细节化或者过分详尽也可能是防御的一种信号，并且可能与偏执思维类型存在某种联系。（这也可能只是因为教授没有准备好演讲。）
>
> **韵联**：把无关的词或短语连接起来，仅仅因为它们具有相似的发音。通常，这显然是押韵或头韵，例如："我是一个傻瓜、西瓜、尼加拉瓜。"一些韵联的来访者同时也伴有固着（在下面会有说明）。韵联通常发生在严重失常的来访者身上（例如，精神分裂症患者）。当然，像所有其他精神症状一样，有些时候，某一特定的环境或亚文化会鼓励这种行为，在这种情况下，就不能视其为不正常了（例如，说唱乐队成员的韵联行为就不能被看作异常）。
>
> **思维奔逸**：在连续的大量的言语中，来访者的思想是片段的。通常，一个念头因某个先前的念头或外部事件而激活，但是念头之间或念头与事件之间的联系十分脆弱。与松散联结（见下）不同的是，在来访者的思维中还有一些可知觉到的联系。然而，与细节化不同的是，来访者永远也回不到最初的话题上去，或者永远也不能回答最原初的问题。思维奔逸的来访者可能表现出过多的精力或过度的激活（例如，躁狂或轻躁狂的来访者）。许多正常人，包括本书作者，也会在过多摄入咖啡因后表现出思维奔逸。
>
> **松散联结**：思维和想法中缺乏逻辑关系。有些时候，咨询师会感觉到某种联系，但必须竭力去体会，例如："我爱你。面包就是面包，生活之杖。难道我在教堂没有看到您吗？我觉得乱伦太可怕了。"在这个例子中，来访者想到吸引人的事物和爱情，然后通过宗教表达上帝的爱，然后是教堂，然后表述了他在教堂里听到的关于乱伦的事情。这其中的联系是松散的，但是并不是完全不存在。这

续表

种表达可能意味着分裂型人格障碍、精神分裂症或其他精神症状以及前期或恢复期精神异常。当然，一些极富创造力的人也时常表现出思维的松散联结，但是其中的绝大部分人可以找到为社会所接受的方式来表达他们的想法。

缄默：完全不做言语表达。可能存在一些迹象表明来访者与他人存在联系，但通常都十分有限。缄默可能暗示着孤独症或者精神分裂症、紧张性精神症亚型。

语词新作：来访者发明词汇。他们并不是发音错误，而是自然地创造；换句话说，这是即兴的创造而不是一种细思缜密的创造过程。我们曾听到过"温度化"和"特鞋"这样的词。与来访者核对词语的意义和起源是十分重要的事情。不寻常的词汇也可能是真正的词汇，或者是他们从流行歌曲、电视剧或其他来源中照搬来的。语词新作通常都是无心创作而来的。它们与精神异常有联系。

固着：非自主地重复一个简单的反应或想法。固着的概念适用于言语或运动。固着通常与脑损伤或疾病以及精神异常有关。在被告诫不允许之后，青少年往往更容易做出这种行为，尽管正常的青少年更多地是出于固执而不是固着；也就是说，如果有适宜的动机，他们就会自主地停止这种行为。

离题：这一现象与细节化相类似，但是来访者从来不能回到自己的中心话题上，永远也不能回答最初的问题。离题的谈话比细节化反映了更强的思维干扰和无组织性，但是比松散联结的思维问题要小。离题言语不同于思维奔逸，因为思维奔逸会产生过多的言语。

语词杂拌：一系列看上去完全没有联系的词。语词杂拌可能表现了思维无组织性的最高水平。存在语词杂拌现象的来访者谈话语无伦次。（作为语词杂拌的例子，请看上面那个来访者来信的第二部分。）

思维内容

思维内容指在来访者的交流中表达出的特定的含义。思维过程是指来访者如何思考，思维内容则是指来访者思考些什么。来访者谈话的内容可以为咨询师提供关于精神状况的有价值的信息。

在面谈的过程中，对来访者可以谈论的话题并没有限制。然而，在精神状况检查中，有几个特殊领域的内容应该引起注意并进行探查，包括妄想、强迫观念、自杀或伤人的想法或计划、特定的恐怖以及一直关注的任何情绪，尤其是罪恶感。由于我们会在第九章中讨论自杀评估，本章余下的部分将聚焦于评估妄想和强迫观念。

妄想被定义为错误的信念。它们根深蒂固，表现出与现实的断裂；它们并不是基于事实或真实的事件。一个特定的信念要被认为是妄想，它必须是在来访者的文化、宗教和教育的背景下均不能解释的。评估者可能会发现，逐字地记录来访者的妄想报告十分有用。评估者不应该直接与来访者就妄想的信念进行争论，而像下面这样探查来访者信念的问题可能会有帮助："你怎么知道这（妄想）是事实"或"我很好奇，你最开始是怎么注意到对你讲话的这个声音的"（Robinson，2007）。

来访者可能谈到许多不同类型的妄想。夸大妄想是关于某人自身能力或地位的错误信念。最为常见的是，怀有夸大妄想的来访者坚信他们自己具有超乎寻常的精神力量、躯体力量、财富或者性方面的力量。他们不受自己的信念与客观事实之间的矛盾的影响。在某些情况下，有夸大妄想的来访者开始相信他们自己是某一特定的历史人物或同时代的伟人（拿破仑、基督耶稣或圣女贞德都是很常见的历史人物）。

有被害妄想或偏执妄想的来访者怀有错误的信念，认为别人"从外面控制"或监视他们。怀有这些妄想的来访者可能错误地坚信家里或电话被装有窃听器，或者自己正在被某个他们认为是联邦调查局密探的邻居所监视。有偏执妄想的来访者往往伴有牵连观念，也就是错误地认为寻常或偶发的事件实际上与他们有关。例如，许多有偏执妄想的来访者相信电视、报纸或广播正在和他们谈话或者谈论关于他们的事。一个住院的男性病人每周要见两次律师，愤怒地控诉电视新闻每晚都在播报他的事，而使其在其他病人面前和社区当中丢脸。

外部控制妄想的特征是，感到或相信自己处于某种外部力量或势力的控制或影响之下。其症状往往包括否认个人的意志和责任。来访者会报告感觉自己好像是木偶一样，被动且无法维持个人的控制。近年来，被外星人控制、绑架或者被某种超自然或异类的力量控制的妄想变得越来越常见。

躯体妄想通常包括关于躯体状况或疾病的错误信念，例如，癌症、心脏病或肠梗阻。而艾滋病也意料之中地成为来访者经常报告的一种躯体妄想。心理错乱非常严重的来访者往往在事实上从未进行过静脉毒品注射，也没有发生过性关系的情况下认为自己得了艾滋病（Nash，1996）。类似的是，来访者也可能在没有发生过性交的情况下就坚信自己怀孕了。厌食的来访者可能错误地认为自己严重超重，尽管事实上她已经因为营养不良奄奄一息。

躯体妄想像其他妄想一样，有时非常怪诞，例如有一回，我们遇到一个案例，一位妇女认为自己的大脑中有一个胎儿在成长。同时，也如其他妄想一样，躯体妄想也常常与时下的事件以及医学领域的近期发现有关（Hegarty, Catalano, & Catalano, 2007）

据估计，25%的抑郁住院患者以及15%的被确认为抑郁症的门诊病人会报告妄想（Maj, 2008）。可能其中最常见的就是自我贬低妄想。来访者可能会坚信自己是"前所未有的最严重病例"，或（在能力并未受损的情况下）认为自己的技能和能力受到了严重损害。常见的自我贬低的评价包括有罪、丑陋和愚蠢。在某些个案中，来访者会耽于某些行为或念头，投入到一些行为和思想中，引发对自己的负面感觉。

重要的是要寻找事实证据来确定来访者是否真的有妄想，在怀疑来访者有躯体妄想时尤其如此。有躯体妄想的来访者应由医生进行检查，确定或排除存在躯体疾病。

探究妄想信念还可以为评估者提供假设，探索是什么给来访者带来了如此罕见思维过程和个人经验。例如，声称"外星绑架者"让他或她向父母大声咒骂的来访者可能感觉父母对自己过分控制。他可能还对父母感到极端的愤怒，并且发现通过把咒骂归因于某种特殊的邪恶力量来否认自己的冲动会降低威胁性。与之类似，夸大妄想的来访者可能感到不重要或者被忽视，所以会发展出具有特殊重要性的信念（例如，"我是耶稣基督"）。这些人际间的动力与来访者特定的遗传和生物学易感性相结合，可能形成来访者独特的妄想症状。

另一方面，我们也必须考虑，来访者的妄想是否具有现实基础，而非来自于心理动力。例如，那个对父母出言不逊的年轻人可能患有抽动秽语综合征，否则他会与父母建立积极的关系。

强迫观念

强迫观念是反复出现的顽固念头、想法和想象。真正的强迫观念是不自主的，而且当事人通常也认为这是无意义或不合理的。

来访者可能有意识地反复思虑一系列变化范围很广的事情。如果他们对于是否思考某一特定念头失去了自主控制，这就可以被视作强迫性的。我们曾经治疗过一个强迫症来访者，他有被"蛆虫"和"细菌"污染的强迫观念。他报告说，他有一次沿街骑自行车，发现街对面有一个敞口的垃圾箱，就立即被这类想法所淹没，感觉"（自己的）嘴唇边粘上了一些垃圾"。严重的强迫观念往往紧随有强迫性行为。在上面这个案例中，来访者还感到了强烈的骑回去的冲动，以便再次经过那个垃圾箱，来确认自己是否能够把头伸到街对面进到垃圾箱里边。这个案例说明了强迫观念的不合理性以及近似于妄想的性质。

我们治疗过的一个儿童来访者具有一些使其患病的祖母继续活着的强迫观念。她相信只要不断地想着祖母，并且每天进行各种魔法仪式，祖母的癌症就不会进一步恶化。她的仪式行为当然应被归入强迫行为。她还开始抓挠脸颊上的一个斑点，以便让这种疼痛使她不断想到祖母——这是强迫行为的另一个例子。她的发狂、无法停止地想到祖母以及她关于自己有力量使祖母活下去的信念都可被认为是强迫观念。

大部分有强迫行为的人会出现清洗或检查行为。他们持续不断地感到需要洗涤或清洁某物，或者需要不断地检查是否已发生或将要发生某个特定事件。最为常见的例子是强迫洗手、打扫房间、检查门锁以及查看入侵者是否能够进入卧室或家里。实际上，在具有临床意义的强迫性行为出现之前，总是会发生具有临床意义的强迫观念。强迫观念的首要特征是怀疑感。通常，有强迫观念—强迫行为的来访者会怀疑：

  我的手干净吗？
  我是不是被污染了？
  我锁了大门了吗？
  我是不是记得关了烤箱（电灯、音响等）？
  是不是有人在我床底下？

尽管每个人都会偶尔体验到强迫观念，但是这些念头可能具有也可能不具有临床或诊断意义。如果信息对治疗过程有价值，那么它就是具有临床意义的；如果信息对诊断过程有价值，那么它就具有诊断意义。在精神状况检查过程中，评估强迫观念是很重要的，因为它们向评估者透露了来访者在花时间思考哪些问题。这些信息可能具有临床意义，它们可能促进共情和治疗计划。然而，同样的强迫观念可能具有也可能不具有诊断意义。例如，如果来访者描述了一个偶尔发生的强迫观念或强迫行为——例如，总是感觉要在爬楼梯时强迫计数，但它却并不影响其执行工作、学业、家庭或娱乐功能的能力，这就不具有诊断意义。近期研究将其引用为正常的强迫观念（Rassin, Cougle, & Muris, 2007）。

知觉障碍

知觉障碍主要有两种类型：幻觉和错觉。幻觉被定义为虚假的感觉印象或经历。错觉的定义是知觉的畸变，它使得本来确实存在的刺激物显现得与它在现实中的样子迥然不同。

幻觉可能出现在感觉的五种形式中的任何一种：视觉、听觉、嗅觉、味觉和触觉。幻听是在报告中最为常见的。报告听见其他人没有听到的声音（通常是人声）的来访者可能患有情感障碍或精神分裂症。然而有时，这种体验也可能是某种化学物质中毒所引发的，或者是急性创伤性事件应激的结果。在另外一些案例中，来访者可能报告说他们的听力特别好，或者可以听到他们自己"内部的声音"。尽管这样的报告值得进一步研究，但它们本身并不是患知觉障碍的信号。此外，人们还常报告一些奇怪的知觉体验，这些体验与幻觉十分相似，发生在他们刚刚入睡或即将醒来的时候。这些知觉障碍是正常的，与感到他人的存在和睡眠瘫痪（一种在睡眠初期或末期自然发生的现象）有关（Cheyne & Girard, 2007）。所以，在对幻觉进行评估时，咨询师总是要确定这类体验通常在何时发生。如果它们只是发生于来访者睡眠的某一阶段，它们就与诊断关系不大。

由于妄想和幻觉具有精神病学性质，而某些强迫观念—强迫行为症状带有古怪的特点，因此，咨询师应该以一种特别温和而具探索性的方式提出这些方面的问题。罗宾森（2007）推荐使用三阶段的方法通过询问下列问题来达到下列目的：

● 润滑关系，帮助病人对分享信息感到舒适

- 发现妄想材料的逻辑联系
- 确定病人的内省力及其与妄想的距离

他列举了以下一些提问的例子：

- 我对你刚才讲的内容很感兴趣，请多说一些。（润滑关系）
- 所有这些是怎么开始的？（润滑关系）
- 到目前为止发生了什么？（发现程度与逻辑）
- 为何有人想对你做这些？（发现程度与逻辑）
- 你是怎样知道情形是这样的？（确定距离）
- 你对发生的事情怎样解释？（确定距离）

下面的面谈对话提供了一个例子，说明咨询师可以如何帮助来访者承认他们的不寻常或奇特的体验：

咨询师："我下面将要问你的一些问题是有关个人经验的，这些经验你可能有过，也可能没有过。有些问题可能听起来很奇怪或不常见，还有些问题可能与你的经验相符，而你前面还没有谈到。"

来访者："好的。"

咨询师："有时电台、广播或者电视新闻节目可能很私人化，好像其中的人就在直接和你说话一样。你是否曾经觉得某个特定的节目在以一种私人的方式谈论你或和你讲话？"

来访者："前几天晚上的一个节目就是关于我的生活的。它在谈论我和詹妮弗·洛佩兹[*]。"

咨询师："你认识詹妮弗·洛佩兹？"

来访者："当然了，她是我的女人。"

咨询师："你们是怎么认识的？"

来访者："我们是在我导演她出演五六部电影时认识的。"

---

[*]美国演员、歌手、制片人。——译者注

下面这段对话是评估听觉感知障碍的一个范例。

咨询师:"我注意到你是一个非常敏感的人。你的听力是不是特别好?"
来访者:"是的。事实上,我的听力比大多数人的都好。"
咨询师:"真的?你能听到大多数人听不到的什么声音?"
来访者:"我能隔着墙听到人们谈话。"
咨询师:"你是怎么知道你的听力比其他人好的?"
来访者:"我现在就能听到墙后边的人在说话。"
咨询师:"是吗,那些声音在说什么?"
来访者:"他们在谈论我和詹妮弗·洛佩兹……有关我们的性生活。"
咨询师:"你的视力怎么样?也是特别敏锐吗?你能看见什么别人看不见的东西吗?"

下面这段对话是关于强迫观念的评估。

咨询师:"你知道有些时候人们脑子里会有首歌或曲子一直在那里,你没法停下来不想它们。你有没有过这种经历?"
来访者:"当然有。不是人人都这样吗?"
咨询师:"对,是人人都有。我是想知道你是否曾有一些特殊的想法,就像音乐旋律一样,你希望自己不去想它,但是你不能?"
来访者:"可能有时有吧,但并不很多。"
咨询师:"那么图像呢?你是否曾经感到某些图像就好像是闯入你的头脑而你挥之不去?"

请注意在上述的这些例子中咨询师是怎样把每一种病理学的类型合理化并进一步探查它们是否存在的——先是说"你似乎很敏感"以及"你知道有些时候人们头脑中有首歌或曲子占据在那里"这样的话,然后询问来访者是否有症状存在。这些技术与罗宾森(2007)提到的"润滑剂"方法相似。

视觉和触觉的幻觉往往与某些器质性的状态有关。这种状况可能包括药品中毒或戒断、脑损伤或者脑病变。急性谵妄发作的来访者可能会撕咬自己的衣服或皮肤以去除他们认为造成感觉体验的物体或有机体（例如，昆虫）。类似地，来访者可能会伸手触摸或召唤实际上并不存在的人或物体。显然，当来访者报告这样的体验或者你观察到来访者可能在经历这些感知障碍时，来访者的问题通常非常严重。此时要保证采取紧急治疗的检查评估和干预。

定向力与意识

精神状况检查在常规上要评估来访者是否对他们的现状有定向能力（也就是有意识）。用来评估来访者是否有定向能力的问题包括评估基本认知功能。评估者会询问来访者以下三个简单的问题：

> "你叫什么名字？"
> "你在哪里（也就是说，在哪个城市或哪个特定的建筑物里）？"
> "今天是几号？"

当来访者能够正确回答这三个问题时，评估者可以简明地记录来访者是"OX3"（定向力测定三项通过），指来访者知道自己是谁、在哪里以及今天是几号这些事实。评估来访者的定向能力是评价其混淆和定向障碍（disorientation）的一种直接的方法。极度混乱的来访者不能正确地回答这些看似简单的问题中的某一个或更多。来访者回避（或拒绝）回答有关定向的问题可能表明其定向能力的丧失。下面的例子是一个近期脑外伤的住院病人进行的关于定向能力的面谈。

> 咨询师："下面我要问你几个问题，可能听起来有一点儿奇怪。尽量好好回答它们就行了。告诉我，今天是星期几？"
> 来访者："他们告诉我，我那时正在骑自行车，并且没有戴头盔。"
> 咨询师："是这样的。不过我还是想知道今天是星期几。"
> 来访者："我可不可以要杯水喝？"

在和这位来访者面谈了几分钟之后，咨询师很明显可以看出他在回避有关时间定向的问题。同时请注意，评估者在这里首先以一个简单的时间定向问题作为开始（也就是说，以星期几的问题代替有关日期的问题）。当来访者回避有关定向的问题时，可以暂时认为他们存在定向障碍，尤其是当还有其他证据表明存在这种定向障碍的时候。

对定向能力水平的探究可深亦可浅。举例来说，咨询师可以询问来访者在什么地区，谁是这个州的行政长官，市长或地方报纸的名字是什么；也可以询问他们是否能认出医院的职员、访客以及家人。然而，这些额外的问题可能受来访者的智力水平、社会意识或文化背景等因素干扰，所以它们并不总是定向能力的准确预测因子。

来访者可能因为许多原因而丧失定向能力。常见原因包括药物中毒、近期脑外伤以及痴呆（例如，老年痴呆症）。精神状况评估者的任务并不是确定来访者定向能力丧失的原因，而是正确并简明地记录定向障碍是否存在。

很多上了年纪的来访者，特别是那些在急性和慢性保健中心等机构中的来访者，会经历一种叫做谵妄的病症。谵妄通常包括昼夜变换的意识、注意、感知和记忆，可能持续几分钟到几天（Moraga & Rodriguez-Pascual，2007）。现今，有几种有用的精神状态评估工具可以用来评估谵妄，其中包括超短精神状态评估（Anthony，1982；Edlund et al，2006）、器质性大脑症候群量表（Edlund et al.，2006）以及里士满激越—镇静量表（Ely et al，2004；Peterson et al.，2006）。在谵妄的情况下，有急性定向障碍的来访者可能经历一个逐渐的意识清晰的过程。当来访者丧失定向能力时，他们通常首先失去对时间的感觉，然后是地点，最后是个人。定向能力的恢复是以相反的顺序完成的（先是个人，然后是地点，最后是时间）。

定向能力完整的来访者也许会认为考察定向能力的问题是很唐突的。他们可能感到评估者问他们这样简单的问题是小看了他们。另一方面，认知受损的来访者有时对于要回答简单的问题表现得很愤怒，部分是出于一种防御策略，因为他们不能回忆起正确的答案。所以，咨询师应该总是用温和的方式问及这些问题。告知来访者有关定向力的问题仅仅是一种常规评估程序，并对来访者的不适感表达共情，这会很有帮助。

应该在面谈的开始阶段就检查来访者对自己的定向能力。下面列出的问题可以融入家常闲谈的或社交性问题等提出来。

- 自己/个人
    你叫什么名字？你来自哪儿？
    你现在住在哪儿？
    你业余时间从事哪些活动？
    你有工作吗？如果有，你以什么工作谋生？
    你结婚了吗？如果是，你的配偶叫什么名字？
    你有孩子吗？

- 地点
    最近这几天（小时）发生了很多事情，我想知道你是否能向我描述一下你在什么地方。
    你还记得我们在什么城市吗？
    我们现在所在的建筑叫什么名字？
    你知道我们在医院的哪个部分吗？

- 时间
    你最近还关注着什么时间线索吗？
    今天是几号？（如果来访者不能想起来，就让他估计一下，估计可以有助于评价定向能力丧失的程度。）
    你知道今天是星期几吗？
    现在是哪个月份（年份）？
    你在这里多长时间了？

意识状态通常是在一个从清醒到昏迷不醒的连续体上进行评估。评估者像评估定向能力一样评估意识水平，尽管这两个概念是有联系的，但它们并不相同。因为评估者在面谈的过程中能够观察到来访者的反应和行为，所以他们选择了以下有关意识的描述语：

- 清醒的

- 混乱的
- 模糊的
- 麻木的
- 丧失意识的
- 昏迷的

在评估了一个认知相对完整的来访者之后，精神状况评估者可以记录："来访者意识清醒并且对个人、地点、时间均有定向能力。"相对地，一个急性谵妄病人可能被描述为："来访者意识模糊；她有对个人的定向能力（OX1），但错误地认为今年（2007年）是1997年，而且也不能够识别对她的检查发生在哪个城市。"

记忆和智力

精神状况检查包括对来访者更高级的能力的一个粗略的评估，通常包括记忆力和一般智力。

记忆

精神状况检查可以提供一个快速的对记忆的鉴别，但是不能对是否存在记忆受损下一个定论。要明确记忆受损的性质和程度，需要进行神经心理学评估。

记忆在广义上被定义为唤起过去经历的能力。精神状况检查要有代表性地评估三种类型的记忆：远期记忆、近期记忆和即时记忆。远期记忆指对过去久远的事件、信息以及人的回忆。近期记忆指对前一周左右的事件、信息以及人的回忆。即时记忆指对几分钟前接触的信息或数据的保持情况。

回忆远期的事件包括按来访者的经历回顾以年代为顺序的信息。一些临床医生会把对远期记忆的评估编入初始面谈中的采集历史信息的部分。这种类型的评估包括出生时间和地点、姓名、学校、结婚纪念日、来访者与其兄弟姊妹的年龄差等问题。基于远期记忆评估的自我报告的历史性信息存在的问题是，评估者不能判断来访者所回忆的历史经历与信息是否准确。这个问题反映了评估远期记忆损伤的困境：记忆虚构的可能性。

虚构（confabulation）这个词指自发的记忆伪装或变形。虚构通常发生在回忆的过程中，并且常常包含记忆提取的问题，以及评估所提取的记忆是否准确的问题（Metcalf, Langdon, & Coltheart, 2007）。从某种程度上说，一定数量的虚构是正常的（Loftus, 2001）。事实上，我们都会发现婚姻中激烈的争吵——对于一些夫妻来说，但显然，肯定不是我们两个——常发生在双方对关键事件的回忆不一致的情况下。很显然，人类的记忆并不是完美的，而是随着时间流逝被从主观上重新解释。这在个体对回答有关过去的问题感到有压力的时候尤其容易发生。来访者可能只能回忆起某个特定记忆的一部分，但是当来访者感到有压力要详细叙述这个记忆时，虚构就有可能发生。下面是一个远期记忆简单测试中的虚构的例子。

咨询师："好，现在我要问你几个问题来检验你的记忆力。准备好了吗？"
来访者："准备好了，我想。"
咨询师："请说出五位 1950 年以后的美国总统的名字。"
来访者："好。有，呃，杜鲁门……还有罗纳德·里根……呃，还有，布什和小布什。还有一个就在我嘴边儿了。"
咨询师："你已经做得很好了。就差一个了。"
来访者："嗯，我知道。我能想起来。"
咨询师："慢慢想。"
来访者："华盛顿。就是他，威廉·华盛顿。"*

在这个案例中，评估者通过热情和支持性的语言轻轻地向来访者施压。基于评估者所说的话，听起来他似乎在为来访者通过测试而欢呼。当压力产生时，人类通常倾向于编造一些东西缓解压力，给出评估者想要的东西。

前面的例子属于来访者对历史性事实的记忆。相对来说，当和来访者面谈关于个人历史的内容时，根据所提的问题，你可能不能确认或否定来访者回答的准确性。例如，如果来访者声称童年曾被"绑架"，你就很难判断其自

---

* 华盛顿总统的任期是 1789 年至 1797 年。——译者注

称的情况的准确性。

当来访者回答了有关他们个人历史的问题时，答案往往包含着某种程度的不确切和虚构。从情理上讲，判断来访者是否准确地报告了个人历史事件是评估者的责任。然而，寻找真相可能是一种非常具有挑战性的经历。

当怀疑存在虚构或记忆损伤的时候，询问来访者发生在他们童年及成年早期的客观事件可能很有帮助。这通常包括询问显著的或值得纪念的社会或政治事件。（例如：当你长大的时候，谁是总统？哪些国家卷入了第二次世界大战？你读高中时有哪些流行的娱乐活动？）当然，社会的或政治的问题对于某些少数族群文化背景的人可能不公平，因此在使用这种策略时应该十分谨慎。

如果对来访者历史报告的准确性有所怀疑，请来访者的朋友或家人来确认历史信息可能很有用（或者是很必要的）。这样的程序很复杂，因为泄露信息必须有所有当事人的签字以确保法律保护。同时，朋友和家庭成员也可能对你不诚实，或者他们自己可能就有记忆的损害或虚构。因此，尽管在某些情况下确认来访者的个人历史是必需的，但并没有不存在任何风险的办法。

来访者可能直接承认有记忆问题。然而，这样的承认并不必然构成记忆损伤的证据。而且，来访者承认有记忆问题也并不能说明这种损伤包含神经或器质的成分。事实上，脑损伤的来访者更可能否认存在记忆问题并且竭力通过虚构来掩饰。相反，抑郁的来访者往往夸大他们的认知能力受损的程度，大量地抱怨他们的脑子出了毛病（Othmer & Othmer，2002b）。

抑郁的来访者的认知功能实际上有时是受到损伤的。这种现象被称作假性痴呆（Dunner，2005）。换句话说，这些来访者可能并没有器质性的损伤，而是遇到了基于情绪的记忆问题。在许多情况下，一旦抑郁缓解了，记忆问题也就解决了。

评估来访者近期和即时的记忆比评估远期记忆简单，因为近期的经历很容易校验。如果来访者进行了住院治疗，评估者可以询问有关住院原因、接受的治疗以及来访者在医院遇到的职员等问题。也可以问他们早餐吃了什么、前天穿了什么衣服以及上周的天气情况等问题。

即时记忆需要持续的注意，也就是把注意力集中在认知输入上的能力。有几种评估来访者即时记忆的正式方法。最为常见的是连续递减7、回忆短故事以及数字广度（Folstein，Folstein，& McHugh，1975；Wechsler & Stone，1945）。

连续减7就是要求来访者"从100开始减7"（Folstein et al.，1975）。可以集中注意的（以及有足够认知能力的）来访者应该能够没有困难地完成这个任务。然而，过度焦虑——有时与有焦虑障碍的来访者有关——可能干扰注意并损害成绩。不同文化背景的来访者也可能在完成这个任务时遇到困难，部分原因是因为他们在理解上有困难，以及缺乏参与这种活动的经验（Paniagua，2001）。不过，使用连续减7来评估认知功能的研究很缺乏（Hughes，1993）。因此，在使用连续减7这种方法评估来访者的记忆或注意广度时，焦虑水平、文化和教育背景、分心程度以及程序可能缺乏效度的问题都应该加以考虑（Ganguli，Ratcliff，Huff，& Belle，1990）。

数字记忆广度的指导语类似下面这段话："我下面要说一系列数字。我说完之后，请按照同样的顺序复述出来。"然后评估者就应该给来访者清晰地念出一系列数字，每两个数字之间间隔一秒左右。评估者应该以一个短到使来访者一定能够复述出来的数字系列开始，然后再逐渐加长。请看下面的例子：

咨询师："我想和你做一个简单的测验来检查你的注意能力。首先，我来说一组数字。然后，当我结束之后你来向我复述它们。怎么样？"
来访者："好的。"
咨询师："这是第一组数字：6—1—7—4。"
来访者："6……1……7……4。"
咨询师："好。现在试一下这一组：8—5—9—3—7。"
来访者："嗯……8……5……9……7……3。"
咨询师："好，这儿还有另外一组：2—6—1—3—9。"（请注意，在这里评估者并没有指出来访者的错误，而是提供了另一组五个数字的系列给来访者一个正确反应的机会。通常，如果来访者能够正确复述某一等级两组数列中的一组，他就可以进入下一个更高的等级，直到两组数都出现错误。）

在完成了正向的数字广度之后，通常还要考察逆向的数字广度。

咨询师："现在我想让你做的事稍微有些不同。我会再次给你读很短的一组数字，但是这次我读完之后我想让你以相反的顺序复述出来。例如，如果我说"7—2—8"，你应该说什么？"
来访者："呃……8……2……7。这真是太难了。最好是短一点儿的系列。"
咨询师："是啊，我想你已经掌握它了。现在试试下面这个：4—2—5—8。"

来访者可能对他们在特定的认知任务中的表现很敏感。他们的反应可能从过度自信（例如："当然，没问题，多愚蠢的问题啊"），到寻找借口（例如："今天我不在状态"），再到开放地承认他们对表现的关注（例如："我害怕出错，我只是觉得出错非常可怕"），发生一系列变化。来访者对认知绩效的反应可能会泄露很重要的临床信息，如没有能力承认弱点、对较差的成绩进行某种合理化或为其寻找借口，以及倾向于负性的自我评价。还应该注意，数字记忆广度的成绩，像所有认知评估一样，可能强烈地受到教育水平、母语以及文化背景的影响（Ostrosky-Solís & Lozano，2006）。

当来访者因为记忆问题被转诊过来时，进行初始精神状况检查是恰当的，但是检查之后应该跟随进一步的临床评估。特别是在记忆评估的早期阶段，评估者不可避免地要与了解情况的家庭成员面谈，以确认病人所报告的记忆的缺陷，并将其记录在精神状态检查中。咨询师尤其应该询问家庭成员有关来访者记忆问题的发作、时程以及严重性等特定问题。

智力

对智力功能的评估是一个传统上就存在争议的主题，如果评估发生在一个短暂的临床面谈中可能就更是如此（Flanagan, Genshaft, & Harrison, 1997；Ortiz & Dynda, 2005）。但是尽管存在评估误用的可能性，在精神状态的检查中通常还是要包括对智力功能的一般性陈述。然而，我们还是要强调，当完成一个典型的短暂而又接触有限的精神状态检查后，对智力做判断一定要非常小心。关于智力功能的陈述应该使用一种假设性的口吻，特别是当陈述是基于短暂的临床面谈时。

几乎没有人认同某一种对智力（*intelligence*）的单一的阐述。韦克斯勒（1958）将智力定义为"一种做出有目的的行为、理性思考以及有效应付环境的……整体的能力"。尽管这一定义说得很笼统，但对于临床咨询师还是有一定的用处的。相应的问题可以是"是否有证据表明来访者能够随机应变，从而可以在很多生活领域中恰当地行使功能"，或者"来访者生活中的错误是否更像是由有限的'智力能力'引起的，而不是由于临床的心理病理原因引起的"。尽管这些问题很难回答，但是评估者在精神状况检查的结论中还是应该尝试着给出一个答案。

近来的研究表明，把智力看成几种特殊能力的结合物似乎比将其视为一般的适应倾向更为合理（Sternberg, 1985, 2005；Sternberg & Wagner, 1986）。使用这种结构，可以将个体评价为在某一方面具有很强的智力技能，但是在另外一方面可能有所不足。

斯滕伯格和瓦格纳（1986）提出了智力的三维理论。他们定义了智力的三种形式：

- 学业问题解决
- 实用性智力
- 创造性智力

运用三维智力的概念，精神状况检查可能得出结论：某个来访者拥有出色的实用性和创造性的智力技能，例如，社交能力、街头生存技能以及对机械问题的创造性解决能力。然而，同样是这一个体，可能缺乏正式的教育，如果严格地使用考察学业问题解决能力的方式对其进行评估，他也许就会表现得很愚钝。

加德纳（Gardner, 1983, 1999）的多因素智力理论假设人类的智力可以被分为七种或八种形式。从咨询师的角度来看，加德纳（1999）和斯滕伯格（2005）的理论最重要的是提醒我们，人们可能从不同的途径表现他们的智力能力。这种提示可以阻止我们过早地或不恰当地对有落后的社会经济背景的少数民族来访者下结论，避免仅仅基于一个智力维度就认为他们的智力水平较低（例如，语言/词汇的使用）。

在精神状况检查中，评估者通常用几种方法来测量智力。第一种方法是，天赋的智力可以由访者的受教育程度来推断。显然，这种方法过度重视学业智力。第二种方法是，通过观察来访者的语言理解和使用来评估智力（也就是说词汇量和口语理解）。有研究表明，词汇量是智商唯一的最为准确的预测因子。同样，这种方法也在正式教育和少数民族文化之间存有偏见（Ortiz & Ochoa, 2005）。第三种方法是，设计一些能够判断知识储备的题目，从来访者的回答来推断智力。也同上面的情况一样，知识储备量往往是教育背景的副产品，而且用来评估知识水平的题目一般也具有文化偏见。第四种方法是，通过来访者对设计用来评估抽象思维能力的题目的反应来测量智力。第五种方法是，用测量社会判断力的问题来评估智力功能。第六种方法是，通过观察来访者的其他认知功能测验结果（如定向力、意识和记忆）来推断智力。基于上述程序的对智力功能的评价都应该以假设性的口吻进行，尤其是对于少数民族的来访者更应如此。（参见多元化要点8.1，关于知识储备、抽象思维以及社会判断力的样题。同样地，也要评估这些样题对于文化、年龄以及其他方面的偏见。）

可信度、判断力和自知力

可信度

可信度是指来访者的可靠性和诚信度。可靠的信息提供者是指诚实并准确地呈现生活历史以及当下个人信息的人。恰恰相反的是，有些来访者是十分不可靠的；出于这样或那样的原因，他们可能对生活环境或个人历史进行歪曲、虚构或者公然说谎。

在面谈中判断来访者是否可靠往往是很困难的。即使是有经验的咨询师，偶尔也会被他们的来访者欺骗（Yalom & Leszcz, 2005）。举例来说，我们治疗过的一个非常抑郁的男子，已经被精神病医院接收住院。当问他是否喜欢参加医院中的娱乐性活动时，他回答说："我太抑郁了，无法运动。"第二天，就在外出娱乐这段没有监控的时间里，这位病人不用药物的帮助也找到了逃离医院的能量。可见，他关于没有运动能力的报告就是极端不可靠的。

可信度可以用很多可观察的因素来评估。可信的信息提供者，通常具有良好的注意力，并能自然而然地对个人事件阐述得很详尽。相反，以很含糊或具有防御性的方式回答问题的来访者很可能是不可靠的。在某些情况下，你会非常清楚地感觉到来访者有意地省略了自己的某一部分历史或者将其最小化。

当你怀疑某个来访者的可靠性时，与其家人、雇主或者其他与来访者有联系的人进行沟通以确认他所叙述的故事会有所帮助。虽然这一步骤可能带来问题，但常常是必要的。如果没有哪一个人可以与你讨论来访者的故事，我们建议你在进一步观察来访者行为的时候小心谨慎。你应该在精神状况检查的报告中注明你关于该来访者可信度的保留意见。

判断力

有良好判断力的人能够不断做出具有建设性和适应性的决策，用积极的方式影响自己的生活。在临床情境中，来访者的判断力可以通过探索其活动、人际关系和职业选择，在初始面谈中进行评估。例如，评估者可以询问来访者是否经常卷入违法行为或者非建设性的人际关系之中。他们是否从事对生命有潜在威胁的活动而对危险毫不在意？显然，一贯地参与非法活动、拥有破坏性的人际关系以及进行危及生命的危险活动都是个体在人际关系或活动选择方面缺乏判断力的证据。

处于青少年期的来访者判断能力常常很差。例如，一名17岁的来访者非常冲动地辞去在一家报酬丰厚的餐厅做服务生的工作，仅仅是因为他换班前一个小时发现，他这次当班将和一个他并不喜欢而且感觉很懒的雇工一起工作。六个月之后，尽管还在找工作而且抱怨缺钱，他还是坚持为自己的冲动行为做辩护，而不顾这显然是出于短见和缺乏判断力的事实。

某些来访者，特别是冲动的青少年或处于躁狂状态的成年人，可能会表现出严重的判断力问题。这些来访者可能严重高估或低估自己的躯体、心理和社会能力。例如，躁狂症患者常常表现出在财务方面的判断问题，在缺乏了解的商业冒险上大量投资，或者花大量的钱赌博。类似地，他们还可能醉酒驾车、无保护措施地滥交，或从事漏洞百出的犯罪行为，这些都是判断力不足的常见行为模式。

除了依据来访者对特定行为的自我报告，评估判断力时还可以请来访者回答一些自己对虚构情景的反应。在多元化要点8.1中的"判断力"类别下，有一些场景举例。

自知力

自知力指来访者对于自身问题的理解。以一个有工作倦怠症状的男性来访者为例，在咨询的过程中，他被问到是不是有些时候感到焦虑和紧张。尽管自己呼吸急促、脖根发红、双拳紧握，他还是坚持说自己没有紧张的问题，因此放松治疗对他来说也没有用处。当咨询师进一步询问在某些情况下他长时间的高水平的紧张状态与他所报告过的工作倦怠二者之间是否可能存在着某种联系时，他的回答非常简洁："没有。总之，我已经告诉过你，我并没有紧张的问题。"这位来访者表现出了对一个十分明显的问题完全没有自知力。

在精神状况检查接近结尾的时候，让来访者思索引起他们症状的某种或多种原因是很有用的。某些来访者会以非常具有自知力的回答作为反应，另外一些则会马上开始讨论他们可能患有的大量的躯体疾病（例如，"我不知道，可能我得了单核细胞综合征"），还有另外一些人对于潜在的根本的原因或心理动力没有找到任何线索。一般来说，有高水平自知力的来访者能够很聪明地讨论情绪或心理因素导致症状的可能性，他们至少可以开放地考虑并提出非生物学的因素。相反，自知力较差或没有自知力的来访者当面临用心理或情绪来解释他们的状况时就会变得非常具有防御性；在许多情况下，完全没有自知力的来访者会极力否认他们有任何问题。

咨询师通常可以参考下列四个等级来描述来访者的自知力水平：

- **缺乏**：来访者不承认存在任何问题。他们会责备某个介绍他来治疗或住院的人。这些来访者显然对自己的症状没有任何合理的解释，因为他们否认自己存在任何有问题的症状。如果咨询师表示来访者可能存在问题，他们通常会变得非常具有防御性。
- **较差**：来访者可能承认有一些小问题或一些恼人的微小症状，然而，他们倾向于仅仅依赖生理、药物或环境来解释症状。他们对于接受生活境遇或情绪状态能够引发个人问题或疾病这一事实具有阻抗。来访者基本上否认问题中有任何个人责任或非生理因素的存在。如果他们承认问题的存在，他们很可能只依赖于药物治疗、外科手术或远离他们认为给自己带来麻烦的人，以此来治疗他们的病症。

- 局部：来访者更多地承认他们有问题需要治疗；然而，这种自知力会消失，而来访者会过早地退出治疗。来访者偶尔会较明确地表达环境或情绪的因素如何影响了他们的状况，以及他们自己的行为如何影响到他们的问题。他们不情愿关注这些因素，但是温和的提示会促使他们通过非药物的途径进行治疗。
- 良好：来访者爽快地承认自己有问题需要治疗。适当的时候，他们会为修正生活境遇承担个人责任。他们会明确地表示并利用非生理的治疗手段，在这一点上很少需要治疗师的说服。在讨论如何通过非药物方法治疗疾病时，这类来访者甚至会表现得非常有创见。

使用精神状况检查的时机

并不是对于所有的来访者都适合使用正式的精神状况检查。使用精神状况检查的基本方针是，在怀疑来访者的精神病理学水平增强时，有必要使用精神状况检查。如果来访者表现出良好的调节能力，而你又不是在一个医疗环境中进行工作，你就不需要进行一次完整的精神状况检查。然而，如果你对诊断或心理病理的存在存有怀疑，而且你又是在一个医疗环境中工作，那么通常都应进行精神状况检查（关于精神状况检查表，参见表8.3）。

表 8.3 精神状况检查表

类别	观察	假设
外貌		
行为/精神运动性活动		
对评估者的态度		
情绪和心境		
言语与思维		
知觉障碍		
定向力与意识水平		
记忆与智力		
判断力、可信度与自知力		

有些临床咨询师认为，用传统的精神状况检查的方法对多元文化来访者进行检查几乎总是不恰当的。多元化要点 8.2 就是为了让你了解，在对有不同文化背景的来访者使用精神状况检查时，可能得出的错误的结论。至少，对于有不同文化背景的来访者，必须谨慎使用精神状况检查。

多元化要点 8.2
精神状况的文化差异

在评估精神状况时，文化常模是一项需要重点考虑的内容。对于传统的精神状况检查中的每个类别，在不同文化中，人们的表现可能存在巨大差异，但在他们自身文化或种族中却处于"正常"范围内。例如，请试想一下不同文化在表达哀悼、压力、羞辱或创伤方面的差异。此外，来自少数族裔文化而近期移民的个体可能表现出困惑、恐惧或抗拒，考虑到他们当前的处境，这些都是非常正常的。而在创伤或压力情境下,残疾人可能容易被误解。

请参考下面的例子,与同学一起提出还有哪些跨文化的精神状况检查会使咨询师对来访者的精神状况做出不当和错误的结论。你可以使用下面这些精神状况类别。

类别	观察	错误结论	说明
外貌	身上很多文身和穿洞	反社会倾向	文身和穿洞在来访者的地区或亚文化中是常见习俗
行为/精神运动性活动	视线向下	抑郁症状	在其文化中,恰当的视线接触就是这样
对评估者的态度	不合作,有敌意	对立-违抗或人格障碍	曾有遭受主流文化虐待的经历
情绪和心境	对儿子的死没有情感	不良的情感压抑	在来访者的文化中,不允许对死亡表达情感
言语与思维	破碎的、几乎不连贯的言语	可能存在精神病	英语是第三语言,同时心理压力巨大
知觉障碍	报告幻视	精神病症状	在土著文化中,这些视觉形象是常见的
定向力与意识水平	无法回忆起三件物品或做连续减7的运算	注意缺陷或药物中毒状态	由于语言困难没有理解问题
记忆与智力	无法回忆前任总统	记忆缺陷	新移民
判断力、可信度与自知力	描述个人经历时撒谎	缺乏可信度	不信任来自主流文化的白人

总 结

精神状况检查是全面评估现时的精神状况，一般是在医疗环境中使用这种检查。尽管精神状况的信息在诊断过程中很有用，但是精神状况检查并不是主要的诊断过程。

完整的精神状况检查要求咨询师观察并询问来访者九个方面的功能问题：外表、行为或精神运动性活动、对评估者（咨询师）的态度、情感与心境、言语和思维、知觉障碍、定向力与意识、记忆和智力、可靠性、判断力和自知力。

外表指来访者的生理及人口统计学特征，比如性别、年龄和种族。行为或精神运动性活动指面谈过程中来访者的躯体运动。运动可能是过度的、有限的、缺失的或古怪的。咨询过程中有关来访者运动情况的记录可能是支持你做出精神状况结论的重要证据。

来访者对待评估者的态度也应该被评估。在面谈的过程中，来访者对评估者的态度是在人际行为中表现的。对来访者态度的判断可能会受到咨询过程中咨询师情绪反应的影响，因此咨询师在确定来访者的态度时应该十分小心。

情感是指咨询师观察到的来访者占优势地位的情绪状态，心境是指来访者自己报告的情绪状态。情感可以从它的内容或类型、范围或变化以及持续时间、适宜性还有深度或强度几个方面进行描述。相反，心境只是来访者对这个问题的回答："你感觉怎么样？"

精神状况检查中还要评价言语、思维和知觉障碍。对思维的评估分为两个部分：思维过程和思维内容。自杀或伤人的思维内容应该在精神状况检查中有所记录。知觉障碍包括幻觉和错觉；幻觉是虚假的或不真实的知觉体验，而错觉是扭曲的知觉障碍。

来访者的定向能力、意识、记忆以及智力在精神状况检查中都要受到常规的评估。精神状况检查中对智力和记忆的评估都只限于表面的评价，如果有潜在的问题存在，应该进行更为正式的评估。在进行这样的检查时，评估者应该注意避免文化偏见。

可信度、判断力和自知力是精神状况检查中高级的人际/认知功能评估。可信度是指来访者关于自我和境遇的报告的可信性和准确性的程度。判断力指来访者是否存在冲动性活动以及错误决策。自知力是指来访者对自身的情绪和心理问题的性质的了解程度。很多程序都可以用来评价可信度、判断力和自知力。

精神状况检查一般是在咨询师怀疑来访者有心理病理性问题时才使用的。如果来访者只是门诊病人，想解决日常生活中遇到的问题，那么进行精神状况检查就没有什么必要。像所有的评估过程一样，来访者的文化背景也应该被考虑到并且结合到评估报告中去。

推荐阅读及资源

Folstein, M. E. Folstein, S. E. & McHugh, P. R. (1975) ."Mini-mental state": A practical method for grading the cognitive state of patients for the clinician. *Journal of Psychiatric Research*, *12*, 189-198. 这篇论文现在已成为经典，该文提出了一种评估来访者精神状况的常用的快捷方法。微精神状况是精神病学与老年医学中的常用技术。

Morrison, J. (2007). *The first interview*: *A guide for clinicians* (3rd ed.) New York: Guilford Press. 这本书中有两章介绍精神状况检查，特别是对特定精神症状可能对应的诊断类别给出了指导。

Othmer, E. & Othmer, S. C. (2002b). The clinical interview using DSM - IV - R (vol. 1. Fundamentals). Washington, DC: American Psychiatric Press. 我们推荐该书的第四章——"Three Methods to Assess Mental Status"（评估精神状况的三种方法），这一章提供了关于精神状况评估的非常有用的信息。

Paniagua, F. A. (2001). *Diagnosis in a multicultural context*. Thousand Oaks, CA: Sage Publications. 作者举出了对多元文化病患的许多恰当的和不当的诊断、评估程序及结论的例子。

Polanski, P. J., & Hinkle, J. S. (2000). The mental status examination: Its use by professional counselors. *Journal of Counseling and Development*, 78,

357-364. 这篇短文发表在一份主流的咨询杂志上，说明了精神状况检查在各种心理健康专业工作的来访者评估中所具有的核心地位。

Robinson, D. J. (2001). *Brain calipers: Descriptive psychopathology and the psychiatric mental status examination* (2nd ed.). Port Huron, MI: Rapid Psychler Press. 这本书提供了精神状况检查的概要及案例、问题样例以及对特定发现的意义探讨。该书轻松风趣，配有图表、笑话和记忆术。同时该书也有关于微精神状况检查的一章。

Strub, R. L. & Black, W. (1999). *The mental status examination in neurology* (4th ed.). Philadelphia: F. A. Davis. 这是医科生中非常流行的经典的精神状况检查培训书目。该书提供了判断来访者精神状况的极好的有效实用方法，同时还有用于评估患者在具体认知任务上的成绩的常模。

第九章

自杀评估

关于自杀有两个看似相悖的基本事实:(1)当一个人抑郁(或感到困扰、受阻)时,永不该采取自杀的方式;(2)几乎每一起自杀的发生都出于对当事人来说有意义的原因。

——E.S.施奈德曼,《自杀格言及其对心理治疗的意义》

本章目标

自杀是一个大多数人不愿谈及或思考的话题。但无论好坏,谈论和思考自杀都是专业面谈的重要组成部分。在本章中,我们将列出并讨论关于在面谈中如何进行完整的自杀评估的可行建议。阅读完本章后,你将了解以下内容:

- 观察你自己关于自杀的个人反应及哲学反应的重要性。
- 自杀的统计数据。
- 与自杀有关的风险因素,以及进行自杀风险评估的程序。
- 如何进行全面的自杀评估面谈,包括评估来访者的抑郁、自杀意念、自杀计划、来访者的自我控制以及自杀意图。
- 传统自杀评估方法与当代的结构化合作方法之间的差异。
- 差异激活理论的研究怎样暗示了对于抑郁和可能自杀的来访者如何使用消极和积极词汇的提问方式。
- 自杀干预方法,包括对可能自杀的来访者的共情和关系策略,确认除自杀以外的其他选择,将情绪痛苦从自我中分离,制订自杀预防协议、更具有指导性,以及做出住院或转介的决定。
- 治疗可能自杀的来访者的专业事宜,包括自我反思、商讨、文件管理以及处理自杀身亡事件。

毫无疑问,治疗想要自杀或杀人的来访者是心理健康工作者可能面临的最有压力的任务之一(Kleespies & Dettmer, 2000)。在脑海中想象一下这种紧张感并不需要太多想象力。请设想下面这个悲惨的情形:你的新来访者告诉你他的自杀计划……你试图制订一个治疗计划来保证他的安全……他在面谈结束时向你保证他会很好,并感谢你的关心……但在接下来的那周他执行了自杀计划,结束了自己的生命。这一事件的结果可能对你个人及你的事业都产生灾难性的影响,这也是很多心理健康工作者都惧怕治疗可能自杀的来访者的一个原因。

当你阅读本章、正视面谈可能自杀的来访者的可能性时,你可能发现自己需要处理自身的态度和焦虑。你不是独自一人。研究显示,没有自杀预防经验的心理健康工作者有时对自杀个体持有消极态度(Cummings, 2006; Herron, Ticehurst, Appleby, Perry & Cordingley, 2001)。因此,我们建议你接受自杀预防培训,不仅是为了改善自己的态度,同时还因为,有时你和来访者可能都没有意识到其自杀冲动隐藏得有多深,直到你们共同坐在咨询室里讨论的时候才意识到这一点。

当心理健康工作者发现来访者有自杀风险时,规则非常清楚:我们的职业使命是保护生命。当来访者向心理健康工作者报告其自杀意图时,心理健康工作者在法律上有责任建立一系列沟通渠道以保护来访者(Tarasoff v. Board of Regents of California, 1974; Tarasoff v. Regents of the University of California, 1976; Gellerman & Suddath, 2005; Simone & Fulero, 2005)。显然,要对另外一个人的致命冲动负责令人既害怕也极有压力。

因为事先不可能知道某个来访者是否有自杀倾向,我们建议,即使是刚开始实习的学生也要做好可能会遇到痛苦而有自杀倾向的来访者的准备(Knox, Burkard, Jackson, Schaack, & Hess, 2006; Sommers-Flanagan &

Sommers-Flanagan, 1995a)。准备好处理此类来访者应该是任何服务机构（包括专业咨询、心理服务、社会工作、精神科和医疗服务）训练课程中的一项基本内容（Barrio, 2007; Bongar, 2002; Packman, Marlitt, Bongar, & Pennuto, 2004）。在本章中，我们会探讨当你咨询有自杀倾向的来访者时可能遇到的职业和个人问题。我们还将列出在面谈和评估有自杀倾向的来访者时所需的近似艺术的特殊技巧，这是所有未来要成为治疗师的人都应该掌握的技能。

对自杀的个人反应

无论是自杀概念还是自杀行为，都会激起人们强烈的情感。即使自杀发生在遥远的地方，人们也会深受影响，例如，被大肆宣传的美国政客文斯·福斯特、玛丽莲·梦露以及摇滚歌手科特·柯本等自杀事件导致全美甚至全世界的自杀率都有所上升（Gould, Jamieson, & Romer, 2003）。有过抑郁病史的人会更容易受到自杀传染的影响（Cheng et al., 2007）。与之相似的是，终结生命的问题以及协助自杀也激起了哲学和道德的争论（Kleespies, 2004）。在你阅读本章并开始练习自杀评估面谈策略时，你可能体验到一系列困难的情绪。如果你曾有过亲密的人试图自杀或自杀身亡的经历，抑或你本人就像许多人那样，在生命的某一节点上曾经产生过自杀的意图，那么这种情况就更容易发生。我们建议你在阅读本章时注意自己的反应，并与能支持你的同事和老师讨论这些反应。在本章末尾，我们将回过头来讨论自杀以及它带给临床咨询师的情绪后果。

有关自杀的统计数据

美国疾病控制中心报告，1991年美国有30810人自杀身亡。此后每年，这一数字都仅仅发生轻微的波动，2004年的32439人是最高点（可得的最新数据），1999年的29199人是最低点（Anderson, 2001; Heron, 2007）。然而，由于1991—2004年美国人口逐渐增长，现在的自杀率比1991年实际上有轻微的下降。1991年，平均自杀率是每100000人中有12.2人自杀身亡；1995年，这一数字是每100000人中有11.91人；到了1999年，下降到每100000人中有10.0人以下；而2004年是每100000人中有11.0人自杀。总的来说，自杀是美国排名第11位的死亡原因。

尽管自杀身亡是很罕见的，并且很难预测，但基于很多原因，在临床面谈中尝试评估自杀风险是恰当的。首先，在临床咨询的群体中，自杀发生率比在一般人群中更高（例如，患有临床抑郁、惊恐障碍、酗酒、精神分裂症、双向障碍以及人格障碍的来访者有比较高的自杀风险；Baldessarini, Pompili, & Tondo, 2006；Coryell, 2006；Packman et al., 2004）。其次，自杀未遂和蓄意自伤的发生率要远高于自杀身亡，而在临床群体中，这些则更为普遍（Evans, Hawton, & Rodham, 2004）。一些估计数据表明，美国大约每天发生2000起自杀未遂事件（Anderson, Kochanek, & Murphy, 1997）。临床咨询师的任务不仅仅是减少自杀身亡事件，而且还要减少自杀未遂与蓄意自伤——因为这些行为不仅令人困扰还具有自我毁灭性质，并且还与后来的自杀成功事件有关（Evans et al., 2004）。最后，从临床、伦理学以及法律角度来说，误以为来访者可能自杀（并进行完整的评估和制订治疗计划）总比误以为来访者不会自杀要好。

尽管预测自杀十分困难，但心理健康工作者有使命对潜在的有自杀风险的来访者进行彻底的自杀风险评估（Bongar, 2002；Finch, 2006；Krutcher & Chehil, 2007）。而且，准确的评估也是自杀预防的重要组成部分。

科学的自杀评估面谈的关键内容

专业自杀评估面谈包括很多内容。并非所有著述者和实践者都同意这些内容，在如何进行自杀评估面谈方面，他们的观点也并不一致。然而，我们要尝试列出一个相对综合和传统的自杀评估面谈提纲，然后再给出一些建设性的批评和重构的自杀评估方案。

自杀风险因素与自杀风险因素评估

有许多与自杀相关联的特定的危险因素,但是并没有哪一个预测因子可以独立地预测自杀行为。关于自杀预测方面的困惑,利特曼(Litman,1995)写道:

> 目前为止,还不太可能准确预测任何一个人的自杀。精确的数据模型……和有经验的临床判断同样不成功。当我被问及为什么一个抑郁而且有自杀想法的病人自杀了,而另外九个同样抑郁而且同样有自杀想法的病人却没有自杀时,我回答说:"我不知道。"

尽管我们现在要讨论自杀风险因素,但我们还是需要强调,对于特定的来访者来说,即使没有这些因素也并不能保证他或她没有自杀冲动。咨询者应该始终关注自杀的可能性——无论它们看起来多么细微,这是进行自杀评估的一条原则。

抑郁

抑郁与自杀行为之间的相关性已被充分证实(Coryell, 2006; Ellis, 2006b)。一些专家认为自杀总是与抑郁有关。支持这一观点的包括韦斯特菲尔德和弗(Westefeld & Furr, 1987)的研究,在他们考察的大学生样本中,有过自杀企图的人都报告说至少体验着一些抑郁症状。这种紧密的联系使得一些著书者和研究者给抑郁贴上了致命疾病的标签(Coppen, 1994)。

抑郁人群的自杀风险远高于普通人群。据估计,临床上患有抑郁的人中有5%~10%会自杀(Litman, 1995)。特别需要指出的是,抑郁人群的自杀风险与抑郁的严重程度有直接关系,在轻度抑郁的住院/门诊病人中,自杀发生率仅为2%左右(Bostwick & Pankratz, 2000)。

尽管并非所有抑郁的人都有自杀想法,但是抑郁通常可能是最可靠的预测自杀的因素之一;它同时也是在临床面谈中可以评估的一个可靠的预测因子

(Hamilton，1967）。本章接下来的部分将直接讨论评估抑郁的面谈策略。

在过去的20年中，研究者已发现了抑郁患者与自杀行为增加有关的具体因素（Fawcett, Scheftner, Fogg, & Clark, 1990；Fawcett, Clark, & Busch, 1993；Fawcett & Rosenblate, 2000；Marangell et al., 2006；Oquendo et al., 2007）。这些因素包括：

- 严重的焦虑
- 惊恐发作
- 严重的快感缺乏
- 酗酒
- 集中注意的能力大幅下降
- 全面性失眠
- 反复蓄意的自我伤害
- 受身体/性虐待的历史
- 雇佣问题
- 关系丧失
- 绝望

严重的苦恼以及产生这些苦恼的因素被一些学者统称为精神痛苦（Shneidman, 1996）。急性且深层的苦恼是一个非常显著的自杀预测指标。除了一般的和特殊的个人苦恼之外，绝望的认知因素似乎也与自杀风险特别有关，无论对抑郁还是非抑郁的来访者来说都是这样（Ellis, 2006b；Firestone, 2006；Goldston, Reboussin, & Daniel, 2006）。

性别、年龄、信仰和季节变量

不同人群的自杀率并不相同。年龄、性别和种族并不是特别好的自杀预测因子。然而，通常来说，了解不同年龄、性别和种族群体的自杀风险是较高还是较低仍然很重要，并且能够帮助咨询师聚焦自杀干预，哪怕这种帮助很微弱。多元化要点9.1包含了一些关于人口统计变量和自杀的关系的特定信息。

> **多元化要点 9.1**
> **性别、年龄和人种作为自杀预测因子**
>
> 从历史上看，关于来访者的很多人口统计学变量都被用于帮助评估自杀风险。例如，因为男性的自杀死亡率通常是女性的三到四倍，男孩与男人通常被认为比女孩和女人更具有自杀风险。
>
> 不幸的是，大多数人口统计学变量包含着调节和中介因素，这增加了自杀风险预测的不确定性。回到将性别作为自杀预测因子这个问题上，另外一个既定事实是，女性企图自杀的行为大约是男性的三倍。尽管对这些明显矛盾的倾向有很多种潜在的解释，但没有人真正知道为何这些模式持续存在。然而，因为预防自杀企图（主要对于女性）与预防自杀身亡（主要对于男性）几乎同等重要，我们就无须过多关注某男性来访者在统计学意义上比女性来访者更可能自杀身亡这一事实。取而代之的是，每个走入咨询室的男性和女性都应得到同等的关注，如果需要的话，都要进行自杀评估面谈和干预。类似的是，我们不会因为黑人女性的基础自杀率非常低而亚洲女性的基础自杀率偏高，就对每一位华裔女性进行自杀评估，也不会对非洲裔女性从不进行评估。显然，是否进行自杀评估面谈以及面谈的程度有多广泛，有赖于咨询室中某个具体来访者的特点。
>
> 还有一个事实是，在很多来访者群体中，自杀风险通常随年龄的增长而增加。然而，对自杀数据的详细分析显示，这种趋势并非那么清晰和线性。正如帕克曼等人所言，"自杀率随文化、种族和人种而变化，每一个群体都显示了其自杀可能性的独特模式"（Packman et al., 2004）。
>
> 尽管这些自杀可能性的独特模式与性别、年龄以及人种有关，还有另外一些趋势也是值得了解的。这些趋势包括（基于2004年美国疾病控制中心的死亡率数据）：

- 在所有年龄和种族当中，男性都比女性更可能自杀身亡；
- 最高的自杀发生率往往出现在15～19岁的阿拉斯加男性原住民和美洲印第安男性群体中（32.2/100000）；
- 20～44岁的阿拉斯加男性原住民和美洲印第安男性群体的自杀率差不多和15～19岁的群体一样高（29.1～31.1/100000）；
- 20岁及以上的白人男性群体自杀率非常高（22.0～27.6/100000）；
- 黑人女性似乎一直是自杀率最低的群体；
- 尽管自杀率通常随年龄增长，但在阿拉斯加男性原住民和美洲印第安男性群体中是随年龄下降的。

在风险最高的15～19岁阿拉斯加男性原住民和美洲印第安男性青少年群体中，自杀率是0.032%，相当于每3125人中可能有一个，预测自杀有多困难可想而知。好消息是，即使在风险最高的群体里，自杀也一直是罕见的事件。坏消息是，你几乎无法事先在3000人中预测哪个阿拉斯加原住民或美洲印第安青少年会自杀。

人种和宗教信仰有时可能具有自杀保护因子的功能。例如，非洲裔美国妇女的自杀率非常低，推测认为，如此低的自杀率可能与其高度的家庭责任感有关，而这也有可能与其特定的宗教信仰或理念有关。然而，几乎没有系统的研究能帮助我们理解人种和宗教对于自杀率的影响。

当我们问及自杀行为中宗教或季节的影响时，实际上每个人都本能地且错误地认为，西雅图或阿拉斯加的冬天必然与自杀关联最密切。毕竟，黑暗、多云和降雨会增加抑郁和自杀风险不是事实吗？有趣的是，好像尽管黑暗、多云和降雨常常烦扰某些特定个体，但这些因素对于美国全国自杀率几乎不产生什么系统影响。事实上，在美国，西南部的自杀率在地域上是最高的，而在全球，自杀最常发生在春季。当然，至于西南部与春天为何与自杀有关，有很多人们偏爱的理论，但是并没有很好的数据能够支持这些推测。

我们所在的蒙大拿州不幸是人均自杀率最高的四个州之一。关于我们这个州为何有如此高的自杀率，也有很多流行的解释。其中包括高饮酒率、社会孤立、枪支的易得性、较淡薄的宗教信仰、人口中更高的男性比率以及美洲土著人的比率，等等。很多解释看起来是合理和有逻辑的。不幸的是，迄今为止，我们还是不知道为何蒙大拿州在持续不断地承受高自杀率的痛苦——我们同样不知道，为何特定年龄、人种或性别的群体会比一般群体有更高或更低的自杀率。

社会孤立与人际因素

很多社会和人际因素似乎对自杀有影响（Kposowa, 2001；Overholser, 2003）。特别是乔伊纳近期提出的关于自杀的人际理论给帮助有自杀倾向的来访者的临床咨询者带来了希望（Joiner Jr., Wingate, & Otamendi, 2005；Van Orden, Witte, Gordon, Bender, & Joiner, 2008）。关于自杀的人际理论，乔伊纳等人这样写道：

> 这一理论建议，归属的需要以及为亲近者的幸福做贡献的需要如此重要，以至于这些需要的受阻（也即，归属感受阻以及感知到成为负担）是自杀愿望的近端原因（Van Orden et al., 2008）。

人际理论解释了为何很多社会因素，例如失业、社会孤立、生产力下降以及躯体功能丧失都与自杀风险升高有关。特别是，有研究显示，离异、鳏寡以及分居的人群都属于自杀风险更高的群体；而单身、从未结婚的个体，其自杀率接近已婚个体的两倍（Anderson et al., 1997；Lambert & Fowler, 1997）。基于乔伊纳的研究和理论，这些因素都与自杀有关的一个潜在原因是，他们的归属感受阻，并且感知到自己成为家庭和朋友的负担，而不是以一种积极的方式为他人的生命做贡献。特别是，没有结婚（并且认为自己无归属且是一个社会负担）可能加剧了70岁以上的男性的自杀可能性，事实上这一群体的人均自杀率最高。不过，似乎女性的寡居状态与自杀率的上升无关（Brockington, 2001）。这可能是因为女性有社会连接的倾向，比男性体验到更少的隔离或归属感受阻，而且对一个社会群体有更大的贡献感。进而，一些研究显示，身体虚弱本身并不增加自杀风险，而与躯体疾病相联系的社会孤立和抑郁会显著增加自杀风险（Kishi，Robinson，& Kosier，2001）。

躯体健康

很多关于自杀率的研究都聚焦在精神病患者身上。然而，自杀在内科和外科的病人中同样发生。无论被诊断的是什么疾病，研究者们认为下列因素与自杀危险的升高有联系：频繁的大手术、与慢性疼痛和身体功能改变有关的抑郁、对死亡和痛苦的恐惧、功能丧失、中风以及风湿性关节炎。血透析和艾滋病病人被认为是有特殊危险的人群；但总的来说，疾病的严重程度、身体痛楚不乐观的预后，以及乔伊纳的成为社会负担的概念似乎最有可能导致自杀行为（Joiner Jr. et al.，2002，2005）。与前面所提到的住院治疗的精神病人相似的是，内科患者也显示了在接受医院处置之后非常短的时间内有较多自杀行为发生（McKenzie & Wurr，2001）。

个人资源

个人资源在自杀中扮演的角色不容小觑。这些因素包括：(1) 衣食住行；(2) 充分的医疗保健；(3) 躯体和精神力量；(4) 可从事有产出并且有意义的活动；(5) 重要且有支持性的人际关系。对于个体来说，可利用到的这些基本资源越多，自杀的风险越小（Lambert & Fowler，1997）。

如前所述，社会孤立或独自生活将增加自杀风险。然而，即使是过群体生活的人，其隔离感和孤独感也可能很严重，而一个独自生活的人也可能拥有一个有回报的而且令人满意的支持系统。个人所知觉到的被隔离和社会性孤立的感觉比其生活环境更为重要，但显而易见，在自杀评估的过程中，这二者都应该被考虑到。

近期遭受严重个人丧失的人应被视为有较高的自杀风险（Hall，Platt，& Hall，1999）。这类丧失可能有多种形式，包括：(1) 失业；(2) 失去地位；(3) 失去心爱的人；(4) 失去身体健康或身体能动性。对于某些人来说，失去一只宠物甚至也会增加风险。相似的是，因为近期发生的耻辱和羞愧的事情而感到丢脸，也会增加自杀想法和冲动（Packman et al.，2004）。

物质滥用

研究明确显示，酒精和其他物质滥用者是高自杀风险的人群（Fawcett et al.，1993；Preuss et al.，2003；Sher，2006）。自杀问题与物质滥用之间有紧密的联系。酒精和其他物质的滥用将个体置于自杀的危险之中——尤其是如果这些滥用与抑郁、社会孤立以及其他自杀危险因素有关时。

降低抑制作用是酒精和毒品增加自杀风险的原因之一。当体内化学状态变化时，人们的行为更为冲动，而自杀通常被视为一种冲动行为。无论在采取自杀行为之前做了多少计划，在服用酒与毒品的那一刻，扳机都相当于已被扣动了。大多数理论家认为，可能发生了某种形式的去抑制化或解离（Shneidman，1996）。酒精和毒品的使用可能给予不敢实施自杀的人执行计划所需的去抑制化。

精神障碍和精神科治疗

被诊断为属于某个特定精神病诊断群体的来访者会有更高的自杀风险。特别是有下列精神障碍的人通常被视为自杀高风险人群：

- 抑郁症
- 双相障碍
- 精神分裂症
- 物质滥用、依赖以及物质诱发障碍
- 边缘型人格障碍
- 反社会型人格障碍
- 厌食症

总的来说，潜在的苦恼、激动、思维扰动、有问题的社会关系以及绝望共同说明了为何有特定精神障碍的个体自杀风险提升。例如，罹患精神分裂症或带有精神病性特征的抑郁症的个体可能体验到有暴力指令的幻觉。这些幻觉可能包含重复的信息，例如，"杀死你自己"或"你该去死"。体验到自我毁灭指令幻觉的个体具有高风险，很可能应该住院接受治疗。

另一方面，自杀身亡较少与表演型或自恋型人格类型以及多种性欲倒错相联系，尽管在这些群体中，企图自杀的行为并不罕见。即便如此，当一个自杀的举动似乎是可操作的，就像我们常常在人格障碍患者身上看到的那样，这一举动就应该受到重视。不幸的是，假装的自杀尝试可能具有致命的后果，而重复的自杀举动和尝试与最终自杀身亡有关（Zahl & Hawton，2004）。

因某种精神障碍而接受住院治疗的个体，出院后会紧跟着一个自杀风险增加的时期，特别是当这些个体同时还具备以下特征：

- 以前曾企图自杀
- 罹患某种慢性精神障碍
- 近期被收容住院
- 独自生活
- 失业
- 未婚
- 易感抑郁

此外，在一项对精神分裂症患者的大规模调查中发现，出院后五天之内自杀风险特别高（Rossau & Mortensen，1997）。

选择性5-羟色胺再摄取抑制剂（SSRI）

在本书的上一版里，我们提到有一些文献中报告，给予非自杀倾向成人患者以某种特定的5-羟色胺再摄取抑制剂（例如，百优解、左洛复）进行药物治疗，可能引起去抑制化和激越，导致自杀风险的增加（Healy，2000；King, Riddle, Chappell, & Hardin, 1991；Teicher, Glod, & Cole, 1990）。自那时起，支持SSRI药物与自杀冲动有关的数据继续积累，论战也逐渐升级。

在法国、加拿大和英国的管理机构都开始禁止对未成年者使用SSRI药品不久之后，美国政府采用黑框警告标志效仿了此举。2004年9月，美国食品与药品管理局的专家组以25比0投票表决支持SSRI与自杀的联系。最近，专家组以15比8投票支持SSRI药物标签上的"黑框警告"。警告如下：

> 在有关单相抑郁障碍和其他精神障碍的短期研究中，抗抑郁药物与安慰剂的对比显示，前者增加儿童、青少年和青年人的自杀想法和行为（自杀风险）。开始抗抑郁治疗的所有年龄段的患者都应该得到适宜的监控，以及对临床恶化、自杀风险或行为的不寻常变化的密切观察。其家庭和照料者应被告知需要密切观察并与处方医师沟通。

2006年，美国食品与药品管理局扩大了关于SSRI自杀风险的警告范围，将其范围扩大至18～24岁的成年病人（United States Food and Drug Administration，2007）。

在本书出版之际，关于SSRI药物治疗是否增加自杀风险的争论仍在持续。很多药学与精神病学的研究者不同意美国食品与药品管理局实施黑框警告的决策。然而，目前SSRI药物治疗仍是自杀的一个风险因素，需要临床监控（Sommers-Flanagan & Campbell，in press）。

性取向

关于同性恋青少年是否比异性恋青少年有更高的自杀风险，起初存在一些争议（Gibson，1994；Muehrer，1995）。然而，近年的研究一致表明，在这一特定群体中，自杀想法和行为的易感性增加了。

整体来说，研究表明当年轻的来访者因性认同的问题而挣扎时，他们应该被视为比一般来访者有更高的自杀风险（McDaniel，Purcell，& D'Augelli，2001；Russell & Joyner，2001）。此外，经历过与同性恋有关的言语虐待以及父母拒绝其性别行为的同性恋青少年更易发生自杀行为（D'Augelli et al.，2005）。与一般人群中的青少年和成人类似，自杀风险随物质滥用、物质依赖、精神障碍以及性或躯体虐待而大幅上升（McDaniel et al.，2001）。

创伤与虐待史

最近，著名心理学家多纳德·梅肯鲍姆（Donald Meichenbaum, 2006）回顾了他35年多来咨询有自杀倾向的来访者的经历。他写道：

> 回顾我对有自杀倾向的患者的这些临床记录，以及在这么多年的临床工作中所做的临床咨询的记录，我发现他们普遍有受伤害的历史，包括亲历战争（我的第一个临床案例）、性虐待以及在大屠杀中幸存下来（Meichenbaum, 2006）。

临床研究支持梅肯鲍姆的观点。例如，在对200名门诊病人的档案回顾中，儿童性虐待是比抑郁还重要的自杀风险预测因子（Read, Agar, Barker-Collo, Davies, & Moskowitz, 2001）。类似地，来自于国家共病调查（样本量5877）的数据显示，在童年期经历过性虐待的女性可能尝试自杀的比率比其他女性高出2到4倍，而被性虐待过的男性尝试自杀的比率比其他男性高出4到11倍（Molnar, Berkman, & Buka, 2001）。当下和非常近期的躯体虐待或性虐待也会增加自杀冲动（Thompson et al., 1999）。

先前的尝试

以前尝试过自杀是一个非常显著的自杀风险因素。而且似乎先前的自杀尝试越严重，就越能预测日后的自杀成功。

在英国近期的一项为期15年的前瞻性研究中，蓄意自我伤害、重复的自我伤害是最终自杀成功的强有力的预测因子，特别是在年轻女性当中（Zahl & Hawton, 2004）。到这项研究结束时，在反复蓄意自我伤害的女性中，有4.7%的人实施了自杀；而在只有一次自我伤害的对照组中，这一比率是1.9%。在这项研究中，蓄意自我伤害被定义为有意图地服毒或自我伤害，导致到医院就诊。这项研究得出结论，反复蓄意自我伤害在男性和女性中都增加了自杀风险，但对年轻女性来说是预测作用特别显著的因素。此外，研究者建议咨询师询问来访者先前所有自杀或蓄意自我伤害的事件。

危险信号

此外还有很多与自杀风险有关的危险信号，包括：(1) 谈论自杀；(2) 自杀想法（意念）；(3) 有自杀计划；(4) 赠送财产、安排遗产以及其他准备好迎接死亡的信号；(5) 行为上清楚的或显著的改变；(6) 用言语表达无意义感或丧失了目标感；(7) 关系破裂；(8) 感觉被套住了，好像没有出路。在临床面谈中观察并记录这些危险信号，作为整体自杀评估的一部分，会很有用处。

整合风险因素

并不是将风险因素整齐地相加就能得出清晰的结论。而且，在建立融洽的治疗联盟的同时，还要有条不紊地收集与前述风险因素有关的信息，是很困难的。而显然，当来访者的风险因素数量很少时，你也不能机械化地请来访者放宽心；而当来访者的风险因素数量很多时，你也不能例行公事地安排其住院。尽管典型的倾向于自杀的个体是抑郁的、酒精滥用的、社会孤立的、有身体健康问题并持有武器的年长的白人男子，但很多这样的男子并不会尝试或实施自杀。问题是，真实生活中的原型并不存在，而且，就像我们以前讨论的那样，准确的自杀预测是不可能的。因此，全面的自杀评估面谈的目的并不在于预测自杀，而是预测风险，然后有效地管理风险。

在接下来的内容里，我们将回顾在临床面谈中可以获得的与自杀有关的信息。根据你经由摄入性问卷所获得的特定信息，你可能需要将一些前面提到的自杀风险因素整合进你的临床面谈。例如，你将注意到，我们在下面的部分包括了聚焦于创伤和其他传统风险因素的面谈内容。为了帮助你进行全面的自杀评估访谈，我们在练习9.1中提供了一个综合的自杀评估检查表。

练习 9.1
使用综合检查表来进行完整的自杀评估

在已经做过练习和熟悉了危险因素之后，下面的检查表可以用于练习阶段或角色扮演，它可以帮助你在几乎任何情境下进行精确的自杀评估。练习如何从不同类型的来访者那里获得精确的信息是十分重要的，因为精力、环境、时间分配等都会给获取信息的过程带来有趣的挑战。

请在班上与同学结成对子，或与一个自愿的朋友或同事进行一次自杀评估的角色扮演。运用下面的检查表，识别哪些危险因素符合你的来访者。练习在不看检查表的情况下来做角色扮演也是很有帮助的，你可以看一看你自己记住了多少。

自杀评估危险因素一般检查表

1. 从年龄/性别来看，来访者是属于易感群体。
2. 来访者过去曾经自杀未遂。
3. 来访者过度使用或滥用酒精/药物。
4. 来访者符合 DSM-IV 的某种精神障碍（抑郁症、双相障碍、精神分裂症、物质滥用或依赖、物质诱发障碍、边缘型人格障碍、反社会型人格障碍或厌食症）的诊断标准。
5. 来访者处于失业状态。
6. 来访者未婚、独居或孤立。
7. 来访者有躯体健康问题。
8. 来访者最近经历了重要的个人丧失（丧失能力、物品或人）。
9. 来访者是青少年并且在与性取向的问题做斗争。
10. 来访者在童年期是性虐待的受害者，或在当下是躯体虐待或性虐待的受害者。
11. 来访者抑郁，同时还有一个或几个下列症状：

- 惊恐发作
- 一般性精神焦虑
- 对于通常令其感到快乐的活动缺乏兴趣和快感
- 在抑郁的时候增加酒精滥用
- 注意力下降
- 全面性失眠

12. 来访者报告有明显的绝望、无助感或过度的罪恶感。
13. 来访者报告存在自杀想法。

    在你的评估中记录:
    - 自杀想法的出现频率（这些想法出现得有多么频繁）
    - 自杀想法的持续时间（这些想法一旦出现,会持续多长时间）
    - 自杀想法的强度（在1至10点量表上评定这些念头的强迫性如何）

14. 来访者报告存在自杀计划。
15. 来访者报告有特定的自杀计划。
16. 来访者报告了一个致命的或高度致命的计划。
17. 来访者报告了实施自杀计划的可行性手段。
18. 来访者附近没有社会支持。
19. 来访者报告自我控制能力很低。
20. 来访者曾有强迫行为。
21. 来访者报告自杀意念和计划，并有过度控制行为的历史，或者存在情绪上的阻碍，或显示出精神运动性激越。
22. 来访者报告了中度到高度的自杀意图（或曾经进行过致命的尝试）。
23. 来访者近期在有明显的改善之后从精神病院出院。
24. 来访者近期被予以 SSRI 药物处方，并且与去抑制化或激越有关。
25. 来访者可获得枪支。

实施全面的自杀评估

传统的开展自杀评估面谈的精神病学和心理学方法包括下列内容：

- 全面的自杀风险评估，包括但不局限于我们前面讨论过的风险因素。
- 关于个人史因素的评估，包括家庭中对自杀的接触、医学和心理学病史，以及个体之前的自杀尝试历史。
- 对当前心理状况的评估，包括自杀念头、自杀计划、自杀意图和控制力或依从性。

近年来，一些领军的学者和实践者提倡要对传统的自杀评估和干预做出大幅度的改变。特别是，乔布斯（Jobes，2006）发展了一个模型，他称之为"自杀风险的协作评估与管理"（collaborative assessment and management of suicidality，CAMS）。"自杀风险的协作评估与管理"强烈强调发展信任和治疗联盟，将其作为有效的自杀评估和干预的基础。这一方法获得了经验和理论两方面的支持（Jobes, Wong, Conrad, Drozd, & Neal-Walden, 2005）。

对自杀评估面谈与干预的重新阐述

在历史上，自杀想法和行为一度被视为离经叛道的心理状态，主要通过医学或精神病学的干预来治疗。在某些情况下，这导致专家取向的医学—精神病学评估和随后的药物干预。特别是，乔布斯（2006）等人批评了在没有共情和治疗同盟建立的人际情境下将病人从中抽离出来使用"强制性"的不自杀协议的做法。显然，当这种医学模式方法的极端形式被用于有自杀倾向的来访者时，其重点完全在于保证病人的生命以及对医疗责任的管理，缺少对病人真正的关心，未能与病人结成同盟。CAMS方法被乔布斯描述为将评估与干预过程重新阐述为一个更顺畅和人道的相遇，强调来访者是其情绪状态和自杀意念的专家。乔布斯、摩尔和奥康纳（Jobes, Moore, & O'Connor, 2007）写道：

从哲学意义上来讲，CAMS强调有意地远离"咨询师是专家"的方法，这会导致敌对的力量，还会导致住院和例行常规的处置以及强制性"安全协议"的不成功使用。

CAMS致力于倡导平等并加强咨询师—来访者关系，其方法是通过将来访者的自杀想法和行为视为对个人问题的"一种应对或解决问题的努力"，而这些个人问题与正当的个人对控制、权力、表达痛苦以及终止苦难的需求有关（Jobes，2006）。使用CAMS模型，咨询师与来访者将合作地完成自杀状态表格，形成个性化的治疗计划，来处理来访者的自杀意念和冲动（Jobes et al.，2004）。

建构主义的批判

CAMS的取向与建构主义一致，认为对人的痛苦进行精神病学诊断和治疗可能会无意地促发医源性问题（Horwitz & Wakefield，2007；Overholser，2006；Sommers-Flanagan & Campbell，in press）。咨询师与来访者谈话的方式以及获取与个人经历和自杀意念有关的信息的方式，显然在某些情况下可能加重抑郁症状及与之有关的自杀想法和冲动。这一可能性基于后现代的建构主义以及社会建构主义理论观点（也就是建构主义观点）。在提供如何进行正式自杀评估和干预访谈的信息之前，我们先来回顾这一观点。尽管很多建构主义者并不知道，但下面引自弗洛伊德的这段话确实支持这一观点：

> 话语原本是巫术，而现今，话语仍保持有很多远古时的魔法力量。通过语词，一个人可以使另一个人幸福喜悦，也可以使其绝望无助……话语激发情感，并且通常在人们之间具有共同的意义。（Freud，1961）

弗洛伊德认为，仅仅通过对来访者使用特定的话语，我们就能够激发或引起特定的情绪状态。在下一章节中，我们将讨论支持这一观察的现代研究。

差异激活理论

差异激活理论认为，当先前有过抑郁和自杀念头的人体验到负性情绪时，他们有可能再次激活负性信息加工偏见。这一理论认为：

> ……在个人学习历史中——并且特别在抑郁的时期——低心境变得与负性信息加工模式（在记忆、解释和态度方面的偏见）相联系。任何重新回到这种心境的情况都会重新激活这一模式，如果被激活的内容是整体的、负性的且自我指向的（例如，"我是失败者，没有价值也不讨人喜欢"），那么抑郁就非常可能复发和重现。（Lau, Segal, & Williams, 2004）

这一理论和支持性的实证研究表明，在临床面谈过程中，特定的提问程序可能会将一个此前抑郁过的来访者带向一种更加负性的情绪状态，相伴随的是负面信息加工以及自杀意念的增加。事实上，很多研究显示，抑郁和非抑郁的来访者以及非来访者都会受到情绪诱导刺激迅速且强劲的影响（Lau et al., 2004；Mosak, 2000；Teasdale & Dent, 1987）。

例如，在一项近期的研究中，被试被分成三组：(1)此前抑郁过并且有自杀意念的人；(2)此前抑郁过但没有自杀意念的人；(3)没有抑郁历史的人（Lau et al., 2004）。被试花八分钟的时间听一段压抑的、1/2拍的俄罗斯歌剧，同时阅读40句消极陈述，例如"我有些自己并不喜欢的地方"，在经历这种情绪挑战之后，被试通常体验到更糟糕的情绪，并在认知问题解决测验中表现得比接受情绪挑战之前差。此外，有抑郁史和自杀意念的被试相比于对照组来说，在问题解决方面还显示出显著的更大的损害。研究者得出结论："……当心境回归正常时，认知变量可能也回到正常，但是那些曾经患抑郁症、有过自杀意念的人对于心境方面的变化的差异反应更为易感，在问题解决能力方面更为恶化。"这种在问题解决能力方面的恶化与埃德温·施奈德曼（Edwin Shneidman）的心理收缩（mental constriction）概念相一致，我们将在本章稍后的部分探讨。

总体来说，研究清晰地表明，所有个体——包括抑郁或非抑郁、有或没有自杀倾向的个体，通过相对简单的实验操作，在情绪方面都会迅速受到负面影响。此外，此前抑郁的个体可能会体验到差异性的激活，会增加关于自我、他人以及未来的负性认知偏见。近而，此前有过自杀经历的个体可能在问题解决能力方面特别受到他们所体验的负性情绪状态的消极影响，他们在这方面特别易感。

引发抑郁的社会、文化和面谈因素

除了前述的研究结论，还有很多当代的社会和文化因素可能预先造成或导致个体产生抑郁或意图自杀的状态。美国媒体比以往任何时候都更多地卷入了界定抑郁状态和宣传对抑郁和自杀的医学解释。有很多书籍、杂志文章以及网站鼓励个体自我检查，以确定他们是否罹患抑郁症、双相障碍、焦虑障碍、注意缺陷多动障碍或其他精神障碍。特别是药物广告鼓励个体向医生咨询，以确定他们是否会从某种药物对其情绪和行为症状的治疗方案中获益。不幸的是，像我们绝大多数人从个人经验和常识中所了解的那样，我们对于个人缺陷方面的建议（其随时间的推移当然可能像八分钟的俄罗斯歌剧一样强有力）很容易进入负性心境反应。因此，毫不奇怪，持续攀升的抑郁发病率和相伴随的药物治疗至少有一部分与对抑郁疾病的意识增加有关。

在自杀评估面谈过程中，这种情况的相关性更高，主要或专门聚焦于负性情绪状态存在与否的咨询师可能无意中加剧了这种状态。这种可能性与建构理论相一致，这一理论认为，无论我们有意识关注的是什么，放松也好、焦虑也好、抑郁也好、快乐也好，被关注的东西都倾向于放大。这还与来自于我们学生的数据相一致，他们报告说，在进行了自杀评估访谈的角色扮演之后，会莫名其妙地感到沮丧和抑郁。

我们的担忧是，传统的医学取向的抑郁和自杀评估面谈有时可能在无意中强化了潜在的抑郁性认知和情绪加工，而不是令其缓解。因此，在随后讨论自杀评估面谈的内容中，我们将指导你提出同样多或者更多的与来访者较为正性的经验有关的问题，以平衡负面的与抑郁和自杀有关的问题。这一做法有两个目的。首先，包含有积极的问题和刺激将帮助来访者聚焦于积极经验，改善他们当前的情绪状态，提升问题解决技能。其次，如果来访者不能聚焦于积极的个人经验或展示积极情感，可能表明来访者有更长期或严重的抑郁或自杀问题。整体上来说，我们的基本观点是，当进行抑郁和自杀评估面谈时，我们总应该密切关注自己使用语词、问题和语言的方式。

以新的面谈态度接纳来访者与自杀

其他更近期的治疗观点（行动与承诺疗法，Action and Commitment Therapy，ACT；辩证行为疗法，Dialectal Behavior Therapy，DBT；我们希望能鼓励你以一种崭新的态度对待有抑郁症状和自杀倾向的来访者）也与CAMS方法相一致。具体来说，你可以参考如下这些态度表述：

抑郁和自杀风险是自然状态，有一部分会从正常的人类痛苦中产生。所以，仅仅是出现在你办公室里的一个来访者带有抑郁症状和自杀风险特征，并不必然表明异常——也不说明有心理障碍。

鉴于抑郁和自杀倾向是自然和正常的，如果它们出现的话，作为咨询师的你应接受、认可并正常化这些感受。这非常重要，因为很多有自杀风险的人感到与社会分离、自己的情绪得不到认可，并且感到自己好像是别人的负担（Joiner, 2005）。接纳和确认来访者的情绪，甚至认可其自我毁灭的情绪，并没有危险。

在CAMS方法的精神中，我们鼓励你不带评判地倾听来访者的自杀想法和冲动；这些想法和冲动反映了来访者对其人际与生活问题的独特应对方式。

不要不断地深挖来访者的抑郁和自杀倾向，而要确保平衡你的临床面谈，将询问聚焦于积极方面以及让来访者活下去的独特理由。忘记询问你的来访者的积极体验就好像忘记走出去呼吸新鲜空气一样。

幸运的是，绝大多数经历抑郁的人都康复了，无论接受还是没接受治疗。此外，大多数人至少简单地视自杀为生活的一个选择，而在那些认真考虑甚至尝试过自杀的人中，大多数人还是停下来选择生活而不是自杀。

不过要提醒你注意的是，人们常常犹豫是否直接询问自杀意念，他们会担忧自己会在某种程度上让一个悲伤的人突然想到自杀是一个选择。询问自杀想法或冲动并不等同于详细询问消极且抑郁的想法和感受。均衡地聚焦于正反两面的材料以及问题解决取向的材料既是明智的，也是有益的。而不询问自杀意念既不明智也无益处。

评估来访者的抑郁

尽管我们前面谈到，评估抑郁可能会增加抑郁情绪，但一个完整的自杀评估面谈总是包括全面的抑郁评估。抑郁既是一个重要的自杀预测因子，也与其他自杀风险因素高度相关（例如，物质滥用、较差的健康水平）。

根据DSM - Ⅳ - TR，有两种基本的抑郁形式：

- 重症抑郁（较为急性和严重的抑郁）
- 恶劣心境障碍（较为慢性，通常是更温和的抑郁形式）

要做出一个抑郁症或恶劣心境障碍的诊断，必须符合特定的标准。我们此处讨论的目的是减少对特定的诊断标准的关注，把注意力更多地放在那些通常指向抑郁的一般症状上。

从整体上讲，DSM包括三类主要抑郁症状，还有一条适用于我们的讨论的有关症状：

- 心境相关症状
- 生理或躯体性症状
- 认知症状
- 社会/人际症状

情绪相关症状

因为抑郁属于心境障碍，所以，可以使用用于精神状态评估的心境问题来开始抑郁评估。例如，像"你最近感觉怎样"或"你是否愿意向我描述一下你的心境"这样的问题，是一个很好的开始。然而，要使用释义来确保你正确地理解了来访者。（例如，"听起来，你现在似乎感到非常悲伤和绝望"。）

在DSM - Ⅳ - TR中，抑郁心境被定义为，"几乎每一天中的大部分时间都心境抑郁，或是主观报告表明抑郁（例如，感到悲伤或空虚），抑或是被他人观察到抑郁（例如，表现出流泪）。请注意：对于儿童和青少年来说，这也可能是'易激惹情绪'。(American Psychiatric Association，2000)"但你的来访者可能并不是报告"悲伤、空虚或易激惹（年轻的来访者）"，他们可能说些类似"我最近只是一直感觉真的很难过"之类的话。在这种情况下，你最初使用的解释应是与来访者用词相近的语言（而不是DSM系统的语言）。而后，你可以在面谈中使用DSM的诊断语言。

当你得知了有关来访者心境性质的感觉之后，对心境进行评分会很有帮助。请看下例：

咨询师："你说你一直感到彻底地沮丧和难过。我接下来想知道的是，你觉得有多难过，或者你现在感觉有多糟，我还想知道你通常感觉如何，而你所感到过的最糟糕的时候有多糟糕。所以，在1到10点的标尺上，1是人们所能感受到的最糟糕的情形，而10是完全和绝对的愉快，你将如何评估你目前感到的悲伤和难过的感觉？"
来访者："我不知道。我猜我大概是3分。"
咨询师："好，现在是关于近期的状况，在过去的两周左右，在同一个标尺上，你感到最糟糕的情况是多少分？"
来访者："我想上个周末我大概是2分。这是我曾感受过的最糟糕的情形。"
咨询师："听起来确实很糟糕。你正常的心情如何？当你不感到沮丧或抑郁的时候，你会给你的正常情绪打几分？"
来访者："通常我是个非常快乐的人。我的正常心情大概是6或7分。"

在上面的交流中，咨询师获得了有价值的评估信息。通过使用准定量标尺，咨询师现在对于来访者的心境有了一个评分。尽管这并不是我们在研究报告或论文答辩中推荐的统计分析水平，但对于量化来访者的主观痛苦程度来说是一种非常有效的方法。

如前所述，在评估来访者的心境时保持平衡是非常重要的。在评估悲伤和易激惹的同时，下面这些有关积极心境的问题也是适宜的：

"当你的生活中发生什么事情时，你会感到快乐或高兴？"

"你什么时候感觉特别好?"

"有些人在为别人做了好事时感觉特别好……这种事也会让你有个好心情吗?"

成人的重症抑郁障碍的另外一个特征是,对通常喜欢的活动失去兴趣或快感。典型的情况是,来访者突然地不再体验到喜悦、兴趣或快乐,当然,也可能是开始感到生活不那么有价值。这种心境症状被称为快感缺乏(anhedonia),是一种与自杀可能性增加有关的特殊症状。所以,自杀评估面谈总是应该检查来访者是否从他们的社交、娱乐、性生活或其他通常带来快乐的活动中获得满足感。需要再一次强调的是,这些问题可以通过一种积极的方式询问,期待来访者能够识别出做什么事情能够让他们获得快乐:

"你喜欢什么娱乐活动?"

"你做何事来消遣?"

"你最想和谁一起共度时光?"

缺乏积极心境反应是另一个心境相关症状,可能对区别抑郁类型有所帮助。尽管这一心境症状与快感缺乏相似,但它有些微的差别,并且通常经由观察来评估,而不是直接提问。特别是当与抑郁来访者面谈时,咨询师可以通过观察来评估其心境反应,观察在讨论积极经历时来访者的心境看起来是否能明快起来。或者,当你在一个环节中插入希望或其他积极因素时,没有反应性心境的来访者不会微笑或展示出更明快的心境。尽管约翰喜欢通过观察来访者是否对他的笑话报以大笑来评估心境反应性,丽塔却更关心来访者在对约翰的笑话报以大笑时的心理健康状况。

内疚和无望感也是与抑郁有关的情绪状态。然而,我们不打算在此处讨论它们,而是将在有关认知症状的部分探讨它们,因为这些特殊的情绪状态通常是由特定且强有力的认知所引发或调节的。

生理或植物性神经症状

抑郁患者常体验到生理症状,这是抑郁症的一部分。精神病学家经常把这些症状作为植物性神经信号提及，并且视它们为真正的生理性抑郁的基本特征，它们表明抑郁更可能复发（McGrath et al., 2006）。这些抑郁的生理信号/症状最不可思议的地方可能在于，它们大多是双向的。罹患抑郁的来访者经常报告：

- 非故意的体重显著减少或体重显著增加
- 日常食欲的减退或增强
- 几乎每天失眠或嗜睡
- 激越症状（过度且不必要的运动）或精神运动性迟缓（比平时少的运动）

前三个症状可以通过对来访者的体重减少/增加情况、食欲和睡眠情况直接提问来评估。尽管直接对精神运动性激越/迟缓进行提问也是可能的，但这一症状主要还是通过直接观察来评估。

另一个重要的生理性抑郁症状是疲惫。抑郁的来访者通常体验到能量水平的减少，往往因为持续的疲惫，整天或一天中的绝大部分时间都躺在床上。这一症状通常也是通过提问来评估的，提问应特别强调来访者的能量水平是否是从一个此前更高的水平变化而来的。一个相关的问题是，缺乏性兴趣常常被视为快感减退的一个症状，也可能是由来访者的疲惫感引起或加剧的。

关于生理症状的问题应该包括开放式问题，也包括鼓励或要求积极回应的问题。请看下面的例子：

"你的精力水平如何？"
"你的精力水平是更好了、变差了还是基本上与平时一样？"
"你何时睡得很好？"
"有什么令你感到安慰的想法能够帮助你入睡？"
"有什么令人烦恼的想法让你睡不着？"
"你觉得什么食物最有吸引力？"
"你最近食欲正常是什么时候？"

认知症状

当来访者抑郁时，他们经常体验到广泛的消极认知。这些消极信念常常以贝克的认知三元体系为核心，包括关于自我、他人和未来的消极想法。

常见的消极认知因素包括无价值感、内疚和无望感。下面的几个问题对于评估无价值感可能有用：

"你对自己感觉如何？"

"请告诉我何时你对自己感觉特别好。"

"你对自己常有哪些类型的消极（或积极）想法？"

严重抑郁的来访者常常显示出一种被称为贯注的症状。贯注发生在来访者在心理上被消极想法消耗时——通常是关于无价值或内疚的想法。当来访者对特定的消极想法有一种强迫性的贯注时，可能很难将他们的注意焦点转移到其他事情上。作为咨询师，你几乎可以直接观察到这一过程。例如，来访者可能贬低自己，好像陷入对过去某件事件的加工和再加工，在那个事件中，他们让自己或让所爱的人失望了。

正常或短暂的悲伤感受不大可能包括极端、持续或反复的无价值或内疚的想法和感觉。与此对照的是，中度或重度抑郁的来访者可能报告因为某种真实、夸大或想象的过失或罪过而感到无价值，或因内疚而感到有负担。

根据你对数字的敏感以及来访者对心境评价任务（如前所述）的反应，你可能想要在抑郁评估中也获得额外的评价。与自杀风险相联系的一个特别重要的认知症状是无望感。你可以通过询问下列问题来进行重复评估：

"在一个与我们前面所描述的同样的 1 到 10 的标尺上，这次 1 意味着在你的生活中完全没有改善的希望，而 10 意味着你完全相信你的生活将改善，并且你会开始感觉更好。你会打多少分？"

了解来访者的无望感很重要，因为比起整体的抑郁水平来说，特定的无望感是自杀风险的一个更好的预测因子（Ellis，2006a）。表达了对个人短期和长期生活计划有兴趣的来访者比那些几乎没有报告对希望、计划或梦想的兴趣的来访者的自杀风险更低。

来访者可能用多种形式的陈述表达无望感，例如，"我看不出事情还可以有什么不同"或"我从记事以来感觉就是这样，我想我很可能会永远感觉如此"。反之，来访者对未来做规划以及做建设性的和快乐的计划的能力是希望感重要的测量指标，这些能力更可能出现在抑郁不太严重的来访者身上。关注未来的问题对评估希望感是有帮助的。

"你对明天有何计划？"

"你觉得自己未来五年会做什么？"

"你觉得自己的感觉会很快变好吗？或者最终会变好吗？"

同样，提些要求来访者回想过去成功经历的问题，或是第三人称的问题，来看看能够激起多少希望感，也是很有帮助的。

"我知道你曾经情绪很低落。过去你做过什么帮助自己走出来？"

"你对一个与你有相同经历的好朋友有什么建议呢？"

无助感是与抑郁性思维相联系的另一个重要特征。从来访者的观点来看，无助感可以表明一种感觉或信念，他们对积极改变无能为力。表达无助感可能是间接地恳请咨询师给予帮助。尽管来访者可能认为无法帮助自己，但他们可能仍然对你抱有一些希望，把你当作一个积极改变的提供者。

抑郁的来访者也显示了其他的认知症状，作为提问的目标，包括：(1)集中注意的困难（"什么能帮助你集中精力？"）；(2)关于死亡或自杀想法的复发（"你有关于死的念头吗？""你是否有一些关于如何生活得更有价值的想法？"）；(3)决策或问题解决上的困难（"你何时感觉自己思维敏捷？""你何时感觉自己的思维没那么敏捷？"）；(4)思维收缩（"要感觉更好一些，你能想到哪些选择？"）。

社交或人际症状

抑郁的最普遍的人际表现是从朋友、家庭和通常的社交活动中退缩回来。咨询师应该倾听这些社会退缩的信号，因为，抑郁的人有时没有完全意识到他们的隔绝，也没有意识到他们如何导致自己的隔绝。如果你有理由认为你还没有全面掌握情况，你可能需要发出信息，使你能够与来访者的家人或朋友对话。在社交症状方面，倾听能表明来访者发生了变化，变得更疏远、难以接触、心灰意懒以及格外易怒或易激惹的陈述会很有用。

个人和家族史

收集个人史的策略已经在第七章讨论过。当面谈有自杀倾向的来访者时，第七章中介绍的绘制家谱或者家系图谱的方法也很有帮助。

咨询师要确保对个人和家族史信息的收集包括了个人以往的自杀企图，以及来访者家庭成员以往的自杀企图或自杀身亡情况。以往的自杀企图和反复自我伤害所导致的住院是相对而言很强的最终自杀的预测因子（Haw, Bergen, Casey, & Hawton, 2007）。有时候，咨询师可能没有时间进行完整的家系图式的询问，但仍然应该询问关于自杀身亡和自杀企图方面的家族史，并对于来访者在情绪方面的暴露给予恰当的共情和支持反应。

探究自杀意念

如果你担心你的来访者可能有自杀风险，你应该直接而平静地询问他或她是否有自杀的想法。这可能令人感到棘手或困难，但我们鼓励温和的坦率。实习阶段的咨询师通常告诉我们，性和自杀是最难询问来访者的两个话题。对于绝大多数人来说，他们需要通过练习来学习如何以慎重、同情、专业且平静的态度询问困难的问题（所以请试着跟你的同事练习说关于性和自杀的语词）。哈恩和马克斯（Hahn & Marks, 1996）的研究发现，97%的自杀未遂的来访者对于在初始面谈中与咨询师讨论先前的自杀企图这一点持赞成态度或保持中立，了解这一点可能会对你有所帮助。

我们认为最好以标准化的提问询问自杀，使来访者更易于承认自杀意念。下面是一些例子：

"我在做一个练习,询问我单独遇到的每个人关于自杀的问题。所以我要问问你下面的问题:你是否曾有过任何关于死亡或自杀的想法?"

"我曾经读到,大约10%~20%的青少年有关于自杀的想法……你有这样的想法吗?"

"有时,当人们沮丧、抑郁或感到痛苦时,他们想到自杀但又拒绝这个想法,或把自杀作为一种解决方式。你是否曾有过上述任何一种关于自杀的想法?"

正如之前所述,一种普遍的恐惧是,直接询问有关自杀的事可能会把自杀的念头带进来访者的头脑中。没有任何临床的证据显示这样的事情会发生(Jobes,2006)。事实上,一般来说,来访者的情绪会因为谈论自杀想法而得到缓解。此外,咨询师邀请来访者分享自我毁灭的想法,再次向来访者证实了你对这一话题没有不适的感觉,能够控制事态,并且有处理问题的能力。

大多数——但不是所有——自杀来访者都准备在被问及时承认有自我毁灭的想法。一些人否认有这样的念头,可能是在试图重申他们的自我控制能力。如果出现否认,不要松了口气并立即转开话题。咨询师应该尽量使来访者更容易承认这些想法。沃勒斯海姆(Wollersheim,1974)提供了一个经典的例子。

呃,我问这个问题是因为几乎所有人在生命中的某个时间点上都曾经想到过自杀。这个想法并没有什么不正常的。事实上,当某人感到非常沮丧、心情达到谷底时,这是非常正常的想法。这一想法本身并没有什么伤害性。然而,如果我们发现自己非常专注或很频繁地考虑自杀,这意味着整体情况不太好,我们应该开始为使生活变得更尽如人意而做些努力。

当来访者承认有自杀意念时,咨询师应该探索自杀想法的肇始、频率、前提、强度和时程。咨询师应与来访者合作地探索上述内容。然而,咨询师应在心里记住，一些研究显示，自杀意念的易变性——观念来了又走——可能比观念出现的频率更能够预测最终的自杀（Busch & Fawcett, 2004）。要透彻地理解这一观察需要进行更多研究，但可能的原因是，断断续续且强烈的自杀意念比频繁或持续存在的观念更具有致命性。

评估自杀计划

一旦咨询师与来访者建立了良好的关系，并且来访者谈及自杀意念，就应探索自杀计划。咨询师可以运用类似下面的解释和问题来开始探索来访者的计划。

> "你谈到你有时会觉得如果你死了对所有人都更好。一些有相似想法的人还会在头脑中有如何实施自杀的计划。你有没有计划过，如果你真的按照这种想法去做的话，你将用什么方法杀死自己呢？"

很多来访者对这一问题的反应都会是重申事实上他们并不是真的对自杀行动做过深思熟虑。他们可能引用宗教、恐惧、子女或一些他们为之而活的其他原因。典型的情况是，他们会说："哦，是这样，我只是有时会想到自杀，但我绝不会那么做。"听完来访者活着的原因后，你可以不必继续评估自杀计划了。然而，如果来访者确定了一个潜在的自杀计划的话，那么对这一计划的进一步探索就是必不可少的了。

当探查和评价来访者的自杀计划时，要考虑到以下四个方面（Miller, 1985）：（1）计划的具体性（specificity）；（2）手段的致命性（lethality）；（3）方法的可行性（availability）；（4）与社会和援救资源的接近性（proximity）。对这四个方面的询问可以用首字母的缩写简记为SLAP。

具体性

具体性指的是来访者自杀计划的细节。他有没有考虑到完成自杀的必要的细节？有些来访者清楚地列出了自杀方法。另一些人则会回避这一问题，还有一些人会做出如下声明："哦，我想如果我死了，事情会变得更容易，但是我并没有一个真正的计划。"

如果来访者否认有自杀计划,你有两种选择。一种情况是,如果你认为你们有很好的工作关系,你可以判断来访者是完全诚实的,就可以放弃对具体自杀计划信息的询问。另一种情况是,你可能仍然怀疑你的来访者有一个计划,但是不愿对你讲出。如果是这样,你可以选择遵循沃勒斯海姆(1974)的建议,使来访者更容易正面回答:

> "你知道,绝大多数考虑过自杀的人都至少想到过他们将如何实施。如果你决定自杀的话,你将怎么实施呢?你有过哪种念头?"

从建构主义观点来看并基于差异激活理论研究,沃勒斯海姆的方法可能使来访者进入更深的消极心境状态,同时增加自杀意念,降低问题解决能力。从另一方面来说,传统自杀评估模式强调对自杀想法和计划的完整评估是很必要的。例如,帕克曼和同事写道:"临床工作者应该询问来访者考虑过哪些自杀方法,还要了解其花在打算和准备每种方法上的时间和努力。"(Packman et al., 2004)

一个需要探讨的重要问题是,咨询师深入探索来访者过去的尝试和当前的自杀计划是否有用。尽管从医学—诊断—预测的角度来说,获得详细的信息似乎很重要,但如果从建构主义观点来看就不那么重要了——而且很可能是有害的。这反映了自杀评估调查中的一个悖论:一方面,正如克拉克(1998)所记录的那样,确定自杀安排、排演、实验行动以及贯注的程度表明更大的风险,所以是有价值的信息;另一方面,从某种程度上来说,详细地聚焦于自杀计划可能被体验为更深地贯注和排演自杀计划认知。

要处理这一棘手的问题,我们再次建议你使用咨询师平衡技术,并清晰地聚焦于合作的关系(Jobes, 2006)。如果你认为获得信息是必要的,那就以合作的方式获取信息。此外,应将积极取向的问题整合入你的调查。例如,要确保问到如下问题。

> "你如何分散自己的注意力,不去想自杀的念头?"

"当你想到自杀时,还有什么念头会自动地进入你的脑海,使你还想活下去?"

"现在我们已经谈过了你的自杀计划,我们能否谈一下关于生活下去的计划?"

"你运用了哪些优势或是内心资源来对抗这些自杀想法?"

致命性

致命性指的是一个自杀计划能多快地导致死亡。较大的致命性与较大的风险相联系。致命性取决于使用某种特定方法的方式。如果你认为来访者有非常高的自杀风险,你可能不仅需要询问来访者一般方法(例如,用枪支、大量药物、剃须刀片),还要询问具体的实施手段。例如,你的来访者是计划向她自己的肚子开枪,还是向太阳穴或嘴里开枪?是打算用阿斯匹林还是氰化物?她是想用刀片割断自己的手腕还是割断喉咙?显然在上述的每对例子中,都是后一种选择更为致命。

可行性

可行性是指来访者在多大程度上做好了准备以实施自杀计划。工具是否立即可得?如果来访者计划过量服用某种特定的药物,就检查这种药物是否可得。(头脑中要存有这种想法:大多数人在家里的药橱里就存有足以完成自杀的药品。)夸张一点儿说,如果来访者打算驾车从悬崖上冲下去以达到自杀的目的,但是既没有可开的车也没有悬崖,比起另一个想开枪自杀而卧室中恰有已上了膛的手枪的人来说,前者自杀的即刻危险显然要小很多(Hawton,2007)。

接近性

接近性是指社会支持的接近性。能帮助来访者的资源离得有多近?如果来访者实施了自杀,其他能够干涉和营救来访者的人是否可到达?来访者是和家人或室友生活在一起,还是独自生活,没有朋友或邻居在附近?来访者日常大多数时间是单独活动还是与其他人在一起?一般来说,来访者距离潜在的援助资源越远,自杀的危险越高。

如果你正在与一个来访者进行持续会面,要定期检查其计划。乔布斯推荐在每次面谈中都合作地重新评估，直到在连续三次面谈中都没有出现自杀想法、计划和行为（Jobes et al., 2007）。

评估来访者的自控能力以及过去的或家庭成员的自杀企图

在评估自杀的危险时，你还应评估其自控能力。害怕自己会失去控制、真的去自杀的人处于高度危险之中。直接询问来访者的自我控制感是很重要的。你可以询问："你是否曾担心自己可能会失去控制、试图杀死自己，即使你现在并不想这样去做？"你也可以询问来访者通常的自我控制水平，并询问这方面近期的变化。如果来访者承认害怕失控，自杀风险就有所增加。可能有必要考虑住院治疗或者其他的改变方式，使其可以获得外部控制，直到来访者感到内部控制能力增强了。

如果来访者过去有过自杀想法，应询问是什么使其没有失去控制并实施自杀，这可能是很有用的。这种信息可能成为有价值的治疗联盟。过去曾经起过作用的事情有机会再次起作用。例如，你可能发现来访者会像下面这样说。

来访者："是的，我在夜里经常害怕失去控制。"
咨询师："听起来夜晚是最难熬的时间。"
来访者："我痛恨午夜。"
咨询师："所以，在深夜，尤其是接近午夜的时候，你有时候会害怕自己将失去控制而杀了自己。尽管如此，还是有些事情使你没有那样做。"
来访者："是啊。我想到早上起床的时候我的孩子们如果没法叫醒我的话，他们会有什么感觉。我一想到这个念头就会嚎啕大哭。这样做总是让我无法真的去自杀。"

如前所述，这些短暂的言语交流，绝不足以判断一个来访者是否安全，也不能判断其是否需要住院治疗。然而，强烈的缓和因素，例如来访者对孩子的爱，可以抵御自控能力的缺乏。

明确来访者是否有冲动控制问题的历史，可以帮助你判断他或她是否可能会失控并做出自杀行为。例如，如果来访者有言语爆发或身体冲突的倾向，这可能表明存在着冲动控制的问题并增加自杀风险。还有，在绝大多数时间都过度克制情感然而偶尔会完全失去控制的来访者处于更高的自杀危险当中。因为做出这种判断非常有压力，所以，当你的来访者报告害怕失控时，你应该立即寻求督导或会诊。

评估自杀意图

自杀风险评估中的另外一个可能的方面就是确定来访者的自杀意图。实施自杀的意图可以通过自我报告、同伴或家人的报告或者行为观察的方法进行评估。基本上，评估自杀意图包括确定来访者谈话或行动的方式是否表明了他们意图杀死自己。

一些来访者在努力自杀的过程中坚持不懈而且具有创造性。我们听说过一些来访者吞下针、剃须刀片，实际上可能是任何他们能够找到的危险的物品（例如，通厕剂或樟脑丸）。一些人冲上车水马龙的高速公路，或者跳进河里努力使自己淹死。还有人用枕套把自己吊起来，或用易拉罐的瓶口割自己的手腕。这些来访者可能并没有仔细考虑过用什么方法自杀；事实上，他们已准备好利用任何可以结束生命的手段。认为他们意图自杀只是一种保守的说法；他们在拼命地寻求自我毁灭。自杀意图常常基于以往自杀行动的致命性（Kumar, Mohan, Ranjith, & Chandrasekaran, 2006）。

自杀意图可以被评估为未见、较低、中等和很高四个等级。然而，与我们前边提到的对心境和绝望感的主观评估不同，询问来访者他们自杀意图的水平通常没有多大帮助。如果他们的意图很强烈，他们很可能不会对你承认，因为他们可能意识到你会收容他们进行住院治疗以保证他们活下去（Freedenthal, 2007）。代替的方法是，自杀意图通常基于对来访者的计划、过去的自杀行为以及整体态度进行间接评估或推断。意图越强烈，自杀的危险就越高。

自杀干预

下面的指导方针虽然并不是绝对安全的，但至少可以为你提供一些在自杀危机中如何操作的基本观点。这些观点与施奈德曼（1996）对治疗有自杀倾向的来访者的治疗师提出的建议相一致："减少痛苦，去除盲点，减轻压力——所有这三方面，甚至只是一点点也可以。"

倾听和共情

面谈想自杀的来访者的第一条原则就是仔细地倾听他们的想法和感受。通常，想自杀的来访者感觉与他人是隔离的，所以与他们建立共情的联结是绝对必要的。他们可能从来没有与另外一个人讨论过抑郁或自杀的想法和感受。所以，要让他们知道你真正听到了他们感到多么痛苦和绝望（Jobes, 2006；Shneidman, 1980, 1996）。

显而易见，当来访者开始讨论自杀时，咨询师应避免表现出震惊和诧异的表情。这一点说起来容易做起来难，但你必须以一种平常的举止对待来访者的想法和感受；这对于他们来说表明了你以前曾经处理过这样的问题，这在某种程度上向他们重申了他们的体验并非那么不寻常。在某些情况下，你可以用下面这样的话来再次做出保证和支持，甚至承认自杀的冲动有时只是一种自然的反应。

> "你已经跟我讲了你近来有一些困难的经历——失去了你的妻子、工作，而且失去了健康。你会考虑到自杀，这没有什么不寻常的。很多人在你这种境况下都可能怀疑生活是否还值得继续。"

建立治疗关系

积极的治疗关系是准确的自杀评估和有效治疗的基础。在CAMS方法中，自杀状态表（Suicide Status Form, SSF）被用于进行评估，但评估并不仅仅服务于收集自杀风险的客观信息。实际上，评估是被设计用来帮助咨询师理解

"来访者自杀行为的独特性质，这样两个人都能够深切地体会到让来访者想自杀的痛苦和苦恼"（Jobes et al., 2007）。你将自杀状态表作为一个正常的评估工具，还是不采用标准化的调查来进行自杀评估面谈，原则都是相同的。评估的目的是合作并强调一种促进积极工作关系的方式。同时，在你切实地体会了来访者的自杀问题之后，你可以做出一种共情的陈述来增进希望：

> "刚才我听到你说，你感到生活不太有价值。但是，不管你现在感到多么糟糕，对你来说很重要的是，要知道绝大多数抑郁的人都安然度过了抑郁期，并且最终感觉更好。我们今天的会面将形成一个计划，帮助你处理你的痛苦以及自杀感受，这一事实本身就是朝向正确方向迈进的一大步。"

如前所述，差异激活研究表明，抑郁的人或处在以心理或情绪不适为特征的心境状态下的人，在回忆积极事件或情绪方面有困难（Lau et al., 2004）。所以，尽管你能够帮助来访者聚焦于积极事件以及过去的积极情绪体验，你还需要对大多数抑郁和有自杀倾向的来访者不容易回忆起任何积极的事情这个事实保持共情。

最后，有自杀倾向的来访者可能发现，注意你在讲什么是很困难的。在面谈抑郁和有自杀倾向的来访者时，要缓慢而清晰地讲话，不时重复一下关键信息。

自杀预防协议

最初在20世纪70年代的有关自杀的文献中，对自杀预防协议有所介绍（Drye, Goulding, & Goulding, 1973）。这一文献出版之后，直至最近，在精神卫生工作者中，自杀预防协议（或不自杀协议）仍被作为典型的通常的管理标准。它们被视为来访者与咨询师之间的生命线，是从责任中抽离出来的一种潜在保护。然而，自杀评估与治疗领域的几位专家近来强烈地批评了自杀评估协议（Bryan & Rudd, 2006；Jobes, 2006；Rudd, Mandrusiak, & Joiner, 2006）。例如，在他们对这一问题的综述中，拉德等人（2006）得出结论：自杀预防协议不仅没有实证基础，而且还可能无意中增加了临床工作者的责任。所以，我们不推荐在临床实践中使用这些协议，除非它们是在一种合作的关系情境下被整合进一种积极的计划中的。

确定应对策略和自杀以外的选择

自杀中的基本思维障碍是一种病理性的思维狭窄，我们称之为思维收缩（constriction），这使得病人只能看到两种选择：要么是一些痛苦的不尽如人意的事情，要么就是终结生命（Shneidman，1984）。

帮助来访者制订一种经过认真思考并且很实际的计划来应对并减少其心理痛苦，是所有自杀治疗的一个核心内容。这一计划可以包括放松、心智化或传统的冥想练习、认知重构、社会拓展以及其他可以增加自我安慰并降低社会孤立和成为社会负担的感觉的策略（T. Joiner, 2005）。与传统的履行不自杀协议的方法不同的是，当代的方法强调获得来自来访者对治疗声明的承诺（Rudd et al., 2006）。这些治疗声明或计划有很多种称谓，包括"对干预的承诺"、"危机响应计划"以及"安全计划"（Jobes, in press）；它们更广泛而积极，描述了一系列来访者可以用来处理抑郁和自杀倾向的活动，而不是狭窄地聚焦于来访者不会做什么（如实施自杀）。

自杀事实上可能是生活的另一种选择。与来访者争论自杀是不是一个在哲学上可以接受的行为是没有意义的。我们的主要工作不是与来访者争论他们是否应该去自杀，而是帮助他们确定应对自杀危机的方法以及自杀以外的生活选择。

通常，有自杀倾向的来访者有思维收缩或问题解决的缺陷，因而无法确定自杀以外的选择。按照施奈德曼（1980）的建议，咨询师需要帮助来访者"扩展"他们人生选择的视野。来访者需要获得帮助以改善心境、重获希望并去除精神上的障碍物，看到自杀并不是唯一的选择。

施奈德曼（1980）写了一个例子，在其中他列举了可以帮助一个怀孕的有自杀倾向的少女去除障碍物的一系列方法。这是与来访者促进咨询关系时可以使用的一种源自实践而且具体的方法，同时它也打开了来访者的思路，使其能有更多的建设性的选择。

这一方法是，拿出纸笔就生活中某一特定的困难用头脑风暴法找出可供选择的行为方法。你要鼓励来访者也为这份清单做出贡献，但你自己也要提供很多选择。所有的选择都被列出之后，让你的来访者按照好坏的顺序给这些选择排出等级。当然，来访者很有可能认为自杀是最好的选择（从这一点上你将获得非常重要的评估信息）。然而，令人惊讶的是，想自杀的来访者经常从施奈德曼的方法当中发现其他更好的选择。

将精神痛苦与自我分离

罗森伯格（Rosenberg，1999，2000）描述了一个对想要自杀的来访者有帮助的认知重构干预。她写道："治疗师可以帮助来访者理解他或她真正想要的是消灭难以忍受的痛苦的感觉，而不是消灭自己。"这一技术可以帮助想要自杀的来访者，因为它提供了来访者所需的对其精神痛苦更多的共情，同时还帮助他们看到，他们的愿望是消灭痛苦的存在，而不是消灭自身的存在。

与之相似，罗森伯格（1999）建议治疗师帮助来访者重构"感到想自杀"这一短语所表达的意思。她解释说，来访者可从看到他们自己的自杀想法和冲动中获益，他们把这作为对深层感受的一种交流，而不是"真正有意要采取的行动"。这一针对有自杀倾向的来访者的干预方法能够削弱来访者采取行动的需要，部分因为巧妙的认知重构，部分因为咨询师的共情。

要有指导性并负责任

当来访者对自身明显具有危胁性时，在我们的文化中，而且从我们的法律角度来讲，保护来访者的安全就成了咨询师的责任。对于许多咨询师和治疗师而言，这就意味着要扮演比他们习以为常的身份更具有指导性的角色。他们可能要直接告诉来访者该做些什么、该去哪里、该给谁打电话等。这可能还包括说明性的、治疗性的干预，如力劝来访者参加一些有潜在收益的活动：日常锻炼、参与一贯的娱乐活动、教堂活动或者任何基于来访者独特需求的预防性活动。

被评估为有严重的或极端的自杀倾向的来访者可能需要住院治疗。然而，由于很多原因，很多专业工作者不再视住院为一种合理的选择。然而，如果你有一个有极端的自杀倾向的来访者，住院可能仍是最好的选择。如果是这样的话，你应该积极地并且直接地指出住院治疗的必要性和潜在的好处。来访者可能对精神病院中的生活抱有成见。类似下面这样的陈述可以帮助你开始讨论：

"我想知道，如果你可能要在医院里住上一段时间，直到你感到更加安全和有控制能力，你对此有什么感觉（或想法）？"

"我想在医院里待上一段时间可能对你来说是件好事。你可以从你日常生活的压力中解脱出来。你可以休息并使自己感觉更好。而且医院中有很多工作人员。他们可以和你聊天，也可以让你独自休息。"

莱恩汉（Linehan，1993，1999）讨论了基于辩证行为治疗的用来减少自杀行为的很多指导性方法：

- 着重指示来访者不要实施自杀。
- 重复通知来访者自杀不是一种好的解决方案，他或她还会发现更好的解决方案。
- 给出建议并告诉来访者，当其僵住或不能规划出一个积极的行动计划时，应当做什么。

用药情况

目前，很少有或没有证据表明一般的药物处方中的抗抑郁药对于治疗有自杀倾向的来访者是有效的。事实上，如前所述，美国食品药品管理局对SSRI药物的黑框警告表明，青少年在服用SSRI药物时，自杀风险可能会升高。

就这一点而言，心理治疗对于有自杀倾向的来访者来说似乎是最好的方法。这一领域的研究源自大量广泛的实证研究（Brown et al.，2005；

Fitzpatrick，Witte，& Schmidt，2005；The TADS Team，2007）。因此，对于进行药物治疗的有自杀倾向的来访者，当前实践的专业标准是将提供持续的支持性的和合作性的心理治疗或咨询作为一种合理的但是未经证明的辅助性治疗。尽管传统的医务人员可能建议将药物作为最好的初始干预手段，但没有数据能支持这一观点。

决定住院和转诊治疗

当使用面谈方法进行自杀评估时，大多数专业工作者运用的是与本章所描述的类似的程序。然而，一旦评估完成之后，仍然存在着如何继续对来访者进行专业的治疗的问题。

在决策过程中遇到的第一个问题是，来访者自杀倾向的程度如何？自杀倾向可以在从不存在到存在的一个连续体上进行衡量。有轻度或中度自杀潜在可能性的来访者通常可以作为门诊病人进行治疗。显然，想法越频繁、越强烈，而且计划越清晰（用SLAP评估），来访者的行为就越需要得到严密的监控。我们还建议制订一个合作性的治疗计划，把自杀作为众多选择之一，把自杀性痛苦从自我中分离出来，同时进行前述的其他干预。

如果有中度自杀倾向的来访者来自几类重要的高危人群，我们通常也把他们当做有重度自杀倾向的病人来对待。例如，一位55岁的抑郁的男性，存在着高度易变的自杀意念、模糊的自杀计划以及无意义感。这位来访者处于社会性隔离状态而且有惊恐发作，并且当抑郁发作时增加了酒精的使用量。这名来访者需要一个治疗计划，或者考虑住院。

对有重度和极重度自杀倾向的来访者应当采取迅速而有指导性的干预。如果可能的话，当你考虑到你的干预选择的时候，这些来访者就不应该被允许一个人独处。取而代之的是，你应该以一种支持的但也是指导性的态度告知他们，保证他们的安全是你的职业责任。你应该采取的行为可能包括与警方或与县或市里的心理健康工作者取得联系。除非你受过特殊的训练并且这是你所在机构的政策，否则你永远不要试图自作主张地将一个有重度或极重度的自杀倾向的来访者转入治疗精神疾病的机构。想自杀的来访者可能会从飞驰的汽车上跳下、试图在河中溺死或企图葬身于高速公路的车祸中，只为逃避住院治疗，以达成他们自杀的目的。无论他们在这些尝试中是否成功，尝试本身就会给每个人都带来创伤。

住院治疗可能并不是有中度或重度自杀倾向的来访者最好的选择（虽然这很可能是有极重度自杀倾向的来访者最好的选择），之所以这么说，有几点原因：对于某些来访者来说，住院治疗本身可能就是创伤性的。他们可能会感到自尊受挫，各方面功能都退行到较低水平，切断与适当的社会性支持网络的联系。有重度自杀倾向的来访者若有工作并且有足够的社会支持网络，在某些情况下，可能最好还是不要进行住院治疗。在这种情况下，临床工作者可以加强与来访者的联系，可以在每个工作日都与他们有一次短暂的会面。

专业事宜

当你与想自杀的来访者打交道时，你的职责是成为一个胜任且负责任的专业工作者，并且已经在临床实践方面达到了专业水准。达到专业水准会使你的临床实践更为有效，而且如果你的某一个来访者真的自杀身亡了的话，也可以对你起到保护作用（Jobes，2006；Sommers-Flanagan，2007）。

许多重要的专业事宜与自杀评估有关。这些事宜中有一部分是个人的问题，另外一些重点则在于专业的或法律的事宜。有些时候，将个人化的问题与专业—法律的问题完全区分开是很困难的事情。这些要点将在下面简要地进行讨论。

你能与想自杀的来访者打交道吗

一些咨询师并不适合与想自杀的来访者打交道。抑郁的并且想自杀的来访者常常对想帮助他们的人十分愤怒并充满敌意。然而，即使是与有敌意的来访者在一起，保持和谐的关系而且不感到过于愤怒仍是咨询师的责任。咨询师需要避免对愤怒或想自杀的来访者进行个人的评论。

如果你自己就倾向于抑郁或有自杀的想法，明智的做法是避免对想自杀的来访者进行常规治疗。治疗这样的来访者可能会触发你抑郁的念头，并且增加你抑郁或自杀的倾向。

对自杀的强烈的价值观也是在职业中需要重点考虑的一个事项。一些人强烈地坚信自杀是一种可行的生活选择,如果来访者真的想去自杀,并没有必要阻止他们(Szasz,1986):

> 所有这些都表明,导致自杀的欲望是人类的一种基本权利(从严格的政治-哲学意义上来说)。我并不是说自杀永远都是好事或者是值得称颂的事,我只是认为国家并不应从法律上呼吁或采取行动禁止或阻止想自杀的人自杀。

另一方面,施奈德曼(1981)认为,受自杀者内在的心理和情感状态的影响,自杀不应该被视为一种权利:"自杀不能被视为一种'权利',就像没有'打嗝的权利'一样。如果某个个体感到被迫这样做,他就会这样做。"

如果你有强烈的哲学的或宗教的信仰,无论是支持还是反对自杀,在你与想自杀的来访者打交道时,这些信仰都会妨碍你的客观性和进行帮助的能力(Neimeyer,Fortner,& Melby,2001)。你可能仍然能进行自杀评估面谈,但必须努力变得更加专业和有支持力。然而,如果你的信仰可能会导致你对来访者进行消极判断,你应当考虑将你的来访者转介给其他更具有支持性且能有效工作的专业工作者。不能治疗特定的群体或问题领域并不是一种失败。真正的失败是存在着这样的领域但自己却没有意识到,或者因此而对来访者造成了伤害。

商讨

对于心理健康专业工作者和督导,我们认为进行同事之间的商讨对于称职且符合伦理的临床实践来说必不可少(Sommers-Flanagan,2007)。与同事和督导商讨可以达到双重目的。首先,它为咨询者提供了非常必要的专业支持;针对想自杀的人开展工作是艰难且有压力的,其他专业人士的加入会很有帮助。即使只为了让自己保持健康和理智,你也不该单独咨询有自杀倾向的来访者。

其次,商讨还会为你提供有关恰当的实践标准的反馈。当你在来访者自杀身亡后的审理中需要为自己的行为（或缺少某种行为）进行辩护时，你需要表明自己是以一种标志着专业水准的常规态度行使你的职责；商讨就是审查你的专业胜任力的一个途径。

文件管理

专业咨询师应该总是将与来访者的接触记录在册（Shea，2004；Wiger，2005）。当遇到有自杀倾向的来访者时，对你所做的临床决策背后的理论说明进行文件管理就特别重要。举例来说，如果你正在为一个具有重度或极端自杀倾向的来访者做咨询，而且决定不让他进行住院治疗，你就要准确地列出你做此决定的原因。如果已建立了合作性的自杀预防计划，并且你的来访者有很好的社会支持资源（如家庭或工作），你选择不让他进行住院治疗的决定可能被认为是正当的。

如果你为一个想自杀的来访者做咨询，你应该保留一些文件来表明你：

1. 进行了完整的自杀风险评估；
2. 获得了足够的历史资料；
3. 获得了有关过去治疗的记录；
4. 直接询问过来访者有关自杀的想法和冲动；
5. 与一个或多个专业工作者进行过商讨；
6. 与来访者讨论过保密的局限性；
7. 实施了自杀干预；
8. 建立了合作性治疗计划；
9. 给予了来访者安全资源（如，电话号码）。

请记住，法律上关于文件管理的底线是，如果一件事没有被记录下来，那它就没有发生过（见练习9.2）。

处理自杀身亡的事件

如果不幸发生，你的某一个来访者自杀身亡，你应该意识到几点个人的和法律上的事项（Gross，2005）。首先，你应该寻求专业上和个人的支持。有时候，治疗师也需要心理治疗或咨询来解决他们的悲痛和内疚等问题。在另一些情况下，与支持你的同事们进行自杀事件后的讨论就足够了。一些职业工作者还进行我们称之为"心理解剖"的工作，努力确定导致自杀的因素（Pouliot & De Leo，2006；Shneidman，2004）。心理解剖对于那些经常为想自杀的来访者进行咨询的专业工作者尤为有帮助，这种事后分析可能帮助他们在将来阻止自杀。

其次，根据你的处境，你可能想要立即向你的辩护律师进行咨询。了解你的法律处境以及如何最有效地保护你自己是很有帮助的（Gross，2005）。你可以通过所在的专业机构或协会取得与法律援助机构的联系。

除非你的辩护律师坚决反对，否则你或许应该接受死者家属的探访。他们可能想亲自见你或只是在电话里与你讨论他们的丧失。从法律的角度来看，如果你拒绝与死者的家属讨论当时的情形，你要冒着引起他们愤怒的危险；愤怒的家属显然比那些觉得你对他们很开放和公正的家属更容易对你提出起诉。你应意识到你对死者家属所说的每一句话都可能被用来攻击你，但同时你也应意识到，如果你什么都不说，你可能被视为冷血、疏远和麻木的。你对死者家属的态度可能比你对来访者案例的揭露更为重要。不要说"我的律师嘱咐过我不要回答这个问题"。要努力公开你自己对来访者的死亡所感到的悲伤，但是不要提及你的内疚（例如，不要说"哦，我多希望在我们最后一次咨询的时候让他进行住院治疗"）。从治疗的角度来说，这种与家属的沟通对于你们双方来说都是很重要的。在大多数情况下，他们会把你当作曾努力帮助过他们心爱的人、努力使他感觉更好的人。他们会感激你尽力所做的一切，而且期望你至少在某种程度上可以分担他们的悲痛和损失。每一个个案都有所不同，但是不要让你对法律上的恐惧征服了你职业上应有的关怀和你的人性。

练习 9.2
评价你的评估程序：文件管理指南

在做这个练习的时候，请找两个勇敢的志愿者在全班面前进行自杀评估的角色扮演，并运用前面练习中提到的工具。让全班观察并评价这次评估，要包括以下这些重要方面：

自杀评估文件检查表

请检查下列项目以保证你的自杀评估达到了专业水准：

1. 与来访者讨论过保密的局限性并且获得了知情同意。
2. 进行了全面的自杀评估，包括：
   - 危险因素评估；
   - 自杀评估的工具和问卷；
   - 评估了自杀想法、计划、来访者的自控能力以及自杀的意图。
3. 获得了与来访者自杀行为有关的历史性信息（例如，家庭成员的自杀行为、先前的自杀企图、先前自杀尝试的致命性，等等）。
4. 要求或获得了先前治疗的记录。
5. 与一个或多个有执照的心理健康专业工作者进行过商讨。
6. 建立了适宜的安全性计划或治疗计划。
7. 向病人提供了关于紧急情况或危机援助资源的信息。
8. 如果有高度自杀风险，曾与合适的相关官方人士（如警方）或家庭成员取得过联系。
9. 实施了恰当的自杀干预。

结语

在初始面谈和正在进行的治疗中，自杀是一个常见的主题。对于咨询的初学者来说，在他们理解如何胜任地进行自杀评估之前，不应该坐在咨询室里会见来访者。没有经过充分的准备就咨询想自杀的来访者不仅会引发焦虑，同时也是危险而且不专业的举动。

在进行自杀评估面谈方面，没有什么可以代替直接的练习。反复练习会增加你胜任自杀评估面谈并且减少过度焦虑的可能性。

我们还鼓励你重新测验一下危险因素以及这一章中提及的其他咨询信息。如果有人请你评估一个有自杀可能的来访者，你应该立即想到：危险因素、抑郁、念头、计划、控制力、意图、合作治疗计划、商讨和文件管理。本章中包括的几个检查表有助于你回忆自杀评估面谈中的关键成分。我们还要强烈地向你推荐这章末尾的一些建议，研究它们可以扩展你关于自杀及自杀评估的知识。掌握相关知识并谨慎行事，获得督导，发展与同事间商讨的规范，同时对你进行临床判断的因素进行文件记录，这些都是处理该领域心理健康问题的基本原则。

最后，我们应当指出，在本章中我们专门地聚焦于运用临床面谈评估来访者的自杀可能。文献中还有很多有关测量抑郁、希望以及自杀冲动的标准化的测量工具可以使用。有时，比起与临床工作者面对面地谈话，来访者更可能以自我报告的形式暴露自杀意念。出于这个原因，我们建议代理机构和私人从业者在常规的就诊表格中包含标准化自杀测评工具或有关自杀意念的问题。

总　结

自杀是一个重要的社会问题，而且从理论上讲，是一种可以被预防的死因。有许多关于自杀的传闻，这可能部分地由于有很多危险因素都与自杀行为有联系。一些较为突出的危险因素包括抑郁、绝望感、年龄、性别、种族、婚姻状况、工作状况、躯体健康、药物滥用、先前试图自杀的历史、使用SSRI药物以及存在心理障碍。

进行自杀风险评估包括几个重要的步骤：第一，你应该了解并询问通常与自杀有关的危险因素；第二，你要考察来访者抑郁的程度；第三，评估来访者自杀想法（自杀意念）的出现频率、持续时间以及强度；第四，确定来访者是否有自杀计划；第五，在合适的情况下，按照SLAP详细评估自杀计划，计划的具体性、致命性和手段的可行性，以及与支持资源的接近性；第六，通过直接询问的方式评价来访者的自控能力、确定继续活下去的原因，并且考察来访者冲动行为的历史；第七，评估你的来访者是否有意图杀死自己。

关于自杀评估的传统的医学—诊断—心理学方法强调咨询师评估来访者的自杀可能性以及做出适宜决定的责任。最近，人们更强调合作性的自杀评估程序。这些程序将自杀冲动去病理化，将其视为需要被探索和理解的重要的个人交流。

关于差异激活理论的研究显示，对于曾有过抑郁史的来访者来说，传统的评估方法会激活抑郁加工过程。因此，为了保持平衡，咨询师应该在提问中包含积极和消极两个方面的问题。

当和想自杀的来访者面谈时，通过有效的倾听技术与来访者建立和谐的治疗关系是十分重要的。支持性的共情至关重要。想自杀的来访者可能以前从没有和任何人提起过他们的自杀想法和愿望。要让他们知道你听到了他们的痛苦和悲惨，但同时，还要帮助他们了解到还有许多理由表明存在希望，大多数抑郁并且想自杀的来访者都能够康复并重新看到生活的价值。

要避免和来访者争论自杀到底是不是一种可行的生活选择。取而代之的是，将注意力集中于通过强调自杀只是众多选择之一来开阔来访者个人选择的视野。要帮助来访者理解自杀是一种永久性的选择，所以应该首先研究所有其他选择。要尽量让来访者参加有益的生活活动。

判断来访者的自杀冲动是否需要立即住院治疗是很困难的工作。来访者的自杀危险水平可以辅助判断，但是并没有可行的可靠原则来帮助咨询者决定如何最有效地处理每一个自杀个案。自杀可能性的等级分为不存在、轻度、中度、重度和极度严重。有轻度或中度自杀可能的来访者一般可以进行门诊治疗。重度和有极端自杀倾向的来访者一般需要住院治疗。

当对想自杀的来访者进行咨询时，咨询者应当了解并坚持专业规则。只要有可能，应针对有自杀倾向的来访者的问题同其他专业工作者进行商讨。所有专业的决定都应清楚地进行文件记录。如果一旦发生来访者不幸自杀身亡的事件，咨询者应该按照建议中的几个关键步骤进行处理。

推荐阅读及资源

专业论著

Cambell, F. R. (2006). *Aftermath of suicide*: *The clinician's role*. Washington, DC: American Psychiatric Publishing, Inc. 该书主要是关于如何为曾自杀的个体提供帮助。作者特别探讨了临床工作者主动延伸的角色，以及如何在丧失后进行初期处理。

Cummings, J. L. (2006). Suicidal patients: The ultimate challenge for master psychotherapies. In W. O'Donohue, N. A. Cummings, & J. L. Cummings (Eds.), *Clinical strategies for becoming a master psychotherapist* (pp. 309-328). Amsterdam, Netherlands: Elsevier. 本章讨论了心理治疗大师在治疗自杀患者时如何控制自己的焦虑和信任自身的判断。

Healy, D. (2000). Antidepressant induced suicidality. *Primary Care in Psychiatry*, 6, 23-28. 该文介绍了选择性 5－羟色胺类再摄取抑制剂可能在某些案例中增加来访者的自杀倾向。

Horwitz, A. V., & Wakefield, J. C. (2007). *The loss of sadness*: *How psychiatry transformed normal sorrow into depressive disorder*. New York: Oxford University Press. 该书探讨了我们当今的诊断系统如何导致了抑郁症。

Jobes, D. A. (2006). Managing suicidal risk: A collaborative approach. New York: Guilford Press. 该书对将要治疗有自杀倾向的患者的咨询师来说是很好的资源。正如我们在本章中谈到的，该书强调将共情合作作为自杀评估和干预的基石。

Joiner, T. (2005). *Why people die by suicide*. Cambridge, MA: Harvard University Press. 该书介绍了作者关于自杀的人际理论。

Meichenbaum, D. (2006). *Trauma and suicide: A constructive narrative perspective*. Washington, DC: American Psychological Association. 该书作者是当代心理学大师，该书强调了创伤与自杀之间的重要联系。

Shea, S. C. (1999). *The practical art of suicide assessment*: *A guide for mental* *health professionals and substance abuse counselors*. New York: John Wiley & Sons. 全书主要是关于发现来访者的自杀意念和意图的面谈方法。*

Shneidman, E. S. (1996). *The suicidal mind.* New York: Oxford University Press. 在这本力作中，作者——当世最著名的社会学家——分析了三个案例，展现了与自杀冲动有关的心理痛苦。

Szasz, T. S. (1986). The case against suicide prevention. *American Psychologist*, 41, 806-812. 本文作者表达了一个有争议的观点：逼迫式的自杀干预是侵犯人权的。

Wendler, S., & Matthews, D. (2006). *Cultural competence in suicide risk assessment.* In R., I. Simon & R. E. Hales (Eds.) The American Psychiatric Publishing Textbook of Suicide Assessment and Management. Washington DC: American Psychiatric Publishing, Inc. 这一章探讨了与自杀和自杀风险有关的文化、移民、文化适应等因素。

---

*该书中译本为：《解读自杀心理》，聂晶译，中国轻工业出版社，2007年。——译者注

第十章

诊断与治疗计划

我们建议将接受心理治疗的人大概分成五类：精神异常者、神经过敏或持续失调者、受惊者、行为不当者和不满者。

——J.弗兰克与J.弗兰克，《劝说与康复》

本章目标

从医学模式的角度来看，临床咨询的主要目的——有时甚至是唯一的目的——是明确诊断以及治疗计划。在本章，我们将讨论诊断的理论与实践，同时还将回顾一些为那些刚开始进行心理咨询或心理治疗的来访者制订治疗计划的方法。阅读完本章，你将掌握以下内容：

- 精神病学诊断的基本原则，包括根据精神障碍诊断和统计手册第四版修订版（DSM-IV-TR，American Psychiatric Association，2000）对精神障碍所作的定义。
- 与评估和诊断有关的常见问题。
- 诊断性评估的方法和流程。
- 诊断性临床面谈的一种平衡之道。
- 如何确定来访者的问题、与之相关的目标和建立引导治疗向前的治疗计划。
- 临床治疗的具体办法与来访者资源匹配的重要性。

精神病学诊断的原则

对于寻求心理治疗的人所经历的各种心理痛苦有许多正式和非正式的分类系统。这些系统有的简单直观，如同开篇引语；有的复杂，如《精神障碍诊断和统计手册》(DSM)，DSM现行版有943页，涵盖了300种精神病状(American Psychiatric Association, 2000)。DSM-Ⅳ通常被视为权威的北美心理健康工作者的诊断指导手册。DSM的第一版出版于1952年，第二版出版于1968年，第三版出版于1980年，第三版的修订版出版于1987年，第四版出版于1994年，2000年出版了第四版的修订版 (DSM-Ⅳ-TR)。虽然有众多的版本，包含着广泛的内容，但正如韦迪格(Widiger, 2000)所指出的，对精神病的诊断仍然存在争议："如果说善意的临床医生、理论家和研究人员无法从DSM-Ⅳ的句子中找出一些错误的根源，那可不是事实。"引起了更多争议的DSM-Ⅴ计划在2011年出版（见练习10.1）。*

练习 10.1
诊断的未来：逐渐迈向 DSM-Ⅴ

注意，DSM-Ⅴ就要来了。尽管只是计划在2011年出版，但DSM-Ⅴ早已成为事实。已经制订了计划，相关的研讨会也已经举办，并且许多论文和著作业已出版。事实上，在我们发稿前不久，PsycINFO上的一项调查发现，自1996开始到2008年，DSM-Ⅴ共有203次点击。很明显，DSM-Ⅴ的出版将会带来大量的争议、讨论，此外，但愿还有进步。我们在下文列出了对DSM-Ⅴ出版议程上的主要问题进行研究和提建议的各个工作组。每个工作组都要解决某个范围内的问题。

1. **DSM 术语工作组**：除了其他问题，这个工作组主要是做以下工

---

*DSM-Ⅴ已于2013年出版。——译者注

作：(1)澄清DSM对精神疾病的定义；(2)确定是否使用某个分类、维度或者组合诊断标签策略；(3)缩小DSM和ICD分类系统之间的诊断差距；(4)如果有一些精神疾病的诊断标准应该在DSM-V中加以修改，对这些具体的诊断标准进行确定。

2. **神经科学和遗传学工作组**：这个工作组主要侧重于基于诊断分类的病理生理学的未来发展。这是与当前DSM-IV描述体系的对比。这一工作组评定DSM所定义的精神疾病是否与具体的生物条件有关。过去，DSM是非理论和非病因学的；未来，这种情况会得到改变，DSM-IV将有比较强的生物学取向。

3. **发展问题和诊断工作组**：这个工作组侧重于种种与发育和精神病学诊断有关的问题，例如，包括生物生态学概念。生物生态学关心的是发育中的人类组织与持续变化的环境之间的互动和适应的改进以及进化。发育神经科学、遗传学和流行病学也是这一组的工作重心。

4. **人格和人际关系障碍**：有许多针对DSM人格障碍命名的批评，而该组的工作重心是在保留人格障碍的基础上，完善它的诊断体系。一个主要的问题是考虑转向多维体系——这种体系用连续谱系而不是分类的标准来测量精神疾病。这一组还要了解人格障碍和轴Ⅰ障碍的共病。此外，这个工作组还将对扩展DSM人际关系障碍的命名提出建议，尽管事实上这个领域强调关系失调而不是个体失常。

5. **精神障碍和残疾**：这个工作组提出了一个研究课题，以帮助更清晰和更可靠地区分精神障碍和残疾。这个课题包括尽力既重视诊断程序又重视那些与残疾症状的严重程度可能有关的环境因素（例如，公共医疗系统作为引发残疾的驱动因素）。

6. **跨文化问题**：这个工作组检验各种影响精神病学诊断的社会文化因素。重点在于理解疾病的社会进程，并且要在与之有关的特定的社会文化背景中描述这一进程。他们建议应该根据语言

> 和文化制订不同的诊断标签。
>
> 正如你在这个简短的DSM - V工作组安排中所见，出版DSM - V是一个庞大的项目。如果精神病学诊断是你的兴趣之一，在今后几年内，你有望在PsycINFO上增加200次以上的点击率，如此多的阅读表示你可能符合目前又一个新的精神障碍：强迫性DSM - V迷恋障碍。

围绕着精神病学诊断和心理疾病概念的争议是如此之深，以至于DSM - Ⅳ - TR单独列出简短而明确的一章，题为"心理疾病的定义"。在这部分中，DSM的作者们明确承认他们编制的手册专用于诊断那些缺乏充分操作性定义的概念：

> ……尽管本手册提供了心理疾病的类别，但必须承认没有一个定义能足够准确地划出"心理疾病"的界限。心理疾病的概念如同医学和科学领域的许多其他概念一样，缺乏一致的、包括了各种情况的操作性定义。(American Psychiatric Association，2000)

由于我们将在下文讨论诊断面谈策略，因此事先提醒你，你这是航行在海图不完整的海域。尽管如此，作为科研人员和专业人士，我们认为这是一趟迷人之旅，充满冒险、"钩心斗角"，以及时有发生的未尽争端。

心理疾病的定义

你可能已经从你的个人经验中对此有所了解，那就是往往很难在心理病和生理疾病之间划一条清晰的界线。往往在你的身体罹患疾病之时，你的应激水平或心理状态对疾病会有明显的影响。而在你精神痛苦之际，你的生理状况也常常让你混乱的情绪状态和思维过程变得更严重（Hurwitz，2004；Jakovljevic，2006；Witvliet et al.，2008）。对此，DSM承认难以在心理和生理

问题间做出区分:

> 大量的文献表明,有许多"生理"因素存在于"心理"疾病中,同样有许多"心理"因素存在于"生理"疾病中。"心理"疾病这个概念所引发的问题比它所回答的更为明显,并且不幸的是,由于我们还没有找到合适的概念来代替它,心理疾病这个概念一直存在于DSM-Ⅳ中。(American Psychiatric Association,2000)

且不管究竟怎样命名心理疾病,也不管心理因素或躯体原因哪个才是引起这类障碍的主要因素,我们仍可以肯定地说,DSM-Ⅳ的作者和其他专家已经识别出了为数众多的重要的认知、情感和行为问题或异常,这些心理状况或心理疾病存在于全世界的人类之中,给数百万人的生活带来了无法估量的痛苦、冲突和忧虑。毫无疑问,不管我们怎样命名它们,这些心理疾病通常是可以识别的,并且对个人、配偶、家庭和社会有着明确的危害。

DSM-Ⅳ-TR是一个描述和分类体系(见练习10.1),因此它描述与具体诊断有关的症状,并且用有或没有某种精神病的诊断来区分个体。DSM-Ⅳ-TR在介绍中提出了它对精神疾病的一般定义:

1. 一种在临床上显著的行为或心理的症候群或模式
2. 发生于个体
3. 与下列现象相关:
   (a) 现实的苦恼(例如,一种痛苦的症状)或
   (b) 无能力(例如,一种或多种重要功能损伤)或
   (c) 遭受死亡、痛苦、残疾的可能性显著增加,或
   (d) 严重丧失自由。

DSM-Ⅳ-TR提供了一些具体的诊断标准,这些标准能帮助心理健康工作者在考虑某个心理疾病时排除特定的症状或情况。DSM-Ⅳ-TR还为我们提供了一些不该被认为是精神疾病的例子及其诊断标准:

……这种症状或模式必须不仅是针对特殊的事件（例如，心爱的人的死亡）的可预期和社会文化认可的反应。无论它最初的原因是什么，当前它必须被看作个体心理、行为或生物机能障碍的表现。除非异常行为（如政治、信仰或性）或存在于个人与社会间的冲突是个体机能障碍的症状，否则这些行为或冲突不能被认为是精神疾病。(American Psychiatric Association，2000)

毫不奇怪，DSM-IV-TR对精神疾病的定义明显有模糊不清之处。对于是什么构成"临床上显著的行为或心理症候群或模式"就有可争论之处。此外，DSM-IV-TR认为"社会文化认可"的行为反应可能不是一种心理疾病，但并没有提供可以做出这一判断的指导原则。这种在定义心理疾病时的模糊不清和主观性亦是DSM受到批评的一点（Eriksen & Kress, 2005; Horwitz, 2002; Horwitz & Wakefield, 2007）。萨斯（Szasz, 1970）的观点可以作为一个诊断学历史上的例子，他认为：

哪种社会反常行为被认为是心理疾患呢？答案是，那些既不符合精神病定义，又违背心理健康标准的个人行为。如果不吸食毒品是心理健康的标准之一，那么吸食毒品就是一种心理疾患；如果情绪稳定是心理健康的标准之一，那么抑郁和欣喜若狂就被认为是心理疾病的迹象，等等。

萨斯的观点很中肯。即便有如上种种说法，但DSM对心理疾病的一般定义和对每个个体心理障碍的诊断原则都包括了仔细研究和对主观判断的审慎描述。

为什么要诊断？

与萨斯（Szasz, 1970）一样，我们的很多学生想要拒绝接受全部的诊断概念。他们对DSM持批评和怀疑的态度，他们还可能认为给来访者下诊断是没有把来访者当成真正的人来对待，只是给他们贴上一个标签而忽略了个人特点。对此，莫里森（Morrison，2007）用"在一棵树上吊死"来形容。无论他们如何争论，我们坚持对诊断的立场。我们对学生们的抱怨感同身受，同情在诊断独特个体时出现的问题，谴责大量出现的不恰当的诊断案例（例如，青少年中的双相障碍），但我们仍然重视传授诊断评估的方法和程序，用理论和实践的论据为自己辩护。

理论支持

无论我们如何命名，都无法否认心理疾病的存在。正如我们所知，情绪的不适、精神的痛苦、个性的病态和自杀行为自古就有。精神病学诊断的目的是根据定义的特征对心理疾病进行划分，它提供的有关心理疾病的异同点、通常的病程和预后、流行率等知识，有助于我们做出更恰当和有效的治疗。这些知识让那些想帮助来访者的心理健康工作者感到安心，并赋予他们知识的力量。而且，这些知识能用于指导预防心理疾病的研究。

实践支持

准确的诊断有许多积极的实践效果。诊断是对来访者症状的一个精练而有组织的描述。要实现这种概要的描述需要进行仔细的观察和问诊。一旦确定最佳的可能诊断，从业者就能够与其他专业人员、保险公司或医疗保健机构以及其他有关单位沟通。

诊断充其量是一种在工作中使用的假设。基于此，咨询师能把拼图的各个碎片拼在一起，在各种症状和问题领域中尝试命名一种特殊关系。然后咨询师提出一套通用的做法，这种做法一旦执行便能产生一系列在某种程度上可预测的反应。它为有计划的干预和明智的运用理论与技术奠定基础。

除了便于进行专业性的沟通和检验假设，诊断的最后一个积极和有实践价值的意义在于：有时，一个标签对来访者而言是巨大的解脱。来访者前来寻求帮助时，带着一堆令人困惑而害怕的问题、痛苦或症状。他们感到孤独，觉得只有自己有这个问题。他们感到世界上没有人像他们这样功能失调、这样古怪、这样焦虑或这样"失控"。得到诊断，给自己的问题命名、分类，或在某种程度上对问题加以明确，确实是相当大的解脱。意识到别人——许许多多的其他人——也曾以类似的方式对创伤做出反应，或经历过相似的抑郁，甚至产生相似的不良应对方式（比如，非理性思维或破坏冲动），会是一种安慰。明智的临床工作者会意识到诊断名称中含有希望，而这种希望会在互动交流的过程中逐渐增加。

具体诊断标准

表面看来，相比于形成一个令人满意的心理疾病的定义而言，对一位具体的来访者界定一种DSM诊断可能相当简单和直接。毕竟，精神病学的诊断根据是医生对有无各种症候群（例如，综合征）的判定，这一过程相当简单。

在大多数情况下，DSM-Ⅳ-TR或多或少地为诊断提供了具体的、可测量的标准。DSM诊断的典型特点是提供一组用于评估的症状。例如，要达到DSM的广泛性焦虑障碍标准，必须符合表10.1中的条件。

表10.1 广泛性焦虑障碍的诊断标准（DSM-Ⅳ-TR：300.02）

A. 过分的焦虑和担心（预期忧虑），症状至少已有6个月以上，与多项事情或活动（如工作或学校表现）有关。

B. 个体感到难以控制这种担心。

C. 焦虑和担心至少与下列六种症状中的三种（或更多）有关（并且至少有一些症状的存在已经超过6个月）。注意：儿童只需一条。
（1）不安或感到兴奋或激动
（2）容易疲劳
（3）难以集中注意力或大脑变得空白
（4）易激惹
（5）肌肉紧张
（6）睡眠问题（难以入睡或维持睡眠，或睡眠质量不佳，未能起到休息的作用）

D. 焦虑和担心的焦点不具备轴Ⅰ障碍的特征，例如，焦虑或担心与惊恐发作（如惊恐障碍的症状）、在公众中感到难为情（如社交恐怖症的症状）、被染污（如强迫症的症状）、离开家或亲近的亲属（如分离焦虑障碍的症状）、体重增加（如神经性厌食症的症状）、有多种身体疾患（如躯体化障碍的症状）或有严重疾病（如疑病症的症状）等无关，而且焦虑和担心不是只在创伤后应激障碍中出现。

E. 焦虑、担心或躯体症状引起临床上显著的痛苦，或导致社交、职业或其他重要领域功能的受损。

F. 所出现的困扰不是某种物质（如滥用毒品或服用医疗药物）导致的直接生理效应，也并非由某种一般性躯体疾病（如甲亢）引发的直接生理效应，且并非仅发生于情绪障碍、精神病或广泛发展障碍中。

广泛性焦虑障碍的诊断标准说明了与准确诊断有关的几个重要任务。第一，根据标准A，诊断咨询师必须确定某位来访者是否体验了"过分的"焦虑和担心、焦虑发生的频率如何、焦虑出现了多长时间，以及让个体感到焦虑或担心的事情或活动有多少。这些信息的获得依赖于咨询师收集与症状有关的信息的能力，以及来访者准确报告症状信息的能力。此外，获取标准A所需的信息还涉及咨询师和来访者的主观判断（例如，确定什么是"过分的"）。

第二，根据标准B，咨询师必须判断来访者控制这种担心有多困难。这就要求咨询师评估来访者的应对技能和努力程度，因此很有必要询问来访者用了哪些方法来减轻焦虑，以及这些努力的效果如何。

第三，咨询师必须确定来访者是否体验到一系列与焦虑有关的具体症状，这也许是最直接的诊断任务。然而，即使是这个看似容易的任务仍然可能充满困难，尤其当来访者想夸大或隐瞒症状时。例如，想要为焦虑障碍获得医疗补偿金的来访者可能力图夸大症状，而极其希望保住工作职位的来访者可能会隐瞒症状。因此，在询问具体的焦虑症状时，咨询师必须对来访者自我报告出的症状的信度和效度保持警觉（Sommers-Flanagan & Sommers-Flanagan, 1998）。

第四，要判断一位来访者是否患有广泛性焦虑障碍，咨询师需要对DSM的其他诊断标准相当了解。在广泛性焦虑障碍的标准D之下列出了要排除的其他8种诊断。这意味着咨询师需要具备有关创伤后应激障碍、躯体化障碍、强迫症等诊断标准的知识。显然，这不是一个简单的任务，它需要长期的学习、培训和督导。

第五，标准E使咨询师有责任确定来访者所报告的焦虑症状是否引起了"临床上显著的痛苦，或导致社交、职业或其他重要领域功能的受损"。标准E是有关痛苦和损害的标准。尽管这一标准对于做出诊断非常关键，但它也是主观判断："……DSM-Ⅳ中没有关于临床显著性伤害的定义，甚至是在题为'临床显著性的标准'那一部分也是如此"。

第六，根据标准F，在做出最后诊断之前，咨询师要确定来访者的焦虑症状是不是由接触或服用了某种物质或者由于一般医疗情况引起。实际上，根据DSM的诊断范例，精神病学诊断要在个体独特性这一背景之下进行。事实也的确如此，如果不是因为个体的独特性，以及他们在报告自己个人经历时令人困惑的多样性，还有他们那模糊且让人困惑的动机与人际动力，那么精神病学诊断会是件简单的事。

评估和诊断的问题

要判定来访者是否符合广泛性焦虑障碍的诊断标准，咨询师必须判断来访者是否具备标准C的六条中的三条以上。因此，咨询师有足够的理由（也是正当的）直接向来访者询问一系列从DSM-Ⅳ广泛性焦虑障碍标准派生出的具体问题。例如，可以直接问来访者下面的问题：

1. 在过去的6个月或更长的时间中，你是否在大多数时候都感到不安、紧张或激动？
2. 在过去6个月中，你是否在大多数时候都感到容易疲劳？
3. 在过去6个月中，你是否注意到自己在大多数时候难以集中注意力或者大脑一片空白？
4. 在过去6个月中，你是否在大多数时候都感到容易被激怒？
5. 在过去6个月中，你是否发现自己大多数时候都肌肉紧张？
6. 在过去6个月中，你是否难以入睡，或者经常感到睡不安稳或对睡眠质量不满意？

在有些情况下，使用这种简单又直截了当的诊断方法，咨询师能够做出准确的诊断。然而，在现实中，准确的诊断性评估通常要复杂许多。正如对精神病学诊断和各种激活理论的建构主义的批评所提到的，前面那种连续询问六个负面措辞的问题的做法侧重于焦虑，可能会伤害来访者的感觉、情绪、工作同盟以及诊断的信度和效度（Eriksen & kress，2005；Lau et al.，2004；Wiley，2004）。

此外，在DSM-Ⅳ-TR的介绍部分，作者也强调这些诊断标准不可由未受过训练的人机械地应用，正如我们所强调的："DSM-Ⅳ中包含的具体诊断标准是针对临床判断提供的原则，而不是说可以把它当成菜谱来用。（American

Psychiatric Association，2000）。"

因此，在对诊断方法和程序做详细描述之前，我们要明确几个额外的问题，这些问题关系到咨询师能否对来访者做出准确的诊断。

- **来访者欺骗或提供错误信息**：来访者对症状的描述可能不直接或不诚实（Jaghab, Skodnek, & Padder, 2006；Othmer & othmer, 2002a）。即使在他们诚实的情况下，他们也可能难以用符合 DSM - IV 标准的方式来准确描述症状。此外，如果你要从来访者以外的人那里收集信息（如父母、老师、恋人等），将有各种可能使你获得无效信息的原因。实际上，研究显示，儿童、父母、老师和其他人评价同一个人时，相互间的一致性通常较低（Safford, Kendall, Flannery-Schroeder, Webb, & Sommer, 2005）。尽管如此，从父母和其他可能的信息源处获取有关诊断的信息仍然很重要。

- **咨询师的反移情**：作为咨询师，你有可能失去客观性，或歪曲来访者提供给你的信息。发生这种情况的部分可能是因为咨询师的反移情（Forester, 2007；Lacoursiere, 2005）。例如，如果来访者让你产生了消极反应，你可能会想要给来访者贴一个更加严重的诊断标签来"惩罚"他。类似地，如果你喜欢这个来访者，你可能会将精神病性以及相关诊断降到最低。

- **诊断的共存性**：许多时候，来访者可能符合不止一种 DSM 的诊断。实际上，对儿童来说，大多数时候都可能出现共病诊断（Rounsaville, 2007；Wakefield, Schmitz, First, & Horwitz, 2007）。"共病"这一问题使得咨询师更加难以找出恰当的诊断标签。

- **诊断的区分**：尽管有些来访者报告的症状会符合一种以上诊断名称，适合指定两种或更多的诊断标签，但有些来访者却会报告出容易混淆的症状群，咨询师需要进行大量询问以澄清诊断。而某些诊断的区分是众所周知的难题（例如，伴随精神病特征的情绪障碍与情感分裂性精神障碍、精神分裂症、妄想障碍），但同时又很重要。尽管这些不同的疾病很难区分，但诊断的明确性非常重要，因为它涉及治疗（例如，用药类别、治疗方法、住院治疗、预后)。
- **可能混淆的文化或情境因素**：DSM-IV-TR (American Psychiatric Association, 2000) 指出，一些特定诊断只能在"当所讨论的行为是个体内部功能潜在失调的症状，而不仅仅是对当前社会背景的反应"时才能使用。因此，你在做诊断时要了解和考虑来访者的社会、文化和情境，这往往并不容易 (Escobar & Vega, 2007; Hays, 2008)。

由于这些问题，许多临床专家和研究者都建议使用一种被称为"多方法、多评定者、多情境的评估程序"(Sommers-Flanagan & Sommers-Flanagan, 1998)。这是指在理想情况下，诊断者应该获取广泛的与诊断有关的信息，这些信息源自于：(1) 各种评估方法（如临床面谈、行为评定量表、投射测量）；(2) 多位评定者（如父母、老师、临床工作者或恋人）；(3) 各种情境（如学校、家庭、临床办公室、工作单位）。

诊断评估：方法与程序

在了解了诊断性面谈的这些问题和任务之后，你可能感到有点沮丧。然而，尽管学习诊断性面谈评估程序是一项令人生畏的挑战，但让人惊奇的是，许多心理健康专业人员都能敏感、准确而得体地使用DSM-IV-TR的943页的内容。做到这一点，需要不屈不挠、死记硬背、耐心和斟酌。

有许多方法可以用来收集与诊断有关的信息，这些方法包括诊断性面谈、社会/个人成长史收集、问卷和评定量表、躯体检查、行为观察、投射技术和操作性测验。由于本书重点是介绍面谈方法，因此我们的讨论主要限于诊断性面谈。

诊断性面谈

结构化或半结构化的诊断性面谈用一套系统化的特定问题评估来访者与诊断有关的行为模式、想法和情感。目前已出版了多本介绍诊断性面谈操作方法的著作，其中大部分基于DSM-III-R或DSM-IV的诊断原则。这些操作方法将确定恰当的诊断标签作为主要或唯一的目标。受过某种诊断性面谈的针对性训练的咨询师、心理学家、医生或技师均可实施诊断性面谈（Craig, 2005；Hersen & Turner, 2003）。在有些情况下，实施某些特定的诊断性面谈所需的训练内容相当广博。

成人的诊断性面谈

目前已有了大量的成人用诊断性面谈量表。有些量表是广谱的，它可以评估广泛的DSM-IV障碍（First, Spitzer, Gibbon, & Williams, 1995）。有些量表的目的更为特定和有局限性，例如，有一些结构化或半结构化的面谈量表，如DSM-IV的酒精使用障碍与相关残疾面谈量表（AUDADIS-IV）或焦虑障碍面谈量表等，只评估有没有某种具体的情况（Grischam, Brown, & Campbell, 2004；Ruan et al, 2008）。

儿童的诊断性面谈

同样，目前也有大量的儿童用诊断性面谈量表。这些量表也同样可以分成广谱的（如儿童评估量表，Hodges, 1985）和专用的（如儿童焦虑障碍评估量表，Silverman, 1987）。

结构化诊断性面谈的优点

结构化诊断面谈的优点如下：

1. 结构化的诊断性面谈量表的实施是标准化和易操作的。使用者可以向来访者询问有关诊断的具体问题。
2. 诊断性面谈量表通常会做出一个DSM-IV-TR的诊断，由此减轻了临床工作者主观权衡多个诊断可能的负担。
3. 使用诊断性面谈量表的临床咨询师表现出的评定者内部一致性，通常高于不使用这些量表的评定者内部一致性。
4. 诊断性面谈很适合于科学研究。这是因为研究者必须要得到有效而可靠的诊断才能有效地研究某种疾病的性质、病程、预后和治疗效果。

诊断性面谈的缺点

诊断性面谈也有许多缺点：

1. 许多诊断性面谈的实施需要大量时间。例如，学龄儿童情感障碍与精神分裂障碍量表（Puig-Antich, Chambers, & Tabrizi, 1983）的实施可能需要一至四个小时——具体时长取决于父母与儿童是否都进行面谈。
2. 诊断性面谈不允许有经验的诊断者走捷径。而精神病学诊断专家对来访者做出准确诊断所需的信息要比新手咨询师少得多，因此这点很不方便。
3. 有些临床工作者抱怨诊断性面谈过于结构化和僵化，不重视来访者与治疗师之间咨询关系的建立和基本的人际沟通。倾向于运用直觉和强调关系建立的临床工作者可能难以接受这种过于结构化的规则。
4. 尽管结构化诊断性面谈被证明有一定的信度，但也有些临床工作者质疑其效度。例如，所有的诊断性面谈都有局限之处，忽略了来访者个人史、个性特征以及其他重要信息。因此，批评者认为使用同一面谈量表的两位不同的咨询师可能会得到同样错误或片面的诊断。

考虑到实施诊断性面谈需要大量时间，而心理健康工作者需要进行高效率的评估和治疗，因此，临床实践中很少有人使用甚至无人使用诊断性面谈就不令人感到奇怪了（Falloon et al., 2005）。事实上，几乎可以这么说，只有研究人员和学者才是使用这些诊断性面谈的人。

临床面谈的科学性：诊断的信度和效度

正如第六章所阐述的，临床面谈是诊断评估的基石。任何有自尊（或有道德的）的心理健康工作者都不会考虑不进行临床面谈就对某个来访者进行诊断。然而，科学性的问题依然存在：诊断面谈是否能够提供可靠和有效的诊断数据与治疗结论？

信度指的是一致性和稳定性。如果一个方法，比如诊断性面谈，是可信的，那么它总是会得到同样的结果；也就是说，两个咨询师对同一个来访者进行面谈会得出一致的诊断结论。从统计角度而言，一个普遍认同的观点是仪器或方法必须是可靠的（必须能产生可重复的结果）和有效的（产生正确或真实的结果）。当然，某个面谈方法即便有很高的信度但也可能无效——比如两个或两个以上的咨询师对诊断结果的意见一致，但诊断却是错误的。

1980年，随着DSM-Ⅲ的出版，许多心理健康工作者——尤其是精神病学专家——集体松了一口气。在近30年的无法控制的主观诊断之后，终于有了一套客观地评定来访者是否患有精神障碍的全面的和非理论的系统。更为重要的是，这套明确的体系包含具体的诊断原则，这些原则可用于准确判断来访者患有哪种精神疾病。当时DSM-Ⅲ广受好评。信度问题（这个问题可以这样来描述：两个不同的精神病学专家与同一个来访者进行短暂的会面，通常无法就正确诊断达成一致）终于有了着落；而在一些心理健康工作者的意识里，信度问题已经解决了（Klerman，1984；Matarazzo，1983）。

不过，另一些专业人士认为DSM诊断的信度问题远没有解决。库钦斯和克里克（Kutchins & Krik，1997）对现代诊断做出了严厉批判，他们表示：

> 在信度问题成为DSM科学性的重点的20年后，仍然没有一个重要的研究表明，正规的心理健康临床医生对DSM（任何一个版本）的常规使用达到了高信度。也没有任何可靠的证据表明，任何版本的DSM比上一版本明显提高了信度。DSM对于信度的变革有名无实。

的确，库钦斯和克里克的态度多少有些偏激。不过，我们仍然要面对这一事实，那就是主流和保守的研究者始终质疑DSM系统的信效度（Craig，2005；Hersen & Turner，2003）。比如说，最近一项有关临床医生如何判断青少年精神障碍的研究证明，诊断决策应基于社会背景和种族的不同而加以变化——这可能是恰当的做法。然而，如果认为临床医生的理论取向、年龄和职业都与最终的诊断判断显著相关，可能也不太恰当（Pottick，Krik，Hsieh，& Tian，2007）。

获得对不同文化背景和年龄段的来访者群体诊断的效度，是诊断工作的一项主要挑战。比如说，在一项针对青少年酗酒者的研究中，研究者很吃惊地发现青少年调查对象的喝酒方式与诊断标准不符。具体而言，青少年对"饮酒量比预期的多，饮酒时间比预期的长"这条诊断原则感到很困惑，因为他们喝酒就是为了醉，他们在喝酒前没考虑过要设个界限（Chung & Martin, 2005）。因此，这个诊断标准对他们而言没有多大意义。

到目前为止，虽然有关DSM诊断体系信效度的争论依然存在，但从临床面谈的文献资料中可以得出一些支持精神病学诊断科学性的结论：

- 一般而言，DSM-IV的诊断原则——并且在大多数情况下——比以前的诊断命名方法信度更高。
- 你越紧跟DSM诊断原则，就越有可能做出可信的诊断。尽管如此，对临床医生而言，充其量只是达到中等程度的信度——尤其是与人格障碍有关的诊断。
- 对于具体的诊断性面谈方法而言，你接受的相关训练越正规，就越有可能做出可信的诊断。
- 面谈方法越结构化、不强调环境因素，越可能得出可信的诊断；不过，不强调环境因素意味着忽视个体的独特性，这可能会不恰当地把诊断评估当成菜谱来用。

有些诊断原则不能很好地适用于有不同文化背景的来访者、青少年、老年人以及其他一些情况，因此，虽然强调个体的独特性会让诊断程序变得复杂，但它往往是必不可少的。

开展诊断性临床面谈的平衡之道

由于意识到有些心理健康的从业者倾向于忽略或将诊断性面谈最小化，而有些人则把诊断面谈视为"至关重要"，我们提倡对诊断性面谈持一种中间态度或平衡的观点（Craig, 2005；Horwitz & Wakefield, 2007）。尽管对许多咨询师、社会工作者、心理学家和精神病专家而言，理解诊断技巧是一项标准工作,但如果过分重视诊断,可能会使我们陷入无法看到来访者作为独特个体的危险之中。因此,在职业道德和原则的框架下,我们认为诊断性面谈是咨询师和来访者之间的合作,目的在于用自然和符合逻辑的方式,形成合理的、有理论或实证支持的治疗计划(Bryceland & Stam, 2005; Sommers-Flanagan & Sommers-Flanagan, 2007)。因此,诊断性面谈应该包括以下内容:

1. 符合当地文化的友善的介绍、角色引导和积极倾听。在介绍过程中,可以使用符合文化背景的标准化问卷和受理或转介信息。
2. 对来访者的问题、相关目标进行广泛的考察,并对来访者的主要问题和目标详细分析。这部分包括以 DSM-Ⅳ-TR 为指导对来访者的症状进行提问,但注意不要把 DSM-Ⅳ-TR 当作菜谱那样用。
3. 对与来访者主要问题有关的个人经历(个人历史)进行简短的讨论。如果之前尚未获得当前问题的个人发展历史,此处应将其包括在内。
4. 简短的精神状态检查。
5. 对来访者当前情况的了解,包括他或她的社会支持网络、应对技能、躯体健康和个人优势。

介绍和角色引导

咨询师对所有来访者都应友善而同情地接待。虽然我们的目的在于做出诊断和建立治疗计划,但这不应泯灭我们把来访者当作一个独特个体的兴趣。

在介绍了保密原则的例外情况之后,有经验的咨询师会用类似下面的话向来访者介绍面谈:

> "今天我们将一起来尝试了解是什么让你感到担忧。这表示我希望我们可以自由谈话,而我也会问相当多的问题以尽可能准确地澄清你所经历的事。我们越能确定你担忧的主要问题,就越能想出解决它们的计划。这样你觉得可以吗?"

这种表达方式强调合作而不强调病状。"尝试了解"和"主要问题"都是对来访者很友好的讨论诊断内容的表达方式。这种表达还包含了角色引导，告知来访者面谈的过程。当来访者理解了咨询师通常希望他们怎样做时，他们在回答问题时对咨询师会有更多的帮助。此外，若问来访者"这样你觉得可以吗"，来访者通常会参与到面谈过程中。来访者很少会对这个合作性的问题回答说："不！我觉得不行！"如果他们如此回答，那么你将立刻得到一些重要的诊断信息。

在整个面谈中，始终不要忘记使用积极倾听技术。正在受训的咨询师往往会过于结构化，几乎排除了来访者的任何自主性；或者过于非结构化，允许来访者不着边际地闲聊。因此，在整个诊断性面谈过程中，咨询师都要记住整合积极倾听与诊断性提问这两种方式。

考察来访者的问题

之前我们已讨论过来访者问题的建构系统（见第七章）。在此，我们希望在诊断性面谈中再次陈述一些问题建构的基本要点。诊断性面谈至少应包括对来访者的问题（以及对症状的基于DSM诊断原则的提问）和相关目标的广泛考察，还包括对来访者主要问题和目标的细致分析。在讨论这些内容时，应考虑以下几点：

尊重来访者的观点，但不要自动把来访者的自我诊断视为有效

DSM的诊断信息是对公众公开的，因此，许多来访者会用专业的诊断用语开始诊断面谈。请看这些例子：

> "在过去三个月中，我很抑郁。抑郁确实对我造成了影响。"
> "我觉得我孩子得了阿斯伯格综合征。"
> "我知道我是双相障碍。"
> "我就是无法停止这些强迫行为。我无法控制它们。"
> "我的主要问题是惊恐障碍。我只要在人群中，全身就像僵住了一样。"

有些诊断术语由于广泛流行已丧失了专用性。尤其是抑郁这个术语。现在，许多人用这个词形容悲伤。严谨的诊断专家认为抑郁是一种综合征而不是一种情绪状态。在上面的第一个例子中，在给出抑郁综合征这一结论之前，咨询师需要进一步询问来访者睡眠失调、胃口或体重改变、注意困难等方面的问题。研究表明，使用单一的问题"你是否抑郁"并不足以代替适当的诊断性面谈（Kawase et al., 2006；Vahter, Kreegipuu, Talvik, & Gross-Paju, 2007）。

类似地，强迫、惊恐、多动和双相这些术语也被普罗大众过度使用。在专业诊断人员的圈子里，强迫行为通常提醒临床工作者考虑既与强迫症有关又与强迫人格障碍有关的症状。相反，许多患有进食障碍和药物滥用障碍的人会把自己的行为当作强迫行为。我们再一次强调，在判断来访者属于强迫症之前需要询问更多信息。与之相似的是，惊恐障碍是DSM-Ⅳ-TR中一种很具体的综合征。然而，许多患有社交恐惧症、广场恐惧症或公众演讲焦虑的人也会提到惊恐。因此，当来访者描述自己有惊恐时，咨询师在判断来访者属于惊恐障碍之前需要询问更多信息。最后，由于近些年青少年和成年人中双相障碍的诊断率激增（Blader & Carlson, 2007；Moreno et al., 2007），这导致普通民众（很不幸还有一些专业人士）倾向于立刻把易怒或情绪波动视为双相障碍。对此，我们建议使用确定的诊断原则就太合乎情理了。

准备好诊断检查表

在向来访者提问时，咨询师必须牢记DSM-Ⅳ-TR的诊断标准。不过，我们中很少有谁能准确记住DSM的诊断设置。为了克服这一困难，我们建议你使用检查表来帮助你回忆具体的DSM-Ⅳ-TR诊断标准。自制的诊断检查表能帮助你熟悉关键的诊断标准，而无须全凭记忆。

接受现实，也许你无法在一次面谈后就做出准确诊断

有时，有高期望和宏伟目标是好的。然而，正如认知理论和疗法所说，不合理的高期望容易让我们感到挫折和失望（Leahy, 2004）。作为诊断咨询师，你的工作是尽可能确定恰当的诊断名称。但是，很多时候你无法在一次面谈之后就对来访者做出准确的诊断。实际上，你可能在第一次面谈结束后

比开始时更加困惑。不要担心。DSM-Ⅳ-TR为从业者提供了处理不确定诊断的方法（American Psychiatric Association，2000）。这些方法包括：

- **V代码**：DSM-Ⅳ-TR包括一些V代码，用于表示治疗重点侧重于不符合精神障碍诊断标准的某个问题。例如V61.20（亲子关系问题）和V62.82（丧失亲人）。
- **代码799.9**：这个代码在轴Ⅰ和轴Ⅱ均可使用，名称为"延迟诊断或状况"，用于信息不足以判断某种诊断或状况之时。
- **代码300.9**：这个代码指的是"未指定的心理疾病（非精神病性）"，用于表示诊断者认为来访者存在一种非精神病性的心理疾病，但是缺乏足够的信息来做出更具体的判断。
- **临时诊断**：某个具体的诊断后面用括号加上了"临时"这个词，表示诊断信息存在某种程度的不确定性。临时诊断是一个动态调整的诊断，意味着额外的信息可能会改变当前诊断。

来访者的个人历史

即便时间非常有限，最低限度的社会或个人发展史对于准确诊断而言仍然必不可少。以对临床抑郁症的评估为例，当前，DSM-Ⅳ-TR列出了许多以抑郁症状为主要特征之一的疾病，包括：(1) 恶劣心境障碍；(2) 重度抑郁；(3) 伴有混合焦虑和抑郁的适应障碍；(4) 伴有抑郁心境的适应障碍；(5) Ⅰ型双相障碍；(6) Ⅱ型双相障碍；(7) 循环性心境障碍。此外，还有许多不属于一般情绪障碍的疾病也包括与抑郁相似的症状，或通常与上述抑郁障碍之一共存，包括：(1) 创伤后应激障碍；(2) 广泛性焦虑障碍；(3) 神经性厌食症；(4) 神经性贪食症；(5) 品行障碍，等等。问题是，对于某个特定的来访者而言，是否有抑郁症状并不是必需的，重点是存在哪种抑郁障碍、在什么情况下，以及持续了多久？缺乏足够的历史信息，咨询师就无法在各种抑郁障碍和共存障碍之间加以区分。

有时候，准确诊断与来访者的经历紧密相关。比如，惊恐障碍的诊断需要以前惊恐发作的历史信息（Antony & Swinson，2000；Sanfelippo，2006）。

类似地，创伤后应激障碍一般默认需要有关创伤的历史；还有，除非有证据表明症状出现在7岁以前，否则不能做出注意缺陷多动障碍的诊断。至于品行障碍，如果青少年生活在充满暴力、吸毒和盗窃的环境之中，或者与这样的环境为邻，那么做出这一诊断可能是不恰当的。

精神状况检查

正如我们在第八章中所强调的，精神状况检查与诊断性面谈不能等同，而且其本身也不能作为一种诊断方法。然而，近期的精神状态评估往往与诊断情况有关。尤其是精神状况信息，它能帮助咨询师确定药物的使用是否是影响来访者意识和功能的一个直接因素。精神状况检查也能让你了解可能与某些诊断情况有关的来访者的思维和知觉过程。

当前情况

获取来访者当前功能的信息是初始面谈的一个标准部分。对诊断性面谈来说，应考察并强调一些重要问题。

对来访者当前情况的细致考察包括评估他或她的社会支持网络、典型一天的生活、应对技能、躯体健康（如果在医疗病史中尚未包含这一点）和个人优势。这些方面都可能为诊断提供关键信息。

通常或典型的一天

亚隆（2002）曾写道，他认为对"病人日常作息"的询问特别能揭示信息。他表示：

>……这样的提问让我在最近的初始面谈中能掌握用其他方法可能几个月都没办法了解到的一些活动信息：每天玩2小时电脑纸牌游戏、用另一个不同的身份每晚在网络色情聊天室消耗3小时。日常作息表是如此之妙，让我必须全力以赴，比如，一位中年妇女每天（有时候是每小时）都会尽量多地给她父亲打电话；一位女同性恋者每天与她不喜欢但又难以彻底分手的一位前恋人打电话。

对来访者典型一天的询问看上去有些枯燥和乏味，但它能挖掘出隐藏起来的丰富的诊断信息，还能让你确定恰当的治疗目标和与之相关的治疗计划。

来访者的社会支持网络

有时，从来访者以外的人那里获取诊断信息是很关键的，与儿童和青少年面谈时尤其如此。在这种情况下，与父母面谈常常是诊断工作的一部分（对年幼的来访者和他们的父母进行面谈的详细信息见第十一章）。然而，即使是与成年人面谈，也可能需要来自他人的信息。完全依靠一次临床面谈就确定诊断既不恰当也不专业。莫里森（Morrison，2007）指出：

> 有时成年人可能也不了解他们的家庭历史或者他们自己成长的有关细节。精神病或人格障碍患者可能没有足够的意识来准确判断他们自己的许多症状。在这些情况下，从非常了解患者的人那里获得的历史信息会极大地影响你的诊断。

向你提供信息的来访者以外的人通常被称为附属信息源。

来访者的应对技能评估

来访者的应对技能可能与诊断有关，而且有利于治疗计划。例如，有焦虑障碍的患者常使用回避策略以抵抗焦虑（如，广场恐怖症患者不离开家，幽闭恐怖症患者避免去不通气的房间或封闭的空间）。相反，解离性障碍的来访者倾向于完全阻断他们痛苦的个人体验。在此，有个重要的问题需要判断，那就是来访者究竟是在处理他们的问题并逐步加以掌控，还是仅仅对问题做出简单反应而导致症状加重，或阻碍了自己的社交或职业活动。

咨询师也可用投射技术或行为观察评估来访者的应对技能。运用投射技术可以让来访者想象一个非常痛苦的情景（有时又称模拟），行为观察法是在咨询师办公室或其他环境（如学校、家中、工作场所）中收集信息。如前所述，附属信息源能提供有关来访者在咨询室以外如何应对问题的重要信息。

躯体检查

几乎在所有的情况下，如果缺少（哪怕是粗略的）医学检查，就无法形成结论性的精神病学诊断。这意味着咨询师在会见新来访者时一定要询问其最近的体检结果。有些治疗师会在初始面谈表格上询问最近的体检结果并与来访者就此进行讨论。

本章在开始时已提到，心理状态和躯体状态彼此之间常常相互影响。因此，长程疾病或严重的伤害会导致总体的焦虑和抑郁。咨询师在形成诊断结果时应考虑下列事项：

1. 收集体检结果
2. 咨询来访者的基础保健医生
3. 建议来访者去做体检

确保已经考虑和注意到可能导致心理疾病的医学或躯体的潜在原因或因素是我们的职责。

来访者的优势

来寻求专业帮助的来访者常常无法看到自己的个人优势和优点。而且，在经过了一个小时的诊断性面谈后，来访者会感到悲伤或消沉。因此，正如我们在前面提到的，在面谈（特别是评估或诊断性面谈）结尾时，请来访者通过此次面谈确定和谈论自己的个人优势是很重要的一环——尤其是进行自杀评估面谈时。例如：

> "我很感激你告诉我你的问题和症状。但我还想了解你的优点。比如，作为一个单亲妈妈，你如何做到仍在努力求学，并且就像我们谈到的，你还做了什么来与抑郁情绪抗争？"

对来访者优势的分析能提供重要的诊断信息。抑郁和消沉状态比较严重的来访者难以回答上面的问题，而且可能无法找出任何个人优势。无论如何，咨询师要确保提供支持、安慰和积极反馈。此外，正如问题解决取向理论所强调的，不要忘记诊断和评估方法能够而且应该始终如一地迈向积极的方向。例如，贝尔托利诺和奥汉隆（Bertolino & O'Hanlon，2002）说：

> 正规的评估手段常常仅被当成是揭露和挖掘来访者与他们的生活的不足之处的方法。然而，正如我们所学到的，评估有利于了解来访者的能力、优势和资源，以及寻找例外和不一样的情形。

咨询师并不需要把有效的诊断性面谈变成完全寻求事实而毫无人情味的过程。成熟的诊断者会在面谈的整个过程中都对这个痛苦的人类同伴表现出同情和支持（Jobes，2006；O'Donohue et al.，2006）。诊断性面谈的目的不仅仅是做出一个诊断或建立一堆关于来访者的文件。相反，它是为需要帮助的人提供个性化治疗计划的基础。

治疗计划

咨询师在评估时应该告知来访者治疗计划。在你形成治疗计划时，你至少需要考虑以下问题：

- 我将用什么评估方法确定这位来访者的问题并监督进展？
- 来访者和我将把哪些问题当做我们共同工作的重心？
- 这些问题如何转变成双方一致同意的治疗目标？
- 为了实现这些目标，我和来访者将采取哪些方法或措施？
- 我们将如何评估实现目标的进程？
- 我们怎么才能知道是否或何时引导来访者采取备选或辅助治疗？
- 我们怎样才能知道治疗该结束了？

你对这些问题的回答取决于很多因素，这些因素包括但不限于：(1)你的治疗设置；(2)你的理论取向；(3)来访者的偏好；(4)来访者的资源；(5)第三方付款方的要求或限制。

有很多不同的治疗计划模式，包括BASIC ID (Lazarus, 2006)，DO A CLIENT MAP*(Seligman, 2004)，治疗指导计划 (Jongsma, 2006)，以及很多基于其他理论体系的模式 (Greerberg, 2002; Luborsky & Crits-Christoph, 1998; Shapiro, 2002; Woody, Detweiler-Bedell, Teachman, & O'Hearn, 2003)。

治疗来访者的问题与处理来访者的诊断

尽管有许多建立和形成针对来访者的治疗计划的方法，但有三种区别很大的模式非常重要，需要读者了解。

心理社会治疗计划模式

心理社会治疗计划模式倾向于把心理和社会/文化经历当作引发和导致情绪与行为持续的原因。这一模式将心理和社会/文化干预视为恰当的干预措施。正如第七章所介绍的，为了形成社会心理治疗计划，咨询师在开展初始面谈时，会与来访者合作探索：(1)是什么使来访者前来治疗的（当前的问题和最初的目标）；(2)来访者的人格特征和个人经历（人的方面）；(3)来访者当前的生活环境（情境的方面）。在探讨了这些基本问题后，咨询师与来访者一同建立治疗目标，然后制订出达到目标的计划。此外，这种方法的特点是更为强调双方共同确定来访者的问题，而不太强调由咨询师做出一个明确的精神病学诊断。这种特别的治疗计划模式可以既侧重于问题又侧重于解决方案和目标 (Comtois & Linehan, 2006)。

生物医学治疗计划模式

生物医学或精神病学方法是一种建构来访者问题和确定来访者治疗计划的模式，这种模式非常有吸引力，近年来日益普及并占据优势 (Overholser,

---

* 该短句由以下英文的第一个字母组成：Diagnosis (诊断), Objectives of treatment (治疗目标), Assessments as needed (根据需要进行评估), Clinician characteristics viewed as therapeutic (有助于治疗的临床工作者的特点), Location of treatment (治疗地点), Interventions to be used (干预方法), Emphasis of treatment (治疗的重点), Nature of treatment (治疗的本质), Timing (时间), Medications needed (药物治疗需要), Adjunct services (辅助服务), Prognosis (预后)。——译者注

2006；Simon，2006；Sommers-Flanagan & Campbeu, in press)。使用这一方法的咨询师从疾病出发，系统地描述来访者的问题，并进行诊断评估以确定可能的医学治疗方法。如果你查看精神病学文献，你将看到很多运用疾病词汇表达的生物医学视角，比如，"抑郁症往往是家族性复发性疾病，与社会心理疾病和死亡率的提高有关"（Birmaher et al.，2007)。

生物医学模式将咨询师视为了解DSM - IV - 诊断标准及有关疗效研究的专家，并且认为咨询师能根据情况灵活运用这些专业知识。这一方法强调准确的诊断命名，其主要目的是便于确定恰当的药物治疗。

在实践中，大多数治疗师认识到把心理社会和生理治疗方法结合起来能发挥作用，在某种程度上他们也是这样做的。不过，也有不少实践者更倾向于使用某一种方法。这两者的关键差异体现在是依据来访者确认的问题还是治疗师确认的诊断制订治疗计划。这两种途径都是可行的，选择哪种主要取决于你的设置。

循证式治疗计划

在过去的10～15年，循证式治疗计划备受重视，业界有向这一方面转变的趋势。大多数循证式治疗计划基于认知行为疗法，倾向于精神病学诊断和有相对的时间限制。

有趣的是，正如琼斯玛和彼得森（Jongsma & Peterson，2006）所说的，尽管第三方医疗费用支付者需要医疗诊断方能进行赔偿，但他们往往更喜欢强调行为问题指标而非诊断结论的治疗计划。与之类似的是，尽管他们可能推动从业者转向使用循证式治疗方法，但他们也喜欢更简短的治疗——例如，焦点解决的短程治疗，即便缺乏足够的证据证明这一治疗方法的效果。总之，如果与第三方付款人合作，咨询师有责任掌握评估方法，以及侧重于解决方案的治疗或简短的治疗计划，并且这些治疗计划是焦点解决和循证式的、有理论支持的。

治疗规划的整合（生物心理社会）之道

大多数当代心理健康专业人员赞同生物心理社会模型，而不是要么坚持社会心理治疗模型，要么选择生物医学治疗模型。不过实际上，这两个模型并不能总是很好地结合在一起。常常是医学治疗角度更占有优势。这一点可以部分地解释，为何尽管在1980年就有人呼吁把恩格尔（Engle，1980）的生物心理社会模型纳入医学体系，但只有很少的证据表明医学体系在治疗和实践中系统地考虑了社会心理因素（Alonso，2004；Engel，1997）。有意思的是，另一边的情况看上去更为积极：先前的社会心理取向领域结合了生物医学模式，并且后者渐渐占据了主导地位（Sommers-Flanagan & Campbell, in press）。在很大的程度上，非医学专业的从业人员吸收了生物心理社会用语，而与此同时，生物医学取向则相对狭隘地继续沿用医学和精神病学用语。

尽管有所有的心理健康工作者都开始屈服于生物医学模式的可能，但我们接下来介绍的治疗规划方法是未来的生物心理社会模式。在这个模型中，我们既包括了循证式治疗方法，也包括了理论化的治疗方法。我们的总体目标是让治疗方法既尊重精神病学诊断的真实性和实用性，又以实证为基础，同时尊重来访者独特的个人经历，并且有理论支持，而且简短（不过，这些尚未得到验证）。

确定适当的治疗方法

确定适当的治疗方法要求咨询师考虑以下内容：

- ***来访者的问题和支持治疗的实证***：可能有已经出版的疗效研究著作针对来访者的问题和诊断归纳出了有效的治疗方法。然而，在很多情况下，研究并没有明确指出哪种治疗方法对某个来访者的具体问题最有效（Castonguay，2000；Seligman & Levant，1998）。尽管有一些适用原则（例如，认知疗法可用于治疗贪食症和惊恐障碍，行为疗法可用于治疗广场恐怖症，人际疗法可用于治疗抑郁，等等），但大多数心理疾病尚未建立清晰的实证治疗原则。
- **实证支持的人际关系方法**：临床心理学、临床社会工作、咨询和精神病学领域中的权威的学术期刊和治疗著作都以案例研究、简短报告、疗效研究和对选择疗法的理论推论的讨论等形式提供了重要的治疗信息。这些资料往往强调积极的治疗关系或工作同盟，将其视为确保治疗效果的核心。
- **治疗师的技能或专业知识**：治疗计划必须是治疗师曾培训、训练并练习过的方法，以及曾受过督导或正在接受督导的方法。例如，如果治疗师从未接受过某个治疗技术的培训或不具备相关经验（如催眠或眼动脱敏再加工法），那么就不应使用该技术。
- **治疗师的偏好**：心理健康工作者的理论取向各有不同，有些会严格遵照精神分析的治疗方式，有些会坚持用行为理论的方法进行治疗。尽管有时可能不恰当，但来访者接受的往往就是他们见到的治疗师所偏好的治疗方法。
- **来访者的偏好**：如果有机会选择，来访者可能会偏好某种形式的治疗。例如，有些在不良习惯中挣扎的来访者会偏好短程和具体的行为疗法来有效地改变其习惯。而有些来访者会偏好有深度的方法，对生活意义的追寻成为了他们的生活习惯。还有一些人倾向于药物治疗。来访者的治疗偏好会强烈影响来访者对治疗的合作或遵从。

制订一个实用的治疗计划

我们知道现在有许多制订治疗计划的方法，但为了方便起见，在这里我们选择介绍一个通用的、非理论性的方法。这是一个灵活的模型，加以调整后可以适用于不同的理论取向，这一模型还融合了循证式方法（Jongsma, Peterson, & Bruce, 2006）。该模型包括以下治疗计划步骤：

- **问题选择**：尽管在咨询开始时可能存在许多问题，但来访者和咨询师必须共同决定哪个问题构成治疗的重点。一个好的治疗计划总是有一个陈述清晰的问题。

- **问题界定**：这一方法强调对治疗计划中列出的每个问题都形成一个操作定义或行为定义。操作定义，尤其是当它与 DSM - IV - TR 的诊断标准联系在一起时，有利于实现可界定和可测量的疗效。
- **目标设定**：在这种方法中，长期目标可以是对积极疗效的总体描述。例如，列出某个问题（如冲动控制障碍）以及对问题的定义（"冲动性地拔头发的行为模式导致显著的失发"），然后是一个长期目标（"培养有效疏导冲动的能力"）。
- **短期目标建构**：短期目标用行为上可测量的语言写成。在上面的例子中，短期目标可以包括"降低冲动行为的总频率"或"增强自我观察能力"。对医疗保健机构或保险公司来说，有可测量的短期目标有利于判断是继续还是终止治疗。
- **提出干预方法**：琼斯玛等（Jongsma et al., 2006）建议对每个治疗目的至少包括一种干预方法。与前文提到的长期目标和短期目标有关的干预方法可以包括，来访者使用自我监督方法发现拔发冲动何时会增加，以及对更适应的行为方式的反复练习。
- **确定诊断**：这一治疗规划倾向于本章前面所说的社会心理模型。诊断被视为一个重要的步骤，但它对治疗计划的影响比确认与选择问题要小。在我们讨论的这个例子中，恰当的诊断名称可以是：DSM - IV - TR 轴 I：312.39 拔毛癖。

大多数治疗规划方法都是有用的，因为它们为你和来访者在制订计划时要考虑的材料提供了一个组织的框架。此外，《心理治疗计划全手册》（*The Complete Adult Psychotherapy*, Jongsma et al., 2006）——之前介绍的步骤摘自这本书——为你提供了一种有价值的方式以保证涵盖第三方付款公司可能要求的基本内容。这一模型的优点是简单、便于操作，也比较容易学习。练习10.2包含了一个案例，你可以用来练习你设定治疗计划的技能。

> **练习 10.2**
> **制订治疗计划：应用**
>
> 　　你接待的是一位26岁、名叫迈克尔的非洲裔美国男子。他目前单身，有商业管理的学士学位，在当地一个家用电器商店任经理。他说自己曾有高血压，目前用药控制良好。在面谈中，他说尽管他能与同事一起高效地工作，并定期完成个人和小组的销售目标，但他有异性交往焦虑的长期历史。他说自己在工作之外的环境中的社交无重大问题。当问到他希望通过咨询实现什么目标时，他表示："我希望每个月至少有几次约会，我还希望当我邀请别人与我约会时，不会感到我每次一接近女人就要犯心脏病。"迈克尔还报告说自己有间断的失眠、肌肉紧张和易激惹性增高，而这三点在他母亲9个月前去世后更加严重。请使用琼斯玛和彼得森（Jongsma & Peterson，2006）模型为迈克尔制订一个治疗计划。注意：你可以为迈克尔的治疗计划选定一个或多个要解决的问题。
>
> 　　步骤1：问题选择
> 　　步骤2：问题界定
> 　　步骤3：目标设定
> 　　步骤4：短期目标构建
> 　　步骤5：提出干预方法
> 　　步骤6：确定诊断

我们对各种治疗计划的总结如下：

1. 根据时间限制、来访者的表达能力和来访者的自我觉察能力，尽可能地形成对来访者的问题最全面的理解。使用拉扎勒斯（2006）的

BASIC ID 或其他计划模式提醒自己,来访者需要的帮助有许多复杂情况(见练习10.3基于阿德勒的评估方法)。我们常使用的模型包含对个人的社会、认知、情绪、躯体、行为和文化等方面功能的考察。

2. 尽可能形成对来访者目标的最全面的理解。焦点解决式问题在这里特别有用。你可以询问来访者如果情况好转他们的生活会是什么样子,他们可以接受什么样的效果,他们能想到的最佳效果是怎样的。有时候,就像德·沙泽尔的"奇迹问题"那样,投射性问题有助于来访者说清楚自己的目标。

3. 完成你的家庭作业,第一部分:复习你了解的与来访者和他们的问题有关的信息。请自问还需要了解什么来填补关键的空白,并尽力获得此信息。如果你完成治疗计划的时间有限(如,在第一次面谈后给出),你可以请来访者等一小会儿,让你整理他们给你的信息,然后再转回你们的合作之中,总结你对主要问题和次要问题的想法,并与来访者形成一个暂时性的治疗计划。

4. 完成你的家庭作业,第二部分:在面谈后,根据你从问题建构和对来访者表述的目标的了解,以及实证研究,考虑一系列简短可行的备选治疗方案。如果你不能确定明确而恰当的治疗方法,应阅读相关材料和咨询他人,并在需要时请求督导。这时你可以把干预方法排序,在第二次面谈时告诉来访者。

5. 确立有意义的短期目标,以帮助你和来访者知道你们是否在接近目标。这项工作要与来访者合作完成。

6. 经常就治疗的进展与来访者交流,以加强你们的工作同盟。询问来访者事情是否在朝着他们想象、希望或需要的方向发展,这样可以使来访者体验到自己的权利。研究结果表明,在各种文化背景下,工作同盟对治疗成功都很重要(Comas-Díaz, 2006;Meissner, 2007;Safran, Muran, & Rothman, 2006)。

7. 在治疗开始时便计划治疗的终止。如果治疗有具体的次数,一定要注意这点,并在整个治疗的各阶段都有效地利用这一点。研究显示,时间限制有时可以帮助来访者更快地达成治疗目标。无论如何,终止是面谈和治疗的一个重要环节，在咨询关系中要始终留意这一点。

8. 在终止时遵循一个模式，用恰当的方法终止治疗。

练习 10.3
收集用于评估和制订治疗计划的家庭历史信息

让来访者谈论他们的家庭或家庭背景，并不总是很容易。家谱图或者阿德勒的家庭排列面谈策略能促进开放、周全地讨论来访者任何领域（包括自杀、家族精神病史等）的家庭因素。有许多学者在其他很多地方介绍了这一策略或方法，这里是对它的简要介绍（Carlson et al., 2006；Mosak & Maniacci, 1999；Sommers-Flanagan & Sommers-Flanagan, 2004）。

绘制家谱图或家族树

在临床面谈的早期，在适合的时候，我们通常会用类似下面的话开始家族系统面谈："当然，我们刚刚见面，我对你不是很了解，我所知道的能够对你有更多了解的方法是绘制出你的家庭的一个简单的家谱。这样可以吗？"几乎在所有的情况下——也许是因为天生的好奇心——来访者通常都会同意帮助我们绘制家谱图。

然后我们着手绘制家谱图，从来访者开始，向上延伸至他或她的祖父母（Magnuson & Shaw, 2003）。通常，因为时间有限，尽管我们会简短地谈谈问题突出的阿姨、叔叔和表兄弟姐妹等，但主要侧重于来访者的兄弟姐妹、父母和祖父母。接待生活方式更具集体主义的来访者时，这一过程会变得更具有包容性。此外，在有些案例中，重心会较少放在亲生父母身上，更多地放在亲属关系、寄养父母、养父母或住院治疗服务上。

表达对原生家庭的兴趣和好奇

每个家庭都是独特的，家谱图或家族树为探索这种独特性提供了一种结构。家谱图不只是确定家庭结构的可视化方法，也是年代表。

比如说，沿着家谱图，可以形成识别重要事件（父母离婚、再婚、搬家、学校问题或学业成功，等等）发生的时间表。

提问时保证正性和负性问题之间的平衡

阿德勒家庭排列面谈包括一些有关来访者如何看待不同家庭成员和家庭关系的具体问题。有关家庭排列面谈的一大妙处在于，它侧重从来访者的角度感受或描述其家庭——本质上并非积极或消极。可以用以下问题提问或提示来访者：

"请用三个词向我描述你妈妈（父亲、姐妹、兄弟等）。"
"你在家里以前（现在）和谁最亲近？"
"你在家里以前（现在）和谁冲突最多？"
"你妈妈在家里以前（现在）最喜欢谁？"
"你爸爸在家里以前（现在）最喜欢谁？"
"以前（现在）谁是最好的音乐家（运动员、艺术家、学生等等）？"
"以前（现在）谁看上去是个乖孩子？"
"谁陷入的麻烦最多？"
"当你需要找个人聊聊时，你会找谁？"
"你最不可能找谁？"

其他可以整合进入家庭排列面谈的问题，已经在其他地方列出和介绍过（Mosak & Maniacci, 1999；Sweeney, 1989）。

用家庭排列面谈收集家庭历史数据

除了离婚、再婚、继父母和其他家庭历史信息之外，家庭排列面谈还提供了极好的用于询问家庭心理健康史的结构。具体而言，为了评估与自杀风险有关的因素，你可以提以下问题：

"你家族中有没有人患有类似抑郁、精神分裂症或双相障碍这一类的心理疾病？"

"你家族中有没有人有特别积极的品质或传统（比如，成为一名出色的音乐家、运动员或商人）？"

"你家族中有没有人自杀？如果有，你知道当时的情况吗？"

"你家族中有没有人试图自杀，但后来决定继续活下来？如果有，你知道当时的情况吗？"

"你家族中有没有人因罪被捕或被判刑，或者有毒瘾或酒瘾？"

"除了你家里人，你和谁最亲近（或者谁是你心目中的榜样）？"

正如你所看到的，家庭排列模型是灵活评估各种家族动态史的工具，有趣并且能让来访者也参与进来。我们特别喜欢用这个方法在治疗的早期了解青少年的情况（Sommers-Flanagan & Sommers-Flanagan，2007b）。

治疗计划的"R"和"R"

大多数治疗计划的标准模型都缺少两个非常重要的维度，有职业道德的心理健康专业人员在制订治疗计划时必须要把这两方面牢记心头。尽管如果我们的"R"和"R"简写代表"休息（rest）"和"放松（relaxation）"会很好（而且这两点对临床咨询师也很重要），但实际上我们所说的治疗计划的"R"和"R"指的是"资源（resources）"和"关系（relationship）"。

从表面来看，我们的"R"和"R"规则里的资源维度很实用主义，仅仅是当前医疗和社会政策与实践中的一项事实。在有些情况下，资源会成为一个棘手的问题，而在有些情况下则是伦理问题，但资源比较容易评估。而关系维度则非常难以测量、控制或界定，但它在治疗方法的选择和疗效方面有极为重要的作用。

资源

咨询、治疗、心理治疗、精神分析或精神病学咨询都要花费许多钱。有些来访者有保险，有些有健康服务组织、优选医疗计划、医疗补助、医疗保险、员工帮助计划等。这些项目对于心理健康服务有具体的支付金额和具体限制。谈到治疗计划时，超出来访者医疗保险和可利用资源的金额限制后的资金来源是重要的现实问题和道德问题。

不过，考虑可以使用的资金，并不等于就简单地选择一个适合付费治疗次数的问题，或者把面谈次数限制在来访者个人预算的范围之内。当然，澄清主要和次要问题是必不可少的，同时你还要知道，往往不是所有问题都能在给定的治疗过程中得到解决。在道德上，咨询师有责任选择理论上或实践上有效的治疗方法，并且与来访者进行面谈，直到负责任地终止或合理地转介，比如转介到另一个治疗师或服务机构（American Psychological Association, 2002）。因此，在承诺治疗之时，咨询师也必须评估自身的资源，包括自己能否安排出时间，是否愿意降低收费，是否有充足的转介网络、适当的督导和与相关的专业人员的联络情况（如律师、医疗人员等）。

除了经济状况和保险付费的资源、个人与专业人员实践的资源之外，在制订治疗计划时还要考虑其他资源，包括来访者的动机、自我优势和心理学头脑。正式或非正式地评估每位来访者参与治疗的能力也是你的职责。

案例

奥珀尔是一名63岁的高加索妇女，由她的家庭医生推荐来咨询。推荐原因是她经历过惊恐发作。她的生活史非常丰富，有许多令人感兴趣的方面。她说出的最大的创伤或丧失是两年前她大女儿因乳腺癌去世。这个女儿名叫埃米莉，曾是一名坚强的女权主义者，在职业上很成功。埃米莉常常斥责母亲"过时的、屈从的方式"。

奥珀尔的第三任丈夫是一位叫杰夫的农场主。杰夫很富有，对婚姻的态度很传统。奥珀尔的工作是打扫房间的卫生、准备好符合杰夫心意的饭菜和"让自己见得了人"。奥珀尔的惊恐发作开始于转介的六个月之前，最初只在奥珀尔在杂货店中准备购买一周的生活用品时发作。奥珀尔被迫请一位邻居帮忙购回生活用品，因为杰夫拒绝去杂货店。

　　在进行了三次面谈之后——内容主要为评估惊恐发作和控制惊恐发作的初步的心理教育——咨询师与奥珀尔建立起的治疗关系已足以支持他去怀疑她不能处理好她的悲痛、婚姻角色冲突和其他相关的深层问题。然而，重要的是要让奥珀尔参与这个治疗决定。咨询师向奥珀尔解释了两个治疗选择：(1) 使用行为方法、想象和药物继续训练控制惊恐发作；(2) 开始更深层的工作，探究惊恐发作的意义及其与角色冲突的可能联系，甚至可能要讨论奥珀尔内心深处埋藏的失去女儿的悲伤和愤怒。奥珀尔毫不迟疑地表示，除非绝对必要，她对任何深层工作毫无兴趣。

　　治疗计划继续沿着认知行为这条线进行。在又进行了八次面谈后，奥珀尔又可以自己去杂货店购物了。她带着成就感结束了治疗。她告诉咨询师，她不会再回来，除非"她脑袋里乱成一团"。

　　这个案例说明，来访者的问题是多层次而复杂的。人们的心理领悟能力和深度有着不同的潜力和动机，咨询师在制订治疗计划时也必须考虑到这一点。

　　最后，关于资源还要说的一点是，咨询师虽有高效而迅速地治疗当前问题的压力但也必须考虑对来访者利益的专业承诺和职业道德。因为，有时最初的问题提示一种简单易行的治疗方法，但如果实施并遵循这种方式，可能会忽略"真正"的问题主体。

案例

　　简由于对自己3岁的女儿凯特过分担心而来咨询。一个月前，简从托儿所接回凯特时，听凯特说，"妈妈，我讨厌他们把坏东西塞到我嘴里。"简感到一阵恐惧并仔细追问凯特，担心日托中心中有人以某种方式虐待或强暴了凯特。凯特显然被母亲的惊慌吓到了，她不愿多说在日托中心的事。这次对话引发了简的各种担忧。她发现她不能把凯特留在日托中心，于是请了一位保姆在家照顾凯特。因此，她的经济状况开始变得不容乐观。此外，简不再让凯特与她的表兄弟或同父异母的哥哥一起玩了。这导致她的婚姻关系紧张。最后，简不能让凯特离开她视线之外，简说，这"把每个人都逼疯了"。

在这个案例中，治疗的选择可以是通过指出她的恐惧的非理性特点和鼓励她画一个图表强化自己越来越长时间地离开凯特，来直接改变她的行为。此外，这些方法很可能会改变简面临的问题。然而，正如许多敏锐的读者可能已经猜到的，简对她女儿的突然的过度关注和她自我宣称的过分反应，是简一项未说出的重要生活经历的线索。简在4岁时曾被她的叔叔性骚扰。她记得她的叔叔吻她和抚摸她，常常把他的舌头伸到她的喉咙里，但她从未把这件事告诉任何人，包括她丈夫。

简能够参加幼年遭受性骚扰的成年人支持团体。她谨慎地利用治疗时间，希望探究她忽视自己的痛苦而披上坚硬外壳的倾向。尽管这在短期里有助于减轻简的焦虑，并让她达到让女儿独处这一目标，但这明显忽略了简更为迫切的需要。

我们讲述这两个案例是为了说明在制订治疗计划时评定来访者的资源和偏好的复杂性。然而，这些评估必须依据从工作同盟或治疗关系中获得的信息。这一重要事实把我们带到"R"和"R"中的另一个维度"R"——关系性。多元化案例参见多元化要点10.1。

多元化要点 10.1
治疗计划中的文化问题：案例

通常，来访者的文化问题是治疗计划的焦点。下面这个非常简短的例子是对"多洛雷丝的案例"的改编和缩写（Sommers-Flanagan, 2001, in Paniagua, 2001）。

多洛雷丝是一名43岁的美洲印第安妇女，她来咨询的原因是她深感悲伤、无法集中注意力、失眠和快感缺乏。这些抑郁症状与两个主要担忧有关。首先，多洛雷丝因为与她结婚23年的丈夫加布赌瘾严重但拒绝治疗而感到沮丧。其次，多洛雷丝担心，因为她自己出现了问题和她丈夫的赌瘾，她可能失去养女塞齐的监护权。

即使这个案例仅提供了最低限度的信息，一些文化问题仍浮现了出来。具体而言，多洛雷丝的主要担忧是围绕着家庭问题，重要的是，对她的担忧的开始情况和持续时间的考察要在家庭主义的背景之下——因为多洛雷丝的症状可能与她的家庭身份（而不是她"自己"）有更直接的关系。此外，做出前来咨询的决定给她带来的压力很可能和家庭状况所产生的压力不相上下，因为一些美洲印第安人部落认为，谈论家庭其他成员的负面情况是不忠诚的表现。因此，多洛雷丝对咨询的感觉和她自己的印第安身份（或者有关她丧失印第安身份）可能是治疗的焦点——尤其是如果她会见的咨询师来自于主流文化的话。

多洛雷丝对失去她的养女的恐惧也带来了文化的问题。在这个案例中，收养是非正式的部落的安排，她可能需要咨询法律人士和她的族人，以确定收养是否有约束力。根据印第安儿童福利法，美国政府似乎会支持这一收养（O'Brien, 1989）；因此，与她的族人的交流可能会比把多洛雷丝举报给美国司法系统更重要。最后，对于一些咨询师而言，多洛雷丝对失去她的孩子的焦虑看上去过于夸张，从历史上来看，当孩子被从家庭中带走时，美洲印第安人会经历代际创伤。所以，在着手尝试减轻多洛雷丝的焦虑之前，咨询师应该评估她对那些历史因素（和个人经历）的感受。

总而言之，对于美洲印第安人和其他多元文化的来访者，治疗计划应该有文化针对性和文化敏感性。例如，咨询师可以形成如下的治疗计划说明：

- 探讨多洛雷丝对寻求治疗的感受；
- 探讨对家庭成员做出负面评价时，多洛雷丝有什么想法和感受；
- 对多洛雷丝做有关印第安儿童福利法的知识介绍；
- 鼓励多洛雷丝与她的族人和可能的部落律师讨论她对收养的担忧；
- 在代际创伤的背景下，与多洛雷丝讨论她对失去女儿的担忧。

关系

塞利格曼（2004）的"绘制来访者地图"（DO A CLIENT MAP）中的"C"代表的意思是"有助于治疗的临床工作者的特点"，它有点类似于大多数治疗计划模式中的把注意焦点放到治疗师身上。塞利格曼始终重视临床工作者建立良好的治疗计划所需的专业性和个性特点。为了做到面面俱到，制订治疗计划时，治疗师本人必须参与。比如，如果你要用阅读疗法作为辅助治疗，你向来访者推荐的书应是你自己读过的，并且你从个人或者从专业角度认为它是有用的。此外，你必须使用自己感到可靠和有用的疗法，并且和来访者共同确定使用该方法。敷衍或过于简单的方法，不适合你、不适合来访者或其多元文化背景的方法，都将难以起到作用。你安排给来访者的家庭作业必须至少是当你面临与来访者类似的问题时你自己会考虑使用的，并且你是从来访者的性别、文化和发育阶段加以考虑的。如果不是这样，如果你发现自己只愿把一套技术与一类问题匹配，而不愿积极地根据情况进行调整，那么你不仅冒犯了来访者，你也冒犯了自己。正如治疗计划力图周全地考虑到来访者的各个方面一样，同样必须把你自己视为关怀他人且有知识的专业人员而纳入到治疗计划中。否则，来访者会感觉到这点，因而很有可能会永远无法形成工作同盟。

为了避免没把我们的偏好和价值观说清楚，请注意这一点："即便是诊断和制订治疗计划，心理健康工作也是关于人际关系的（Cornelius-White，2002；Norcross，2002）。如果在诊断或阐述症状、制订计划和目标设定的过程中，我们没有把来访者当作独特的个体，我们就可能会忽视他们真正的需要并带来现实的伤害。如果在同一过程中，我们没把自己视为独特、复杂的个体和专业人员，我们就贬低了自己的工作和职业潜能。

总　结

本章讨论了心理疾病诊断的基本内容。这个过程充满了争议，但所有心理健康工作者都有必要培养诊断技能。诊断具有组织功能，能够促进形成治疗计划和推动治疗进程。咨询师可以把诊断看成是一个动态的假设，并且通过指出其他人也有类似的反应、挣扎和痛苦来安慰来访者而让来访者感到解脱。在北美地区最常用的诊断手册是DSM（《精神障碍诊断和统计手册》），DSM的第五版计划于2011年出版[*]。

咨询师应该使用一种相对平衡的方法开展诊断面谈，这一方法包括：(1) 对诊断评估的亲切的介绍，包括说明来访者应期待什么；(2) 对来访者问题和有关目标的广泛考察；(3) 对来访者个人历史，尤其是与来访者主要问题密切相关的经历的简短扼要的考察；(4) 简短扼要的精神状况检查；(5) 对来访者当前情况的考察，包括社会支持、应对技能、躯体健康和个人优势。当然，在诊断性面谈中，没有人能把所有诊断参数都记在心头。我们建议咨询师购买或制作简短的诊断检查清单，以便于在进行诊断性面谈时能充分考察相关的具体领域。

紧随诊断或问题分析之后的是形成治疗计划。专业人员可使用社会心理模式制订治疗计划，这种方法把复杂的问题作为治疗的目的和长期目标指导；

---

[*] DSM-Ⅴ已于2013年出版。——译者注

或者也可使用医学或生物学的方法,这种方法将症状划归为诊断,而诊断决定治疗选择;也可结合这两者,使用生理心理社会方法,它包含诊断,但也会与来访者共同讨论具体症状和问题。

治疗计划的制订包括确定治疗要达到的合理的长期目标和短期目标。选择有效的治疗方法涉及对一些来访者和咨询师因素的复杂分析,包括来访者和咨询师的个人资源,以及不特定的关系因素。

推荐阅读及资源

为数众多的出版物侧重于培训治疗师把 DSM-Ⅳ 作为诊断和心理治疗的指南使用。同样,也有很多的出版物提供了治疗计划。下面的书单范围有限,但为进一步阅读和研究提供了一些思路。

Bryceland, C., & Stam, H.J. (2005). Empirical validation and professional codes of ethics: description or prescription? *Journal of constructivist psychology*, 18 (2), 131-155. 这篇文章讨论和批评了职业道德准则中治疗师使用经验或理论支持的治疗方法的新趋势。

Jongsma, A.E., Peterson, L.M., & Bruce, T.J. (2006). *The complete adult psychotherapy treatment planner* (4th ed.). New York: wiley. 这本书是作者的心理治疗计划系列的最新的成人版。他们在这个领域出版的著作浩如烟海,执业的临床医生常依靠他们的著作形成治疗计划。

Kutchins, H., & Kirk, S.A. (1997). *Making us crazy*: DSM: *The psychiatric bible and the creation of mental disorders*. New York: Free Press. 本书针对把 DSM 体系作为精神疾病分类方法进行开发和推广的现象进行了强烈的批判。特别值得一提的是,本书中有关同性恋和种族主义的章节对于刚刚入门的心理健康工作者而言,可谓是极佳的启蒙读物。

Lazarus, A.A. (2006). *Brief but comprehensive psychotherapy*: *The multimodal way*. New York: Springer. 这本最新的出版物将指导你如何有效地运用拉扎勒斯的 BASIC ID 治疗模式。

Norcross, J. C. (Ed.). (2002). *Psychotherapy relationship that work.* New York: Oxford University Press. 本书作者在阐明心理治疗关系的——并且是循证式的——重要性方面，是一位领军人物。

Norcross, J. C., Beutler, L. E., & Levant, R. F. (Eds). (2006) *Evidence-based practices in mental health*: *debate and dialogue on the fundamental questions.* Washington, DC: American Psychological Association. 这个小册子涵盖了广泛的与循证式治疗实践有关的问题。

Seligman, L. (2004). *Diagnosis and treatment planning in counseling* (3rd ed.,) Dordrecht, Netherlands: Kluwer Academic Publishers. 这是作者有关诊断和治疗计划的教科书的第三版，这本书的内容非常实用，而且容易理解。

Woody, S. R., Detweiler-Bedell, J., Teachman, B. A., & O'Hearn, T. (2003) *Treatment planning in psychotherapy*: *Taking the guesswork out of clinical care.* New York: Guilford. 本书为制订治疗计划提供了简单明了的方法。

第四部分

与特殊群体面谈

第十一章

难以应对的来访者与情境

萨拉·辛茜娅·西尔维娅·丝逋,
就是不肯把垃圾倒!
她刷了锅碗和瓢盆,
山药、火腿都腌好,
任凭爸爸喊又叫,
她就是不肯把垃圾倒。

——谢尔·希尔弗斯坦《人行道的尽头》

本章目标

从业之初,几乎所有的咨询师都更愿意在安全稳定的环境里为乐于合作的来访者咨询。帮助那些自身有动力、渴望学习、情绪比较稳定、希望得到你的赞许的来访者,自然比较容易、压力较小,也更加令人愉快。

如果你是临床咨询领域的新手,即使是在最可预期的环境下遇到最友好、最有动力的来访者,你也可能感到焦虑,这是可以理解的。但是,当环境不那么理想时又会怎样呢——假如你置身于海啸过后的海滩上的帐篷里,或者是火灾现场路旁的公园长椅上?假如你的来访者是被强制来的,或者粗野无礼,或者心怀恶意,或者处在急性创伤期,又会怎样?本章将探讨大多数咨询师在某个时候都必须处理的两个问题:难以处理的来访者与非正常或难以处理的咨询情境。在本章中，你将学到以下内容：
- 更多关于阻抗的性质、理解和处理阻抗的通常策略等内容。
- 有效处理各种不同类型阻抗的具体技术。
- 用于帮助有物质滥用问题的来访者的动机会谈策略和技术。
- 对可能存在暴力或危险倾向的来访者进行评估和预测的方法。
- 关于人道主义危机情境的咨询指南。

第一部分——难以应对的来访者

尽管有些来访者会怀着积极的期待急切地来到你的办公室，但你在发现并非所有来访者都很合作时也不应感到惊讶。事实上，很可能大多数来访者对于开始接受治疗抱有的充其量是矛盾的感受。下面是我们这些年来听到的一些开场白：

"你做这行多久了？"
"我是不是必须要来？"
"不是针对你啊，不过我讨厌咨询师。"
"我不想和你讨论任何重要的事。"
"这个办公室真是不怎么样；你肯定也是个不怎么样的咨询师。"
"这要花多长时间呢？"
"你干这个真能挣到钱吗？"

在我们治疗青少年和年轻人的经历中，我们曾遇到许多根本不想接受咨询也不想和我们有什么关系，我们享受个中之乐（或者个中之苦）。有的来访者不愿意单独和我们待在房间里，有的来访者不愿意说话，还有少数人进了房间但是坚持不肯坐下来，也有许多人带着强烈的蔑视（有时还用生动而有创意的脏话）告诉我们他们不相信咨询。这时，你不妨从内心寻求一点喜剧性的解脱——例如，想象随着"噗"地一声，我们消失了，由此证明了这位年轻人实际上是正确的，咨询根本不存在……同样咨询师也是不存在的。

本章的第一部分关于如何对待不自愿或被强制参与咨询过程的来访者。这也涉及一种巨大的快乐，那就是帮助来访者慢慢地或突然地意识到与一位心理健康专业人员谈话可能带给他们更多益处而不是坏处。当这些来访者最终进入房间，开始讲话，停止咒骂，同意入座，开始相信咨询，这对咨询师来说将是带来深深满足感的经验。本章的第二部分将探讨临床工作者有时要面对的难以处理的情境。

界定并探讨阻抗

传统上，弗洛伊德认为阻抗是不可避免的、几乎无处不在的。继弗洛伊德以后，许多咨询师倾向于给来访者干扰治疗同盟或治疗进程的任何行为都贴上阻抗的标签。从这个观点出发，几乎所有的来访者都有所谓阻抗的时候，几乎来访者的任何行为都可能被看成是阻抗的标志。例如，传统上来访者阻抗的标志包括：

- 说话太多
- 说话太少
- 到得太晚
- 到得太早
- 对心理治疗缺乏准备
- 对心理治疗做了过多准备
- 在治疗中太多地控制自己的情绪
- 在治疗中太少控制自己的情绪

类似于不相信咨询或心理学的来访者，有些学者和临床工作者也不相信阻抗。1984年，史蒂夫·德·沙泽尔（Steven de Shazer）从焦点解决的角度在《阻抗之死》（*Death of Resistance*，1984）一书中表达了这种观点，随后其他的建构主义学者也宣称阻抗并不存在（Engle & Arkowitz, 2006；McCormack,

2002)。这些学者基本认为阻抗是一个无益于事的语言产物,其产生是由于来访者有时并不想按指导性治疗师的要求行事。换句话说,阻抗并不是来访者内心的问题,而是那些希望来访者按特定方式思考和行动的治疗师创造出来的问题。

德·沙泽尔及其他焦点解决的咨询师对阻抗有个非常好的观点。显然,咨询师是可能犯错的,咨询师的行为可能引发来访者强烈的阻抗。关注面质或解译阻抗,而不关注来访者做出改变的积极潜力,可能阻碍改变进程。在治疗青少年或来自不同文化和背景的来访者时尤其如此——因为治疗师缺乏敏感性很容易让这些来访者受到冒犯、变得疏远。然而,我们也相信阻抗有时真实存在、明显可察,而且来自于来访者对咨询的态度、矛盾心理或者反抗。

我们不认为阻抗是不可避免或无处不在的,但我们也不认为阻抗已死或者完全是专横控制的咨询师所创造的现象。实际上,无论咨询师的技能多么精湛,有些来访者仍会主动地、挑衅地对抗咨询师,而同时其他来访者则会自然而愉快地合作。

阻抗作为情境下的反应

责怪来访者既无用处也对治疗无益,无论是责怪他们拒绝改变、对抗权威人物,还是不愿向一位陌生人吐露自己感到羞耻的信息。临床咨询中的阻抗常常不是来访者的错,而是困难不适的情境的产物。此外,有些来访者是带着相当负面的预期进入这种情境的。更重要的是,在大多数情况下,被迫来咨询的来访者对于治疗的消极预期具有正当合理的基础。许多被强制来接受治疗的个体都曾受到过成年权威人物的不良对待甚至是虐待。对于大多数被强制而来的来访者和许多对咨询怀有矛盾心理的来访者来说,应把他们对专业临床情境的阻抗理解为主要是一种对情境的自然反应。

这并不意味着在此情境中某些被强制而来或心态矛盾的来访者做出的攻击挑衅或对抗行为就变得容易处理或者有益了。例如,当我们的来访者说"你的办公室真是不怎么样,你肯定也是个不怎么样的咨询师",或者带着明确无误的敌意瞪着你,或者拒绝说话,或者一味咒骂,或者攻击我们的智商、专业资格或者外貌时,尽管来访者的行为可以理解甚至可能有充分的理由,但这时恐怕可以承认来访者的行为实属阻抗。

总之，如果咨询师期望所有的来访者——特别是青少年或被强制而来的成年人——都立即与一位陌生的成年权威人物坦诚地交谈、有成效地合作，这是不现实的。类似地，我们也认为，回避用阻抗一词，而把咨询中最为挑战和挑衅的行为都形容是正常或适应的，也不现实。因此，我们倾向于使用"自然的阻抗"（natural resistance）一词，即理解来访者进入令人不适的情境中的感受，又承认在处理困难的来访者行为时创建有效咨询策略和技术的需要。需要探讨的问题是：咨询师的什么行为能够减少来访者自然的阻抗和防御？

改变的准备状态

跨理论改变模型（Prochaska & DiClemente，2005）提出了一种实用的处理来访者阻抗的方法。这一模型由詹姆斯·普罗查斯卡与卡罗·迪克莱门特（Prochaska & Diclemente，1982）提出，是一个复杂的整合理论取向，探讨改变的过程、改变的阶段、改变的利弊以及改变的不同水平。

普罗查斯卡与迪克莱门特的模型中影响最大的成分是改变的阶段。他们假设，人通过六个相对独立的阶段产生改变。这些阶段包括：

1. 预先考虑
2. 考虑
3. 准备
4. 行动
5. 保持
6. 结束

根据跨理论改变模型的改变阶段，如果来访者尚未处于改变的准备、行动或保持阶段，就会抗拒直接关注行动改变的治疗师与治疗。基本上，如果来访者没有考虑改变自己（预先考虑）或者仅仅开始考虑做出个人改变或许不错（考虑），他们会自然地抗拒行动取向的干预，如家庭作业、建议和问题解决。除非来访者发现有需要处理的个人问题，否则他们必然会抗拒咨询师让他们处理问题的努力。

动机会谈与焦点解决短程疗法与改变模型中的阶段联系最为直接。这些治疗取向通常关注引发来访者内心的个人动机，而不是试图从外部强加动机。

近年来，改变模型提出的阶段变得非常流行。然而，这个模型也并不是没有受到强烈的批评。例如，威斯特等人在一系列文章中指出，尽管这个理论合乎逻辑，但是实证研究并不支持处于不同"阶段"的来访者会对各种不同的治疗技术或取向做出不同反应的观点（Brug et al., 2005；Sutton, 2005；West, 2005a, 2005b, 2006）。

改变模型提出的阶段对于理解治疗干预究竟是否具有实证效度还不能够很快确定。我们建议你了解这个模型，并关注这个重要而有趣的争论如何发展。现在，我们转向讨论一个常常与改变模型的阶段一同被考虑的实践取向，它至今尚未引起实证上的争议。

识别与管理阻抗

米勒与罗尔尼克（1991，2002）在革新性的著作《动机会谈》(*Motivational Interviewing*)一书中，介绍了一种识别和处理来访者阻抗的实用而巧妙的方法。他们强调，由于各种其他动机的存在，大多数来访者，也是大多数人，对于做出个人改变都抱有矛盾的心理。例如，来访者可能同时怀有戒烟的理性动机（抽烟太费钱也不健康）和继续抽烟的理性动机（抽烟被视为享受，并且带来情绪控制感）。

大多数咨询师一旦发现来访者有自我毁灭的行为，就有一种强烈的冲动去教育来访者，劝说来访者放弃这种行为。普罗查斯卡与迪克莱门特会认为，这是对处在预先考虑或考虑阶段的来访者运用指导性行为取向技术的不当处理。

米勒与罗尔尼克（2002）从动机会谈的角度描述了下面的场景：

> 【治疗师】于是继续以建议、传授、劝说、咨询或辩论方式为【来访者的】矛盾心态提供这种解决方法。你不需要有心理学博士学位就可以预知在这种情况下【来访者】会有什么反应。出于矛盾的心态，【来访者】很可能采取反对的立场，或至少会指出治疗师提出的解决方案的问题与不足。【来访者】这样做非常自然，因为他或她对于这

个或咨询师开出的任何解决方案都怀有至少两种不同的感受。这正是矛盾心态的特征。

根据动机会谈模型,阻抗是正常而自然的,并容易识别。当来访者站在自身矛盾心态中比较不健康、更具自我毁灭性的一方时,阻抗就会发生。阻抗的解决方案也同样简单。米勒与罗尔尼克(2002)简洁明确地指出:"所有这一切都指向解决这种矛盾心态的一个基本动力原理:改变的原因应该由来访者说出"。总之,根据动机会谈的观点,基本的原则是咨询师要倾听这种矛盾心态,然后协助来访者明确表达矛盾心态中更加健康积极的一方的声音。

开放式问题与目标设定策略

在治疗非自愿、心态矛盾、有阻抗或心怀敌意的来访者时,如果你以积极、资源取向、共情、不加指责的态度开始面谈,面谈的进展可能更好。焦点解决取向和叙事取向的治疗师常常以目标取向的问题开始。

"什么能使这次会谈对你有帮助?"
"如果我们今天的会谈效果很好,接下来会发生什么?"

为了更好地了解焦点解决取向的咨询师怎样帮助具有阻抗的来访者建立积极目标,可以看看下面这个来自程氏(Cheng, 2007)的例子。这类例子可能发生在急诊室或危机干预中心。

咨询师:"什么能让今天的会谈对你有帮助?"(咨询师询问目标)
病人: "我想杀死自己,就让我死吧……"(病人表达不健康的目标/任务)
咨询师:"你这样想肯定有你的原因……是什么让你想要伤害自己?"(咨询师寻找潜在的健康目标)
病人: "我实在受不了这种抑郁的感觉了,也受不了家里的争吵。我实在不能承受了。"(潜在的健康目标/任务可能是希望解决抑郁和吵架的问题)
咨询师:"我想我理解——所以我们要找到办法来帮你解决抑郁和吵架的

问题。你告诉过我，以前家里吵架没这么多。如果我们找到办法减少吵架，让家人相处更好一些，会怎么样？"

病人："那会好多了，我觉得。但那恐怕不会发生。"

咨询师："好吧，我明白你为什么感到挫败，我也理解很可能是抑郁的心态让你很难看到希望。但我相信你还有一部分是更坚强、更怀有希望的，因为如果不是的话，你不会来找我。（咨询师将不健康的想法和行为从来访者身上分离出来，归属于抑郁的反应，并帮助来访者共同对抗抑郁。）怀有希望的那部分你说过，你过去是快乐的。如果我们能让你再变得快乐，将会怎么样？"

病人："我想那要好很多。"

咨询师："请帮我确定我理解得对不对，你希望你的心情发生怎样的变化？"（咨询师通过让来访者自己说出来以强化来访者的目标）

病人："我希望重新快乐起来。"

咨询师："你希望看到家里人的关系怎样？"

病人："我希望他们能更好地相处。"

咨询师："让我们确定，我们会一同找办法来帮助家人相处，也帮你改善心情。这样如何？"（咨询师复述病人的健康的目标）

病人："听起来很好……"（病人赞同目标）

在上一个例子中，程氏（2007）展示了咨询师（在这个例子中是一位医生）如何帮助病人说出自己的目标，承认积极改变的可能获益。尽管咨询师在交谈中以含有消极词汇的句子开始——"是什么让你想要伤害自己"，但他在倾听潜藏在来访者自杀动机背后的积极健康的目标。这是个重要的原则：即使在探讨来访者的情绪痛苦时，你也可以听出造成这种痛苦的那些未满足的积极目标。

运用反映

在整本书中，我们都在介绍并强调运用基本的非指导性面谈技术的重要性——重述、情感反映以及总结。或许有些令人吃惊，但关于对具有阻抗的物质滥用的来访者进行动机会谈的研究发现，这些简单的反映技术对于控制和消除阻抗是非常有效的工具。米勒与罗尔尼克（2002）提供了非常好的例子，显示出简单的反映技术确实降低了来访者表现阻抗的需要。

> 来访者："我在努力！要是我的缓刑监视官能少找点茬儿，我就会有精力安排好自己的生活。"
> 咨询师："你在努力做出你需要做的改变。"

或者

> 咨询师："有个缓刑监视官一直在监视你确实让人感觉很烦。"
> 病　人："你是什么人？凭什么来给我建议？你对毒品了解多少？你恐怕连大麻都从来没有抽过。"
> 咨询师："是很难想象我怎么会理解你的感受。"
> 病　人："就算我减掉了体重，也保持不住。"
> 咨询师："你看不到什么对你来说有效的方式。"

或者

> 咨询师："你对重新尝试感到很泄气。"

在上面的例子中，当咨询师准确反映来访者的努力、挫败、敌意和沮丧时，来访者进一步说明并维护自己立场的需求就减弱了。

出于类似的原因，反映有时能引发来访者积极而有建设性的澄清反应。近期，我们在一项研究中邀请了上百名心理学研究生担任咨询师，请参加心理学导论课程的志愿者担任来访者，进行简短的咨询，结果与米勒与罗尔尼克（2002）的动机会谈一致，我们发现来访者有一种希望咨询师准确听懂自己的话的强烈需要。当咨询师做出不准确的反映时，来访者会感到强烈地需要澄清自己的感受和信念——这常常改变了矛盾心态中的相对力量。例如，如果咨询师在反映中"走得太远"，常常会发生下面这样的交谈：

来访者："我很烦我的室友。她不收拾自己的衣服、不洗碗，什么也不干。"
咨询师："你有点想换掉这个室友。"
来访者："不，不是这样。她也有很多让我喜欢的地方，只是她的乱糟糟实在让我很烦。"

这种现象提示，咨询师也可以有意地夸大表述来访者的立场，从而让来访者转换方向，澄清或表达同一问题更积极的一面。实际上，这也是动机会谈的一种特殊技术，称为夸大反映。

刻意运用夸大反映看来有些操纵来访者，因此夸大反映的运用要配合真诚的共情，这样就不会被视为操纵性的反应，而是咨询师努力更加深入地理解来访者的挫败、愤怒、沮丧，诸如此类。这一技术的例子如下：

来访者："我的孩子有严重残障，所以我不得不在家照顾他。"
咨询师："你确实要一周七天、一天24小时在家，确实要放弃所有出门和休息一下的需要。"
来访者："实际上并不是那样。有时，我觉得我需要休息一下，这样在家我能做得更好。"
来访者："半年前我奶奶去世的时候，我不得不放弃所有的课程，那完全是一种折磨。"
咨询师："你对奶奶的去世没有多少情感反应——除了让你感觉非常不便。"
来访者："哦，那并不代表我不想念她。"

在这里，我们要再次强调，夸大反映是一种共情的尝试，用于充分与来访者矛盾心态中的一方面相接触或共鸣。

运用情感证实、彻底接纳、重构与真诚反馈

许多来访者似乎需要以强烈的敌意、愤怒或怨恨开始咨询。如果处理得当，这些来访者最终会打开心门，与咨询师合作，有时这是非常快的。咨询师的要诀是克制住对表现出敌意的来访者进行说教、指责或报复的冲动。可

尼斯帕（Knesper，2007）从会诊联络精神病学的角度指出："对难处理的病人的不良行为进行惩罚和指责似乎只能让情况更差。"

与之相反，共情、情感证实和让步是有效的反应。在对青少年的咨询中，我们常常教受训的咨询师如何在最初的权力斗争出现时运用让步（Sommers-Flanagan & Sommers-Flanagan，2007b）。例如，如果年轻的来访者在治疗开始的第一句话是"我不要谈，你也不能让我谈"，我们建议做出的回答在权力和控制方面完全让步："你说得完全正确。我不能让你谈，而且我当然不能让你谈任何你不想谈的事。"这样的表达认可了来访者对于权力和控制的需要，也在来访者可能视为权力的终极斗争的方面让步，让来访者获得起始的胜利。

起始之时的共情表达同样重要。如果来访者表达出和你会面的愤怒，你可以使用情感反映或情感证实来让来访者知道你清楚明白地听懂了他或她传达的情感信息。有时，如同下面的例子所显示的，咨询师比共情和情感证实更进一步，以平行的或相似的情绪反应与来访者站在一起。

"你当然对来这里感到生气。"

"你对不得不来见我很生气，我不会为此责怪你。"

"我听到你说你不信任我，这完全正常。毕竟我是个完全陌生的人，而你很可能在了解我之前不应该信任我。"

"法官要求你必须见我，这确实让你很烦。说实话，我也不那么喜欢这样。"

"我知道我们是被迫会面的，但没有人强迫我们一起度过痛苦的时光。"

彻底接纳来自于以人为中心的理论。这不仅要求咨询师在意识上做出努力来接纳来访者，还需要积极地迎接来访者任何的、全部的意见——即使是古怪的、恼人的或纯属挑衅的意见（Sommers-Flanagan & Sommers-Flanagan，2007a）。例如，我们曾遇到来访者在治疗开始时发表有关心理学或心理咨询之恶的小型演说。

一开始来访者就破口大骂："我不需要愚蠢的咨询。我来这里只是因为我的妻子逼我来。这个垃圾咨询毫无价值。只有像你这样娘娘腔的窝囊废才要坐在这里空谈，不干正事。"
　　彻底接纳的反应："喔。谢谢你这么坦诚地说出你的想法。有很多人讨厌心理学家，但他们只是坐在这里假装合作。所以我真的感谢你告诉我你的想法。"

彻底接纳也可以与重构一同使用，以传达对来访者为何踏进你的办公室的更深层理解。我们最偏爱的重构是"爱的重构"（Sommers-Flanagan & Barr, 2005）。

来访者："这完全是胡说八道。我不需要咨询。是法官要求这样，否则我就不能在不受监督的情况下看望我的女儿。所以，让我们把这事儿搞完。"
咨询师："我听你说这完全是胡说八道，但我还觉得你肯定是非常爱你的女儿……即使你觉得这完全是浪费你的时间，你还是会来这里。"
来访者："（软化下来）是啊，我确实爱我女儿。"

爱的重构的神奇之处是，来访者几乎总是赞同咨询师指出的爱着某人这一积极的观察结果，而这使咨询转向更加愉悦的主题。
　　在面对非常愤怒或很有敌意的来访者时，通常最好的方式就是反映和证实来访者的情感，然后做出诚恳而真实的反馈，随后提出焦点解决式的问题。

　　"我听到你说你根本不喜欢和我谈话，对此我丝毫不想怪你。我想我自己也很可能会讨厌要被迫和一个陌生人谈我自己的个人生活。但是，能让我说几句实在话吗？【来访者点头表示同意】你知道，你遇到了不少法律上的麻烦。我愿意帮你——哪怕只是一点点。我们现在的谈话陷入僵局。我们可以坐在这里大眼瞪小眼，一起度过痛苦的一小时，也可以谈谈你怎么做才可以让自己走出所陷入的法律问题。怎样做对我来说都可以。你怎么想……如果我们今天有个让你感觉不错的会谈，我们会做到什么呢？"

贴靠（运用自相矛盾）

根据米勒与罗尔尼克（2002）对来访者矛盾心态的解读，我们可以理解，有时对于不愿立即接受咨询的来访者，有些像是自相矛盾但又怀有同情的表达可能有帮助。举例来说，咨询师可能会说，谈论个人的话题常常是让人感到害怕或者不情愿的，所以当然不是必须要马上冒这样的险。这种做法可能促使原本有些阻抗的来访者要证明你是错的，于是他们会开始谈论更加个人的内容。与此同时，来访者意识到你理解他们的困难，也可能开始理解他们的不情愿是正常的。这种信念进而会降低焦虑、减轻阻抗。要提醒的是：大多数自相矛盾技术是有风险的，需要谨慎的考量及督导咨询。

米勒与罗尔尼克（2002）把他们对自相矛盾的运用称为"贴靠"。与夸大反映类似，这一技术在运用时也必须伴有共情和尊重。请看下例：

来访者："我觉得这对我不会有用。我感到很绝望。"
咨询师："当然有可能在再次尝试之后，你仍然没有好转，所以你觉得还不如完全不尝试。你怎么想？"
来访者："确实，就是这样。我很可能有时喝得太多了，我也不喜欢宿醉，但我确实不认为那是个大问题。"
咨询师："可能对你来说继续这样喝酒是值得的，即使带来了一些问题，但这样的代价是值得的。"

用好这个技术的关键是咨询师确实从来访者的角度感受矛盾心态中消极一面的动机。这需要咨询师对来访者继续消极的行为模式的背后动机做出深深的共情。

米勒与罗尔尼克（2002）讨论了贴靠与更为传统的自相矛盾技术的区别：

"……我们承认有时看到对治疗性的自相矛盾技术的描述方式有

些强烈的不舒服的感觉。我们常常会感到自相矛盾变成了为自身利益而骗别人做事的一种聪明方式。在有些关于自相矛盾的著述中，你甚至可以感到作者在找到设计他人而且他人毫不知情的新颖手段时的一种快乐。这样的聪明缺乏尊重与合作的色彩，而这些在我们看来是动机会谈的辩证过程中最基本的因素。"

对来访者运用自相矛盾或贴靠技术也带来了伦理问题。我们的立场与米勒与罗尔尼克相似，即自相矛盾技术不应被用作一种聪明的手段来瞒骗或影响来访者。更重要的是，这些技术不应偏离基本的以人为中心的核心态度：真诚、无条件积极关注和共情理解。关于这些态度的讨论，请看练习11.1。

练习 11.1
核心态度

多年以来，许多学者试图将卡尔·罗杰斯提出的核心治疗条件操作化。不幸的是，从许多方面来说，将以人为中心疗法的核心条件转换为具体的技能或行为总是有所不足。正如娜塔莉·罗杰斯(Sommers-Flanagan, 2007a)所强调的，将以人为中心疗法的核心条件（或态度）转化为具体行为正是该学者或治疗师完全不理解以人为中心原则的表现。

事实上，核心的罗杰斯式态度就是态度，而不是行为。这是基本的概念原则，一直以来都有些难以理解——特别是对行为主义者来说。罗杰斯当时所强调的，到今天也仍然成立的论点是，治疗师在进入咨询室时需要具备：(1) 对来访者潜能的深深信任；(2) 保持开放、诚恳和真实的真诚愿望；(3) 明确可见的对来访者这个个体自我的尊重；(4) 对来访者内在的想法、感受和知觉的温柔关注。令这一过程更加复杂的是，治疗师必须主要依赖间接的方式传达这些态度，因为事实表明直接地表达信任、真诚、无条件积极关注和共情理解的尝试几乎总是与这些态度背道而驰。

关于传达理解的尝试，柯特·克劳斯（Kurt Kraus）指出：

> 如果一位受训的咨询师对来访者的叙述回应说，"我知道你的感受"，我会浑身不适。我认为多元文化意识的一个重要益处就是让我接受自我感觉到的共情的局限。我只能设想他人是何感受，有时我的经验范围是如此欠缺，我只能尽可能贴近他人的感受。懂得这个是有好处的。我会在我的椅子上坐直，并且说："我过去也以为我知道别人是何感受。要不要我教你一点儿对我来说曾很有帮助的事？"
> (Sommers-Flanagan &Sommers-Flanagan, 2004)

处理可能在撒谎或有妄想的阻抗的来访者

有许多类似的来访者会给咨询师讲故事，故事可能是真的，也可能不是。特别是年轻的来访者在单独与咨询师会谈时，可能选择夸大或缩小自己的问题与观点。

咨询的一个通常做法是在部分或全部的初始访谈阶段请家人或父母或照料者参与，这有助于咨询师更准确地分辨了解来访者的当前情况。更有针对性的一种做法是，当你的临床判断使你质疑来访者的可信度时，联系来访者的重要他人，这也是一个合理的选择。

有时，倾向于说谎或者有妄想的来访者会直接询问咨询师："你相信我吗？"这个问题可能难以处理，因为它令你左右为难；你处在二选一的情境中，而任何一个回答都会使你走上一条不太理想的咨询之路。例如，如果你说"是的，我相信你"，你可能在告诉一位具有反社会倾向的来访者你相信他的谎言（或者你在告诉一位有妄想症状的来访者你相信她在被FBI骚扰）。另一方面，如果你说你不相信来访者，治疗同盟几乎肯定会遭受负面影响。对于这种困难处境，罗宾森（2007）提供了下面的反应以引发来访者进一步的表达：

来访者:"你相信我吗？"
咨询师:"我愿意多听听你的想法。"

或

咨询师:"在没有更多的信息之前我无法判断。"

或

咨询师:"【你讲的】事情很不寻常，所以在做出判断之前我很希望能听到更多；请告诉我……（引导来访者回到故事中一个充满情感的细节）。"

对于可能说谎的来访者，我们的通常原则是强调，判断某人是否讲真话不是我们的工作，我们的工作是帮助人们讲述他们的故事。这种观点符合咨询师的角色与功能，也容易让来访者放松，让来访者更加开放——也可能会更加诚实。我们的经验是，我们常常很难判断来访者是在夸大、缩小、歪曲、编造或是完全诚实准确地讲述自己的生活和症状。在某种意义上，放弃评判者的角色而进入治疗师的角色是种解脱——事实真相几乎总是没有情感重要。关于处理阻抗的策略与技术的总结，参见表11.1。

总之，阻抗，或无论我们把它叫做什么，是改变过程中自然的一部分。事实上，研究显示，来访者的阻抗是治疗深入的机会。当阻抗得到修通，治疗产生积极结果的可能性会增加（Mahalik, 2002）。阻抗源自个人内心深处，是在与他人的交往中给予人们稳定性和可预测性的力量的一部分。如果没有阻抗，我们会随着每一个闪念而改变，永远任凭周围人摆布。阻抗的存在是因为，比起我们旧有的生活方式，改变和痛苦常常令人生畏，也更加难以面对，即使我们旧有的生活方式存在问题。最后，对于文化背景和发展阶段不同的来访者，如果治疗师拒绝或无法对自己的治疗方式做出文化或发展上的相应调整，确实可能引发阻抗。

表 11.1 处理阻抗的策略与技术小结

1. 采取接纳和理解的态度,因为建立治疗关系几乎总是比面质具有更高的优先级。
2. 承认几乎每个来访者对于为积极的改变做出努力和取得积极改变都有些矛盾心态。
3. 克制你的冲动,不要说教、推销和劝说来访者做出健康的决定。
4. 在治疗之初并在治疗的整个过程中,提出与潜在的积极目标有关联的开放性问题。
5. 寻找潜藏在来访者的情绪痛苦与沮丧背后的积极目标——然后帮助来访者自己说出这些目标。
6. 使用简单的反映技术以降低来访者表现阻抗的需要。
7. 使用夸大反映以鼓励来访者讨论他们矛盾心态的健康一面。
8. 当来访者生气或怀有敌意时,使用情感证实技术。
9. 使用彻底接纳来称赞来访者的坦诚——即使这种坦诚带有攻击性或令人困扰。
10. 只要可能,重构来访者的敌意和消极态度。
11. 提供真诚的反馈,表达你对来访者的担心。
12. 谨慎使用自相矛盾技术,带有尊重地贴靠来访者的阻抗。
13. 如果你担心来访者所讲述的内容的真实性,访谈一位重要他人有助于你获得准确的实情。
14. 当来访者问"你相信我吗"可运用类似"我愿意多听听你的想法"这样的反应来促使来访者更多地表露自己。
15. 记住:你是一位心理健康工作者而不是一位法官(并为此而高兴)。

与有物质使用问题的来访者面谈

与存在物质滥用或物质依赖问题的来访者进行面谈需要专门的训练和经验。本部分的简短介绍目的在于诱发你对与这一难以处理的群体进行咨询的胃口,同时也给你提供一些初步的理念和基本策略。

许多治疗酒精和物质滥用者的专业人员曾有自身物质滥用或依赖的个人经历。在我们看来,自身的物质滥用经历既可能成为有利因素,也可能成为不利因素。如果你曾经有过物质滥用问题，你更可能从内而外地了解其中的重大问题，这使你能对物质滥用的来访者更好地共情，也有利于你更加了解存在酒精和物质滥用问题的人通常如何回避面对他们的问题。另一方面，曾有过的自身物质滥用问题使你更可能将你自己的问题和解决方法投射给来访者（参见练习11.2）。

练习 11.2
探询你对药物的个人立场

　　每个人都有这样或那样的物质使用或滥用的个人经历，而对于酒精和物质使用的态度值得探讨。无论你来自一个强烈反对饮酒的家庭，还是一个曾有家人可卡因成瘾的家庭，你的家庭经历无疑会塑造你对那些使用（或者不使用）酒精、可卡因及其他物质的人的看法。为了更有效地帮助物质滥用的来访者，你应该反省自己的酒精与药物使用经历、你当前对于这些物质的态度，以及你家人的酒精和物质使用经历（几乎每个家庭都有人——或许是叔叔、岳父或者姐姐——曾有物质滥用的问题）。

　　随着你的进一步阅读，请检视你对酒精和药物的态度。此外，随着你学习如何评估和治疗物质滥用的来访者，请分别想象你自己是咨询师和来访者，问你自己下列问题：

- 在与物质滥用的来访者面谈时，我是否对咨询师应如何做有任何先入之见？
- 是否有必要进行强烈的面质——以促使来访者"坦白交代"自己的物质使用情况？或者，面质技术是否会加重来访者的阻抗，从而使他或她更不坦诚？
- 如果我对物质成瘾的来访者不采用面质，他们是否就会避免承认自己有任何问题？
- 我对 CAGE 评估问题（见下文）有什么看法？关于酒精消耗的

NIAAA标准（见下文）呢？我会怎样回答这些问题？我当前或过去是否有酒精或其他物质滥用的问题？

无论你对上述问题的具体答案如何，请记住要找个人谈谈你对酒精和其他药物的态度及你的有关经验，课上或私下都可以。觉察并解决自己的问题是专业咨询师的持续发展道路的一部分。

收集信息

从物质滥用的来访者那里收集有效的信息可能是有挑战性的。因此，在过去若干年里发展出了大量用于收集物质滥用的诊断信息的简短访谈方法。如果专业人员的处境是迅速有效地获得诊断信息比促进与动机会谈策略相关联的积极治疗关系更为优先，这些方法尤为重要。

确定个人是否具有物质滥用障碍是一项特定的诊断程序。要完成这项任务，某些治疗师就会翻出他们的DSM-Ⅳ-TR，根据手册上的诊断标准向来访者提问。相反，酒精与药物领域的研究者更可能将一种有时不免冗长的特定诊断面谈作为判断来访者是否存在物质滥用障碍的"金标准"（Friedmann, Saitz, Gogineni, Zhang, & Stein, 2011）。

关于究竟"多少是过多"物质使用的问题常常令人无法回答。然而，除了DSM标准和全面的结构化面谈以外，还存在若干有用的技术。最常用的判断来访者是否有酗酒问题的简短面谈技术是CAGE问卷。首字母缩写C–A–G–E帮助你记住询问来访者酒精使用的四个重要问题。

C：你是否曾经感到你应该减少（CUT DOWN）喝酒？
A：人们是否就你的饮酒状况批评你，使你苦恼（ANNOYED）？
G：你对于自己的饮酒状况感到自责（GUILTY）吗？
E：你是否曾经晨饮（EARLY），早上做的第一件事就是喝酒，以安定你的神经或解除宿醉？

尽管对于酒精障碍的诊断永远不应依据像CAGE问卷这样单一简短的面谈程序，但许多咨询师，包括美国酗酒与酒精滥用中心（NIAAA），都认为对CAGE中的任何一个问题回答"是"即是酒精滥用问题的证据。此外，NIAAA还建立了使用剂量的标准。对于男性，每周超过14杯或者每次超过4杯酒就被视为酒精滥用或酗酒的信号；对于女性，每周超过7杯或者每次超过3杯酒被视为存在问题（Friedmann et al.，2001）。

促进改变：传统的物质滥用面谈方式

在并不久远的过去，人们通常认为对于物质滥用的来访者需要使用高强度的、指导性的、面质性的面谈技术。人们认为，因为酒精或其他药物滥用者是防御的——他们会否认或弱化他们的物质滥用问题，所以需要直接面质来击倒或打破来访者的防御。例如，对酗酒者否认的态度进行面质的传统式面谈可能是像下面这样：

来访者："说实话，医生，我只是应酬地喝酒；我在这方面没有大问题。"
咨询师："好，让我告诉你真实的情况，因为我是专家，而你不是。你要么面对你喝酒的问题，要么继续危害你的健康、安全和你的家庭。如果你选择了面对你的问题，那么你需要按我说的做，遵从我们的治疗程序。如果你不面对，你很可能最后会躺在某个阴沟里，四周都是你的呕吐物。或者你可能最后会入狱——在醉汉拘留所。事实是你有问题，你最好现在就承认。"

如你所见，这种面谈方式非常严厉。这种方式主要是向来访者呈现其问题的事实，假定这种事实会促使来访者接受自己的问题或诊断结果。尽管对否认的态度进行面质这种做法在20世纪70年代和80年代早期盛行，但这种评估和治疗物质滥用来访者的方式常常导致消极的结果。有趣的是，至少在一定程度上，酒精和物质滥用的来访者表现出的强烈的否认和阻抗似乎是对严厉的面质技术的反应（Miller & Rollnick，2002）。

促进改变：运用动机会谈的策略和技术

如前所述，在过去的20多年里，动机会谈已成为访谈物质滥用的来访者最受公认也是实证效度最好的方法。有趣的是，这种方法不是面质式的，而是完全基于以人为中心的原则。

威廉·米勒根据自己治疗"问题饮酒者"的经验，开始著述他的理念与实践方法，将他的这套方法称为"动机会谈"。1991年，他和同事斯蒂芬·罗尔尼克出版了同名著作（第二版出版于2002年），并在两版之间发表了一系列文章。1995年，考虑到这个概念已经扩展，在文献中变得滥用和混乱，罗尔尼克和米勒提出了下列定义："动机会谈是一种指导性的、来访者中心的咨询风格，永远帮助来访者探讨和解决矛盾心态，引发行为改变。"（Rollnick & Miller, 1995）

在过去十年中，动机会谈在不同背景的来访者中的应用显著增长。治疗成瘾、改变艾滋病高危行为、吸烟、饮食与锻炼、家庭暴力、司法公正、以及未成年人犯罪都是动机会谈应用的问题领域，而且都有重要的研究支持（Arkowitz & Engle, 2007；Cheng, 2007）。如果你想把这种方法纳入你的技能和知识储备中，你可以找到系列的培训录像和强化训练工作坊（参见推荐的阅读与资源）。从专业角度来说，我们认为这种方法非常受欢迎，而且符合我们对于人们为何与怎样改变的信念，也符合我们对于在这样的改变过程中专业人员应扮演何种角色的信念。

与物质滥用的来访者进行动机会谈：程序与技术

尽管动机会谈的程序在很大程度上是非指导性、非面质式的，但进行与物质滥用有关的面谈需要咨询师确立面谈结构，围绕一系列物质使用和滥用的有关问题展开。罗尔尼克与贝尔（Rollnick & Bell, 1991）建议面谈覆盖十个不同的内容领域：

1. 提出物质使用的话题。柔和而开放地提出。例如，经过了五到十分钟的咨询关系建立和最低程度的信任建立之后，用一个总结句和转变方向的提问来转向物质使用的话题：

"我们讨论了一会儿你目前生活的总体状况。听起来你最近有很大压力。如果我现在问你一些你喝酒的情况，你是否介意？"

在大多数情况下，来访者——即使是酒精滥用的来访者——会进行合作，探讨他们的饮酒模式。如你所见，这种方式是试探性的，给予来访者在访谈过程中的控制感。从动机会谈的角度来看，这种方式促使来访者逐渐参与交谈。

2. 详细询问物质滥用情况。罗尔尼克与贝尔（1991）建议使用提问如"你是哪种类型的饮酒者"或"请告诉我你使用大麻的情况和它对你有什么影响"。这个问题的目的是让来访者谈论他们对饮酒的态度。随之可以继续询问更加具体的问题："你说你喜欢在下班后和朋友喝几杯啤酒。对你来说'几杯啤酒'是多少呢？"

3. 询问典型的一天或一次的情况。如果来访者是习惯性的物质使用者，他们常常有明确的使用模式。例如，如果你请来访者回答"告诉我在典型的一天你的喝酒模式"，你很可能会听到来访者通常的或习惯性的饮酒方式，这是很有用的评估信息。此外，你还可以在具体问题后继续提出更宽泛的问题，比如"要喝多少你才会觉得很爽"或"你什么时间去你最喜欢的酒吧，你最喜欢的是什么酒，你最喜欢和谁一起喝酒，你有多少个酒友"。

4. 询问生活方式与压力。无论从概念还是从实践的角度，在临床面谈中，不要仅询问有关物质滥用的事宜。因此，要从谈论物质滥用上转移话题——谈论生活压力——然后再回来谈论物质滥用，这样会让来访者了解你感兴趣的不仅仅是收集物质滥用方面的信息。这常常能促使来访者打开心门，谈论更多的物质滥用状况，而不是谈得更少。例如，如果你的来访者谈到滥用物质可帮助自己应对压力时（例如，"喝一杯/抽一根放松一下，感觉很好"；Rollnick & Bell, 1991），你可以把讨论扩展到覆盖各种生活中的压力源：

"听起来，休息和放松一下对你来说很重要。你的生活中发生

第十一章　难以应对的来访者与情境　463

了什么样的事，让你觉得那么想远离它休息一下抽点烟？"

5. 询问健康状况，然后再询问物质滥用。如果你的来访者有与物质滥用有关的健康问题，先关注健康问题，再委婉地探讨健康与物质滥用之间的关系会有帮助。例如，你可以问："你使用大麻对我们刚才谈的你的哮喘问题有什么影响？"

6. 询问好的方面和不那么好的方面。米勒与罗尔尼克（1991/2002）在他们的书中详细讨论了这种策略。简言之，这个策略的要点在于使来访者既乐于讨论在物质滥用中他们喜欢的东西（好的方面）也乐于讨论物质滥用中不那么好的方面。最终，目标是促使来访者从不那么好的方面延伸，逐渐触及让他们"忧虑"的东西。例如，来访者可能喜欢爽的感觉，并且把这个作为好的方面，但是也指出"饥渴感"、花销和女友的负面反馈是不那么好的。此外，罗尔尼克与贝尔（1991）指出，最好是讨论"喝酒"而不是"你的饮酒问题"的好与不那么好的方面。

7. 询问过去与当前的物质滥用。许多时候，来访者的物质滥用在数年间发生了变化。通过询问"这些年你喝酒的习惯有什么变化"，咨询师可把讨论扩展到各种主题，例如，暂时的意识丧失、耐药性、逆耐药性、还魂酒等。

8. 提供信息并询问："你怎么想？"如果咨询师采取专家的姿态，开始向来访者说明成瘾的概念和问题，就会增加来访者阻抗的风险。因此，如果你要给出成瘾的信息或有关的知识教育，就要采取开放而合作的态度。例如，你可以说：

"最近我看到一些关于大麻的效力的有趣信息，是被专家称为动机缺乏综合征的东西。你是否愿意让我和你分享一些这方面的信息？"（在分享信息后，你要追问，如："关于这些你怎么看？"）

9. 直接询问来访者的忧虑。在物质滥用面谈的某个时刻，可直接询问来访者对于自己使用模式的担忧。罗尔尼克与贝尔（1991）建议使用开放式问题，例如，"关于你的酒精滥用，你有什么担忧"，而不要使用封闭式问题，例如，"你是否担心你的酒精滥用"。

10. 询问下一步做法。在来访者说出关于滥用某种物质的担忧之后，你可以开始讨论怎样解决来访者表达出来的担忧，可采取什么行动。罗尔尼克与贝尔（1991）对此也给出了例子。他们先使用巧妙表述的重构，然后用间接的问题询问下一步的做法："听起来你担心自己对大麻的使用。我在想，接下来要怎么做？"

动机会谈的方法温和而有力，是治疗物质滥用的来访者的有效方法。

暴力和危险的评估与预测

心理健康专业工作者在此方面的伦理与法律规则是明确的：如果你有强烈的理由怀疑某人将要以暴力伤害他人，你需要与警方联系并向可能的受害者通报危险。而不那么明确的是：你根据什么判断或怀疑来访者正在考虑暴力或危险的行为？

从法律上来说，报告可能发生暴力行为的合理基础是，你必须听到（或者看到）针对具体某人的具体威胁或导致财产损失的具体威胁或计划，且可能导致严重伤害或死亡。因此，暴力评估的首要原则很简单：你的来访者是否表达了具体的威胁？如果是这样，而且如果你认为这个威胁是真的，那么你就有责任收集所需要的信息以通报给可能的受害者。不幸的是，尽管你的责任明确，但对暴力风险的评估很少会是简单直接的。

评估暴力的可能性

在最近的一次评估面谈中，约翰与一名16岁的来访者进行了下面的谈话。

约翰："我听说你很生销售老师的气。"
来访者："我恨透了史密斯先生。他是个混蛋。他不让我们通过就是为了让我们难受。他应该受到惩罚。"
约翰："你听起来有些受不了他了。"
来访者："有时我们的关系还可以。"

约翰："你说他"应该受到惩罚"指的是什么意思？"
来访者："我相信以牙还牙。其实，我也为他感到难过。但是如果我杀了他，那是给他帮了忙。我帮他结束了他痛苦的生活，让他不再把别人弄得特别难受。"
约翰："所以你想过杀掉他？"
来访者："我想过跟在他身后，割断他的喉咙。"
约翰："你经常那么想么？"
来访者："几乎每天都想，只要他在班上胡说八道。"
约翰："你的脑海中具体是什么样的画面呢？"
来访者："他和凯西（同学）谈话的时候，我悄悄跟在他后面，然后用一根焊条割断他的喉咙。然后我会看到血从他的脖子喷出来，凯西开始尖叫。但没有他那个可怜的家伙折磨大家，世界会变得更好。"
约翰："然后会发生什么？"
来访者："然后我想他们会带走我，但情况会变好。"
约翰："他们带你到哪里去？"
来访者："去监狱。但是我会得到很多同情，因为每个人都知道他是多么混蛋。"

在初始面谈或治疗过程中，许多来访者会讲述攻击性的念头和想象。有些来访者的想法、感受和想象清晰而具体，类似上面的这个例子。而有些人的则不那么清晰。还有些人会隐瞒，巧妙地避免告诉你任何暴力的想法或意图。

评估暴力的可能性类似于评估自杀的可能性，它包含着重大的责任，且本质上是不可能完成的任务。然而，类似于自杀评估，我们仍有法律和伦理上的责任要进行达到专业水准的暴力或危险性评估。

在过去一些年中，人们曾热烈争论如何预测暴力最为准确。主要有三种观点。第一种，有些研究者认为，基于特定的、预先确定的统计出的风险因素进行精算预测始终是最准确的方法。第二种，有些临床工作者认为，由于基于统计的变量是单维的并与个体和环境特征交互作用，所有基于临床咨询师的经验和直觉的预测是最准确的。第三种，有些人采取更加折中的立场，认为统计与临床两种方法的结合是最好的。

科研文献一致显示，对暴力预测的统计方法比临床判断更加准确。而且，对统计与临床方法的结合，希尔顿、哈里斯和莱斯（Hilton, Harris, & Rice, 2006）报告说："伊吉斯多特尔等在前56年没有观察到临床判断准确度有何提高，而且当前试图为暴力风险评估找到一种适合临床工作者的中间立场也没有解决这个问题。"总的来说，根据科研发现，预先确定的、机械的统计方法最为准确。

这些研究发现意味着希望做出准确的暴力评估的咨询师应该知晓和理解统计上的暴力预测风险因素。然而，屡见不鲜的是，科学研究并不总是贴近通常临床咨询师所面临的专业实践环境。例如，大量的暴力统计研究自然地是在涉诉或服刑群体中进行的，设计的效果测量是暴力犯罪的再犯率，而临床咨询师通常面对的是普通的临床环境。因此，尽管统计上的暴力预测风险因素作为指导原则是有用的，但当咨询师需要判断自己是否有专业责任保护（因此要告知）老师说某个（从未入狱的）男孩有割断老师喉咙的生动想象时，统计方法却通常并不足以应对这种情境。

考虑到这些局限，我们把学校和诊所环境中的专业咨询师进行的面谈评估称为暴力评估而非暴力预测可能更加恰当。这种区分有助于澄清一个事实，即大多数临床工作者在普通的临床实践情境中（包括在公立和私立的学校中）所做的工作，远远没有达到科学的、以统计为基础的暴力预测。

需要考虑的风险因素

根据我们的目的，首先我们应该指出，对危险性的临床预测需要扎实的专业训练。例如，作为最有声誉的统计方法之一，暴力概率评估指南（Harris, Rice, & Quinsey, 1993）中既包括心理病理学检核清单修订版（Hare et al., 1990；Harpur, Hakstian, & Hare, 1988）的施测，也包括对许多附加变量的评估。

表11.2列出了在通常的临床面谈中需要考虑的主要暴力风险因素。尽管统计取向的专家会认为临床判断降低了预测的准确性，但我们并不提倡盲目的统计式临床判断，因为统计研究与"真实的"临床情境存在区别。因此，我

们推荐使用表11.2中的风险因素资料，同时结合通过正规的临床面谈获得的情境与个人信息，以及从家人、校方或工作人员中适当获得的信息。此外，我们还建议，咨询师要尽可能在做出暴力风险评估的最终判断前与同事进行商讨或接受督导。

表 11.2 暴力评估的基本指南

下面的检核表提供了进行暴力评估的通用指南，但使用本表不能代替统计式的预测。

1. 你应该直接和间接地询问来访者过去暴力行为的特定历史。如果这个特定的暴力行为与未来可能的暴力行为相似，你可能有责任保护潜在的受害者。
2. 因为可能出现暴力行为的个体并不总是坦诚说出他们的暴力行为史，你可能需要询问另一位知情者——来访者以外的其他人——来了解来访者的暴力行为史。
3. 你要倾听任何可能有助于使你确定来访者的潜在受害者的细节。如果缺乏细节，你可能要提一些具体问题以获得细节。
4. 在来访者谈自己的暴力冲动时，你应该倾听来访者计划中的具体内容。如果需要，你可以使用好奇的间接问题以进一步评估来访者暴力计划的具体内容。
5. 如果来访者没有告诉你，你应该询问他或她是否能获得武器，或者他或她实施计划中的暴力行为的手段。

有一项基本的心理学原则适用于大多数（如果不是所有的）危险性或暴力评估。这个原则就是：过去的行为是未来行为的最佳预测。因此，在所有情况下，咨询师都应评估早先的暴力行为。这是因为暴力或攻击性倾向是非常稳定或重复的（Loeber et al., 2005）。此外，不仅暴力自身是重复性的，而且个体行为系列中的暴力行为的目的和形式也通常是始终如一的。有些具有攻击性的个体喜欢使用枪支，有些使用刀具，有些则直接用手扇耳光、使用拳击或掐死受害者。

表11.2中列出的个体预测因素通常预测效度很低——即使是在以暴力再犯罪作为校标变量的司法情境中。例如，从历史上来说，对暴力再犯罪的最佳预测指标是来访者在心理病态检核表修订版（PCL–R）上的得分。PCL–R包括20个条目，根据面谈和文档记录资料计分（Hare et al., 1990）。显然，获取资料以完成这个量表需要大量的临床工作，然而这个量表与未来暴力行为

的相关系数仅仅在大约 $r = 0.32$ 的水平。这说明，即使是暴力的最佳综合预测指标PCL–R也只能解释暴力行为10%左右的变异。

对临床工作者使用基于统计的方法的一个重要批评是：某些临床工作者似乎并未意识到特定的暴力风险与保护因素。例如，许多临床工作者或由于误解，或由于缺乏了解，以为存在精神病症状（妄想和幻觉）的来访者比没有精神病症状的来访者的暴力风险更大。但相反，研究一致显示，根据DSM诊断的精神分裂症或精神病症状实际上是潜在暴力行为的保护因素（Bonta, Law, & Hanson, 1998）。当然，这一研究事实并不意味着有精神分裂症诊断的个体从不实施暴力行为——显然我们知道这不是真的。然而，由于精神分裂症诊断与随后的暴力行为之间存在很低但却稳定且显著的负相关（大约 $r = -.013$），这些个体比起没有精神病症状的个体要稍微不容易出现暴力行为。此外，正如表11.2所示，在查看DSM诊断时，暴力的最佳预测指标包括任何人格障碍的诊断，特别是DSM中B类的反社会人格诊断标准中的任何项目（参见DSM‑IV‑TR）。

关注特定的暴力行为

可以预见到，统计式的评估研究显示，某些具体的暴力行为模式需要评估多种预测变量。下面，我们给出两个更加具体的暴力行为的预测举例。

纵火　纵火是一种特殊的危险行为，其中可能涉及人际暴力。根据你的工作情境和你所服务的临床群体，你可能发现自己有时需要决定是否警告某个家庭或某个可能的受害者小心纵火行为。

在近期的一项研究中，麦凯等（Mackay, 2006）报告了包括对纵火在内的具体行为的预测评估。具体来说，他们指出下列行为是预测纵火的指标——按重要性从大到小排列：

- 首次发生纵火行为的年龄更小
- 纵火行为总次数更高
- 较低的智力水平
- 与纵火有关的继发犯罪活动
- 独自进行纵火

- 较低的攻击性得分（有趣的是，得到较高的攻击性得分的侵犯者往往有暴力倾向，但很少纵火）

我们之所以关注纵火有两个主要原因：第一，探讨预测纵火的变量本身很有趣；第二，讨论纵火的预测指标为暴力预测的通常原则提供了一个很好的例子。也就是说，正如你从上面列出的变量中可以看到的，纵火可能性的最佳预测指标是过去的纵火行为，而躯体暴力的最佳预测指标是过去的暴力行为；躯体暴力的过去经历不是纵火的良好预测指标。

年轻人之间的谋杀 近期，洛伯等（2005）对居住在美国匹兹堡的年轻男性进行了一项具有开创性的关于谋杀的大规模研究。这个研究值得注意，因为它既是一项前瞻研究，又包含了相当全面的内容。研究者在1517名城市青年中追踪了63个风险因素（预测指标）。显然，即使是这个大规模的研究在覆盖范围上也仍是有限的，从技术上来说，这个结果无法推展到匹兹堡城市青年以外的群体。然而，这项研究的结果很有意思，可以为其他人群中的谋杀类暴力行为提供风险因素的参考。

这项研究的结果显示，暴力侵犯者比非暴力侵犯者在63个风险因素中的49个因素上的分数显著更高，这些因素包括与童年、家庭、学校和人口学变量有关的风险因素。这项预测指标的范围和性质令人吃惊。研究者报告说：

......预测指标包括早年生活中就显现的因素，如母亲在孕期吸烟或饮酒、在10岁之前出现违纪行为、躯体攻击性、残忍，以及冷酷无情的行为。此外，认知因素，例如很少预期自己会被抓住，也可以预测暴力行为。不良和不稳定的童年养育经历也有助于预测暴力，包括在10岁以前更换过两个或更多的主要照顾者、受过体罚、管教不良和沟通不良。父母报告或自己报告的同伴不良行为或同伴违纪行为，也可预测暴力。学校成绩不良和逃学也是暴力的预测因素。最后，人口学指标，如家庭环境不良（家庭社会经济地位低、接受救济、母亲在未成年时怀孕）和居住在贫困社区，也可预测暴力。而与暴力有关的最近的相关变量是携带武器、使用武器、参加帮派、兜售毒品和持续吸毒。

谋杀的最佳预测指标是一组通常的暴力预测变量。具体来说，谋杀的预测主要根据"九个重要的风险因素是否存在……（即，筛查风险得分、对药物滥用的肯定态度、品行障碍、携带武器、参加帮派斗殴、兜售毒品、同伴违纪行为、在学校留级和家庭接受救济）"。特别是男孩如果有这九项风险因素中的四项以上，在未来发生谋杀犯罪的风险会比风险因素少于四项的暴力侵犯者高14倍。

总的来说，对暴力的预测是困难而有风险的。尽管预测指标因具体情况而变，尽管发生率很低，并且这导致了暴力行为本身具有不可预测的特点，但本节还是提供了一个通常的指导原则来帮助初学的咨询师，因为他们可能会发现自己偶然遇到了需要进行暴力评估的情境。

第二部分——难以应对的情境

本部分为咨询师提供应对难以处理的面谈情境的指南。这些情境可能包括紧急情境、灾难后的安抚，或者在个人或社区范围发生创伤事件后进行面谈。咨询师可能会发现自己需要应对极端的文化差异、有限的资源、受限的环境，以及因躯体伤害、无家可归、丧失亲人甚至丧失自己身份认同感而变得复杂的心理痛苦。我们在此也提供了有关咨询创伤幸存者的信息，并简要介绍若干当前在创伤后使用的干预方法。

在艰难的处境下面谈

无须提醒，每个人都知道，许多人为的和自然的灾害深深地、不可挽回地改变了幸存者的生命路线。随着网络提供即时的资讯，随着各种交通工具便捷可用，世界变得越来越小。今天，我们不需要花多少时间就能了解世界各地发生的突发事件、灾难和悲剧，并抵达现场。信息与交通虽然十分便捷，但一个人想要在这种情况下作为志愿者提供帮助所需的技能和知识仍然十分复杂（Benyakar & Collazo, 2005）。除了技能与知识之外，咨询师还需要留意在危机和人道主义心理健康面谈中的伦理问题（Sommers-Flanagan，2007）。

如果心理健康的专业工作者希望参与人道主义或危机干预工作，有许多可选择的渠道。在国家和国际层面，有各种志愿者组织欢迎人们的短期参与，例如红十字会、红新月会。有许多教堂和政府项目会帮助组织和安排志愿者。像联合国或世界和平组织也可提供长期安置项目。在地区或州的层面，有时，并不主要关注灾后干预的机构也会对社区内的灾难或悲剧做出反应。这些广泛的机会与机构自身的预期、原则和训练或准备有关。某些机构提供严格而全面的培训，例如语言培训、文化知识和经验内容培训等。有些机构则不那么具备为志愿者提供这些必要培训的能力。

在1991年，美国心理学协会创建了灾难响应网络。在这个网站上，他们指出："灾难响应网络的成员要运用自身的专业判断和训练来帮助灾难受害者应对压力巨大且常常伴随悲剧的处境。成员协助解决问题，做出向社区资源的适当转介，为工作者和受害者的需求进行宣传呼吁，提供信息并进行倾听。他们也提供情感支持，帮助人们整理自身成功的应对技能。（American Psychological Association，2008）"与美国心理学协会有关的组织也已组织起来，并提供负责的、具有文化敏感性的培训和服务。

类似地，美国咨询协会（ACA）与美国社会工作者协会也建立了紧急反应的机制。这些发展回应了人们逐渐增加的意识，即在自然或人为灾难事件中，需要多元文化的、专业而及时的心理援助。

帮助你做好充分准备在突发灾难或人道主义危机之中或灾后进行跨文化的符合专业性和伦理规范的心理健康面谈超越了本章的范围。然而，我们出于两个原因提供了基本原则：第一，我们希望这些指导原则警示人们在这类情况下作为志愿者进行心理健康面谈时不要等闲视之。仅仅因为存在需求，仅仅因为你是一个友善、热情的研究生或者新手专业工作者，并不代表你一定准备好了提供有效的帮助。如果缺乏足够的准备，你带来的伤害可能比益处更多（Collins & Collins，2005；Myer，2001；Smith，2006）。第二，你可能会发现自己遭遇了毫无准备的难以应对的情境。灾难可能在任何时候侵袭任何地方，如果你没有特别准备好，你可以请求帮助。

在灾难或人道危机环境中的面谈指南

本部分的指导原则是让你初步了解在危机或灾难处境中提供面谈和咨询的策略。你还需要更多的学习、经验和督导，才会有能力以符合伦理的方式在这些情况下提供有效的服务。

设定并创造舒适感

在许多危机处境下，环境非常嘈杂。我们有的同事坐在倒下的大树上进行面谈，有的站在曾经是房子的空地上，有的和遭受灾害的来访者一同在飓风留下的废墟中寻找珍贵的遗失物。咨询工作可能在体育馆的后面开始，也可能在邻居的门廊前、仓库里或者已腾空的店铺里开展。无论情况怎样，你在这个场景中是访客，不一定能够安排你的面谈环境。然而，你可以努力创造一些私密感和舒适感——把你的椅子尽可能地放在靠边的地方（如果有椅子的话），背向人群，提供你能提供的，比如一杯水、把一张叠好的毯子垫在椅子上让座位更软，或一块口香糖。要尽你所能地减少暴露和干扰，集中你所有的力量和关怀之心直接关注来访者。

知情同意与记录

经历了灾难或创伤的幸存者会体验到强烈的失控感。矛盾的是，他们既需要获得控制力，而与此同时，又比通常的心理治疗面谈需要更多的结构和指引。他们常常是脆弱、渴求和混乱的。因此，咨询师需要提供一种保护性的面谈结构，使来访者感受到自身的控制力和贡献。同时，咨询师需要显示出自信、关怀，表现得愿意跟随谈话和愿意引导谈话。获得知情同意的过程不太可能涉及通常的文件、保险表格等，而更可能是一个互动的言语过程——而且是简短的。这个过程应包括的基本内容有：你能提供什么、你是谁、你为什么在这里、你能与来访者谈多长时间、你们能谈多少次、为了保证交谈的保密性可能会有哪些约束、来访者从与你的交谈中可期待有何收获，并说明你可能使用的技术。如果你还可选择做出转介，你也应告诉来访者这一点。如果你要做案例记录，要告诉来访者为什么你要做记录、记录会保存在哪里以及保存多久。如果你所在的机构要求取得你面谈的来访者的某些信息，也要确保让来访者知道。考虑到在这类情境中必有的迫切混乱的漩涡，咨询师很容易会忘记阐述知情同意方面的内容，所以一定要记住这一点。

评估决策

根据你的职责，你或许需要使用正式或非正式的评估策略进行筛查，以了解来访者的基本需求、情绪状态和心理困扰。你或许有责任监控休克、解离及自杀的迹象。其他重要的评估领域可能还包括医疗/躯体需求、社会支持系统的可得性以及沟通能力。你很可能也要监控来访者的当前功能水平（思维精神状态检查）和识别、获取及有效利用任何可能获得的资源的能力（Myer, 2001）。

人类对于创伤和危机的反应多种多样，至少因三个方面而不同：(1) 危机的性质；(2) 幸存者的应对技能、自我力量和可得的资源；(3) 与创伤有关的文化信念和习俗（Chiang, Lu, & Wear, 2005）。个体对创伤的反应多种多样，意味着咨询师在与创伤有关的情况中做出诊断时要非常慎重。史密斯（2006）指出，在这个领域训练不足的咨询师常见的一个错误，是把受害者对异常且极端应激的情境做出的正常反应看成是病态的。灾难的幸存者并不需要附加这样的污名，因为这种诊断标签似乎暗示他们的反应显示了某种个人弱点或精神疾病（Yehuda & Bierer, 2005）。然而，准确的诊断有助于理解冲击的强度，并有助于来访者获得随后康复所需的照料和资源。在危机中区分准确诊断与不当标签是一项有挑战性的工作。

保密

保密是有限制的。在某些情况下保密可能看起来不那么重要。然而，保密仍然是专业的危机处理中的核心特征（对于非专业的危机处理来说，它就不那么重要——这正是我们希望帮助你避免的）。你可能遭遇与来访者谈话时人们都容易看到甚至听到的工作环境。你有责任评估内容的安全性，有时要调整交谈的情绪水平。如果来访者在分享深层的私人信息，你可能希望他们降低语音，如果可能的话换个地方，或者寻找其他方式保护来访者，以免无意中泄露了他们不愿别人知道的事情。在危机的环境中，你的来访者可能会暂时出现判断受损，因而无法对自己需要的私密性做出决定。因此，咨询师就有更大的责任确保保密，至少是一定程度的保密。

除非你获得了特殊的许可来讲述来访者的故事，否则你不能这样做。即使你回到了你家乡的社区或者你的日常工作中也是如此。你可能感到很想讲述这些故事，因为这种环境富有冲击性和戏剧性，也因为你具有用讲述代替创伤的个人需求。取决于多种因素，你或许可以谈论一些你的经历中的一般特征，以及人们在危机和灾后的体验中的共同点。在这样做以前，最好向专业人员咨询一下。泄露他人痛苦的具体内容，使他们有可能暴露或再次暴露在公众前，是非常不符合伦理与专业性的。如果你感到有强烈的内心冲动想要讲出你看到或听到的可怕的创伤故事，请预约你自己的个体治疗，这样你可以在保密的情况下讲出来。

技术与阻抗

对于在危机情境下的咨询师或提供人道主义帮助的咨询师来说，使提供帮助的期望与情境的现实条件相符合可能非常困难。危机心理健康工作模型有许多共同点。基本的预期有，心理健康工作者有能力表达支持、建立关系和显示其听到了来访者所说的话。问题的界定与解决方法也是干预的核心成分（Collins & Collins, 2005）。有时，即刻的问题解决干预需要你不太熟悉的指导性。然而，如果你已经把这本书读到了这里，你很可能已经了解我们认为有许多方式可根据需要来向来访者赋权、以来访者为中心，同时具有指导性。你很可能还知道我们将要说什么：一定要接受这方面的督导，帮助你创造性而恰当地将指导性与非指导性的干预结合起来。

正如本章前面指出的，阻抗是人们感到威胁时出现的一系列保护性的人际行为。创伤破坏了我们都固守的不会受到伤害的感觉，这种感觉是我们信任和理解日常生活所需要的（Herman, 1992；Janoff-Bulman, 2004）。我们有的朋友经历过战争，他们说创伤是一种遭到背叛的体验——他们对世界的所有了解和所有信赖的事都如假象般被揭开了。了解创伤体验与信任深深交织在一起，可能有助于你更好地理解为什么一些幸存者对于人道主义和好意的治疗具有强烈的阻抗。

事实上，许多幸存者可能会对再次信任他人怀有矛盾心态——包括信任任何据称要提供帮助的人。这一事实使得危机幸存者的表现各不相同但可以理解和预期。有些人可能表现得极其难过、渴求和依赖，几乎是乞求别人告诉他应该做什么，怎样让自己感觉好起来，怎样理解这可怕的事情。而有些人则表现得防御、怀疑，拒绝探讨与他们的经验有关的情绪或认知。还有些人可能表现出依赖与怀疑的奇怪混合。

二级或替代创伤

很长时间以来我们已经知道，助人者在接触他人的创伤时可能受到深深的、强烈的负面影响。早期的作者把这些效应界定为耗竭的因素，或导致严重的反移情困难的因素（Figley, 1995）。然而，在1990年，麦卡恩和佩尔曼提出的替代创伤的概念能更全面而准确地描述这个常见的令人担忧的现象。当然，创伤或危机处理确实可能导致耗竭，而创伤工作是反移情的一个重要诱发因素。然而，治疗创伤受害者所带来的咨询师的反应超出了这两个概念的范围。助人的专业人员如果直接帮助遭受可怕的伤害、丧亲或心理崩溃的人，就不可能也不应该完全不受到这种接触的伤害（Pearlman & Mac Ian, 1995）。例如，在你听过了带有可怕的躯体形象和情绪痛苦的扣人心弦的故事之后，你自然难以把这些形象和故事逐出脑海。你甚至可能开始体验到与这些场景和情况有关的闪回或噩梦，即使你从未直接经历这些。这些创伤后应激障碍的轻微症状可能使你需要接受个人咨询或心理治疗。

特里帕尼、克雷斯和威尔科克斯（Trippany, Kress, & Wilcoxon, 2004）写到，治疗创伤幸存者的咨询师可能体验到一系列困难的反应。他们提出了五种需求，这是所有因处理创伤而受到影响的健康的人所具有的需求：

1. 安全需求
2. 信任需求
3. 自尊需求
4. 亲密需求
5. 对控制的需求

当你治疗创伤幸存者时，如果你不关注你自身的基本个人需求，你可能会变成受伤的助人者——这意味着你对创伤幸存者的帮助也会更小。因此，我们强烈建议你采取具体行动减轻与危机工作有关的替代创伤体验。这包括：(1) 寻求足够的督导（Pearlman & Mac Ian, 1995）；(2) 保证你接待的案例数不要超出合理工作量；(3) 寻求足够的教育和培训 (Trippany et al., 2004)；(4) 进行充足的专业和个人自我照顾 (Skovholt, 2001)。

文化差异

正如在所有的面谈情境中一样，文化背景在建立健康的工作联盟中扮演了重要角色。在危机和灾难处理中，咨询师几乎没有时间去准备或寻求足够的文化知识，即使这在治疗效果中将起到极端重要的作用 (Eagle, 2005; Shinfuku, 2005)。而且，在更加常规的咨询情境中，咨询师有时间允许或鼓励来访者告诉咨询师有关的文化习俗和信仰，至少在某种程度上如此。而在危机工作中则很少能这样。因此，希望进行有效的人道主义危机处理的咨询师必须把具体的文化知识加入自己的培训清单——最好是在你抵达现场以前。美国健康与人类服务署（DHHS）提供了一个非常有用的在线文章，名为《在灾难心理健康项目中培养文化能力》。这对志愿服务的专业人员和在现场组织所需服务的人员都有帮助 (Athey & Moody-Williams, 2003)。

界限担忧

在危机情境下工作的咨询师可能会发现某些界限的威胁相当突出。如果你在情绪上感受到与来访者同样的情绪痛苦，你会难以保持恰当的治疗距离 (Benyakar & Collazo, 2005)。你的目标是保持开放和共情，但不是沉浸在情绪痛苦中以至于你能提供的只有分担痛苦而别无其他。显然，如果危机幸存者开始安慰他们的咨询师，恰当的界限和角色就已不复存在了。

灾难的情境非常有冲击力。这可能导致来访者和咨询师双方都具有比通常更强、更多的情绪反应。这样的情绪强度可能引发非常强烈的移情与反移情反应 (Weaver, 1995)。例如，你友好而平衡的卷入可能引发丧亲或遭受创伤的来访者正向的恋爱移情反应。无须多言，将这种创伤下的亲密关系或强烈吸引作为与来访者的个人关系既不明智，又不符合伦理。

另一个需要考虑的关于界限的问题是自我转介 (self-referral)。美国心理学协会灾难反应网络与美国红十字会持共同的立场，认为所有在灾难情境下治疗来访者的心理健康专业人员都不能进行自我转介，除非在所在区域确实别无其他选择。即使如此，转介还必须得到全国办公室的认可 (American Psychological Association, 2008)。

尽管具有复杂的专业挑战，志愿在危机或人道主义情境下提供临床面谈和危机咨询可以令人受益，促进个人成长。在本章的末尾，我们列出了一些机构，它们为希望踏上人道主义志愿工作这条带来个人满足的道路的心理健康专业人员提供培训和支持。

与创伤幸存者面谈

本部分仍是与创伤有关的资料，但内容是关于在通常的临床实践环境中发生的面谈。许多来访者寻求治疗是因为他们挣扎于创伤经验中。当个体暴露于创伤事件，如自然灾害、校园或工作场所的枪击、性侵害或与战争有关的暴力时，个体常常体验到即刻和长期的情绪与心理症状。在这个部分，我们将简要地回顾与咨询创伤幸存者有关的问题。

界定创伤

在1980年，当创伤后应激障碍首次包含在DSM中的时候，创伤被界定为"超出通常人类经验"的事件。在朱迪思·赫尔曼（Judith Herman, 1992）撰写她影响广泛的《创伤与康复》（*Trauma and Recovery*）一书时写道，"可悲的是这个定义被证明是不准确的"。这一不准确的可悲之处在于，事实上许多个体，特别是女性，经受的性虐待、强奸或躯体殴打是她们日常经验的一部分（Herman, 1992）。此外，士兵、警察和急救人员体验到的创伤也是他们职业角色的一部分（Pearn, 2000）。

对创伤更新且更恰当的定义，最初出现在DSM-IV中，得到了心理健康专业人员的广泛接受。这个定义包括两个主要成分：

1. 遭受创伤的个体"经历、目击或遭遇的事件涉及死亡或严重伤害或其威胁，或危及自身或他人的躯体完整性"
2. 个体感受到"强烈的害怕、无助或恐慌"

如果你反思这些诊断标准，你很可能就能理解为什么经历创伤的个体会带着独特的问题进入临床面谈。

与经历创伤的来访者面谈：问题与难点

谈论创伤具有无可争议的益处（Cochran, Pruitt, Fukuda, Zoellner, & Feeny, 2008；Everly Jr. & Boyle, 1999；Pennebaker et al., 2001）。每一个经历了创伤的人都应该谈论创伤——在某个时候，以某种方式，在某种意义上。尽管谈论的益处如此清晰，但遭受创伤的人常常不愿讲出他们可怕的想法和感受，这至少出于三个原因：(1) 想起和谈起创伤会带来极其不适的感受；(2) 创伤常常与违背信任或背叛有关（例如，性侵害），导致创伤受害者难以信任任何人，特别是难以信任一个完全陌生的人（心理健康工作者）并吐露心声；(3) 创伤幸存者常常对自己活着感到内疚，有时对发生在自己身上的创伤事件感到羞耻（Foa & Riggs, 1994）。因此，在治疗遭受创伤的来访者时，咨询关系和信任的建立是核心要点；否则，来访者可能不愿意讲出自己的故事，或者，即使讲了，他们也可能因你的提问而再次受到创伤。

另一个使得治疗创伤幸存者成为问题的事实是遭受创伤的来访者常常从尽早谈论自己的经历中获益，通常是创伤事件发生后的48小时之内（Campfield & Hills, 2001）。因此，对咨询师来说，就有力图建立信任（这常常需要时间）与鼓励来访者立刻谈论创伤经历这两者之间的巨大冲突。

要牢记在心：当来访者吐露创伤时，你有更强的专业职责确保谈论创伤不会对来访者造成消极的影响。平静而关怀的态度是核心。良好的时间界限感也很重要。允许来访者过于深陷在围绕创伤的情绪中，并在没有留下足够时间进行情绪重新整理的情况下结束治疗是不负责任的。如果来访者在第一次治疗时吐露痛苦的创伤，一个好的策略是柔和地从创伤本身转向问题解决，讨论处理创伤影响的最有治疗作用的方式。此外，获得对创伤症状的清晰了解——而不是强调直接讨论创伤本身——是更加恰当的做法。

柯林斯等人（2005）写到，帮助创伤幸存者可能具有挑战性，因为他们表现出来的问题之所以出现，是由于使用适应与应对策略作为处理创伤的方式。因为这些应对的尝试曾具有保护性，因此幸存者难以放弃。幸存者还对探究创伤事件和后果怀有矛盾心态，他们也可能怀有羞耻或害怕的情绪，感到在事件或创伤中他们有过错。

对团体和个体的治疗都有许多不同的，有时是有争议的治疗方式。有些治疗方法直接源自特定的理论流派，例如，认知行为流派（Hoagwood et al., 2007；Monson & Friedman, 2006）或过程体验流派（Waston, 2006）。而有些干预手段是用于丧失或灾难后即刻的团体使用，例如，严重应激诱因疏泄治疗（Mitchell, 1983；Tuckey, 2007）。有些治疗方法是独特的、有争议的，仍处于疗效研究过程中，例如，眼动脱敏再加工（Ahmad, Larsson, & Sundelin-Wahlsten, 2007；Shapiro, 2002；Stapleton, Taylor, & Asmundson, 2007；van der Kolk et al., 2007），以及心身疗法，如感觉运动心理治疗（Engle, 2005；Hinton, Pich, Chhean, Safren, & Pollack, 2006；Ogden, Minton, & Pain, 2006）。无论你可能学习的是何种流派或技术，要有效治疗遭受创伤的来访者，你必须对创伤的影响有深入的理解，并对如何提供支持和治疗具有清晰的模型。

与遭受创伤者进行面谈需要专业的督导和研究生培训，无论面谈是直接发生在创伤之后还是以后发生在更平常的心理健康服务环境中。考虑到创伤带来的强烈而不幸的心理冲击，做这项工作需要掌握一系列精深的技能。

总　结

本章回顾了与具有特殊困难的特定群体进行面谈的策略。尽管在历史上，阻抗被视为有效面谈与干预的阻碍，但当代的学者与临床工作者认为，阻抗是人类改变过程中自然的一部分，部分与来访者有关，部分与咨询师和面谈情境有关。

有些通用的策略和特殊技术有助于咨询师有效应对阻抗。这包括跨理论改变模型、动机会谈、焦点解决式开场、夸大反映、情感证实、彻底接纳、重构、真实反馈和贴靠。总的来说，通过使用这些策略和技术，临床咨询师更能有效地帮助被迫前来的或缺乏动机的来访者。

评估危险和暴力的可能性是临床面谈有时需要面临的另一个困难领域。尽管研究显示基于统计的评估系统在预测暴力时更加准确，但遗憾的是，大多数现实的面谈情境并不能严格符合实证研究的场景。因此，临床工作者被迫要在使用基于研究获得的知识时结合他们的临床直觉与敏感性，从而对潜在的暴力或危险的来访者做出判断。

在危机中或人道主义灾难中的临床面谈需要高级的技能，同时也需要咨询师能意识到与这一重要而困难的专业活动有关的考量。处理因人为或自然灾害遭受创伤的来访者的心理健康需求，不仅需要知识和技能，也需要坚实的理论取向、熟练的技术，以及对与此工作有关的独特伦理限制的觉察。

推荐阅读及资源

deShazer, S. (1984). The death of resistance. *Family Process*, 23, 79-93. 这是作者抨击阻抗的最初文章。

Horner, A. J. (2005). *Dealing with resistance in psychotherapy*. Lanham, MD: Jason Aronson. 霍妮从精神分析的角度探讨了阻抗。

Malik, J. R. (2002). Understanding client resistance in therapy: Implications from research on the counseling process. In G. S. Tryon (Ed.), *Counseling based on process research: Applying what we know* (pp. 66-80). Boston: Allyn & Bacon. 这一章对关于来访者阻抗的过程研究进行了很好的归纳。

Sommers-Flanagan, J., & Sommers-Flanagan, R. (2004). *The challenge of counseling teens: Counselor behaviors that reduce resistance and facilitate connection*. North Amherst, MA: Microtraining Associates. 在这个培训录像中，我们提供了如何对表现出阻抗行为的青少年进行有效的咨询的范例。然而，我们必须承认，我们招募来参加面谈的学生远比我们预期的更加合作。

Webber, J., Bass, D., & Yep, R. (2005). *Terror, trauma, and tragedies: A counselor's guide to preparing and responding*. Alexandria, VA: American Counseling Association. 这本著作为想要在人道主义危机情境下工作的咨询师提供了广泛多样的有启发性的资料。

希望联系物质滥用与心理健康服务部的专业人员可以访问：

萨卢斯世界，其使命宣言为"促进全球心理健康"，这个组织是美国心理学协会第 39 分会的成员创立的。该组织提供志愿者培训、安置和志愿服务后的支持。

美国心理学协会灾难反应组织，这个组织为志愿进行灾难和危机干预服务的成员提供安置、培训和支持。

第十二章

与年轻的来访者面谈

> 昆比先生擦干一个盘子,放进碗柜里。"我要参加艺术课,因为我想教艺术。我还要学儿童发展——"
>
> 雷梦拉打断说:"什么是儿童发展?"
>
> "关于孩子怎么长大。"她的父亲回答。
>
> 为什么会有人要到学校去学这样的东西?雷梦拉好奇地想。在她的一生中,她听到的就是想长大就要吃有营养的食物——通常是她不喜欢的食物,还要多多睡觉——通常是在她有比上床睡觉更有趣的事情做的时候。
>
> ——贝芙莉·克莱瑞《雷梦拉八岁》

本章目标

正如我们年幼的来访者常常提醒我们的,与儿童和青少年互动非常不同于与成年人的互动。在阅读完本章后,你将了解以下内空:

- 对儿童和青少年进行咨询的一些特殊考虑。
- 如何调整你的互动方式——有时甚至是你的衣着——以给年幼的来访者留下良好的第一印象。
- 如何与青少年讨论保密、知情同意、转介、评估与治疗程序。
- 与年幼的来访者讨论治疗目标的具体技术。
- 容易让人理解和接受的评估与信息搜集策略。

- 为青少年提供安慰、支持和赋权的方法。
- 在与年幼的来访者结束咨询时应处理的重要问题。

到现在为止,我们主要集中于对成年的个体来访者进行面谈、评估和制订治疗计划。然而,正如前面的故事片段所显示的,雷梦拉·昆比的思维方式与成年人非常不同。这指出了一个简单易懂的事实:年幼者给咨询带来的挑战和机遇与成年人带来的相当不同。在本章中,我们将探讨在咨询年轻的来访者时,心理健康工作者需要特别考虑的事项和面谈程序。此外,我们也将讨论与面谈年轻的来访者有关的一些困难并对如何处理这些困难提供一些方法建议。

治疗儿童的特殊考虑

在与儿童面谈时,咨询师很难保持平衡和客观。例如,成年人常常把一个孩子要么划分为"好孩子",要么就划分为"坏孩子"。如果咨询师屈从于这种倾向,就可能会害怕遇到某些孩子,而对遇到另一些孩子感到格外庆幸。

类似地,咨询师、教师和其他成年人常常对儿童或者过度认同或者认同过低。有些成年人认为自己完全具备了理解儿童的能力,这出于一种强烈的信念:"我曾经是个小孩,所以我知道小孩的感受。"这样过度认同儿童的成年人可能在需要的时候无法设置合适的界限,可能把自己的童年冲突投射到儿童身上,或不能发现他们所治疗的儿童身上独特之处。对儿童认同过低的成年人可能觉得儿童是另类生物——这种让人困惑的生物还不完全属于人类。对儿童认同过低的成年人在谈论一名就坐在90厘米之外的孩子时,可能仿佛这个孩子没有在场一样毫不顾忌。他们还可能显得屈尊俯就和刻板僵化,不能体会儿童面对的问题,对于咨询儿童抱有不符合现实的恐惧或期待。

孩子和我们不一样,和我们年轻的时候也不一样。但尽管不一样,他们也不是不可理解的另类生物。相反,儿童似乎介乎上述两种观点之间——他们快速发展，完全属于人类，应得到尊重，得到符合他们年龄的沟通和信息。

与儿童进行有效的面谈要有教育上和态度上的前提要求。我们建议心理健康工作者把儿童咨询看成是某种形式的跨文化咨询（Sommers-Flanagan & Sommers-Flanagan, 2007b）。你需要熟知基本的认知和社会/情绪发展理论，并对发展心理学有所接触（即，你至少应以照料或其他有情感联系的方式与儿童相处一些时间）。

此外，你应该能够觉察自己对儿童的反应，特别是那些可能阻碍你成为成功的儿童咨询师的方面。例如，有效的儿童咨询师对儿童怀有感情。如果儿童使你感到害怕、胆怯或恼火，你最好在探讨这些反应之后再开始直接对儿童做咨询。这可能需要一些以个人成长为目的的咨询。

另一种危险迹象是你过度卷入儿童的生活。过度卷入的表现包括经常幻想你能收养或拯救那些生活处境艰难的孩子，或者为孩子做的事情已打破了专业界限。过度卷入的人也需要对自己这个方面有所理解，并在找到其他方式满足自己拯救儿童的需求之前不要做儿童治疗师。

在与儿童面谈时，健康的职业与心理平衡尤为重要。儿童们尤其能够触发我们的弱点，使我们失去平衡，引出我们在无意识中的未完成的事。而儿童是一个非常脆弱的人群的这一事实使得这种平衡更加重要。成年来访者更成熟，通常受过更多教育，有更多生活经验，自我意识也已发展完善。它们通常能够保卫和支持自己。他们有更多资源可以利用，也远比儿童自主。大多数成年人可以自己退出与心理健康工作者之间操纵性的或无效的关系，而大多数儿童不能。大多数成年人能够表达自己的失望和需要，以使咨询者了解；而儿童常常不能或不愿这样直接表达，而当他们这样做时，有时还会被忽视。由于所有这些原因，我们必须格外注意发展与儿童进行有效面谈所需的技能、教育和态度。

本章下面的结构根据西雅（1998）提出的面谈阶段进行组织。然而，对于与年轻来访者的面谈，本章仅仅涉及粗浅的内容。希望与年轻来访者进行大量面谈的学生们需要更多的教育和训练。本章末尾列出了有关的阅读书目和专业资源。

介 绍

年轻人大多都不是自愿来寻求心理健康帮助的（Richardson，2001；Sommers-Flanagan & Sommers-Flanagan，2007b）。因此，他们不太可能是第一个打来电话要求进行一次临床面谈或咨询的人。通常，很小的孩子是由他们的父母、监护人、养育者或学校人员推荐到心理健康专业人员这里的（Dugger & Carlson，2007）。他们对于自己要见谁和会谈有何目标也许了解也许不太了解。在有些情况下，他们可能根本没感到自己的世界中有什么不对劲；在另一些情况下，他们可能十分清楚自己的不适或者由于他们使别人感到的不适。

在与未成年者的面谈中，养育者（父母、祖父母、继父母、养父母、兄弟姐妹、机构管理人）在面谈中的角色十分重要，咨询师需要有意识地加以注意。一些养育者认为他们在整个面谈中都应在场，而另一些人则以为他们完全不应在场。在大多数情况下，咨询师应主要依据儿童的问题、年龄以及有关临床或机构政策来评估最有利于儿童的方式，从而做出是否让养育者在场的决定。有经验的咨询师常常安排时间首先与养育者和儿童在一起，也会留出一些时间单独与儿童谈话。根据其理论取向，有些咨询师也会单独与家长或养育者谈话。例如，特别是对于很小的孩子，第一次咨询通常要有父母中的一方或双方参加。系统家庭治疗师或者是在咨询中从始至终与整个家庭会面，或者是将个体治疗与各种不同的家庭和社区咨询会谈结合起来（Henggeler & Lee，2003；Hiinton，Sheperis，& Sims，2003）。因为咨询儿童时通常也要包括养育者，所以时间管理可能更加困难。在初次面谈时，你可能需要安排更长的时间，让孩子有足够的时间表达自己，让养育者也感到自己的担忧得到了足够的讨论。

初次面谈的安排向孩子传达了重要的信息。单独与养育者谈话的面谈会让孩子认为你是养育者的代理人（或另一个权威形象），对青少年来说尤是如此，而对5岁的孩子来说则不见得。另一方面，不单独与父母谈话可能会造成另外一些问题（Sommers-Flanagan & Sommers-Flanagan，2007b）。有时，了解父母的背景信息或一些儿童不宜听到的情境是重要的。此外，与愤怒、有敌意的父母单独面谈较之使儿童有可能当面遭受父母的大量消极评价更为恰当。然而，如果儿童是你的主要来访者，至少通常来说，儿童有权知道你们谈了一些什么有关他或她的事。让养育者知道你将把你认为重要的任何信息进行归纳并与儿童分享，有助于建立一个有意义的弹性界限。

在下面的例子中，咨询师预先就很清楚自己的计划，并能对主要的家庭成员设定限制。如果没有一个清晰的方案和果断的行为，与儿童和家庭进行面谈的咨询师可能最终会让一位有支配性的家庭成员来控制和引导临床面谈和治疗计划。然而，在面谈的某些时候让大家在一起，无疑能提供对核心家庭模式的洞察机会。

案例

桑蒂·史密斯是一名 12 岁的混血女孩，被一对后来离婚的混血夫妇收养。她是一名有天分的小提琴手和运动员，但开始与"坏孩子"玩在一起。她的父亲和继母坚持要让桑蒂接受咨询。她的母亲和继父则不那么热衷，但感到应该对她日益增多的无教养和接近违法的行为采取措施。四位家长和桑蒂3岁半的弟弟来到了咨询室。桑蒂的父亲将为咨询付费并且显然准备首先与咨询师单独谈话。

咨询师给了桑蒂的父亲一个温暖的微笑，但是转向在等候室中的桑蒂，说："嗨，你一定是桑蒂。看起来今天有一大堆你的粉丝和你在一起。"

桑蒂耸耸肩，咕哝了一声："嗨。"

接着咨询师说："大家一起进来几分钟让我见见每个人，怎么样？"

桑蒂的父亲直截了当地问："我能先和你谈几分钟吗？"

咨询师再次热情地微笑并说："你知道，如果我们都进来，每个人了解一下我如何与小孩子（向桑蒂的方向微笑一下）进行面谈，确实会更好。然后，如果在我们面谈结束时还没有谈到你所担心的事，史密斯先生，我们会想办法来谈谈。你认为这样可以吗？"

史密斯先生点点头，有一些不情愿，然后大家一起来到咨询室。

儿童的监护人有许多法律和道德上的权利，但使你的来访者——孩子——知道你主要是对他或她保持忠诚是很关键的（Stone，2005）。如果过多注意养育者的愿望和担忧而对儿童未给予足够注意，就会严重阻碍这一点的实现。因此，咨询师最好在一开始，甚至是在约定时间时，就将养育者在面谈中将扮演的角色传达清晰。例如，与一位打算带12岁的儿子来咨询的母亲进行的第一次电话交谈可能是下面这样的：

咨询师："你好，我的名字是马克西·布朗。我是从瑞文塞德咨询中心给你回电话。"

母亲："哦，是的，我昨天打电话是因为我想为我12岁的儿子安排一次预约。我是单亲母亲，我完全搞不懂他。他最近很生气，完全无法相处。我什么时候能带他来？"

咨询师："嗯，我下周一在下午1点和3点都有时间。"

母亲："太好了。我会3点钟来。"

咨询师："好的（咨询师解释了收费安排、要填写的表格以及到咨询中心的路线）。还有，我想让你了解，在治疗的开始时，我希望同时与你和你的儿子面谈。在那段时间中，我会和你们两个人谈咨询的规定、咨询目标以及我会怎样和小孩一起工作。这样你觉得可以吗？"

母亲："可以，我想。所以你希望我也来？"

咨询师："是的，当然。我尤其需要和你们两个一起来归纳咨询的目标。那大约要花20分钟，然后我会单独见你的儿子，这样我能对他有些了解，能够开始一起工作。在我和他谈的时候，我可能会让你在等候室中填一些表，可以吗？"

母亲："好的。"

咨询师："太好了。我等着在周一见你们。"

无论是直接在电话中（如上例）还在面谈开始时（如第一个例子），你都需要对养育者的参与进行一定的控制并设置一定的结构。每一种情况是不同的,但你可以一开始就明确你自己或你的机构的一般政策和原则,这样可以澄清对方可能产生的困惑,并建立与孩子的工作同盟。

开 始

> 所有的孩子都喜欢皮格威格太太是因为她喜欢他们。皮格威格太太喜欢孩子,她愿意和他们聊天,而且他们不会使她恼火。
>
> ——B·麦克唐纳《皮格威格太太》

这一部分讨论控制印象和以促进有效面谈的方式与年轻的来访者熟络起来。儿童面谈的目标是双重的:(1)尽可能多地了解这个孩子;(2)与孩子建立温暖、尊重的关系。因为儿童与青少年对于临床面谈程序可能并不熟悉,并且可能羞怯、不自愿或抵抗,所以建立关系可能成为一个特殊的挑战。咨询师如果学习皮格威格太太的做法可以更容易地承担这一重任:儿童和青少年能很快发现心理健康工作者是否喜欢他们和乐于和他们聊天。相应地,他们也能迅速注意到工作人员是否对他们的态度和行为感到害怕或恼怒。如果年轻来访者认为他们不会得到喜爱或尊重,他们不太可能会倾听、诉说,或者如果他们自己能决定是否接受咨询,就不太可能继续来咨询(Oetzel & Scherer, 2003; Richardson, 2001)。

第一印象

第一印象非常重要。咨询师应友好、积极、有趣、有魅力和乐观。这通常从在等候室中与年轻的来访者打招呼时就开始了。如前所述,尽管我们可能很想与父母进行成年人间的谈话,但这样做会使得与年轻来访者建立情感协调变得更困难。因此,尽管与父母打招呼是重要的,但在等候室中与他们最初见面时,应首先朝向年轻的来访者。招手或握手,和一声友好的"嗨,你就是惠特尼吧",是一个好的开头。然后应该是几句迅速的交谈,例如,"你今天好吗,"或"今天是个很适合外出的天气啊"。你传递的信息是你一直期待着和这名年轻的来访者见面并且很想和他或她在一起。和成年人闲聊几句也可以，但不要忘记保持对孩子的关注。

即使是合作和坦诚的儿童，你也最好把他当成不自愿的来访者来看待和对待，因为对其中的大多数人来说，寻求咨询并不是他们的主意，与任何不自愿的来访者在一起时，咨询师最好介绍在面谈框架之下的几个选择。有创造性的咨询师能够给年轻的来访者提供许多小的选择，例如下面这样：

"嗨，菲利克斯，你妈妈和继父要去填一些无聊的表格，我和你一起聊聊。我有一些玩具在这个抽屉里，你可以挑两个，我们带到面谈室去。"

"好吧，哈利，我要对你解释三件重要的事情：一个是关于我们今天怎样一起度过这段时间，一个是关于保密性这个词儿，还有一个是关于为什么我的办公室这么乱。你愿意让我先说哪一件呢？"

另一种向年轻人提供选择的方式是请他们吃东西或喝饮料。根据你的价值观、预算和环境，选择可以包括牛奶、热巧克力、果汁、运动饮料或苏打水。小点心可以是薯片、饼干、水果或乳酪。是提供食品还是不提供，这是一个专业问题，我们在本书中不做过多讨论。给年轻人提供吃的能建立关系，说这点已足够了。饥饿的孩子除了饥饿几乎什么也不会想。为避免使你认为这样做偏离了中立的职业身份，我们应该指出，据说即使是弗洛伊德本人，也会在来访者饿了的时候为其提供食物。当年幼儿童在放学后马上来见你时，食物可以是一件尤为重要的治疗工具。尽管我们会力图避免提供含有咖啡因的饮料和高糖食物，但其他治疗师会在获得家长同意的情况下提供这些。

办公室管理和个人穿着

年轻的来访者可以因周围的物理环境而迅速地兴奋起来或丧失兴趣。因此，在和年轻人进行面谈时，我们建议把一些"酷"的物品放在明显的地方。无论来访者的年龄大小，像流行的体育卡片、小说、扑克、画图本、橡皮泥和帽子等物品在你办公室中都可能非常有用。时髦的玩具永远是够酷的咨询师的标志，但一个人赶时髦是需要付出努力的。在你购买本书，在我们写作本书的时候,哈利·波特系列图书、芭比娃娃、变形金刚、汉娜·蒙塔娜玩偶、蜘蛛侠正流行,但也可能即将过时。到你阅读本书的时候,你需要自己去发现什么才是酷的(以及上述哪些玩具你能接受摆放在你的咨询室里)。一般来说,像洋娃娃和绒毛动物这样的有安抚效应的物品可以让年轻的来访者感到更舒适。有时,青少年对这些东西可能有消极评价,因为这些东西通常属于更小的孩子,但这些评价很可能只是对他们的舒适和依赖需要的掩饰(Behr, 2003;Brems, 1993)。总之,办公室要尽可能地有趣和适合孩子。

尽管你可能会给孩子某件玩具玩,但最好是只让他们自己留意到某件东西。这与他们天生的探索行为有关,而且有助于他们在新环境中放松。此外,来访者对物品的反应可以提供评估信息。例如,儿童可能会被某件东西所吸引,我们见到有些孩子对体育卡片感兴趣并且开始估计转卖可以有多高价格;有些孩子抱住枕头和布绒动物不放;还有些孩子不在意任何东西,显得十分阴郁,在每次有人试图和他们说话时会转开眼睛。有些来访者不能不碰某些东西。实际上,如果物品开始太令人分心,可能就需要放在抽屉或盒子中;而另一些像橡皮泥或画图本一类的东西可以让孩子一边与治疗师谈话一边摆弄它们。能够抱着、挤压或画一些东西可以减少来访者的焦虑(Hanna, Hanna, & Keys, 1999)。

那些能显示出(即便是在着装上)自己能与青少年的世界沟通的治疗师能让大部分年幼的来访者和某些青少年有更好的反应。这并不意味着你必须去"老海军"或"艾迪堡"*(或其他像我们这样的老家伙不知道的更酷的地方)买衣服。不过,我们认识一位非常成功的女治疗师,她吸引了一大群难相处的少女来访者并与她们保持良好的关系,这至少部分是由于她穿得很酷。读者可能会疑惑我们是怎样了解这一点的。接受咨询的青少年常常比较笔记,他们互相谈论自己的变化,而且常常向治疗师汇报他们在看其他治疗师的朋友的进展。这些评价是能提供许多信息的。

相反,有些衣着的选择可能是土气的。例如,传统、保守的服装(西装、衬衫和领带)可能使青少年,尤其是那些有对抗性和品行障碍特点的来访者感到治疗师是一位僵化的权威人物。违法青少年对权威形象可能有强烈的

---

*"老海军"与"艾迪堡"均为美国著名时装连锁公司。

移情反应，而这些反应会损害或抑制最初的情感协调（Sommers-Flanagan & Sommers-Flanagan，2007b）。

通常，更随便的穿着更适合与年轻来访者的面谈。这并不是指年轻的来访者无法克服自己对治疗者的衣着选择的反应。然而，在与年轻人面谈时，尽可能消除即使是最表层的障碍对于建立情感协调而言也常常是有用的。尽管咨询师在个人和职业上真诚地呈现自己及其工作，但留意适合于年轻人的小东西和环境安排会很有帮助。

讨论保密性和知情同意书

许多年轻人（尤其是青少年）对个人隐私极其敏感。因此，在第一次面谈的开始时就讨论保密性是格外重要的。此外，青少年有时认为咨询师是他们父母的秘密代理人，他们害怕自己私下里说的话会被报告给养育者或其他权威角色。因此，在初次面谈前就应阅读和签署书面的知情同意书。在孩子和父母完成填表后，应该马上讨论保密性问题，我们推荐类似于下面这种方法。

"布兰登，你和你妈妈可能都已经在登记表上读过有关保密性的问题了，或者也许你从前没听说过这个词，但不管是哪一种情况，我都希望和你讨论它。保密性就像隐私一样，它意味着你在这里所说的东西是隐私的和个人的。当然，我有一位督导，而且我有档案文件，但我的督导也会对信息保密，而且我们的文件是锁好的。"

"对于你跟我说的话，我会保密，我不会在这里以外的地方说起，除非是一些特殊情况。例如，如果你或你的妈妈对于自己或其他人的人身有威胁，我不会对这个信息保密。此外，如果我发现有儿童虐待或疏忽的情况正在或已经发生，我也不会将它保密。这并不是说我认为在你们身上有危险的事情发生，我只是有责任事先告诉你保密的限制。你们对于保密性还有什么问题吗？"（如果有问题直接回答）

"现在（看着儿童/青少年），一个最棘手的情况是我是否应该告诉你的父母我们在这儿谈的内容。让我告诉你我会怎样做,看看你们是否认为可以。(看父母)我认为你们的女儿(或儿子)需要信任我。因此,我希望你们同意,我给予你们的关于我和她(或他)的单独谈话的信息仅限于一般性进展的汇报。换句话说,除了一般性进展的汇报,我不会告诉你们孩子告诉了我什么。当然,对此有一些例外,例如如果你们的孩子将要或正在从事某些可能十分危险的或自伤的行为。在这些情况下,我会告诉你们的孩子(转过来看着孩子)我对她(或他)打算做的事感到很不舒服,然后我们会请大家一起(转向父母)来参加一次面谈,这样我们就能直接讨论会发生什么危险的事情。对你们大家来说,这种安排可以吗?"

要让青少年听到,他们的隐私权将会受到保护。进一步来说,大多数家长理解孩子与家庭以外的人私下谈话的需要。如果咨询师会把诊断面谈的结果与转介者或儿童研究小组共享,那么应使孩子了解这一点。如果遇到罕见的情况——父母坚持留在面谈室中或不断要了解治疗细节,家庭治疗或对家庭系统的面谈或干预可能是最合适的。

学校和机构中的心理健康工作者还必须十分清楚他们所处的位置以及所在的工作系统的限制。年轻的来访者常常以为他们的生活是一本打开的书。向他们保证保密性并仔细解释其限制能够增加他们在咨询关系中作为一位受尊重的参与者的感觉。

如果换种说法来介绍保密性,青少年的反应也许更好。可以举一些相关的、时而幽默的例子。例如,在转向青少年时,可以这么说:

"所以,如果你计划要做一些危险的或有毁坏性的事,例如,把邮差作为人质,我们很可能需要和你的父母见面谈一谈,而且法律要求我警告你的邮差。但是对那些你试图厘清的日常事件、那些令你烦恼的事件,甚至关于你父母或老师或任何人的事——我们会保密。"

设定保密的限制可能是有争议的，但是所有咨询师都必须确定（很可能是预先确定）当他们了解到青少年的危险行为时，是否、应在何时和怎样告知其父母（Sommers-Flanagan & Sommers-Flanagan，2007；Zur，2007）。如果有书面的保密和知情同意书，父母与年轻来访者都应签署，以表示他们理解并愿意合作。这也称为父母同意与孩子同意。

无论你遇到的情况是怎样的，我们建议你与所有年龄的儿童来访者讨论保密性的限制。保密性是咨询关系建立中的独特一环。例如，列韦（Leve，1995）指出：

> 治疗关系的最后这一点让儿童感到很不寻常。儿童几乎从未被告知过他们对一个成年人所说的话将得到严格保密，并决不会被告诉给另一个成年人。这显示治疗者将以一种儿童从未体验过的方式尊重儿童，说明儿童的想法和行为是重要的，他们很可能做梦都没想到过自己会被如此重视。结果，儿童感到治疗非常不同于其与其他成年人相处的经历，而它对他们的生活将具有不同寻常的重要性。

作为一名咨询师，你要发展出自己的方式来与年轻人及其父母讨论咨询和保密性。预先演练对来访者说明这一重要问题的不同方式会有所帮助（参见多元化要点12.1）。

多元化要点 12.1
对年轻的来访者的个人化介绍

在本章中，我们提供了一些向年轻的来访者介绍自己和咨询的例子。我们认为我们提供的例子是不错，但是你可以想出更好的表达方式。我们这样认为的原因在于，无论你在头几分钟内对儿童或青少年说什么，你所说的最好要符合你的个性。如果你在与年轻的来访者面谈时使用令自己感到不适的标准开场白，他们会迅速感觉到你有些不真诚或虚伪。因此，这个练习包括确定你与年轻来访者面谈时可用的适合你的个性的开场白。当然，这些表达至少应是比较认真而不冒犯人的。它们应集中于：

1. 向孩子和家庭介绍自己；
2. 向孩子和家庭讲述保密性及其限制；
3. 介绍面谈和咨询的任何其他特点（如心理评估）。

请花几分钟思考一下你在和孩子讨论这些问题时想用的语言。现在，改变你的注意焦点，设想你会如何根据孩子的种族或文化背景来调整你的介绍。如果你面对的是印第安裔、非洲裔、亚洲裔或西班牙裔的孩子与家庭，你会怎样调整你的介绍？你觉得会出现什么问题需要你来回答？如果你具有少数族裔的背景，设想一下你咨询一个白人孩子与你咨询一个和你有同样背景的孩子会有什么不同。请与你班上的同学讨论这些问题。

除了未成年人群体本身具有的独特文化，美国的许多未成年人还生活在多元文化中，在家里是一种文化，在学校和自己的社交生活中是另一种文化。

在美国，每五个孩子中就有一个是移民的后代（Wax，2001）。文化适应的压力有时会因为父母或养育者说着与学校里和邻居不同的语言、有着不同的习俗而放大。咨询师不应对移民家庭或来访者有先入之见。忽视作为移民可能产生的代际压力有时会带来很大伤害。假定移民家庭的痛苦就是来自于其面对的双重文化要求也可能带来伤害。这些挑战可能让家庭生活更有趣，也可能令人生畏和痛苦。聪明的咨询师会想办法评估这种独特的心理动力。你可以进行观察，提出像下面这样的温和的开场问题：

"我看到你的妈妈穿着一件传统的越南裙子。但是你穿着牛仔裤和T—恤。你有时也穿传统服装吗？"

或者

"我发现你的父母有一种很酷的口音。你们在家里通常说俄语还是英语呢？"

说出一些中性或偏向于积极的观察结果，并继而询问孩子的文化卷入状况，这传达出你愿意询问和倾听跨越两种或更多多元文化的家庭所感受到的痛苦和骄傲。

处理转介和背景信息

老师、家庭成员或其他人因厌烦或担忧某个孩子的行为，常常让带来问题的孩子接受治疗或评估面谈。在大多数情况下，咨询师应该明确告诉孩子为什么他要来咨询。我们把这称为"承认现实"，并认为这是建立咨询关系的过程中的重要内容（Sommers-Flanagan & Sommers-Flanagan, 2007b）。这并不意味着你需要告诉来访者你听到的所有细节，但是你应该预先告诉来访者你了解的一些情况。例如，一位学校咨询师可能遇到这样的情况：一位老师无意中发现一位学生午饭后在洗漱间内呕吐，因而担忧地来找咨询师处理。根据老师的要求，咨询师可以请这位学生来谈一次。我们认为不提担心的原因会是一个错误。当然，你必须使转介者和信息源清楚这一政策。在有些情况下，转介信息的来源可能需要保密，但在大多数情况下，应以巧妙、同情而真诚的方式传递信息。以下在我们的书《坏孩子、酷咨询》（*Tongh Kids, Cool Counselling*）中提及的一段场景。

在介绍了自己并说明了保密的限制后，（咨询师）说："我想你知道我在这次面谈之前和你的父母、缓刑官谈过。所以，我不想对你隐瞒他们说的话，我想直接告诉你我听到的情况。这张纸上有对所有内容的总结（咨询师拿起一张纸）。我告诉你这些好不好？"

在获得来访者的同意以后,(咨询师)把她的椅子挪到来访者旁边,小心地尊重来访者的空间,同时挪到两人可以一起阅读转介信息的位置。然后她回顾了这些信息,其中既包括积极的信息(说来访者讨人喜欢、聪明、有许多朋友),也包括来访者最近发生的法律和行为问题的信息。在分享了每一条信息以后,她询问来访者,"这上面说你曾经因为在商店顺手牵羊被抓到三次,是这样吗?"或者"你妈妈说你会突然非常非常生气,对此你想说点什么吗"。在谈到积极信息的时候,咨询师可以说:"看来你的老师认为你非常聪明,说你在学校很受欢迎……你觉得是这样吗……你是聪明和讨人喜欢的吗?"

如果你从教师、父母或缓刑官员那里获得的信息是非常负面的,要筛选和解读这些信息,以免对年幼的来访者造成太大冲击或带来过多消极情绪。此外,如果你打算与来访者分享转介信息,你应事先告知你的转介来源,否则,转介者可能感到被你背叛了。另外,在分享消极信息时,需要表达共情,支持来访者的感受,同时不要采取消极的行为。例如,你可以说:"我能看到你对你的妈妈告诉我这些事非常生气。我不会责怪你的生气。我想我也感到难过。即使别人有好的意图,你也不喜欢别人议论你。"

将孩子被送来治疗的原因秘而不宣可能损害治疗关系。请记住,无论转介者多么痛苦,他或她都不是你的主要来访者。

在讨论过保密性和知情同意书后,就应该开始了解来访者来寻求咨询的原因。学龄前到潜伏期的儿童需要临床面谈的常见原因有:

- 情绪化,易激惹或攻击性的行为模式
- 养育者认为异常或格外烦人的行为
- 不寻常的恐惧,或回避符合其年龄的游戏活动的倾向
- 不寻常的或早熟的性行为
- 遭遇创伤或艰难的生活环境,如家庭内发生离婚或死亡事件
- 多动或注意困难(主要是男孩)

- 大小便失禁
- 父母争夺监护权

这不是一个全面详尽的列表，但它可以帮助你开始对典型的儿童推介有些了解。与年幼儿童类似，年纪较大的儿童和青少年通常不是自己要求咨询的。青少年被推介来治疗的常见原因有：

- 抑郁症状（通常是养育者或老师发现的）
- 对抗性或不服从的行为（通常是权威角色感受到的）
- 控制愤怒的问题
- 进食障碍（以女孩为主）
- 一些创伤性经历（强奸、离婚、家人去世）
- 自杀意念或动作或尝试
- 由于有违法行为，法庭要求治疗（缓刑的一部分）
- 药物滥用问题（通常是使用时或服药后驾车而被抓住发现的）

尽管对儿童期常见的病理学和主诉的广泛了解很重要，但每一个案例都是独特的，需要有针对性的处理。在最初了解儿童来咨询的原因时，直接询问儿童是很重要的。然而，年幼来访者在被问及为什么会来咨询时，常会给出下面这样的回答：

"我妈妈希望我和你谈谈，因为我不听话。"
"我不知道……我不知道我们今天为什么来这里。"
"因为我讨厌老师，还不愿意做作业。"
"我来这里是因为如果我来见你，妈妈就会给我买一个新的电脑游戏。"
"因为我父母很笨，他们以为我有问题。"

有些年幼的来访者在被问到为什么来咨询时只会保持沉默。在这种情况下，原因可能是：(1) 没有听懂问题；(2) 不能想好或说出答案；(3) 因父母在屋内而不愿（或害怕）谈出自己真实的想法和感受；(4) 不愿（或害怕）对一位陌生人坦率谈出自己真实的想法和感受；(5) 未曾意识到或强烈抗拒承认有任何个人问题。

抗拒的或不作反应的孩子给咨询师带来了一个很实在的困难。那就是，如果年幼来访者不能或不愿说话，你怎么能够获得信息并建立工作同盟？更不用说解释他或她生活中的问题了。下面介绍的关注愿望和目标有利于促进来访者的参与和绕过阻抗。

愿望和目标

类似下面这样的表述可以用于探讨来访者的问题。这个表述适合超过6岁的孩子，可于养育者在场的情况下使用。对于年龄不足6岁的孩子，则最好单独与父母讨论养育方法。

> "我对你们来这里的原因很感兴趣，所以我想问问你们的咨询目标。一般来说，虽然父母（看向父母）通常心里有咨询的目标，但我想先问问这里年龄最小的人。所以，雷米（看着孩子），你是这里年龄最小的，你先说。如果你来做一段时间的咨询，而且不管因为什么，你的生活变得更好了，什么会发生变化呢？什么会变好？"

有些儿童或青少年能清晰地理解这个问题并直接回答这个问题。然而，也可能会出现其他几种可能的问题和表现：第一，孩子可能不理解这个问题；第二，由于家庭动力学的原因，孩子可能有阻抗或不愿回答这个问题；第三，孩子可能马上把焦点转向在自己眼中父母有哪些问题；第四，父母可能开始对孩子做出鼓励，其中甚至可能包括对如何回答咨询者的问题的提示。无论情况如何，有两条原则：(1) 如果儿童或者青少年对问题没有做出令人满意的回答，应该以愿望的形式澄清问题（见下）；(2) 为了进行评估，咨询者应将家庭动力学表现在心里或书面上记下来。

引入愿望

愿望对于评估问题领域和从年幼来访者处获取治疗目标是很有用的，因为它使用的是年幼者更容易接受的语言（Sommers-Flanagan & Sommers-Flanagan，1995b）。例如：

"让我换一种方式来问。如果你有三个愿望，或者如果你像电影《阿拉丁》里一样有一盏神灯，你可以去改变你自己、父母或学校，你会想要什么呢？"

这个问题把目标设定区分成三类：改变自我、改变家庭和改变学校。这样，儿童或青少年就有机会在三种类别的任何一种或几种中找出个人目标（和隐含的问题）。由于孩子本身或父母的影响，在这些领域中找出目标仍可能有阻抗。在这种情况下，可以问得更仔细一些：

"你没有任何愿望要让你的生活变得更好？喔！我的生活还不完美，也许我应该希望和你换一换？关于你的父母呢？对他们，你没有一点儿想要改变的吗？（停顿，等待回答）那么你自己呢？你没有任何一点，那怕是很小的方面希望自己改变吗？（再停顿）现在，我知道一定是你的学校或老师有些什么是你希望改变的……不可能一切都是完美的。"

紧张或羞怯的孩子仍可能会抵抗这种提问过程。如果是这样，就应该让年幼的来访者有机会放弃：

"你现在放弃这个问题吗？我可以先问你的父母，不过当你自己想到任何愿望时，你随时都可以说出来。"

这种提问程序的目的是让年幼的来访者以一种有些游戏的、刺激的甚至幽默的方式分享他们的生活情况。这种提问程序可以提供有用的关于诊断的信息。通常，具有外化行为障碍的来访者（即注意缺失或多动障碍、对立违抗障碍或品行障碍）承认学校和父母有问题，但极少承认自己有个人问题。相反，主要具有内化障碍（如焦虑、抑郁）的来访者更可能会指出自己的个人问题和目标（如，"我想更快乐一些"）。

获得父母或养育者的目标

当年幼来访者至少以某种方式承认生活并不完美（或当他们放弃回答关于愿望的问题后），关注点就应转向父母。与父母直接互动和关注父母的担忧对于全面了解信息和确保治疗依从性都很关键（例如，如果父母感到他们的担忧没有得到重视，他们就可能不支持治疗）。

在同时与父母和孩子交谈时，咨询师必须采取积极的行动，限制父母对孩子的消极评价或批评。通常，将父母的问题限制在三个之内就足够了。设立这一限制能够保护你的来访者不会因受到父母的批评而感到无法承受。如果父母表示还有其他担忧，你可以让他们写下来以供你以后阅读。另一种方法是转换话题，让父母说出孩子的一些优点。在有些情况下，治疗师与孩子已建立最初的情感协调后，可与父母进行一次单独会谈（经年幼的来访者的允许）来更直接和全面地讨论父母的担忧。你也可以问年幼来访者："让你的父母列出他们所担心的内容的清单可以吗？"如果每个人都知道了我们获得的关于个体或家庭的全部信息的重要性，并且建立了最初的信任关系，我们使用这些收集信息的方法就很少会遇到阻抗了。

控制紧张

在说出愿望的程序中，可能会引起紧张，尤其是当咨询师让孩子说出他们希望看到父母如何改变时。尽管如此，我们发现孩子对父母的愿望是评估和信息收集过程中的关键部分。此外，大多数年幼的来访者在听到咨询师说出"我猜想你的父母也不是完美的"这样的话时会感到安慰。在咨询之初关注父母的行为，可能为在咨询中改变父母的行为提供了基础。（如果你不能直接与父母谈话，你又如何改变父母的行为呢？）最后，就像上面所提到的，在目标设定过程中父母与孩子的互动有时能透露出有趣的家庭动力学。例如，我们见到有的孩子显得不敢谈论父母的行为（而父母也不鼓励他们谈），也见到有的孩子在表达对父母改变行为的愿望时，表现出了相当强的恶意。

如果在经过帮助、鼓励、幽默并放弃了最初对生活改变说出愿望的机会后，年幼来访者仍不能或不愿找出一个个人治疗目标，根据我们的经验，咨询的效果不会很乐观。

评估父母或养育者

有时，带孩子来咨询的养育者自身比孩子有着更大的心理问题。这对于处于所有年龄和经验水平的咨询师来说都是棘手的情况，但对于对家庭面谈和咨询经验不足的咨询师来说尤其困难。

如果父母表现出极端的心理问题，或表现出与孩子的互动模式有问题，你可能有职业职责来采取行动。这些行动从温和到极端有各种形式，取决于你对亲子问题严重性的判断：

- 你可能会在初次面谈时忽略这种不健康的模式，而在治疗关系建立以后再提供反馈。
- 你可能需要立即做出某些温和的反馈。
- 你可能需要收集更多的评估信息，以确定孩子是否马上有危险。
- 你可能需要告诉孩子的父母，你有责任汇报儿童虐待事件并将如此行事。

在大多数情况下，最好是继续进行几次咨询，在建立了更好的情感协调后给予父母反馈和建议。这是因为父母常常是脆弱而防御的（Sommers-Flanagan, 2007b）。然而，有时如果不健康的行为模式不太严重，而父母似乎乐于听取反馈，你也可以在第一次咨询时给予反馈。另外，你可以留下一些治疗性的家庭作业来处理这些问题行为。

根据戴安娜·鲍姆林德（Diana Baumrind）的原创性工作（1975，1991），研究显示有四种常见的父母养育风格：权威型父母、专制型父母、纵容型父母和忽略型父母。权威型父母，根据卡拉罗索（Coloroso, 1995）的观点，又被称为"脊柱"型父母，他们对孩子既有高要求，又能高回应，通常他们养育的孩子有更健康的生活方式、自尊和自控力。权威型父母制订合理的规则，进行更为民主的教育，倾听孩子的想法，但仍保持最终的权威地位。与此不同，专制型父母又称"墙砖"型父母,因为他们制订的规则如同板上钉钉,而且统治家庭的原则是"不听我的话就出去"。纵容型父母又称"海蜇"型父母,他们难以制订和执行家规和价值观。海蜇型父母的孩子会统治整个家庭。最后,有些父母在养育过程中更加忽视孩子,让孩子自己照顾自己。为了促进治疗计划,咨询师可以评估——至少是非正式地评估——年幼来访者的父母属于哪种类型。

许多孩子生活在离婚、再婚或收养家庭中。对有些孩子来说,父母离婚是痛苦的,而对有些孩子来说,是很大的解脱。类似地,父母再婚、家庭加入新成员,既可能给孩子的生活带来欢乐也可能带来噩梦。为了加深你对这些问题的理解,我们建议你阅读从孩子的角度撰写的离婚教育材料(Sommers-Flanagan, Elander, & Sommers-Flanagan, 2000)。

讨论评估和治疗程序

当最初的担忧和目标已经确认后,对面谈程序作一些简短概述或说明是恰当的。根据具体情况,你可以选择让父母在等候室中完成任务或问卷(如一份发展史问卷和一份问题行为检查表)。另一方面,如果有必要与父母直接面谈,你可以让年幼的来访者在等候室中完成画图任务或问卷。在大多数情况下,有用的做法是与青少年单独在一起花些时间,然后在最末的5~10分钟让父母回来一起了解治疗或追踪程序(例如,见面频率、谁会参加面谈,甚至如果时间允许的话,可对控制愤怒、治疗抑郁情绪等的具体治疗方法做一些描述)。

主 体

在了解了孩子和父母认为的问题领域和可能的治疗目标后,应该转入面谈的主体部分。儿童因发展和气质因素不同,说话的多少也不同。因此,咨询师如果希望与儿童充分有效地沟通,需要采用多种方法。教科书、研究生课程、工作坊甚至研究生培养项目主要关注的是对儿童的评估和治疗方法。有效的儿童咨询师所熟悉的原则和程序远超过这短短一章所能涵盖的范围。

分别会见父母或养育者

21世纪的父母难当,父母们有时也很茫然。父母有许多消息来源,在获取专业服务时他们可能特别熟练,也可能信息错误或者缺乏信息。因此,尽管我们在这里出于多种原因强调单独与孩子面谈或同时与孩子和父母面谈,但你最好先和父母单独面谈以确定最合适的治疗计划。

使用彻底接纳

前面我们提到,出于各种原因,儿童和青少年可能不愿与专业咨询师交谈。父母或养育者也同样如此,甚至更严重。如果要论以难缠或防御的方式表现,没有人比父母更擅长了,所以临床咨询师应该在与父母面谈时采用一种彻底接纳的态度(Sommers-Flanagan & Sommers-Flanagan,2007a)。

彻底接纳是来自以人为中心的理论和疗法的概念(Rogers,1980)。它指的是得体而主动地欢迎来访者即使最可笑或最冒犯的表达。咨询师通常的彻底接纳反应会是类似这样的话:"我很高兴你谈到了这个。"

在父母说出一些你的人格或信念完全反对的事情时,特别需要彻底接纳。这些内容可能是非比寻常的、令人厌恶的、种族主义的、性别歧视的或铁石心肠的。下面的例子是咨询师以彻底接纳来处理来访者两种让人厌恶的表达:

父母:　我认为孩子需要管教。父母应该是家里的权威。是,我认为如果孩子越过了线,我就要打他两下。
咨询师:我很高兴你谈到了打孩子的这个话题。

父母:　我不能接受同性恋。我的儿子必须克制这一点,我不会认可他的行为。他要么远离罪恶,要么就离开我的家。
咨询师:许多父母有类似的观点,但不会在这里说出来,所以我非常感谢你这么坦率地告诉我你的想法。

彻底接纳是主动欢迎父母任何的、所有的观点。为了应用这一技术,咨询师必须不因父母的所言所为而感到威胁、愤怒或批评,而是拥抱所发生的任何事。

正如前面的例子所显示的，彻底接纳比传统的以人为中心疗法的方法更主动、更具有指导性且更带有价值偏向。这一技术的目的是让临床工作者在评估和治疗过程中传达出对坦诚的个人认可和职业认可。如果咨询师不珍视坦诚，父母可能保留内心信念永远不说。这种观点的基础是咨询师深层的态度，即父母如果没有表达这些信念以得到个人和专业的审视，就不可能领悟或有动力改变自己的信念。

彻底接纳意味着放弃立即进行纠正、反对或教给父母新方式的需求。相反，咨询师所做的是让不健康的信念在家庭、伴侣或咨询师的审视和分析之下萎缩、融化、崩塌、解体。例如，在父母表达需要使用体罚的案例中，父母在治疗之初强烈感到需要表明自己的立场。在宣布了他们的立场并确认他们有权持这样的立场之后，他们可能更彻底地放弃这种立场，或较少采用这种立场。类似地，无法接受孩子是同性恋的父母可能需要使自己的痛苦（同时也是不良的）情绪先得到认可，然后才能摆脱这些情绪，恢复其他的（也是建设性的）对孩子的爱与亲密的情感。

莱恩汉（2000）与海斯（2002）描述了这一悖论，并将其整合在他们的治疗方法中（即，辩证行为疗法与接纳和承诺疗法）。这些方法强调，在病人的情绪状态得到完全的容纳或接纳时，病人会激发改变或进步。从本质上来说，咨询师是在说（同时也相信）："我接纳真实的你，我在帮助你改变。"

评估家庭强化模式

许多父母无意中对孩子的消极或不良行为过于关注，而对积极或良好行为关注过少。例如，许多养育者在孩子做出不良行为后立即责备或大骂，却忽视孩子的积极行为。从行为主义的角度来看，这种模式通常构成了对消极行为的正强化和对积极行为的消退。

无论理论取向如何，所有进行儿童和家庭面谈的咨询师都应观察和评估家庭基本的行为矫正模式。获得有关行为矫正的评估信息有两种直接的方法。具体来说，咨询师可以：(1) 在养育者和孩子共同参与的面谈中直接观察积极与不良的强化模式；(2) 分别面谈养育者和孩子，直接询问在家庭冲突发生"之后发生了什么"。

有些父母对于正强化有消极的看法，认为这等同于贿赂。如果父母反对使用正强化（甚至在他们反对之前），你可以解释说贿赂的定义是"事先给人报偿让人做非法的事"（M. Gordon, personal communication, April, 1985），而正强化是比惩罚更有效的行为矫正方法（Maag, 2001）；通过询问父母在日常生活中得到的正强化可以强调这一点。

适合儿童的评估和收集信息的方法

正式评估程序的目的是获取与儿童心理功能有关的信息，来做出诊断、提供治疗建议并促进咨询（Weisz, 2004）。尽管许多心理卫生工作者在与儿童面谈时使用传统、正式的评估程序（如智力和个性测验、问卷），但也有许多人不这样做。不使用这些程序的原因是他们或者对评估持消极态度，或者认为正式的评估无益于咨询过程。

年幼来访者常在被要求参与传统式评估时表现出批评或讽刺（如，"这个测验糟透了"），并且拒绝完整而仔细地完成测验。幸好我们还有其他方式来获得信息。下列程序，有时称为定性程序，有助于咨询师收集信息，同时又能吸引来访者的兴趣并赢得合作。由于这些技术能够促进情感协调和信任，它们常对随后的传统式自我报告测评的合作度和效度有积极效应（Oetzel & Scherer, 2003；Sommers-Flanagan & Sommers-Flanagan, 2007b）。这些非标准化的评估程序并非正式的评估程序的代替品，而是一种补充，或在不必要进行正式评估的场合下使用。

你有什么优点（缺点）？

"你有什么优点"的问题游戏是一种建立关系的评估程序，可以使年幼的来访者与咨询师之间产生丰富的人际互动（Sommers-Flanagan & Sommers-Flanagan, 2007b）。这个程序也提供了关于儿童或青少年的自尊的有用信息。开始时，咨询师可以把它介绍成是一种有特殊规则的游戏：

> "我想和你做个游戏。我会把同一个问题问你10遍。唯一的规则是你的回答不可有重复。也就是说，我把同一问题问10遍，你要给我10个不同的答案。"

在做这个游戏时，咨询师问年幼的来访者"你有什么优点"（同时记下来访者的回答），并在每次回答后说"谢谢你"和微笑。如果来访者回答"我不知道"，在第一次时就把它当做一个回答记下来；但是如果"我不知道"（或其他答案）第二次出现，咨询师要以轻松和可能有些幽默或打趣的口吻提醒来访者，这个答案只能用一次。

"你有什么优点"的游戏能让人洞察来访者的自我知觉和自尊。例如，有些年幼的来访者难以清晰地表达一种才能、技巧或积极的个人特点，他们有时会回答自己拥有什么，如"我有一辆很棒自行车"或"我有一些好朋友"，而不是指出个人的某种特性——"我善于骑自行车"或"我友好的性格让我有许多朋友"。类似地，他们可能会描述他们的一种角色（例如，"我是好个儿子"），而不是指出那些促使他们在这些角色中表现良好的个人特点（如，"我对父母很体贴，所以我是个好儿子"）。显然，清晰表达自己的积极个人特点的能力很可能预示着更完善的自尊。

通过这个游戏也可获得人际评估数据。例如，我们遇到过一些自信或有攻击性的儿童要求甚至坚持换角色，由他们来问我们"你有什么优点"。我们总是同意这种要求，因为这提供了一个做榜样的机会，而且让来访者有一种感受权力的体验。此外，年幼来访者对这个人际要求的反应方式也能提供信息。根据我们的经验，符合品行障碍诊断标准（或对成年人感到愤怒）的孩子有时会嘲笑或讥讽这个程序，而其他大多数儿童和青少年会合作并喜欢这个过程。

一个可选的附加程序是在"你有什么优点"之后问"你有什么缺点"。尽管问"你有什么缺点"更加消极并可能有争议，但它也能引出有趣的信息。如果我们使用这个问题，我们只提问五次。也许我们最有趣的发现是，年幼的来访者回答出一个消极特点常常比回答出一个积极特点更快，而且他们有时会把他们作为积极特点指出过的特点又作为消极特点回答出来。

在"你有什么优点"和"你有什么缺点"游戏中，咨询师应注意观察来访者如何描述他们的积极和消极特点。例如，青少年在描述积极特点时使用限定词（如，"我是个好的棒球手，有时候是"）；而在描述消极特点时，青少年可能引用别人（如一位成年权威角色）的话，而且可能做出过强的表述（如，

"我的老师说我永远不能在上课时集中注意力")。

使用投射性绘画

投射评估技术包括画人测验、动态家庭绘画、房树人测验及其他创造性的绘画技术,是非常好的既获得信息又同时建立治疗关系的方法。尽管投射绘画被批评是不可靠的评估方法确有道理,然而它们在儿童咨询中的应用价值非常高。

投射绘画好玩、有趣,但是因其发自儿童的意识而很有影响力,咨询师有可能对儿童所画事物的含义做出武断的结论。例如,如果一个孩子的画中有性的成分,咨询师太容易就会迅速地(有时是不当地)推论儿童经历过性虐待。作为专业工作者,我们需要限制自己利用投射绘画来引出谈话、产生假设和建立关系。尽管投射绘画可能被用来开启关于性和性别的谈话,但永远不应被用来确定是否发生过儿童性虐待。

投射绘画也是开启关于个人与文化问题的谈话的好方法。这是因为儿童常常在绘画中包含了具有个人和文化意义的东西。

咨询主体方面的一般考量

在首次咨询中,一名10岁的活泼男孩给了我一拳,这启发我考虑对孩子应如何温和、适当而坚定地设定界限。做咨询师的基本规则与做父母的基本规则是一样的:如果你没有计划设定界限,你就是在计划着在设定界限方面遭遇失败。

当对儿童使用游戏或身体互动的方法时,咨询师需要认真考虑明确表述或不表述基本规则,并准备好设定符合你的理论框架的限制。在评估情境中,规则越少越好,这样能允许孩子更自由地表达。然而,儿童天生喜欢试探。他们会试图离开房间,乱弄你桌上的东西,开窗户,甚至打电话。在比较少见的情况下,他们会向你做出略带攻击性的行为,拿大头针戳来戳去、咒骂、乱吐口水都是可能的表现。相较于宣布包含这一切可能性的规则,我们认为最好是准备好在需要的时候订立坚定的限制。有些理论取向喜欢不明确宣布任何规则;有的建议宣布一两条基本规则(Behr, 2003)。最常见的规则通常是像这样表达的:

"卡洛斯，欢迎你玩我办公室里的东西（或玩具柜里的东西）。对于在这里玩，我们没有太多规定，但是你要知道我的一个基本规定，那就是不许用玩具弄伤你自己和其他人。"

收拾和拿走东西也是一项评估活动。在面谈结束的几分钟之前留出时间收拾是一项挑战。这样做能使咨询师获取关于孩子在游戏结束时的行为的信息。要注意他们在对玩具或游戏的态度上的突然变化。对玩具的情绪是孩子对结束的感受的重要信号。当然，也应注意他们对你的行为。孩子拒绝合作吗？或者是在四处忙着收拾好来取悦你时？治疗结束时的收拾时间能透露许多信息。

下面这一部分介绍了对儿童面谈有帮助的工具和装备；练习12.1列出了这些物品并提出了一个小组艺术作业。

练习12.1
艺术疗法：设施和应用

艺术疗法是一种专门化的职业工作，使用者通常经过硕士水平的训练。然而，在面谈年幼者时使用艺术疗法并不需要艺术疗法的学位，而且能给你和来访者都带来很好的感觉。大多数材料即不复杂又不昂贵。但是，在咨询中使用更加特别的材料（如丙烯酸颜料）时，你一定要熟悉并喜欢使用它们。如果你有兴趣用艺术的方式引发谈话和探索来访者的问题，可以考虑使用下列材料，也不妨说服你的同事或同学一起收集购买这些资源：

画图铅笔（或炭笔）	一大盒旧杂志
彩色铅笔	一些围裙
粗与细（可水洗）的荧光笔和蜡笔	彩色粉笔
彩色橡皮泥	油画棒
一大叠上好的白纸	水彩用品
一卷报纸	几管基本色的丙烯酸颜料

几瓶色胶	优质的纸巾
混合颜料的调色板	抹布
画笔	巧克力（可选）

治疗临近结束之时，是艺术体验小组里的好时光。把一个小组聚在一起，做一些表现性艺术作品。两两一组一起回顾其过程。对待自己和你的搭档要注意开放性、非指导性和非评价性。问一些非指导性问题，如"给我讲讲你的作品"、"做这件东西的感觉如何"或"你对你的作业有什么发现"。

要尊重每件艺术作品，并注意自己选择的材料。橡皮泥是最随意的；彩色铅笔也许可以说是最好控制的（Campbell Brown，November 3, 2007）。如果你最近用过和玩过这些艺术工具，向来访者推荐艺术手段时你就会更加有效、放松、有洞察力和说服力。

艺术和手工艺

画画是许多儿童甚至一些成年人最喜欢的活动（尤其是在无聊的长会上胡乱涂鸦）。而画画所需的只不过是一些削尖的铅笔、好用的橡皮、一些纸和一个光滑的平面。蜡笔、可洗的荧光笔和油画棒可以带来色彩。不同于前面提到的比较结构化的投射绘画程序，抽象的有时自发的任务，例如"请给我画一画你对数学的感觉"，也会带来许多信息。

当孩子忙于画画时，咨询师可能不知该做什么。画画也可以是一个选择，但一定要仔细考虑。儿童可能会因此而分心，转而看你画画，甚至开始比较自己的画和你的画。这可以提供关于孩子的有价值的信息，但有时也会令人不舒服。咨询师选择的主题、形状、大小和画画风格随后都会影响儿童。对于较小的孩子，最好只是观察儿童作画，同时给出一些支持性、非指导性的点评或观察结果。对于年龄较大、可能有更强自我意识的青少年，咨询师通常最好让自己干点什么（画自己的画），而不是总看着他们画。尽管儿童和青少年有时都会主动解释那些激发他们画画构思的重要方面,但温和而好奇的提问也会有帮助(例如,"那个人头上是什么"或"给我讲讲你的画")。

玩具橡皮泥也是儿童治疗师办公室里的常见物品。它提供了一种细致、可触、有表现力的形式,而且使大多数年幼的来访者都觉得有趣。非常重要的是要有一个易于清理的表面。如果你的办公室铺了地毯,一块塑料桌布就可以解决一些麻烦事。玩橡皮泥的工具包括各种模子和机器,但我们倾向于让孩子自由创造这样的更具投射性的方法。

黏土(塑胶的)也类似于橡皮泥,但在使用前需要准备。要烧制的黏土通常更难控制使用,除非专业人员对此非常熟悉。

油画是艺术疗法中较昂贵的方式。它比彩笔画更混乱和难以控制,但通常能引发更多情绪(Thompson & Henderson,2007;Waller,2006)。在有机会使用色胶或水彩颜料时,一些孩子会从最初的不作反应、不参与变得快乐、爱说话并参与整个过程。

做拼贴画(使用图或词语)是旧杂志的一项很好的治疗用途。胶水(或胶带)、剪刀、旧杂志或图画日历、剪贴板是主要材料。你可以让来访者选择图画或语句来表现任何数量的事物:生活事件、内心状态、家庭烦恼、学校烦恼,等等。他们可以用任何方式来粘贴他们的选择,有时其创造出的强烈表征是言语无法达到的。

总的来说,更加松散、随意的艺术方式会引发更多情绪,但在某些孩子身上会导致自我控制能力的丧失。例如,我们的一位艺术治疗师朋友提醒我们说,手指画可能会让年幼的来访者情绪失控——可能导致在治疗中大小便失禁。

案例

卡里是一名12岁的男孩，天资聪明，有一个过分控制的父亲和一个有很多抑郁症状的母亲。卡里是在父母结婚后很多年才出生的，所以他妈妈现在55岁，而父亲有61岁。姥姥姥爷也与他们住在一起。两位老人身体多病，需要卡里的母亲长期照料。卡里是由学校咨询师推介来的，因为他成绩显著下滑，拒绝参加通常的社交活动，并在班上说过要自我毁灭的话。咨询师请卡里拼贴一张画来表现他的家庭生活。卡里曾以他惊人的丰富词汇量表达了他理解姥姥姥爷的需求，并为妈妈照顾他们而感到自豪。然而贴画上充满的是年轻父母和小孩在一起的形象，还有广告中快乐、向上的句子。当咨询师观看这些内容时，卡里哭了起来，并且说出他渴望一个"正常"的家庭，有年轻的父母和快乐而健康的祖父母。尽管咨询师显然不能改变卡里的家庭环境，但是拼贴提供了评估信息，有助于咨询师形成治疗计划，帮助卡里表达他的哀伤，继续个人发展。

非指导性的、互动的和指导性的游戏选择

对于儿童，游戏就是生活的内容。通过游戏，他们解决痛苦、获得控制、探索新领域和做出新的冒险。游戏也是他们远离难以直接处理的事物的手段。

临床人员在与儿童面谈时对游戏的使用有很大差别。有些咨询师更喜欢模仿弗吉尼亚·亚瑟兰，她提倡的非指导性、极少互动性的游戏疗法在《迪布斯》(*Dibs*) 一书中有优美的描述 (Axline, 1964)。有些咨询师用游戏和讲故事来增进咨询关系并探究儿童生活的某些主题 (Sommers-Flanagan & Sommers-Flanagan, 2007b)。还有些咨询师使用游戏和游戏式的互动来教孩子更强的人际共情或更具适应性的行为方式 (Altman, Briggs, Frankel, Gensler, & Pantone, 2002; Brems, 1993)。

不是所有咨询师都能奢侈地拥有一整套用来玩的东西。然而，下面列出的用品是在儿童面谈和治疗中常用的，可以促进咨询师与孩子的游戏式

的互动。

玩具人物包括广为人们所喜爱的形象，例如，特种部队、忍者神龟（根据我们的消息来源，这个已经不酷了）、X战警、宠物小精灵和芭比娃娃等，也包括一般的玩具士兵或西部人物形象。你无须收集太多；仅仅是一些灰色人和绿色人就足以让儿童创造出一场相当规模的战争或者一个的大家庭。

沙盘有各种形状和大小。使用沙盘是一项专门技巧，可以成为一项核心治疗方法（Russo, Vernam, & Wolbert, 2006）。然而，它也可以只用于游戏或在谈话时用来摆弄。沙是一种诱人的可动介质，许多儿童都无法抗拒。一个结实的盖子和足够多的地板垫是很重要的。你可以收集一些可以玩的物品，如卡车、玩具人物、石头等。

毛绒动物是临床办公室中令人舒服的东西。有时，治疗儿童的心理健康工作者会收集一大堆毛绒动物。如果有不只一个动物，儿童常会创造出动物之间的关系。收集不同大小的动物，甚至一整家子的玩具熊，会增大这种可能。

化妆衣物不像前面那些东西那么常见，但是很容易找到，可使来访者自发地使用。一小箱化妆衣物有时可以让一个原本毫无反应的孩子发生重大变化。像牛仔、救火员、艺术家、管道修理工、芭蕾舞演员这样的装备是很容易配备的。箱子本身也能引发有趣的游戏主题。这些化妆活动对小孩子的强烈吸引是令人惊叹的。

积木在大小、数量和适合年龄上有多种多样的选择，许多积木都有助于吸引年幼的来访者参与治疗活动。但对于可能会吞下积木的幼小儿童来说，则不应使用。而且对于具有冲动控制问题或暴力史的儿童，你也要慎用，他们可能会把积木变成武器。

有攻击性的物品是值得考虑的，但对于某些儿童而言，这类物品无疑提供了形象的行为表现机会。你自己的价值观、职业训练和一般背景会决定你是否适应使用枪、小刀、剑及其他玩具武器。它们无疑允许攻击冲动的表达。有些人会担心它们太具刺激性而促发暴力或攻击表现，而有些人则担心办公室里放有这些物品暗示着咨询者对暴力的某种认可。当你决定在自己的办公室中放些什么的时候，这些是值得研究和在班上与督导和同事讨论的问题。

玩偶屋或其他情境玩具是让儿童表现生活事件和创伤的经典道具。玩偶屋是经历了时间考验的游戏疗法用具。现在许多玩具公司生产如学校、加油站、运动场、整个城市小区等的塑料情境玩具，并且在其中含有人物、车辆、宠物、家具、微型玩具等。儿童喜欢这些道具，并且常常组建整个朋友、敌人和家人的团体。游戏中出现的主题通常对孩子来说很核心，并为敏锐的咨询师提供了许多信息。

真人大小的玩具人物或洋娃娃在某些类型的面谈中比较常见，但并非没有争议。有过一段较短的时间，估计幼小儿童可能存在性虐待经历的治疗者会提供仿真大小的洋娃娃给儿童。如果儿童与洋娃娃的活动带有性的意味，通常被具体解释成是接触过性方面的刺激。对于这种解释是否恰当很快发生了争议（Dickinson, Poole, & Bruck, 2005；Faller, 2005；Hungerford, 2005）。尽管仿真大小的洋娃娃仍有许多用途，但使用者必须经过充分的训练和督导（参见练习12.2）。

总的来说，我们在回顾这些对儿童进行调查访谈的信息时发现，觉察和了解与儿童面谈有关的特殊的发展性能力和局限是多么重要。这也提醒我们，如果不经过深入地训练，是无法获得驾驭这个特殊领域的能力的。

最后说说玩具的收集：要注意，你无意中收集的玩具可能只反映了某种文化或某个社会经济阶层。要找那些不过于昂贵的、具有多种种族特征的、结实、好玩、不易损坏的玩具和娃娃。

练习 12.2
对儿童提问和探究

每个人都是独立、独特的个体，因此即使是才满4岁的儿童，也可以是自身体验可靠而有效的报告者。然而，在通过面谈了解儿童的个人（有时是创伤的）体验时，有些困难和策略需要注意。

通过临床调查面谈从儿童处获得可靠而有效的信息是一项特殊的专业活动，需要扎实的高阶教育、培训和督导。因此，我们提供的下列信息既是向儿童收集信息的总体指南，也是促进你有兴趣在这个奇妙领域获得更多训练的途径。下文提出了专业调查面谈实践与研究的一些要点。

我们的一个同事曾优美而准确地描述了从儿童处收集信息的主要困难。他说:"通向儿童的感情和记忆之门是从里面锁住的。我们作为父母或专业工作者所能做的,只是轻轻地、尊重地敲门,希望孩子信任我们而打开情绪之门,让我们了解。"

儿童具有发展上的局限,所以他们对临床或调查面谈中直接的提问反应不同。例如,儿童对开放式问题的回答可能非常简短。

9岁以下的小孩会顺从成人,会回答他们甚至根本不理解的问题。因此,除非特别小心,否则面谈者可能会无意中导致年幼的来访者回答自己根本不理解的问题。

正如萨蒙(Salmon,2006)所指出的,"父母容易低估痛苦或创伤经历给孩子带来的伤痛,特别是如果他们参与了导致孩子伤痛的事情"。这说明,父母可能不是孩子痛苦程度的有效报告者。

在临床面谈中,玩具和娃娃特别能让儿童放松下来。此外,玩具和娃娃还能让孩子重演特定的创伤事件。然而,玩具和娃娃在促进准确表达中究竟是起到了帮助作用还是干扰作用,取决于咨询师是否能以有效而基于实证的方式使用这些物品(Chang, Ritter, & Hays, 2005;Salmon, 2006;Trotter, Eshelman, & Landreth, 2003;Vig, 2007)。

开放式问题("告诉我……")和带有线索的邀请("你说他伤害了你;请告诉我关于这次伤害的事情")是在向儿童收集准确信息时最有效的方法。此外,萨蒙指出:"在面谈开始时把这类问题与中性事件(如学校活动)联系在一起有助于促进治疗关系,同时也让孩子练习回忆和报告自己的体验,并形成对此后情况的准确预期。"

幻想和游戏

这一类活动是需要言语互动的，但放在这里讨论的原因是它们并不涉及直接的面谈程序（如提问和回答）。

讲故事用于吸引和影响儿童的历史已有许多世纪之久。请儿童来听故事、编故事或者参与编故事的过程是十分有趣而且能透露出许多信息的（Gardner, 1993）。利用故事和讲故事活动的方式有很多（BigFoot & Dunlap, 2006；Cook, Taylor, & Silverman, 2004）。讲故事只需很少材料，但有时需要活跃的想象力。如果缺乏想象力，那么牢牢记住几个令人喜爱的故事会对你有所帮助（参见练习12.3）。

演戏或哑剧对孩子来说是一项很具投射性的活动。孩子们常常喜欢编出一场戏并且分配表演角色。这个活动能揭露儿童生活中非常重要的主题。让儿童写出剧本，然后表演出来，可以向咨询师和儿童透露出许多内容——尤其是当儿童指定剧中不同人物的角色时。

常见的儿童规则游戏（如国际象棋、跳棋或扑克游戏）能有助于打破僵局，与孩子建立关系。咨询师通过观察儿童在处理游戏安排、轮换、遵守规则、遭遇挫败、策略等方面的表现，以及最终的胜负，可以获得评估信息。

治疗所用的规则游戏可以从许多服务于心理健康工作者的公司购买。它们的形式、涵盖主题、吸引力和复杂程度各不相同（Bellinson, 2002）。你可以拿一份产品单来挑选，选择哪种游戏具体取决于你所要从事的咨询工作类型（参见推荐阅读与资源）。

有时，儿童会主动产生游戏的念头。你选择参与的程度（如果你参与的话）是一项值得考虑的决定。例如，一位7岁的小女孩是因为有社交技能问题而被推荐来的，她提出用一只毛熊玩具来玩藏猫猫会很有趣。缺乏经验的咨询师同意了并闭上双眼。小女孩爬上沙发靠背，把毛熊放在了灯的灯丝上。尼龙烤焦的味道让咨询师找到了烤焦的毛熊。

在有关治疗的著作中，有效地进行儿童咨询的创造性方法和方式非常之多（Bellinson, 2002；Cashel, Killilea, & Dollinger, 2007；Cook et al., 2004）。你要了解所治疗的儿童的需要、能力和发展水平、所确认的问题领域的分支、你的环境及其局限，还有你自己对上述各种工具的接触和喜好。

练习 12.3
讲故事

　　有些人认为善于讲故事的人是天生的而不是学来的，我们希望不是如此。在这项练习中，你需要一个搭档，还要调动你个性中有创造性的一面。如果你感到担心，那么试着告诉自己每个人的个性中都有创造性的一面——当然你也是一样。

　　请你和搭档坐下来开始讲故事。你可以讲任何你想要讲的故事。唯一的规则是故事应当有一个开头、一个过程和一个结尾。故事中包含一些有思想和感情的角色（如人物、蚂蚁等）会有所帮助。这个故事可以是关于你、关于动物、关于飞船或关于任何事物的。然后开始讲一个故事。在大约30～60秒后，当故事尚未结束时停下来。这时，另一个人开始接着讲这个故事——用他或她自己独特的讲故事风格接着讲下去。然后，大约30～60秒后，再换讲故事的人。练习的目标是让你和搭档一起来编一个故事，目的是放松你讲故事的限制，由此使你自己更好地发展讲故事的技巧和才能。在故事结尾，你们可以相互给出温和的解释性表达（如"我发现霍兰德总是把冲突或紧张带回故事中，而乔伊斯似乎总是把这一切解决，让大家都又感觉好起来"）。然而，在对任何人的故事风格的含义做解释之前，一定要先征求对方的允许。这个活动会帮助你准备好给年幼的来访者有创造性地讲故事。你可能还希望对各种讲故事的文献做些了解，例如，加德纳（1971）的《互动讲故事的技巧》（*Mutual Stroytelling Technique*），我们的书《坏孩子、酷咨询》的第五章；参见推荐阅读与资源。

结 束

与成年人相比，儿童对时间流逝的体验是不同的。实际上，年幼的儿童甚至无法理解时间具有线性的、不可返回的特点。因此，告诉孩子还剩10分钟不如说些更具体的东西，比如：

> "我们只剩下一点时间在一起了，可以只够再读一页书（再画一张画、再讲一个短的故事），然后我会总结我们所谈到的，看看我是否记住了所有内容，然后我们做下周的计划，好吗？"

正如和成年人面谈一样，你可能总是希望在50分钟内比你能做到的获得更多信息。然而，你需要停止收集信息，开始结束活动，以确保顺利而不仓促地结束面谈。

给予年幼的来访者安慰和支持

年幼的来访者在努力与你建立联系的过程中需要得到支持，因此在整个面谈中，你应提供支持。尤其是在结束时，你一定要提供安心的、支持性的反馈，做出如下评价：

> "你用那套乐高搭的东西真不错。"
> "你说过这是你第一次来咨询。可是你知道吗？你做得很不错。"
> "你告诉我的关于你的家庭、老师和你自己的所有东西，我都很感激。"
> "谢谢你这样坦诚，告诉了我这么多关于你自己的事。"

因为许多儿童来访者在第一次面谈时并不是自己来的，所以你需要让他们知道你欣赏他们以及他们所冒的风险。有些年幼的来访者，尤其是青少年，可能行为粗鲁或者做出防御、抵抗的行为。你甚至可能产生反移情冲动，有强烈的冲动想要退缩、指责，甚至推开这个孩子（Willock，1986，1987）。你当然可以用一句共情的表达指出被"拽来咨询"的困难性，指出来访者似乎对你不太坦诚。然而，正如对待成人一样，你要小心避免对抵抗、防御或不开口的年幼来访者表现出生气或失望，这些反应很可能会使他们将来更不愿寻求专业人员的帮助。相反，如果你的来访者充满防御性，你要力图保持乐观：

> "我知道今天来这儿和我谈话不是你的主意，我也不会因你对此有些不快而怪你。我们也许可以一起找到一些方法来让这件事不那么痛苦。实际上，我甚至知道一些方式可以让整件事很快完成，然后你就做完咨询了。"

（如需了解更多与困难的年幼来访者终止咨询的方法，请参见"把终止作为动机"，Sommers-Flanagan & Sommers-Flanagan，2007b）

总结、澄清和寻求参与

与年幼者最重要的结束工作是：(1) 清楚地总结你对问题领域的理解；(2) 将问题和可能的干预方式联系起来（假设你发现了这种联系）；(3) 提醒来访者关于养育者会参与或不参与的方式；(4) 如果可能，寻求孩子的某种积极参与。下面有两个案例。第一个是一个做噩梦的 7 岁孩子的例子。第二个是一个多次被同学抓到偷窃的青少年的案子。

案例 1：结束

"那么，贝丝，我们的时间要快到了。你帮助我了解到你在晚上努力睡觉时是什么感受。你非常害怕。而大家却对你不待在床上十分生气。我想我能做一些事情来帮助你，但是这恐怕意味着你要再来多和我谈谈。可能要你的爸爸、妈妈和哥哥都来，这样我可以和他们谈怎样来帮助你。但是当我那么做时，你会在这儿和我在一起，而且你和我先要做计划。我想三天后我们再见面比较好。你觉得这样可以吗？我们可以再画一些画，而且我还有一个故事想念给你听。"

案例2：结束

"汤米，我们还剩几分钟。我知道咨询并不是很有趣，但是你不是不用上英语课和一些自习课了吗？大家对你拿走东西感到很不舒服——即使你认为是借，但它可能会给你带来不值当的麻烦。我非常感谢你花时间来告诉我你对这一切的想法，并且回答我所有关于你的问题。我想我们可以一起合作，让你的生活平静下来。这不需要花太长时间，因为你很聪明，但至少要再有几次治疗。我想要是你不会遇上更多麻烦，我们不一定要让你妈妈参与太多。可以只有我们两个人来做一些计划和思考。你很善于思考事情。我打赌我们能想出一些有帮助的主意来。但是我需要更多地了解你的生活，也就是说要谈话。你认为你能再来和我多谈几次吗？"

给予年幼来访者权力

因为年幼者在他们生活的许多方面并没有最终权威，他们通常对于得到选择和机会来提出问题会有良好反应。因此，在结束时应留下时间转移一下中心，让孩子有时间问问题并且反思和你在一起的过程：

"你知道，我在这儿一直提问。我想知道，你是不是也有问题想问我？"

"我们在一起的时间和你想象的一样吗？"

"有什么让你困扰的东西吗？"

"有没有什么最后你想说而我没有问的吗？"

"我想知道你是否感到我在这次面谈中还应做些什么来帮助你感到更舒服（或帮助你更自由地谈话）？"

这些提问有助于使年幼的来访者产生权力感和控制感。尽管在咨询结束时要保持控制，但同等重要的是与孩子（谨慎地）分享控制权。

安排细节

与年幼者面谈时,再次与他们的监护人联系是结束的一个重要部分。儿童常常不能安排来面谈所需的细节,也不能遵循面谈产生的其他建议。因此,咨询师应花时间来与养育者澄清这些事情,最好让孩子也在场。其他有关问题(如付费和时间安排)也可讨论。

治疗终止

在意识和无意识中对终止的担忧上,儿童和成年人有相同的一般规律。在你准备儿童咨询时,请复习本书第六章中关于终止的部分。可预期儿童和成人对咨询结束时的反应的主要差别是量的差别而非质的差异。儿童常会有更加明显和极端的表现。成年人也许想要拥抱你但是控制住了自己,而一个孩子会贴上来就拥抱。一位成年人可能会在你们一起的时间结束时想咒骂你,而一位青少年可能会直接骂出来。成年人也许感到有些悲伤,而孩子会哭起来。成年人会表现出一些失望,而孩子可能会摆出难看的表情,大声抱怨他们的时间用完了,甚至在你小腿上踢上一脚。他们可能会拒绝离开,或者说自己早受够了而提早离开。咨询师需要担任观察者、共情者和温和的设定限制者三重角色。有时,儿童对事情的感受、想法和行为相当激烈。这都是属于道别的过程中的一部分。

总　结

对儿童进行咨询在许多方面都和对成人进行咨询有质的差别。本章指出了成人与儿童的基本差别并探讨了处理这些差别的专业方法。在咨询的介绍阶段,必须考虑和澄清儿童的养育者的角色。必须直接对儿童说话,并帮助他们理解咨询的过程。有时咨询师会直接治疗父母,而不是孩子。

在有些情况下,你需要先单独与父母或养育者面谈,然后再会见孩子。这种做法也是可以的,只要咨询师能够组织好咨询的进行方式,并进行有效的沟通。面对有心理问题甚至比孩子问题更严重的父母，对于咨询师来说也是个挑战。

在开始阶段，如果年幼的来访者不能或不愿指出治疗的个人目标，我们建议咨询师使用一种名为愿望和目标的程序来建立一种积极氛围，让儿童参与到过程中，也使父母感到自己得到了倾听。对于年幼来访者，咨询师必须指出保密性的特殊情况。这是因为儿童在法律上是未成年人，因此，父母和监护人有一定的权利获知咨询信息。

在咨询的主体阶段获取评估信息可使用许多非言语游戏工具的方法。此外，特定的适合儿童的评估和信息收集方法也可使用，以帮助咨询师在获得信息的同时培养治疗关系。当年幼的来访者使用正式评估工具时，咨询师应向来访者解释其用途并应提供对评估结果的反馈。

结束和终止程序在儿童咨询中与在成人咨询中相似，但是由于几点原因它们变得更加复杂：有更多的参与者需要考虑、要平衡更多的时间要求，而且儿童可能比成人会更直接或直率地表达他们对咨询经历的反应。

推荐阅读与资源

Dugger, S. M., & Carlson, L. (Eds.). (2007). *Critical incidents in counseling children*. Alexandria, VA: American Counseling Association. 这本书对大量的心理健康和学校背景的儿童咨询场景提供了临床点评。

Hersen, M., & Thomas, J. C. (2007). *Handbook of clinical interviewing with children*. Thousand Oaks, CA: Sage Publications Ltd. 这本详尽的手册中包括与咨询儿童有关的大量主题，例如精神状况检查和纵火等多样的主题。

House, A. E. (2002). *The first session with children and adolescents*. New York: Guilford. 该书可帮助你准备与年幼的来访者的第一次面谈。

Jongsma, A. E., Peterson, L. M., & McInnis, W. P. (2000). *The adolescent psychotherapy treatment planner*. New York: Wiley. 这本治疗计划指南是以逐个步骤的方式撰写的。其中全面覆盖了大多数青少年期的心理障碍和问题表现，并对每种障碍提供了治疗目标和具体干预方法。

Jongsma, A. E., Peterson, L. M., & McInnis, W. P. (2000). *The child psychotherapy treatment planner.* New York: Wiley. 这是用于为儿童来访者制订治疗计划的另一本治疗计划指南。类似于前一本，书中包括童年期的障碍、问题表现、治疗目标和对每种障碍的治疗方法

Murphy, J. (2008). *Solution-focused counseling with middle and high school students* (2nd ed.). Alexandria, VA: American Counseling Association. 在对青少年进行焦点解决咨询方面有许多著作，我们认为这本无疑是最好的。作者很好地解说了咨询青少年时的焦点解决原则，但这本书尤其突出的一点是，作者非常了解青少年，介绍了各种对青少年共情的方式，同时又符合焦点解决的原则。有太多的焦点解决专著在某种程度上不够尊重现实的青少年的问题，这本出色的著作则无此弊病。

Richardson, B. (2001). *Working with challenging youth*: *Lessons Learned along the way*. Philadelphia: Brunner-Routledge. 作者写下了他在为难以应对的青少年提供咨询中学到的50多条"教训"。这本书不仅对青少年咨询提供了大量实用的观点，而且结构严谨，写作风格能带来愉悦的阅读体验。作者也是一位懂得青少年及其家庭系统且很擅长讲故事的人。

Sommers-Flanagan, J., & Sommers-Flanagan, R. (2007). *Tough kids, cool counseling*: *User-friendly approaches with challenging youth* (2nd ed.). Alexandria, VA: American Counseling Association. 这是我们最喜爱的一对作者所写的我们最喜爱的儿童与青少年治疗书籍之一。不开玩笑地说，这本书的优点包括：通俗易懂和明确的应用取向。书中包括许多技术和方法，均可服务于建立和深化治疗关系的目标。关于自杀和药物治疗的章节尤其实用。

Sommers-Flanagan, R., Elander, C. D. & Sommers-Flanagan, J. (2000). *Don't divorce us!: Kids' advice to divorcing parents.* Alexandria, VA: American Counseling Association. 该书基于对亲历父母离婚的儿童与成人的访谈和调查。该书强调了儿童的视角，并涵盖了从离婚前、离婚过程中和离婚后的夫妻冲突到新家庭的多种问题。

Thompson, C. L., & Henderson, D. A. (2007). *Counseling chidren.* (7th ed.).

Belmont, CA: Thomson. 这是一本关于儿童咨询的非常全面的基础教材。作者介绍了许多不同的理论流派和重要问题。

第十三章

与伴侣或家庭进行面谈的原则和技巧

> 幸福的家庭是相似的;而不幸的家庭各有各的不幸。
>
> ——列夫·托尔斯泰《安娜·卡列尼娜》

> 只要是艰难的事,就使我们更有理由为它工作。爱,很好;因为爱是艰难的。以人去爱人:这也许是给与我们的最艰难、最重大的事,是最后的实验与考试,是最高的工作,别的工作都不过是为此而做的准备。
>
> ——莱内·马利亚·里尔克《给一个青年诗人的十封信》

本章目标

并非所有咨询师都能够对伴侣和家庭进行咨询。在我们看来,在治疗情境下与伴侣或家庭面谈恐怕是心理健康专业人员要面对的最令人兴奋也最令人畏惧的情境。尽管阅读这个简短的章节无法为你提供与伴侣或家庭有效面谈所需的足够信息和培训,但可以提供一个重要的概貌。在阅读完本章以后,你将了解以下内容:

- 伴侣或家庭咨询中的一些经典悖论,包括临床工作者常常要用更少的时间与更多的来访者面谈。
- 咨询师通常如何界定伴侣与家庭。
- 如何将前面介绍的面谈阶段和任务应用于伴侣和家庭咨询。
- 在伴侣和家庭咨询中识别、控制和改变冲突(与设置界限)的实践与理论问题。

> - 一些家庭治疗的概念，例如，认同、投射、参与和回避。
> - 何时（及是否）从个体治疗转为伴侣或家庭治疗是合适的或符合伦理的。

如今，我们应该都会同意：对个体进行面谈是一项很有挑战性的任务。现在，请设想一下与两个或更多的人进行面谈——而且是同时进行！

在与伴侣进行面谈时，你不再是评估和处理一位来访者的问题领域和咨询的动机与期望，伴侣双方以及他们的关系都呈现在你的咨询室里。你需要评估和处理的是两个力图相爱和维持关系的不同个体的各种各样的问题、动机和期望。此外，在进行家庭咨询时，咨询师有时要投入狂风骤雨的大海——家庭的动机、期望和关系——之中。一般来说，随着来访者人数的增多，治疗评估和处理的复杂和困难程度也会提高。

尽管本章将讨论伴侣和家庭咨询的基本原则并提供实践技巧，但我们对这个复杂课题只能是初步涉及，而且反映了我们自己的偏好和取向。伴侣和家庭是强有力的系统，包含着外显和内隐的情感联盟与冲突。作为专业人员，我们必须尊重这些系统和系统的力量。有时，在我们教授伴侣和家庭治疗的时候，我们告诉学生要畏惧，非常畏惧。我们这样说不是要吓唬学生，让他们不敢从事会带来令人难以置信的满足感的伴侣与家庭咨询，而是帮助他们了解这不是简单的工作。伴侣和家庭可能影响力强大，吓坏受训不足的咨询师。因此，本章比其他章节充满了更多的技巧和指导原则，但是也仍然无法使你足以进行伴侣和家庭咨询。你不妨把本章想成是一场令人兴奋的盛宴的小小试吃会——享用伴侣与家庭咨询的盛宴需要更多的教育、培训和督导。

与伴侣和家庭面谈的一些悖论

伴侣和家庭面谈涉及几个悖论，我们将在下面讨论：

来访者更多，时间更少

尽管伴侣和家庭咨询比个体咨询要更加复杂，但大多数咨询师与伴侣和家庭进行面谈必须更迅速。这是因为，平均来说，伴侣和家庭保持咨询的时间不会像个体一样长（Taibbi，2007）。有几个原因可以解释为何伴侣和家庭保持治疗的时间比个人更短。

通常来咨询的伴侣和家庭中的各个成员具有不同的动机水平、不同的期望和不同的时间限制。有些家庭成员或伴侣中的一方可能在咨询一开始就不愿接受咨询。这种不平衡可能导致治疗提早终止。此外，大多数保险公司和许多医疗管理机构不为家庭治疗提供保险偿还，这减少了伴侣或家庭能承担的咨询时长，进而增加了治疗者提供高效率的面谈和咨询服务的压力。最后，显然，在繁忙的伴侣或家庭中找出一个每个人都能持续保证来咨询的时间也是一个难题。单纯是时间安排的困难性就可能减少伴侣和家庭来咨询的次数。

界定伴侣

关于与伴侣或家庭面谈的另一个棘手的情况是，在你开始面谈前，你必须界定你的术语。

对于如何界定伴侣，专业人员和普通公众都有不一致的意见（Greenan & Tunnell，2006；Price，2007）。有些专业人员喜欢用婚姻治疗这个名字，有些则喜欢称其为伴侣咨询或伴侣治疗。我们对称伴侣治疗或婚姻治疗的立场是根据治疗能包含的范围。在本章中，我们主要把包括两个人共同追求一种浪漫关系的面谈和咨询技术称为伴侣咨询或伴侣治疗。我们选用这个词是因为伴侣咨询能比婚姻咨询包含更广泛的内容。伴侣咨询可以包括治疗未婚男女同性恋伴侣、未婚的异性伴侣（从未计划结婚的）、未婚伴侣（寻求婚前咨询的）、互相做出可视为婚姻的承诺但未得到法律承认的伴侣，当然也包括传统上和法律上已婚的伴侣。它还包括曾离异但正在和好的伴侣。相对来说，婚姻治疗专指发生在通过婚姻做出相互承诺的两个人身上的治疗努力。

伴侣咨询又称关系治疗，或更具体地称为关系增进。除非你使用的治疗是一种被称为关系增进疗法的治疗方法（Accordino, Keat, & Guerney, 2003；Guerney, 1977；Scuka, 2005），否则我们建议你避免用关系治疗这个术语，因为它无法区分伴侣治疗与家庭治疗，甚至也可能包括关系调解等具体干预方法。有时，两名家庭成员（如母女、父子）会一起寻求治疗以改善他们之间的关系。这种情况最适合称为家庭治疗，因为它包括一个家庭中并无恋爱关系的两个成员。

界定家庭

与界定伴侣一样，对家庭的界定也是一个复杂的课题。对家庭的表述很难不与某种观点冲突。家庭有各种各样的形式和规模。家庭理论者和治疗者对于在进行家庭治疗时是否要见次级家庭结构的成员有不同意见（Goldenberg & Goldenberg, 2007）。但在我们这个瞬息万变的社会中，任何时候，前一周和后一周的家庭都可能会有不同的界定和形态。

共同监护下的儿童常常认为自己实际上有两个或更多的家庭。在许多印第安人和其他文化中，儿童可能养育在亲戚家中，可能与祖父母、姨姨、叔叔或年长的哥哥姐姐等生活一段时间（Ho, Rasheed, & Rasheed, 2004）。此外，家庭中可能有收养的孩子、年长的亲属和短期的成员。家庭的主要领导人可能是父母中的一位或两位、祖父母中的一位或两位、一位亲生父母和一位养父母，等等。有时，组成家庭的成员出于选择或法律原因并不住在一起。例如，有时家庭治疗会遇到一位家庭成员在少年管教所的情况。

治疗家庭的心理健康工作人员必须找到一个恰当的对家庭的界定和一个用于确定恰当治疗模式的理论基础。学习对家庭进行有效面谈并进一步从事家庭治疗需要认真的学习和密切的督导。进行家庭面谈和家庭治疗的理论流派是多样的甚至有争论的。这种理论上和实践上的多样性，加上我们前面提到的复杂性，要求初学的咨询师必须在密切的督导下才可进行家庭面谈或家庭治疗。我们建议初学者在现场督导或反思团队的帮助下进行家庭面谈，来获得培训经验（Selicoff，2006；Shurts et al.，2006）。

一般性的面谈

本章我们将介绍对伴侣和家庭进行面谈的重要方面。我们也会指出和这些面谈有关的问题和可能的解决方法。然而，在与伴侣或家庭面谈时，不同理论流派的实践者对于什么是恰当和有效的面谈方法的意见很不一致。实际上，有些实践者可能会说在与家庭或伴侣面谈时，并不存在一种一般性的或超越具体理论流派的方法，因为最初的面谈就已反映了专业人员的理论和治疗取向。然而，我们认为，在最广为接受的家庭治疗理论中至少有一些共同的家庭治疗元素。因此这些元素也是初学家庭或伴侣面谈的学生要重点考虑的内容。

面谈的阶段和任务

类似于个体和儿童或青少年面谈，伴侣和家庭的临床面谈可以分成西雅（1998）的五个阶段：

介绍

伴侣和家庭面谈的介绍阶段包括电话中的联系或时间安排、初次见面和打招呼，以及对来访者的教育。

与伴侣进行电话联系或时间安排

当伴侣前来寻求专业帮助时，其中的一个常比另一个对咨询更加热衷。通常，打第一个电话来的人（常是在关系中感到比较缺乏力量或支配力的人或女性）比另一个的治疗动机更强。然而，情况并非总是如此。例如有时，打电话的人是由于对方坚持要求才这么做的：

来访者"喂，我的名字是伯特·史密斯。我想预约一次婚姻咨询"
咨询师"好的，在我们安排约会时间之前，我想告诉你一些关于我们的
　　　　服务的信息，并且问你几个问题。"（咨询师接下来告诉来访者该

机构的收费内容，询问来访者的保险情况、最佳见面时间等。）

来访者："好的，我们可以周五下午来。你知道，我妻子让我打这个电话，否则我就别再想维持我们的婚姻了。她认为我需要咨询。所以我希望马上安排好这次会面。"

从这个例子中你可以看到，打电话来安排约会的人，自己并没有寻求咨询的动机，但是妻子的最后通牒大大推动了他。我们发现，有时当一方发出最后通牒后，比较缺乏动机的另一方会打这个电话。然而，我们也发现，较为缺乏动机的一方通常在电话中较早表露自己的态度。在更有动机的一方打电话预约的情况下也可能如此：

"我打电话来是想预约一次婚姻咨询。我们的婚姻在解体。我几年来都在努力让我丈夫来咨询。现在，我要预约一次面谈。也许他和我一起来，也许我自己来。"

伴侣常在咨询中出现治疗师所称的三角关系。三角关系指的是伴侣中的一方与第三方建立联盟，通常是为了获取同情或权力。打电话来预约伴侣咨询的人常常在最初的电话联系中就开始积极寻求咨询师的同情。三角关系常在伴侣和家庭中发生，通常它被看成是增大一个人在伴侣或家庭系统中的权力的不理想的（有时是病态的）方法（Weeks, Odell, & Methven, 2005）。然而，我们要指出，在恋爱关系中希望建立三角关系，争取别人同情或支持自己的立场，是非常常见和自然的。

我们发现，在伴侣打电话来约定咨询时间时，治疗者的性别有时是一个重要变量，因为伴侣双方或其中一方可能坚信某一性别的治疗师能更好地理解他人的问题。在培训的诊所中，常可以对伴侣或家庭提供有两个性别的不同治疗者的合作治疗。尽管合作治疗在已经很复杂的关系上又增加了合作治疗者之间的沟通问题，但它通常利大于弊，尤其是在治疗培训中。这是因为缺乏经验的治疗师在不清楚如何取得进展时愿意从合作者那里得到支持和寻找方向。相反，更熟练的治疗者有时会认为合作治疗是一种负担。他们对如何取得进展已经很自信，而且有时会感到合作治疗者所说的话干扰了有效的治疗进程。然而，假如两位合作者在理论上相容而且能互相很好地沟通，向伴侣和家庭提供两种角度通常是更全面的做法。

然而对来访者者来说，不幸的是，很少有咨询师会合作进行治疗。虽然也有例外，甚至某种理论流派认为两名治疗者的参加是至关重要的（Young-Eisendrath, 1993）。但一般来说，两位治疗者共同治疗一对伴侣或一个家庭是很不经济的。因此，在某些培训诊所，人们常要选择是找一位男性治疗师还是找一位女性治疗师。

咨询师："有时，来做婚姻咨询的人们更愿意找男性治疗者或女性治疗者。你有什么偏好吗？"

来访者："嗯，事实上，她从没说过是愿意找一位男性还是一位女性。我想她也许更喜欢找一位女咨询师，而我更愿意和一位男性谈这些。好吧，你最好给我们安排一位男性。"

在这个例子中，丈夫对于是服从他自己还是妻子的偏好做了短时间的思想斗争，然后决定服从于自己的意愿。这一选择可能是渴望三角化关系的最初表现。也就是说，丈夫希望男性的治疗师会更多地从他自己而不是他妻子的角度来看问题。与往常一样，我们建议咨询师在一开始与来访者进行电话联系时就记下他们对来访者的第一印象。这些记忆可能包括考虑打电话的来访者是否在极力获取咨询师的同情或支持。对于来访者提出的偏好，可以满足也可以不满足，但需要注意到这个方面。

与伴侣见面和接待

咨询师应注意在问候伴侣时保持相对同等的热情。伴侣们可能会观察一些细微的迹象来判断咨询师偏爱哪一个人。咨询师要尽可能避免与伴侣之一发生三角化关系；保持同等对待非常重要。

三角化的倾向会使得在等候室中与伴侣的闲谈格外需要考虑和观察。如果你谈论天气，妻子可能会不快，因为她丈夫太爱谈论天气了（而不谈"更重要的"问题），而她对丈夫已经很生气了。如果你谈论如何找到这个办公室，他们可能会因争执在来的路上谁"拐错了弯"而迅速陷入一场争吵。当与冲突之中的伴侣见面和进行接待时，你说的一切几乎都可以用来反对你。

尽管有这些可预见的危险，咨询师在等候室中接待伴侣时还是应该聊聊天。要把话题限定在中性的闲聊中，而且要知道即使是闲聊也可能触发情绪，要和双方都握手，要避免让你的话显得太个人化或显示出你更偏爱某一个来访者。

与家庭的电话联系或时间安排

上面所谈的许多内容也适用于最初与家庭的电话联系。主要的不同在于，除非你在家庭治疗诊所工作，否则家庭成员很少打电话明确要求进行家庭咨询。请求帮助的内容通常集中于对家庭中某种问题行为模式的描述，或（更常见的是）某位或几位家庭成员的问题行为模式。理论取向、研究实证和临床判断有助于你决定是选择家庭治疗还是个体治疗。

当来电请求帮助的情况可能最适于家庭治疗时，咨询师通常建议安排一个所有家庭成员都能来的初次面谈时间。你或许不必继续让所有成员都参加，但在开始家庭治疗时与家庭中的每个人都见面是很有帮助的。有些家庭治疗或家庭系统取向的临床工作者坚持让居住在家中的所有家庭成员都来参加第一次咨询（Goldenberg & Goldenberg, 2007）。有些家庭治疗师甚至会欢迎乃至鼓励附属家庭成员的最初参与。

下面是一个电话谈话的例子：

咨询师："威尔伯太太吗？我是蒂娜·琼斯，我是大学咨询中心的实习咨询师。"

威尔伯太太："啊，我想约一个时间谈谈我的丈夫和女儿。实际上，我丈夫说他可能也愿意来，但我不能确定怎样最好。你们有空的时间吗？格林医生说你们的中心很适合，因为我们现在没有保险，而你们那里有优惠。"

咨询师："是的，我们有空的时间。我下午有时间。听起来似乎你希望在你的家庭关系方面得到一些帮助，是这样吗？"

威尔伯太太："嗯，我不知道。我丈夫比尔这些日子以来对女儿金姆很不高兴。她 15 岁了，而且她的嘴可不饶人，你知道我的意思吗？她一直在逼迫他。他通常是沉默寡言的人。我们的儿子瓦利在这种争吵中有些混乱了。也许我应该带金姆来，可她说这不是她的错。她说如果她爸爸不来，她也不来。"

咨询师："很多时候，家庭在某种转变中是需要帮助的。孩子的成长有时是谁都头痛的。我曾受过家庭治疗的训练。至少开始的几次全家人都来是最好的。除了你的丈夫、儿子和女儿，你家中还有别人吗？"

威尔伯太太："没有了，就这些。有时我觉得这几个都已太多了。"

咨询师："那么，你认为下周四下午 4 点所有人都能来 1 个半小时吗？"

电话的主题可以有无数种变化。家庭中的人们常常不知道有家庭治疗可以选择，常常对有什么能帮助他们感到困惑。在最初的电话中，多少需要一些临床判断力和心理教育，才能约定一次家庭治疗的受理会谈。

与家庭见面和接待

与接待伴侣一样，与家庭的闲谈中也有许多重要之处需要注意。通常最好是谈些与全家人有关的话题，而不是只挑出几个人谈话。有些理论者强调，即使在等候室中，咨询师也要首先面向最年幼的家庭成员（Whitaker & Burnberry, 1988）。如果客观环境允许，最好在进入咨询室前称呼每个家庭成员的名字来打招呼。

对伴侣和家庭的教育

与进行个体面谈一样，在伴侣和家庭面谈中，咨询师也应向他们介绍咨询的程序和面谈的一般计划。要仔细地谈论保密性并且归纳出可能使你打破保密性的法律义务。你应该牢记自己的职业道德和所在机构的规定。例如，有必要向来访者说明你是否会与伴侣或家庭中的成员单独面谈、你是否会接伴侣或家庭中的成员有关他们问题的电话，以及你是否同意暂时或持续保守任何秘密。下面是一种常见的情况：

> 吉尔作为心理学实习生初次与贝蒂和巴尼见面。治疗开始时，贝蒂哭了起来，说她肯定巴尼不再爱她了。巴尼变得生气而有防御性，并在面谈中控制了谈话。贝蒂在治疗中几乎一直在哭。吉尔努力让双方参与进来帮助她了解他们作为伴侣的背景和需要，但进展艰难。这次治疗结束时，吉尔感到她需要再和他们花两三个小时才能开始确立良好的治疗目标。她让他们回家填写一份婚姻满意度问卷并交回办公室。第二天，巴尼打来电话，告诉吉尔他有外遇，但他认为最好不让贝蒂知道。他希望和贝蒂待在一起直到她们最小的孩子明年毕业，这也是为什么他同意来咨询。他假定吉尔在未得到他允许前是不会告诉贝蒂任何事的。

澄清你保守秘密的意愿在伴侣和家庭治疗中至关重要。具体来说，根据国际婚姻与家庭咨询师协会的伦理准则（Internationa Association for Marriage and Fqmily Ciybsekubg, 2005），如果吉尔没有另外声明过，那么巴尼的假定是正确的：

> 除非全体参与者同意其他安排，否则家庭成员在个体咨询或咨询联系中告诉咨询师的话在没有得到其本人许可的情况下不应泄露给其他家庭成员。

在伴侣和家庭中，还有其他需要注意的保密性问题。有时，咨询师会产生对儿童的躯体虐待或性虐待的担忧，有时要担忧如果其父母离婚，孩子的监护权问题。仔细说明这些可能的后果和记清法律和本机构的规定是很重要的。

咨询师还应告诉伴侣或家庭在面谈中他们该怎样做以及什么行为是不允许的。对于公然的冲突、破坏性的互动、亵渎的言语和提高嗓门等行为，进行伴侣或家庭咨询的心理健康工作者的忍耐力有个体差异。我们认为初学者最好保持控制，谨遵避免带来潜在破坏性的冲突的原则。在本章后面，我们会更多地涉及这个领域。

设定规则以限制冲突的一个例子如下：

> "贝蒂、巴尼，我想让你们了解一下我们会怎样进行咨询。我们很可能要谈一些相当艰难和情绪化的事情，如果谁离题太远或者太激动，我会保留打断的权利。有时，伴侣咨询师喜欢让伴侣真的吵起来，以看到情况是怎样的，但那不是适合我的工作方式。我知道有时会很难，但我们要一起以建设性的方式解决你们所面临的问题。"

有一位学生遇到的家庭中有一个非常爱喊叫、有控制欲的中年男性，她就这么说：

> "你知道，史密斯先生，这个房间并不完全隔音。我想让你知道，当你提高嗓门时，秘书和楼上的人都能听到。"

除了处理喊叫和其他形式的破坏性冲突，咨询师还需要考虑自己的活跃程度和风格。相较于进行个体咨询的咨询师，大多数伴侣和家庭咨询师是相当活跃而有指导性的。他们会引导来访者进行表述、重述、核查，让来访者在房间中重新选择座位，甚至在角色扮演中代替某人。他们会针对沟通的性质、婚姻的性质、家庭的需要、自己的理论观点等给出练习、家庭作业和小型的讲座。来访者有权事先知晓这些类型的活动和干预方式。

伴侣和家庭也通过观察面谈的行为来学习面谈的过程和基本规则。从一开始，咨询师就应保证每个人都了解在预定面谈的过程中谈过些什么。这包括咨询师对自己所获知的伴侣或家庭来寻求职业帮助的原因进行清晰的重述。通过再次陈述这些信息，咨询师给出了在咨询中不保守秘密的榜样。

> 咨询师："很高兴见到你们两个。桑蒂，你打来电话约的这次见面，所以我想让米格尔知道我们谈了些什么。米格尔，桑蒂打电话时说你们两个都同意来咨询，但这主要是她的主意。如果我记得没错，

她说你们去年尝试了一次分居,但那让孩子很难受,所以你们又搬回一起。这些就是我们谈话的全部内容了吧,桑蒂?"

桑蒂:"是的,差不多了。但我们来这里还有更多的原因。米格尔非常卑鄙。"

咨询师:(打断)"谢谢,桑蒂。现在,我想确认一下米格尔是否了解了我们谈论的基本内容,这样我们就在同一个起点上了。我们几分钟后会谈是什么问题让你们来这里。米格尔,这和你了解的一样吗?"

米格尔:"我知道她打了电话而我不是特别想来。但我觉得我们应该做些什么。"

咨询师:"谢谢,米格尔。你们两个也都知道了我所知道的,这点很重要。在关系问题中总有许多侧面。我的原则是在进行伴侣咨询时,我不会在咨询中对一方单独告诉我的内容保密。在我简述我是如何工作的并给你一些重要信息后,我会开始询问你们分别有哪些问题想谈,好吗?"

这次迅速而重要的核查使谈话自然过渡到关于保守秘密和伴侣中的一员与咨询师单独接触的话题。相关规定和理论取向多种多样,因此建立你自己的立场非常重要(根据理论取向、督导和机构规定;关于在伴侣间保密的讨论,参见练习13.1)。

练习 13.1
是否要保守秘密?

请想一想米格尔与桑蒂的这个例子,设想如下内容:

当桑蒂来电话预约时,她告诉你米格尔曾非常抑郁。她告诉你他对她不再有性方面的兴趣,而她认为这与抑郁的生理反应有关。她也提到米格尔的父亲去年自杀了。对于这些信息,你会在初次面谈时向米格尔复述多少?

如果她在电话预约时告诉你她去年曾发生外遇，但已经不再见那个男人了，她还告诉你她没有让米格尔知道这件事，也不确定是否要让他知道，那么你会怎么告诉她你在伴侣治疗中保守秘密的原则？

米格尔打电话来预约，告诉你他对桑蒂失去了性兴趣，因为她在前两年重了9公斤。他还告诉你他对色情图片成瘾，在网上花很多时间，而不想与桑蒂交流。当他们一起来进行首次面谈时，你是否会把这些告诉桑蒂？如果桑蒂曾来电预约并描述了类似的情况呢（她过去两年长了9公斤，她怀疑米格尔对色情成瘾）？你是否更可能在第一次咨询的时候与米格尔分享这些信息？

正如你从前面的场景中所看到的，在首次咨询时确定要与伴侣分享哪些信息颇为困难。你是否要有一种原则把一方告诉你的任何事都告诉另一方？（如果是这样，你必须在打电话的来访者开始要告诉你他们的关系问题之前就说明这个原则。）或者，你是否会选择性地记住第一个打电话来的人所说的话？你是否以后会提起？如果你不提起，这给第一个打电话的人传达了什么信息？——关于你保守秘密和与他或她的同盟关系？

在你接听伴侣治疗的转介电话之前，要清楚你的原则。我们认识的一些治疗师不仅拒绝保守秘密，而且会直接询问伴侣治疗的来访者是否有外遇。如果致电的来访者承认有外遇（或怀疑有外遇），这些治疗师会请伴侣先讨论并结束这种"恋爱三角关系"后才开始治疗。

想想你的立场。你会与恋爱的双方保守秘密吗？你会咨询正有着外遇的伴侣吗？在这些问题上，你如何确定自己的立场？

开端

家庭或伴侣面谈的开端根据专业人员理论流派的不同而有些不同。对于伴侣面谈而言，开端的一个非常重要的内容是获得充分信息以了解两个人各为什么原因而来咨询。一个简单而平衡的表达可以帮助咨询师开始面谈的这一部分。期待每个人都同等地参与是不现实的，但在开始阶段听听每个人的谈话很重要。

对与伴侣进行面谈的开场白
在最后询问了伴侣是否有任何关于程序的问题后，咨询师可以这样开始：

"我需要听听你们各自是出于什么原因来这里的，以及你们希望作为一对伴侣来处理些什么问题。谁先开始都无所谓，但我想听到你们每个人的话。我知道你们可能对某些领域的某些方面有不同意见，这样你们在这个过程中可以相互核对，我也是如此。"

观察两人怎样决定谁先说是有信息价值的。伴侣也会通过语调来表达他们对于对方和对于咨询的感觉。在许多情况下，这些情绪表达是很微妙的。

伯恩斯坦与伯恩斯坦（Bornstein & Bornstein, 1986）提供了另一个开场白的例子：

"我今天的计划是这样的：首先，我想了解你们；其次，我需要一些关于是什么让你们来这里的信息；再次，虽然我想听你们说，但我今天会问许多问题；最后，在我们接近结束时，我想给你们一些最初的反馈，如果我认为我能帮助你们，我也会让你们知道。"

请注意，在这个开场白的例子中，咨询师向来访者提供了更强的结构和方向。伯恩斯坦的开场白在一定程度上是由他们的行为主义取向决定的。他们强调控制方向和面谈的过程。

保持平衡
同时注意正在说话的人和伴侣中的另一人是很重要的。如果你观察到愤怒、痛苦或不同意的非言语迹象，你可以模仿下面这种平衡的方法：

"贝蒂，等一下。巴尼看来好像要说点什么。我知道你还没说完，但让我花一小会儿听听他想说什么。"

（转向巴尼）"巴尼，我注意当贝蒂谈到关于电视的问题时你皱了眉并转开了视线。贝蒂还没有说完她的感觉。你是愿意让她说完再回来谈这个问题，还是想现在与她交流？"

即使你只是开始了解他们来的原因，通过积极地使他们最初的沟通结构化，你也在做出榜样。我们认为，让伴侣中的一方忽略对方表达出的不适是一种不良的榜样，但我们也认为平衡和公平对好的伴侣治疗至关重要。因此，如果巴尼表示他需要更正贝蒂对电视问题的解释，你应给他一些时间，然后归纳他所说的内容，再转回贝蒂。

"谢谢，巴尼。了解你有不同观点是很重要的。我猜想我们会发现你们两个在不少领域中都有并不完全相同的见解，但是我们会讨论这些。现在我们让贝蒂继续说吧。"

尽管咨询师需要关注来访者不适感的非言语表达，但同样需要意识到有些来访者有时会通过相当具有冒犯性的非言语信息不断打断对方的谈话。如果非言语的打断成为了一种模式或产生了问题，咨询师应开始指出来，但是要弱化这些非言语反应：

"贝蒂，请稍等一下。我看到巴尼对你说的话有一些相当强烈的反应。巴尼，我能看到你越来越难受，但我希望你克制你的反应，继续保持注意，尽量倾听和理解贝蒂认为是什么让你们来做咨询。待一会儿你会有机会谈你的看法。"

评估伴侣的互动和行为

当伴侣在谈他们来咨询的主要原因时，在几个维度上观察他们的互动和行为倾向是有用的。

伴侣双方在对亲密和自主的需要上常常不同，一位成员可能总要求两人有更多时间在一起，而另一位（直接或间接地）表达出强烈的愿望想独处并离开这种关系。在初次面谈中，就表现出这些在亲密和自主上的差异并不罕见。有时，这看起来好像是关系中的追逐游戏：一个成员在追而另一个在逃、在躲。

亲密和自主的问题作为一般的性别差异已得到详细讨论。男性常被看成是更冷漠、疏远和自主的，而女性则是热情、亲近和亲密的。尽管认为伴侣间的冲突主要源于男女差异可能也有所帮助，甚至效果很好，但性别典型行为的模型容易被滥用和误用（Gray，2004；Tannen，1990）。你确实可能会在与伴侣的面谈中发现，男性更经常地追求自主，而女性更经常地追求亲密，但这种观察不应使你假定男性的自主风格和女性的亲密风格才是正常的或可取的。相反，我们应该观察双方的偏好和倾向，以便更深入地理解伴侣间的动力学，这样会帮助伴侣获得更具适应性或更健康的动力学模式。

约翰·戈特曼，一位华盛顿大学的婚姻与家庭研究学者，关注伴侣咨询中"情感要价"的重要性（Gottman & DeClaire，2001）。他强调恋爱双方相互提出情感要价，如果关系是健康的，他们会接受并共情地回应对方的情感需求。例如，延续上一个场景，贝蒂可能会说：

> "我星期六整天都在打扫车库，而他一直在看他的足球。然后，我进屋告诉他我都弄完了，他不是支持我，而是说：'哦，打扫我们小小的车库真花了你很长时间。'"

如你所见，贝蒂提出要价，希望获得情感支持和关怀，而巴尼完全罔顾。通过观察这些错过的机会，咨询师可以更好地了解两人之间消极的沟通模式。

与家庭进行面谈的开场白

转介的需求和理论取向决定了你作为家庭咨询师说出的开场白的语调和内容。有时，过度的紧张可以用小小的幽默来缓解，类似下面这样：

> "我想你们都在好奇为什么我请你们一起来。"
> "像你们这样好的家庭在咨询之外会在一起干什么呢？"

我们要赶紧补充说这种幽默有时是很糟糕的主意。它要求咨询师具有临

床判断力和相当的轻松自信。在大家落座后,你可以像这样说:

> "我们接下来一个小时要在一起相互熟悉。我会谈一些话,希望你们每个人也都有机会说一些。我需要知道发生了什么以及你们为什么来这里。我希望我们还能谈谈家庭治疗怎样有所帮助。"

家庭治疗的开场白是多种多样的,这取决于咨询师的理论取向。萨提亚(Satir,1967)介绍了一种经典的方式:

> 在第一次面谈中,治疗师的开场白是通过提问确定这个家庭在治疗中想要什么和期待什么。
>
> 他会询问每个在场的人,尽管不一定完全依照这些句子:
> "你是怎样想到来这儿的?"
> "你期望会发生什么?"
> "你希望在这里达到什么目标?"

与家庭保持平衡

家庭治疗中的一种典型情况是"指认病人"现象(Goldenberg & Goldenberg,2007;Patterson, Williams, Grauf-Grounds, & Chamow,1998),是指整个家庭系统共同联合起来宣称某一个成员是所有家庭问题的原因。萨提亚(1967)等实践者指出,在家庭中,患病者可能是在对家庭失调做出反应,并且在试图通过自己的症状吸收整个家庭的痛苦。这种情况说明了为什么在家庭治疗中保持平衡不仅仅是保证每个人都有机会说话。即使在初次面谈开始的几分钟内,确保某一家庭成员不受全家人的攻击或成为全家人的替罪羊也是你的职责。你的工作还包括确定在什么时候以及你会如何开始改变这个系统。理论、督导和经验再次成为培训这一重要技能的关键。

> **案例**
>
> 拉各斯代尔－黑根一家前来咨询，因为他们14岁的儿子斯欧对他9岁的妹妹希拉极具攻击性。父母（托马斯和拉雪丽）对于如何处理这一问题意见不一，但都认为斯欧是有些失常。在听完了基本的关于保密性的信息以及咨询师的开场白后，托马斯开始发言，并痛苦地诉说他的儿子似乎一心要杀了他妹妹。"我应该每天揍他一顿。也许这还不够。但是他妈妈不同意。"拉雪丽把手放在托马斯的胳膊上，说："你知道，在你还没意识到之前，他就会长得比你高了。他不会因为你打他就改变了，不是吗，斯欧？"斯欧对咨询师说："他不是我的亲爸爸。他和我妈妈在一起很长时间了，但他不是我爸爸。但他是她的爸爸（斯欧看着希拉）。"
>
> 父母开始说为什么是否亲生并不重要。斯欧显然引导了谈话方向。希拉完全没有说话。在这种情况下，要获得平衡，咨询师需要进行干预并重新引导谈话方向，把希拉也包括进来。

评估家庭的互动和行为

从开端到终止，家庭治疗师始终要警觉地观察。家庭是你的来访者。它是一个复杂的系统，家庭与你和家庭成员之间总是同时进行沟通。在任何一刻，沟通的数量都是令人难以想象和无法一一观察的，更不用说去控制它。然而，这种观察和控制却是大多数家庭治疗模式的核心。咨询师要同时注意言语和非言语的沟通模式。

> **案例**
>
> 一个四口之家把他们最小的女儿（14岁）送来咨询，宣称她有许多"古怪"的想法，让他们担心她是不是"疯了"。这个女儿谈到了对人群的恐惧、在晚上睡觉时听到有人说话、似乎对男友过分依恋、逃学并且成绩不佳。大女儿不再住在家中。咨询者请父母一起来参加第一次面谈以确定究竟适合用家庭治疗还是个体治疗。父母坦诚地谈了

他们的个人生活、宗教信念和对女儿的自豪。女儿也很乐于说话并且常常表现出敏捷的幽默感。父母对女儿没有过分责备，并表达出对她健康的真切担忧。实习的咨询师面对这些丰富的表达和坦诚的沟通很受打动，并开始认为这是一个很好、很正常的家庭。然后，她眼睛的余光发现这位女儿脱掉了她的鞋，并在椅子后面用赤脚抚摩着父亲的鞋尖。父亲完全忽略了这个举动，而女儿也不想引人注意。

无须多说，这个行为在初次面谈中不是正常的父女行为。这提醒实习咨询师警觉，有比表面上看到的更多的事情。尽管当时没有指出这个小动作可能是咨询师的失误——咨询师一直等到与这个家庭建立更多关系并更了解其家庭动力学模式后才指出，但这一发现促使她对一些可能有问题的领域进行了更详细的调查。根据她的督导的理论取向，她还决定她需要单独或成对地与家庭成员面谈，以充分了解家庭中的各种同盟关系及其形成原因。

主体

家庭或伴侣面谈的主体与开端一样，颇受咨询师的理论取向的影响。在听到了主诉之后，询问内容将指向与来访者所提及的问题领域有关的核心情感、行为和想法（或信念）。然而，在更深入地探讨这些领域之前，我们认为你应向来访者解释指导你的工作的理论取向。这时你应介绍某些技术的使用，例如，让每个人说话、安排家庭作业、练习倾听技巧、利用问卷等。不断地评估每个人响应你的方法和计划并参与配合的意愿是很重要的。

治疗伴侣的理论流派

治疗伴侣的方式有许多。有些基于传统的心理治疗理论，有些基于女性主义理论，还有些更多地依据技术或价值观，如专用于改善性功能的疗法，或用于遵从宗教信念中关于伴侣相互关系的准则的疗法（Gurman，2008；Nutt，2005）。下面有一些例子：

一位行为流派的治疗师会系统地询问发生在伴侣之间的合适的和不合

适的行为。他或她会强调说,认为自己的关系积极而令人满意的伴侣通常报告有更频繁的相互取悦或共同享受的互动(Gaspar, 2006)。然而,在评估每个成员喜欢对方有怎样的表现时,行为主义者一定会谨慎。例如,请设想如下场景。

咨询师:"我希望你们两个告诉对方,对方做什么能让你感觉这份关系更好。"
洋子:"我希望他更努力保住一份工作,有更多时间在家,不再批评我。"
布兰登:"你开玩笑吧?这和她每天冲我唠叨的一模一样。我不需要到这里来听这些!"

从行为主义的角度来看,这个互动仍是洋子与布兰登关系中旧有的相互惩罚的模式。与此相反,咨询师会询问双方自己愿意做些什么来让关系变得更好。

咨询师:"布兰登,你能先说说你愿意做什么来改善你和洋子的关系吗?只说你愿意做什么、你觉得什么会有用,不要说你希望洋子怎么样。"
布兰登:"好的。我想我愿意花更多的时间和她在一起,如果她不提我工作的事的话。"
咨询师:"喔,等一下。记住,布兰登,现在只说你愿意做的事——完全是关于你的——无论她怎样说。我们待会儿会谈到那儿。但现在,只说你愿意做的——不管她做什么。"
布兰登:"哦,好吧。嗯,我愿意和她一起出门,不带孩子一起度周末。"

从这个例子中你可以看到,伴侣总是容易批评对方的讨厌的行为,当然,这本身也属于令人讨厌的行为。行为主义治疗师力图帮助双方找出和增加一些积极行为,之后才关注减少双方的消极或惩罚行为。你可以从双方愿意开始做或愿意更多地去做的愉快或积极的行为开始。

从认知治疗者的角度来看，在伴侣面谈的主体中发生的大部分是对认知在引起和形成配偶冲突方面的作用的积极评估和教育。在前面的洋子与布兰登的例子中，咨询师可能会帮助他们重构认知，改变对彼此行为的归因。例如，对于洋子提到布兰登的工作问题，布兰登做出消极反应，可能是由于他潜在的信念认为她觉得他无能。而实际上，她的话可能主要是由于她在经济上的焦虑。随着咨询师帮助双方理解自己关于对方的假定，伴侣双方可以澄清自己的话，更加积极地重构。

关系增进的伴侣治疗很大程度上源于卡尔·罗杰斯的以人为中心理论（Guerney，1977），专注于教育伴侣相互倾听的技能，非常类似于个人中心取向的治疗者在治疗中所用的技能。荣格的理论和概念也体现在许多伴侣治疗形式中，包括意象关系疗法（Hendrix，2007）和对话疗法（Young-Eisendrath，1993）。这些及其他一些伴侣治疗至少在一定程度上都包括伴侣治疗的沟通取向。在早期，沟通流派的咨询者在面谈的主体阶段会开始指导伴侣的基本倾听技能，并让伴侣双方尝试一两个简单的复述来显示这些技术的力量和有效性（Bornstein & Bornstein,，1986）。他们可能会安排伴侣双方花时间倾听和分享。

对于大多数伴侣来说，沟通都是关键问题。因此，在治疗中，沟通为咨询师提供了评估和教育的机会。开始时，伴侣常直接与咨询师讨论他们的问题和冲突，有时就好像另一个人不存在一样。尽管这可能是自然的，但强调沟通技巧训练的治疗者常告诉来访者类似下面的话：

"我知道这可能有点奇怪，但在这里的大多数时间里，当你们谈到问题与冲突时，我希望你们两个能互相交谈。换句话说，我希望你们不是对我说话和提问，而是互相谈话。当谈到任何与你们两个有关的事情时，我希望你们互相望着对方并称呼对方的名字。我的工作是打断你们并帮助你们改变沟通模式，但是只有当我能看到你们两个人在相互沟通时，才能做得最好。"

在听了这个明确的信息后，伴侣仍常常转向咨询师，说类似下面这样的话：

> "我不知道怎样分辨他是否对和我谈话感兴趣。我回到家，他会说'你好'，但他不会开始谈话，而我感到很孤单。"

在沟通模型中，咨询师的干预常常包括：

> "我希望你转向巴尼，重说一遍你说的话，但这一次是对他说。"

这个模型的另一个潜在假设是，贝蒂和巴尼学会相互有效沟通比学会与咨询师有效沟通更为重要（Bornstein & Bornstein, 1986）。

前面的描述绝不是对伴侣咨询方式的全面介绍。还有许多其他方法。为了恰当地考虑这些多样的流派，你需要更多地阅读和学习。

治疗家庭的理论流派

大多数家庭治疗理论和方法来自于系统论（Goldenberg & Goldenberg, 2007）或生态学（Bronfenbrenner, 2005）的观点。这些观点彼此非常相似，它们均不把咨询看成是一个治愈或消除个体或家庭的病态的过程。比起实际的障碍本身，表现出障碍的环境是同等重要的，在有些情况下甚至更重要。事实上，障碍常常是家庭系统或家庭环境中出现问题的信号。从惠特克的符号-体验家庭治疗到鲍温的理论和疗法中分化与多代际传递的概念，家庭取向的学者和治疗师倾向于关注比个体或核心家庭更广阔的内容（Goldenberg & Goldenberg, 2007）。

家庭咨询的理论领域非常复杂，我们无法在此一一介绍。请参见本章末的推荐阅读与资源以了解进一步的知识。

常需处理的领域

在与伴侣或家庭面谈时，无论咨询师的理论取向如何，都有一些应考虑的评估领域，而且在大多数情况下，应在初次面谈的主体阶段进行探讨。下文介绍了这些领域。前三个评估领域——性、金钱和承诺水平——是专用于伴侣的。

性

在与恋爱伴侣进行面谈时，性亲密方面的满意度是一个要评估的核心领域。咨询师常感到在询问性功能问题时难以启齿。因此，你要练习如何问出不同寻常或难以启齿的问题。我们最喜欢留给咨询师的一个作业是："在下一周中，花几个小时和你的同学一起在人多的当地餐馆里大声谈论你性生活的细节。"

当然，在给出了这个任务后，我们会接着说："好吧，如果你不情愿做这个作业，那么你可以在一个比较隐私和安全的地方和对方小声地讨论性的事情。"这样做的原因是，咨询师和伴侣一样都需要学会更放松地谈论性。

伴侣在回答你提出的关于性生活的问题时常常可能比你提问题时更难受，这也许会让你得到点安慰。但是，这通常也意味着你更需要以一种放松、舒适的态度谈论伴侣功能的这个方面。在第一次面谈中，你不一定有机会问及性，而在你问及时，也许你只是得到一个迅速而简短的回答："哦，很好。我们那方面很好。"但是在以后，在建立了更多信任后，对于性功能的问题可能会出现很不同的答案。重要的是你要以自然、关心的态度询问性功能、和谐度和满意度。

金钱

尽管向伴侣询问关于金钱的问题比询问关于性的问题要容易，但这仍是一个重要而困难的问题。这方面的问题包括谁会付账、是单独还是共同核查账目、对节省与花费的意见是否一致，等等。通过评估配偶在他们的关系中如何管理钱财，咨询师也能对他们如何控制（或如何滥用）关系中的权力有所了解。

关系承诺水平

只有少数来咨询的伴侣是希望通过伴侣咨询促进伴侣关系的发展的。他们兴奋而充满兴趣地来咨询，去探索增加关系满意度的方式，他们常对继续他们的关系已做出了全心承诺。有些前来咨询的伴侣是想要修补或处理他们关系中的一些问题，但并未认真想过结束关系。他们做出了承诺，但他们也体验到了一些痛苦。还有些来咨询的伴侣在承诺上明显不平衡，其中一个对于是否维持这份关系有深深的疑问，而另一个几乎拼命地力图与对方在一起。

最后，还有些伴侣把咨询作为最后的方法，他们不再相互承诺，对继续这段关系也不抱多少希望。

你需要直接或间接地了解你所面谈的伴侣是属于哪一种情况。你可以使用斯图尔特伴侣咨询预问卷（The Stuart Couples' Precounseling Inventory）来了解双方的承诺水平而不必在面谈中当着另一成员直接询问（Stuart & Stuart, 1975）。其他的伴侣关系测量工具有多达280题的婚姻满意度量表（Marital Satisfaction Scale, Snyder, 1979），也有少至32题的双方适应量表（Dyadic Adjustment Scale, Graham, Liu, & Jeziorski, 2006）。

原生家庭

在伴侣和家庭面谈中，花许多时间了解每个人的成长和原生家庭关系模式当然是不可行的，但对这个重要领域有所了解对于伴侣和家庭咨询都会有所助益。你可以通过设计初始面谈的表格收集许多信息，包括每位伴侣或家庭中父母关系方面的家庭历史：死亡、离婚等。了解兄弟姐妹的婚姻也是有用的。然而，有的初学咨询师在治疗伴侣时可能有这样的疑问：我是否应该在早期就解译配偶在原生家庭中未解决的问题？

尽管我们认为原生家庭中未解决的问题对于伴侣的互动有强大影响，但是我们反对在初次面谈中就对来自原生家庭的伴侣冲突做出解译。在伴侣中过早地进行解译通常不恰当，而且会让他们停止咨询。相反，我们可以在心中或纸上记下其原生家庭的问题可能对伴侣冲突有刺激作用。此外，在第一次面谈中可以指出这种可能性，但不必细述其动力学内容。例如：

"你们可能也都知道，你童年时期的经历、你与父母和兄弟姐妹的关系会塑造你与别人相处的方式。我不能确定你们两人是否如此，但我们在面谈中时常讨论你在父母家中的经历会如何影响你当前的冲突和你用来解决这些冲突的努力会是有用的。但因为这是我们的第一次面谈，我不会对你的童年经历会如何影响你的关系进行任何猜测。"

原生家庭的问题可能有深刻的影响，但来访者也可能意识不到（Gurman,

2008；Odell & Campbell，1998）。因此，正如精神分析的解译（见第五章）一样，对原生家庭的解译如要有效，就必须等到充分的治疗关系已经建立，充分的支持信息已经获得之后再进行。作为一种家庭治疗技术，对跨代家庭主题的解译可能不那么危险，但仍应非常谨慎地进行。

家谱图

家庭治疗和伴侣治疗的咨询师常会使用家谱图作为理解多代际家庭动力的工具。绘制方法或许稍有变化，但了解如何绘出基本的家谱图是家庭面谈的关键（McGoldrick，Gerson，& Petry，2008；Shellenberger，2007）。咨询师也可不在家庭面前绘出家谱图，但可以收集完成此图所需的信息。但是，在治疗中，绘制家谱图是一个常见的与家庭一起进行的活动。有大量书籍教咨询师如何绘制家谱图（Mc Goldrick et al.，2008；Shellenberger，2007）。

收集家庭治疗的目标

许多家庭治疗师在面谈主体阶段收集信息时，会通过有意识地请每个成员说话来保持平衡。例如，兰克顿等人（Lankson，Lankton，& Matthews，1991）谈道："我们总是询问每个成员希望家庭中发生什么改变以及如何改变，即使他们的观点彼此冲突，每个人的话也都成为目标的基础。"（241）。

在家庭治疗中了解目标的一个关键是强调每个人都参与并且避免找替罪羊或不断指责公认的"病人"。治疗师要探究所有家庭成员的优势和缺陷，并开始明确他们是如何影响公认的病人的（Falloon，1988）。

做出改变的意愿

在伴侣咨询中，如果来访者对于咨询有所承诺，会表现为完成家庭作业、尝试新事物、试行改变和尝试新观点的意愿。除了直接询问，评估这个方面的一个很好的方法是请两个人在面谈中尝试一种新的行为或倾听技巧。你可以简单地说一些下面这样的话：

"巴尼，不知你可否握一会儿贝蒂的手，让她哭吧。"

"妈妈，看起来好像你和凯伦坐得比别人都靠近。不知你能否让凯伦在她哥哥旁边坐一会儿，让爸爸坐过来我们再谈一下。"

如果来访者同意完成作业或安排出交谈时间，咨询师应询问他们会把这种新的行为具体安排在什么时间。

孩子、父母、邻居、朋友

以伴侣和家庭为核心的常常还有更广泛的关系圈，所有这些关系之间的健康或挣扎是相互影响的。你有必要了解这些人际的和角色的要求对于伴侣或家庭系统的作用。祖父母、孩子和他们的朋友、养子养女、伴侣的亲属、亲密的朋友和其他熟人都可能对一个家庭或一对伴侣的幸和不幸产生影响，而且能够增添或耗费许多关系资源。考虑诸多外在因素对伴侣和家庭的丰富的交互影响是治疗的生态学流派的核心概念（Bronfenbrenner，1976，1986，2005）。

药品、酒精和身体暴力

初始面谈时填写的表格是询问这些方面信息的极好形式。有时，这可能引出关于对酗酒的恐惧或过去的暴力事件的进一步交流。像性的问题一样，在信任建立之前，你也许只能在这个方面得到"一切都好"的简单回答。然而，仅仅是书面或口头上的询问也能开始让每个人知道你愿意开放地倾听这些方面的困扰。当使用问卷或初始面谈表格来询问敏感话题时，咨询师应仔细阅读这些表格，并与伴侣或家庭讨论重要的问题。根据你的观点，要让伴侣和家庭清楚，在问卷或初始面谈表格上询问的任何问题在家庭或伴侣系统中都是不保密的，因此可能会在咨询中进行讨论。

结束

在与家庭和伴侣的初次面谈中，严格注意时间很重要但也很困难。咨询师要管理更多的来访者，而有时在只剩几分钟时还会提出复杂的问题。我们认为，当在治疗结束时出现新问题时，除非这个问题代表了真正的危机，否则都应结束治疗，你可以像这样说：

> "罗莎，我很高兴你提出你想改变宵禁的时间。但今天我们没时间了。所以，我希望你们下次提醒我们来谈这个问题，让我们早一点讨论，这样我们就有足够的时间来讨论每个人对这件事的感受。"

如果可能，与家庭面谈最好用 1 个半小时甚至 2 小时，但无论时间长短，咨询师都应遵守开始时约定的时间限制。非常重要的是你要保证留出足够时间让来访者从一些强烈的情绪中恢复过来。你不能保证让每个人对现状感觉变好，缩小问题、让每个人离开时都带着虚假的希望也是不道德的。但另一方面，支持和称赞每一个人来寻求帮助的努力是你力所能及的。提供一种让每个人都恢复平静的结构、为家庭提供方向和希望也是你力所能及的。

在一切结束面谈的方法中，总结是一个重要的工具。要使来到这里说出他们的问题和恐惧的伴侣或家庭知道，咨询师听到了他们所说的内容。咨询师还应帮助他们结束面谈和准备离开。全面而体谅的总结可以帮助咨询师达到这些目标，比如：

> "好的，今天我们讨论了许多重要的内容。你们的家庭经历了许多，你们对于希望处理什么问题也有一些想法。奶奶的去世似乎不像原来认为的那么让人难以承受，因为她已经病了很长时间。她的去世，加上彼得最近的法律问题和金妮决定下个月带她的男友住进来，事情似乎是太多了，而且你们过去那种相互间舒适的谈话方式似乎也不见了。爸爸，你常常生气。妈妈，你感到心乱不安。金妮，你感到没人注意你。而彼得，大家都太关注你。现在，我可能无法重复全部内容，但我想这提到了一些主要内容。我漏掉了什么重要东西吗？"

另一个常用于结束的工具是安排家庭作业。这可能包括沟通时间、记日记、行为记录、约会、阅读、听指导录音或可从事的其他活动。你要记住的是，你在一开始介绍你的工作方式时，应该让伴侣或家庭了解你会在治疗的间隔中让他们做一些事情。

最后，在多人面谈结束时，你要知道他们的生活在这次治疗后会继续相互影响。你或许想要说一些简短的话，来传达"这和在家里不同"的含义。例如：

"一起来这里咨询，由我来引导、提问，甚至指手画脚，显然与你们在家中在一起时不同。我们讨论了一些确实令人苦恼和难以处理的内容。我肯定你们在家里也会继续谈这些，但是我希望你们能记得使用我们今天谈到的一些原则，如果情况变得太有破坏性或太困难，我们下周会有更多时间来处理。不能马上解决一切问题是正常的。"

终止

如前所述，与家庭和伴侣的面谈仅因为人多就会变得更复杂。有时，约定下一次见面是很困难的，因此在治疗结束时要额外留一些时间来做这件事。如果时间到了而大家还不能确定下次何时见面会是尴尬而不够专业的。

结束语应简洁、乐观、能安抚人心。再次表达你对他们前来咨询的尊重、你对他们所做的事情的感谢，或指出下周将要发生的事（如生日、旅行计划），都是很好的使咨询过渡到终止的谈话。

特殊考虑

下面要讨论的主要是打算治疗伴侣或家庭的咨询师需要考虑的情况和问题。这些情况和问题是伴侣或家庭咨询所独有的。

找出、控制并改变冲突

前来找心理健康工作人员的伴侣或家庭常常在其关系中发生过或正在发生严重冲突并缺乏解决的技能。因此，咨询师必须找出、控制、有时还要改变伴侣和家庭表达冲突的方式。有些伴侣和家庭似乎最擅长的就是吵架，好像这是再自然不过的。在与伴侣或家庭面谈时，有一系列与冲突有关的问题。

冲突过程与冲突内容

伴侣会带着无数冲突前来咨询。例如，不断发生冲突的三个最常见的领域是：金钱、性和姻亲。当然，还有许多其他的可能发生伴侣冲突的领域，如家务的分配、教养孩子、娱乐方式和宗教追求或倾向等（Snyder，1979；Sperry，Carlson，& Peluso，2006）。类似地，来咨询的家庭也有各种各样的常见冲突领域。责任分担、家务、孩子的独立需要和家庭资源的公平分配是咨询中常见的家庭问题。

冲突的内容是指争论的是什么。而冲突的过程是指每个人是怎样争执的。这是一个重要的区分，临床咨询师必须在第一次面谈中帮助伴侣和家庭发现他们争执的是什么以及彼此是怎样争执的。

许多来咨询的伴侣和家庭处于破坏性的或无效的冲突过程中。这是一个假设，但它是一个相对可靠的假设。具体来说，我们假设来咨询的伴侣和家庭至少在某种程度上欠缺冲突解决技能。他们不知道应怎样面对冲突。大多数人并不完全具备健康而有效的冲突控制技能，所以这也不令人意外（Wilmot & Hocker，2005）。当然，有时伴侣和家庭在许多方面有重大冲突，并且已经尝试了各种适应性方法来消除他们的差异。

在第一次家庭或伴侣的咨询面谈中，冲突内容和冲突过程都会显现出来。而这两者都很重要。此外，咨询师很可能对来访者争执的内容和方式产生个人反应。

你对冲突有何感受

不是所有人都喜欢公开的冲突。有些人总是回避冲突，有些人总是寻求冲突（Wilmot & Hocker，2005）。对于咨询者和来访者都是如此。如果你发现自己作为咨询师具有一种强烈的回避冲突的特点，或许你不大适合做一名伴侣或家庭咨询师。通常，在进入婚姻和家庭咨询领域之前，初学的咨询师最好探究自己对人际冲突会如何反应以及什么样的冲突问题会是你的痛处（参见练习13.2）。

> **练习 13.2**
> **探察你的冲突痛处**
>
> 为了预先探察你对各种伴侣和家庭冲突的情景会如何反应,请思考下面的问题:
>
> 1. 是否有什么冲突主题会是你个人或情绪上的痛处?例如,有些与姻亲有过许多问题的咨询师会把许多个人背景带入咨询,当伴侣开始讨论姻亲问题时,他们无法不表露出个人偏好。
> 2. 对于伴侣应如何表现以维持婚姻或关系,或者父母、孩子和其他家庭成员应如何表现才是"健康"的家庭,你有任何强烈的偏好吗?例如,有些咨询师对伴侣或家庭关系可能有理想化的幻想。对关系持有一种过分理想化的态度可能使你对家庭或伴侣应如何相处才能保持关系持有僵化的观点。
> 3. 你是否会把冲突带回家?与家庭和伴侣面谈通常是一项很有情绪压力的工作。你所看到的、帮助处理的、甚至有时介入的冲突可能令你身心疲惫。
> 4. 在你的成长中,你的家庭是以什么冲突内容和过程风格为特点的?你的父母相互回避冲突吗?他们会发生吓人的冲突吗?或者他们会文雅地处理冲突吗?你自身家庭或恋爱关系中未解决的冲突在遇到来访者讨论类似的冲突时会被激活——咨询师应寻求个体治疗来解决这些问题。

在治疗中你应允许大家争吵到何种程度

正如你可能已根据本章内容所猜到的,对这个问题,我们的答案是:不多。如上所述,通常,家庭和伴侣来咨询的一部分原因是他们的冲突解决技能不良或失调。因此,如果你任凭他们公开冲突而不进行干预和改变其过程,他们可能只是在重演他们不良的冲突模式。打破这些模式，帮助人们建立新的、不同的、更适当的冲突和冲突解决模式是咨询师的职责。

允许伴侣或家庭进入他们通常的不良冲突模式的唯一合理原因是收集评估信息。咨询师对人们通常如何争吵有所了解是有帮助的。然而，这个观察时间应比较短，并且随后应对家庭或伴侣系统在冲突时发生了什么进行更冷静或理性的讨论。在帮助伴侣或家庭从强烈的情绪冲突中转入对他们冲突模式的理性分析时，咨询师应这样说：

"好的，我希望你们两个（或在家庭治疗中用'每个人'）现在停止争吵。"

根据冲突的强度，这句话也许需要重复或以坚定、权威的方式说出来。然后咨询师应继续说：

"你们让我对于你们有时如何处理冲突有了大致了解。让我告诉你们我看到了什么。首先，阿蕊，我看到你对罗恩表达了对他不参与打扫卫生的批评。然后，罗恩，我看到你为自己辩护，抱怨阿蕊的卫生标准太高了。然后，阿蕊反驳罗恩的话，说他的卫生标准低得没边儿。然后，罗恩开始说男人和女人常常有不同的卫生标准，阿蕊需要降低标准。最后，我打断了你们的争执，是因为你们两人看来越来越有挫折感，但没有什么进展。是这样吗？"

正如你可以从这个相对容易压制冲突的例子中看到的，面谈中的冲突谈话可以很快传递大量信息。许多事情同时发生。咨询师难以进行言语追踪的"简单"任务和准确总结冲突过程。这个简单的任务并不怎么简单。它需要出色的倾听技能和简洁的表达。它需要敏感性。伴侣对咨询师是否更倾向于某一方是格外警觉的。与某一家庭成员密切合作在家庭治疗中是一种有力的干预方式，只应有意图地使用（Odell & Campbell, 1998；Patterson et al., 1998）。控制冲突还需要机智，因为咨询师必须决定在何时和如何中断配偶的冲突。

　　有些理论流派强调伴侣的冲突过程是由原生家庭的未解决的问题引导甚至决定的（Luquet，2006；Strean，1985）。在控制人际冲突时，带着这种跨代观点记下内容和过程也是一种聪明的做法。练习13.3中提供了一个伴侣冲突的场景。

　　冲突互动可能迅速升级。在具有身体或情感虐待的伴侣或家庭中更是如此。虐待性的或易冲突的伴侣和家庭常常有过多的情绪能量，使冲突变成有力的爆发。我们遇到有的来访者在面谈的剩余时间中拒绝说话，在咨询室中互相踢打，在咒骂中突然离开治疗等。伴侣和家庭面谈中情绪爆发的可能性意味着咨询师需要在整个治疗过程中保持控制。通常，对于问题更严重的伴侣或家庭系统，咨询师必须用更强的结构化和控制来进行调节。在极端的例子中，咨询师不得不担任中间人，重述几乎每一句说过的话，有时还不能允许冲突各方直接谈话。

　　总之，允许家庭或伴侣在咨询中表现出情绪化的、有破坏性的冲突过程是不妥的。咨询师不应允许来访者相互喊叫、指责或重复使用无效的沟通技巧。咨询师应使面谈结构化，并表现得更加主动，尤其是在治疗易发生冲突的家庭和伴侣时更应如此（Gurman，2008）。

练习13.3
伴侣冲突的干预

　　请想象在下面的场景中你是咨询师。当你阅读这个例子时，想想在这次治疗中你认为自己的舒适程度如何，逐字写下当伴侣回到你的办公室后你可能进行的干预，并与别人比较你的回答。

　　达伦是一名58岁的印第安人。他的妻子叫安妮塔，是位45岁的白人。这是达伦的第三次婚姻，是安妮塔的第二次婚姻。在初次面谈的最初几分钟，安妮塔爆发了对达伦的怒火。她指控他对她进行身体虐待，告诉他她现在知道为什么他以前离了两次婚，并走出了咨询室。达伦跳起来追她。一分钟后两人都回来了。安妮塔仍旧显得生气，而达伦在请求她留下来继续咨询并努力解决问题。安妮塔转向你,说她在咨询余下的时间里拒绝与达伦说话,但是如果你努力"让他脑子里有点判断力",她会留下来。

请想一想你会如何处理这个伴侣咨询情境,也可与同伴讨论。

为治疗设定限制

在伴侣或家庭面谈中允许过多的冲突出现不但会形成坏的榜样和可能的损害,而且冲突本身也会是一种干扰。咨询师有职责控制和减少干扰,以保证完成必要的工作。然而,减少干扰常常包括令初学的咨询师难以实行的限制设定。练习13.4能够帮助你探究自己在咨询伴侣和家庭时设定限制的能力。

练习 13.4
对伴侣和家庭设定限制

请想象下面的场景。

场景1 安东尼和露茜结婚已四年,现在遇到了问题。他们有一个8个月大的女婴。不幸的是,由于他们无法找到保姆,因此在初次面谈时带着小女孩一块儿来了,令你很吃惊。尽管女婴在咨询的前10分钟非常安静,但她越来越不安,后来开始大哭大叫,使面谈无法再继续下去。请与你的同学或督导讨论下列问题:

1. 你能否做到礼貌地结束这次面谈,然后重新安排另一次见面?
2. 你能否委婉地请这对父母在下次面谈时把孩子留给保姆照料?
3. 尽管你委婉地进行了提醒,但下一次见面时父母又带着女儿来了,并说"我们确实努力要找一位保姆,但是实在找不到",你会如何反应?
4. 如果这对父母坚持带着女儿来见你,你能设想在什么情况下你会同意让他们带着他们惹人心烦的 8 个月大的孩子与你面谈吗？

场景 2 约翰逊一家是由青少年法庭建议来做家庭治疗的。家庭成员包括玛吉·约翰逊，她是孪生兄弟瑞克和罗伊的母亲，还有卡尔文，玛吉的同居男友。玛吉 37 岁，孪生子 15 岁。卡尔文与玛吉和她的孩子在过去三年中生活在一起。他的女儿莫莉会在周末来访。孪生子的父亲因伪造货币而入狱，从他们是婴儿时起就没见过他们。在初次面谈时，玛吉、瑞克、罗伊和卡尔文都来了。孪生兄弟开始比赛打嗝，而玛吉咯咯直笑。卡尔文什么也没做。咨询师等到一切平静下来，然后问了另一个问题。瑞克和罗伊一起以打嗝作为回答。玛吉又开始大笑。没有人回答问题。请讨论下列问题：

1. 你对该场景的第一反应是什么？你是否在设想自己希望可以给青少年法庭打电话，请他们改变转介？你设想自己会和玛吉一起大笑还是像卡尔文一样坐着一动不动？你想象自己会感到胆怯、厌恶或绝望吗？
2. 你能想到什么方式来赢得某些合作的反应吗？
3. 和孩子们一起打一会儿嗝的想法令你有何反应？
4. 你对谁有最深的共情？你如何利用这种共情为治疗服务？

多元文化问题

与同性恋的伴侣或有不同文化背景的家庭面谈会使咨询师面临一些独特的问题（Green，1996；Igartua，1998）。正如我们在第十四章中所讨论的，比起具有同样文化背景或性取向的咨询师与来访者，如果咨询师和来访者之间具有明确无误的差异，来访者最初会更仔细地审视咨询师的表现。这种情况需要敏感性、机智以及对明显差异的讨论。下面的例子是一个需要多元文化咨询技能的场景。

案例

吉姆和奥利在一起三年了,他们开始遇到关系中的困难。两个人都是学生,经济不宽裕,因此他们决定在校园中的咨询机构寻求伴侣咨询,这里有许多实习咨询师。当吉姆打电话预约时,他只是说他希望做伴侣咨询。接待员问了几个基本问题,并为吉姆两人订了一个时间与四年级的咨询研究生玛丽见面。接待员错误地假定奥利是一位女性,所以玛丽在见到吉姆和奥利时当然有些惊奇。

玛丽决定利用接待员的失误开始与吉姆和奥利讨论,关于他们是一对同性恋而她是一位异性恋的女治疗师,并且很少有与同性恋面谈的经验。带着热情的微笑,玛丽说:"奥利,我清楚地看到你是一位同性恋者。显然我们的接待员以为奥利是一位女性。有时,刻板印象对我们的愚弄很有趣,不是吗?"吉姆和奥利微笑但不多说话。他们显然很紧张。玛丽继续说:"我猜想你们遇到过许多刻板印象,甚至有时会遇到恶劣的态度。我对任何误解感到抱歉。让我向你们介绍一下我是如何与伴侣面谈的,然后我们谈谈我的工作方式是否看起来会对你们有帮助。"

玛丽接下来简要说明了她的关系增进取向。吉姆和奥利放松了一点,并能够说出他们认为学习一些理解和处理冲突的新方式会对他们有帮助。然后玛丽说:"是的,我想这种方式适合许多伴侣。但是我知道你们作为一对同性伴侣会有一些独特的情况和独特的需求。我读过一些关于同性伴侣的需求的书,但我可能会忽略一些事情。我希望当你们感到我做出错误的假设时坦诚地告诉我。"

在与吉姆和奥利的面谈中,玛丽的职责包括经常与来访者核查自己可能的盲点。作为异性恋者,玛丽可能要寻求特别的督导(Long & Lindsey, 2004)。最后,如果玛丽发现自己无论出于何种原因却无法非评价性地进行伴侣咨询,她和她的督导有责任把吉姆和奥利转介给其他咨询者。

在家庭和伴侣治疗中,文化、宗教和种族差异会比在个体治疗中表现得更充分。因此,这些差异和如何处理这些差异可以对治疗是否成功产生重要影响。第十四章将就这个方面有更详细的讨论。

从个体治疗转为伴侣或家庭治疗

我们在本章中始终强调,咨询师要平等对待每一位伴侣和家庭成员。我们也强调了伴侣或家庭成员倾向于与咨询师建立三角化关系,以便在治疗中和家庭中获得更多权力和控制力。出于这些原因,我们建议你抵制从个体治疗转向包含此人的伴侣或家庭的治疗的无所不在的诱惑。我们也反对同一咨询者对一名来访者同时进行个体治疗和伴侣或家庭治疗。我们的原则如下:

- 曾经是个体来访者,永远是个体来访者。通常我们不会先与某人进行个体治疗,然后开始进行包括此人的伴侣或家庭的治疗。我们会推荐这些人去找一位有能力的同行。
- 在伴侣或家庭治疗完成之后,偶尔我们会考虑对一名家庭成员进行个体治疗。然而,在这样做的时候,我们必须明确:一旦我们开始了个体治疗,就不能再去进行伴侣或家庭治疗。

出于一些原因,许多治疗者并不遵循这些建议;请思考下列情景:

- 一位个体来访者对治疗者说:"因为我们曾面谈过,我信任你。我不想在婚姻治疗中再找别人重新开始。而且我的丈夫也说他不介意。"
- 一个少年与他的治疗者共同决定有必要进行家庭治疗。男孩说:"我坚决拒绝找其他人治疗!你休想让我去见另一个治疗师!"
- 治疗师可能希望对某位来访者延长治疗,或者由于他喜欢与这位来访者面谈,或者由于经济原因需要保持工作量。
- 来访者可能认为某位治疗师是最佳选择,因为他或她已精通伴侣或家庭治疗的问题。继续见同一个治疗者令人感到安全。

你可能已注意到,我们在前面把从个体治疗转为伴侣或家庭治疗称为"无所不在的诱惑"。我们这样说是因为，从一名治疗者的角度来看，如果来访者已获得一些成功，或者表达出继续与你面谈的强烈愿望，或者继续咨询可以带来经济收益，那么继续咨询几乎总是具有诱惑性的。我们把这称为诱惑也是因为，对从个体治疗转变为伴侣或家庭治疗的原因进行仔细审视，会发现许多潜在问题或弊端。在你阅读和思考我们对个体/家庭治疗中的这个问题的观点时，请记住，我们是在表达自己的职业观点和偏见——许多治疗师和咨询师不赞同这种谨慎的观点。

忠诚上的冲突

也许避免从个体治疗转向伴侣或家庭治疗的最大原因是这样做会不可避免地产生忠诚上的冲突。具体来说，除非治疗者做出极大的努力与新加入的伴侣或家庭成员建立信任和情感协调，否则他们很可能会认为治疗者对于他或她原来的来访者更加忠诚。此外，如果治疗者无论出于何种原因需要与新加入者一同反对原来的来访者，原来的来访者可能会感到被背叛和抛弃。因此，治疗者会陷入两难境地：所有来访者都会很快怀疑治疗者已经站在原来的来访者一边，或者已变节不忠。这样的动力会给本已困难的任务增加不必要的难题。

你（几乎永远）不是当地唯一的（有能力的）治疗师

对同一个人同时进行个体和伴侣或家庭治疗的一个常见借口是来访者要求这样。他们的选择隐含着他们认为你做出了优秀的工作。对于治疗师来说，这很能满足虚荣心，但选择超越界限而做出额外工作，实际上可能抵消你开始时做的好工作。在所有的心理健康工作者的职业道德规范中都有一条原则——避免双重角色，这包括了如果同时作为某人的家庭治疗师和个体治疗师会令你失去客观性，就应避免这样做。

迎合来访者认为你是最好的、你是唯一选择等想法可能不太健康。帮助来访者获得对待世界的更灵活的态度并增进他们在关系中的能力是大多数治疗形式的目标之一。鼓励来访者尝试另一位不同的治疗师是对其自信的重要支持。它传达出你相信来访者能与另一位专业人员沟通并且利用那种治疗关系成长和改变。允许或鼓励来访者依赖你很少会是有正当理由的。显然，在一些农村地区，处理（或者平衡）同一个家庭中的多重治疗关系可能是不可避免的。这时，实际上，你可能不是镇上唯一有能力的治疗师，你可能就是镇上唯一的治疗师（Sommers-Flanagan，2007）。

认同、投射、参与和回避

与伴侣或家庭面谈比我们能想到的任何专业活动都更能证实无意识的存在。你肯定会发现，在与伴侣或家庭面谈时，你难以让你自己的早期学习、信念、依恋问题不影响你与伴侣和家庭的面谈。这种反应的常用术语是反移情（参见第五章）。伴侣和家庭会引发值得思考的重要的反移情反应。这些反应可能包括对某些冲突的过度认同、自身情绪与问题的投射，以及无意识地回避自己不愿意想到的内容。

让情况更为复杂的是，咨询师的生活经验可以促进有效的评估和帮助。即使我们能够从工作中去除自己的个人家庭和关系问题（包括有关的无意识过程和冲突），这样做也并不可取。一般生活经验是任何关系的基础，并且有助于我们理解他人的经验。多元化要点13.1介绍了一种帮助你探索你自己的关系和家庭问题的技术。

伴侣和家庭咨询中常常发生在个体咨询中并不明显的某种参与（joining）现象。它与共情相似，但是可能包含得更多。这种参与不只像共情那样要弄清每位个体的世界观，也要了解这种关系的世界观。在这个过程中，你也带入了你自己的观点。你在系统中的存在当然改变了系统。此外，通过加入系统，你的观点也改变了。在这整个过程中保持专业观点无疑是不易的。有时，咨询者会"过分加入"而完全丧失了专业眼光。而有时，咨询者会完全避免加入，保持冷淡和临床性的疏远。这会更保险，但是会缺乏教育价值，很可能也影响疗效。

米纽庆与菲什曼（Minuchin & Fishman，1981）也讨论了加入的概念：

> "加入主要是一种态度而不是一项技术，只有在它的伞盖之下，各种有益于治疗的事情才会发生。加入是让家庭知道，治疗者理解

他们并且为了他们与他们一同工作。只有在这样的保护下，家庭才能安全地探讨各种选择、尝试不同往常的方式，并且做出改变。加入是把治疗系统粘在一起的胶水。"

此外，加入一种关系或一系列关系可能激活我们自身未解决的家庭或关系问题。无意识中未解决的内容可能影响我们工作的一大原因是它们是无意识的。下面列出的内容能帮助你了解可能有冲突的领域。一贯的反应模型提示了可能适于个人探索和成长的领域。

- 是否有什么话题是你不愿谈的？例如，像我们前面提到的，伴侣和咨询师在咨询中对于性方面的内容可能难以启齿。婆婆或岳母、流产、责打、不许养宠物、强迫进食——我们都带着伤口、痛处和恐惧，这些可能被常见的家庭或伴侣问题所触发。
- 你对有着不同文化或种族背景的来访者是否有任何偏见？例如，有些咨询师难以接受一些西班牙裔的伴侣、信仰宗教的伴侣、大家长的或大男子主义的风格。
- 你的文化取向是否抑制了你处理某些家庭动力的能力？例如，乌鸦部落和纳瓦霍部落的文化通常认为岳母与女婿之间不应说话。有的文化则对于用眼泪直接表达悲伤哀悼非常不安。你在帮助家庭时能接纳这样的文化么？
- 你对同性恋者是否有偏见？进一步来说，你对同性之间做出终身相守的爱情承诺（即同性恋婚姻）是否恰当有什么信念吗？
- 你是否发现你无法把某些冲突或来访者的问题驱出脑海？这种情况的表现可能是你发现自己过多地想到某个家庭或某对伴侣，或者梦到他们，或者几乎无法不与家人或朋友谈起他们。
- 是否有某些领域的冲突或问题会让你一定会谴责某一方或过分同情另一方？

这里列举的当然并不全面。你需要不断记录自己的反应和生活方式，当你怀疑自己的背景、价值观、信念或冲突阻碍或过分影响了你与伴侣或家庭的面谈时，要寻求专业督导和同事的支持。如果有必要，我们希望你有足够的勇气和精力寻求个体治疗，以探讨自身未解决的或者"危险"的问题。

多元化要点 13.1
家庭舞蹈

家庭舞蹈是佩吉·派普（Peggy Papp，1976）发明的一种技术，在许多家庭治疗项目中都得到使用。为了探索一些你自己原生家庭的材料，请在班上选择几个人代表你原生家庭中的重要成员，并根据他们在你家庭中扮演的角色安排他们的姿势。然后按你自己的角色摆好姿势。你可以保持某一安排一两分钟，并感受这个静态姿势的力量，也可以指挥参与者运动和互动以代表你家庭的动力学表现。然后请一个人代替你，在你创造的形式中，四处走走，观察这些家庭成员的替身。最后，把动作或结构改变成对你来说积极的形式，移动位置、改变相互关系、移动成员。做任何你想做的，然后再看你做出的安排。

当每个人都坐下以后，交流你对这个活动的感受。同时请参加者也分享他们的感受。

当你在小组中探讨自己独特的个人家庭动力时，结合文化与种族来考虑这些问题会格外有启发（Ho et al., 2004）。具体来说，班上可能有男性、女性、残障者、同性恋者、异性恋者、亚洲裔、非洲裔、印第安裔、西班牙裔、年长者、年幼者、自由主义者、保守主义者，等等。如果在班上进行这个任务，可以花时间在这些不同的独特个体之间讨论家庭风格的主要差异。

总　结

在本章中，我们介绍了在伴侣和家庭面谈中应注意的问题。在开始这个领域的专业学习时，必须要先界定"家庭"和"伴侣"这两个术语的含义。两者的含义都包含了价值观和流派问题。与家庭和伴侣面谈的复杂性通常由于他们不会像个体一样长时间地保持治疗而变得更加复杂。

与家庭和伴侣进行临床面谈的介绍阶段必须澄清保密性问题、谁会参加咨询，以及进行关于治疗者的风格和流派的一些基础教育。在开端阶段，咨询师应进一步帮助来访者熟悉情境并确立让每个人都说话的规则。面谈主体阶段颇受理论流派和所面临问题的影响。本章举例介绍了一些流派，并介绍了无论何种治疗流派都应涵盖的内容领域。在结束阶段，在信息上和情绪上进行控制是一种挑战；通常它比个体治疗的结束需要更多时间。终止阶段由于这类面谈参与的人数较多也变得更棘手。

有许多正式评估手段适用于伴侣和家庭。对伴侣和家庭面谈的特殊考虑包括：（1）控制人际冲突；（2）设定限制；（3）对家庭系统中的一员进行个体治疗；（4）与同性恋伴侣和家庭进行面谈。

最后，我们对反移情在伴侣和家庭治疗中不可避免的影响进行了描述和讨论，并对发现和控制咨询师的反移情提供了一些建议。

推荐阅读及资源

American Association for Marriage and Family Therapy. (2001). *AAMFT code of ethics*. Washington DC: Author. 这是美国婚姻与家庭治疗协会成员的伦理准则。这不仅是协会成员的必读内容，也是计划提供伴侣或家庭治疗的专业人员的必读内容。

Brofenbrenner, U. (1979). *The ecology of human development*. Cambridge, MA: Harvard University Press. 这是作者关于人类发展的生态学理论的经典著作。

Gottman, J. M., & DeClaire, J. (2001). *The relationship cure: A five-step guide for building better connections with family, friends, and lovers*. New York: Crown Publishers. 作者是美国当今重要的婚姻研究学者。他的著作是基于他对婚姻和家庭功能的大量研究和了解。

Gurman, A. S. (2008). *Clinical handbook of couple therapy* (4th ed.). New York: Guilford. 该书广泛涵盖了许多伴侣治疗的干预方法和理论观点。该书还包括离婚、多元文化伴侣治疗、如何处理存在多种医疗或精神病性问题的伴侣等内容。

Hendrix, H. (2007). *Getting the love you want: A guide for couples*. New York: Holt and Company. 该书是咨询师经常为参加伴侣咨询的伴侣留的家庭阅读作业。它强调无意识和生理因素如何影响人类的吸引力和择偶。书中还提供了大量用于冲破关系问题的伴侣练习。

Ho, M. K., Rasheed, J. M., & Rasheed, M. N. (2004). *Family therapy with ethnic minorities* (2nd ed.). Thousand Oaks, CA: Sage. 该书为如何对主要的少数族裔进行家庭治疗提供指南——包括美洲原住民、拉丁族裔、亚洲裔和非洲裔。

Minuchin, S., & Fishman, H. C. (1981). *Family therapy techniques*. Cambridge, MA: Harvard University Press. 这是一本经典的家庭治疗著作，也是任何想要从事家庭治疗的专业人员的优秀的基本读物。

Nutt, R. L. (2005). *Feminist and contextual work*. Hoboken, NJ: Wiley. 该书简要介绍了伴侣咨询中的女性主义取向。

Odell, M., & Campbell, C. E. (1998). *The practical practice of marriage and family therapy: Things my training supervisor never told me*. New York: Haworth. 与更加理论性的婚姻与家庭治疗论著不同，这本书具有很强的实践和临床取向。例如，书中包含的章节有"这与学校里的门诊不同"和"那么初始面谈之后我该做什么"。对于读够了、谈够了理论的学生来说，这种实用取向格外受欢迎。

Taibbi, R. (2007). *Doing family therapy: Craft and creativity in clinical practice* (2nd ed.). New York: Guilford. 这本基础教材主要介绍各种家庭干预方法

中共有的关键技能。书中有整章的案例，并强调对家庭的有效治疗有多种途径。*

Wilmot, W. W., & Hocker, J. L. (2005). *Interpersonal conflict* (7th ed.). New York: McGraw-Hall. 这是一本关于人际冲突的著作，书中介绍了许多活动，可以帮助你培养对自身冲突问题的觉察。

---

*该书中译本为《如何做家庭治疗——临床实践中的技巧》，黄峥等译，中国轻工业出版社，2012。——译者注

第十四章

在多元文化中进行面谈

让我说得更简单一些：所谓的欧洲－俄罗斯－美国情结，也就是所谓的西方情结的最大罪恶不仅仅在于贪婪和残暴，也不仅仅是道德上的不诚实和背离事实，还有对其他民族十足狂妄自大的态度。

——托马斯·默顿，《托马斯·默顿诗集》

咨询一直被用来传达某套个人主义的文化价值观，这使得咨询成为压迫的工具。传统的咨询伤害了少数民族群体和妇女。心理咨询与治疗担当了现状的奴仆。

——德拉德·温·休《多元化咨询》

本章目标

我们生活在一个多元化的世界，因此，不论我们自己的民族文化背景是什么，我们偶尔（或经常）会在工作上需要接待与我们很不同的人。这就使得开阔视野和提高文化敏感性对我们而言非常重要。在阅读完本章后，你将掌握以下内容：

- 理解文化能力的必要性，了解你的文化偏见和文化本身的重要性。与有印第安、非洲裔、西班牙/拉丁裔和亚洲裔等民族背景的来访者进行面谈时的基本问题。
- 当来访者是同性恋者、变性人、残障人士或虔诚的教徒时要处理的基本问题。
- 理解来访者的种族文化背景、家庭环境、社区环境、交流风格和语言运用背景的重要性。
- 同少数民族来访者开展面谈时的注意事项和指导原则，包括评估需求、理解各类文化相关症候群，以及要考虑的礼节。

多元化文化下的治疗关系

大多数心理健康专家、多元化研究人员和学者已经意识到治疗关系在有效的多元化咨询中的核心作用（Hays，2008a；Ho et al，2004；Sue，2006）。但是，这种关系的重要成分是什么？哪些是有效且并非偶然的成分？与各类来访者合作时，我们如何才能避免文化自大、自我参照综合征，以及避免把咨询变成盘剥？本章将引发思考和一些零碎的回答，如要获得这些问题的最终答案，有待我们终身努力。

面对多元化的世界

美国社会正在变得越来越多元化。人口调查结果显示，目前有2.81亿的人口生活在美国，其中大约有8000万人表示自己不是白人（U.S. Bureau of the Census，2001）。

多元化的发展可能会让心理健康工作者感到兴奋，又觉得任务艰巨：兴奋是因为各式各样的人群融入到我们的社会形成的丰富性，并且伴随着跨文化交流将带来的专业能力和个人的成长；艰巨是因为不得不运用与文化背景有关的方法导致责任的增加。在1990年年底，克里斯蒂娜·C.饭岛·霍尔（Christine C. Iijima Hall，1997）用那些缺乏文化动因知识的从业者为"文化弊端"这一概念提出了充足的理由。她还警告说，如果心理学不能在如何处理文化问题上有明显的改变，那么心理学将被淘汰。十年后，富达和阿雷东多（Fouda & Arredondo，2007）表达了同样的担忧。尽管心理学尚未被淘汰，但为了满足多元化群体的心理健康服务需求，训练计划和临床适应方面还有很多工作有待完善。

咨询师要有自知之明

> 没有人告诉这个国家的白人将如何。没有人告诉这个国家的每个西班牙裔、亚洲裔或犹太裔居民将如何。没有任何定义能界定白人或黑人。
>
> ——蒙特尔·威廉斯

在一个大的社会背景之下，人类生于家庭，被个人或集体抚养长大。集体对于生存必不可少（Matsumoto, 2007）。这个集体的成员、价值观、信仰、所在地和经验通常被认为是文化。因此，可以把"文化"理解为所有人类发展产生的媒介。每个我们珍视的、认为是真实的并且假设为"正常"的东西，都受我们过去和现在的文化的影响。从心理健康的角度来看，对"什么组成了健康的人格"或者"什么是个体应该为之奋斗的"这样的问题的回答，在很大程度上受治疗师和来访者双方文化背景的影响（Christopher & Bickhard, 2007）。

许多多元文化的治疗师和专家认为，提高文化自我觉察是从种族主义、文化闭塞视角转向真正的多元化视角的前提。当我们具备了文化能力——这种能力让我们能理解自己的思考、感受和见解是如何受到自身文化的影响的，我们就更可能理解文化是如何影响他人的。但愿今后我们能培养出理解他人的视角和不把自己的观点强加于人的能力。苏等人（1992）确定了用理解其他文化的方式进行临床实践的具体特征（参见练习14.1）。

练习 14.1
咨询师作为一种文化现象

明白自己也是一种文化现象被视为进行多元文化咨询的前提条件。休、阿雷东多和麦克戴维斯进行了第一场有关文化能力的讨论，他们认为："娴熟的文化审查员已经从对文化的存在熟视无睹转变为能对自己的文化习俗有所意识并保持敏感，同时重视和尊重不同的文化。"

请与你的搭档共同完成以下练习：

A. 把你自己当做一种文化现象介绍给你的搭档。你的民族或文化习俗是什么？你是如何知道你的文化习俗的？你的习俗在你现在的生活中有什么表现？你的文化习俗中有哪些让你感到骄傲？有没有一些无法让你感到骄傲的方面？为什么？

B. 你认为"心理健康"的个体有哪些特征？你能不能想出一些超乎想象的情况？

C. 你有没有经历过种族迫害或种族歧视？（如果没有，你有没有因为你所拥有的某些特质而感到烦恼，或者避免做某些事情？）请把你的经历描述给你的搭档。你对这段经历有什么看法和感受？

D. 是否有某个时候，你对不同于你的人所持有的想法影响了你对待他们的方式？你现在会有什么不同的做法？

E. 你会如何介绍"美国文化"？这其中有哪些是你所信奉的？有哪些是你反对的？你内在的美国文化是如何影响你对心理健康的个体特征的看法的？

请花一些时间进行反思。你可以把你了解到的自己的文化身份做一个分类日记，作为对这项练习的总结。

文化能力

尽管我们相信文化知识的积累和文化技能的培养是一个持续的过程，并且咨询师的"能力"没有最高点，但在这一部分我们使用"文化能力"这个术语。实际上，往往在我们对自己接待特殊与多元文化群体的能力过于自信时，我们就越有可能失去自己的能力。这里传达的信息是，在面对多样化的文化和人群时，我们要保持谦虚（Stolle，Hutz，& Sommers-Flanangan，2005）。

自我觉察只是多元文化意识和能力的一方面。文化能力包括很多内容，目前已经确定了三个与多元化文化能力相关的重要特征：(1) 科学意识；(2) 动态调整的能力；(3) 熟练运用于某个特定的文化群体（Sue，2006）。

科学意识要求提出和检验假设，而不是对不同民族文化的来访者形成不成熟和错误的假设或结论。尽管可能有一些经历是人类共有的，但你不能假设每个来访者都有同样的需求。有经验的咨询师在接待多样化的来访者时，会避免对来访者的共性做出简单假设和刻板的概括。

动态调整是斯坦利·苏（2006）提出的第二种文化能力。这个概念要求咨询师明白何时基于团体的概括是恰当的，何时不恰当。你需要知道来访者所属文化来源的总体特征，同时还要允许这些文化有不同的内在特征和外在形式。

例如，孝顺这个概念常常需要在一些特定的亚洲文化中进行讨论。孝顺是指对父母和祖先的忠诚和照顾。然而，如果假设所有的亚洲人都信奉这个价值观，或者他们的生活都受孝顺的影响，这个想法不免幼稚。做出这样幼稚的假设会影响你对来访者行为的预期。另一方面，如果你完全忽视孝顺的力量和影响，以及忽略孝顺在许多亚洲人的人际关系和职业决策中所扮演的重要角色，那就是太粗心大意了。如果能恰当地运用动态调整，咨询师就能既对显著的文化影响保持开放心态，又把对来访者的成见减少到最小程度。

动态调整的另一个方面是治疗师知道何时把自己的个人经验运用到来访者身上。苏（2006）对此做了进一步的阐述。她认为一个经历过歧视和偏见的少数群体的成员，可能会把自己的经历用于更充分地理解其他群体中有类似经历的人。但是，相似的遭遇并不能确保准确的共情。动态调整要求咨询师在同一时刻既知道和理解，又不知道和不理解。理解、开放的心态和谦虚这三者的组合是咨询师在面谈时能够理解其他文化的关键所在。

　　文化能力的第三个组成部分是与文化有关的特殊知识。与文化有关的特殊知识涉及对各类群体包括社会政治动态在内的各种相关信息的持续的收集，以及面向特定群体的有效的干预措施和技术。毫无疑问，心理健康工作者无法掌握世界上每种文化之间的细微差别。然而，我们不能以此为借口不去了解别的文化。对于其他人的生活经验和信仰体系的学习没有终点。胜任的心理健康工作者会抓住一切机会来提高他们对周围生活多样性的理解。因此，从某种程度上来说，多元化是一种态度，或是一种哲学，需要尽可能多地将其运用于实践。

　　本章接下来将讨论那些不同文化或种族群体的一些基本的和不具有普遍意义的具体问题。另外，我们还将简短讨论不同性取向的群体、残障群体，以及虔诚的宗教信徒。另外，我们还将讨论妇女、老人等其他一些群体，这些人感觉压抑，或者感到难以适应现代年轻人、白人和男人们的生活模式（Hays, 2008）。在生活中，人们可以按照各种方式联结在一起形成小群体，这些小群体也以各种方式影响着他们自我认同的形成、生活功能和在主流社会的生活质量。正如苏（1996）等人所指出的：

> 每个来访者（个人、家庭、团体或组织）都会认同不同的文化，而他们对文化的认同，以及在原有基础上的扩展程度都各不相同。例如，一个人能够清楚地认识到他是一个纳瓦霍人，但很少意识到自己也是一个异性恋者或是越战老兵。因此，在多重文化的治疗中，治疗师应该侧重于帮助来访者或者与来访者相似的人认识到文化背景对自己行为的影响。

案例

一名来自巴基斯坦的妇女正在美国攻读物理学的硕士。她加入了研究生会,并且据她描述"与一名男研究生有了不幸的交流"。在这次交流之后,由于她感到非常沮丧并且无法高效率地学习。她去学校的心理咨询中心想做个短期的心理辅导。一名男咨询师在等候室接待了她,向她做了自我介绍,并且伸手表示握手。这名学生马上避开了。这名咨询师注意到了这一点,认为她要么是害羞,要么是有与男性交往的问题。在这名女学生分享了她自己在研究生聚会上遇到粗鲁的男性的事情后,他认为他的假设是准确的。

科学意识要求这名咨询师在对任何行为做出结论之前寻找所有可能的解释。否则,会导致缺乏常识,不知道如何给出通俗易懂的解释。这名咨询师可能没有认识到,对穆斯林女性而言,与男性有肢体接触是不恰当的行为——即便是握手。她的回避是她的宗教习俗所要求的,与她要来谈的事情没有任何关系。科学意识不仅要求咨询师去探索行为背后所有可能的解释,还要求面谈策略包容各种文化习俗和信仰。

四大文化

在《拉丁美洲的成长》(*Growing up Latino*,Augenbraum & Stavans,1993)一书的前言中,伊兰·斯塔文斯写道:

> 今天,冲突的中心是西班牙裔,是那些把标准西班牙语视为母语或者像他们的祖先那样说西班牙语的男人、女人和孩子。我们美国人将西班牙人看作一个不与外人打交道或琢磨不透的群体。我们认为他们生活在两种文化和两种语言之间,导致忠诚感分裂。但是这个狭隘的定义是美国人创造出来的一个虚构概念,为了便于我们理解而把这些不同的人变成一个群体。

斯塔文斯所写的是西班牙裔，但他的话可以放在美国任何或大或小的少数民族群体身上。我们的民族群体很大，其中存在着大量让人吃惊的多样性。这种情况同样适用于白人文化或主流文化。我们很难定义"白人"这个概念，它应不应该包括美洲印第安人呢？应不应该包括犹太裔呢？用"盎格鲁"这个词是不是比用"白人"这个词更精确一些呢？即便是我们给出"西欧的后代"这样的定义，我们仍然不能很清楚地确定应该将哪些人包括在内，或应该将哪些人排除在外。正如印第安人曾被迫去问：有多少血缘关系才可以被认为是某个部落的一员？带着对这些粗略分类的歉意，为比较和对比文化之间的巨大差异，我们对不同文化人为地加以区分。我们可以也应该做出更详细的区分（McGoldrick, Giordano, & Garcia-Preto, 2005）。

下面有关这些文化群体的部分信息，仅仅是抛砖引玉，以及承认来访者有着不同的文化背景这一基本事实。由于这些描述只是让咨询师对多元文化领域有一些简单的体验，"地图并非疆域"这句古话用在这里十分恰当。

美国最早的民族

乌娜只有五岁，但她已经学习了许多来自她的文化（奥吉韦印第安人）中的礼仪。她几乎知道所有她不能做的和她必须学着去做的事情。去看她的祖父祖母时，她应站在他们面前，必须要低着头，不能问那些她想问的问题，因为他们是英明的，应该由他们先开口。通常，第一个说话的总是年龄大的那个人。

——伊格纳西亚·布罗克《奥吉韦印第安人的长者和讲故事的人》

根据2000年的一项调查，目前美国一共有大约500个原住民部落，毋庸置疑，各个部落都会有相互不同的价值观、风俗和历史。追溯历史，伯克霍弗（Berkhoffer, 1978）指出，在15世纪晚期，欧洲人来到北美大陆以前，这里大约有2000种土著文化。这些文化有着不同的语言、习惯，彼此之间或友好或存有敌意。他们不把自己视为单独的个体，即使在承受了数百年的文化融合的压力之后，他们仍保持着显著的不同。有很多词被用来指代这些少数民族群体，常见的包括印第安人、美国印第安人、美国土著和阿拉斯加土著。

耶洛·伯德（Yellow Bird，2001）写道："印第安人、美国印第安人和美国土著这些'殖民化'和'不准确'的称呼，是对美国原住民的身份压迫。"当然，许多原住民带着这些标签成长，有些人喜欢其中一些称呼甚过其他。很幸运，我们有来自于黑脚族、乌鸦族、萨利希族、库特族、北方夏安族、纳瓦霍族、血族、阿西尼玻族（拿可达族）、齐佩瓦-克里族、格罗斯文特族和奥格拉拉苏联合国的学生和同事。通常，这些人对用什么词指代他们的文化有不同的偏好。因此，在假设某人在这方面的偏好前加以询问总是比较明智的。我们会使用原住民、美洲原住民以及美国最早的民族这些词，并且明白这些词所代表的人对这些称呼各有偏好。

认定美国的最早民族各部落之间的普遍性比其他少数民族要多是错误的。当然，从某个角度来说，由于这些部落的发展历史和当前生活状况比较相似，来自不同部落的人也会有某些相同之处。最为不幸的是，他们的相同之处就包括他们所遭受的、欧洲人进行的将近两个世纪的灭绝性大屠杀。这种经历所带来的创伤、悲伤和绝望代代相传，到了今天，我们依然可以很清楚地在大多数的印第安部落文化中感受到这一点。对于任何一位主流文化的咨询师来说，在面对这样的人时，尽管他们来到这里的原因各不相同，我们仍要牢记，在历史上，他们的文化曾经遭受灭绝性的打击。请思考公牛一族的首领对美国19世纪末和20世纪初的同化政策的看法：

> 我是红色人种，如果伟大的神灵想让我成为一个白人，他会让我生来就是。他在你们的心中种下了特定的希望和计划，在我的心中，他也给予了与众不同的期望。在他眼中，每个人都是好的，雄鹰没有必要变成乌鸦（Deloria，1994）

文化灭绝和同化仍然会对咨询造成直接的影响，尤其当咨询师代表的是欧洲白人文化时。虽然种族灭绝政策在美国现在已经是历史，但当代对土地使用权和部落主权的争夺仍沿用同样的政策。最近由埃洛伊斯·科贝尔所做的英勇斗争很能说明问题，她是一名60岁的银行雇员、黑脚族的一员。科贝尔太太发现联邦政府对与美国最早的民族群体有关的数十亿美元资金严重管理不善。她代表28万原住民提出集体诉讼，好不容易递交至美国最高法院，吸引了媒体的关注。在我们写这本书时，这件事情还没有得到解决，但在你读到它时，可能已经解决了。你可以从网络上搜索到有关这个案件的情况。

当然，大多数欧洲白人咨询师无须为过去的历史承担责任。然而，他们仍然可以被视为侵犯了原住民的主流文化的代言人。从关系建立的角度来看，咨询师需要对此特别地灵敏才能建立信任。

尽管有以偏概全的危险，但遵循一些特定的文化因素可以帮助咨询师在接待原住民来访者时找到方向。

部落身份

对于原住民来说，在面谈的最初阶段询问和确定他的部落身份至关重要。来访者一开始可能不会告诉你太多关于他们部落的事情，但他们基本都会告诉你他是属于哪个部落、哪个地区或家族，等等（Sutton & Broken Nose, 2005）。你要进一步询问这个部落名称的正确发音和拼写，虽然这很可能会暴露出你对这个部落名称的一无所知，但对此你不应感到害羞。即便是原住民咨询师，也不了解所有现存部落的名称和习俗（即便他们在这个领域的知识远多于白人咨询师）。对于这样的来访者而言，不管他身上存在多少部落印记，这些印记仍然是印第安文化的重要组成部分（D.Wetsit, Personal communication, July 11, 1998）。询问印第安来访者的部落名称及他在其中的从属关系，是咨询师与来访者之间的一个重要交流过程。在确认了来访者的部落之后，咨询师可以问一个很简单的问题："请告诉我，作为阿西尼玻人，什么东西是你们最看重的。"如果一个非原住民的咨询师假装自己对保留地生活和部落问题了解得很多，他就很有可能会破坏自己与原住民来访者之间融洽的关系。更为恰当的做法是以尊敬的态度询问有关部落的事情，并且减少咨询师的猜测。

家庭角色

对于大多数或所有部落而言，大家庭对他们极为重要。亲缘关系虽然有变化，但是那些有收养或者血缘关系的祖父母、叔叔阿姨、堂兄弟、兄弟姐妹等，对于印第安人来说，是处于中心位置，并且是非常重要的。葬礼、婚礼、小孩出生，以及各式各样的家庭或团体的庆祝活动，对他们来说都非常重要，这些活动往往可以超越其他的义务。有时，人们会将部落中的年老者和医生视为自己的家庭成员。在这种情况下，如果进行家庭干预或面谈，最好能够将这些人也包括进来。

不同的部落中家庭的角色是不同的，教养方式也风格迥异。你应重视这些方面的情况，如果你的印第安来访者的家庭有多重部落背景，你最好弄清楚它们之间的不同之处，以获取有用的信息（Ho et al，2004；Sutton & Broken Nose，2005）。

精神信念的作用

可以大致这样说：每个印第安人都有其精神寄托。对于许多印第安人来说，事物之间有一些很神圣的关系，比如，部落成员的生活、死亡与那些即将出生的人之间，人与自然之间，创造者与被创造物之间。事物之间的这些联结影响着每个人当前的现实生活，以及家庭和部落看待事物的方式。这种整体、非线性的世界观，包含创造者通过幻觉和梦想表达这样的信念（Ho et al.，2004）。印第安人在召集人们参加表彰大会或帕瓦仪式时，通常有一个祷告者（或吟唱者）。对精神信念的尊重是建立牢固的治疗关系的基础。

分享和物质财富

在很多部落的生活和典礼上，分享和馈赠很常见，这些行为比主流文化中的要多很多。馈赠代表着一种尊重，被视为不可分割的文化部分（Sutton & Broken Nose，2005）。这种非物质化的观念强调慷慨和共同利益，而这与付出是为了获得的资本主义文化完全对立。对那些期望能够在现代的主流文化中获得成功的年轻人来说，这种价值观上的对立可能成为他们困惑和挫折的来源。此外，美洲原住民来访者用送礼物的方式表达对咨询师的感激的情况也比较常见，虽然一般而言职业道德不鼓励我们接受礼物，但在这种情况下，文化敏感性要求人们应该庄重地接受礼物（Sommers-Flanagan & Sommers-Flanagan，2007）。

时间观念

与欧洲和美国的主流文化相比，很多多元文化用一种从容和循环的方式看待时间的流逝。在约会中双方按照商定的时间到达，对于大多数欧洲裔的后代来说，是一件自然而然的事。然而，来自其他文化的人们并不总是把到达与时间联系起来。"准时"意味着事情本来的发生进程。理所当然地,在部落大学中做咨询的实习人员经常有这样的经验,不能强迫有些原住民遵循每周一次的时间安排。虽然放弃预定面谈的例子很多,但是那种随时可以进入的咨询中心却是生意兴隆。与主流文化不同,很多美国原住民的生活大多指向现在而不是将来,或者叫做此时此刻(Sutton & Broken Nose, 2005)。当他们觉得现在需要咨询,他们就会直接去寻求帮助。当然,能否达成一个咨询的进程安排,取决于当未来变成现实时会发生什么。

交流风格

许多原住民认为沉默是对对方的尊敬。仔细聆听是对对方的极大敬重,而不注意听则是对对方极为不尊敬的表现。然而,在聆听的表现方式上,他们与普通白种人的习惯也不太一样。对他们来说,自由地发问表示不注意听;实际上,问过多的问题会被认为不礼貌。因此,咨询师应该注意:提问要尽量简洁,问题数量不宜太多。而且,你也不能够期望来访者会问你很多问题。你要努力地把各个问题弄清楚,在这个过程中,要不断地停下来,询问来访者是否有问题要问你。来访者可能希望的是将一个问题表达清楚,而不是问一大堆问题。

许多多元文化对眼神接触的态度与主流文化也不一样。在交流过程中,保持沉默、眼神不与对方接触是对对方的尊敬。这一点在原住民希望表达对长辈或是地位更高的人的尊重时尤为明显。为来访者安排的座位要让眼神较难直接接触,这样来访者会感到比较自然,进而有利于交流。

对一些原住民来访者来说,在面谈的初期,他们会认为做记录不是认真聆听的表现。这时候,比较明智的做法是注意一下那些非言语信息,看来访者是否会认为这是一种粗鲁的行为(Paniagua, 1998),如果是,最好停止记录。如果非常有记录的必要,那就需要对来访者解释记录的作用,并且尽量补偿由于记录而带来的对面谈的影响。

为纳瓦霍族的一名成员制订的初始面谈案例见练习14.2。

> **练习 14.2**
> **接待纳瓦霍族来访者的初始面谈**
>
> 威拉德是一名 26 岁的单身纳瓦霍族男性,他在新墨西哥州农村地区的纳瓦霍族保留地长大。高中毕业后,威拉德立刻在海军服役了四年,现在是一名主修数学和教育学的大三学生。他因为在宿舍打架而被捕后,学校领导要求威拉德前来咨询,而且他的学籍状况要视完成五次面谈的情况而定。打架事件报告显示,在一名学生对威拉德的女朋友做了不恰当的手势之后,他和其他两名学生发生了争执。
>
> 在威拉德的第一次面谈中,可见他是一名魁梧的、肌肉发达的年轻男性,披散着及肩长发。在做介绍时他没有笑容,不过,他有直接的眼神接触。威拉德表示他知道继续留在学校的前提条件,但在咨询中他的参与性并不高。
>
> 请在小组中或两人合作考虑你将如何推动与威拉德的最初的面谈,从列出针对他的转介信息需要考虑的事项开始。(比如,被要求来咨询的影响是什么)在你的清单上哪一条与文化有关?接下来,考虑与威拉德建立治疗关系有关的问题。你将如何开始面谈?(与你的小组或同伴对此进行练习)最后,你想知道威拉德哪些有可能会影响你与他未来的合作的信息?你的清单上有没有一些与原住民影响有关的模式化的观念或假设?(例如,有人可能想知道参与打架的人中是否有人受酒精影响。)请与你的小组对这些进行讨论。

非洲裔文化

我是基库尤人。我的族人认为,你离土地越近,你离人就越近。一名非洲妇女在土壤中所收获的一切最终会养活她的一家。同样,她培养的人际关系,最终会养育她的团体。这就是生活中的循环。

——特里·坦佩斯·威廉姆斯(1991)

旺加里·韦加瓦《避难:一段关于家庭与环境的非自然历史》

正如美国原住民一样，非洲裔美国人与当时的欧洲拓荒者之间关系的开始，并非两厢情愿。与白人的非自愿的接触，让这些现在的少数民族经历了家族的屠杀、严重的疾病、财产的掠夺、风俗的消亡，以及自由的丧失。在1518到1870年，大约有1500万非洲人被抓捕并沦为奴隶（Black & Jackson, 2005）。这几个世纪的创伤、角色混淆、悲痛和丧失，在他们的文化重建之际也融入了其中。在非洲裔美国人的文化中，虽然也有辉煌的成功故事和救赎的案例，有着深刻和智慧的思想，但创伤的印记依旧存在。

家庭角色

非洲裔美国人对核心家庭和扩展的亲属体系非常看重。这种家庭之间的关系模式早在他们来到北美之前就建立了，而且由于后来他们所面临的被奴役的命运，这种模式进一步得到了加强。每个家庭成员，不管其亲缘关系的远近，都很受重视。

在面谈中，面对非洲裔的个人、夫妻或是家庭时，咨询师应该特别注意他们在家庭中各自的不同角色。家庭的领导者可能是父亲或是母亲，或年长的兄弟姐妹。而且，他们社区中一些与他们并无亲缘关系的人（神甫、牧师和亲密的朋友）也可能会在家庭中有重要的地位。虽然心理家谱对于评估和治疗极为重要，但他们的家庭中可能包含着许多他们不愿透露的信息。海因斯和博伊德·富兰克林（Hines & Boyd-Franklin, 2005）指出："私生子、父母婚姻状况、违法犯罪的家庭成员、死于艾滋病、暴力以及物质滥用之类的情况并非每个家庭成员都清楚，而了解情况的关键人物不会很坦率地向外人提及这些事情。"显然，要建立信任的纽带，需要咨询师能够将自己的有关信息同来访者分享。

宗教和精神信仰

教堂、宗教或精神上的追求是许多非洲裔美国人生活的核心。饱含情感、富有深义的宗教活动从他们受奴役的时代就开始，而且一直延续至今。一个所热衷的宗教社团同家庭一样核心，并有很深刻的影响力。所以，咨询师有时也应该邀请教堂成员或是领导者参与到咨询中。

夫妻和性别角色

一直以来，非洲裔男性似乎在很多方面都被边缘化。富兰克林（2007）提出"被忽视综合征"这一术语，指的就是美国白人出于恐惧而对非洲裔男性视而不见。相对于那些白人男性，以及所有女性，非洲裔的男性对生活的期望值要更低，这可能是因为他们所面临的谋杀、监禁、生理和心理上的缺陷、毒品及酒精滥用，以及充满危机的就业境况（Franklin et al., 2006）。这种视而不见还可能蔓延进临床面谈中，在于家庭系统中有男性或无男性的原型假设中。

相对于一些传统的白人家长制的家庭来说，在非洲裔的家庭中，家庭成员之间的地位显得要平等一些，这一历史渊源可以追溯至非洲。而在那些白人的家庭中，妇女的角色就是照顾孩子和做家务。非洲裔妇女很可能会外出工作，在抚养子女上有着同等或主导的作用和地位。

伴侣咨询的中心问题往往是子女的问题。而且，有人指出，非洲裔妇女因为不愿增加非洲裔男性的额外负担，她们与丈夫的关系存在障碍（Hines & Boyd-Franklin, 2005）。这种勉强照料自己和遵从"她们的男人"的做法也让咨询师非常费解。

语言

对于不熟悉后街语言或者黑人英语的咨询师来说，当来访者使用这样的语言时，理解他们就会成问题。但是，我们并不认为这种情况与和其他双语使用者交流时的情况不同。一些非洲裔美国人既能很好地使用标准的美国英语，也能够很快地转换为咨询师不能理解的黑人英语。一些白人也能够做到这一点。但是，要求大多数咨询师都能够理解后街语言是不现实的。其实你所需要做的很简单，就是表示抱歉并直接要求他帮助你去理解他的话。值得注意的是，出现不理解是咨询师的问题，而非语言使用者的问题。因此，礼貌、虚心和好奇的态度，再加上一点幽默，就能够帮助你逾越语言的障碍，架起理解的桥梁。

假设产生的问题

在美国大约有3460万非洲裔美国人（U.S. Bureau of the Census, 2001），大约占总人口的12%，他们在那些非白人的文化群体中占绝大多数。

从统计数据来看，相对于白种美国人来说，非洲裔相对贫穷、教育程度较低、失业率更高，有更多的青少年未婚先孕者。如同南北战争，我们的国家在白人和黑人的关系上有很多冲突，目前许多地区对非洲裔美国人的态度大相径庭。之所以提到这一点是因为，在有些情况下，非洲裔美国人和白人建立积极的关系似乎简单又自然，但有时候仍然有根深蒂固的冲突。就这一点来看，要牢记，基于片面经历而来的零星知识是危险的。我们因为自己曾有过非洲裔的朋友、室友、女朋友或老板，就以为自己知道如何同非洲裔相处。这些假设对于任何来自其他文化的人都非常有害，而在白人和非洲裔美国人之间尤其如此。

接待非洲裔来访者的初始面谈案例参见练习14.3。

练习14.3
接待非洲裔的来访者

马文是一位36岁的非洲裔美国男性，结婚已经12年，有两个孩子，分别是6岁和8岁。他提到在他接受了会计师事务所给他的大幅度升职之后，曾接受了短时间的心理辅导，过去五年他一直在那个事务所工作。他表示倾向于与非洲裔咨询师合作，不过，他觉得自己可能无法等到下一次开始时（估计要6个月）。因此他才勉强同意见一名与他年纪相仿的白人男性咨询师。

马文在会见咨询师时表现出不安之色。他握了握手，有短暂的眼神接触，展现出一个忧郁的微笑。他表示在自己被提升之前承受了巨大的压力。在达到工作要求的同时，他基本无法做个让人满意的丈夫和父亲。然后他说："但你作为白人可能无法理解。"他带着怒气继续说道："你根本无法知道一个黑人男性在白人男性的公司中的感觉——那就是地狱，在一个白人男性的世界！"

请花点时间考虑这种情况。在这个对话之后，你脑海中出现了有关黑人的什么刻板印象？你将如何处理这些刻板印象？你有什么感觉？

你将如何回应马文？讲些类似这样的话可能是个办法："你是对的。我可能无法真正理解那对你而言是什么，但我会尽力试试。你能

> 不能和我多说一些作为一名黑人，你在工作单位的情况？"
> 你是否能提出这样的问题？你还想到有什么其他的回应方式？

西班牙或拉丁裔文化

……种族人口流动这样的美国现象改变着帕特森市中心。没有任何指责能够抑制住这样的人流。

"你，古巴人？"那个人指着行李便条上我父亲的名字，问我父亲，虽然我父亲的皮肤和头发的颜色均显示出他是西班牙后裔，而且我们的名字在波多黎各就像约翰在美国一样普通。

"不。"我父亲看着对手充满敌意的眼睛回答道，"我是波多黎各人。"

"一样的垃圾！"门关上了。

——朱迪思·奥尔蒂斯-科弗《无声的舞蹈》

在本章中，我们采用的西班牙裔这个词来自于马林等人（Marin & Marin, 1991），他们指出，西班牙裔是指"在美国定居，并出生于西班牙或讲西班牙语的拉丁美洲国家，或者追溯根源有这样的家庭背景"。这个定义并非完美，比如说有些墨西哥裔美国人宁愿使用"拉丁美洲"这个词，以免听起来好像以前被西班牙征服过似的（Dana, 1993）。个人、国家和民族的身份受这样的术语的影响（Norris, 2007）。相比于支持任何一方的观点，许多研究者和学者现在同时使用这两个术语：西班牙和拉丁。我们将遵循这一趋势，同时要指出我们归到一起的这些人，往往来自于不同的国家，他们有不同的文化和社会政治历史背景，因为各种原因来到美国。因此，在面谈的开始，询问这样的来访者到底来自于哪里是必不可少的：

> 对拉丁美洲人来说，弄清他们的国度很重要，在他们的诗歌中、他们所讲的故事中、他们的音乐里，我们可以看到他们所自豪的和所认同的东西。当他们作为政治流亡者，或是作为非法侨民，或是

因为无法承担回去的费用等种种原因而无法回家时，他们对故乡的思念是不言而喻的。在治疗中询问来访者"你的原籍是哪里"，并倾听他们移民的故事，有助于治疗师深入，也能够使得治疗师了解来访者所离开的国家、那儿的文化，以及他们离开那儿的原因。(Garcia-Preto，1996)

宗教和相关的信仰体系

天主教堂对于许多西班牙或拉丁文化具有相当的影响力。因此，牧师往往是解决个人和家庭问题的中心人物。心理健康问题常常被认为是由罪恶的灵魂引起，因此，教堂就成为提供帮助的合法场所（Cuéllar & Paniagua, 2000）。这就导致只有已经在教堂或社区这些渠道寻求过帮助的人才会来心理健康专业人士这里。

而且，他们一般还认为，一个人有了身体上或是心理上的问题，是源于他自己的某种行为，而且如果这个有问题的人用"邪恶的眼睛"直视了其他人，那么，被看的这个人也会受这些问题的折磨（Cuéllar & Paniagua, 2000）。与这种看法相联系的是普遍存在于许多西班牙或拉丁文化中的宿命论。从本质上来说，宿命论就是认为人们难以控制自己命运的一种信念——幸与不幸都不受个人的控制。在咨询中，如果咨询师鼓励来访者掌握自己的命运，这种宿命论就会成为阻力。另一方面，这种信念也可以将那些身处不幸的人从自责中解放出来，因为他们认为个人控制不了这一切。与西班牙或拉丁文化的宿命论或外控取向进行对抗可能不太明智。在有些情况下，建议他们去教堂或留在教堂里或许会对他们更有帮助。

注重私交

众所周知，西班牙或拉丁文化非常强调人际关系，他们重视人际之间的温暖、亲密和诚实的自我暴露。这些价值观可能会要求咨询师给予来访者超出信任的一些东西（Comas-Díaz, 2006）。作为咨询师，你可能会对来访者对你个人生活及品位的好奇和询问的程度感到惊讶，但这种意图并非冒犯，这仅仅只是一种交往方式而已。当然，我们建议在最开始时保持较为正式的交往，以表示你们之间的关系是有边界的。用姓氏称呼对方，以及在第一次面谈时有意地表示尊重对此会有所帮助。

另外，由于这种个人指向的价值观，在治疗过程中来访者还会有送礼给治疗师的情况。帕尼亚瓜（1996）指出：

> 在面对西班牙或拉丁裔来访者时，治疗师应该认识并理解，在他们的文化背景下，在哪些情况下接受私人礼物是恰当的（例如，在圣诞节时，治疗师可能会接到墨西哥裔来访者的礼物——一件墨西哥产的木制茶杯），以及在哪些情况下从临床角度来看应该拒绝他们的礼物（例如，将茶杯作为治疗费用的一部分来接受）。

家庭角色

与本章中所讨论的其他文化一样，家庭对西班牙或拉丁裔美国人来说也极为重要，而且他们对家庭的定义比传统白种美国人含混的家庭定义要宽泛得多。在某个人前来咨询以前，他的家庭很可能商讨过此事，因此，在很多情况下，邀请家庭参与对咨询会有直接的帮助。对他们来说，强调家庭（集体）的需求重于个人的需求。

然而，与美国社会中的其他非主流文化及白人文化相比，西班牙或拉丁裔社会并不能容忍家庭角色弹性化。父亲是整个家庭的领导者，而且需要得到相应的尊重。母亲的责任是做家务和看管小孩。这种家庭的义务、荣誉感和责任感深深扎根于大多数西班牙或拉丁裔美国人的家庭观念中（Gibbs & Huang, 2003；Losada et al., 2006）。

性别角色

对于美国的西班牙或拉丁裔来说，男性气概和女性气质是决定人际关系——尤其是异性之间——的核心概念。男性气概是一种阳刚之气，它可以表现为有力量、好斗、对女性有吸引力，豪爽饮酒，从而获得他人的尊敬。在西班牙或拉丁文化中，这种尊重包含很多重要的方面。在这个文化中，"respeto"这个词指的是根据这个人的年龄、社会地位、性别和身份所获得的尊敬。一个人如果能恰如其分地对别人表示尊敬，那么这个人会被看作有教养的（Guilamo-Famos et al., 2007）。

女性气质或传统的西班牙或拉丁文化对女性的定义，起源于对天主教圣母玛丽亚的崇敬。它所包含的是服从、羞怯、婚前的贞洁、富有感情和温柔。根据科马斯-迪亚兹（1994）所说，女性气质中还包括这样一种崇高的信念，即忍受男人所带来的一切痛苦。这种文化价值观给拉丁妇女的身心健康带来了巨大的压力（Moreno，2007；Vazquez & Clauss-Ehlers，2005）。

无须多说，这样的男性气概和女性气质，并非当前美国主流文化所接受的性别角色准则。当年轻一代接受主流文化而拒绝接受这些传统的角色观念和角色期待时，那些传统的西班牙或拉丁裔移民家庭就会出现冲突。

接待西班牙或拉丁裔来访者的面谈案例参见练习14.4。

练习 14.4
接待西班牙或拉丁裔来访者

罗莎是一名19岁的单身女性，15年前，她的家庭（母亲、父亲和五个兄弟姐妹）从墨西哥搬到美国密歇根州。她有两个姐妹（分别是16岁和21岁）和三个兄弟（分别是14岁、17岁和22岁）。她和她的家庭住在一个主要是墨西哥裔美国人居住的社区，在那里天主教是人们生活的一个重要组成部分。罗莎住在家里，同时她在当地一所大学里学习新闻写作，在大学里，她因为成绩优异连续被提名为优秀学生。

她前来咨询是因为她在过去的两个月里感到抑郁。她提到自己睡眠不好，胃口也差，并且"日子很难，每天都在煎熬中度过"。她表示前来咨询很困难，因为她的家庭不允许她与外人讨论私事，但因为大学中朋友的强烈的鼓励，她最终还是来了。

当问到她的生活时，她泪流满面。她非常享受大学的生活，直到她注意到她的家庭用不一样的方式对待她。回过头想想，她觉得这一切始于她进入大学之时，但当时新奇的经验让她忽略了这些不同。罗莎说，尤其是她的兄弟们与她保持距离，并且当他们与她说话时，他们对待她的方式就像是她和他们完全不一样。有一次，她偶尔听到她的长兄指责她试图超越他们。她还发现自己无法和老朋友保持很好的联系。当他们见面时,他们经常在一段尴尬之后无话可说。她最后说:"一切对我都没意义了——我要从大学退学。我只是不知道我到底是谁!"

你将如何与罗莎探讨家庭的重要性?你还需要知道有关她的什么情况?以及她的朋友?在你与罗莎面谈时,你有没有考虑结合其他的帮助资源?请与搭档就这些内容进行讨论。

亚洲裔文化

在一个临时厨房里,我们挤在一起共进午餐。发言的是老挝人。一位苗族的合作者将一个盛满黏米的草编饭篮放在桌子的中央,日本咨询师盛了一碗"短粒"大米,华裔美国临床医生盛了一碗"长粒"大米。虽然不同品种的米就透露出背后不同的哲学、种族、文化、历史和宗教信仰,然而,我们都被归为"亚洲裔"。这两种观点可能都有正确之处吧。

——克里斯蒂娜·曹《我们吃的米都不一样》

在美国接受心理健康服务的多元化群体中,亚洲裔是第三大的群体(Paniagua, 1998),然而他们来自面积最大和人口最多的地区。亚洲裔可以从地理上划分,也可以从所信仰的宗教、风俗习惯、生活方式以及祖先等角度进行划分。有些作者写道,南亚的国家主要包括印度、孟加拉和巴基斯坦,东南亚的国家包括缅甸、泰国、柬埔寨、老挝、越南、马来西亚、印度尼西亚和菲律宾,东亚的主要国家和地区有中国、日本、韩国和朝鲜(Axelson, 1999)。不过,有些学者提出了更为广泛的范围,或者侧重于与国界和国家命名有关的争论。总之,毋庸质疑,"亚洲"这个词代表着为数众多的人口和文化。

家庭角色

与前面所讨论的一样,我们发现相比于大多数白人文化,亚洲裔文化对家庭角色的观念更强,并且更具包容性。与西班牙或拉丁裔的家庭一样,父亲被看做是家庭的主宰，居于主导地位。事实上，每个家庭成员的地位都依据其性别、出生的顺序、婚姻状况而确定，并且一旦确定就不能改变（Paniagua, 1998）。

你可以从个体的行为中直接看到亚洲裔家庭的影子。亚洲裔文化不提倡个人主义，主张由全家而不是个人做出那些影响家庭的决策（这包括绝大部分或全部的决策）。这就需要家庭足够强大和明智，并且有充足的资源来处理个人所遇到的问题。没有处理好这样的事情，以至于去寻求家庭以外的心理帮助，对他们来说是一种羞耻，让他们感觉丢面子（Chao, 1992）。因此，在面对那些初次来访的亚洲裔来访者或家庭时，咨询师应该认识到，来访者（们）必然是顶着很大的压力来的。因此，他们的情况可能非常危急，需要尽快处理。

而且，让初始面谈情形变得更复杂的是，这样的会面和迫使他们必须前来的问题可能让来访者感到非常羞耻。这样的话，来访者可能不乐意将自己的问题全盘托出，他们可能将问题缩小，或者以一种含混、玄妙的方式陈述他的问题。

几乎所有生活在美国的亚洲裔家庭都处在文化融合的某个阶段之中。在这些家庭中成长的儿童通常会受到双重文化的影响，他们可能会要求传统文化所不允许的更多权利。而且，有些家庭，既有家庭成员在美国，也有家庭成员在故乡，这种情况会加剧人际关系和家庭角色的紧张程度（Lee, 1996）。

权威取向

相比更宽松、平等的文化，许多亚洲裔文化中表现出严格的等级制度（Matsumoto & Yoo, 2005；Negy, 2004）。这与孝顺的概念直接有关，孝顺指的是对等级在你之上的人的尊敬、敬畏、服从和忠诚（Cheung, Kwan, & Ng, 2006）。对权威的遵从可以用很多方式来表现。亚洲裔来访者期待治疗师是专家和权威。

同样，亚洲裔人士与心理健康专业人士的语言交流方式是不直接的，当然更不会直言不讳。在很多情况下，当亚洲裔来访者面临不确定的情景时，他们不会正面响应，而仅仅是礼貌地表示赞同。就像美国原住民一样，亚洲裔也认为保持沉默是对对方的尊敬。两种文化对眼神接触的看法也相同。直接的眼神接触表示侵犯和不尊敬，尤其是与那些地位更高的人交流时（Fouad

& Arredondo，2007）。

在第一次面谈时，许多亚洲裔来访者就希望获得直接和明确的建议。这与许多新手咨询师所接受的训练模式相悖，因此，你需要练习如何迅速给出符合文化要求的建议。

面谈时，对来访者的尊重是必不可少的，而对亚洲裔来访者来说，他们对这种礼仪上的尊重的反应会更强烈一些。除非他本人提出让你直接叫他的名字，否则你要在他们的姓名后始终使用"先生"、"女士"和"小姐"的称谓。此外，值得注意的是，虽然美国的风俗是女子结婚后随夫姓，但大多数亚洲国家的妇女结婚后仍保持自己的姓氏，并希望其他人以此来称呼她。简单地问一下有关情况对她来说就是一种尊重。

精神信仰和宗教事宜

许多亚洲裔家庭通常会保留一个祖宗牌位。这种对祖先的尊敬，对祖先在家庭事务中的精神、智慧或参与的各种信仰，对个人和家庭的功能与抉择都起着很大的作用。亚洲裔所信奉的宗教各不相同，这一点主要看这个家庭来自亚洲的哪个地区，他们可能信奉的是佛教、伊斯兰教、印度教、基督教或耆那教等。

关于东西方在哲学和宗教观上的差异已有很多著作。下面引用的一则寓言或许无法直接帮助咨询师接待亚洲裔来访者，但能作为我们追求更真实的多元化的一种指导。

一杯茶

南隐，一位明治时期（1868—1912）的禅师，有一次他接待了一位前来探讨禅学的大学教授。他给客人倒茶，虽然茶水满了，他仍然在倒。

教授看着溢出的茶水，最后终于忍不住说道："先生，茶已经满了，不用再倒了。"

"就像这个茶杯，"南隐说，"你的头脑里充满了你自己的各种观点和假设，如果你不把你的茶杯倒空，我怎么能告诉你什么是禅呢？"

(Senzaki & Reps，1939)

练习 14.5
接待亚洲裔来访者

在心理治疗日记中，我们的同事约翰·钱伯斯·克里斯托弗报告了下面的案例。

西蒙，一名东亚国际学生，在进入美国学习大约一年以后，自己去了大学的心理辅导中心。西蒙说自己自尊低，很难集中注意力，有社交困难。他表示治疗的目标是"在与他人交往时更有自信"（Christopher, 2001）。西蒙显得特别希望能变得与他的美国室友更为相似，而不愿像来自他的家乡的国际生。

如果这种情况出现在其他治疗师和/或来访者身上，可能会被简单地归为直接的自信训练。不过，正如克里斯托弗（2001）所介绍的，西蒙当前的问题引发了他深层次的自我反思：

> 我承认这个案例最开始时让我陷于困难之中，这与我自己的价值观有关。在花了许多年批判西方文化和学习有关非西方传统的道德观之后，我倾向于关注个人主义和坚持自己的局限性。此外，看到一位像西蒙那样来自于富有文化传统的地方的人，为了成为西方人几乎是急于放弃这些文化遗产，让我很苦恼。我对帮助西蒙实现他的目标持保留态度。

这个案例说明了一种与跨文化咨询有关的有趣的潜在困境。那就是，治疗师如何处理自己对来访者文化的认同超过来访者自身这种情况？

请花点时间反思约翰·钱伯斯·克里斯托弗的困境。同样的情况对你会有什么影响？相比于自己的文化，有没有什么文化视角、哲学或行为模式是你特别向往的？

其他多种来访者群体

我们都被自己认同的那个群体——我们宣称自己是一分子并且承认我们属于其中的那个群体——深深地影响着。我们生长的家庭，我们的宗教、文化或我们的种族身份，年龄、社会文化背景以及性别角色，所有这些因素都有意识和无意识地持续影响着我们的生活。进一步来说，我们所选择的信念以及过去生活产生的经验，塑造了我们的自我和生活质量。从这种意义上说，所有的咨询都是多元文化的咨询（personal communication, S. Poyrazli, February, 24, 2008）。没有任何两个人有完全相同的生活经历。而且，某些生活经历、基因与出生时的状况在我们的生活中发挥着明显的作用，有时甚至影响深远。为了说明这部分内容，下面列出了一些群体，但这并不是一个完整的清单（与移民面谈的具体信息见练习 14.6）。

练习 14.6
与移民进行面谈时的注意事项

全球化导致全球移民增多。当前 12% 的美国人口由移民组成，超过 1000 万的美国学龄儿童是儿童移民（Camarota, 2005）。移居到另一个国家通常会导致压力、抑郁和焦虑升高（Oh, Koeske, & Sales, 2002；Portes & Rumbaut, 2006；Van Oudenhoven, Ward, & Masgoret, 2006）。考虑到移民群体的数量和移民们由于移居他国所承受的心理危机，你的职业生涯中有很大的可能性会接待移民。

移民可以分为自愿的和非自愿的两种（Ogbu, 1992）。自愿的移民主动选择离开他们的国家，而非自愿的移民因为各种原因被迫离开他们的国家（Ward, Bochner & Furnham, 2001）。这两种移民群体都需要经过一个文化适应和调整的过程。贝里（Berry, 2006）用"有不同文化背景的人们因为持续的接触导致的文化和心理的变化过程"定义"文化适应"。有时候，文化适应的概念容易与"同化"这个概念相混淆。同化是移民想要把新的文化当作自己的文化来接纳并决定不保留自己原有文化特征的结果（Berry，2006）。有一些移民会选择同化；而另一些则希望成为具有双重文化的人，他们在保留自己原有的种族身份和文化的同时吸收新移入的国家的文化。这两种选择都应该得到尊重。有证据表明，移民的种族认同的程度与积极的心理健康结果（比如较高的自尊）有关（Phinney & Chavira，1992）。

移民在适应他们的新家时会经历一系列的挑战（e.g., Van Oudenhover et al., 2006），比如熟悉语言、失去和缺少社会支持系统，以及文化差异性。移民儿童还需要面对一些额外的挑战。在尝试调整和适应文化时，这些儿童有可能被期望承担起成人的角色，比如作为他们父母的翻译和帮助父母完成与移民有关的文书工作（Trickett & Jones，2007）。总之，如果移民新移居的国家的文化与他们原有文化比较接近，那么他们的适应过程就可能比较简单（Ward et al., 2001）。心理健康工作者必须要理解移民所面对的日常压力，这样才能为移民提供有效的服务。你可以礼貌地用类似这样的问题依次询问：你是如何适应来这儿的生活的？你的家庭是怎么调整的？你都面临哪些挑战？你是如何处理这些挑战的？

相比于合法移民，由于担心被抓或被驱逐出境，非法移民的心理健康状况面临的风险更大。很多成年的非法移民害怕寻求心理健康服务（Cabassa,2007）。他们担心自己会被揭发和驱逐。虽然有这些担心，但有时候，有些移民除了寻求帮助别无他法（比如，寻求家庭咨询以解决孩子的行为问题）。敏感的咨询师会避免询问移民的法律地位以获得他们的信任。此外，如果提到了家庭的法律地位，提醒对方你会为这些信息严格保密有利于建立信任和减少焦虑。

媒体的描述会对移民群体造成很大的负面影响或损害。比如说，在美国的"9·11"袭击之后，全球许多地方的媒体把阿拉伯人描绘成恐怖分子、穆斯林和西方国家的敌人。然而，很多阿拉伯群体对西方社会很友好，而且有些阿拉伯群体信仰基督教或犹太教。对阿拉伯人的这些负面描绘导致了对阿拉伯人的成见和偏见（Abu-Ras, 2007）。对于咨询师而言，重要的是要意识到针对移民群体的潜在偏见，并且确保这些偏见不会以不信任、封闭和恐惧的心态带入咨询中。

咨询师有可能做出的另一个错误假设与来访者的英语熟练程度有关。虽然有小部分的移民能够在说英语时没有口音，但很多移民有口音，或者只能说不流利的英语。咨询师要避免做出有口音或者英语不流利就表明这个人教育程度低这样的假设。很多移民在自己的国家已经获得了专业学位或者有自己的职业生涯。你可以用类似这样的方法询问移民在他们自己国家的教育背景和职业经历："我想听一听你在家乡的生活。这能帮助我更好地理解你过去经历的积极或不那么积极的事情。"当然，并非所有说英语有口音的人都是移民。来访者有可能出生在很少有机会接触英语的地区。

在接待移民时，要避免说俚语、成语或谚语，因为这些可能会让移民很难理解咨询师的意思。比如说，移民可能难以理解"一石二鸟"和"进退两难"所表达的意思。下面这个例子或许能进一步说明这一情况。

来访者：当我来这里陪伴我丈夫时，我认为所有的事情都会变好。但我非常想念我的家庭。早上醒来后，我什么也不想做，我下不了床……

咨询师：你感到垂头丧气。

咨询师用类似"你感到孤独和难过"这样的陈述而不是俚语来表达，可能更容易让来访者理解。

咨询师还可能要面对儿童被当做面谈翻译的问题。孩子经常作为翻译帮助他们的移民父母与新环境的各个方面进行沟通（Orellana, Reynolds, Dorner, & Meza, 2003）。在来咨询时，父母可能会带来孩

> 子做翻译。这种方式的利弊都需要考虑。当面谈的主题比较敏感时，父母可能会感到很不自在。如果可能的话，可以安排一个成年人进行翻译，或者请来访者带一个能让他们自在地讨论社会心理经历和敏感话题的成年人作为翻译。

男同性恋者、女同性恋者、双性恋者和变性人

> 梅尔（白人，牧师，男性同性恋者）对于做为同性恋者毫无选择的余地。相信我，如果他可以选择的话，我想他会选择婚姻、家庭以及他的神职。如同我所知道的大多数男女同性恋者一样，梅尔的价值观与我和我的异性恋朋友们完全一样：爱、尊重、承诺、养育、责任、忠诚以及诚实，等等。我们都一起走在人生旅途上，我们要保证这条旅途对每个人来讲都是安全的，包括我们的同性恋兄弟姐妹，他们在过去很长的时间里一直被不公平地谴责和抛弃。难道现在不正是我们应该敞开心扉和双臂去欢迎他们回家，而不要再把他们看作在大门口等待的陌生人的时候吗？
>
> ——莱拉·怀特《门口的陌生人》

显然，性取向是个争议很大的话题（Morrow & Messinger, 2006）。虽然有一些特定的宗教和教派不认为同性恋行为是种罪恶，但很多在世界上占主导地位的宗教宣布同性恋是种罪。许多年以来，同性恋一直被认为是一种精神障碍，时至今日，仍然有一些治疗方案是用来"治愈"同性恋的（Spitzer, 2003）。

性别认同和性取向对于大多数人来说是非常私人的和重要的问题。性的吸引力是人类行为的强劲动力，也是大多数人自我感觉的基础。对灵魂伴侣的渴望可能与人类生命一样久远。有史以来，一直没有一个确定的解释能说明为什么一直有少数人被同性所吸引，并且这种同性吸引的现象跨越时代和文化。有很多理论曾对此提出了解释，但是现在，就像看待左利手和右利手一样，我们最好把同性恋当成一种自然现象。一部分人被异性伴侣吸引并发

展出亲密关系，而另一部分人则被同性别的人吸引，还有一部分人既被同性又被异性吸引。

很多同性恋者说他们从上幼稚园甚至更早时就知道自己的同性恋取向了，而另外一些人则说他们更迟一些才意识到这个事实（White, 1994；Worthington, Navarro, Savoy, & Hampton, 2008）。由于同性恋行为的恶名和缺乏文化榜样，很多同性恋者都经历了与自己的性取向斗争并试图忽视或转变性取向的时光（O'Connor, 1992）。

同性恋者也会与异性恋者一样，因为各种原因来寻求心理咨询师的帮助，而且他们无须把自己的性取向作为问题的一部分。然而，他们中的很多人在儿童期或青春期遭受过言语上的侮辱、暴力的侵犯，被冠以恶名，承受着孤独和苛刻的评价；而有的来访者说自己近期或正在承受着这些。这些残酷的行为的确让他们的成长和心理付出了代价。

很多同性恋者、双性恋者或变性人在初始面谈中不愿把他们生活中的这个部分告诉咨询师。事实上，很多人几乎不会把他们身份认同的这部分告诉任何人。咨询师需要识别一些与性别认同、约会和吸引力等困惑有关的暗示。因为很多非异性恋者预期会受到粗暴的评价和拒绝，一些对同性恋者友好的治疗师建议在候诊室中放一些对同性恋者态度友好的小册子和文学读物以表明对此类问题的开放态度（Van den Berg, personal communication, November, 1997）。避免使用暗含异性恋假设的词语同样也很重要。例如，询问来访者的亲密关系时用"恋人"比用"男朋友"或"女朋友"好。这就让来访者可以在他们准备好的时候再告诉咨询师他们伴侣的性别。对于年轻一些的来访者或正在约会的来访者，这样有利于咨询师询问一些常见的有关恋爱关系或爱情的问题。

咨询师要对同性恋、双性恋和变性来访者的恋爱关系和家庭事件非常敏感。男/女同性恋情侣会带着与困扰异性情侣的完全相同或更多的各种需要和问题来寻求咨询师的帮助。但通常他们却没有得到可以帮助和保护异性伴侣关系的那些来自社会与家庭的支持和认可。在生病或丧偶时，同性恋伴侣可能不被承认或不被给予与异性伴侣相同的特权和支持。而且，很多同性恋者都有被家庭成员甚至整个家庭拒绝的经历。这些经历使得他们有时会不愿承认自己的性取向，或者会用具有攻击性的方式宣布出来。

有一天，我看到一张海报宣传一个美国印第安人同性恋者组织成立，当时我双手掩面而泣，内心感到了慰藉。美国人称为同性恋的现象，不仅有独特的文化特点，其中的成员也在全球各地的历史和宗教活动中占有了一定的地位。

——朱迪·格兰《另一种母语》

残障人士

但是当姬特握紧我的手，我意识到对她而言，这些事情无关紧要。我只是一个她爱着的男人。我们是男人和女人，渴望与对方共度余生。其他事情都不重要，甚至包括我的失明。侍者送来了我们要的饮料。

"小姐，这是您要的。"他说着，把姬特要的威士忌和水放在她面前。接着，他低声问道："他想把他的饮料放哪儿？"

——哈罗德·克伦斯《与风赛跑》

有很多资料可供那些想更有效地帮助有身体、智力或情绪残障的人们的咨询师阅读（Dell Orto & Power, 2007）。事实上，有一些特殊教育、康复咨询和康复心理学硕士和博士学位的培训。虽然根据不同的病情或残障情况，咨询技术有很多不同，但总的来看，就像对待其他所有人一样，一个开放的、接纳的态度是对残障人士进行咨询的最重要的前提。

有时，在为一些有明显残障的人进行咨询时，职业咨询师会故意忽略一些明显的特征，如拐杖、残肢、轮椅，甚至代表盲人的手杖，他们假设这样更有礼貌。然而，就像我们在前面所讲的关于种族或文化的问题一样，对来访者的"不同之处"直接发问往往更容易被接受。诸如"你是从小就使用轮椅，还是最近才这样"这样的问题可以打开心门，使咨询师与来访者坦诚地讨论残障情况。

面对和处理自己的残障对个体生活的各个方面都有影响。然而，往往缺乏康复训练背景的心理健康工作者不知道如何情境化地对待残障人士。残障要么被看做个体决定性的特征，掩盖了其他所有特点；要么被忽略，而对残障的忽略就意味着残障不应该对来访者的情绪或人际功能有任何直接的影响。

文化与残障的相互影响表现在很多重要的方面。身强力壮具有性别意义，而在定义男性气质与女性气质上，文化起了核心作用。在对残障的接纳、访问规定和通常对残障人士的期望等方面，各种文化态度迥异（Marini，2007）。

"接受了自己的残障或者慢性病的人，一般都会用一系列新的价值观取代社会中占主导地位的男性价值观。新价值观的建立可能需要很长的一段时间，取决于这个人所处的特定的环境、人格特点以及社会地位。"

——马里尼《男性应对残障指南》

虔诚的教徒

神职工作的挑战是帮助那些处境艰难的人们——生病或处于悲痛之中的人、患有躯体或精神障碍的人、那些贫困和受压迫的人、那些被世俗或宗教机构的复杂关系困扰的人，帮助他们将自己的故事看作并体验为上帝救赎的一部分。

——亨利·J. M. 卢文《活的暗示》

对一个虔诚的教徒来说，到世俗的心理健康机构去寻求帮助感觉像是离经叛道——最起码也是件冒险的事。所以，咨询师要对任何可能暗含挑战宗教权威之意的行为特别敏感。心理健康问题与宗教所关心的事显然关系紧密。找到一个不冒犯双方的安全地带是个很大的难题。正如塞缪尔·M.纳塔莱（Samuel M. Natale，1985）在其著作《心理治疗和虔诚的宗教信徒病人》（*Psychotherapy and the Religiously Committed Patient*）中写道：

在心理治疗中，没有什么比来访者的宗教信仰更需要处理的问题。之所以会这么说有很多理由，不只因为治疗师对这个问题不够敏感也不够了解，还包括治疗师犹豫、逃避甚至彻底害怕与来访者一起探讨清楚宗教的价值。

宏观地来看，在对个人、家庭或伴侣进行咨询时，宗教或信仰通常可以整合到咨询过程之中（Pargament & Saunders, 2007）。虽然这对于一些思想开明的有宗教信仰的来访者是有道理的，但那些宗教保守主义者和非常虔诚的教徒通常不愿意为自己的问题寻求世俗的帮助（Stern, 1985）。因此，与对生活在美国的亚洲裔家庭的咨询相似，他们一旦到来就很可能是因为个人或家庭出现了重大危机。他们来专业的心理健康机构不是随随便便探讨一下运用心理治疗来使个人得到发展或成长，而多半是一个陷入绝境的表示。他们个人或家庭的冲突已经非常严重，而他们的宗教所能给予的答案、治疗或解决方案已无法奏效。

由于宗教代表了文化和个人的一种选择，所以虽然咨询师和来访者在这一点上的差异不可见，但仍然会很明显，并让人感到不安。咨询师需要对此有所意识，并且要有应对这种情况的特别的临床技能（Onedera, 2008）。在初始面谈中，来访者就可能直接询问你的宗教信仰。这时，我们建议使用下面这样比较中肯的反应：

- 第一，作为一个专业人士，你的工作就是要去探究为什么来访者会关心这个问题，以及这样的问题与来访者自身的问题和需求有什么关联。
- 第二，预先准备好一个真实的并经过深思熟虑的答案。在多数情况下，拒绝对你自己的宗教或精神信仰取向做一个简短的阐述只会使来访者更加关心这一点。做完简短阐述后，要回到主题，询问来访者对与你共同进行咨询面谈感受如何。不要探讨信仰问题。

我们的一个同事，他是一位心理学家，同时也是一位任职的牧师。他通常用下面的话对有宗教信仰的来访者解释宗教（或信仰）和心理学的心理健康之间的关系。

> 我理解对于一位有坚定的宗教信仰的人来说，就自己的个人问题到专业人士那里寻找解决办法并非易事。对此我是这样看的：我知道有些人在应对心理问题上做得很好，但他们在宗教判断上却毫不

在行;另一方面,我还知道有些人把宗教生活处理得很好,但却有一些心理或情绪方面的问题需要调整。虽然很多时候宗教上所讲的心理健康和心理学上所讲的心理健康有很大关系,但这并不意味着你在一个领域健康,在另一个领域也会健康。我说的意思是,如果你愿意,我想我们可以在此探讨一下情绪和心理上的问题而不涉及信仰。(P.Bach, personal communication, March, 1994)

一些心理健康工作者把自己归属的宗教组织或信仰印在自己的广告、名片和提供的文件资料上,还有一些则在与宗教相关的领域发展出一些特定的专长。虽然在普通的临床咨询中,宗教信仰是作为来访者整体的一个方面来处理,但是咨询师也必须非常有礼貌地将面谈引回问题和痛苦的来源。此外,治疗计划必然要包括与宗教领袖或权威的协商,包括在特定的宗教身份下执业的心理健康专业人员(Reber, 2006)。

文化的复杂性和身份

尽管人们喜欢把自己看得很复杂,但他们常常认为其他人很单纯,人们依赖于其他人最显著的特征来解释他们所说的任何事情、任何信仰,等等。

——P·海斯

你的个人身份是什么?你是否更容易用黑人或女性来描述自己?你是一位纳瓦霍人还是一名毕业生?你是穆斯林、女权主义者、环保主义者还是保守主义者?假设你可以给自己一个新身份,你想要用什么词来介绍自己?什么词最大程度地决定了你之所以是你?什么让你感到最困难?如果你是混血儿、在非常规年龄毕业的学生,或者有个严重残疾的孙子的祖母,情况就更为复杂。许多团体要求你的"忠诚",并影响着你看世界的方式(Hall, 2004; Kallivayalil, 2007)。

这一节开始时引用的内容出自帕梅拉·海斯,她是一位在美国阿拉斯加执业的心理健康专业人士,她的著作《文化复杂性的处理实践》(*Addressing*

Cultural Complexities in Practice）介绍了一种能帮助心理健康工作者认识导致我们之间文化差异的动力学框架。她用缩写"ADDRESSING"代表年龄、发育障碍和后天性残疾（developmental and acquired disabilities）、宗教、种族、社会经济地位、性取向、本地习俗、国民身份和性别。

  这个缩写为我们从多角度观察和询问与自己不同的来访者提供了一个简明扼要的指南。举个例子或许对读者会有帮助。请设想你是一名实习生，在一家致力于服务低收入来访者的医疗中心工作。行政助理告诉你，你的下一个任务是接待一位"看上去是亚洲人"的妇女，但行政助理无法为你提供更多的信息，因为这个妇女让人难以理解。

  你带领来访者曹太太回到你的办公室。她非常激动并急于交谈，但她的口音比较重，你有些难以明白她的意思。在查看了知情同意书和受理表格之后，你请她告诉你她寻求心理辅导的原因。你仔细倾听，有时候意识到你不理解一些事情，然后请她再说一遍。在你的头脑里，你开始用ADDRESSING来观察和倾听。

年龄　　曹太太有多大了？你检查了登记表，发现她没有填写这一栏。她灰白的头发和举止说明她已过中年。这在她的生活中和文化背景下意味着什么？为什么年龄这一栏是空白？这有什么明显的含义吗？

发育障碍　　你没有看到任何与发育障碍有关的证据，但是你发现曹太太有很重的口音，她似乎缺乏理解力或者交流能力。她甚至有可能做过这个方面的治疗。当然，你对她还不够了解，无法做出任何有关智力或发育迟缓的假设。

残障对后来生活的影响　　你注意到曹太太在进来时走路有一些跛，并且戴着很厚的眼镜。你不知她生活的其他部分是如何被这两点所影响，但是你开始考虑这些因素的可能性，以及其他能帮助你理解曹太太的故事和需求的可能的残障情况。

宗教　　曹太太提到她是越南人。你曾经读过越南佛教徒一行禅师写的一本书，你在脑海中开始考虑曹太太是否听说过他。接着她告诉你，她来寻求咨询的原因之一是她所在的教会——第一联合卫理公会教会中的一个人，建议她可能需要咨询。所以有关佛教的假设要就此打住。

民族/种族身份　曹太太的口音表明她的母语不是英语。她说自己是越南人，但是当你要求她重复一些你无法理解的事情时，她问你是否能说法语，因为那样的话对她比较简单。到目前为止，你还不知道作为一名越南人或者说法语对她意味着什么。你猜测这两者可能都很重要，但是你想等有机会时再倾听和询问这方面的情况。

社会经济地位　曹太太来的是面向低收入群体的诊所。她穿着朴素。你可能猜测她生活贫困。这一点你可能正确也可能错误。她或许生活舒适，但是没有健康保险。注意倾听能让你了解她生活中这些方面的信息。甚至，在你感到对她当前状况已经相当了解时，对这一点还要进一步考虑。她是在贫困家庭中长大的吗？她当前的邻居们是什么样的？

性取向　咨询师不应该因为某人已婚便推测这人是异性恋。此外，曹太太的生活中可能有在性取向上有严重问题的孩子或者其他人。

本地习俗　曹太太与本地人没有任何明显的接触，但是你保持着对这个因素的意识。

国民身份　我们不知道曹太太如何看待自己的国籍或国民身份。她提到她有个儿子在加拿大，并且希望她能搬过去。除了说自己是越南人之外，她没有提到任何有关越南的事。在这一点上，你对国民身份以及它在曹太太生活中所扮演的角色形成了几种假设。

与性别有关的信息　曹太太提到，她的第二任丈夫艾伯特如果知道她来寻求心理咨询，会对她非常非常生气。你想知道性别角色和期望在曹太太生活中的情况，以及她的成长是如何影响这些方面的。

这些例子有助于强调正是个人身份的各个侧面成就了我们这些复杂的个体。这个列表并不全面，但是它可以帮助我们扩展对多样化的个人身份的理解。

评估与文化相关症候群

在许多多元文化中，接受来自主流文化的心理健康专业人士的咨询服务是最后的希望。找外人解决个人问题背离了传统的问题解决之道。对于有另一文化背景的来访者而言，除了迫使他们前来咨询的压力之外，他们很可能仅因为前来咨询就承受了难以估量的压力或焦虑。此外，他们对咨询的期待与咨询师的能力或风格可能匹配也可能不匹配。因此，咨询师需要更加谨慎，以确保来访者感到受欢迎，以建立咨询关系和信任。信任的建立甚至还需要咨询师对特定的文化如何评估信任保持敏感（Branzei, Vertinsky, & Camp, 2007）。

对不同的来访者使用标准化的评估工具可能导致焦虑、困惑或愤怒。基于前面所有提到的原因，标准化评估可能不太合适。从历史上来看，诊断测试方法被滥用在各种来访者身上。尽管人们已经在尽力处理评估工具上的文化偏见，但这种偏见依旧存在。

更为不幸的是，虽然有时候可以使用具有文化特异性或文化公平性的测试方法，但那些方法为咨询师提供的有价值的信息却很有限。文化特异性评估局限于个人作为某个团体成员的经历，丧失了个体的独特性；文化公平性的评估工具倾向于排除文化的影响，这么做忽略了文化对个人生活的影响。尽管与评估测试有关的具体信息超出了本书的内容，但那些要接待有文化差异的来访者的咨询师，需要考虑以下几个常见问题：

- 有没有一些文化狭隘性较小的方法可用于获得需要的信息？
- 有没有调节或改善文化差异的方法？
- 用这些评估方法能帮助我把来访者视为独特的文化存在，进而理解他们的个人经历吗？

表14.1列出了其他一些针对各种来访者的咨询建议。

表 14.1　接待多元文化来访者的初始面谈的必做事项和避免事项

　　下面所列建议，针对那些接待与自己的文化、种族、民族、信仰或生活经历背景不同的来访者的咨询师。对于这些建议是否适当、是否有针对性，一定要通过具体的临床情境来判断和评估。我们的目的是启发思路。

开放式提问

1．一定要询问有关部落、宗族或其他一些让来访者看上去与众不同，或者来访者提供的与他人明显不同的信息。
2．除了来访者提供的信息，不要强求对这些差异做出更细致的解释。
3．一定要注意到，多元文化的交互影响和文化认同是动态的和发展的。
4．不要假设来自同一家庭的成员或配偶双方有同等的文化认同程度，或者有同样的与主流文化的交流经验。

家庭

1．要意识到，对多数或绝大多数在美国的非主流文化而言，家庭角色都是重心所在。而且，家庭的概念往往更宽泛并具有更多的内涵，对特定个体的认同感起着更具决定性的作用。所以，不论你是主流文化的一员，还是来自于少数民族，都要习惯于提高对家庭问题的警惕性和敏锐性。
2．不要把你自己对家庭的定义或你读到的关于家庭的定义强加给来访者的文化。只要用开放的态度对待来访者对家庭的感觉就可以了。
3．如果来访者的家庭成员要求的话，要态度和蔼地允许他们参与初始面谈的某些部分。
4．不要单靠生物学意义上的亲缘关系来定义家庭。

交流方式

1．要谨记，目光接触、直接谈论问题、叙述方式以及做笔记等都会受文化的影响而有多种规则。
2．不要摆出一副闲谈或过分亲密的架势，哪怕那是你本身的风格。要努力表现出尊重。
3．对于不清楚的事情，一定要请来访者做出澄清。
4．当你要求来访者澄清时，你的态度不要让来访者认为你在暗示你的疑惑是由他造成的。

宗教信仰或精神生活

1．一定要接受来访者对于心理困扰来源的信念：祖先的不赞成、邪恶的目光、上帝的谴责或前世恶行带来的困扰。在判断这些信仰在哪些方面恰当与不恰当之前，首先要建立一种强有力的信任关系，然后在这个框架内工作以求达到治愈

续表

或成长。
2. 不要认为来访者在一开始就会告诉你有关他信仰系统的全部情况。大部分信仰体系非常有影响力，并且相当隐私，来访者不会轻易与人完全分享。
3. 要抓住任何与有利于处理当前困扰来访者的精神生活、宗教信仰或宗教关系建立联结的时机。
4. 毫不犹豫地允许来访者所尊重的宗教人物参与问题的讨论。

文化相关症候群

由于我们关于人际作用的理论充满文化色彩，因此我们当前的心理健康问题的诊断系统当然在很大程度上也受到文化的影响（Paniagua，2001）。并且，人们的心理焦虑和困扰通过各种随时代变化的文化相关症候群表现出来。例如，与弗洛伊德时代不同，在现今的美国社会中，很少有女性出现昏厥的情况，但有很多人有进食障碍——这在100年前几乎没人听说过。创伤后应激障碍至少可以代表人类的一些跨文化的共同反应，但几个世纪以来这种障碍的名称一直在变化。而且，就某种程度而言，在认为什么是创伤这一点上是有文化特异性的，并且不同文化对创伤的应对也各不相同。

在过去许多年中，用来表示文化相关症候群或抑郁的词发生了变化，并且人们还在担忧各种术语的简化和假定（Ranganathan & Bhattacharya，2007；Tseng，2006）。通过对格里菲思和贝克（Griffith & Baker，1993）、鲁贝尔、奥尼尔和科拉多·阿登（Rubel，O'Nell，& Collado-Ardon，1984）、西蒙斯和休斯（Simons & Hughes，1998）等人的工作的总结，帕尼亚瓜（1998）列出了不同文化中的一些常见症状的清单。这个清单是介绍性的，并非是全面总结，如表14.2所示。

表 14.2　特定文化下独特的精神、情绪和行为障碍

障碍名称	文化起源	症状	原因
发疯	西班牙/拉丁裔	出离意识的状态	邪恶的灵魂
离魂症	非洲裔美国人	抽搐样症状	创伤性事件，如抢劫
鬼症	印第安人	虚弱、晕眩	巫术、邪恶力量的驱使
火病	亚洲裔群体	上腹部疼痛，害怕死亡，疲倦	在现实与愤怒之间的不平衡
缩阳恐怖	亚洲裔男性	抓住阴茎的强烈想法	相信阴茎就要缩回体内并导致死亡
走火入魔、下蛊、符咒、巫术死亡	非洲裔美国人和西班牙或拉丁裔	非正常疾病或死亡	操纵邪恶灵魂的人的力量
着魔惊恐、惊愕、发呆、恐惧	西班牙或拉丁裔	疲倦、虚弱	令人恐惧或吃惊的体验
瓦克英科（音）	印第安人	发怒，退缩，失语，自杀	失望，人际交往方面的问题
冷风症	西班牙或拉丁裔和亚洲裔	害怕冷风，感觉自己很虚弱并容易得病	认为自然或超自然中的元素是不平衡的

　　以下案例由我们的一位同事提供。一名年轻的波多黎各男子与他的母亲生活在美国。他与一位女孩约会并准备结婚。他开始出现幻觉，当他和女朋友睡觉或躺在床上时，就会有一个非常巨大的白色幽灵来看他。这个幽灵会坐在他的胸口，阻止他呼吸。很多接受西方培训的心理医生可能开始考虑这是精神障碍的发病。

　　当这个年轻人前来咨询时，他能够谈论实际上他并不被他女朋友吸引，而是被男性吸引这一事实。他的一部分告诉自己，他是个同性恋者；但另一部分的自己告诉他，要与这种想法做斗争——因为同性恋不被他的文化所接纳。他相信如果他变成同性恋，他的母亲会死去。有意思的是，只要他和女朋友在床上时，这个幽灵就会拜访他。很明显，他内心的冲突已经表现出来了。

之后，咨询师发现在这位年轻男性家乡的文化中，幽灵拜访的现象很常见，尤其是当人们处于内心冲突之中时，这不是幻觉。至于治疗计划，可能有些心理健康专业人士会把他转介到精神病专家处，针对当幽灵拜访他时的焦虑发作以及被假定的幻觉进行可能的药物治疗。不过，这个案例中的咨询师帮助他回国一趟，帮他找到对同性恋友好的神职人员并同对方谈论此事。最后，这名来访者与女朋友分手了，而幽灵再也没有来拜访他。

表14.2揭示了心理健康诊断系统的广阔领域中的许多东西。第一，不同文化中症状可能是相似的，但引发的原因却不尽相同（不同的文化都能准确地描述出精神症的思维、焦虑或抑郁症状，但却将其归因于邪恶的影响、不适宜的行为、大脑疾病、创伤、家庭模式、学习等不同方面）。第二，不同文化对引起人们困扰的原因（大脑疾病、创伤、暴露、悲伤、依恋关系的丧失或者不安的情绪）或许有相似的判断，但这些不安或抑郁可能以截然不同的症状表现出来。作为对诊断问题的一般性讨论，请参看第十章；然而，从多元文化的角度来看，要记住我们对于人类精神困扰的大部分理解都是充满文化性的，而且需要从其他文化视角学习很多东西。

专业人员的注意事项

在接待有民族文化差异的来访者时，遵循一些基本的多元文化礼仪的规则和用必要的时间去获得完整和准确的信息是有用的。要具备文化意识和文化敏感性所带来的压力，有时可能会让专业人员寻求针对复杂问题的快速或简单的回答。但是，请记住，正如H. L.门肯（Mencken，1949）曾说过的："针对人类的每一个问题总会有一个简单的解决办法——简洁，貌似合理，但是错误。"换句话说，基本没有捷径。下面是我们在这方面识别出的三种可能让人担忧的情形，我们相信你肯定可以想到更多。

寻求免费的教育

我们有一位朋友，是一个男同性恋者，他有一次告诉我们说他厌烦透了，因为在修读硕士学位期间，他的同学、教授和督导把他当作所有关于同性恋者的信息的来源。更让他沮丧的是，他的心理咨询师（一位异性恋者）也向他请教他作为一个同性恋来访者有些什么需求。我们的这位朋友认为，提出这样的问题不只是表现出无知，更意味着懒惰和不尊重他人。他的观点是：把来访者当做跨文化知识的唯一来源显然是不恰当的。每个来访者对于善意但无知的咨询师或治疗师的容忍都是有一定限度的。咨询师的临床敏感性就是用来判断自己在何种程度上可以直接询问来访者，以及在多大程度上应该从其他渠道获取相应知识。

使用多渠道的文化咨询和培训资源

咨询一个特定的文化团体的成员能带来很多启发。不过，没有任何单一的信息源能使你掌握某个复杂群体丰富的内涵和实质。许多信息源可能有社会政治意图，并且不应该将唯一的代言人视为其所在的整个社会文化群体的发言人。没有一个越战老兵可以代表所有的越战老兵，没有一个非洲裔美国人能代表所有的非洲裔美国人，没有一个女人能代表所有女人。因此，要当心有此意图的人。要熟识另一种文化或生活方式需要进行多方面的探索、阅读、讨论、体验、思考和反思。没有人能够真正达到极至，或者宣布自己可以完全理解其他文化。永远都有一些东西是我们不了解的——即便是我们自己的文化。

考虑来自小团体的信息

有效的跨文化面谈往往需要咨询师询问一些来访者生活中非常私人和具有文化特异性的问题。人们所说的"小团体"以破坏其内部成员间的信任，以及给圈子外的人们提供不准确或毫无意义的信息而恶名昭著。因此，当来访者提供一些有关他们那个圈子的信息给你——一个明显的圈外人，即便是在解决他们自己的问题的前提之下，他们仍会感到自己背叛了集体的信任。如果来访者是与主流文化不同的某群体中的一员，那么哪怕他们住在大都市之中，几乎也可以确定他们属于那个小集团。类似这种集团、小圈子的例子不胜枚举，如同性恋圈子、宗教团体和"印第安王国"。据我们的原住民学生讲，有一个笑话是这样的：有三种方法可以传播信息——电话、电报和告诉一个表亲。在小团体内，保密是很难的。

此外，很多群体的人都有这样的经历，一些对他们不理解的人询问有关他们这个群体的信息，或者滥用这些信息。与群体有关的某些基本信条被奉为神圣的，是不能与圈外人分享的。圈外人可能无法意识到这些信息的重要性，而且不幸的是，有时候追问这些信息的初衷并非善意。

所以，让这些小团体的成员与陌生人分享那些很私密的信息会让情况变得复杂，并且会增加他们的精神负担。首先，起码由于你的职业，你是个圈外人。如果你是某个文化群体或小圈子中的一分子，你就是圈内人和圈外人的混合体。如果你在机关工作，来访者的亲戚或朋友可能也在这里工作，或者也曾作为来访者到来。做出谁知道什么或谁会告诉你些什么的假设，与做出谁是"主流文化的都市人"这样的假设不一样。这要经过耐心的、更多的学习和仔细的、反复的解释，以及花大量时间去建立信任——这种信任允许你为治疗关系的发展获取必要的深层次信息（Sommers-Flanagan & Sommers-Flanagan，2007）。

总　结

本章从哲学和实践的角度处理多元文化咨询的相关内容，我们的观点是，人类与来自其他文化群体的人交往和合作是习得的行为。这种学习从人生早期就开始了；因此，作为心理健康专业工作者，要想做到有效、开放并对这些差异持肯定态度，就需要在抛弃某些态度的同时不断进行新的学习，并且要质疑与文化相关联的假设，以及我们的理论和技术的盲点。我们必须培养一种文化态度，使我们从其他文化和其他人的生活经验和差异中学习。

本章探讨了与美国最常见的四个少数群体——印第安人、非洲裔、西班牙或拉丁裔和亚洲裔——有关的咨询的一般性原则。这些大的文化群体中还有很多独特的文化和亚文化，任何过度概括化的企图，都会因为缺少针对性而无法使心理健康工作者提供有效的、适合文化要求的心理健康方面的帮助。本章提供的信息只是一个开端。除此之外，本章还讨论了与同性恋者、残障人士以及虔诚的宗教信徒群体进行的面谈的基本特点。

有文化差异的来访者需要被理解，咨询师不仅仅要从他们的文化视角理解他们，还要从个别情况出发理解他们。本章介绍和探讨了帕梅拉·海斯所提出的ADDRESSING缩写所代表的多样性的维度。此外，作为可能影响有文化差异的来访者的相关因素，本章简要检验了临床面谈和评估方法。

最后，本章回顾了文化相关症候群的范例，以及与多元文化有关的职业道德事项。

推荐阅读及资源

Dell Orto, A. E., & Power, P. W. (2007). *The psychological and social impact of illness and disability* (5th ed.; 194-213). New York: Springer. 这一章对于那些想与残障人士密切合作的学生而言是一个很好的开始。

Gibbs, J. T., & Huang, L. H. (Eds.) (2003). *Children of color: Psychological interventions with culturally diverse youth. San Francisco*, CA: Jossey-Bass. 本书针对文化敏感性提供了一些信息，可用于对非洲裔、亚洲裔、中美洲裔、拉丁裔、印第安人、混血儿以及其他少数民族青少年进行评估和治疗。

Hays (2008). *Addressing cultural complexities in practice: Assessment, diagnosis, and therapy* (2nd ed.). Washington, DC: American Psychological Association. 这本书对各类来访者带入治疗中的身份问题进行了非常好的基础分类。

Morrow, D. F. & Messinger, L. (Eds.) (2006). *Sexual orientation & gender expression in social work practice.* New York: Columbia University Press. 本书对那些服务于同性恋、双性恋、变性人来访者以及他们家人的心理健康工作者非常有用。作者从知识和技能出发，为高效率地接待这一类来访者提出了具体而切实可行的建议。

McGoldrick, M., Giordano, J., & Garcia-Preto, N. (2005). *Ethnicity and family therapy* (3rd ed.) New York: Guilford. 这本书包含源自专业人士的材料，这些专业人士也是他们所谈到的文化群体的成员，内容包括对家

庭工作的建议，以及为加强建议的有效性而处理历史问题。相比于其他一些教材，这本书涉及了更广泛的文化（例如，印度尼西亚人、荷兰人、德国人、犹太人和伊朗人）。

Paniagua, F. A. (1998). *Assessing and treating culturally diverse clients: A practical guide* (2nd ed.). Thousand Oaks, CA:Sage. 这本手册探索了与美国四大少数群体有关的一般性概念，然后结合实际，讨论了为了提供符合道德要求的和有效的心理健康服务，咨询师应如何深思熟虑和专业地运用这些知识。

Portes, A., & Rumbaut, R. G. (2006). *Immigrant America: A portrait*. Berkeley, CA: University of California Press. 这本书为我们介绍了所有需要了解的美国移民的生活。

Stern, M. E. (1985). *Psychotherapy and the religiously committed patient*. New York: Haworth Press. 这本小册子是精心制作的资料汇编，作者在书中讨论了与心理治疗有关的同情、尊敬和深层次的宗教与灵性问题。

参考文献

Abu-Ras, W. (2007). Cultural beliefs and service utilization by battered Arab immigrant women. *Violence Against Women, 13*(10), 1002–1028.

Accordino, M. P., Keat, D. B., II, & Guerney, B. G., Jr. (2003). Using relationship enhancement therapy with an adolescent with serious mental illness and substance dependence. *Journal of Mental Health Counseling, 25*(2), 152–164.

Achebe, C. (1994). *Things fall apart*. New York: Doubleday.

Ackerman, S. J., Benjamin, L. S., Beutler, L. E., Gelso, C. J., Goldfried, M. R., Hill, C., et al. (2001). Empirically supported therapy relationships: Conclusions and recommendations of the division 29 task force. *Psychotherapy: Theory, Research, Practice, Training, 38*(4), 495–497.

Ackerman, S. J., & Hilsenroth, M. J. (2003). A review of therapist characteristics and techniques positively impacting the therapeutic alliance. *Clinical Psychology Review, 23*(1), 1–33.

Adler, A. (1927). *Understanding human nature*. Garden City, NY: Garden City Publishing.

Adler, A. (1930). *Individual psychology*. Oxford, England: Clark University Press.

Adler, A. (1958). *What life should mean to you*. New York: Capricorn.

Ahmad, A., Larsson, B., & Sundelin-Wahlsten, V. (2007). EMDR treatment for children with PTSD: Results of a randomized controlled trial. *Nordic Journal of Psychiatry, 61*(5), 349–354.

Ainsworth, M. S. (1989). Attachments beyond infancy. *American Psychologist, 44*(4), 709–716.

Akhtar, S. (2007a). *The 'listening cure': An overview*. Lanham, MD: Jason Aronson.

Akhtar, S. (Ed.). (2007b). *Listening to others: Developmental and clinical aspects of empathy and attunement*. Lanham, MD: Jason Aronson.

Alonso, Y. (2004). The biopsychosocial model in medical research: The evolution of the health concept over the last two decades. *Patient Education and Counseling, 53*(2), 239–244.

Altman, N., Briggs, R., Frankel, J., Gensler, D., & Pantone, P. (2002). *Relational child psychotherapy*. New York: Other Press.

American Counseling Association. (2005). *The American Counseling Association code of ethics*. Alexandria, VA: Author.

American Psychiatric Association. (2000). *Diagnostic and statistical manual of mental disorders* (4th text rev ed.). Washington, DC: Author.

American Psychological Association. (2001). *Publication manual of the American Psychological Association* (5th ed.). Washington, DC: Author.

American Psychological Association. (2002). Ethical principles of psychologists and code of conduct. *American Psychologist, 57*(12), 1060–1073.

American Psychological Association. (2008). *Disaster response network member guidelines*. Retrieved February 17, 2008, from http://www.apa.org/practice/drnguide.html#standards.

Anderson, R. N. (2001). Deaths: Leading causes for 1999. *National Vital Statistics Reports, 49*(11), 1–87

Anderson, R. N., Kochanek, K. D., & Murphy, S. L. (1997). *Report of final mortality statistics, 1995* (Monthly Vital Statistics Report No. 45). Hyattsville, MD: National Center for Health Statistics.

Anthony, J. C. (1982). Limits of the "mini-mental state" as a screening test for dementia and delirium among hospital patients. *Psychological Medicine, 12*(2), 397–408.

Antony, M. M., & Swinson, R. P. (2000). *Panic disorder and agoraphobia*. Washington, DC: American Psychological Association.

Arkowitz, H., & Engle, D. (2007). *Understanding and working with resistant ambivalence in psychotherapy: An integrative approach*. New York: Routledge/Taylor & Francis.

Arredondo, P., & Arciniega, G. M. (2001). Strategies and techniques for counselor training based on the multicultural counseling competencies. *Journal of Multicultural Counseling and Development, 29*(4), 263–273.

Athey, J., & Moody-Williams, J. (2003). Developing cultural competence in disaster mental health programs: Guiding principles and recommendations. *DHHS Publication No. SMA 3828*.

Augenbraum, H., & Stavans, I. (1993). *Growing up Latino*. Boston: Houghton Mifflin.

Axelson, J. A. (1999). *Counseling and development in a multicultural society*. Belmont, CA: Brooks/Cole.

Axline, V. M. (1964). *Dibs in search of self*. New York: Ballentine Books.

Baldessarini, R. J., Pompili, M., & Tondo, L. (2006). Suicide in bipolar disorder: Risks and management. *CNS Spectrums, 11*(6), 465–471.

Baldwin, S. A., Wampold, B. E., & Imel, Z. E. (2007). Untangling the alliance-outcome correlation: Exploring the relative importance of therapist and patient variability in the alliance. *Journal of Consulting and Clinical Psychology, 75*(6), 842–852.

Balleweg, B. J. (1990). The interviewing team: An exercise for teaching assessment and conceptualization skills. *Teaching of Psychology, 17*(4), 241–243.

Banaka, W. H. (1971). *Training in depth interviewing*. New York: Harper & Row.

Bandler, R., & Grinder, J. (1975). *The structure of magic I: A book about language and therapy*. Palo Alto, CA: Science and Behavior Books.

Bandura, A. (1971). Psychotherapy based on modeling procedures. In A. E. Bergin, & S. L. Garfield (Eds.), *Handbook of psychotherapy and behavior change: An empirical analysis* (pp. 653–708). New York: Wiley.

Bandura, A., Blanchard, E. B., & Ritter, B. (1969). Relative efficacy of desensitization and modeling approaches for inducing behavioral, affective, and attitudinal changes. *Journal of Personality and Social Psychology, 13*, 173–199.

Barlow, H., & Craske, M. G. (2000). *Mastery of your anxiety and panic*. New York: Graywind.

Barone, D. F., Hutchings, P. S., Kimmel, H. J., Traub, H. L., Cooper, J. T., & Marshall, C. M. (2005). Increasing empathic accuracy through practice and feedback in a clinical interviewing course. *Journal of Social & Clinical Psychology, 24*(2), 156–171.

Barrio, C. A. (2007). Assessing suicide risk in children: Guidelines for developmentally appropriate interviewing. *Journal of Mental Health Counseling, 29*(1), 50–66.

Basow, S. A. (1980). *Sex role stereotypes: Traditions and alternatives*. Monterey, CA: Brooks/Cole.

Baumrind, D. (1975). The contributions of the family to the development of competence in children. *Schizophrenia Bulletin, 14*, 12–37.

Baumrind, D. (1991). The influence of parenting style on adolescent competence and substance use. *Journal of Early Adolescence. Special Issue: The Work of John P. Hill: I. Theoretical, Instructional, and Policy Contributions, 11*(1), 56–95.

Beck, A. T. (1976). *Cognitive therapy and the emotional disorders*. Oxford, England: International Universities Press.

Behr, M. (2003). Interactive resonance in work with children and adolescents: A theory-based concept of interpersonal relationship through play and the use of toys. *Person-Centered and Experiential Psychotherapies, 2*(2), 89–103.

Beitman, B. D. (1983). Categories of countertransference. *Journal of Operational Psychiatry, 14*(2), 82–90.

---

*为了环保，也为了减少您的购书开支，本书参考文献不在此一一列出，如需完整参考文献请登录 www.wqedu.com 下载。

您在下载中遇到什么问题，可拨打 010-65181109 咨询。